Zu diesem Buch

Judith Thurman hat in dieser ersten umfassenden Biographie von Tania Blixen Leben und Werk der großen Schriftstellerin bis ins letzte Detail recherchiert. Sie erzählt über die privilegierte, aber unglückliche Kindheit in Dänemark, die Ehe mit Baron Blixen, die Auswanderung nach Afrika kurz vor dem Ausbruch des Ersten Weltkriegs, Tania Blixens Leben auf der afrikanischen Farm, die leidenschaftliche Liebesbeziehung zu Denys Finch Hatton und die Tragödie, die sie dazu zwang, nach Dänemark zurückzukehren und ihr zweites Leben als Schriftstellerin zu beginnen, und über ihren weltweiten Ruhm, der in den fünfziger und frühen sechziger Jahren begann.

»Sie war eine der schillerndsten literarischen Gestalten unseres Jahrhunderts. Mochten andere das Ungewöhnliche, Schockierende, Aberwitzige lieben – sie ging hin und tat es. Tania Blixen war wie die halb dämonischen, halb übermenschlichen Figuren ihrer Erzählungen, zwischen dem männlichen und dem weiblichen Extrem schwankend und nie eindeutig festzulegen. Eine Frau von kühner Leidenschaftlichkeit, dabei aber auch in abenteuerlichsten Situationen erstaunlich konventionell und standesbewußt...

Daß ihr Leben an Faszination bis heute nichts verloren hat, zeigt Judith Thurmans ausführliche Biographie, die Tania Blixens Werdegang mitreißend schildert.« (»Brigitte«)

In der Reihe der rororo-Taschenbücher liegen von Tania Blixen vor: »Sieben phantastische Geschichten« (Nr. 5006), »Schicksalsanekdoten« (Nr. 5421), »Gespensterpferde« (Nr. 5711), »Wintergeschichten« (Nr. 5951), »Die Rache der Engel« (Nr. 12630), »Schatten wandern übers Gras« (Nr. 13029), »Mottos meines Lebens« (Nr. 13190) und »Schicksalsanekdoten / Wintergeschichten« (Nr. 2063).

Judith Thurman, geboren 1946 in New York, veröffentlichte mehrere Bände Gedichte, ist Herausgeberin zweier Anthologien zeitgenössischer Lyrik und mehrerer Kinderbücher. Sie schreibt für den »New Yorker«. Für ihre vorliegende Biographie erhielt sie den renommierten National Book Award.

Judith Thurman

Tania Blixen

Ihr Leben und Werk

Deutsch von Barbara Henninges
und Margarete Längsfeld

Rowohlt

Die Originalausgabe erschien unter
dem Titel »Isak Dinesen. The Life of a Storyteller«
bei St. Martin's Press, New York

16.–19. Tausend Oktober 1993

Veröffentlicht im Rowohlt Taschenbuch Verlag GmbH,
Reinbek bei Hamburg, November 1991

Umschlaggestaltung Wolfgang Kenkel
Fotos auf den Seiten 14 und 628
mit freundlicher Genehmigung
der Deutschen Verlags-Anstalt, Stuttgart
aus: Frans Lasson / Clara Selborn:
Tania Blixen
Gesamtherstellung Clausen & Bosse, Leck
Printed in Germany
1690-ISBN 3 499 13007 6

Inhalt

Zweites Buch

Tania

Drittes Buch

Isak Dinesen

Viertes Buch

Pellegrina

Anhang

Danksagung

Dies ist die erste Biographie über Tania Blixen, in der die Vielzahl von Briefen, unveröffentlichten Manuskripten und Familiendokumenten aus ihrem Archiv Verwendung finden, und obwohl dies keine »autorisierte« Biographie ist, bin ich doch der Rungstedlund Stiftung und der Familie Dinesen unendlich dankbar für die Erlaubnis, aus diesen Quellen zitieren zu dürfen. Ohne die ungewöhnliche und großzügige Unterstützung von Thomas und Jonna Dinesen, von Clara Selborn, Ingeborg Michelsen und Ole Wivel wäre dies Buch nicht zustande gekommen.

Ich werde all denjenigen, die mir im Verlauf der vergangenen sieben Jahre geholfen haben, nie genug danken können: all denjenigen, die mit mir über Leben und Werk Tania Blixens gesprochen haben, die mir Bücher, Briefe und Photos zur Verfügung stellten, die mir recherchieren halfen, meine Manuskripte lasen, mir Gastfreundschaft gewährten und mir immer wieder Mut machten. Ich hoffe, sie werden Verständnis dafür haben, daß ich hier nur ihre Namen in alphabetischer Reihenfolge nenne und ihnen allen meinen tief empfundenen Dank ausspreche.

Lady Altrincham, Hans Andersen, Christopher Aschan, Ulf Aschan, Birthe Andrup, Ann Barret, Peter Beard, Thorkild Bjørnvig, Doria und Jack Block, Anne Born, Hans Henrik Bruun, Suzanne Brøgger, Rose Cartwright, Beatrice Cazac, Charlotte Christensen, Meghan Collins, Merwyn Cowie, Michael Denneny, Paul Dinas, Deborah Emin, Anna Falck, Nina und Bill Finkelstein, Dr. Mogens Fog, Hans Folsach, Dr. Vibeke Funch, Kamante Gatura, Winston Guest, Robert Hamburger, Ester Henius, Cockie Hoogterp, Elspeth Huxley, Bjarne Jørnæs, Carl Kähler, Nathaniel Kivoi, Gustav Kleen, Anne Kopp, Erik Kopp, Robert Langbaum, Frans Lasson, Ingrid Lindström, Ernst Lohse, Kaare Olsen, Dr. Duncan MacDonald, Nieves Mathews de Madariaga, David Mairowitz, Beryl Markham, Sir Charles Markham, Esmond und Chrysee Bradley Marrin, Remy Martin, Eve Merriam, Charlotte Meisner, Bent Mohn, die jüngst verstorbene Cynthia Nolan, Bert Phillips, Morris Philipson, Judith Rascoe, Anita Rasmussen, Steen Eiler Rasmussen, Lilian Moore Reavin, Christian Graf Reventlow, Sybille Gräfin Reventlow, Michael Roloff, Martha Saxton, Robert Seidman, Betty Sih, Ruth Sullivan, Alice Thurman, Eva Thurman, Errol Trzebinski, Finn Ulrich, Diana Wylie.

Darüber hinaus gilt mein Dank der National Endowment for the Humanities und der MacDowell Colony, zwei Institutionen, die meine Arbeit großzügig gefördert haben. Und ich möchte den Mitarbeitern der Königlichen Bibliothek von Kopenhagen und des New Yorker Verlagshauses St. Martin's Press danken.

Schließlich gilt mein Dank meinem Mann Jonathan David – der weder mich noch unsere Ehe je ohne Tania Blixen erlebt hat – für seine ermutigende, beflügelnde Liebe.

Judith Thurman

New York City, 11. Februar 1982

Genealogische Übersicht

Tania Blixens Verwandtschaft väterlicherseits

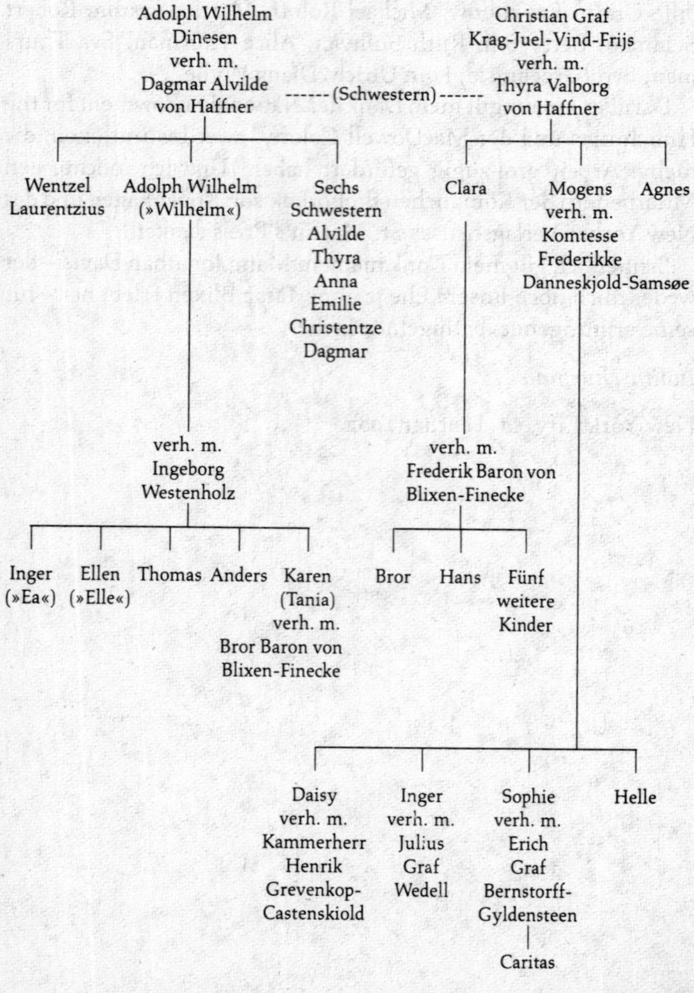

Tania Blixens Verwandtschaft mütterlicherseits

- Andreas Nicolaj Hansen verh. m. Emma Eliza Grut
  - Zehn weitere Kinder
  - Mary Lucinde (»Mama«) verh. m. Regnar Westenholz
    - Asker
    - Aage
    - Ingeborg verh. m. Hauptmann Wilhelm Dinesen
      - Inger Benedicte (»Ea«) verh. m. Viggo de Neergaard
        - Karen (»Mitten«)
      - Karen Christentze (Tania) verh. m. Bror Baron von Blixen-Finecke
      - Ellen Alvilda (»Elle«) verh. m. Knud Dahl
      - Thomas Fasti verh. m. Jonna Lindhardt
        - Anne verh. m. Erik Kopp
        - Ingeborg
        - Tore
        - Hans
      - Anders Runsti
    - Mary Bess (»Bess«)
    - Karen (»Lidda«) verh. m. Georg Sass

Für meine Eltern
Alice Meisner Thurman
und
William A. Thurman

Erstes Buch

Tanne

Man büßt es teuer,
unsterblich zu sein,
man stirbt dafür mehrere Male
bei Lebzeiten.

Friedrich Nietzsche

Für einen Dichter
ist es eine unheimliche Sache,
wenn er entdeckt,
daß seine Geschichte wahr ist.

Tania Blixen

Einleitung

Sie wurde am 17. April 1885 als eine Dinesen geboren und Karen Christentze getauft. Die Familienangehörigen nannten sie »Tanne«, ihre eigene kindliche Abwandlung von Karen und ihr – ein für allemal verniedlichender – Spitzname, den sie nicht mochte. Später legte sie sich selbst noch weitere Namen zu oder bekam sie verliehen: Osceola, ihr erstes Pseudonym; Baronin von Blixen-Finecke, durch die Ehe mit einem schwedischen Vetter; Tania oder Jerie, wie sie für ihre weißen, beziehungsweise schwarzen Vertrauten in Afrika hieß; Isak*, »der« – etwas maliziös – »Lachende«. Ihre Bewunderer benannten sie oft nach Figuren aus ihren Geschichten oder nach anderen Phantasiegestalten. Für eine Freundin aus Kinderzeiten war sie »Lord Byron«, für ihre Sekretärin »Khamar«, das alte Schlachtroß, für einige ihrer literarischen Adepten »Pellegrina«, »Amiane« oder »Scheherazade«. In Dänemark sprach man, als sie schon älter war, von ihr fast nur als von der *Baronessen*, der Baronin, nach adeligem Brauch in der dritten Person. Auf dem Grabstein steht Karen Blixen.

Jeder dieser Namen barg seine eigene Etikette, Logik und Geographie. Jeder eröffnete einen anderen Zugang zu ihrer Person,

---

* *Isak* (englische Schreibweise von *Isaak*), hebr. Lacher, Spötter, Sohn Abrahams und der Sarah, Erzvater der Israeliten, Vater Jakobs und Esaus. Unter dem Pseudonym Isak Dinesen veröffentlichte Tania Blixen ihre Werke in englischsprachigen Ländern. Im deutschsprachigen Raum ist Karen Blixen ihren Lesern unter dem Namen Tania Blixen vertraut geworden. (Anm. d. Üb.)

mehr oder weniger ehrfürchtig, mehr oder weniger vertraulich. Aber der Name »Dinesen«, weder männlich noch weiblich noch christlich vorbelastet, versinnbildlichte ihr eigenes Bild von sich selbst und von ihrer Herkunft, das sie von der Kindheit bis ins hohe Alter in sich trug. Er war Ausdruck dessen, was sie in ihrem Leben für wesentlich hielt: die Beziehung zu ihrem Vater und zu seiner Familie, die Zugehörigkeit zu einer Sippe, einem Stamm – *stamme* im Dänischen. Als sie sich in mittleren Jahren als Schriftstellerin wieder auf den Namen Dinesen berief, war dies eine für ihre Wesensstruktur kennzeichnende Geste. Sie war auch Ausdruck der innigen Schicksalsverbundenheit der Erzählerin.

Erstes Kapitel

Entweder – Oder

Moral macht Dreiviertel des Lebens aus
und Sex die Hälfte aller Moral.[1]

I

Tania Blixen wurde zwei Menschen geboren, die grundverschiedene Lebenseinstellungen verkörperten. Die Westenholz', die Verwandten mütterlicherseits, waren musterhafte Vertreter des Bürgertums. Die Männer der Familie waren Kaufleute, die es aus eigener Kraft – mit persönlichem Geschick, harter Arbeit und Genügsamkeit – zu Millionären gebracht hatten. Die Frauen waren feinsinnig und gebildet. Sie waren auch – was damals seltener war – leidenschaftliche Feministinnen und Nonkonformistinnen, die zur Unitarischen Kirche übergetreten waren. Aber was die Mitglieder dieser Familie an Lebenstüchtigkeit besaßen, ließen sie an Vitalität vermissen. Sie investierten ihre Kraft in praktische oder abstrakte Vorhaben, vor allem aber in die eigene sittliche Untadeligkeit. Das Leben war für sie wie eine langfristige und kostspielige Hypothek; was ihre Existenz anbelangte, so sahen sie sich als Schuldner, die nach und nach ihr Seelenheil abzahlten.

Zwar hapert es mit der »Symmetrie«, denn die Verwandten väterlicherseits waren weder ein dekadenter Ästhetenklüngel, noch besaßen sie Adelstitel. Aber während die Westenholz' schöngeistige, anspruchsvolle Städter waren, hatten die Dinesens die liebenswürdige, großzügige Art der Leute vom Lande und waren mit den höchsten Adelskreisen des Königreichs verschwägert. Die Männer waren eher viril und starrsinnig, die Frauen elegant und hübsch, und nach Westenholzschen Begriffen leicht »frivol und oberflächlich«.[2] Sie fühlten sich nicht bemüßigt, der Welt ihren Stempel aufzudrücken, vertrauten jedoch in aristokratischem Selbstverständnis darauf, daß ihnen ein Platz darin gebührte: Ihrer Ansicht nach wurde »das Leben sichtbar vererbt«[3] – ohne moralische Verpflichtung. Ihre Hände waren frei. In Tania Blixens Erinnerung strahlten sie »eine große, ungestüme Lebensfreude«[4] aus, die auch sie geerbt zu haben glaubte.

Von Kindheit an erlebte Tania Blixen die beiden Familien als unvereinbare Gegensätze, die eine unendlich anziehend, die andere unendlich problematisch. Sie betonte stets, »nicht wie«[5] die mütterlichen Verwandten zu sein, und von ihnen nicht geliebt zu werden. Sie lehnte sich auf gegen deren Abscheu vor der Erotik und gegen die unnachsichtige Kontrolle, mit der sie alles, was damit zusammenhing, unterdrückten und ihre Kindheit und Jugend darum betrogen.

Bei dieser Rebellion, dem zentralen Drama ihres Lebens, hatte sie in ihrem Vater einen Verbündeten und ein beflügelndes Vorbild. Solange er am Leben war, rettete er sie physisch vor den Westenholz', und auch noch nach seinem frühen Tod wirkte er als Abgesandter der gefährlichen Mächte des Lebens. Das ging so weit, daß der Begriff »Leben« für Tania Blixen oft gleichbedeutend war mit dem Begriff »Vater«.

Sie hatte jedoch auch viele Wesenszüge von der Familie der Mutter geerbt, insbesondere besaß sie deren manchmal erdrükkenden Anspruch an sich selbst. Die Westenholz' glaubten bedingungslos an die Tugend des Aufstiegs aus eigener Kraft, und selbst das, was Christus für sie als fromme Unitarier zum Inbegriff sittlicher Größe machte, war in ihren Augen eher erworben denn angeboren. Ein Leben ohne Berufung und ohne das unermüdliche Bemühen, diese zu verwirklichen, erschien ihnen verwerflich. Tania Blixen und fast alle ihre Geschwister suchten Erfüllung in einer solchen Berufung. Der Bruder Thomas suchte sie im Kampf als Freiwilliger im Ersten Weltkrieg, aus dem er mit dem Viktoriakreuz zurückkehrte. Die jüngere Schwester Elle suchte sie in der Ehe und in sozialen Aufgaben und schrieb mehrere Bücher mit erbaulichen Parabeln. Ea, die ältere Schwester, weihte ihr Leben der klassischen Musik, dann der Mutterschaft und starb jung. Anders, der Jüngste, langsamer als die anderen und nicht so wortgewandt, war eine etwas unglückliche Existenz. Er führte ein stilles Leben auf einem Familiengehöft und wurde von den anderen eher wie ein Tölpel behandelt. Tanne war vermutlich die ehrgeizigste, die selbstkritischste unter den Geschwistern. In ihrem Leben gab es eine Reihe hochgesteckter Ziele und Aufgaben, und die Erzählungen, die sie im Alter von sechsundvierzig Jahren zu schreiben begann, »lösten« – nach Ansicht ihrer Großmutter – lediglich ein längst fälliges Versprechen »ein«. Aber so sehr dieser Ehrgeiz auch ihrem innersten Wesen entsprach, so sehr schreckte sie davor zurück, verbarg ihn hinter Pseudonymen und Verspieltheit und wünschte sich neidvoll und sehnsüchtig, in diese wunderbar statische Welt zu gehören, in der es keine atemlosen Ankünfte, keine persönlichen Triumphe oder Niederlagen gab. Für den »Adeligen«, wie sie ihn beschrieb, galten »persönliche Talente und Charaktereigenschaften... als Angelegenheiten menschlicher Wesen außerhalb seiner Sphäre«.[6]

Das war nicht eben die »Sphäre« der Dinesens, und wenn man genau hinschaut, löst sich das Bild eines exemplarischen Gegensatzes zwischen den Familien in eine Vielzahl verwirrender Einzelheiten auf. Aber wenn man ein wenig abrückt, weit genug, daß beide Seiten zu Silhouetten gerinnen, kann man sie so sehen, wie Tania Blixen sie sah, vor dem Hintergrund eines tiefen kulturellen Konflikts – und dann stehen sie einander diametral gegenüber. Es geht um den Konflikt, der im neunzehnten Jahrhundert mit dem Aufstieg des Bürgertums aufgebrochen war und den Kierkegaard in *Entweder–Oder* (1843) reflektierte, indem er das »Ethische« dem »Sinnlich-Ästhetischen«, das Instinkthafte dem Sittlichen gegenüberstellte. Diese viel erörterte Dialektik sollte das dänische Kulturleben bis ans Ende des Jahrhunderts beherrschen, und Tania Blixen begegnete ihr in der Literatur und in den philosophischen Abhandlungen, die sie als junge Frau las, in den Theaterstücken und Vorträgen, die sie besuchte, in den öffentlichen Diskussionen über sexuelle Freiheit und Frauenrechte, und in den politischen Auseinandersetzungen zwischen dem konservativen Adel und der liberalen Mittelschicht (und später der aufkommenden sozialistischen Koalition kleiner Bauern und städtischer Arbeiter). Das Denkmuster, das sie aus ihrer Zeit mitbekam, deckte sich erstaunlich exakt mit ihrer ureigensten Lebenserfahrung. Und wenn sie sich in ihren Erzählungen als so vorzügliche Chronistin der romantischen »Zerrissenheit« erweist, dann deshalb, weil sie eine Art hautnahe Kenntnis ihres Stoffes besaß.

Die Pole Dinesen / Westenholz, Freiheit / Tabu, Adel / Bürgertum ordneten ihre Empfindungen und ihren Bildervorrat wie ein

Magnetfeld, verteilten die Inhalte zu einem Muster von eigenwilliger Schönheit.

In einer früheren Epoche hatte man sich nicht gescheut, ein solches Muster »Schicksal« zu nennen. Moderne Biographen sprechen zurückhaltender von ihrem »interessanten« Leben. Die Ereignisse scheinen sich wie von selbst zu ordnen, und selbst Kleinigkeiten gehen nicht unter, sondern tauchen später in irgendeiner dramatischen Konstellation wieder auf. Sie sind wie jene Geburtsmale, an denen man in den alten Märchen das verschollene Königskind wiedererkannte.

Als Tania Blixen zu schreiben begann, glaubte sie an einen absoluten Sinn, eine göttliche Absicht im Leben. Wenn man den Glauben an ein solches System aufrechterhalten kann, erscheinen Verluste unvermeidlich. Und diese Zuversicht gibt ihrer Prosa etwas ungeheuer Tröstliches.

II

Das große bürgerliche Vermögen, das Tania Blixen in ihre afrikanische Farm steckte, hatte sich seit Beginn des neunzehnten Jahrhunderts angesammelt. Urgroßvater Andreas Nicolaj Hansen war Reeder gewesen und durch Spekulationen während der Napoleonischen Kriege auf einen Schlag zu Geld gekommen. Danach vergrößerte er seine Flotte stetig und wurde durch sie zu einem der reichsten Männer von Kopenhagen. Zwischen 1820 und 1830 heiratete er Emma Eliza Grut, die Tochter eines britischen Ministers, die von der Kanalinsel Guernsey stammte, und baute ihr ein stattliches Haus an der Bredgade, der vornehmsten Straße der Hauptstadt, die von den Rokokopalästen des Adels gesäumt war. Mittendrin, an einer Straßenecke, wurde die schmucklose klassizistische Villa der Hansens hochgezogen, und auch der Name der Familie nahm sich in dieser Nachbarschaft provozierend schlicht und solide aus – der Hahnenschrei eines neuen Zeitalters.

*Oldefader** Hansen war ein rücksichtsloser Ehemann, der seiner Frau für jedes Kind einen Diamanten schenkte, elf an der Zahl. Emma Hansen verlor die Juwelen, und die Kinder erlebten eine

---

* Urgroßvater

unglückliche, unharmonische Jugend. Einige von ihnen, die dem Vater die Art verübelten, wie er die Mutter benützt hatte, nahmen deren Mädchennamen an und nannten sich Grut. Die Familie hatte ihre Heilige, ihr schwarzes Schaf und ihre Schönheit: Mary, die Zweitälteste. Ihr längliches Gesicht besaß eine fast sienesisch oder spanisch anmutende, madonnenhafte Strenge. Die leichte Biegung des Nasenrückens, die Blässe, die Schmalheit von Stirn und Mund sollten Tochter Ingeborg und Enkelin von ihr erben.

»Jähzorn, Griesgram und Pessimismus«[7] des Vaters, vor denen die schwache Mutter sie nicht schützen konnte, überschatteten die Jugend der Hansenschen Kinder. Sie klammerten sich alle an ihren Verstand und fürchteten sich hartnäckig vor ihren Sinnen. Nach dem Urteil eines Zeitgenossen hatten sie eine gewisse Ähnlichkeit mit den englischen Puritanern: Sie besaßen zweifellos große intellektuelle Qualitäten, aber es mangelte ihnen an horizontaler Beweglichkeit; für sie gab es nur Aufstieg oder Abstieg, sonst nichts.

Mary Hansen, die im Leben ihrer Enkelin eine so unglückliche Rolle spielen sollte, hatte ehrgeizige Ideale. Sie war bestrebt, die perfekte, musterhafte Gattin, Frau, Mutter, Christin und Patriotin zu sein. Mit derselben Unerbittlichkeit, mit der sie sich selbst Perfektion abverlangte, bekämpfte sie Unzulänglichkeiten bei anderen. Ihr Radikalismus wurde vom Geist des historischen Augenblicks genährt, in dem sie ins Erwachsenenalter eintrat: von der Revolution von 1848, vom Krieg gegen Preußen und von der liberalen Regierungsperiode, die auf den Sieg folgte. Zu diesem Zeitpunkt hatte es etwas Erhebendes, sich als rechtschaffener Bürger zu fühlen, eins mit den Kräften, die den König dazu bewegt hatten, Dänemarks erste demokratische Verfassung anzuerkennen und viele der alten Privilegien und Mißstände der Aristokratie abzuschaffen.

Die »sittlichen und ethischen Gebote«[8], nach denen Mary Hansen sich richtete, wurden Kindern und Kindeskindern rigoros und mit einer Art erpresserischer Wärme aufgenötigt. Marys Sinn für »Gut und Böse« war selbst für ihre Zeit überentwickelt; sie hielt ihr Urteil auf diesem Gebiet für unanfechtbar[9] und malte besonders die Gefahren der Sexualität immer in den »finstersten« und »entsetzlichsten« Farben.[10] Offenkundig hatte sie eine leidvolle Erfahrung mit dieser Seite des Lebens gemacht, die ihr deren Bedrohlichkeit bestätigte. Tania Blixen kannte diese Geschichte und hatte sie vielleicht im Sinn, als sie in »Das träumende Kind« von Emilie Vandamm und Charlie Dreyer erzählte. In ihren Geschichten kommen unzählige grämliche, verwelkte alte Damen vor, die irgendwann in ihrem Leben einmal einen Funken Leidenschaft verspürt hatten und darüber zutiefst bestürzt waren. Bei Mary wurde dieser Funke von ihrem Musiklehrer entzündet, »einem langhaarigen und bedauernswerten Mann, der im nüchternen Milieu der Bredgade fast schon eine *Romanfigur* abgab«.[11] Irgendwie erfuhr der Vater von der Neigung und würgte sie in der ihm eigenen brutalen Art ab, indem er den jungen Mann die Treppe hinunterstieß. Was auch immer er Mary gegenüber sagte oder tat, demütigte sie so, daß sie es »hinfort als schreckliche Schande für ein junges Mädchen betrachtete, einen aussichtslosen Heiratsantrag zu ermutigen«.[12] Als die ursprünglichen Gefühle ein wenig abgeklungen waren, blieb – wie mit dem Meißel in ihren eigensinnigen und stolzen Charakter gekerbt – ein unauslöschliches Mißtrauen gegenüber erotischer Liebe.

Mary Hansen heiratete einen Mann aus der Welt ihres Vaters, einen Mann, der es aus eigener Kraft zu etwas gebracht hatte, jemand, den der alte Schiffseigner bewundern konnte. Sie war einundzwanzig und er, Regnar Westenholz, war ein achtunddreißigjähriger Witwer mit Sohn. Er stammte aus bescheidenen Verhältnissen; er war Sohn eines städtischen Beamten aus Skagen in Nordjütland und Nachfahre eines hannoveranischen Pastorengeschlechts. Nach dem Tod seines Vaters ging er bei einem Aalborger Kaufmann in die Lehre und wurde später Teilhaber einer Firma, die mit Getreide handelte. Er hatte eine geradezu märchenhaft glückliche Hand mit Geld. An dem Tag, an dem das englische Parlament die Kornzölle aufhob, lagen Regnar Westenholz' Schiffe, voll beladen mit Getreide, bereits in der Themsemündung vor Anker. Sein Hauptkontor war in London, wo er seine zukünftige Braut kennengelernt hatte, damals noch ein unberührtes siebzehnjähriges Mädchen, das gerade bei den Verwandten der Mutter zu Besuch war. Er legte Wert darauf, daß sie gut englisch sprach und sein Ideal von einem gottesfürchtigen, stillen und geordneten Familienleben teilte.

Regnar und Mary bekamen ziemlich rasch nacheinander fünf Kinder. 1852 zog er sich aus den Handelsgeschäften zurück und ließ sich auf Matrup nieder, einem Landgut in Jütland, in der Nähe der Stadt Horsens, und gab sich dem Zeitvertreib eines Gutsbesitzers hin: Er spekulierte mit Eisenbahnaktien, vergrößerte seinen Viehbestand, experimentierte mit landwirtschaftlichen Anbaumethoden und sammelte Bücher. Seine in Saffianleder gebundenen dänischen Klassiker aus dem neunzehnten Jahrhundert fanden später mit seiner Enkelin den Weg nach Afrika. Er nahm sich auch die Zeit, fürs Parlament zu kandidieren. Nach einer Legislaturperiode im Unterhaus wurde er Finanzberater des Königs und ein Jahr lang Finanzminister. Seine Majestät beehrte Matrup einmal mit einem Besuch, zu dem er seine Mätresse mitbrachte. Diese umstrittene Gestalt, Gräfin Danner, war in ihrer Jugend einmal Ballettänzerin und Putzmacherin gewesen. Seither hatte sich ihr Kinn mehr als verdoppelt, sie rauchte Pfeife und lachte aus vollem Halse über die reichlich freizügigen Witze ihres königlichen Liebhabers. Die junge Frau Westenholz überstand diese Prüfung mit Bravour.

Daguerreotypien von Regnar Westenholz zeigen einen schmächtigen, angegrauten Mann mit ziemlich ungepflegtem Backenbart und ernstem Blick. Nach Aussagen seiner Tochter Bess war er »ein individualistischer und liberaler Mensch mit ausgeprägtem Sinn fürs Praktische«.[13] Die Familie verehrte ihn, und Enkelsohn Thomas bezeichnete ihn als »warmherzigen und nachsichtigen Papa seiner Kinder«[14] – außer in sexuellen Dingen, für die er, gleich seiner Frau, viel rechtschaffenen Widerwillen empfand. Im Archiv der Familie ist eine aufschlußreiche Episode überliefert. Einmal zitierte Regnar Westenholz seinen ältesten Sohn zu sich ins Arbeitszimmer, um ihn wegen eines »verdächtigen« Leidens zur Rede zu stellen. »Bist du«, hob er an, »in unwürdiger und abscheulicher Weise Opfer einer Krankheit geworden, die bedeutet, daß kein ehrbarer Mensch jemals wieder etwas mit dir zu tun haben will?«[15] Zum Glück litt der junge Mann an einem Geschwür, und seine Ehre war gerettet.

Regnars eigener Tod, er starb 1864, trat ausschließlich aufgrund schicklicher natürlicher Ursachen ein. Für seine vierunddreißigjährige Witwe war der Verlust ein vernichtender Schlag. Die Familie besaß über den eigenen Kreis hinaus kaum gesellschaftliche Kontakte und hatte mit ungewöhnlicher Intensität und Anhänglichkeit innerhalb dieser Grenzen gelebt. Nun scharte Mary Westenholz ihre Kinder um so enger um sich, trug von Stund an für immer Trauer, befand, daß es sich nicht zieme, jemals wieder einen Christbaum aufzustellen, und ging daran, das Riesenvermögen und das Gut nun selbst zu verwalten. Sie wurde zu einem immer gebieterischeren Familienoberhaupt; »hinfort führte sie über Denken und Fühlen ihrer Kinder ein liebevolles aber gestrenges Regiment«.[16] Drei von den sechs Kindern waren Töchter: Ingeborg, 1856 geboren; Mary Bess, 1857 geboren; und Karen, genannt Lidda, 1861 geboren. Ingeborg war ein sanftmütiges, gehorsames Kind und Liebling der Mutter. Um so erstaunlicher, daß sie im Alter von fünfundzwanzig einen Mann wie Wilhelm Dinesen heiraten sollte. Denn das war eine für beide Familien gänzlich unpassende Verbindung.

III

Auch die Dinesens lebten in Jütland, und Tania Blixens Großväter, beide Großgrundbesitzer in derselben Provinz, hatten früher bereits über landwirtschaftliche und politische Fragen miteinander korrespondiert. Das Land der Dinesens, südlich von Grenå, glich eher einer sturmzerzausten Wildnis, und das Gutshaus, Katholm, war ein rotes Backsteinschloß aus dem sechzehnten Jahrhundert. Das Gut war zwar erst 1839 in den Besitz der Familie gelangt, aber die Dinesens waren selbst Betandteil jener noch immer streng vertikal angeordneten Welt, die im Feudalismus wurzelte. Die *Dinessøns*, »die Söhne von Dines«, waren über Kommunalpolitik und Handel zunächst zu bescheidenen und dann bedeutenden Grundbesitzern aufgestiegen. Vor dem siebzehnten Jahrhundert waren ihre Vorfahren noch Bauern gewesen.

Tania Blixens Großvater Adolph Wilhelm war ursprünglich Soldat, »der erste Dinesen in Uniform«[17] – und begründete damit eine Tradition, die von allen nachfolgenden Generationen weitergeführt wurde. Er zog 1848 gegen Preußen ins Feld und befehligte eine furchtlose »Batterie Dinesen«. Aber davor, als junger Leutnant, als es für ihn nicht viel zu tun gab, war er eine Zeitlang durch Italien gereist und hatte sich zwischen Mailand und Rom zu seinem Landsmann Hans Christian Andersen gesellt. Andersen, damals noch nicht berühmt, war langnasig, überschwenglich, unschuldig und liebebedürftig, der etwas jüngere Dinesen dagegen war herrisch, schulmeisterlich, selbstherrlich und gutaussehend.

Er hatte bald genug von dem empfindsamen *artiste* und ging wieder seiner Wege. »Wie viel«, klagte Andersen seinem Tagebuch, »habe ich nicht von diesem jungen, bestimmten Menschen gelernt, der mich so oft in meiner Neigung zu ihm verletzt hat. – Hätte ich doch nur seinen Charakter, trotz aller Fehler. Auf Wiedersehen, D.«[18]

Tatendurstig meldete sich Adolph Wilhelm bei der französischen Armee zum Kriegsdienst in Algerien. Der Kolonialkrieg erwies sich jedoch als desillusionierend. »Überall, wo die Franzosen in Afrika auftauchten«, erinnerte er sich später, »verschwanden die Bäume, trockneten die Brunnen aus, flohen die Einwohner, und alles, was blieb, war Wüste.«[19] Der Mißbrauch von Grund und Boden entrüstete ihn, und nach seiner Rückkehr nach Dänemark ersteigerte er auf einer öffentlichen Auktion das Gut Katholm mitsamt dem weitläufigen, herausfordernden Grundbesitz. Das Land war vernachlässigt, die Landschaft märchenhaft wild, und Dinesen verwandelte das Gut systematisch in eine »Goldgrube«[20], er bewässerte Felder, pflanzte Wälder, investierte sein Kapital in landwirtschaftliche Maschinen und trieb seine Arbeiter tyrannisch zu größerer Leistung an.

Nachdem er das Gut erworben hatte, heiratete Adolph Wilhelm, zeugte acht Kinder und bewies seine Führungsqualitäten auch als Haustyrann. Eine seiner Töchter erinnerte sich, daß die Kinder sich abends, irgendeinem auch damals schon unerfindlichen Prinzip gehorchend, bei einer einzigen Leselampe um den Eßtisch drängen mußten, während Adolph Wilhelm, beidseits von Lampen umstrahlt, in fürstlichem Lichterglanz für sich saß. Seine Frau, Dagmar Alvilde von Haffner, war Generalstochter. Ihre Mutter war, bevor die Liaison legitimiert wurde, jahrelang die Geliebte jenes Generals gewesen, was jedoch die gesellschaftliche Stellung ihrer beiden Töchter nicht beeinträchtigte. Thyra, die jüngere, heiratete Graf Krag-Juel-Vind-Frijs, den größten Grundbesitzer und ranghöchsten Adeligen Dänemarks. Zwischen Vettern und Kusinen der Familie Frijs und Dinesen sollte es auf mehrere Generationen hinaus enge Bande geben.

Sechs der acht Dinesen-Kinder waren Töchter, zwei waren Söhne, Christentze, die zweitjüngste, war Patentante und Idol ihrer Nichte Tanne. Zwei Schwestern blieben unverheiratet und gaben die Vorbilder ab für die ledigen Frauen in »Ein Familientreffen in Helsingør«. Die eine, »Tante Emy« (Emilie Augusta), hinterließ ihrer Nichte eine kleine Erbschaft. Tanne nannte sie einmal einen »ausgemachten Snob«, nicht ohne hinzuzufügen, sie sei selbst ein ausgemachter Snob. »Wenn ich nicht mit der Aristokratie oder der Intelligenzija zusammensein kann, muß ich hinab zum Proletariat... Die wirkliche Aristokratie... oder das Proletariat haben nichts zu riskieren. Aber die Mittelklasse hat immer etwas zu riskieren, und der Teufel in seiner allerschlimmsten Form, nämlich in seiner kleinsten Ausgabe, ist stets in ihrer Nähe.«[21]

Über die beiden Söhne gibt die Familienchronik schon etwas ausführlicher Auskunft. Laurentzius Dinesen, der ältere, ging zum Militär, hegte jedoch keine ernstlichen Karriereabsichten. Er führte ein bequemes und einigermaßen sorgloses Leben, war stolz auf sein gutes Aussehen, und Tania Blixen beschreibt in *Daguerreotypier**, wie er damit seinen Ehrgeiz befriedigte. Da ihm die »Entscheidungsfreude« des Vaters und die Seelentiefe des jüngeren Bruders abgingen, wurde er in späteren Jahren ein »Prahlhans«[22], der sich gern mit seinen Jugenderfolgen brüstete. Laurentzius war der Verwaltung des komplizierten Besitzes nicht gewachsen; Katholm wurde nach und nach heruntergewirtschaftet und ging nach seinem Tod und dem frühen Tod seines Sohnes in andere Hände über.

Adolph Wilhelm, Laurentzius' Bruder, wurde 1845 geboren. Er legte jedoch den Namen »Adolph« ab und bekämpfte energisch jede weitere Ähnlichkeit mit dem reaktionären Vater. Als der jüngere Sohn wurde er in eine gesellschaftliche Stellung hineingeboren, die sich durch das definierte, was er nicht war: Er war Nichterbe. Dieser Status brachte eine gewisse Ungebundenheit mit sich, eine Leichtigkeit, die wiederum eine potentielle Bürde war. Viele jüngere Söhne verschlug es in die Kolonien, oder sie wurden durch irgendwelche Launen des Zufalls in alle Winde zerstreut, und oft markierten sie eher eine Lücke, als daß sie eine Position in ihren Familien einnahmen.

Den Phantasien, die die jüngeren Schwestern um Wilhelm

---

* Der Essay »Daguerreotypier« erschien 1951 als Einzelausgabe bei Gyldendal. Noch nicht ins Deutsche übersetzt. (Anm. d. Üb.)

rankten, läßt sich entnehmen, daß er für sie eine romantische Figur war. Sein Sohn Thomas beschreibt ihn als *enfant terrible* – Liebling und Störenfried der Familie zugleich. Er war ein überaus unsteter und lebenslustiger Mann, und wenn er nicht im Krieg war, dann war er auf der Jagd oder verliebt – alle drei Dinge »Herzensangelegenheiten«. Mag sein, daß Tania Blixen an ihn dachte, als sie schrieb: »Ein erotischer Impuls läuft durch das ganze Lebensgeflecht der großen Wanderer.«[23]

Als der abenteuerliche Teil seines Lebens vorüber war, schrieb Wilhelm mehrere Bücher. Das eine, ein außerordentlich persönlicher und dennoch literarisch anspruchsvoller, briefartiger Erfahrungsbericht, *Jagtbreve**, wurde zu einem Klassiker der dänischen Literatur. Wilhelms Tochter war überrascht, daß das Werk zu ihrer Zeit noch immer so viel gelesen wurde, bemängelte jedoch, daß die »Leichtigkeit« seines Stils die Leser täusche, die ihn als oberflächlich (»un élégant«) empfanden – und häufig auch abtaten. Für ihr Gefühl hatte Wilhelm »eine Art, ernst zu sein, die ihn von anderen unterschied«.[24]

---

* Wilhelm Dinesens *Jagtbreve* (Jagdbriefe) und *Nye Jagtbreve* (Neue Jagdbriefe) erschienen 1889 bzw. 1892 unter dem Pseudonym *Boganis* bei P. G. Philipsens Forlag; sie sind noch nicht ins Deutsche übersetzt. (Anm. d. Üb.)

Zweites Kapitel

Der Hauptmann

Es gibt freie freche Geister, welche verbergen und verleugnen möchten, daß sie im Grunde zerbrochne unheilbare Herzen sind.

Friedrich Nietzsche[1]

I

Wilhelm Dinesen war ein innerlich tief zerrissener (*adspredt*) Mensch: Mit diesem Wort beschreibt ihn sein Freund Georg Brandes.[2] Und Brandes liefert auch das beste literarische Porträt – in einer 1889 geschriebenen Würdigung von Wilhelms Werk und in einem Nachruf, den er 1895, kurz nach dessen Selbstmord, verfaßte. Brandes ist außerhalb Skandinaviens heutzutage kaum noch bekannt, aber er war der größte Kulturkritiker seiner Zeit: der Mann, der Ibsen förderte und Nietzsche »entdeckte«, der eine großangelegte Geistesgeschichte der Romantik schrieb, die auch heute noch spannend zu lesen ist, und der den Anstoß gab für fünfzig Jahre geistiger Unruhe, die die Dänen ihren »Durchbruch zur Moderne« nennen. Brandes übte auf fast alle bedeutenden skandinavischen Schriftsteller ungeheuren Einfluß aus, auch auf Tania Blixen, die sich besonders zu ihm hingezogen fühlte, da er ihren Vater gekannt hatte.

Brandes schildert Wilhelm als schwer faßbaren, leidenschaftlichen und ziemlich unglücklichen Menschen, stets auf der Suche nach »einer noch intensiveren Seinserfahrung«.[3] Diese Intensität fand er zunächst im Krieg, und immer, wenn sie ihm in späteren Jahren abhanden zu kommen drohte, war seine erste Regung, sich wieder zum Kriegsdienst zu melden. Er liebte den Krieg »an sich ... mit der Liebe eines Künstlers«[4] und fand dafür Sätze wie diesen: »Bajonette haben wie Diamanten ihre *beaux jours* ... Junges Blut verzaubert sie beide.«[5] Der Krieg übt noch einen weiteren Zauber auf tief unzufriedene Menschen aus: Er kann das Eigenleben auslöschen, während er gleichzeitig den Lebenswillen anstachelt.

Die erste Felderfahrung machte Wilhelm im Preußisch-Dänischen Krieg von 1864. Thomas Dinesen schildert eine Szene, in der sein Vater als junger Oberleutnant während einer Waffenpause zur Totenehrung vor die Truppe trat. Die Gefallenen waren nebeneinander aufgereiht, um den priesterlichen Segen zu empfangen. Wilhelm ergriff die Gelegenheit, dem Aufruhr in seinem Herzen Ausdruck zu verleihen. »Ihm fielen in diesem Augenblick ganz selbstverständlich die richtigen Worte ein... und er sprach in Reimen, was Freund wie Feind zu Herzen ging.«[6]

Dänemark wurde von den Preußen geschlagen und mußte die Herzogtümer Schleswig und Holstein an der Südgrenze von Jütland abtreten. Das war nicht nur eine Demütigung für die Armee, sondern auch ein verheerender wirtschaftlicher und demographischer Verlust, da die beiden Provinzen ein Drittel von Dänemarks Territorium und zwei Fünftel seiner Bevölkerung ausmachten. Auf den Krieg folgte eine Periode der Lähmung, das Gefühl machte sich breit, »in einem kleinen, schwachen Königreich ohne jegliche Zukunftschancen übriggeblieben zu sein«.[7] Brandes meinte, daß die Kriegsgeneration unter einem allgemeinen Gefühl des Versagens litt, das angesichts des Sieges der Vätergeneration über die Preußen im Jahre 1848 als besonders bitter empfunden wurde. Viele traten nach seinen Beobachtungen »den Rückzug nach innen« an und versuchten, sich in häuslichen und sogar eigennützigen Beschäftigungen »zu vergraben«. Gleich den Romantikern einer früheren Generation in Frankreich und Deutschland suchte Wilhelm Dinesen seinen persönlichen Frieden, indem er »sich ganz der Natur, dem Geist, der Phantasie hingab... der Freiheitsliebe und der Erotik«.[8] Er war ein Mann, der sowohl im Gespräch als auch in seinen Schriften den Eindruck vermittelte, daß er »woanders« war – unzugänglich, in irgendeine ureigene Freude oder Trauer versunken. Brandes beschreibt ihn als jemanden, der, obwohl er »mit Leib und Seele Offizier« gewesen war, wie »ein Tagträumer« wirkte, wie »ein Exzentriker und ein Original, dessen Wesen einen kleinen Webfehler hatte«.[9]

Nach dem Krieg kehrte Wilhelm in die dänische Hauptstadt zurück und verkörperte jene nonchalante aber melancholische Gestalt, die Tania Blixen in »Saison in Kopenhagen« als Ib Angel darstellt. Er lernte, mit Säbel und Offiziersmütze in der einen und mit der Teetasse in der anderen Hand zu jonglieren; er war ständiger Gast in den Jagdrevieren und den Salons der feinen Gesellschaft, und gegen Ende des Jahrhunderts, als Fünfundzwanzigjähriger, verliebte er sich in seine achtzehnjährige Kusine, Komtesse Agnes Frijs. Agnes hatte ein liebreizendes kleines Gesicht, das unter der kunstvoll aufgetürmten Frisur noch kleiner erschien. Sie war seine Kindheitsgespielin gewesen, und ihre Mutter war Wilhelms Tante. Aber sie waren gesellschaftlich keineswegs gleichgestellt, und er durfte sich keine Hoffnungen auf eine Ehe mit ihr machen. Sie starb zwei Jahre später – ein »Liebling der Götter« in der Sprache des 19. Jahrhunderts – nachdem sie auf einer Romreise an Typhus erkrankt war. Wilhelms Schwestern, allen voran Christentze, verklärten seine Liebe und seine Trauer um Agnes und gingen so weit zu mutmaßen, seine Gefühle für sie hätten ihn fünfundzwanzig Jahre danach in den Selbstmord getrieben. Abgesehen von der einen einzigen Zeile, die er im April 1871 in sein Tagebuch eintrug: »Brief aus Bardenfleth, *Agnes død*«[10], wissen wir nicht, was er wirklich empfand. Erst später schrieb er mit einem gewissen überlegenen Abstand von »großer Leidenschaft«. Er behauptete, die innigste Liebe würde immer durch etwas geweckt, das Liebe nicht erwidern könne. Diese Vorstellung sprach seine Tochter ungemein an, die später mit ihren Worten das gleiche ausdrückte: »Eine wirklich große Leidenschaft, eine in Wahrheit alles verzehrende Leidenschaft, die kann keiner für ein einzelnes Wesen fühlen – vielleicht überhaupt nicht für irgendein Geschöpf, das selber imstande ist, uns wiederzulieben. Der Offizier aber, der sein Heer liebt, der Gutsbesitzer, der seine Güter liebt, die können mitreden über Leidenschaft.«[11]

Als Preußen 1870 Frankreich den Krieg erklärte, quittierte Wilhelm, begierig auf einen zweiten Waffengang gegen sie, den Dienst im dänischen Heer, um als Hauptmann der achtzehnten Brigade auf französischer Seite zu dienen. Den Winter über erlitt seine Einheit eine Niederlage nach der anderen, und er notierte in seinem Tagebuch, daß nach der Schlacht von Villargent »jeder der Jungfrau Maria eine kleine Kerze anzündete, nur ich nicht!«* Im

---

* Zum Thema Religion schrieb Wilhelm an seine Verlobte, Ingeborg Westenholz: »Ich selbst bin... vielleicht in religiösen Dingen noch um vieles mehr ein Freidenker, als du es bist. Ich habe so viele und so merkwürdige religiöse Gebräuche erlebt, daß mir fast jegliche Religion

März war der Krieg endgültig verloren. Wilhelm geriet in der Schweiz kurz in Gefangenschaft, konnte jedoch fliehen und schlug sich bis in die französische Hauptstadt durch, wo er am Vorabend der Pariser Kommune anlangte. Er war nicht vorbereitet auf das Furchtbare, das ihn erwartete – wohl auf Tod und Verwundung, aber nicht auf das, was ihm als der niederträchtigste und unwürdigste Brudermord erschien. Seine Sympathien gehörten den Kommunarden, und er ging von Barrikade zu Barrikade, nur innehaltend, um auf jede symbolisch einen Stein zu setzen. Später provozierte er seinen Vater mit der Bemerkung, daß er nur zu gern die rote Fahne über dem kaiserlichen Schloß in Berlin gesehen hätte. Aber als die Unterdrückungsmaßnahmen der Regierung ihrerseits grausige Racheakte der Bürger auslösten, schwand Wilhelms Begeisterung für ihre Sache. »Gemütskrank ... betäubt und erschöpft ... von beiden Seiten abgestoßen«[12], kehrte er nach Katholm zurück, überzeugt, daß er selbst es nie zu etwas bringen würde. In diesem Sommer trauerte er »schweigend, mit geschultertem Gewehr«[13] um Agnes, und fünf Monate danach bestieg er ein Schiff nach Nordamerika.

II

Die Reise nach Amerika war die übliche romantische Pilgerfahrt und gehörte in den 70er Jahren des vergangenen Jahrhunderts fast schon zum guten Ton.* Chateaubriand hatte sie fünfzig Jahre zuvor unternommen, und sowohl *Atala* als auch *René* nehmen bestimmte Aspekte von Wilhelms Gemütszustand vorweg. Wie ihr Autor gehörte Wilhelm zu dem Kreis empfindsamer und melancholischer Offiziere und jüngerer Söhne, die sich vorwiegend »unterdrückten und deshalb überwältigenden, unglücklichen Liebesgefühlen« hingaben.[14] Sie alle suchten Seelenfrieden in der

---

verrückt, absurd, hirnverbrannt, manchmal sogar widerwärtig erscheint ...« Aber er endete den Brief mit den Worten, daß er Taufe und religiöse Erziehung seiner eigenen zukünftigen Kinder »der Entscheidung ihrer Mutter überlasse«. Siehe Thomas Dinesen, *Boganis: Min Fader, Hans Slægt, Hans Liv og Hans Tid*, S. 57.

* Frédéric Moreau, der Held von Flauberts *Education Sentimentale*, sehnt sich bezeichnenderweise danach, »un trappeur en Amérique« zu werden.

Wildnis, sie erhofften sich Anregung von Mut und Einfachheit ihrer Bewohner und Erlösung durch ein entbehrungsreiches einsames Leben. An ihre Philosophie von der Natur als der eigentlichen sittlichen Kraft und von der abendländischen Kultur als »Verrat an der ursprünglichen Würde der Menschheit«[15] sollte Tania Blixen in *Afrika, dunkel lockende Welt* anknüpfen.

Wilhelm ging in Quebec an Land und machte sich südwärts nach Chicago auf den Weg, wo er seinen Vetter aufsuchte, der Bankier war und ihn in einen Kreis dänischer Emigranten einführte – bei tüchtigen, gutmütigen und unabhängigen Menschen, deren er später in einem kleinen Artikel mit der Überschrift »Drei Freunde« gedachte. Sie wiederum halfen ihm, Arbeit zu finden: als Getreidehändler, als Angestellter in einem Siedlungsbüro, als Postmeister. Er unternahm Jagd- und Angelexpeditionen im Gebiet von Nebraska, und er »lernte die Indianer sehr gut kennen, offenkundig, indem er mit ihnen jagen ging – und indem er Liebesbande knüpfte. Die einigermaßen rätselhaften Tagebucheintragungen legen die Vermutung nahe, daß er seine Gunst unterschiedlos und unparteiisch auf Sioux und Pawnee verteilte, obwohl sie gegeneinander Krieg führten.«[16]

Zusammen mit einem dänischen Arzt, einem Adeligen, der beschlossen hatte, den Rest seines Lebens bei den Siedlern in Nordamerika Medizin zu praktizieren, reiste Dinesen in die Wildnis von Oshkosh, wo sie Störe angelten und Enten schossen. Später kehrte er noch einmal für einen längeren Aufenthalt dorthin zurück, kaufte ein Blockhaus in der Nähe von Swamp Creek, einem nach einem Nebenfluß des Wolf Rivers benannten Landstrich. Er taufte sein neues Zuhause Frydenlund, nach einem der Häuser der Familie Frijs. Es war aus Holzstämmen gebaut und hatte zwei kleine Räume, einen mit Herd und erhöhtem Schlafplatz und einen mit einer Feuerstelle. Er stopfte eine Matratze mit Farnkraut und schlief unter den Fellen, die er als Fallensteller erbeutet hatte. Das Haus stand mit dem Rücken zum Wald auf einer kleinen Felsnase. »Wer inneren Frieden sucht auf der Welt, kann nichts besseres tun, als seine Zelte in den Wäldern von Wisconsin aufzuschlagen«[17], schrieb Wilhelm. Er lebte jeweils mehrere Monate lang ganz allein in Frydenlund, buk sein Brot in dem »ausgezeichneten« Backofen und ernährte sich von der Jagd. Die Chippewa, die im Frühjahr in seiner Nähe lagerten, gaben ihm den Namen

»Boganis« – Haselnuß[18] –, den er später als seinen *nom de plume* übernahm, und er erwies sich als einfühlsamer und verständnisvoller Beobachter ihres Lebens. In seinem langen Aufsatz über Amerika vergleicht er Familienleben und Wirtschaftsstrukturen der Büffel jagenden Präriestämme und der Wald- und Bergstämme, die vom Fallenstellen und vom Fischfang lebten. Der Aufsatz kommentiert scharfsinnig und voll Bitterkeit den Völkermord, den die amerikanische Regierung und ihre Bevollmächtigten skrupellos begingen. Die Regierung, schrieb er, »hält es manchmal für notwendig, die Indianer mit Hilfe von Soldaten zu dezimieren, aber für gewöhnlich schaffen das der Alkohol, die Pocken, Geschlechtskrankheiten und andere Leiden im Verein mit der Vernichtung ihrer Lebensgrundlage – der Wildbestände... Schon nach kurzer Zeit verkaufen sie der Regierung ihr Land im Tausch gegen ein Reservat, ein kümmerliches Stückchen Land, das sie nicht ohne die Erlaubnis eines Regierungsbeamten verlassen dürfen. Hier fristen sie einige Jahre lang eine klägliche, untätige Existenz bis... die Weißen von diesen elenden Bettlern in ihrer unmittelbaren Nachbarschaft genug haben und sie weiter nach Westen abschieben...«[19]

Dinesen verband eine tiefe Seelenverwandtschaft mit den Indianern: mit ihrem Ehrbegriff, ihrer Eleganz und Kühnheit, ihrem Wissen über die Tierwelt und das Leben in der Wildnis. Mag sein, daß er ihre Klugheit verherrlichte: »Ihre Augen sehen mehr als die unseren«, erzählte er seiner Tochter immer wieder, »sie sind besser als unsere zivilisierten Mitmenschen in Europa.«[20] Aber seine Bewunderung ist frei von Anmaßung. Er anerkannte ihr Anderssein – ein unverwechselbares Wesen, das selbst seiner eigenen freundlichen Einmischung standhielt, und eben das wollten die Weißen zerstören.

Gegen Ende 1874 wurde Wilhelm durch die Nachricht, daß seine Mutter im Sterben liege, nach Dänemark zurückgerufen, und er blieb die folgenden zwei Jahre in Katholm, eine Zeit, in der er sich heftig mit seinem Vater und dessen Welt auseinandersetzte.

Die Konservativen waren erneut an die Macht gelangt oder hatten sie vielmehr den Liberalen wieder entrissen. Sie änderten die Verfassung so, daß sie trotz der Mehrheit, die die Opposition im Unterhaus besaß, regierungsfähig waren. Der König hatte sich als unverhohlener Parteigänger der einstigen herrschenden Klasse erwiesen, und Wilhelm nannte ihn in einem sarkastischen Artikel im *Morgenbladet* »Christ von Gottes Gnaden, König der Konservativen«.[21] Adolph Wilhelm senior war strammer Anhänger der höchst reaktionären neuen Gesetzgebung und betrachtete seinen Sohn als Verräter seiner Klasse, eine Meinung, die von vielen seiner Verwandten und Freunde mehr oder weniger geteilt wurde. Er war nach wie vor gern gesehener Gast als Jagdgefährte und auf Abendgesellschaften – seine Tapferkeit und sein Charme machten seine Schandtaten wieder wett – aber irgendwie hob er sich immer als verrückter Kauz, als schwarzes Schaf von ihnen ab. Den Großvater lernte Tania Blixen nicht mehr kennen, und mit Tanten und Onkeln machte sie erst nach Wilhelms Tod richtig Bekanntschaft, als sie das letzte Bindeglied zu ihm darstellten. Über seine »Verachtung für ihre Bigotterie und Engstirnigkeit« sah sie lieber hinweg.[22]

Vater Adolph Wilhelm überlebte seine Frau nur um zwei Jahre und hinterließ dem verlorenen Sohn eine große Summe Bargeld. Sobald der Nachlaß geregelt war, ging Wilhelm erneut auf rastlose Europawanderschaft. Als der Krimkrieg ausbrach, reiste er in die Türkei, um gegen die Russen zu Felde zu ziehen, kam aber nie zu dem erhofften Einsatz. Er vertrieb sich die Zeit in Konstantinopel, hielt sich über die Kriegsereignisse auf dem laufenden und ließ das Lokalkolorit auf sich wirken.

Einer seiner *Jagtbreve* schildert eine Episode aus dieser Zeit. Wilhelm hatte sich mit einem türkischen Teppichhändler angefreundet, der eine junge, durch den Krieg verwaiste Bulgarin bei sich aufgenommen hatte. Wilhelm, voll Bewunderung für »das schöne Haar und die dunklen Augen«, akzeptierte das Angebot des Händlers, sie ihm für einen Tag zu verkaufen. Er brachte seine Sklavin zu einem französischen Damenschneider und ließ sie »wie eine moderne Dame einkleiden«. Dann beauftragte er die Verkäuferin, sie ins türkische Bad und zum Frisör zu begleiten. Nach ihrer Verwandlung führte er sie in einem Landauer zu einer Stadtrundfahrt aus. »Nie fuhr ich mit einer schöneren oder eleganteren Dame spazieren«, brüstete er sich. »Wir konnten uns nicht miteinander unterhalten, sie verstand nur bulgarisch. Aber... wenn sie auf ihren kleinen Stöckelschuhen lief – die Damen trugen damals kleine spitze Stöckelabsätze – bewegte sie sich wie eine Tänzerin. Die Dinge, die sie kaufte, wählte sie mit Geschmack aus. Sie aß anmutig und warf reizende Blicke auf die Bettler, die neben unserem Wagen herrannten und uns anschrien. Als der Ausflug vorüber war, lieferte ich sie mitsamt ihren alten und ihren neuen Kleidern am Marktplatz ab.«[23]

Die Jagdbriefe spielen diskret auf weitere pikante erotische Abenteuer an. Eine üppige Haremsdame in Begleitung ihrer Eunuchen zwinkert dem Erzähler verstohlen unter ihrem Baldachin zu. Aufrecht und mit wallendem Haar steht eine bildschöne Kommunardin an ihrer Barrikade, und sie ist die einzige Frau, über die Wilhelm je befand, daß sie mit einem Gewehr »gut aussah«.[24] Er gewährt uns Einblick in den Umkleideraum einer großen Diva nach deren triumphalem Auftritt als Zerlina in der Pariser Oper. Sie flüstert ihrem Liebhaber zu (bei dem es sich um den Erzähler handeln muß, denn er berichtet): »*Je ne chante que pour toi.*«* Aber an anderer Stelle gibt er zu verstehen, der größte Genuß für den Kenner sei »*l'amour d'une laide*«.**

In Anbetracht von Wilhelms Sympathien war Georg Brandes geneigt, seinen Freund einen »aristokratischen Radikalen« zu nennen, ein Begriff, den er auf Nietzsche gemünzt hatte und auch für sich selbst gebrauchte, lediglich bei Dinesen zögerte er, weil dieser ein so leidenschaftlicher Demokrat war.[25] Verstandesmäßig war er ein Rebell, ja – den eigenen Worten zufolge – ein »Roter«.[26] Aber vom Temperament her war er ein Epikureer und Ästhet. Er hätte mit Stendhal sagen können, »Ich liebe das Volk und ich hasse die Unterdrücker, aber immer mit dem Volk leben zu müssen wäre eine Qual für mich.«[27] Es ist bemerkenswert, daß zu einem geschichtlichen Zeitpunkt, an dem liberale Puritanerinnen wie Mary Westenholz die Gleichberechtigung der Geschlechter forderten und für das Wahlrecht kämpften, »aristokratische Radikale« wie Brandes und Dinesen, die intellektuellen Krieger, die Frau noch immer als eine Belohnung betrachteten, die ihnen zustand. Wilhelm spricht gönnerhaft über »die geheime Kraft der Frau: ihre Intuition«.[28]

Seine Tochter hatte letzten Endes Verständnis für seine Ansich-

---

* »Ich singe nur für dich« (Wilhelm Dinesen, *Jagtbreve og Nye Jagtbreve*, S. 33).

** »Die Liebe einer Häßlichen« (ibid., S. 139).

ten – allerdings erst nach einer Phase des Widerspruchs. Auf jeden Fall war ihre Sicht die einer Betroffenen, und sie definierte die »geheime Kraft« gern als die Courage, die es erfordert, auf einem Pulverfaß zu sitzen und damit zu drohen, es anzustecken, obwohl man genau weiß, daß es leer ist.[29]

1879 kehrte Wilhelm nach Dänemark zurück und kaufte zusammen mit seiner verwitweten Schwester Alvilde ein großes Stück Land an der Küste, etwa zwanzig Kilometer nördlich von Kopenhagen. Es war eine Geldanlage, von der er sich großen Wertzuwachs versprach, sobald erst einmal eine Eisenbahnlinie bis dort hinaus gebaut würde, und es gehörten auch einige der schönsten Landstriche von Nordseeland dazu, ausgedehnte Wälder, Moore und Meeresstrand. Das Gut hatte mehrere Hauptgebäude: Rungstedgaard, das Alvilda für sich aussuchte; das Gutshaus Folehave, in der Nähe des Dorfes Hørsholm; Sømandshvile und Rungstedlund, am Strandvej (der Küstenstraße) gelegen. Rungstedlund war ein niedriger, weitläufiger Bau mit Strohdach und einem alten Fliederstrauch am Hintereingang. Zusammen mit dem Hauptgebäude, das im sechzehnten Jahrhundert zunächst als Wirtshaus und dann als ländliche Raststätte zwischen Helsingør und Kopenhagen gedient hatte, bildeten Stallungen und Wirtschaftsgebäude einen Innenhof. Im achtzehnten Jahrhundert hatte der große Lyriker Johannes Ewald kurz dort gelebt und geschrieben, hatte hemdsärmelig in der Wirtsstube gezecht, der Gastwirtstochter den Hof gemacht und sich auf einem Hügel hinter dem Haus, den Wilhelm später Ewaldsberg taufte, von der Muse küssen lassen.

Für einen unverbesserlichen Weltenbummler wie Wilhelm war dieser Schritt eine beachtliche finanzielle und geographische Bindung, die seinen Freunden anzeigte, daß er, nunmehr fünfunddreißig, allmählich seßhaft wurde.

Fast unverzüglich begann er, um seine künftige Frau zu werben. Sie war weder eine Frau seiner Kreise noch seines Schlages, aber ein Mensch, der sich als eine Art rettender Anker für ihn erweisen sollte. Für sie selbst blieb die Tatsache, daß seine Wahl auf sie fiel, und daß er ihr so viel Liebe und Verständnis entgegenbringen konnte, immer »ein Rätsel... Es muß etwas in ihm nach einer anderen Seite des Lebens verlangt haben... vielleicht brauchte er Jahre der Ruhe und Stille nach zu vielem

Umherirren«.[30] Seine Tochter Tanne verbrachte einen Großteil ihres Lebens mit der Suche nach der »Leichtigkeit«, nach den »Schwingen«, die er abgeworfen hatte.

III

Den ersten flüchtigen Eindruck von Wilhelm Dinesen bekam Ingeborg Westenholz vom Balkon des königlichen Theaters in Kopenhagen, während er sich unten im Parterre »mit den Damen Treschow unterhielt«.[31] Sein kurzgeschnittenes Haar lief über der Stirn spitz zu wie ein mittelalterliches Visier, was seiner attraktiven Erscheinung im korrekten Abendanzug einen Hauch erotischer Lausbüberei verlieh.

Wenige Tage später lernten sie einander bei einer Schlittschuhpartie auf dem zugefrorenen Festungsgraben kennen. Ingeborg bat Wilhelm, ihre jüngeren Schwestern Lidda und Bess aufs Eis zu begleiten, und er tat ihr den Gefallen. Ein Gefühl von Sympathie war erwacht, aber als Mary Westenholz ihre Töchter im Frühjahr aufs Familiengut nach Jütland mitnahm, »empfand« Ingeborg »noch nichts Besonderes« für den Hauptmann.[32]

Er dagegen hatte bereits seinen Entschluß gefaßt, er fuhr ihr nach aufs Land und erschien eines Vormittags hoch zu Roß und uneingeladen auf Matrup. Mary Westenholz bat ihn, zum Mittagessen zu bleiben, und war bei dieser Gelegenheit sehr von ihm eingenommen. Er verzauberte die Familie mit seinen Erzählungen aus dem Krieg und von seinem Leben bei den Indianern, und so warb er auch um Ingeborg: als ein zweiter Othello. Im Vergleich zu seinen unerhörten und vielfältigen Erfahrungen und zu der Lebensklugheit, die er daraus gewonnen zu haben schien, müsse ihr Leben, fürchtete Ingeborg, »so seltsam bedeutungslos erscheinen«.[33]

Ingeborg war fünfundzwanzig, als sie Hauptmann Dinesen kennenlernte. Sie war gebildet, sprach fließend mehrere Sprachen und schilderte sich selbst als »Freidenkerin« und »absolut unersättlichen Bücherwurm«.[34] Sie hatte einiges von der Welt gesehen, denn nach dem Tod des Vaters hatte die Familie eine ausgedehnte Bildungsreise unternommen. Als der Preußisch-Dänische Krieg ausbrach, fand Mary Westenholz, es sei an der Zeit, daß die Mädchen ihre Französischkenntnisse verbesserten, und schleppte sie mitsamt Kinderfräulein, Gouvernante und »Onkel Harald als Beschützer« über den zugefrorenen Belt und durch ein von Truppen wimmelndes Deutschland, um sie in einer Pension in Lausanne einzuquartieren. Hier begegneten sie Teilen der französischen Truppen, bei denen Wilhelm kämpfte, und schenkten den Soldaten Schokolade und Zigaretten. Ingeborg war untröstlich darüber, daß sie »den armen Pferden« nicht helfen konnte.[35]

Zur Vertiefung ihrer Englischkenntnisse hatten sie eine Zeitlang in London in einer gemieteten Villa in der Nähe des *Crystal Palace* gelebt. Um ihren allgemeinen Bildungshorizont zu erweitern, waren sie dann nach Rom gereist und hatten den Winter in einer Wohnung mit Blick auf die Spanische Treppe verbracht. Ein Hauslehrer wurde engagiert, der sie durch Kirchen und Museen führte, aber er bekam Typhus und starb. Dann wurde auch Ingeborg davon befallen und war lange Zeit schwer krank. Sie zog sich überdies den Zorn und das unstillbare Mißtrauen ihrer Mutter zu, weil sie »einen aussichtslosen Heiratsantrag ermutigt« hatte. Der junge Mann war ihr »bester Freund«, und sie hatte schlicht den Wandel in seinen Gefühlen von Zuneigung zu Liebe nicht bemerkt. »Mama« jedoch war so aufgebracht und machte eine so fürchterliche Szene, daß Ingeborg lange Zeit »völlig eingeschüchtert« war. Fremden gegenüber verhielt sie sich daraufhin immer zurückhaltend. »Außerhalb von zu Hause bin ich nie ich selbst«, vertraute sie Wilhelm an. »Aber daheim bin ich ein ganz anderer Mensch.«[36]

Diese Zurückhaltung verwischt ihre Konturen etwas, besonders da Wilhelms Bild im Vergleich dazu so überaus lebendig wirkt. Auf einem in der Verlobungszeit aufgenommenen Foto spielen seine Finger mit einer Amorette, und er blickt ungeniert aus seinen wollüstig schläfrigen Augen unter den halb geschlossenen, schweren Lidern in die Kamera. Ingeborg steht in strenger und ausdrucksloser Haltung daneben, ein Buch in der Hand, bis zum Hals in schwarze Seide gehüllt; ihr Haar ist straff nach hinten gekämmt und zum Knoten geschlungen; sie besitzt die Züge ihrer Mutter, umrahmt von einem weicheren Gesicht, in dem nur die Augen sehr eng stehen. Alles an ihr wirkt sanft und anspruchslos, und so und nicht anders wollte ihre Familie sie am liebsten sehen: als ihrer aller »kluge... fromme... liebe... entgegenkommende« und naive kleine »*Mohder*«* – die Madonna der Familie.[37]

Bevor Hauptmann Dinesen auf der Bildfläche erschien, war an Mary Westenholz noch nie das Ansinnen gestellt worden, eines ihrer Kinder der Liebe zu opfern, und die Aussicht bestürzte sie. Sie empfand Wilhelm als eine Bedrohung, nicht zuletzt weil er sie mit seinem Charme bezwang, und das war ihr gar nicht geheuer. Nach Rom gab sie nichts mehr auf Ingeborgs Urteilsvermögen und sah sie schon alle möglichen Torheiten begehen, die sie unvermeidlich ins Verderben stürzen würden. Als nun Wilhelms galante Briefe eintrafen, fing sie sie ab und diktierte Ingeborg die Antworten – häufig schrieb sie allerdings selbst und gebrauchte das geschäftsmäßige »Wir«. »Sie werden uns ›säumig‹ finden«, sagt sie, »aber Sie müssen versuchen, es mit Fassung zu tragen.« Oder: »Ich glaube kaum, daß wir schon an einen Besuch in Katholm denken können.« Oder: »Würden Sie uns liebenswürdigerweise bei der Lösung eines Rätsels helfen, das uns verwirrt hat.«[38]

Das Rätsel bestand in dem modischen Reithut eines führenden Hutmachers in Paris, den Ingeborg auf Wilhelms Wunsch »bei Ihren Ausritten« tragen sollte.[39] Aber Mary Westenholz mißfiel der Gedanke, daß ein fremder Mann sich ihre Tochter auf einem Pferd vorstellte; allein schon der Schick des Hutes war eine Impertinenz, und Ingeborg mußte ihn mit der Ausrede zurückgeben, er sei »zu hübsch für das Leben auf dem Lande«.[40]

Von da an stand die Romanze im Zeichen von Spannungen, Klatsch und Widerständen. Mary Westenholz ging so weit, sich abfällig über ihre Tochter zu äußern wie über eine minderwertige Ware. »Sie werden Ingeborg... unselbständig, unreif und verletzlich finden«, schreibt sie. Sie warnt ihn, ihre Tochter besitze »wenige Eigenschaften, die das Herz eines Mannes gewinnen oder fesseln können«.[41]

Wilhelm war da offenkundig anderer Meinung. Und trotz aller

---

* *Mohder* ist die altmodische Schreibweise des dänischen Wortes für »Mutter« (*moder*), das Ingeborgs Schwestern, ihre Mutter und ihr Ehemann, ebenso wie ihre Kinder, liebevoll benutzten, wenn sie von ihr sprachen, und das sie in ihrem unverwechselbaren »alt-kopenhagenerischen« Tonfall aussprachen. Üblicherweise wurde das Wort *môr* ausgesprochen. Sie dehnten es etwas, so daß zwei Silben daraus wurden.

penetranten Einmischungsversuche, die sie erdulden mußte, verstand Ingeborg es, die Romanze ihrerseits standhaft und mit einer guten Portion mädchenhaften Geschicks aufrechtzuerhalten. Die heitere Selbstironie, die aus ihren Briefen spricht, ist bemerkenswert. »Meine Angehörigen sind, wie Sie hoffentlich wissen, die eingefleischtesten Bourgeois, die man sich denken kann. Ich hoffe, daß Ihnen das nichts ausmacht ... Was körperliche Schönheit anbelangt, ist mein Onkel unser bestes Aushängeschild ... er ist mein Vormund, aber Sie wissen ja, daß ich eine alte Jungfer bin. Im kommenden Frühjahr werde ich volljährig und kann tun und lassen, was ich will. Das wird bestimmt eine schöne Bescherung.«[42]

Der Heiratsantrag erfolgte in Matrup. Wilhelm hatte die Nacht und den folgenden Tag dort verbracht, und als er und Ingeborg einmal allein waren, stellte er, wie sie es nannte, »die entscheidende Frage«.[43] Sie fühlte, wie ihre Knie weich wurden und konnte nicht antworten. Aber später schrieb sie ihm: »Mir wird fast Angst um mich, weil es mir nach allem, was Sie mir gesagt haben, so leicht fällt zu erklären, daß Ihre Person und Ihre Briefe zutiefst willkommen sind.«[44]

»Mama« zeigte sich ungeachtet all ihrer Bedenken als gute Verliererin. »Wie sollen wir ein erotisches Element unter uns verkraften?« fragte sie den Hauptmann. »Keines meiner Kinder hat bisher ein solches Gefühl gekannt, und ich habe mich immer davor gefürchtet. Nun erschreckt es mich, daß es uns so nahe rückt. Aber es ist engstirnig, so zu empfinden.«[45]

Die beiden wurden im Frühjahr 1881 getraut. Die Feier war etwas steif, da die beiden Familien sich kaum kannten und auch bei näherer Bekanntschaft wenig zu sagen hatten. Nach den Flitterwochen hielten die jungen Dinesens im ehemaligen Wirtshaus in Rungsted Einzug. Wilhelm fügte sich scheinbar spielend in sein neues Leben. Seine Figur wurde fülliger; mit seinen Gewehren und Hunden, seinen Grundstücksgeschäften und Jagdausflügen, seiner Politik und seinen Memoiren wurde er zum echten Landjunker. Aber es fiel ihm schwer, sich mit dem Frieden anzufreunden. »Er mußte etwas erleben«, erklärte seine Frau, »entweder Freude oder Kummer, nur keinen Stillstand, keine ›Bürgerlichkeit‹.«[46]

»Liebe und Frieden«, schrieb er selbst einmal, »hassen, verfolgen und vernichten sich gegenseitig.«[47]

Drittes Kapitel

Eine Familienromanze

Die Seele eines Kindes verlangt nach solch ungestümen Leidenschaften, nach Widerstand und Hindernissen.

Tania Blixen[1]

I

Nachdem die Frischvermählten einige Monate lang in Wilhelms »Junggesellenwohnung« auf Rungstedlund gelebt hatten, ließen sie den Gedanken fallen, in das größere und komfortablere Herrenhaus auf ihrem Grundstück, eineinhalb Kilometer weiter landeinwärts, umzuziehen. Sie konnten es nicht »übers Herz bringen, sich vom Sund zu trennen«[2], der gleich über den *Strandvej* vor dem Haus lag.

Ein Stück weit nach Süden gab es einen flachen Sandstrand und einen Landungssteg, an dem der Küstendampfer anlegte und Passagiere auf die kurze Fahrt in die Hauptstadt aufnahm. Gegen Ende des Jahrhunderts wurde ein hölzerner Hotelbau errichtet, an den sich eine Badeanstalt mit mehreren Reihen kleiner Umkleidekabinen und gestreifter Sonnenschirme anschloß. Im Sommer war die Luft mild, und die Meerenge wimmelte von Segeln.

Tannes Brüder sollten später ein Boot geschenkt bekommen, in dem sie mit ihr zwischen Kopenhagen und Helsingør hin- und herfuhren. Im Winter drang der vom Wasser abgekühlte Ostwind in die Zimmer des einstigen Gasthofs und machte das Leben darin ungemütlich. Aber die freie Sicht und die »Poesie« des alten Gebäudes hatten es den Dinesens so angetan, daß sie Rungstedlund trotz aller Unannehmlichkeiten ihr Leben lang treu blieben. Im Alter meinte Tania Blixen, für sie, die hundert Meter von der See aufgewachsen war, sei es als junges Mädchen »etwas ganz Natürliches« gewesen, all ihr »Tun im Leben mit den Augen eines Seefahrers zu sehen« und unter den Wahlspruch eines Marinefeldherrn zu stellen: »*Navigare necesse est, vivere non est necesse!*«*

Mary Westenholz hatte sich vorgenommen, nach den Flitterwochen ihrer Tochter von Jütland in die Nachbarschaft von Rungstedlund zu ziehen. Da das nahegelegene Gutshaus Folehave nun leerstand, richtete sie sich dort, zusammen mit ihren zwei unverheirateten Töchtern und vier Hausangestellten, häuslich ein. Für Lidda und Bess war der Umzug ein einschneidendes Ereignis. Sie hatten Heimweh nach Matrup und fühlten sich im neuen Hause von der Welt abgeschnitten. Lidda setzte sich nach und nach über die Aversion der Mutter gegen Schwiegersöhne hinweg; sieben Jahre nach Ingeborgs Hochzeit verlobte sie sich mit Georg Sass – »Onkel Gex« – einem alten Freund der Familie, der ein Gut in Jütland besaß und sie wieder nach dort mitnahm. Bess jedoch verbrachte die folgenden sechzig Jahre in Folehave.

In ihrer Schilderung der Eingewöhnungszeit überspielte Bess ihre Gefühle in der ihr eigenen forschen Art. Aber hinter den beschönigenden Worten spürt man den Unmut darüber, in so jungen Jahren der fanatischen Liebe der Mutter zu Ingeborg ausgeliefert zu sein und in gewisser Weise geopfert zu werden. Mary Westenholz' »Hauptinteresse« galt hinfort »Ingeborgs Wohlergehen«. In der Familie mokierte man sich offen darüber, wie »schamlos parteiisch« sie war.[3] Diese Parteilichkeit war ein zweifelhaftes Geschenk, denn die Mutter benutzte sie als Rechtfertigung, um Ingeborgs Eheleben zu beaufsichtigen, wie sie sich bereits in ihr Liebesleben eingemischt hatte. Mary Westenholz war das Paradebeispiel einer nörgelnden Schwiegermutter. Obwohl sie vorgab, Wilhelm »reizend« zu finden, seine Schriften und seine »un-philisterhaften« Ansichten zu bewundern, betrachtete sie ihn nach wie vor als seelische Bedrohung. Nie war er »gut genug für oder zu« Ingeborg. Unter Druck bekannte sie, »Schwiegermutter zu sein« stelle für sie »ein unlösbares Problem« dar.[4]

Wilhelm blieb die Flucht in eine eigene Welt männlicher Freu-

---

* Tania Blixen, *Mit livs mottoer og andre essays*, S. 10. Das lateinische Zitat ist ein mahnendes Wort des Pompejus an seine Mannschaft: »Abfahren tut not, leben tut nicht not.«

den – eine politische Laufbahn, seine Schriftstellerei, Jagdausflüge mit Freunden – und er verstand es immer, sich Mary Westenholz gegenüber »artig zu benehmen«. Er empfand »aufrichtige Zuneigung«[5] für sie und sah in dieser freimütigen und intelligenten alten Tyrannin vielleicht sogar einen würdigen Gegner. Ingeborgs Gefühle bleiben im dunkeln. Bess jedoch traf das Los so vieler viktorianischer Jungfern und unverheirateter Tanten, von denen erwartet wurde, daß sie ihre unbedeutende gesellschaftliche Stellung klaglos hinnahmen und sich für die Kinder von anderen aufopferten. Bess war eine Frau von ungewöhnlicher Tatkraft und Entschlossenheit, ein prominentes Mitglied der Unitarischen Kirche Dänemarks und rückhaltlose Feministin. Aber nach all ihren energischen Vorstößen in die Welt wurde sie nun von den Anforderungen des Familienlebens vereinnahmt, verbraucht und in gewisser Weise erniedrigt.

Von Ingeborgs Kindern hatte Tanne die problematischste und stürmischste Beziehung zu Tante – *Moster** – Bess. Hinsichtlich ihres Eigensinns waren sie einander durchaus ebenbürtig, sie liebten sich innig, und Bess gehörte immer zu denen, die Tannes künstlerische Begabung unterstützten. Aber gleichzeitig war sie der Ansicht, daß Tanne der Familie mehr Loyalität schulde als sich selbst. Sie selbst hatte dieses Opfer bereitwillig und pflichtschuldig gebracht, wie sie meinte, und beobachtete argwöhnisch jedes Anzeichen von »Verrat« oder »Undank«. Mit ihrem Mißtrauen gegenüber Männern und ihrer Mißbilligung von Tannes Ehe mit Bror Blixen gab Bess das Vorbild ab für die alte Tante in »Die Perlen«, die die Verlobung ihrer Nichte mit einem Adeligen zu hintertreiben versucht:

> Sie war von energischer Natur und hatte sich schon vor langem dazu entschlossen, für andere zu leben, und sie hatte sich als das Gewissen der Familie etabliert. In Wirklichkeit jedoch war sie, ohne Hoffnungen oder Ängste für die eigene Person, ein höchst rühriger alter moralischer Parasit, der die gesamte Sippe, und vor allem deren jüngere Angehörige, plagte.[6]

---

* *Moster*, Tante mütterlicherseits. Wörtlich eigentlich *moders søster*, Mutters Schwester.

II

Als die Kinder der Dinesens geboren wurden, konnte Mary Westenholz »nie genug bekommen von ihnen«.[7] Das erste, Inger (genannt Ea), kam im April 1883 auf die Welt. Großmutter, Tanten, Vettern und Kusinen scharten sich so gierig um die Wiege, daß der Vater des Kindes, der sich vollkommen »nutzlos und beiseitegeschoben«[8] fühlte, mit seinem Gewehr loszog und sich schwor, das nächste würde »seines« werden.

Das nächste war wieder eine Tochter, Karen Christentze (Tanne), die am 17. April 1885 zur Welt kam. Ellen (Elle) folgte ein Jahr darauf. Bis zu Thomas' Geburt vergingen sechs Jahre, und 1894 kam Anders. Ihre frühe Kindheit erlebte Tanne als Teil eines Kleeblatts von Schwestern, alle drei einander altersmäßig sehr nah, alle mit den gleichen feinen Westenholzschen Gesichtszügen ausgestattet und stets – zumindest auf allen Fotos – gleich gekleidet. Mal sieht man sie, im Schnee um den Schlitten der Mutter gruppiert, in Kapuzenmänteln und Fuchspelzschals für die Kamera posieren. Mal stehen sie Hand in Hand nebeneinander, alle drei mit Schmollmündern und in gepunkteten Kittelchen. Mal sitzen sie in Hängerchen mit zarter Smockstickerei auf Gartenstufen oder in Trägerkleidern und Strohhüten auf einer Decke, neben sich einen Bruder im Säuglingsalter. Alle drei bekommen die gleiche kleine Perlenkette, den gleichen Bubikopfschnitt, die gleiche Pudelmütze. Und selbst im Alter von siebzehn beziehungsweise fünfzehn und vierzehn Jahren stehen sie in den gleichen dunklen Sonntagskleidern aus gepunktetem Musseline mit hochgeschlossenen weißen Krägen vor der Kamera, in der Mitte Tanne, ein säuerliches Lächeln auf den Lippen.

In späteren Jahren war es Tania Blixen verhaßt, gesagt zu bekommen, daß sie irgend jemand ähnlich sehe, besonders irgend jemand aus ihrer Familie. Sie wurde berühmt für ihren Chic, ihre Vorliebe für dramatische Aufmachungen, für ihre Art, Hüte und Schals zu tragen, und für ihre Angewohnheit, die Tiere für ihre Pelzmäntel selbst zu erlegen. Vermutlich war die Erinnerung an eine Kindheit in Uniform eine der Triebfedern dieser Originalität.

Ea, Tanne und Elle wurden immer in einem Atemzug genannt – *Pigerne*, die Mädchen – und als ein Wesen umsorgt. Sie wurden alle gleich gut erzogen und gefördert, damit aus ihnen einmal »ge bildete« junge Damen würden, aber herausragende Einzelbegabungen wurden kaum gewürdigt. Konkurrenzkampf war verpönt, es sei denn im abstrakten Sinne – als »geistige Auseinandersetzung«.[9] Lob wurde großzügig, aber ziemlich wahllos gespendet. Selbst als Tania Blixen ein halbes Jahrhundert später die *Sieben Phantastischen Geschichten* veröffentlichte, hatte sie »das Gefühl«, sie müsse ihrer Familie zuliebe »ihre Freude (...) dämpfen«, weil Elles Buch, das früher herausgekommen war, nicht den gleichen Erfolg gehabt hatte.[10]

»Klein Tanne« fand die strenge Gleichbehandlung in der Kinderstube albern und begehrte wütend dagegen auf. Sie vertraute schon frühzeitig auf die eigene Unverwechselbarkeit.

III

Wie jeder von uns besaß Tania Blixen bestimmte ureigene Wesenszüge. Manche Kinder haben von Geburt an Seelentiefe – sind von leidenschaftlicher Neugierde beseelt –, während andere eher zaghaft, passiv oder gleichmütig sind. Während mit diesen ursprünglichen Charaktermerkmalen alles Erdenkliche geschehen kann – vor allem können sie leicht in ihrer Entfaltung behindert werden –, machen sie doch auch einen geheimnisvollen Wesensgrund aus, der sich jeder Analyse entzieht. Tanne war ein stolzes, gefühlvolles, überempfindliches und lebhaftes Kind. Sie war von Anbeginn an eine Träumerin, und es war schicksalhaft für sie, daß dieser Wesenszug von ihrem Vater erkannt und bestärkt wurde, der seine Zweitgeborene zu seinem Liebling erkor und ihr Zeiten der Zweisamkeit schenkte, an der die anderen nicht teilhatten. In gewisser Weise führte sie als Kind ein Doppelleben – als eine von drei und als sie selbst und nur sie allein.

Kein Mensch hat je Näheres erfahren über Tania Blixens innige Vaterbeziehung. Sie war der Überzeugung, daß man die »guten Dinge«, die man erlebte, nicht zerreden dürfe, weil sie sonst ihren Zauber verlören. Sie erwähnt Wilhelm nur sparsam, aber dann in Sätzen, die einem in ihrer Klarheit und Sehnsüchtigkeit ins Auge zu springen scheinen. Sie sagte immer über ihn, er habe sie verstanden, so wie sie war, und auch so geliebt, obwohl sie nur ein kleines Kind war. Sie sagte aber auch, daß er, da er sie verlassen habe, die »Verantwortung«[11] dafür trage, daß sie es im Leben so schwer hatte; wäre er am Leben geblieben, so wäre mit Sicherheit alles sehr anders gekommen.

In T. Blixens Werk und Denken existiert eine Trennlinie, fast schon in Form eines geschlossenen Kreises, wie ein Stickrahmen, die das Ungebändigte vom Häuslichen abgrenzt: Drinnen Feuerschein und Frauenstimmen, dampfende Wasserkessel, das Uhrwerk von Frauenleben. Draußen Leidenschaften, weite Räume, Ruhm und Ehren; dort liegen freie Wildbahn und Kampfstätten. Wilhelm führte seine Tochter aus der häuslichen Enge hinaus in die »ungebändigte Natur«. Er nahm sie auf lange Spaziergänge in die Wälder oder an den Sund mit; er vermittelte ihr seine tiefe Liebe zur Natur; er schulte ihre Aufmerksamkeit, lehrte sie, zwischen den Wildblumen und den Vogelstimmen zu unterscheiden, nach Neumond Ausschau zu halten, Gräser beim Namen zu nennen. Er schärfte ihre Sinne, bis sie sich ihrer bewußt wurde wie ein Jäger, der sein Beutetier nachahmt. Es war, wie sie es selbst ausdrückte, eine Art zweites Alphabet, das sie etwa zur gleichen Zeit lernte wie das Leben, und seine Erfordernisse und Freuden waren für ihr Leben zumindest ebenso wichtig wie die der Bücherwelt.

Als Tania Blixen Parmenia Migel, ihrer ersten Biographin, aus ihrer Kindheit erzählte, beschrieb sie ihr ein Bild, das sie für die erste bewußte Erinnerung ihres Lebens hielt: an der Hand eines Erwachsenen einen Berg hinaufgeführt zu werden und eine »grandiose« Aussicht gezeigt zu bekommen. In der Erzählung »Alkmene« kommt eine ähnliche Szene vor: »Als die Sonne gerade über dem Horizont stand, kamen wir aufs freie Feld hinaus. Vor uns erhob sich ein ansehnlicher Hügel. Wir stiegen hinauf und hatten von der Höhe aus einen großartigen Blick nach allen Seiten: über Heide und goldene Felder hin und deren Herrlichkeit. Alkmene stand reglos da und schaute auf alles. Ihr Antlitz war so licht und strahlend wie die Luft.«[12]

Alkmene und ihr Freund Vilhelm teilen ein geheimes Leben miteinander; »unsere Kameradschaft« gehörte »vor allem den Wäldern und Feldern zu; sie setzte aus und verbarg sich, wenn wir wieder im Hause waren«. Es hatte damit begonnen, daß Alkmene die Erlaubnis erbat, Vilhelm begleiten zu dürfen, wenn er zum Jagen oder Fischen ging. »Sie besaß solch flinke Augen und Bewegungen, daß es war, als habe man einen klugen kleinen Hund bei sich. Hierbei entdeckte ich, daß sich das furchtlose Mädchen angesichts des Todes ängstigte. Als ich das erste Mal einen toten Vogel aufhob, noch warm in meinen Händen, wurde ihr schlecht vor Entsetzen und Ekel. Aber sie fing Schlangen mit der bloßen Hand und trug sie umher. Und sie hatte eine große Liebe für alle wilden Vögel und lernte alles, was es über ihre Nester und Eier zu wissen gibt. Dann war es lustig, sie im Sommer die Ringeltaube und den Kuckuck im Walde nachahmen und ihnen antworten zu hören.«

»So wurden wir auf eine Art und Weise Freunde, wie es, glaube ich, zwischen einem großen Jungen und einem kleinen Mädchen ungewöhnlich ist... Es schien uns beiden bewußt zu sein, daß wir... unter den Menschen unserer Umgebung die beiden einzigen Menschen aus edlem Blute waren...«[13]

Auch Tanne bezog ihr Selbstverständnis aus der Gegenüberstellung mit den Spießbürgern in ihrer Umgebung. Sie und ihr Vater bildeten zu zweit eine Aristokratie für sich, und es war ihr größter Stolz, daß sie zu ihm gehörte und nicht zu »denen«. Mary Westenholz versuchte offenkundig, für Ausgleich zu sorgen, indem sie das eigene gewaltige Gewicht in die andere Waagschale warf, was Tanne zu dem Glauben bewog, daß »meine Großmutter mich nicht mochte. Sie mochte meine Schwestern lieber«.[14] Aber solange Wilhelm am Leben war, spielte das keine Rolle. Er befreite sie aus der Kinderstube mit ihren Rivalitäten. Er erlöste sie aus der Gewalt von Großmutter und Tante. Er ließ sie das uneingeschränkte sinnenfrohe Leben eines Mannes kosten, das einen Gegenentwurf darstellte zur begrenzten Welt der Frauen mit all ihren ethischen Fallen und ihrer Selbstverleugnung. Vor allem aber gab er ihr von Anbeginn an ein übermächtiges Gefühl für die eigene erotische Kraft. Denn Wilhelm hatte sie unter allen Frauen des Haushalts – vor ihren Schwestern und selbst vor ihrer Mutter – auserwählt, oder so legte sie es sich jedenfalls zurecht. Dies war das entscheidende Privileg ihres Lebens und vielleicht auch dessen schicksalhafte Mißbildung, das Sandkorn, um das sich eine Perle bilden würde. Wenn Tanne allein mit dem Vater durch die Wälder streifte, dann war ihr, als seien sie die einzigen Menschen auf der Welt. Es war Tannes Paradies vor dem Sündenfall.

IV

Die Ausflüge mit Wilhelm fanden keineswegs regelmäßig statt. Wenn er zu Hause war, gingen sie vielleicht täglich miteinander aus, aber er war selten zu Hause. Er reiste noch immer viel, besuchte noch einmal sein »geliebtes Paris«, kehrte zusammen mit einer Gruppe ehemaliger Offizierskameraden einige Monate lang nach Amerika zurück. Oft wurde er zu Jagdgesellschaften auf die großen Güter eingeladen. 1892, als er ins Parlament gewählt wurde, lebte er unter der Woche in seiner Kopenhagener Wohnung. Tanne konnte sich nie auf sein Kommen verlassen oder sich innerlich darauf einstellen. Die Augenblicke ihrer Zweisamkeit mußten den Schularbeiten und dem Geschwisteralltag abgerungen werden.

Mit beiden Männern, die später ihre Lebensgefährten wurden, sollte Tania Blixen ein ähnliches Beziehungsmuster erfahren beziehungsweise schaffen. Bror Blixen, ihr Ehemann, war ein unsteter und unabhängiger Mensch, der selbst während der besseren Zeiten ihrer Ehe auf der afrikanischen Farm ein- und ausging, wie es ihm paßte. Ihr Freund Denys Finch-Hatton besuchte sie zwischen seinen Safaris, blieb selten länger als eine Woche und war dann wieder monatelang abwesend. Später sollte Tania Blixen das, was sie in Wirklichkeit als große Entbehrung erfahren hatte, in ihrem literarischen Werk und in ihren Erinnerungen verklären und verkünden, die beste Ehe sei eine Seemannsehe: die Verbindung zwischen einer bodenständigen, Kultur stiftenden und wahrenden Frau und einem ungebundenen Mann.

Als Tanne älter wurde, sprach Wilhelm ziemlich freimütig mit ihr über sein Leben. Seine Abenteuer als Soldat weckten ihre Phantasie und ihren Unternehmungsgeist. Seine Geschichten von den Indianern dagegen bewegten sie tief. Sie fing an, Fenimore Cooper zu lesen und schwärmte für Natty Bumppo *, und als sie in Afrika lebte, war sie außerordentlich stolz auf die gegenseitige Achtung, die ihr Verhältnis zu den Afrikanern prägte, und die Wilhelm ihrer Meinung nach mit den Chippewa und den Pawnee erlebt haben mußte.

---

* *Natty Bumppo* ist die Figur des Amerikaners mit dem Spitznamen »Lederstrumpf« in dem Roman *Die Prärie* von J. F. Cooper (Anm. d. Üb.).

Aber abgesehen von einer hingekritzelten Widmung auf dem Deckblatt eines Buchs – »von Papuschka an Babuschka die Widerspenstige«[15] – gibt es keine schriftlichen Zeugnisse, keine Briefe von Wilhelm an seine Tochter.* Aufschluß über seinen ungeheuren und bestimmenden Einfluß geben eigentlich nur seine *Jagtbreve*, an denen er während Tannes früher Kindheitsjahre, zwischen 1886 und 1892, arbeitete. Robert Langbaum, einer von Tania Blixens kompetentesten Kritikern, schreibt, daß sie »die Gültigkeit all der romantischen Mythen in Afrika wiederentdeckte, Mythen, die das Elementare mit Geist beseelen – die Natur, das Leben der Naturvölker, den Instinkt und die Leidenschaften, die in der Natur verwurzelten Adels-, Feudal- und Stammesgesellschaften«[16], und liefert uns damit eine Liste von Wilhelms Lieblingsthemen und von den Lektionen, die Tanne erhielt.

Jagtbreve ist ein sehr persönliches Buch, nachdenklich, lose zusammengefügt aus Anekdoten und Bildern. Wie alle pastoralen Dichtungen stellt es sich als rein sinnliche Form dar und gibt sich zeitlos. Gleich einer Glasglocke bezieht es seine Spannung vom Druck all dessen, was es verdrängt hat, und dem es standhalten muß.

Während der Jäger seiner Beute auflauert oder sie aufspürt, stellt der Erzähler Betrachtungen an über die einzigartige Herausforderung und Freude, die jede einzelne Tierart für ihn darstellt. Das verleitet ihn zu Exkursen über Liebe und Frauen und die Beziehungen zwischen den Geschlechtern, die in die gleichen Begriffe gefaßt werden. Jagen und Lieben sind beide ein Kampf »auf Leben und Tod«, sind beides Formen des Spiels. Der ritterliche Umgang beider Parteien und die Einhaltung des Verfolgungsrituals sind wichtiger als der Ausgang. Dieses spielerische Element findet seine reinste Verwirklichung in der »großen Geste«. Große Gesten geschehen unablässig in Boganis' Werk: Etwas Unmögliches wird ersehnt; es wird in symbolischer Form verwirklicht. Eine Aufgabe, die ungeheure Risiken mit sich bringt, wird ge-

---

* Clara Svendsen, die jetzt Clara Selborn heißt, meint, Tanne sei »offenkundig wütend gewesen über irgend etwas.
[Wilhelm] drohte ihr daraufhin noch mit einem dunklen Loch, in das widerspenstige kleine Mädchen gesteckt werden«. (Brief von Clara Selborn, 1982).

stellt; sie wird scheinbar mühelos ausgeführt. Ein hoher Preis wird gefordert. Ein noch höherer wird bedenkenlos gezahlt. Die großen Gesten zeichnen sich dadurch aus, daß sie sich über Zwänge – wirtschaftliche, biologische, erzählerische, oder wie auch immer – hinwegsetzen. Die große Geste spricht dem bürgerlichen Bedürfnis Hohn, eine Erfahrung in praktische Begriffe zu fassen, in Begriffe ihres Marktwerts. Das Überleben selbst, die elementarste aller Notwendigkeiten, erfordert den höchsten Preis, und darum spricht aus den größten Gesten jenes »erlesene *savoir-mourir*«[17], das auch Tania Blixen so tief bewunderte. Man wird vom Leben gezwungen, den Preis für die eigene Existenz zu zahlen, und der besteht aus Schmerz, Verlust und Tod. Aber man kann den Preis auch auf die leichte Schulter nehmen und sich selbst dafür auslachen, daß man ihn schwergenommen hat. Diese Geringschätzung der praktisch-vernünftigen Sicht der Dinge, diese edle Perversität der Gesinnung, wie Nietzsche es nannte, war eine der nachhaltigsten Lehren, die Wilhelm seiner Tochter erteilte. Ein Ideal, das den Keim zur Selbstzerstörung barg. Und ein Ideal, das ihrer Meinung nach in ihrer beider Werk so oft als Leichtigkeit und Frivolität mißverstanden wurde.

V

1892 kam Thomas, der erste Sohn der Dinesens, auf die Welt. Im gleichen Jahr wurde Wilhelm als Unabhängiger, der mit den Liberalen *(Venstre)* sympathisierte, ins dänische Parlament gewählt. In der Hoffnung, Unterstützung für seine entschiedenen, aber leicht abenteuerlichen Ansichten über nationale Verteidigung zu finden, hatte er mehrere Jahre lang Leserbriefe an Zeitungen geschrieben und politische Streitschriften verfaßt. Aber er hatte die Wirkung überschätzt, die er innerhalb der Regierung ausüben konnte, und ließ sich allzu rasch – ein Zeichen seiner Wirklichkeitsfremdheit – ernüchtern. »Ein Mann, der die Partei, mit der er am meisten übereinstimmte, erbittert kritisiert«, schrieb Thomas Dinesen über seinen Vater, »kann nie wirklichen politischen Einfluß erlangen.«[19]

Noch im gleichen Jahr veröffentlichte er einen zweiten Band seiner *Jagtbreve*, der allgemein weniger gut ankam als der erste. Die Fehlschläge häuften sich, und er scheint einen Rückfall in jene alte »Seelenkrankheit« erlitten zu haben – das Gefühl von Betäubung, von innerer Unruhe, von Beklommenheit, das er in Paris verspürt und das ihn nach Amerika getrieben hatte, befiel ihn wieder. Irgendwann um 1893 oder 1894 erkundigte er sich bei Ingeborg, was sie davon halten würde, ein Jahr lang um die Welt zu reisen. Sie wollte weder sich noch die Kinder entwurzeln, gab ihm aber ihre Bereitschaft zu verstehen, ihn ziehen zu lassen.

Gleichzeitig erfahren wir von Parmenia Migel, daß seine Gespräche mit Tanne »mehr und mehr Gewicht zu bekommen schienen«. »Anspielungen auf Menschen, die er gekannt, auf eine namenlose Frau, die er einmal geliebt hatte, Erinnerungen, Warnungen, Ratschläge strömten nach Art eines sich überstürzenden Monologs aus ihm heraus. ... Er schien Tanne auf eine Weise ins Vertrauen zu ziehen, die ihr Alter und Begriffsvermögen überstieg.«[20] Diese Bekenntnisse verwirrten und erschreckten sie und bürdeten ihr eine schwere Hypothek auf – sie fühlte sich später schuldig, weil sie meinte, sie hätte ihn trösten und von seiner Tat abhalten sollen.

Im März 1895, einen Monat vor Tannes zehntem Geburtstag, unternahm Wilhelm die lange Reise nach Jütland, um Katholm einen Besuch abzustatten, blieb aber nur einen Tag. Am Abend darauf, wieder zurück in Rungstedlund, hörte Malla, das Kindermädchen, ihn in der Bibliothek auf- und abgehen und etwas vor sich hinmurmeln, das sich, wie sie später aussagte, anhörte wie »Ich muß es tun, ich muß es tun«.[21] Am siebenundzwanzigsten wohnte er der Parlamentssitzung bei, verließ sie jedoch vorzeitig, kehrte in seine Wohnung zurück und erhängte sich an den Deckenbalken.

Thomas Dinesen machte einmal eine Andeutung, die er jedoch nicht bestätigen wollte, daß ein Arzt Wilhelm gesagt habe, er leide an einer Krankheit, »die nur in einer dunklen, hilflosen Zukunft enden könne«.[22] Als Thomas zwölf Jahre alt war, fragte er seine Mutter, ob Wilhelm sich umgebracht habe, und Ingeborg bejahte. »Du mußt verstehen«, sagte sie zu ihm, »daß ein Mann wie Vater, ein Soldat und Naturmensch, nicht mit dem Gedanken leben konnte, daß er auf Jahre hinaus als menschliches Wrack, als hilfloses Überbleibsel dessen, was er einmal war, würde weiterleben müssen.«[23] Später meinte Thomas, es sei »wahrscheinlich«, daß es sich bei der Krankheit um Syphilis gehandelt habe.

Erhängen war kein ehrenhafter Tod für einen Offizier. Diese Tötungsart war bei der Armee den Deserteuren vorbehalten. Wilhelm verstand etwas von Gesten, und diese eine, letzte, deutet darauf hin, daß er glaubte, er habe einen wesentlichen eigenen Grundsatz verraten – vielleicht nicht, indem er sich eine Geschlechtskrankheit zuzog, sondern indem er seine Frau, fünf Kinder und eine einmal übernommene politische Aufgabe im Stich ließ.

Zum damaligen Zeitpunkt erfuhren die Kinder lediglich, daß ihr Vater krank gewesen und dann plötzlich gestorben sei. Als sie über den Selbstmord aufgeklärt wurden, erfuhren sie nichts über seine Motive – die bis heute in der Tat unklar sind. In Afrika teilte Thomas der Schwester seine Mutmaßungen über Wilhelms Selbstmord mit, und sie akzeptierte sie als schlüssig und sogar wahrscheinlich. Zu der Zeit litt sie selbst bereits an Syphilis. Es war einer von vielen Faktoren, die sie zu der Bemerkung veranlaßten: »Meines Vaters Schicksal hat sich eigenartigerweise weitgehend in dem meinen wiederholt.«[24]

Viertes Kapitel

»Alkmene«

Ich habe so oft Gewissensbisse gehabt, weil ich zugelassen habe, daß Folehave Euch zwar mit Liebe umsorgte, aber auch mit seiner ganzen Schwere belastete.

Ingeborg an Thomas Dinesen[1]

I

An dem Nachmittag, an dem sie von Wilhelms Tod erfuhren, waren die Kinder bei der Großmutter in Folehave. Die Wahrheit wurde ihnen schrittweise beigebracht: zunächst hieß es nur, daß er krank sei. Als dann eine der Tanten ins Wohnzimmer kam und Tanne sie fragte: »Wie geht es Vater?« teilte man ihr mit, daß er gestorben sei. »Nach einer Weile sagte ihre Schwester Ea zu einer der erwachsenen Personen, ›Tanne zittert so‹.«[2]

Tanne erlebte den Verlust dramatischer als die Geschwister und wurde durch die Trauer um Wilhelm in tiefe Einsamkeit gestürzt. Sie hatte nicht nur den Vater verloren, den verständnisinnigen Menschen und das Privileg der anregenden »Gespräche auf dem Ewalds-Berg«, sondern von einem Tag auf den anderen versiegte für sie jener Quell der Selbstachtung, der beflügelnden Selbstliebe, der Wilhelm für sie gewesen war. »Es war«, sagte sie später, und dabei übertrieb sie nicht, »als sei ein Teil von einem selbst gestorben«[3], und dieser Teil war die Fähigkeit, spontan und vertrauensvoll zu lieben. Von nun an litt Tania Blixen zeitlebens unter einer Furcht, die »an panische Angst grenzte ... sein Leben und das Innerste seiner Seele sozusagen unwiderruflich [einzusetzen] für etwas, was man verlieren könnte«.[4]

Mary Westenholz war herzkrank, und der Schock über Wilhelms Selbstmord löste einen Schlaganfall aus. Vier Jahre lang konnte sie sich nicht mehr bewegen und nur noch mit Mühe sprechen. Mit allergrößter Anstrengung erlangte sie schließlich diese Fähigkeiten wieder. Die übrige Familie versuchte verständlicherweise, ihr weiteren Kummer zu ersparen, aber dadurch wurde jeder natürliche Schmerzausbruch im Keime erstickt. Es war eine ausgesprochen angespannte, zermürbende Zeit. Ingeborg war fast von Sinnen vor Trauer, und viele der Alltagsentscheidungen fielen nun Moster Bess zu. Sie beschloß, daß es für die Kinder das Beste sei, sie dazu anzuhalten, ihre Lebensgewohnheiten wie bisher fortzusetzen und so wenig wie möglich über ihren Vater zu sprechen. Außerdem bekamen sie die Mahnung mit auf den Weg: »Die Kinder einer Witwe müssen sich besser benehmen als andere Kinder.«[5]

Tanne war zumute, als sei sie mit einem Mal unter lauter Fremde geraten. »Die Verwandten mütterlicherseits, bei denen ich nach Vaters Tod aufwuchs«, erzählte sie einmal einer befreundeten Person, als hätte sie davor nicht mit ihnen zusammengelebt, »mochten ihn nicht, abgesehen davon, daß sie den Wert seiner *Jagtbreve* wohl zu schätzen wußten. Mir ist, als hätte ich im stillen schon immer ... zu ihnen gesagt: Ich weiß es besser.«[6]

Tannes heftigster Unmut galt immer nur der Verwandtschaft der Mutter, nie der Mutter. Ingeborg war die einzige, die unter einem ebenso furchtbaren Verlust litt wie sie selbst, und sie wurden zu Verbündeten, ja Verschwörerinnen in ihrer hingebungsvollen Pflege von Wilhelms Andenken. Trotz der schwerwiegenden Vorbehalte ihrer Familie hatte Ingeborg ihn akzeptiert, ihn mit einer Leidenschaft geliebt, die durch den Widerstand und das Unverständnis ihrer Umwelt nur noch verstärkt wurde, und sein Selbstmord war nicht nur ein Verlust von größter Tragweite für sie, sondern in gewisser Weise auch eine beschämende Niederlage. Aber wenn Ingeborg auch spürte, daß ihre Mutter und ihre Schwestern Wilhelm »nicht mochten«, so machte sie ihnen doch nie einen Vorwurf daraus; sie war kein aufrührerischer Geist. Aber sie wurde »passiv ... melancholisch ... unzugänglich«.[7] Wie Malli in der Erzählung »Stürme« sorgte Ingeborg dafür, daß niemand erfuhr, was sie dabei empfand.[8]

II

Tannes Gefühle kennen wir dagegen, denn vierzig Jahre später verarbeitete sie sie in der Erzählung »Alkmene«, einer der fraglos tragischsten Geschichten, die sie je schrieb, mit dem unverhülltesten autobiographischen Bezug.

Alkmene ist ein kleines Mädchen von sechs Jahren, eine Waise, die ihrem angestammten Milieu entrissen und der Fürsorge von Fremden übergeben wird. Sie ist, erfahren wir, »so völlig allein und tragisch ins Leben gestellt, daß sie fürwahr nach der Heldin in Shakespeares Tragödie Perdita heißen könnte«.[9]

Ihre Geschichte wird von einem jungen Mann namens Vilhelm erzählt, dem Sohn eines außergewöhnlich übellaunigen und selbstsüchtigen Großgrundbesitzers, Adolph Wilhelm Dinesen nicht unähnlich. Vilhelm wird auf dem weltabgeschiedenen väterlichen Gut in Jütland vom Dorfpfarrer unterrichtet; und der strengen und rechtschaffenen Obhut dieses Pfarrers wird Alkmene anvertraut.

Dieser Pastor ist jedoch kein unbeschriebenes Blatt. Einst studierte er in Kopenhagen, schrieb Gedichte nach klassischem Vorbild, ging in einem Künstlerkreis ein und aus und hatte den Ehrgeiz, sich durch irgendein bedeutendes Werk in der Welt zu verewigen. Aber er entsagt diesem Leben, entflieht ihm voller Entsetzen, als er Anzeichen von Größenwahn an sich entdeckt. Statt dessen nimmt er von Vilhelms Vater eine bescheidene Pfründe an und heiratet ein Mädchen vom Lande, einen Menschen, der Mühsal und Verluste gewohnt ist. Gertrud hat ein »breites Gesicht«, aber, wie wir erfahren, einen »göttlichen Körper«. Ein alter Freund des Pfarrers, ein Lehrmeister des Königlichen Balletts von Kopenhagen, besucht die Pfarrei und erkennt unverzüglich, was die Provinzbewohner übersehen haben: daß Gertrud eine »leibhaftige, lebende Venus« ist. Er vertraut dies Vilhelm an, der mit einem Mal begreift, weshalb er sich »in Getruds Gesellschaft so wohl fühlte«. Denn Vilhelm ist wie Alkmene ein Fremdling im eigenen Milieu – ein Heide. Gertrud jedoch ist sich der eigenen Schönheit nicht bewußt und hat keine Verwendung dafür. Ihr Mann hat seine Verbindung zur Welt des Mythos und der Dichtung mutwillig zerstört, und sie – die von den Männern hätte vergöttert werden können – sehnt sich nur danach, Mutter zu werden.

Das ist ihr jedoch nicht vergönnt; der Pfarrer und seine Frau können keine Kinder haben. Er fügt sich ins Schicksal, aber Gertrud wütet dagegen an. Eines Tages kommt vom alten Ballettmeister aus Kopenhagen ein Brief, worin er um eine Heimstatt für eine kleine Waise nachsucht, deren Herkunft ein schreckliches Geheimnis umgibt. Er deutet jedoch an, daß sie das Kind einer großen und verbotenen Leidenschaft sei. »Ich kenne wahrlich keine Menschenseele, auf die vollkommener und ergreifender das Wort zuträfe vom Brand, der dem Feuer entrissen werden muß.«[10]

Der Pastor mußmaßt, daß sein Freund, »der alte Fuchs«, ihn mit dieser romantischen »Geschichte aus einem Buch« erweichen will, und daß das kleine Mädchen das Kind irgendeiner Schauspielerin oder Tänzerin ist. Sogar ihr Name, erklärt er Vilhelm, sei eine raffinierte Erfindung des alten Herrn, mit der er auf seine Schwäche für griechische Dichtung anspiele. Sie heißt Alkmene, wie die Heldin in einer seiner eigenen Geschichten. »Ja«, schließt er, »er will mich zurück zum Olymp rufen« und womöglich Gertrud, die ahnungslose Venus, mit ihm.

Alkmene erfüllt alle Voraussetzungen, um zwei durch und durch redliche Charaktere zur Rückkehr zum Olymp, zur Hinwendung zu den mythischen Seiten ihres Wesens zu verführen, von denen sie sich abgewandt haben. Sie ist ein Kind von »seltener, edler, überwältigender Schönheit«; ihre Bewegungen sind von unerhörter Leichtigkeit, und für Vilhelm, der später in den großen Theatern viele berühmte Tänzerinnen sah, war rückblickend keine so anmutig wie sie. Sie ist »gänzlich ohne Furcht«, insbesondere frei von sexueller Furcht: »Weder der Bulle noch der Ganter schreckten sie; von allen Tieren auf dem Hofe liebte sie gerade diese beiden am meisten«. Sie geht verschwenderisch oder achtlos mit materiellen Dingen um und verschenkt oft die eigenen Kleider und Habseligkeiten. Auch unterscheidet sie nicht zwischen Wahrheit und Einbildung, »für sie sahen die Dinge anders aus, als sie es für andere Leute taten, oft in höchst überraschender Weise«.[11]

Diese klassische Gestalt entzückt ihre christlichen Eltern, aber sie beunruhigt sie auch zutiefst. Denn ihr geht das Gefühl für etwas ab, das der Grundstein des elterlichen Lebens ist: für Schuld. Gertrud, der Alkmenes Phantasien »wenig ausgemacht haben« würden, wenn sie mit ihr allein gewesen wäre, »denn sie besaß die Liebe des Bauern für Fabeln und Mären«, fühlt sich in ihrer Rolle als Pfarrersfrau verpflichtet, sie »das Fürchten zu lehren«. Und obwohl der Pfarrer ihr Griechisch beibringt, darf Alkmene nicht tanzen, eine Betätigung, die Gertrud mit ihren ersten Lebensjahren und dem sündigen Milieu in Verbindung bringt – dem »Feuer«, dem sie entrissen wurde.

Der einzige Mensch, mit dem Alkmene eine echte Seelenverwandtschaft verbindet, ist Vilhelm. Er bewundert eben jene Wesenszüge an ihr, die ästhetischen Qualitäten, die ihre Eltern erschrecken. Er nimmt eine brüderliche aber dennoch erotische Rolle in ihrem Leben ein. Einmal gibt er ihr ein Seidenkleid seiner verstorbenen Mutter, das sie vor ihren Eltern versteckt, für ihn aber auf einem Gang durch den Wald trägt. »Später dann, als sie so hübsch wurde, hätte man annehmen können, daß ich davon träumte, das schöne Mädchen aus dem Pfarrhaus zu verführen. Aber das lag mir ebenso fern wie der Gedanke an eine Heirat.« Das eine wäre seiner Achtung für Alkmene unwürdig, das andere seiner eigenen gesellschaftlichen Stellung nicht angemessen gewesen. »Das Hauptmerkmal unsrer Beziehung jedoch war ein tiefes, stummes Einvernehmen, von dem die anderen nichts ahnten. Es schien uns beiden bewußt zu sein, daß wir, in einer Welt, die anders war als wir, einander ähnlich waren. Später habe ich mir das dadurch zu erklären versucht, daß wir, unter den Menschen unserer Umgebung, die beiden einzigen Menschen aus edlem Blute waren, und daß ihres vielleicht, und sogar bei weitem, das edlere war.«[12]

Es gelingt Alkmene nicht, den Sinn ihrer Eltern wieder für ihren mythischen Wesensgrund zu wecken, und sie versucht, von ihnen fortzulaufen. Beim ersten Mal, im Alter von neun Jahren, zeigt sie keinerlei Reue wegen des »Herzeleids«, das sie ihnen dadurch angetan hat. Beim zweiten Mal, als sie elf ist, läuft sie einem Zigeunertrupp hinterher, der in dem Ruf steht, einen Mann getötet zu haben. Vilhelm reitet ihr nach und findet sie, wie sie strauchelnd durchs Moor hastet. Sie bittet ihn um sein Pferd, um schneller voranzukommen. »Du erschreckst deine Leute, du Dummkopf, wenn du davonläufst«, schilt er sie. »Deine Leute ... lieben dich und halten dich für das reine Wunder, wenn du nur bei ihnen bleiben wolltest.« Alkmene entgegnet: »Und was ist mit den Kindern, Vilhelm, die nicht geliebt werden wollen?«[13]

Als die Zeit von Alkmenes Konfirmation naht, erhebt sich das Problem ihrer Geburt und ihrer wahren Identität. Der Pfarrer würde ihr gern sagen, daß sie nicht ihre leibliche Tochter ist, aber Gertrud fürchtet, daß dieses Wissen ihr das Kind unwiederbringlich entfremden werde. Sie irrt. Als Alkmene erfährt, daß sie Waise ist, daß die Pfarrersleute nicht ihre wahren Eltern sind, verfliegen »Mißtrauen, Empörung und Feindseligkeit«, die sie ihnen gegenüber gezeigt hatte. Die insgeheim genährte Überzeugung von ihrer Andersartigkeit hat sich bewahrheitet.

Aber die Erzählung endet wehmütig. Alkmene erbt, als sie sechzehn wird, ein großes Vermögen, mutmaßlich von ihrem leiblichen Vater. Der Pfarrer und Gertrud ratschlagen miteinander, ob sie das Geld in ihrem Namen überhaupt annehmen sollen. Das Vermögen scheint die verschleierten Hinweise auf Alkmenes Geburt zu bekräftigen. Nun drängt Vilhelms Vater, der alte Gutsherr, seinen Sohn, um ihre Hand anzuhalten. Vilhelm lehnt ab. Seine Selbstachtung verbietet es ihm, sich jetzt, wo sie reich ist, auf die einstige Spielgefährtin zu stürzen und ihrer beider innige Vertrautheit auszubeuten.

Die Jahre vergehen, und der alte Pfarrer stirbt. Während Gertrud bei ihrer Schwester zu Besuch ist, bittet Alkmene Vilhelm, ihr einen Gefallen zu tun und sie nach Kopenhagen zu begleiten. Vor langer Zeit hatte er versprochen, ihr, wann immer sie ihn darum bitten würde, einen Dienst zu erweisen, und nun versucht er, es so einzurichten, daß sie an dem von ihr gewünschten Tag in der Hauptstadt ankommen. Sie reisen über Land und geben sich als Bruder und Schwester aus, obwohl in Vilhelm die Erkenntnis reift, daß er Alkmene liebt und sie zu seiner Frau machen möchte. Als sie in der Stadt ankommen, eröffnet ihm Alkmene den Zweck ihres Besuchs: Sie will zusehen, wie ein berüchtigter Mörder enthauptet wird. Sie begeben sich an den Ort der Hinrichtung, und die Menge starrt Alkmene an. Selbst der Mörder scheint ihre Augen zu suchen. Sie ist tief bewegt von dem grausigen Schauspiel und zitiert ein Gedicht, das ihr Vater ihr einmal vorgelesen hatte, von einem Mädchen, das ebenfalls enthauptet wurde:

Jetzt hat über jedem Haupt gezittert
das Beil, das über meinem bebt.[14]

Sie gibt ihm damit zu verstehen, daß die Hinrichtung ihr eine Warnung ist.

Bevor sie nach Jütland zurückkehren, möchte Vilhelm Alkmene etwas von der Stadt zeigen, und er führt sie zum Königsschloß. Vor den Toren passieren sie einen alten Mann mit einem großen Blumenstrauß in der Hand, in dem Vilhelm den Ballettmeister wiedererkennt. Dieser starrt Alkmene unverwandt an und scheint sie auch zu erkennen, aber er ist unterwegs irgendwohin und spricht sie nicht an. Sie reisen auf dem Seeweg zurück, und auf dem Schiffsdeck sagt Vilhelm zu Alkmene: »Ich hatte gedacht, daß du und ich unser Leben lang zusammenblieben«, aber sie weist ihn zurück. »Du sprichst jetzt von meinem Leben. Aber damals, als es Zeit war, versuchtest du nicht, es zu retten ... Alle liebten sie Alkmene. Du hast ihr nicht geholfen. Wußtest du denn nicht, jetzt, immer, daß sie alle gegen sie waren, alle?« Vilhelm entgegnet: »Es ist mir nie der Gedanke gekommen, du könntest nicht die Stärkere sein.« »Ja, aber es war nicht so«, sagte sie. »Sie waren die Stärkeren.«[15]

»Sie« hatten sich geweigert, Alkmene anzuerkennen, ihr Leben zu »retten«, indem sie ihr ermöglichten, das Schicksal zu erfüllen, für das sie bestimmt war. Ihr Freund Vilhelm hätte sie zur geschlechtlichen Liebe erwecken können. Der alte Ballettmeister hätte die Identität ihrer leiblichen Eltern aufdecken und ihr Zugang zu deren Welt verschaffen können. Noch im letzten Augenblick, vor dem Schloß, hätte er ihr dessen Tore öffnen können. Gertrud mit ihrer »Liebe des Bauern für Fabeln und Mären« hätte Alkmenes Phantasiereichtum gutheißen können. Der Pfarrer, ihr Adoptivvater, der sie das Griechische lehrte, hätte sie »zurück zum Olymp« und damit an den ihr gebührenden Ort führen können. Aber er verriet Alkmene, so wie er einst die alten Götter verraten hatte.

Alkmenes seltsamer Wunsch – mitanzusehen, wie ein Mensch für seine Sünden auf dem Schafott starb – ist eine Geste der Resignation, mit der sie vor der Welt des Pfarrers kapituliert. Mit einem Mal beugt sie sich jener »Furcht«, die ihr bislang auf so befremdliche Weise abging. Als sie erkennt, daß niemand sie wirklich »retten« will – retten im tiefsten psychologischen Sinn –, nimmt sie die andere Rettung an: den christlichen Gedanken von Schuld und Sühne.

Jahre später hat Vilhelm Gelegenheit, seine Jugendfreundin noch einmal zu besuchen. Zusammen mit Gertrud lebt sie auf einem abgelegenen, ärmlichen Bauernhof, wo die beiden Frauen Schafzucht betreiben. Sie ist knauserig geworden und hortet die große Erbschaft ihres leiblichen Vaters. Ihr Gold, wie ihre Schönheit, ihre Anmut, ihre Furchtlosigkeit, ihr »Schicksal« sind unbrauchbar geworden für sie.

III

Rungstedlund war Tannes »Pfarrei«, und nach Wilhelms Tod wurde ihre eigene Kindheit zu einem Kampf – meist in ihrer Phantasie ausgetragen – um Anerkennung als das, was sie zu sein glaubte und auch glauben wollte, wie Alkmene aber nicht beweisen konnte: das vertauschte Kind, in dessen Adern das Blut von Königen, Kurtisanen oder Dichtern floß. Sie wußte, daß ihre Angehörigen sie innig liebten und auf ihre Art nur ihr Bestes wollten, aber sie leugneten ihre wahre Natur. »Mir scheint, sie ... haben eine erschreckende Fähigkeit, sich und andren das Leben zu erschweren«[16], schrieb Tanne einmal.

Wie Alkmenes wirklicher Vater verkörperte Wilhelm den »Olymp«, das Reich der alten heidnischen Götter, jene verschwundene Weltordnung, in der Erotik und Geist sowohl in praktischem wie in symbolischem Sinne eine Einheit gebildet hatten.

Tania Blixen machte in »Alkmene« die eigene Kindheit zum Mythos. Das Kind ist ihre Doppelgängerin, die ideale Verkörperung des eigenen Ich. Aber mit Alkmenes Kapitulation scheint die Ähnlichkeit zu enden. Wenn wir ihrem Afrikabericht *Afrika, dunkel lockende Welt* und ihren Erzählungen glauben dürfen, dann beugte sich Tania Blixen nicht der »Tyrannei« der mütterlichen Verwandten, wie sie es nannte. Sie flüchtete ins kenianische Hochland, bekräftigte ihren Anspruch auf das geistige Erbe des Vaters und entdeckte, »daß Gott und der Teufel eins sind«.[17]

Es ist möglich, daß das Ende der Erzählung schlicht die tragische Alternative zu ihrer eigenen Lebensgeschichte darstellt. Aber es kann auch sein, daß sie uns zeigt, wie weit äußere Erscheinung oder selbst biographische Fakten vom Gefühl, von der psychologischen Wahrheit entfernt sein, ja sie Lügen strafen können. Tania Blixen hegte in ihrem Werk und in ihrer Persönlichkeit eben jene Wesensmerkmale und Kennzeichen des Andersseins, mit denen sie Alkmene ausstattete, und in der gealterten Dichterin lebt die junge Alkmene wieder auf. Aber sie scheint in der Erzählung auch – mit erschütternder Aufrichtigkeit – einzugestehen, wie sehr die Schuldgefühle und Seelenkonflikte der Kindheit sie in Wirklichkeit bedrängt haben.

Tanne wollte durchaus geliebt werden, war nicht unempfindlich für das »Herzeleid«, das sie verursachte, und sie lebte in dem Bewußtsein, daß ihre Angehörigen eine »seltsame Macht« besaßen, ihr das Gefühl einzureden, daß es ein Unrecht war, gegen sie aufzubegehren.

Fünftes Kapitel

Drei Schwestern

I

Obwohl Ingeborg nach Wilhelms Tod für Fremde »nicht gerade sehr zugänglich«[1] war, herrschte zwischen Rungstedlund und Folehave immer reges Kommen und Gehen von Verwandten. Ingeborgs Brüder hatten geheiratet und waren Väter geworden, und sie brachten ihre Kinder mit, um Mama zu besuchen und um mit Kusinen und Vettern zu spielen. Mary Westenholz' elf Brüder und Schwestern hatten sich fleißig vermehrt, und so kamen Gruts und Ræders, Sasses und Hoskiers, Plums und Berrys zu Besuch. Gegenüber den Berrys, dem schottischen Zweig der Familie, der von Tante Emily Hansen abstammte, »mußte man sich immer von seiner besten Seite zeigen«.[2] *Eine* Familiengepflogenheit gab es immerhin, die Tania Blixen liebte: die Geburtstagsfeier ihrer Großmutter, alljährlich im Juli; das Obst reifte, die Rosen blühten, und es war so warm, daß man im Sund baden konnte. Der ganze Familienclan versammelte sich in Folehave um einen Tisch, der unter der großen Ulme gedeckt wurde, und es gab Brathähnchen und weiße Erdbeeren.

Mary Westenholz war ein Pfeiler der Hørsholmer Gesellschaft, und Tanne und ihre Schwestern wurden oft eingeladen, um Gästen wie Gräfin Ahlefelt und ihrer Tochter Ulla, oder Frau Funch, der Frau des Rungsteder Arztes, und anderen feinen Damen Tee einzuschenken, deren Unterhaltung, wie selbst Ingeborg einräumen mußte, vollkommen bieder und nichtssagend war.

Tanne zog entschieden die Gesellschaft der Dienstboten vor.

Clara Svendsen * berichtet, daß sie immer gern unten im Haus bei ihnen frühstückte, wo sie Kaffee anstatt Tee trinken und dem Klatsch der Fischersfrauen, Melkerinnen und Stallburschen lauschen konnte. Deren Geschichten handelten von Begierde, Rache, Dummheit, Betrug, Trunksucht, Glück und Pech. »Tanne beteuerte zeit ihres Lebens«, erzählt Thomas Dinesen, »daß sie einen besonderen Draht zu den ›einfachen Leuten‹ (ihre eigenen Worte) habe ... und daß dieses Einvernehmen der engen Freundschaft mit den dienstbaren Geistern ihres Elternhauses entspringe.«[3] Unter den »dienstbaren Geistern« herrschten freimütige Sprache, derber Humor und Gefühle ohne alles vornehme Gehabe.

II

Tanne hatte praktisch keine Gelegenheit, außerhalb des Familienkreises und der »trauten [ländlichen] Weltabgeschiedenheit« auf eigene Faust Menschen kennenzulernen. Ihre engsten Freundinnen waren die Kinder von Ingeborgs Jugendgefährtinnen. Else Bardenfleth, die Tochter von Ida Meldal Bardenfleth, war ein schüchternes, wohlerzogenes junges Mädchen, das, laut Tanne, »eine ordentliche und orthodoxe Natur«[4] war und den Wagemut der Freundin ehrfürchtig bewunderte. Sie unternahmen gemeinsame Fahrradausflüge, und im Jahre 1899 lebte Else zusammen mit den Schwestern Dinesen in der Schweiz. 1909 verlobte Else sich mit Eduard Graf Reventlow, einem jungen Diplomaten aus einer angesehenen dänischen Familie, welcher zu jener Zeit einen Posten in Paris innehatte. Graf Reventlow war ein weltoffener Mann, der »viel lebenslustiger«[5] war als seine Verlobte und der, unabhängig von seiner Beziehung zu ihr, eine nicht unbedeutende Nebenrolle in Tannes Leben spielen sollte.

Eine andere Freundin, die Tanne noch näherstand, war Ellen Wanscher. Tanne bewunderte Ellens Mutter, weil diese Interessen pflegte, die über ihre Familie hinausgingen – Theater, Literatur – und von denen sie Ingeborg, die restlos in der Mutterschaft aufging, mehr gewünscht hätte.[6]

---

* Clara Svendsen (heute Clara Selborn) war zwanzig Jahre lang Tania Blixens Sekretärin und Gesellschafterin.

Ellen Wanscher genoß ein Vertrauen, das Tanne zeit ihres Lebens außer ihr nur noch zwei Menschen zuteil werden ließ, beides Männer: ihrem Bruder Thomas und ihrem afrikanischen Diener Farah.* Tanne konnte Ellen in der Gewißheit ihr Herz ausschütten, daß nichts von dem, was sie ihr mitteilte, je verurteilt oder verraten werden würde. Das war von unschätzbarem Wert für sie, denn die Westenholzschen Verwandten waren überaus aufdringlich und vorurteilsbeladen; sie knieten einander förmlich auf der Seele. Einmal hatte Tanne in einer Krise Tante Lidda ein wichtiges Geheimnis anvertraut, und diese trompetete es noch am selben Abend beim Abendessen aus. Sie waren ein so eingeschworener Familienclan, so indiskret und moralisch, so selbstherrlich, daß das Zusammenleben mit ihnen für einen Menschen mit angeborener Zurückhaltung eine unablässige Entwürdigung gewesen sein muß. Gleichzeitig muß jedoch ein derart leidenschaftliches Interesse an der Existenz eines Kindes auch stärkend gewirkt haben. Tania Blixen sollte es noch schätzen lernen, als sie sich der seelischen »Zähigkeit«, um nicht zu sagen Dickköpfigkeit bewußt wurde, mit der es sie ausgestattet hatte.

Abgesehen davon, daß sie Ellen Wanscher dankbar war für ihre »unerschütterliche« Zuverlässigkeit, bewunderte Tanne eine weniger leicht faßbare Eigenschaft an ihr. Obwohl sie weder besonders reizvoll, schön, reich noch begabt war, übte Ellen auf ihre Freunde eine unbezwingliche Anziehungskraft aus, war ein stets gern gesehener Mensch, um dessen Bekanntschaft man sich riß. Sie besaß ein ungebrochenes Vertrauen in den eigenen »Wert«, etwas, was Tanne seit dem Tod ihres Vaters verloren hatte.

Den größten Teil ihrer Kindheit verbrachte Tanne in Gesellschaft ihrer beiden Schwestern, und die tiefe Zuneigung zu ihnen litt unter der Unentrinnbarkeit dieser Gemeinschaft. Die Briefe, die sie ihnen aus Afrika schrieb, sind herzlich, redselig, gelegentlich überschwenglich, aber nicht enthüllend. Sie scheint ihr Eigenleben – ebenso wie ihr Anderssein – verbissen gehütet zu haben.

---

* In ihren ersten *Briefen aus Afrika* schreibt Tania Blixen den Namen ihres Dieners: *Fara*, während er sich in den späteren Briefen wie auch in *Afrika, dunkel lockende Welt* und in *Schatten wandern übers Gras*: *Farah* nennt. Ich habe die zweite Schreibweise gewählt.

Tanne und Ea »kabbelten« sich als kleine Mädchen viel, obwohl Ea später für die anderen eher zur Mutterfigur wurde, die Zuwendung und mitunter Vorwurf austeilte. Ea hatte eine bezaubernde Stimme, sang oft Lieder im Familienkreis und machte sich Hoffnungen auf eine Gesangskarriere. Ihre liebliche Sopranstimme verstärkte den Eindruck einer zur Nachgiebigkeit und Melancholie neigenden Weiblichkeit, den sie vermittelte. Aber es ist schwierig, ein annähernd treffendes Bild von Ea zu zeichnen, denn sie starb im vierten Lebensjahrzehnt nach der Geburt ihres zweiten Kindes, und die Familie pflegte das Andenken an ihre untadeligeren Seiten. Tanne schrieb an Elle, daß sie mit Eas Tod ihren einenden Geist verloren hätten.

Elle und Tanne teilten ein Zimmer miteinander, waren altersmäßig nur ein Jahr auseinander und hatten eine Geheimsprache, die sie *Pirogets*[8] nannten. Sie waren beide starke und ausgeprägte, wenn auch sehr unterschiedliche Charaktere. Elle hatte viel von Tante Bess' Idealismus und einiges von ihrem Gleichmut geerbt. Als junge Frau wurde sie von der Suche nach irgendeiner Lebensaufgabe umgetrieben – zuerst war es der Sozialismus, dann die Wiedererlangung Südjütlands von den Deutschen. Später machte sie mit der gleichen Hingabebereitschaft aus ihrer ungewöhnlichen Ehe einen Erfolg, und als reiche Ehefrau engagierte sie sich in der Sozialarbeit und kümmerte sich um Unterkunft und Verpflegung für Arbeitslose. Elle hatte etwas Tragisches an sich, etwas Gehemmtes. Sie beneidete Tanne, weil sie ungestraft »gegen das Schicksal wüten«[9] konnte, und bemängelte oft ihre Frivolität, ihr Komödiantentum, worauf Tanne entgegnete, Komödiantentum sei eine »Lebensnotwendigkeit« für sie. »Sowohl Elle wie Thomas [gedeihen] bei reiner Prosa«, teilte Tanne ihrer Mutter mit. »Ich glaube, für mich ist eine gewisse Art Poesie unentbehrlich.«[10]

Mit Elle amüsierte Tanne sich nicht so gut wie später mit ihrer Kusine Daisy Frijs; auch vertraute sie sich ihr nicht in dem Maße an wie Ellen Wanscher. Dennoch verband eine tiefe gegenseitige Achtung die beiden Schwestern. Elle mußte zwangsläufig Publikum spielen, als Tanne ihre ersten Geschichten zum besten gab. Tanne probierte deren Wirkung im verdunkelten Kinderzimmer aus und las und las, bis Elle sie anflehte, endlich zu schlafen. Aber Elle muß sich auch als sehr sachkundige Kritikerin erwiesen haben, denn sie wurde später der Resonanzboden für die Erzählungen, die Tanne zwischen ihrem zwanzigsten und dreißigsten Lebensjahr schrieb, und kritische Vorinstanz von Tania Blixens reifem Werk.

III

1888, in dem Jahr, in dem Tanne in der hauseigenen Schulstube lesen lernte, schloß Georg Brandes eine Vorlesungsreihe über Friedrich Nietzsche ab. Nietzsche war damals noch ein Unbekannter, und Brandes, selbst ein großer Rebell und Bilderstürmer, war der erste bedeutende Literaturhistoriker, der sein Werk förderte und einem breiten Publikum nahebrachte. Der Hörsaal in der Kopenhagener Universität war bis auf die Fenstersimse besetzt, und selbst im Hof drängten sich die Zuhörer noch. Wild begeistert lauschten sie Brandes' Ausführungen über Nietzsches Ideal vom »hervorragenden Erzieher«, einem, der »die Jungen gegen die Zeit erzieht«, der sie lehrt, sich gegen »alle Formen des Gehorsams aufzulehnen*. Nur der, welcher das Leben kennengelernt habe und zum Handeln gerüstet sei, brauche die Geschichte und verstehe sie anzuwenden. Wer da fühlt, daß er in seinem innersten Wesen mit anderen außer Vergleich ist, der will sein eigener Gesetzgeber sein. Denn eins ist vonnöten: seinem Charakter Stil geben.«[11]

Dieser befreiende Rat wirkte prägend auf die Empfindungen einer ganzen Generation dänischer Künstler und Intellektueller, und als Brandes Nietzsche vom Echo auf die Vorlesungen berichtete, fügte er an, es lasse sich zusammenfassen in der Bemerkung des jungen Malers, der am Ende zu ihm kam und sagte: »Was dies so interessant macht, ist die Tatsache, daß es nicht mit Büchern zu tun hat, *sondern mit dem Leben.*«[12] Und eben diese Lebensnähe vermißte Tanne so schmerzlich in ihrer Erziehung.

---

* Die Vorlesungstexte wurden in Dänemark im Jahre 1889 unter dem Titel »Om Aristokratisk Radikalisme« abgedruckt. In deutscher Übersetzung erschienen sie erstmalig 1890 unter dem Titel »Aristokratischer Radicalismus. Eine Abhandlung über Friedrich Nietzsche« in: *Deutsche Rundschau*, Bd. LXIII, S. 52, 54–81, 87–89; und 1980 nochmals unter demselben Titel in *Der Essay als kritischer Spiegel, Georg Brandes und die deutsche Literatur*, ausgew. von Klaus Bohnen, 1980, S. 94–136. (Anm. d. Üb.)

Noch als alternde Erzählerin versuchte sie, gegenüber der nachfolgenden Generation Brandes' und Nietzsches Ideal vom »hervorragenden Erzieher« zu verkörpern.

Die drei Schwestern genossen »Privatunterricht«, ein Ausdruck, der für manche einen unverdienten Hauch von Vornehmheit besitzt. Tanne beschwerte sich über die Tatsache, daß man sie »ohne eine blasse Ahnung von vielen Dingen« aufwachsen ließ, »die für andere Menschen zur Allgemeinbildung gehören«[13] – von Mathematik zum Beispiel, für die sie eine Begabung zu haben glaubte. Wie die meisten Frauen ihrer Gesellschaftsschicht wurden die drei Schwestern nicht darauf vorbereitet, ihren Lebensunterhalt zu verdienen – es wurde vorausgesetzt, daß sie heiraten würden; aber zu Tannes Entrüstung brachte man ihnen nicht einmal bei, wie man einen Haushalt, geschweige denn ein gastliches Haus führt. Später sollte sie mit spitzer Feder ihren feministischen Unmut zu Papier bringen über ein System, welches zuließ, daß man »so gut wie alle meine Talente brachliegen ließ und mich fremder Wohltätigkeit oder der Prostitution in der einen oder anderen Form überließ...«[14] In Afrika, wo sie sich unter lauter Absolventen englischer Public Schools bewegte, begann sie, deren anspruchsvolle aristokratische Colleges als ideale Bildungsstätten anzusehen. »Wenn ich einen Sohn hätte«, sagte sie zu ihrem Bruder, »müßte er nach Eton gehen.«[15]

Ihre beiden Brüder waren im Alter von acht beziehungsweise sechs Jahren ins Internat geschickt worden – allerdings nicht in ein so illustres wie Eton. Ihre große Schwester Tanne, die damals inständig darum bat, die Königliche Kunstakademie besuchen zu dürfen, sah sie mit tiefem und gerechtfertigtem Neid von zu Hause fortziehen. Die Jungen bekamen Gewehre, Soldatenuniformen, Boote geschenkt, ihnen war es erlaubt, bei Dunkelheit durch den Park zu streifen oder zum Angeln aufs Eis zu gehen, wenn der Sund zufror. Noch als alter Mann staunte Thomas über die Nachsicht, die Ingeborg ihnen gegenüber gezeigt hatte. Während sie die Töchter übermäßig behütete, fühlte sie sich verpflichtet, die Söhne so großzuziehen, wie »ihr verstorbener Vater es gewünscht haben würde«.[16] Tanne glaubte insgeheim, daß Wilhelm sich auch für sie einen größeren Spielraum gewünscht hätte. Aber beweisen konnte sie es nicht.

Der Schulstube in Rungstedlund standen eine Reihe jüngerer

und älterer Frauen vor. Eine pensionierte Lehrerin aus dem Dorf brachte den Mädchen das Lesen bei. Ihr folgte später eine Gouvernante, Fräulein Maria Zøylner, die sich die Hauptbürde der Bildung der Mädchen mit Mary Westenholz teilte. Mama lehrte sie Englisch und Französisch, Keuschheit und Selbstlosigkeit. Fräulein Zøylner war für den Rest zuständig. Mag sein, daß sie von Mathematik nichts verstand, aber dafür war sie eine gestrenge Stilistin. Einige der Hausaufsätze der Mädchen sind noch erhalten, mitsamt den Rotstiftkorrekturen. Sie gliederten ihre Arbeiten sorgfältig, lernten Fakten methodisch ordnen, Ansichten vertreten und Texte redigieren. Auch lernten sie Unmengen von Gedichten auswendig und übersetzten Schriftsteller wie Scott und Racine ins Dänische.

Schon als junges Mädchen hatte Tanne einen geschliffenen, beredten Schreibstil. Zwischen acht und vierzehn Jahren verfaßte sie amüsante und überzeugende Betrachtungen über Themen wie »Die Frau in der Volksballade«; »Unsere dänischen Sprichwörter«; »Auf den Willen kommt es an«; »Frauen in der Französischen Revolution«; »Materie und Geist«; und »Christine Oehlenschläger«. Christine war die Frau des romantischen dänischen Dichters Adam Gottlob Oehlenschläger. »Sie war ein vielseitiger, warmherziger und begabter Mensch, aber nicht zum Glücklichsein bestimmt«, schrieb Tanne. »Es ist ein vielbeneidetes Los, die Frau eines Genies zu sein. Genies sind jedoch nur selten glücklich oder imstande, andere glücklich zu machen, mit denen ihr Schicksal verbunden ist.«[18]

Die Überlieferung dieser Erkenntnis verdanken wir irgendeinem Mitglied der Familie Dinesen, das Tannes Schulhefte bündelte und auf dem Dachboden verwahrte, vermutlich in der Absicht, die darin enthaltenen Theaterstücke und Gedichte aufzuheben. Aber verstreut zwischen den Seiten der quadratischen Hefte, von Format und Farbe amerikanischer College-Prüfungshefte, findet man eine Fülle flüchtiger Skizzen, spiegelschriftlicher oder verschlüsselter Botschaften, sowie zahllose Briefe an Freunde, Sinnsprüche, Tagebucheintragungen – ein umfangreiches Sammelsurium teilweise rätselhafter Zeugnisse des Phantasielebens der künftigen Schriftstellerin.

Das früheste dieser Hefte trägt das Datum 1893. In der klaren, runden Handschrift, die mit der Zeit recht krakelig werden sollte, sind darin »Die Gedichte von Karen Dinesen«, insgesamt 40, enthalten, unter anderem: »Herrlicher Frühling!« »Herrlicher Sommer!«[19] Es enthält auch die erste Sammlung ihrer Erzählungen, je ein bis zwei Seiten lang und nach orientalischer Erzähltradition untereinander durch eine Gestalt verbunden, die in allen von ihnen vorkommt: einen kleinen Wichtelmann. Dieser *Nisse* gerät zufällig in die Behausung eines Trolls, verliert seinen Hut an eine Bisamratte, wird tüchtig gehänselt. Ein anderes Mal überrascht er ein Mädchen namens Henrietta Bruun. Ihr Dienstmädchen hat ihr immer wieder in den Ohren gelegen, sie würde, wenn sie den Wichtelmännern keinen Brei hinstellte, im darauffolgenden Jahr vom Pech verfolgt werden. »Um die Wahrheit zu sagen«, schrieb Tanne über ihre Heldin, »glaubte Henrietta an Wichtelmänner, obwohl sie es nicht wahrhaben wollte.«[20]

Hänseln ist eine überaus wichtige Quelle dramatischer Konflikte in den *Nisse*-Geschichten und war es auch zwischen den Dinesenkindern, die heftig miteinander rivalisierten und von ungestümem, ja rauhbeinigem Temperament waren. Ingeborg versuchte, sie zu Wohlverhalten anzuhalten, wie man junge Hunde zur Stubenreinheit abrichtet: Schreien, Weinen, Toben, Zanken, Schabernack oder Raufen waren in sämtlichen Haupträumen des Hauses verboten – in denen die Mädchen sich ohne ihre Erlaubnis nicht aufhalten durften. Aber in ihrem Spielzimmer, der *Legestue*, »ist alles gestattet, solange kein Blut fließt und niemand verletzt wird. Niemand darf jedoch die Erwachsenen wegen etwas, das im Spielzimmer vorfällt, zu Hilfe rufen.«[21]

Die Ungebärdigkeit der Kinder war nur natürlich angesichts der Abgeschiedenheit ihres Landlebens, des eisernen Zusammenhalts der Familie und der erzwungenen Fröhlichkeit, mit der man sie aufeinander einschwor. »Geistige Auseinandersetzung ist in jeder Form erlaubt«, hatte Ingeborg geschrieben, »aber kein Zank. Wer zankt, muß sich von den Gemeinschaftsräumen fernhalten, auch von Treppenhaus und Fluren, solange seine schlechte Laune andauert.«[22] Aber es konnte nicht ausbleiben, daß die verbotenen Gefühle sich anderweitig Luft machten.

IV

Die drei Schwestern bekamen nicht viel mit von *den store verden* – der großen weiten Welt – ein Begriff, der in Tannes Texten immer wieder sehnsuchtsvoll anklingt. Ihr ereignisloses Leben drehte sich um Rungstedlund und Folehave, die Birkenwälder und den Sund. Im Sommer reiste man per Bahn und Pferdekutsche nach Jütland, wo man im trauten Kreise von Vettern und Kusinen in Matrup oder Katholm die Ferien verbrachte. In Rungstedlund wurden die Mädchen sonntags fein angezogen auf dem *Strandvej* die kurze Strecke nach Süden zum *Dyrehaven* * kutschiert, wo sie mit ihrer Gouvernante und den kleinen Brüdern im Schatten der großen Weißdornbäume spazierengingen. Gelegentlich durften sie nach Kopenhagen fahren, zur Museumsbesichtigung, zu einer Ballettmatinée, zum Einkaufen, wenn sie Schuhe oder Schulhefte brauchten, zum Bummeln auf der *Langelinie* ** oder zum Tee mit den Großtanten. Aber für sie wie für die meisten dänischen Kinder war das größte Vergnügen ein Besuch im *Tivoli*. Es öffnete seine Tore nachmittags um vier Uhr mit einem Böllerschuß, und dann strömte die Menge hinein. Alle Gesellschaftsschichten und Altersgruppen trafen sich dort: drahtige junge Seeleute der Handelsmarine oder Bankiers im Homburg; Dienstmädchen, die ihren freien Nachmittag hatten, Arm in Arm durch den Park flanierten und mit betrunkenen Studenten flirteten, die nur gekommen waren, um mit ihnen anzubändeln; oder reiche Amerikaner, hochdekorierte Marineoffiziere, adelige Damen und Herren vom Lande, in ihrem Schlepptau Kinder in Kittelschürzchen und Matrosenanzügen mit ihren Kindermädchen. In den Ästen der Bäume hingen Lichtergirlanden; Tausende von Lampions illuminierten den See, auf dem eine Fregatte, eine Nachbildung des Schlachtschiffs *Trefoldigheden* von König Christian IV., in voller Takelung vor Anker lag. Ruderboote brachten die Besucher im Pendelverkehr zum Schiff, in dessen Salon Varietévorstellungen stattfanden.

Zwischen Blumenrabatten führten Parkwege vom See zu den

---

* Der *Dyrehaven* oder Tiergarten liegt unmittelbar südlich von Rungsted an der Küste des Øresunds. Er ist rings um das königliche Jagdschlößchen (die *Eremitage*) angelegt, und bis heute laufen kleine Rudel von Rotwild frei darin herum. Die Landschaft ist weit und hügelig, die Bäume sind sehr alt und entsprechend hoch und ausladend, und die gepflegten Parkwege sind bei den Kopenhagenern sehr beliebt zum Spazierengehen.

** Die *Langelinie* ist eine Promenade, die an einem Teil des Kopenhagener Hafens entlangführt.

Schießbuden und dem Karussell, den Glücksspiel- und Erfrischungsständen. In einem großen maurischen Palast, einem hölzernen Kuppelbau mit Minaretten, waren mehrere Restaurants untergebracht, und auf seiner Terrasse bekam man die köstlichsten *Smørrebrøds* und Eisdesserts serviert. Ein Orchester spielte klassische Musik, ein anderes Volkslieder und Walzer, und im Herzen des Vergnügungsparks befand sich eine große freie Rasenfläche, auf der, wie auf dem Marktplatz von Port Said, Jongleure, Akrobaten, Clowns, Seiltänzer, Trapezkünstler und dressierte Tiere ihre Künste vorführten, und von wo hin und wieder ein Fesselballon aufstieg.

Aber die wohl berühmteste Attraktion des *Tivoli*, auf jeden Fall diejenige, die auf Tanne den tiefsten Eindruck machte, war das Pantomimentheater. Die *Commedia dell'arte* wurde in Dänemark noch gepflegt, als sie im übrigen Europa längst ausgestorben war, und noch heute kämpfen Pierrot und Harlekin auf einer Nachbildung der ursprünglichen, mit Schnitzereien verzierten und vergoldeten »Chinesischen« Bühne* um Kolombine.

Diese lebendige Tradition virtuosen Stegreiftheaters sollte Tania Blixens Vorstellung vom Künstlerdasein wesentlich mitbestimmen, und das Maskenspiel – die Darstellung von Charaktertypen in groben mystischen Zügen – wurde ein wichtiges Element ihrer eigenen Kunst.

Das *Tivoli* selbst ist ein nordisches Märchen von südländischer Lebenslust, von italienischem Einfallsreichtum und Temperament, von orientalischer Pracht – ein bürgerlicher Ausdruck des Kierkegaardschen Entweder/Oder.

Die Gartenanlagen entstanden interessanterweise im gleichen Jahr, in dem sein gleichnamiges Buch erschien (1843), und wurden von einem Dänen namens Carstensen entworfen, der in Algerien geboren und aufgewachsen war, und der zu Recht annahm, daß für seine nüchternen Landsleute eine solche Märchenwelt unwiderstehlich sein würde. Es gibt »eine Leidenschaft für den Süden und seine Menschen«, schrieb Tania Blixen, »die nur der Nordländer empfindet«.[24]

---

* Das ursprüngliche Pantomimentheater im *Tivoli* wurde 1944 von den Nazis als Vergeltungsmaßnahme für Sabotageakte der Widerstandsbewegung niedergebrannt.

V

In Tannes Heften waren wohlgegliederte und freisinnige Aufsätze bunt vermischt mit dramatischen Dichtungen von ganz anderer Machart.[25]

Der Hintergrund, vor dem diese sich abspielten, war nicht die *Bastille*, sondern der *Petit Trianon*. Ihre Protagonisten waren weder die robusten Walküren der Volkslieder noch die unterdrückten Ehefrauen von Genies, noch frauenrechtlerische, blutbesudelte Volksheldinnen. Es waren schlanke Gestalten in Korsetts und seidenen Beinkleidern mit Namen wie Ganymed und Galatea, Blancheflor und Ritter Orlando, Pierrot und Kolombine. Im Alter von zehn oder elf Jahren fing Tanne bereits an, Theaterstücke zu verfassen – die meisten schwärmerische Romanzen –, die die Kinder zusammen mit Freunden und Freundinnen im engsten Familienkreise aufführten. Neben den handelnden Personen sind die Namen der Darsteller verzeichnet, und bei dieser Rollenverteilung blieb es anscheinend. Ea spielte immer Kolombine, Elle den Harlekin und Tanne den Pierrot. Pierrot ist eine lächerliche und stolze Figur, die eine untergeordnete komische Rolle innehat. Tanne verkörperte nie die romantischen Hauptrollen in ihren eigenen Stükken; das eigentliche Abenteuer bestand darin, ihre Schöpferin zu sein.

In der *Legestue*, beim Sonntagsmahl, beim geselligen Zusammensein mit den Mitgliedern des Studentengesangsvereins, beim Unterricht und auf den Familienphotos war Tanne nach wie vor Teil des Schwesterntrios.

Links von ihr sieht man oft Ea, ein bißchen fülliger, ein bißchen größer; und rechts von Tanne Elle, ein bißchen hübscher, ein bißchen finsterer dreinblickend. Aber als sie anfing, ihre »großen Dramen« zu schreiben, wie sie sie spaßhaft nannte, schuf sie sich unter den Kindern eine neue und herausragende Stellung: sie wurde von da an ihre Theaterprinzipalin. Oder, um einen ihrer Lieblingsausdrücke zu verwenden, sie wurde ihr *Maître de plaisir*. Abgesehen davon, daß es das Leben allgemein aufheiterte und Themen ansprechbar machte, die sonst tabu waren, ist anzunehmen, daß das Stückeschreiben Tannes angeschlagenes Selbstwertgefühl teilweise wiederherstellte.

Ein typisches Beispiel für Tannes frühe Stücke ist *Kassandras*

*Rejse.** Die Figuren sind Kassandra und ihre Dienerin Jacinthe, deren Tochter Kolombine, Kolombines Freier Pierrot und Harlekin. Weiter hinten im Heft folgt ein neues Verzeichnis der Personen und ihrer Darsteller, in welchem eine typisch Blixensche Verwandlung stattgefunden hat. Aus Kassandra ist Kassander geworden, »ein reicher Mann«. In dieser Fassung ist er ein geiziger Witwer. Jacinthe versucht, ihn sich als Ehemann zu angeln. Pierrot betet Jacinthe an. Die Dialoge sind gestelzt und grob skizziert wie im Marionetten-Lustspiel, aber mitunter klingen unerwartet ernste Töne an:

HARLEKIN (*Im Begriff, Kolombine zu entführen*): Meine süße Braut, bedenke es gut, bevor du mit mir kommst. Ich bin unstet und treulos, kein gesunder Menschenverstand hält mich auf Erden fest. Bedenke es gut, bevor du an Bord meines Schiffes kommst, mag sein, daß es dich bald zum Spielball der Stürme macht. Ach, Kolombine, was tue ich da? Ach, wäre ich doch taub und blind, so daß ich dich nicht durch Lug und Trug ins Verderben stürzen könnte.

KOLOMBINE: Ach, mein süßer Bräutigam. Lieber will ich zusammen mit dir ein Spielball der Stürme sein als mit irgend jemand anderem auf Erden friedlich dahinzusegeln.

HARLEKIN: Du erschreckst mich.

KOLOMBINE: Ja, ja, ich erschrecke – das Schicksal... Jedermanns Schicksal ist widersprüchlich, und nie tritt ein, was man erwartet.

Aus Kolombine spricht hier zweifellos ihre dreizehnjährige Autorin, die nur den Zeitpunkt herbeisehnte, an dem sie alle Vernunft fahrenlassen und sich rückhaltlos in den unsicheren Strom des Lebens werfen konnte.

---

* *Kassandras Reise* (diese frühen Stücke gibt es nur auf Dänisch). (Anm. d. Üb.)

VI

Die Theaterstücke waren nur ein Aspekt von Tannes blühendem Phantasieleben. Ihre Hefte sind voll von hingeworfenen Zeichnungen, die zunehmend gewagter werden und ihr immer besser glücken: Skizzen von geschmeidigen Seejungfrauen, von Ballettänzerinnen in durchsichtigem Tüll, von athletischen, muskulösen Reitern, von grimmigen Bösewichtern und geflügelten Nymphen. Neben der Rohfassung von *Damon og Phyllis, en komedie* finden sich eine Reihe von Aktskizzen, unter anderem ein Frauentorso mit üppigen Brüsten und Hüften oder ein nackter Dämon, der unter seinem Fuß einen Sünder zertritt.

Tanne und Ellen Wanscher dachten sich im Laufe der Zeit eine Art eigenen Fortsetzungsroman aus, dessen Hauptfiguren Lord Byron und Lady Arabella waren.[27] Tanne war Byron, und noch als ältere Frau unterschrieb Ellen Briefe an ihre Jugendfreundin mit »Arabella«. Die Anziehungskraft, die Lord Byron auf Tanne ausübte, ist nicht schwer zu erklären. Er war eine männliche Alkmene: »Der vom Schicksal gekennzeichnete, stolze und einsame Held«, der die moralischen Ansprüche ablehnt, die die Gesellschaft an ihn stellt. »In seiner Vergangenheit ist ein Geheimnis, eine furchtbare Sünde... Er ist rauh und wild, aber von hoher Herkunft; seine Züge sind hart und undurchdringlich, aber edel und schön; es geht ein eigentümlicher Reiz von ihm aus, dem keine Frau widerstehen kann.«[28]

Diese ironischen Passagen stammen aus einer Beschreibung von Byron als dem Archetyp des dämonischen Helden, des »gefallenen Engels« der Romantik. Solche Gestalten sollten Tania Blixen immer magisch anziehen, die später sogar behauptete, mit Luzifer persönlich im Bunde zu stehen.

Am 14. Juli 1898 brach in Rungstedlund, in dem langgestreckten strohgedeckten Wirtschaftsgebäude, das parallel zum Wohnhaus lag und den Innenhof zum *Strandvej* hin abschloß, ein Feuer aus. Ingeborg entdeckte es als erste; sie schlug Alarm und rannte im Nachthemd hinaus, die Pferde zu retten. Eines davon stieß sie in der Panik zu Boden, so daß sie einen Augenblick lang gelähmt war. Aber es gelang ihr gerade noch, sich in Sicherheit zu bringen, bevor das Stalldach einstürzte.

Die Kinder warfen sich Kleider über und versuchten, im Funkenregen einige der Wertsachen aus dem Hauptgebäude hinauszutragen. Das Reetdach eines Pächterhauses fing Feuer, und ein Landarbeiter wurde von dem lodernden Stroh getötet. Dem Stallburschen gelang es, die Kühe zu retten, aber Schweine und Hühner verbrannten, und Thomas verlor seinen geliebten isländischen Jagdhund Geyser. Als Ingeborg sich von dem Unglück erholt hatte, faßte sie den Plan, Dänemark eine Zeitlang den Rücken zu kehren. Sie »konnte es einfach in ihrem alten Zuhause nicht mehr aushalten«.[29]

Sechs Monate lang mußte die Abreise hinausgeschoben werden, während Pläne für den Wiederaufbau angefertigt und Handwerker verpflichtet wurden. In der Zwischenzeit wurden die Mädchen zum Konfirmandenunterricht zu einem Pastor Vedel nach Søllerød geschickt. Tania Blixen sollte später »das Pfarrhaus zu Søllerød« als Rahmen für die Erzählung »Peter und Rosa« verwenden. Nach ihrer Beschreibung hatte es viel mit Alkmenes Zuhause und dessen Modell Folehave gemeinsam: »Im Hause des Pfarrers stand der Tod im Mittelpunkt und wurde den Bewohnern stets vor Augen gehalten.« An diesem Ort war selbst »der Alltag ... auf das jenseitige Leben hin ausgerichtet; der Gedanke an die Vergänglichkeit erfüllte die Räume. In diesem Haus aufzuwachsen, war für die jungen Menschen Mühe und Kampf, als zögen die Mächte des Todes sie in die andere Richtung, in die Erde hinein, und ermahnten sie, das eitle und gefährliche Leben fahren zu lassen.«[30]

Nach dem Neujahrstag 1899 reisten die weiblichen Mitglieder der Familie Dinesen zusammen mit Else Bardenfleth in die Schweiz. Thomas und Anders blieben mit dem Kinderfräulein zurück. Die Reisenden logierten in einer Pension in Lausanne, in die Ingeborg zwanzig Jahre zuvor zum gleichen Zweck gekommen war: um ihre Französischkenntnisse zu verbessern. Zum ersten Mal in ihrem Leben wurden die Schwestern in eine »richtige Schule« geschickt, die Ecole Benet. Noch immer fehlte Mathematik auf dem Stundenplan, aber zusätzlich zur französischen Sprache bekamen sie Zeichen- und Malunterricht. Tanne zeigte vielversprechendes Talent, ihre Skizzenbücher sind mit zarten Bleistiftlandschaften aus der Umgebung des Genfer Sees gefüllt. Es war der Anfang ihrer langen und nie abgeschlossenen Ausbildung zur bildenden Künstlerin.

Als der Sommer kam, reisten sie weiter gen Süden und verbrachten den August am Lago Maggiore. Tanne machte ein paar Skizzen von der Isola Bella, von den weißen Pfauen, dem Schloß und den terrassenförmigen Gartenanlagen. Sie legte dort auch ein Tagebuch an, das sie allerdings vernachlässigte. Von dem neunmonatigen Auslandsaufenthalt brachte sie nur eine einzige Zeile mit: »Tanne, Isola Bella. *Qui est mon meilleur ami? Celui qui daigne le moins.*«*

---

* »Wer ist mein bester Freund? Derjenige, der sich am wenigsten darum bemüht.« (KBA 196, VI I, Zeichnungen)

Sechstes Kapitel

Der Weg nach Katholm

Das Innerste seines Wesens war Sehnsucht.

Tania Blixen[1]

I

Als Tania Blixen die Figur der Rosa in »Peter und Rosa« schuf, griff sie weitgehend auf den eigenen Erfahrungsschatz aus der Zeit der Jahrhundertwende zurück. Ihre Titelfigur, die launische, phantasievolle Rosa, die jüngste von drei Schwestern, »das verwöhnte Kind im Haus«, war eine Person, von der sie sagt, »daß noch ihre Verzweiflung voller Kraft war«, und die der fünfzehnjährigen Tanne in vielem glich. Auch Rosa ist ein Fremdling, eine Heidin, eine stolze und feindselige Eigenbrötlerin, die, als sie der Kindheit entwächst, »in den Besitz einer eigenen Welt gelangt, unzugänglich für die anderen . . . Die anderen würden sie niemals verstehen, erzählte sie ihnen je, daß ihre Welt unendlich und genau begrenzt zugleich sei, verspielt und sehr ernst, sicher und voller Gefahr. Auch hätte sie nicht erklären können, wie sie selbst so eins mit ihr war, daß durch die Schönheit und Macht ihrer Traumwelt sie nun, in ihrem alten Kleidchen und den geflickten Schuhen, sehr wahrscheinlich die schönste, mächtigste und gefährlichste Person auf Erden war.«[2]

Etwas von diesem Geheimleben wird andeutungsweise auf Photographien der drei Schwestern sichtbar. Tanne nimmt oft den Platz in der Mitte ein, ein zierliches junges Mädchen mit vollem dunklem Haar und einem Gesicht, das bereits die Züge der reifen Frau ahnen läßt.

In diesem Gesicht, das schon etwas von seiner kindlichen Rundheit verloren hat, zeichnet sich der zarte Knochenbau ab. Das Lächeln ist liebreizend, aber die Mundwinkel sind leicht ironisch verzogen. Der Blick ist spöttisch, nachdenklich und wach.

Die neun Monate im Ausland bildeten eine natürliche Zäsur zwischen Kindheit und Jugend, und als Tanne wieder die dänische Szene betrat, hätte ein fiktiver Beobachter das neue weltgewandte Gebaren an ihr belächeln mögen, Kleinigkeiten in den Gesten und im Ausdruck, einen »Charme«, der noch zaghaft und angelernt wirkte, noch nicht ganz wie ein Bestandteil ihrer Persönlichkeit, eher wie ein geborgtes Kostüm oder ein Spielzeug. Sie hatte mit Fremden französisch parliert und in Hotelrestaurants Essen bestellt, hatte in italienischen Zügen die menschliche Komödie miterlebt und sich in die hitzigen Debatten über das Leben eingemischt, die in den Abteilen geführt wurden. Und sie hatte Landschaften und Gesichter mit der Aufmerksamkeit des Malers betrachtet und den ersten Glücksrausch des Talents erlebt, bevor es an die eigenen Grenzen und Hemmschwellen stößt. So unüberhörbar wie in »Peter und Rosa« den »Hügeln und Tälern, Wäldern und gefesselten Wassern« im Frühling verkündet wird: »Ihr sollt leben!«[3], spürte auch sie den Ruf des Lebens. Aber noch als sie ihre ausländischen Bücher auspackte, die neuen Kleider, die Skizzen von Ingeborg und vom Genfer See, sprach ihre Umwelt diesem Ruf Hohn; man war nicht bereit, Veränderung zur Kenntnis zu nehmen. Bei den Westenholz' wurden Kinder nicht erwachsen, nur älter; Mahlzeiten kamen Tag für Tag zur gleichen Uhrzeit und in der gleichen Speisenfolge auf den Tisch; der einzelne verhielt sich entsprechend der Vorstellung, die die anderen von ihm hatten. Georg Brandes sagte den Dänen generell nach – und das traf vielleicht auf die Familie Westenholz im besonderen zu – sie litten unter einer übertriebenen Angst vor Lächerlichkeit, was jede Form originellen Verhaltens, die freie Entfaltung von Phantasie, kurz, jeden natürlichen Gefühlsausdruck unterbinde.[4]

Einen sehr angenehmen Aspekt besaß dieses statische und eingeengte Leben: es garantierte Geborgenheit. Und diese Geborgenheit hatte etwas ungeheuer Tröstliches für Tania Blixen, wenn sie beispielsweise aus Afrika zu Besuch kam und in erster Linie nichts tun, nichts denken und sich umsorgen lassen wollte. Aber das kostete sie Lebenskraft. Immer, wenn sie nach Hause kam, war die Depression nicht weit. Es ist anzunehmen, daß sie diese schon als Fünfzehnjährige zu spüren bekam – jene »Mächte des Todes«, die Rose »in die andere Richtung, in die Erde hinein« zogen und sie ermahnten, »das eitle und gefährliche Leben fahren zu lassen«.[5]

II

Das Jahr 1900 war ein Wendepunkt in Tannes Leben. Es begann mit der Heimkehr in ein fremdes Zuhause. Das Feuer hatte die einstigen Wirtschaftsgebäude dem Erdboden gleichgemacht und die Sicht auf den Sund eröffnet; die Räume im Wohnhaus wirkten dadurch ungewohnt weiträumig und licht, zudem waren sie vollständig renoviert und neu eingerichtet worden. Aber es war nicht mehr das Zuhause ihrer Kinderzeit, welches – rückblickend – für sie immer das Rungstedlund vor dem Wiederaufbau bleiben sollte: dunkler, verwinkelter und baufälliger, mit den steilen alten Treppen hinunter in die Küche und hinauf in den Dachstock und mit der Tür in der Nordwand, die zum Kinderzimmer führte.

Zu Beginn des neuen Jahres wurden Tanne und Elle zusammen mit Ellen Wanscher nach Folehave verfrachtet, um eine Zeitlang bei »Mama« Westenholz zu leben, während Ea, die in Jütland erkrankt war, ihre Genesungszeit bei Tante Lidda verbrachte. Tanne kommentierte dieses Erlebnis in lakonischen Worten, die erst Jahre später zu »Mamas Belustigung« festgehalten wurden. »1900: ... eine Weile in Folehave gelebt, wo es für alle von uns einiges vom Heimeligsten gibt, das wir je erlebt haben.«[6] Die eigentümlich gewundene Satzstellung ist an sich schon vielsagend. Sie paßt nicht zu Tanne – die sonst mit der Sprache sehr sorgfältig umging – und läßt vermuten, daß ihr selbst nicht ganz wohl war bei ihrer eigenen Scheinheiligkeit. Sie hatte das dänische Wort *hyggelig* verwendet, das für Mary Westenholz und jeden etwaigen Leser ein Kompliment darstellte. Aber für Tanne war es der Inbegriff all dessen, was sie am Leben in Folehave spießbürgerlich und verabscheuenswert fand: schwere Mahlzeiten und nichtssagende Unterhaltungen, langweilige Zusammenkünfte, sentimentale Ergüsse. *Hygge* * be-

---

* Im Zusammenhang mit der Autorin von *Sieben phantastische Geschichten* scheint erwähnenswert, daß das Gegenteil von *hyggelig* im Dänischen *uhyggelig* ist, was nicht nur »un-spießbürgerlich«, »ungemütlich« bedeutet, sondern auch »unheimlich«. Zwischen beiden Wörtern besteht eine ähnliche Beziehung wie zwischen den deutschen Begriffen *heimlich* (im Sinne von *heimelig, anheimelnd*, Anm. d. Üb.) und *unheimlich*. Freud hat zu diesem Thema einen meisterlichen Essay geschrieben. Er kommt zu dem Schluß, daß dem zivilisierten Menschen unheimliche Gefühle oder Erlebnisse widerfahren, wenn

deutet eigentlich »heimelig« oder »gemütlich«, und Gemütlichkeit als Allheilmittel gegen ein kaltes Klima ist ein Begriff, der den Dänen sehr lieb ist. Aber Tania Blixen mokierte sich deswegen immer über ihre Landsleute und wertete diesen Hang als Zeichen einer fürchterlichen Schwerfälligkeit. »Das dänische Wesen«, schrieb sie im Alter an eine Freundin, »ist wie ein Teig ohne Hefe. Alle würzenden und nahrhaften Zutaten sind darin enthalten, aber die Substanz, die bewirkt, daß der Teig sich verändern, daß er aufgehen kann, ist vergessen worden.«[7]

Als sie selbst Hausherrin wurde, gab es bei ihr grenzenlose Gastfreundschaft, aber wenig *hygge*. Sie zog das Schöne dem Praktischen vor, das Formvollendete der Gemütlichkeit – das ging so weit, daß sie dreißig Jahre lang, noch weit über die Mitte des zwanzigsten Jahrhunderts hinaus, in Rungstedlund lebte, bevor sie moderne sanitäre Einrichtungen oder Zentralheizung einbauen ließ. Was sie am Leben in Afrika so reizte, das waren ja gerade seine äußeren Widrigkeiten, die tiefe innere Ungewißheit und die unbändige menschliche Energie, die seine »Hefe« bildete.

III

Rosa, schrieb Tania Blixen, »war ... ihrer Umgebung so überdrüssig, so zornig mit ihr gewesen, daß sie sich, um ihr zu entfliehen und sie zu bestrafen, gewünscht hatte zu sterben. Doch als das Wetter umschlug, war auch ihr Gemütszustand umgeschlagen. Es wäre besser, dachte sie, wenn die anderen alle stürben. Frei von ihnen, und allein, würde sie über die grüne Erde wandeln, Veilchen pflücken und den Kiebitzen zusehen, wie sie niedrig über die Felder schaukelten.«[8] In *Afrika, dunkel lockende Welt* schreibt sie dem Antilopenweibchen Lulu, das sie und ihre Mitbewohner als verwaistes Kitz ins Haus genommen hatten, mit der Milchflasche aufzogen und hätschelten und verwöhnten, das gleiche jugendliche »Mißvergnügen an der Umwelt« zu, den gleichen Todeswunsch für ihre wohlmeinenden »Häscher«: »Du zürnst uns jetzt,

---

verdrängte Kindheitsängste oder -sehnsüchte wiederaufleben, oder wenn »überwundene primitive Überzeugungen wieder bestätigt scheinen« (S. Freud, »Das Unheimliche«, *Gesammelte Werke*, Bd. XII, S. Fischer, Frankfurt a. M., S. 263) du wünschst, wir wären alle tot ... Aber das Schlimmste ist ja nicht, wie du jetzt meinst, daß wir dir Hindernisse in den Weg stellen, die du nicht überspringen kannst – und wie sollten wir das auch vermögen, du große Springerin? Das Schlimme ist, daß wir dir gar keine Hindernisse aufrichten. Die große Kraft ist in dir Lulu, und die Hindernisse sind auch in dir – nur ist die Zeit noch nicht erfüllt, das ist das Ganze.«[9]

Tannes Dilemma glich dem von Rosa und Lulu und war das Los vieler junger Frauen ihrer Gesellschaftsschicht und ihrer Epoche. Aus ihren Reihen rekrutierte Freud seine ersten Patientinnen, und an ihnen machte er seine Beobachtungen über Hysterie und Triebverdrängung. Sie waren oft die »verwöhnten Kinder« ihrer Häuser, die man fütterte und hätschelte, aber vor dem Leben abschirmte, und denen man Furcht und Scham vor den eigenen Trieben anerzog. Wie Tanne schwärmten sie oft für Tiere und für Männlichkeit, trugen sich mit Phantasien von Selbstaufgabe und Verderben und fühlten sich zur Wildnis in allen ihren Formen hingezogen, waren aber im Bannkreis des heimischen Feuerscheins gefangen. Dabei waren sie nicht einmal angekettet. Was sie zurückhielt, war lediglich die Macht ihres stillschweigenden Privilegs, zu bleiben. Den jungen Mädchen, die jahrhundertelang um ihrer Unschuld und Tugend willen angebetet worden waren, bereitete es die größte Mühe, sich von etwas zu befreien, das auf ein ideelles Privileg hinauslief. Dazu mußten sie nicht nur »widernatürlich«, sondern auch »undankbar« handeln, und der Vorwurf der Undankbarkeit ist die beklemmendste aller psychischen Zwangsjacken. Tanne erklärte ihrem Bruder einmal, daß es für sie unmöglich sei, der Familie zuwiderzuhandeln, sich über ihre Güte hinwegzusetzen – aus dem »eigenartigen« Grunde, daß ihr eigenes Gewissen einen solchen Versuch als verabscheuungswürdig verwarf.

IV

Tanne beklagte sich wiederholt, daß es mit ihrer Schulbildung bei der Rückkehr aus der Schweiz abrupt zu Ende gewesen sei: Von Fräulein Zøylner lernte sie absolut nichts mehr, und die Familie unternahm auch keine weiteren Anstrengungen, sie auf irgendeinen Beruf oder auf die Aufgaben von Ehe und Haushalt vorzubereiten. Es wurde Wert darauf gelegt, daß sie schöngeistige Bildung und

Fremdsprachenkenntnisse mitbekam, und 1901 wurde sie einige Monate lang in eine »Kochschule« geschickt – zwischen ihren Manuskripten findet sich noch ein Rezept für Schokoladenkrokant. Aber das war auch schon der ganze Schliff, den man ihr beibrachte.

Was sie im Grunde entbehrte, waren nicht so sehr kulturelle Möglichkeiten oder materielle Voraussetzungen, sondern der Austausch mit ebenbürtigen oder gleichgesinnten Menschen und eine reife Persönlichkeit von Rang, die einen Menschen von ihrer Intelligenz und ihrer Tiefe in seiner Entwicklung hätte fördern können. In seinem Aufsatz über Friedrich Nietzsche schildert Georg Brandes ihre seelische Not in schöner Klarheit. »Bei ihrem Eintreten ins Leben«, schrieb er, »begegnet die Jugend also verschiedenen etwas mehr oder weniger philiströsen Gruppenmeinungen. Je mehr der einzelne zu einem wirklichen Menschen veranlagt ist, desto mehr Widerstand leistet er dagegen, mit der Herde zu gehen. Aber selbst wenn eine innere Stimme zu ihm sagt: Bleibe dir selbst treu! Sei du selbst! so hört er mit Mißmut diesen Zuruf. Hat er ein Selbst? er weiß es nicht; er kennt es noch nicht. Er sieht sich nach einem Lehrer um, einem Erzieher, einem, der ihn nicht etwas Fremdes lehren will, sondern ihn lehren will, er selbst zu werden, dieser einzelne.«*

Ein solcher Lehrer fehlte Tanne, bis sie Denys Finch-Hatton, dem späteren Freund und Geliebten, begegnete. Sie versuchte, mit Brandes persönlich in Verbindung zu treten, aber ihre Angehörigen hielten sie in einer Aufwallung moralischer Entrüstung und Prüderie davon ab. Und in der langen Zeitspanne dazwischen tat sie, was so viele hochbegabte und zielstrebige junge Menschen seit jeher getan haben, ob sie das Schicksal in Pfarrhäuser oder triste Vorstädte, in Gettos oder unter reiche Biedermänner verschlagen hat. Sie fand ihre Lehrer in der Bibliothek und kommunizierte im Geiste mit ihnen. In ihren Werken und ihrer Gesellschaft ließ sie ein »wahres Selbst« leben, ein geheimes und unversehrtes Selbst, während ein »falsches Selbst«, verschwommen und willfährig, den Anforderungen einer belanglosen Existenz nachkam. Dies ist

---

* Brandes, »Aristokratischer Radicalismus. Eine Abhandlung über Friedrich Nietzsche«, in: *Der Essay als kritischer Spiegel*, S. 99. Um diesen Gedanken ging es auch Ibsen im wesentlichen, und er war das Hauptanliegen der skandinavischen Gegenkultur jener Epoche.

eine erstaunlich verbreitete, aber ebenso verzweifelte Notlösung. Denn wenn sie einmal gespalten sind, ist es fast unmöglich, die getrennten Persönlichkeitsanteile wiederzuvereinen. Phantastische Hoffnungen und Tagträume wuchern um das geheime Ich herum, um es zu schützen, und werden derart lebhaft und erfüllend, ja heilig, daß Beziehungen und Leistungen des realen menschlichen Lebens im Vergleich dazu mittelmäßig, ja vulgär erscheinen. Nur in den seltensten Fällen werden diejenigen, die an ihren Traumwelten »festhalten«, entschädigt – wie im Falle von Tania Blixen –, allerdings um einen hohen Preis, über den sie außerordentlich scharfsinnig Rechenschaft ablegen sollte.

V

Es ist nicht erwiesen, daß Tanne Brandes' Abhandlung über Nietzsche las, die in Dänemark, erstmalig 1889 veröffentlicht, im Jahre 1900 in ihrer Neuauflage erschien, obwohl einiges dafür spricht. In einem Brief aus Afrika erzählte sie Tante Bess, daß sie im Alter von neunzehn Jahren, als sie ein Treffen mit Brandes herbeizuführen versuchte, schon längst »ganz erfüllt« gewesen sei von seinen Büchern, und daß er es gewesen sei, der ihr »die Literatur offenbart« habe. »Meine *erste persönliche* Begeisterung für Bücher – für Shakespeare, Shelley, Heine – verdanke ich ihm.«[10] Nietzsche erwähnt sie nicht, aber vielleicht nur deshalb, weil sie Tante Bess nicht unnötig reizen wollte. Thorkild Bjørnvig, der junge dänische Dichter, der Blixens Protégé werden sollte, berichtet, daß sie »die Reden Zarathustras seit ihrer frühen Jugend liebte«.[11] Sie wählte eine Zeile aus Zarathustra * als Epigramm für *Afrika, dunkel lockende Welt*, und Nietzsches Philosophie, manchmal sogar seine Worte, klingen in ihrem gesamten Werk immer wieder an. Brandes' Essay macht deutlich, wieviel Tania Blixen Nietzsche verdankt, läßt zumindest den Grad ihrer geistigen Verwandtschaft ahnen. Er erörtert Nietzsches Verachtung für das überlieferte

---

* Das Epigramm, der deutschen Ausgabe von *Afrika, dunkel lockende Welt* vorangestellt, lautet zwar »Reiten, Bogenschießen, die Wahrheit sagen« (ohne Verweis auf Nietzsche), aber bei Nietzsche heißt es: »Wahrheit reden und gut mit Bogen und Pfeil verkehren« (»Von tausend und einem Ziele«, in: *Also sprach Zarathustra*, Insel Tb, S. 61) (Anm. d. Üb.).

christliche Dualismusdenken, das Tania Blixen, nach eigenem Bekunden, die Jugend vergällt hatte, und das sie zum Gegenstand mehrerer Erzählungen machte.* Und er reflektiert Nietzsches Überzeugung, daß das Schicksal und nicht Schuld oder Sünde die Ursache des Leidens sei, und daß man das Schicksal beherzt annehmen solle – eine Lehre, die dem Buch Hiob entnommen ist, auf das Tania Blixen sich wieder und wieder bezieht. In einer besonders aufschlußreichen Passage gibt Brandes Nietzsches Ruf nach »einem neuen Adel« wieder – nach einem Menschentypus, der »gerüstet sei«, das Leben handelnd zu erfahren, denn »nur der ... brauche die Geschichte und verstehe sie anzuwenden«. Menschen dieser »Klasse« gewannen, wenn sie ihnen in der Wirklichkeit begegnete, unweigerlich Tania Blixens Bewunderung, sie lieferten ihr die Helden für *Afrika, dunkel lockende Welt* und für ihre Erzählungen, und über ihr Aussterben im modernen Dänemark sollte sie als alte Frau beredte Klage führen. Schließlich erläutert Brandes Nietzsches Vorstellung vom »eigentlichen Adel des Menschen«, den er gleich Tania Blixen darin sieht, »daß er ... für sich selbst einstehen, eine Verantwortung übernehmen kann«. Dieser Gedanke, den sich die Familie Finch-Hatton in ihrem Wahlspruch *Je responderay* zu eigen gemacht hatte, war auch Tania Blixens ethisches Ideal, dem sie in ihren Erzählungen huldigte, und das sogar die Grundlage ihrer schriftstellerischen Arbeit bildete. Denn indem sie eine Rolle übernehmen, indem sie handeln und die Verantwortung für dieses Handeln tragen, indem sie ihr Schicksal bejahen, werden ihre Figuren »sie selbst«.[12]

Tanne hatte sich außerdem bei der erstmaligen Lektüre von Shakespeares Theaterstücken von Georg Brandes' Buch über den englischen Dichter leiten lassen. Später erzählte sie Parmenia Migel, daß die Entdeckung von Shakespeare im Alter von fünfzehn »eines der wirklich großen Ereignisse meines Lebens war«.[13] Ihre eigenen Stücke, wie im übrigen auch ihre Zeichnungen, durchliefen nach Shakespearschem Muster eine historische, eine tragische und eine romantische Schaffensphase. Aber vielleicht bestand die größte Wirkung des Dichters darin, daß seine Maßstäbe für das Wesen des Menschen die ihren bestimmten: Prinzen verkörperten

* »Alkmene«, »Die dritte Erzählung des Kardinals« und »Babettes Gastmahl«, um nur einige zu nennen.

Seelenadel, Melancholiker die Ironie, Bastarde Eigenschaften wie Niedertracht und Unberechenbarkeit. Ohne zu wissen warum, fühlte sie sich außerordentlich angezogen von der Zweigeschlechtlichkeit mancher Figuren in Shakespeares Lustspielen; sie sehnte sich nach der Freiheit, in der Verkleidung eines jungen Mannes ihr Talent für die Rolle des Pagen, das sie insgeheim kultivierte, unter Beweis zu stellen. Ihre »Lieblingsfigur in der gesamten Literatur« war Viola. Aber als sie die wirkliche Welt, insbesondere ihre eigene kleine dänische Welt, an diesem Maßstab messen wollte, wurde sie bitter enttäuscht.

Es ist bedauerlich, daß wir nichts Näheres wissen über die Wirkung, die Heine und Shelley auf sie ausübten.* Vielleicht gab Heine Tanne etwas von dem, was er Nietzsche gab: »Den höchsten Begriff vom Lyriker hat mir *Heinrich Heine* gegeben. [...] Er besaß jene göttliche Bosheit, ohne die ich mir das Vollkommne nicht zu denken vermag – ich schätze den Wert von Menschen, von Rassen danach ab, wie notwendig sie den Gott nicht abgetrennt vom Satyr zu verstehen wissen.«[14]

Auch Tanne versuchte sich im Alter von fünfzehn Jahren als Lyrikerin. Sie schreibt vom »heiligen Schmerz«, der »Mutter allen Glücks«, gibt sich der »Stille der Nacht« hin und apostrophiert die Elemente als ihre Freunde. Die mächtige Stimme des Meers ruft nach ihr, und der »unbändige Wind« ist ihr Bruder.[15] Aus ihrer Poesie spricht zwar kein »göttlicher Sarkasmus«, aber sie ist erfüllt von pantheistischem Geist und von Sinnlichkeit – schon in frühen Jahren »bezeichnete Tanne sich selbst als Pantheistin«.[16] Hier dürfte teilweise die große Anziehungskraft zu suchen sein, die Shelley auf sie ausübte. Auch er lehnte sich gegen das Paradies auf, und womöglich lösten seine spektakulären Eskapaden entsprechende Vorsätze bei ihr aus.

---

* In *Afrika, dunkel lockende Welt* spielt sie sowohl auf Heine als auch auf Shelley an. Lulu, das Buschbockkitz, sieht aus wie eine genau gemalte Abbildung aus dem Heinelied von den »frommen, klugen Gazellen«. Um Kamante zu beschreiben, entlehnt sie eine Zeile aus Shelleys *Der entfesselte Prometheus*, und am Ende läßt sie Denys Finch-Hatton »Rarely, rarely comest thou, Spirit of Delight!« zitieren, um nur ja keine Verzweiflung aufkommen zu lassen. Shelley war auch einer von Denys' Lieblingsdichtern, und Tania und er lasen einander oft aus seinem Werk vor.

Sie hatte noch andere frühe Meister und Lehrer, darunter zahlreiche Dänen, deren Werke außerhalb der eigenen Landesgrenzen kaum bekannt sein dürften. Einer der einflußreichsten war der feinsinnige ironische Romancier Meir Aron Goldschmidt (1819 bis 1887). Tanne »lebte» als junges Mädchen in seinen Büchern, machte sich seine Gedanken über Nemesis zu eigen und liebte vor allem *Hjemløs* *. Goldschmidt gründete das liberale satirische Wochenblatt *Corsaren* **, dessen »sarkastische Spitzen ... die Philister der Geisteswissenschaften und die Absolutisten der Politik trafen«.[17] In einem Roman mit dem Titel *En jøde* *** schrieb er über sein Gefühl der Nichtzugehörigkeit, der Entfremdung von den Dänen (was den Juden Brandes zu der Bemerkung veranlaßte, daß es ermüdend sei, der Umwelt »immer wieder die eigene Großmutter mit einer *sauce piquante* schmackhaft machen zu müssen«).[18] Auch Tania Blixen sollte sich im dänischen Literaturbetrieb als Außenseiterin fühlen, ungeliebt und mißverstanden, und aus diesem und anderen Gründen fühlte sie sich Goldschmidt sehr nah.

Johannes Ewald (1743–1781), Dänemarks größter Lyriker, war für Tanne eine Art guter Hausgeist, da er einst in Rungstedlund gelebt hatte, als es noch ein Wirtshaus war. Er widmete sein kurzes Leben der Leidenschaft und hinterließ Memoiren, »in einem komplizierten und empfindsamen Stil« geschrieben, den er »von [Lawrence] Sterne gelernt« hatte[19], welcher wiederum einer von Tannes englischen Lieblingsschriftstellern war. Ewald war Tania Blixens Vorbild für die Hauptfigur ihrer Erzählung »Nächtliches Gespräch in Kopenhagen«.

Tannes Briefe und Hefte enthalten auch viele bewundernde Äußerungen über Steen Steensen Blicher (1782–1848), Holger Drachmann (1846–1908), Hans Christian Andersen (1805–1875) und über Johan Ludvig Heiberg (1791–1860), der eines der Vorbilder für Kierkegaards Ästheten abgab. Heiberg war ein ungeheuer einflußreicher Dramatiker, Kritiker, Humorist und gleichzeitig Direktor des Königlichen Theaters von Kopenhagen, der das Vaudeville **** auf der dänischen Bühne einführte und satirische

---

* *Heimatlos.* Nicht ins Deutsche übersetzt. (Anm. d. Üb.)

** Der *Korsar*

*** *Ein Jude*, ebenfalls nicht in deutscher Übersetzung. (Anm. d. Üb.)

**** In seiner Ibsen-Biographie weist Michael Meyer darauf hin, daß und phantastische Marionettenspiele verfaßte – Werke, die Tanne kannte und liebte, und aus denen sie noch als alte Frau zitieren konnte. Das anspruchsvollste ihrer frühen Stücke war das Marionettenspiel *Die Rache der Wahrheit.* *

Das Bemerkenswerteste an Tannes literarischen Helden aus diesem Lebensabschnitt ist vielleicht ein ihnen allen gemeinsamer »heiterer und poetischer« Zug: ein ungewöhnlicher Charme, eine Faszination für Menschen, eine Fähigkeit, sich selbst »zum Mythos« zu machen.[20] Sie waren Künstler, unvergeßlich und beliebt wegen ihrer Ausstrahlung und ihrer Eskapaden, Künstler, um die sich Verehrungsrituale und Legenden rankten. Das gleiche Charisma suchte Tania Blixen bei ihren Freunden, und sie meinte, es bei ihrem Vater, ebenso wie bei ihrer Kusine Daisy Frijs gefunden zu haben. Es war, wie sie sagte, ein Wesenszug, den man bei den alten nordischen Helden fand, aber auch beim Prinzen von Wales, dem späteren Herzog von Windsor, der in Afrika ihr Gast sein sollte. Sie machte es zum Gegenstand der letzten Erzählung, die sie je schrieb. Ein Buch, sagt darin der Puppenspieldirektor Pipistrello zu seinem Doppelgänger Lord Byron, »*ein* Buch wird wieder und wieder geschrieben und wieder und wieder gelesen wer-

---

vaudeville damals im Dänischen nicht »Variété« bedeutete, sondern »Singspiel«, »komische Oper«.

* Es gab damals das sogenannte *Märchenlustspiel*, eine Gattung, die Michael Meyer im Zusammenhang mit Ibsen erörtert, und die bei der Betrachtung von Tania Blixens literarischem Erbe eine Fußnote wert ist. Unter Berufung auf den deutschen Kunst- und Literaturhistoriker Hermann Hettner schreibt Meyer: »Das wichtigste an dieser Gattung ... war die Tatsache, daß sie sich mit zwei gegensätzlichen Welten befaßte, derjenigen der Alltagswirklichkeit und derjenigen der Phantasie; in den besten Stücken dieser Art werden diese beiden Welten einander ständig gegenübergestellt, und zwar dergestalt, daß die Traumwelt als Quelle der Wahrheit und Weisheit gezeigt wird, während die der Alltagsrealität komisch und unrealistisch erscheint. Als Musterbeispiel für diese Art von dramatischer Dichtung führt Hettner Shakespeares *Ein Sommernachtstraum* an. Es ist ein Genre, das für Skandinavier immer einen besonderen Reiz gehabt zu haben scheint – Oehlenschläger, Heiberg und Hostrup hatten sich alle darin versucht, und ebenso ... Hans Christian Andersen.« (Michael Meyer, *Ibsen*, S. 95 f.). Auch Tannes Marionettenkomödie *Die Rache der Wahrheit* ist – bewußt oder unbewußt – als Märchenlustspiel angelegt.

den« wenn all die anderen schon längst keine Beachtung mehr finden. »Was ist das für ein Buch?« fragte Lord Byron. »Lord Byrons Leben«, sagte Pipistrello.[21]

VI

Bevor er in den Tod ging, hatte Wilhelm Dinesen an seine Frau geschrieben: »Ea und Elle werden es schon schaffen, mir ist's nur weh ums Herz wegen der kleinen Tanne.«[22] Es ist unklar, in welchem Zusammenhang er das schrieb, möglicherweise in einem Abschiedsbrief. Er muß gewußt oder geahnt haben, was sein Tod für Tanne bedeuten würde. Zu Beginn ihrer Jungmädchenzeit dachte Tanne »unablässig« an ihren Vater und empfand sein Fehlen in ihrem Leben als vernichtende Tragödie. In einem um 1900 verfaßten, leidenschaftlichen Brief, der offenkundig Bestandteil einer Erzählung, aber ebenso unverkennbar Ausdruck ihrer eigenen Gefühle ist, schreit sie ihre Sehnsucht nach ihm heraus:

> My dear and beloved friend, my wise and gentle brother:
> If you had been on earth still, I should have come to you and you would have taught me to love and to approach thine [sic] light, but you are gone away to high worlds, I know not where you dwell, spirit that I love. But do not leave me alone, if your spirit dwells still sometimes on earth, where you loved and suffered, let it dwell within me, who love you. And give me only once a token that you live and are the same, and that my spirit could reach thine, and if you give it me, I shall follow your footsteps and be your disciple, today and always. Perhaps I shall be it in all cases, but you know, my brother, how hard it is to be alone, be with me, and give me your bless [sic] dear beloved brother, my master and teacher, my dearest friend.[23]*

---

* Mein innig geliebter Freund, mein kluger und sanftmütiger Bruder: Wenn du noch auf Erden lebtest, wäre ich zu dir gekommen, und dann hättest du mich gelehrt, deine Weisheit zu lieben und mich ihr zu nähern, aber du bist fortgegangen, in höhere Welten, ich weiß nicht, wo du weilst, geliebte Seele. Aber laß mich nicht allein, wenn deine Seele noch irgendwo auf Erden weilt, wo du geliebt und gelitten hast, laß sie in mir weilen, die dich liebt. Und gib mir nur einmal ein Zeichen, daß du lebst und noch der gleiche bist, und daß meine Seele die deine erreichen kann, und wenn du es mir gibst, werde ich dir auf Schritt und Tritt folgen und deine gelehrige Schülerin sein, heute und immerdar. Vielleicht werde ich das ohnehin, aber du weißt ja, mein Bruder, wie schwer es ist, allein zu sein, steh mir bei und gib mir deinen Segen, innig geliebter Bruder, mein Meister und Lehrer, mein teuerster Freund.

Von Parmenia Migel erfahren wir etwas, das indirekt Licht auf den Brief wirft. Sie sagt, daß Tanne im Alter von fünfzehn »von der Wahnvorstellung ergriffen wurde, daß ihr Vater in ihr weiterlebe, und daß seine Ideale nur durch sie fortbestehen könnten«. In dem Brief braucht der Mensch die Seele des Verstorbenen, um weiterzuexistieren; in der »Wahnvorstellung« verhält es sich umgekehrt. Aber in beiden Fällen geht es um einen Pakt, der die Lebenden und die Toten in einem engen Abhängigkeitsverhältnis aneinander bindet. Ob als Beschützte oder als Beschützerin, Tannes Vereinigungsphantasie mit dem Vater – von erotischen wie von religiösen Gefühlen getragen – schafft ihr einen starken, wenn auch imaginären Verbündeten gegen die Verzweiflung.*

Neben der rührenden Offenheit und der tiefen Aufrichtigkeit fällt an dem Brief noch etwas anderes auf. Es ist das einzige Prosastück aus Tania Blixens frühen Jahren, das englisch geschrieben ist, und das kann kein Zufall sein. Die Fremdsprache rückt die ungestümen Gefühle auf Distanz und schützt die Schreiberin zugleich. Und so sollte Tania Blixen auch in einer fremden Sprache und hinter einem Pseudonym die Freiheit finden, ihre Erzählungen zu schreiben.

Während der Zeit ihrer wahnhaften Trauer um Wilhelm wandte Tanne sich mit ungeheurer Aufmerksamkeit und Neugierde seiner Verwandtschaft zu, und irgendwann im Laufe des Jahres 1900 traf sie anscheinend Vorbereitungen, allein zu ihnen nach Katholm zu reisen.

Es verwundert nicht, daß Tania Blixen dieser emotionsgeladenen Lebensphase später in der Art einer Erzählerin gedachte und Ereignisse vereinfachte und miteinander verband, die in Wirklichkeit vielschichtig und mehrdeutig waren, daß sie Eindrücke, die sie über längere Zeiträume gesammelt hatte, zu dramatischen Minia-

---

* Dieses Gefühl des Einsseins sollte ihre Jungmädchenzeit überdauern. Viel später, in einem Augenblick, in dem sowohl ihre Farm als auch ihre Ehe von Zerrüttung bedroht waren, schrieb Tanne aus Afrika an ihre Mutter: »Aber – falls ich das schaffe und es wieder zu etwas bringe und eines Tages das Leben mit Ruhe und Klarheit betrachten kann – dann verdanke ich das Vater. Sein Blut und seine Sinnesart können mir durch dieses Tief hindurchhelfen. Ich habe oft das Gefühl, er steht neben mir und hilft mir, oft, in dem er zu vielen meiner Shauries sagt: ›Scher Du Dich den Teufel darum.‹« *Siehe* T. Blixen, *Briefe aus Afrika*, S. 147.

turen verdichtete. Parmenia Migel gegenüber äußerte sie, sie habe fünf Jahre vergehen lassen, bevor sie die Dinesens wieder besuchte, aus Angst, ihr Anblick könne eine noch zu frische Wunde wieder aufreißen.[24] Die Biographin dagegen schildert die Reise mit den Augen des Cinematographen: Ingeborg steht winkend in der Haustür, und während Tannes Kutsche in den *Strandvej* hinausbiegt, sieht sie, wie sich die Augen ihres Kindes bedeutungsschwer »mit Tränen füllen«; Katholm wird zur sagenumwobenen Gralsburg, der man sich über einen »gewundenen Waldweg« und über einen Burggraben nähert. Diese romantische Weltabgeschiedenheit wird für die Entwicklung der eigenwilligen Charaktere seiner Bewohner verantwortlich gemacht, die sich »sehr abgehoben« fühlen von den so ganz »anderen«, profaneren Kopenhagener Aristokraten.

Glücklich in der geheimnisumwitterten Feste angelangt, bewundert die junge Familienangehörige die »fast legendäre« Schönheit ihrer Tanten und ihres Onkels; lauscht hingerissen, bis tief in die Nacht hinein, deren »unbekümmertem und wunderlichem Geplauder«; entwickelt auf nächtlichen Streifzügen durch die Räume des Schlosses Sinn für Familiengeschichte; unternimmt einsame Ausritte in »fahle, gefleckte« Moorlandschaften, in denen sich, außer Wildgänsen, nichts regt, um über diese neuen Eindrücke »nachzusinnen«; immer deutlicher sieht sie, wie der tote Vater ihr »aus den Augen seines überlebenden Bruders Laurentzius« zulächelt, der ihm gleicht wie das Licht dem Schatten einund desselben Tages. (Wilhelm war dunkelhaarig, Laurentzius blond.) Binnen »weniger Wochen« »beantworten sich [Tannes] unausgesprochene Fragen wie von selbst«, erblickt sie in dem Spiegel, den ihr die Verwandten vorhalten, die eigenen Dinesenschen Züge. »Unmerklich« – etwa wie sich ein Bewegungsablauf in einer kurzen Filmsequenz von Einzelbild zu Einzelbild verändert – ist sie »eine von ihnen« geworden.[25]

Falls ein derartiger Besuch tatsächlich stattfand, dürfte Tanne ihn kaum fünf Jahre hinausgeschoben haben, und überdies waren die Dinesens keine fremden romantischen Figuren für sie. Ingeborg fuhr jeden Sommer vier Wochen lang mit den Kindern samt Kinderfräulein Malla nach Katholm. Thomas erinnerte sich, daß es dort »Mahlzeiten mit acht Gängen, und zu jedem Gang zwei Flaschen Wein«[26] gab, und daß die anwesenden Vettern und Kusinen große, lärmende Jagd- und Reitgesellschaften veranstalteten und bei Mondschein schwimmen gingen. Aus der eigenen Erinnerung schilderte Tania Blixen Onkel Laurentzius als alten Bär, als vorurteilsbeladenen aber sanftmütigen Menschen, den »eine hübsche Frau oder ein kluger alter Diener um den Finger wickeln konnte«.[27] Und Katholm wird im gleichen Bericht als gastfreundliches viktorianisches Haus beschrieben, das den ganzen Sommer über von einer kunterbunten Gästeschar bevölkert wurde, darunter fast immer einige unverheiratete Tanten, ältliche Gouvernanten und pensionierte Offiziere. In den hellen Julinächten *(lyse nætter)* blieb man abends nach dem Essen lange im Salon beieinander, die Türen zur Lindenallee standen offen, und Rosenduft erfüllte die Luft, während die einen mit Onkel Laurentzius darüber stritten, ob sich Fahrradfahren für Damen schickte, und die anderen Sternschnuppen zählten.

Was diese Besuche für Tanne so überaus reizvoll machte, war zweifellos die größere Heiterkeit des Lebens in Katholm, die Pflege gesellschaftlicher Bräuche, die in Rungstedlund als frivol verpönt waren, und die Anwesenheit so vieler »Gentlemen«. Ihr Leben lang sollte Tania Blixen eine Schwäche haben für jene Spezies distinguierter alter Haudegen wie ihren Onkel und dessen Freunde, die »Kavaliere alter Schule« der Generation ihres Vaters, die gegen die Preußen gekämpft, in St. Petersburg im Winterquartier gelegen und mit ihren Mätressen im *Café Anglais* soupiert hatten und amüsant über »Theologie, Oper, Moral oder andere brotlose Künste«[28] plauderten. Außerdem wußten sie es zu würdigen, wenn eine junge Dame Sorgfalt auf ihre Garderobe verwendete oder eine gute Zuhörerin war – Tugenden, die in Folehave als unnütz galten. Vermutlich bekam Tanne in Katholm erstmalig Gelegenheit, die eigene Anziehungskraft zu erproben, den Charme, den sie wie unter einer Glasglocke gehegt hatte, und die Richtigkeit ihrer Behauptung unter Beweis zu stellen, daß »der eigentliche Wert eines Menschen im anderen Geschlecht begründet liegt«.[29]

VII

Es ist unklar, ob Tanne tatsächlich im Jahre 1900 auf der Suche nach ihrer Identität als eine Dinesen allein nach Katholm reiste, oder ob die Reise, so wie sie sich ihr in der Erinnerung darstellte, die dramatische Zusammenschau mehrerer Besuche war. Jedenfalls ist sie Bestandteil ihres eigenen – des offiziellen – Lebensberichtes. In ihren Gesprächen mit Parmenia Migel, in der Erzählung »Saison in Kopenhagen« und in den Interviews, die sie im Lauf der Zeit gab, schildert sie die Dinesens, einschließlich ihrer eigenen Person, als ganz besonderen Menschenschlag: mit raubtierhaften Sinnen, mit unerhörter Vitalität und unbändiger Genuß- und Begeisterungsfähigkeit. Selbst unter hochgeborenen Freunden erwiesen sie sich noch als die wahren Aristokraten.

Dies ist die Sprache des Mythos, besonders die Sprache jener Kindheitsmythen, die einen verstorbenen Elternteil oder ein fernes Vorbild zum Gott erheben. Das Bild stammt zudem aus der Feder einer erfahrenen Erzählerin, die in den Märchenschlössern zu Hause ist und um den eigenen »Mythos« weiß. Aber in den mittleren Lebensjahren konnte Tania Blixen die väterlichen Verwandten nüchterner einschätzen, sie so sehen, wie die Westenholz' sie sahen: dünkelhaft, hartherzig und oberflächlich, und sie war imstande, sich selbst einzugestehen, daß sie sich trotz all dieser Mängel zu ihnen hingezogen fühlte. Auf Menschen, die von Märtyrern großgezogen und von ihrer Liebe fast erstickt wurden, üben weltgewandte Egozentriker oft eine solche Faszination aus. In ihrer Gesellschaft kann man sich guten Gewissens ein bißchen aufspielen, ein bißchen aufplustern; sie stehen ihren Mann in jeder Unterhaltung, in jeder Affäre. Bei den Dinesens konnte Tanne sich entspannen, dort blühte sie auf, einfach weil sie bei ihnen mehr sie selbst sein konnte.

Von allen Verwandten väterlicherseits fühlte Tanne sich ihrer Patentante Christentze am nächsten. Im Jahre 1900 war Christentze sechsundvierzig, eine noch immer charmante und reizvolle Frau mit der Aura einer romantischen Vergangenheit. Sie war zwei Jahre jünger als Agnes Frijs, ihre einstige beste Freundin, und neun Jahre jünger als Wilhelm, den sie angebetet hatte. Christentze erzählte Tanne gern von Wilhelms frühen Jahren, von ihrer gemeinsamen Kindheit in Katholm, von den Familienlegenden, und sie besaß eine blühende Phantasie.

Eine von Christentzes dichterisch ausgeschmückten Geschichten, die sie Tanne als die verborgene Wahrheit darbot, lief darauf hinaus, daß Wilhelm sich das Leben nahm, weil er angeblich den Schmerz um Agnes nie verwunden hatte.[30] Tanne glaubte sie damals trotz ihrer haarsträubenden Unglaubwürdigkeit. Agnes starb 1870, Wilhelm 1895, und er hätte in der langen Zeit dazwischen unzählige treffliche Gelegenheiten zum Selbstmord gehabt.

Selbst wenn man Christentze ihren Hang zur Romantik zugute hält, war es ausgesprochen kurzsichtig, ja fast schon böswillig, eine derartige Vermutung einem jungen Mädchen gegenüber zu äußern, das seinen Vater abgöttisch liebte, und das, wie alle Fünfzehnjährigen, mit der eigenen geschlechtlichen Identität haderte. Denn eigentlich sagte sie ihr damit: Dein Vater hat deine Mutter nie geliebt; sie war nicht imstande, ihn zu halten; erotisch fühlte er sich an eine andere Frau gebunden, und diese Bindung war so übermächtig, daß er sich umbrachte. Diese Botschaft nahm Ingeborg den Mann und Tanne den Vater weg und verschob den Schwerpunkt von Wilhelms Leben in die Zeit vor seiner Ehe. Vielleicht war dies sogar Christentzes unbewußte Absicht, ihre Rache, denn sie hatte weder die Frau ihres Bruders noch seine hochgestochene angeheiratete Verwandtschaft je gemocht. Sie hatte nie verstanden, wie Wilhelm ein derart schüchternes, biederes Mädchen den blendenden Schönheiten – Agnes oder letztlich sogar ihr selbst – aus ihren Kreisen vorziehen konnte.

Nach der Reise – oder den Reisen – nach Katholm und nach Christentzes Offenbarungen äußerte sich Tannes Widerwille gegen Folehave noch krasser. Sie wurde überheblich und anspruchsvoll; sie verwies mit beißenden Bemerkungen auf die Art, wie man die Dinge »im Hause meines Vaters« zu tun pflegte[31]; sie wurde unzugänglich, launisch, hochmütig. Teilweise entsprang dieses Gehabe natürlich der üblichen Großspurigkeit der Halbwüchsigen, die ihre Sehnsucht nach Abhängigkeit und Sicherheit hinter einer Fassade aus Mißmut, Waghalsigkeit oder Ausgelassenheit zu verstecken suchen. Die gleiche Anhänglichkeit, mit der Ingeborg oder die übrigen Familienmitglieder sich an sie klammerten, machte es Tanne unmöglich, sich von ihrer Mutter zu lösen. »Die große Kraft« war in ihr, aber »die Hindernisse« waren es auch.

Noch nie zuvor hatte es Ingeborg Dinesen mit einem modernen Teenager zu tun gehabt, aber sie ließ Tannes Ausbrüche, Launen und Provokationen mit stoischer Gelassenheit über sich ergehen.

Tante Bess dagegen stürzte sich auf sie wie ein rächender Engel. Sie rang um das Kapital an Liebe und Hoffnung, das sie in Tanne investiert hatte. Und noch fünfundzwanzig Jahre später, als ihre Nichte eine fast vierzigjährige Frau war, sprach Bess vom »Undank der jüngeren Generation«, von ihrem »Verrat«.[32]

Siebtes Kapitel

Tante Bess

Bene vixit bene latuit[1]

I

Als Tanne vom Besuch bei den Tanten Dinesen zurückkehrte, bezaubert von ihrem Liebreiz, ihrer unbekümmerten Fröhlichkeit und ihrem müßiggängerischen Leben, trug sie anscheinend ihre Bewunderung in Folehave allzu aufreizend zur Schau. Bess war beleidigt und machte Szenen, die, zumindest rückblickend, einen deutlich eifersüchtigen Beigeschmack hatten. Eine davon behielt Tania Blixen so lebhaft in Erinnerung, daß sie sie noch fünfzig Jahre später ihrer Sekretärin Clara Svendsen schildern konnte. Bess, erzählte sie, hatte sie auf das Epigramm eines Buchs hingewiesen und sie gefragt, ob sie es nicht für sich selbst zutreffend finde. Das Epigramm lautete *bene vixit bene latuit* * – gut lebt, wer im Verborgenen lebt. Tanne war davon ebenso entzückt wie vom unerwarteten Einfühlungsvermögen der Tante. Bess jedoch nahm das Buch wieder an sich und wies sie streng zurecht: »Einem solchen Wahlspruch würdest du dich nie würdig erweisen, dazu bist du viel zu frivol, genau wie die Schwestern deines Vaters«.[2]

Unschwer zu erraten, wie Bess *bene vixit bene latuit* verstand. Welche Seite ihres eigenen Lebens hielt sie hochmütig im Verborgenen, hielt sie geheim, da sie gut war? Was demonstrierten denn

---

* Es handelte sich um die Inschrift auf Descartes' Grabstein, die Nietzsche bezeichnenderweise in einem seiner Briefe an Brandes (1900 in der dänischen Ausgabe ihrer Korrespondenz veröffentlicht) zitiert. In diesem Brief vergleicht er seine Philosophie mit einem Grab, das ihn von den Lebenden entferne, und äußert Bewunderung für die von Descartes gewählte Grabinschrift.

die Schwestern Dinesen und ihresgleichen mit der Frivolität ihres Lebens? Der Wahlspruch war ein Prüfstein der Tugend, eine Warnung vor Sexualität, ein unverblümter Anstandstest.

Tanne verzieh ihrer Tante nie und rächte sich sechzig Jahre später, als sie Parmenia Migel aus ihrer Kindheit erzählte. Das Ergebnis ist eine ebenso wenig schmeichelhafte wie verzerrte Darstellung von Tante Bess. In Migels Biographie *Titania* wird sie als spießig gekleidete, raffgierige Kreatur geschildert, furchterregend und lächerlich zugleich und mit einem Rattenschwanz übellautender Adjektive wie »dragonerhaft«, »humorlos« und »aufdringlich« ausgestattet. »Einer der Hauptgründe, warum ich nach Afrika ging«, bekennt Tania Blixen melodramatisch, »war der Wunsch, der Tyrannei dieser Tante zu entfliehen.«[3]

Die Briefe aus Afrika zeichnen ein vollständigeres Bild: von einer freimütigen und stürmischen Beziehung, die mitunter beide Seiten auf eine harte Probe stellte und dennoch von gegenseitiger Zuneigung und Achtung erfüllt war. Tanne bezeichnete ihre Tante als »wahre Gönnerin meiner Kunst«,[4] und Bess hegte die Absicht, die Briefe ihrer Nichte zu veröffentlichen. Ihre Niederschrift half Tania Blixen entscheidend, sich in schriftstellerischer Disziplin und Logik zu üben und vielleicht auch Selbstvertrauen als Kulturkritikerin zu entwickeln. Die beiden Frauen stritten miteinander über die Ehe, über Feminismus und Sexualität, über Kunst, Literatur und Ethik, und über den ungeheuren Wandel, der sich in den Jahren zwischen den beiden Weltkriegen in der Gesellschaft und in den zwischenmenschlichen Beziehungen vollzog. Das waren die Fortsetzungen der »reichlich hitzigen«[5] Debatten, die sie einst auf der Terrasse in Folehave miteinander geführt hatten, und die sich für Tanne offenkundig als sehr fruchtbar erwiesen. Während Ingeborg zerbrechlich, fast kindlich gewirkt hatte in ihrer Schonung heischenden Art, zeigte Bess sich unverwüstlich, bot sich Tanne als Wand, an die sie hämmern, an der sie ihre Kraft und ihren Willen ertüchtigen konnte.

Weder der Vorfall mit dem Sinnspruch noch die jahrelangen Meinungsverschiedenheiten wiegen Tania Blixens späteren Verrat an Bess Westenholz auf. Teilweise dürfte er ihrer außerordentlich zarten Gesundheit und den unablässigen Schmerzen zuzuschreiben sein, unter denen sie litt, und die sie mitunter gehässig machen konnten. Sie karikierte nicht nur Bess, sondern auch Bror

Blixen und andere Figuren aus ihrer Vergangenheit. Gegen Ende blickte sie zudem von einer fernen und hohen Warte auf ihr Leben zurück, die die Dinge gleichnishaft vereinfachte. Als *Symbol* übte Bess zweifellos eine machtvolle, negative Wirkung aus. Ihre vehemente Ablehnung der Sexualität hatte Tanne als Kind zugleich erschreckt und beeindruckt und als junge Frau schlicht »abgestoßen«. In Tannes Psyche war Bess Wilhelms Widerpart, und miteinander bildeten sie, was Tania Blixen später eine »Einheit«[6] nennen sollte: Man konnte sich keinen vollkommeneren geistig-seelischen Gegensatz vorstellen. Bess war in erster Linie als Symbolfigur eine Tyrannin – oder sollte als solche erscheinen. Vielleicht lag die eigentliche Tyrannei weniger im anmaßenden Verhalten der Tante selbst als vielmehr in dem Bild, das Tanne verinnerlicht hatte. »Meine Schwester hatte schreckliche Angst«, sagte Thomas Dinesen, »ihr eines Tages ähnlich zu werden.«[7]

Tania Blixens literarisches Werk bevölkern Männer, Frauen und vor allem Heranwachsende, die ihr wahres Leben und Ich verbergen und dennoch keine Duckmäuser sind. Die »gut gelebten« Leben in den Erzählungen stehen im Zeichen irgendeiner geheimen Berufung oder Leidenschaft, die so gut verborgen ist, daß die »lebensfeindlichen Mächte« ihr nichts anhaben können. Blixens standhaft verschwiegene Heldinnen und Helden haben einen erfinderischen Heroismus gemein, den auch Tanne als junges Mädchen besaß: den Heroismus der Träumer. »Du weißt, Tembu«, sagt Mira Jama in »Die Träumer«, »daß, wenn man einen Kaffeebaum pflanzt und die Pfahlwurzel knickt, nach einiger Zeit dicht unter der Erde eine Unzahl von kleinen Würzelchen zu sprießen anfangen. Ein solcher Baum kommt nicht weiter und trägt auch nicht, aber seine Blüte ist reicher als bei anderen Bäumen.«[8] Es war eine ihrer berühmten ironischen Pointen, den Wahlspruch, dessen Tante Bess sie für unwürdig erklärt hatte, stillschweigend umzudeuten und ihrem Werk voranzustellen: *Bene vixit bene latuit*, in der Tat.

II

Die Zuspitzung der Krise zwischen der heranwachsenden Tanne und Tante Bess erwies der ersteren einen großen Dienst: Sie mobilisierte ihre Widerstandskraft und ihre Fähigkeit zu ironischer

Distanz. Sie begann damals, sich als Rebellin und Jakobinerin darzustellen, und ihre Aufzeichnungen aus dieser Zeit sind eine Fundgrube dämonischer Gestalten – Selbstmörder, gefallene Frauen, romantische Dichter. Auch fing sie an, Aufsätze über die Französische Revolution zu schreiben, unter anderem eine fünfzigseitige Abhandlung über die vergessenen Heldinnen jener Zeit. Robespierre wurde ein unerhörtes und neues Idol, und sie überlegte, ob sie wohl durch Leiden und Hungern »eine Person wie [er] werden könnte«.[9]

In dieser Phase fand sie Zuflucht in den Schriften von Georg Brandes, jenem großen skandinavischen Luzifer, den ihre Familie so vehement ablehnte. Die dänische Kulturwelt war um die Jahrhundertwende polarisiert und zerstritten, und Brandes und die Westenholz' waren die geborenen Feinde. »Gegenwärtig kommt ein neues Ideal auf«, erklärte Brandes den Studenten der Kopenhagener Universität voll Verachtung, »welches das Leiden als Grundbedingung des Lebens, als Grundbedingung des Glücks ansieht, und welches im Namen der Kultur alles bekämpft, was wir bislang Kultur genannt haben.«[10] Die Feststellung hätte auf die Familie Westenholz gemünzt sein können, samt allem, was ihr lieb und wert war.

Es ist nicht leicht, Brandes' Charisma oder seinem Rang gerecht zu werden; er war kein schöpferischer Denker oder Künstler, aber er war ein genialer Katalysator. Die Vorlesungen, die er 1871 über »Die Hauptströmungen der Literatur des 19. Jahrhunderts« hielt, elektrisierten die jüngere Generation dänischer Künstler und Schriftsteller und machten sie mit den interessantesten radikalen Gedanken Europas vertraut – mit der Philosophie von Renan, von Taine, von John Stuart Mill und Schopenhauer, mit der Poesie der romantischen Satanisten und den Romanen von George Sand. Brandes ermunterte die Jugend, den selbstgefälligen Dogmen ihres Zeitalters den Kampf anzusagen, sich über ihren engen skandinavischen Horizont hinwegzusetzen, in »größeren Dimensionen« zu denken (wie Ibsen es ausdrückte). Vor allem sollten sie danach streben, »sie selbst zu werden«.[11]

Als die Vorlesungstexte 1872 veröffentlicht wurden, meinte Ibsen zu Brandes, es sei »eines jener Bücher, die eine gähnende Kluft zwischen dem Gestern und dem Heute aufreißen«.[12] Aber es hagelte Verrisse in der gesamten dänischen Presse, und Brandes wurde als der Verführer der dänischen Jugend, als Verfechter von Atheismus, Selbstmord und freier Liebe angeprangert. Brandes eigener ungeregelter Lebenswandel geriet ins Kreuzfeuer der Kritik – zur Zeit der Vorlesungen war eine verheiratete Frau mit sechs Kindern seine Geliebte. Und Brandes selbst war eine aufsehenerregende Gestalt, ein aufbrausender, sinnlicher Mann, der in seiner Jugend versucht hatte, »Faust und Don Juan in einer Person zu sein«.[13] Er hatte etwas auffallend Fremdländisches an sich, etwas Dandyhaftes, und betätigte sich auch weiterhin munter und unverhohlen als Ehebrecher. Das alles machte ihn zu einer umso augenfälligeren Zielscheibe für Feinde und Kritiker – zu denen sich nahezu jede ehrbare Person, ob Mann oder Frau, in Dänemark zu zählen schien. Edmund Gosse, der Brandes kannte, fand es »schwer, die Abscheu, ja das Entsetzen zu erklären ..., die um mich herum laut wurden, wann immer sein Name im Verlauf einer allgemeinen Unterhaltung fiel. ...

Das geistige Klima in Kopenhagen war tugendhaft, romantisch, orthodox; eine bestimmte Gattung literarischer Betrachtungen, die die Grenzen des guten Geschmacks wahrten und ehrfürchtig die Tradition der Vorfahren pflegten, erfreute sich allgemeiner Beliebtheit. Diese ... intellektuelle Selbstgenügsamkeit hing mit der politischen Isolation Dänemarks zusammen, mit dem von den beiden europäischen Kriegen genährten Stolz. Nach orthodoxer Auffassung wußte ein Däne genug über die Moderne, wenn er die eigenen Dichter, Philosophen und Wissenschaftler kannte.

Und hier kam nun ein zorniger Jude, der mit einer gewissen Großmäuligkeit hinausschrie, daß geistige Erlösung undenkbar sei ohne die Kenntnis ›fremder Teufel‹. ... Der hochmütige Ton, den Brandes anschlug, hatte auch etwas Aufreizendes. ... Er gehörte zur Gattung der Bilderstürmer, wie Heine vor ihm, wie Nietzsche nach ihm, und man traute ihm zu, sämtliche Überzeugungen seiner Zeitgenossen ins Wanken zu bringen. Brandes war Deist, Republikaner und extremer Individualist und schien imstande, die festgefügte und bewährte Ordnung von Grund auf zu erschüttern.«[14]

Als genüge dies nicht, um sich die anhaltende Feindschaft der patriotischen, orthodoxen und liberalen Familie Westenholz zuzuziehen, verstrickte Brandes sich obendrein noch in einen Streit mit den damaligen Feministinnen, auf den es sich lohnt, näher einzugehen, denn er birgt in seinem provinziellen Radius viele der Konflikte, die Tania Blixens Weltanschauung prägten.

III

Interesse für die Rechte der Frau regte sich in Dänemark erstmalig nach der Veröffentlichung von John Stuart Mills *The Subjection of Women* in Georg Brandes' dänischer Übersetzung. Im gleichen Jahr (1869) wurde der Dänische Frauenverband *(Dansk Kvindesamfund)* gegründet, der sogleich eine eigene Zeitung herausgab. Erklärtes Ziel der Vereinigung war es, »Frauen bei der Selbstverwirklichung und bei der Qualifikation für Funktionen und Verantwortungen vollkommen mündiger Bürger zu helfen«.[15]

Mary Westenholz und ihre Töchter interessierten sich nach Bess' Schilderung »leidenschaftlich für die Frauenbefreiung und unterstützten nachdrücklich die Koedukation, die Selbständigkeit der Frauen, das heißt, wir glaubten damals, daß die Gleichberechtigung von Frauen und Männern die sittliche Verfassung der Welt reformieren und die Beziehungen zwischen den Geschlechtern natürlicher gestalten würde; wir glaubten; daß ›Befreiung‹ die Frauen glücklicher machen würde«.*

Mary Westenholz hatte erwogen, Ingeborg nach England zu schicken und zur Krankenschwester ausbilden zu lassen, aber ihre Verlobung hatte den Plan vereitelt. Bess dagegen machte außerhalb der Familie, in der Unitarischen Kirche Karriere. Sie wurde Mitglied des Kirchenrats, sie reiste, hielt Vorträge auf internationalen Konferenzen und gab eine Zeitlang die Kirchenzeitung heraus. Wie ihre amerikanischen Glaubensgenossen und -genossinnen in Neuengland engagierte sie sich für soziale Gerechtigkeit und hätte sich in den Vereinigten Staaten in den tonangebenden Kreisen der Abolitionisten von Boston oder der Transzendentalphilosophen von Concord zu Hause gefühlt. Außerdem war sie eine überzeugte Suffragette.

---

* Bess' Ansichten wurden mit dem Alter sehr viel konservativer. Als sie auf die Achtzig zuging, betrachtete sie sich selbst als gescheiterte Existenz, weil sie unverheiratet geblieben war. Siehe Mary Bess Westenholz, »Erindringer om Mama og hendes Slægt«, *Blixeniana* 1979, S. 196.

Die politischen Aspekte der Frauenunterdrückung traten in den achtziger Jahren des vergangenen Jahrhunderts hinter den fesselnderen sexuellen Aspekten in den Schatten. Etliche Generationen bevor solche Themen in den gehobenen Kreisen der übrigen europäischen Länder auch nur zur Sprache gebracht werden konnten, debattierte man dort öffentlich über Ehe, Scheidung, Keuschheit, Prostitution, eheliche Treue, Geschlechtskrankheiten und »sexuelles Schmarotzertum«. Der hervorragende Kulturkritiker Elias Bredsdorff bezeichnet diese Phase der öffentlichen Auseinandersetzung als »den großen skandinavischen Krieg über die Sexualmoral«, und in einem Buch mit dem gleichlautenden Titel beschreibt er, wie dieser »fast alle wichtigeren Schriftsteller des Nordens ... prägte«.[16]

Das Schlüsselwerk zu diesem Thema war Bjørnstjerne Bjørnsons Theaterstück *Ein Handschuh**, worin eine junge Frau namens Svava entdeckt, daß ihr Bräutigam nicht mehr unschuldig ist, und sich daraufhin weigert, ihn zu heiraten. Ungerührt belehrt er sie: »Eine Frau schuldet ihrem Ehegatten sowohl ihre Vergangenheit wie auch ihre Zukunft; ein Ehemann schuldet seiner Frau nur seine Zukunft.«[17] Die Angehörigen der beiden mischen sich ein. Der Vater des jungen Mannes deckt die Seitensprünge des Vaters der jungen Frau auf, ihre Mutter bekennt, wie heuchlerisch sie diese geduldet habe und wie unglücklich sie darüber gewesen sei, und die Ideale des Mädchens werden brutal zunichte gemacht.

Tausende dänischer Frauen erkoren Svava zu ihrer Lieblingsheldin, und Bjørnson, der »männliche Keuschheit« auf sein Banner schrieb, wurde zum Sprecher einer sexuellen Reformbewegung, die eine Mischung aus radikalem Feminismus und puritanischem Denken darstellte. Darauf bezieht sich Tante Bess, wenn sie von ihrer Hoffnung spricht, daß die Gleichberechtigung der Geschlechter die »sittliche Verfassung der Welt reformieren« werde.

Sowohl die intellektuelle Linke als auch die konservative protestantische Geistlichkeit griff Bjørnsons Theaterstück an. Die Geistlichen begriffen den subversiven Gehalt von Svavas Forderungen, die nicht nur darauf hinausliefen, daß junge Männer für

---

* Das Drama »Ein Handschuh« erschien 1882 auf deutsch (Anm. d. Üb.).

ihre Bräute keusch bleiben, sondern daß beide Geschlechter die ethische Verantwortung in Familie und Gesellschaft gleichermaßen tragen sollten. Die Reaktion eines lutheranischen Bischofs war bezeichnend für die Haltung von vielen: »Es ist die Pflicht der Frau, ihrem Gatten ein sittliches Vorbild zu sein.«[18]

Die intellektuelle Linke kritisierte Prüderie und Scheinheiligkeit der Reformbewegung. Brandes veröffentlichte eine Reihe bissiger Kommentare in *Politiken* – gezeichnet »Luzifer« – in denen er mit unverhältnismäßig ironischer Schärfe über drei der führenden feministischen Denkerinnen herzog.

Bjørnson war Brandes trotz einer alten Freundschaft im stillen schon längst gram, und so schlug er sich jetzt auf die Seite der Reformer. Die Öffentlichkeit zerfiel in zwei Lager und sah zu, wie der große Moralist und der berüchtigte Immoralist übereinander herfielen. Es folgte das, was Bredsdorff als den »Dreimonatskrieg« bezeichnet, dessen Geschützsalven in jeder guten Stube und in jedem Salon in Dänemark widerhallten und üble Nachwehen hatten. Brandes' Ruf als Ausbund der Verworfenheit verschlimmerte sich noch. Mit leicht wehmütigem Stolz schrieb er an Nietzsche: »Ich bin der bestgehaßte Mensch von Skandinavien.«[19] Als Ingeborg Dinesen zehn Jahre später ihre Hausordnung wider den Unfug und für ernsthafte geistige Auseinandersetzung verfaßte, fügte sie – vielleicht nur spaßeshalber – eine Klausel ein, die den Kindern verbot, Brandes' Namen bei Tisch zu erwähnen.

Über Sexualmoral wurde in Folehave des langen und breiten diskutiert, und Tanne merkte später an, wie merkwürdig es doch gewesen sei, daß das Thema ihre alten Tanten dermaßen fesselte, wo sie doch jegliches Interesse an Sex in Abrede stellten. Tante Bess war Mitglied des Dänischen Frauenverbandes und Verfechterin des feministischen Standpunkts, zu dem sie ihre jungen Nichten zu bekehren versuchte. Aber diese sträubten sich, und Tanne spürte schon damals, daß die Frauenbewegung noch weit davon entfernt war, ihrer Generation echte Freiheit zu bescheren. So lange Frauen entweder idealisiert oder als Sexualobjekte entwürdigt wurden, so lange Keuschheit im Zentrum der Debatte stand, wurde ihnen ein wesentliches Element ihrer Freiheit – die Erotik – vorenthalten. Als sie diesen Gesichtspunkt vorbrachte, reagierte Tante Bess mit einer langen Suada über Undank und »Verdorbenheit« der jüngeren Generation und darüber, daß sie den Glauben an sie verloren habe. Als Tanne einmal am Weihnachtsabend zusammen mit Elle durch den Schnee nach Folehave wanderte, schimpfte sie, daß nichts und niemand sie jemals verderben könne, nicht einmal Brandes, da sie »bereits ... Mumien« seien.[20]

Im Herbst 1900, als Tanne und Elle in Folehave lebten, meldete Bess sie zu einer Vortragsreihe der Volkshochschule von Hillerød an. Die Volkshochschule ist eine ursprünglich dänische Einrichtung. Die erste wurde um 1840 von dem bedeutenden Theologen, Pädagogen und Dichter N. F. S. Grundtvig gegründet. Seine Absicht war es, jungen Bauern zu einem Bildungsniveau zu verhelfen, das sie zu unabhängigeren Staatsbürgern und Werktätigen und mithin zu besseren Christen machen würde. Die Volkshochschulen bildeten das Rückgrat der liberalen *Venstre*-Partei und der landwirtschaftlichen Genossenschaftsbewegung. Mit seinem demokratischen Humanismus, seinem Glauben an das einfache Volk, seiner schwärmerischen Theologie und seinem fortschrittlichen Einfluß auf das Leben in Dänemark wurde Grundtvig als Kulturheld, ja fast als Heiliger verehrt. Er führte im dänischen Kulturstreit das Kommando an der ethischen Front, während Brandes das dämonische Lager befehligte. Eine der drei Feministinnen, die »Luzifer« in *Politiken* verunglimpfte, war – Ironie des Schicksals – Grundtvigs Enkelin Elisabeth.

Die Vorträge in Hillerød beeindruckten Tanne nachhaltig, obwohl ihr damals noch nicht bewußt war warum. Aber fünfzig Jahre später erzählte sie einem jungen Freund davon. Er machte gerade eine religiöse Krise durch; seine Poesie wurde unverständlich vor Abstraktionen, und er hatte sich einer christlichen Erweckungsbewegung angeschlossen, die die Volkshochschulphilosophie aus der Sicht des Existenzialismus in neuem Lichte sah. Die Baronin war betroffen, und nach dem Abendessen beschrieb sie ihm die eigene erste Begegnung mit dem Denken der Grundtvigianer:

> Ich hatte nur eine flüchtige Berührung mit den Volkshochschulen, von denen Sie jetzt offenkundig so angetan sind. Als junges Mädchen besuchte ich einmal einen Herbst lang zusammen mit einer meiner Schwestern eine Reihe von Vorträgen von Holger Begtrup und Jakob Knudsen. Ich fühlte mich abgestoßen, ohne zu wissen warum, aber jetzt weiß ich es. Die beiden Männer, starke und wortgewandte und nicht wenig selbstgefällige Persönlichkeiten, äußerten sich in vollständigem

Widerspruch zu ihrer eigenen Ausstrahlung über die sittliche Schwäche und Ohnmacht der Menschheit. Sie betrogen ihre große andächtige Zuhörerschaft, zuerst verleiteten sie sie zu einer Art musikalischer Besessenheit, wie Sie das bestimmt nennen würden, und dann verteufelten sie alles, was mit Musik zu tun hat. Sie zogen eine Trennlinie zwischen Körper und Geist, und das stieß mich ab. Heute weiß ich, was ich damals nicht wußte, daß man seinerzeit in Dänemark überall so dachte und redete, selbst unter Dichtern, und daß diese wackeren Lehrer der Jugend dem Gedankengut des Symbolismus nicht gewachsen waren, daß sie Schönheit nicht verkraften konnten.[21]

Die heranwachsende Tanne zweifelte keinen Augenblick, in welches Lager, beziehungsweise zu welcher dänischen Kulturtradition, sie gehörte. »Sei du selbst« ist das Leitmotiv ihres reifen Werks wie das von Ibsens Dramen oder von Brandes' Essays. Dennoch ging der Kampf der Frauenrechtlerinnen nicht spurlos an ihr vorüber. »Es gibt kaum eine Lebenssphäre, in der Vorurteile und finsterster Aberglaube so lange aufrechterhalten wurden wie in der Welt der Frauen«, sagte Tanne 1923 zu ihrer Schwester Elle, »und ich denke, daß es wirklich wundervoll sein wird, wenn Frauen endlich richtige Menschen werden und die ganze Welt sich ihnen öffnet... Ich werde den alten Streiterinnen der Frauenbewegung ewig dankbar sein – von Camilla Collett bis hin zu Tante Ellen, weil sie sich mit Leib und Seele dafür einsetzten.«[22]

Die bestechendsten Frauengestalten in Tania Blixens Erzählungen sind die Idealistinnen, die Männern mißtrauen und sich nicht unterordnen, die die Erfüllung in der geschlechtlichen Liebe höheren geistigen Zielen opfern, die für sie Selbstverwirklichung bedeuten. Es sind Walküren wie Athene; exzentrische Jungfrauen wie Fräulein Malin; Zwitterwesen wie Malli oder wagemutige Naturen wie Agnese, die nach Pisa reitet, um Astronomie zu lernen. Trotz des Vergnügens, mit dem Tania Blixen ihre *Grisetten* entkleidet, und trotz der Leidenschaft und Vehemenz, mit der sie sich zur Anwältin der Erotik aufwirft, tritt sie ebenfalls für das ein, was Tante Bess »eine natürlichere Beziehung zwischen den Geschlechtern« nannte, womit das Ideal der Kameradschaft gemeint ist. »Ich habe ja auch mein ganzes Leben lang«, sagte Tanne 1928 zu ihrer Schwester Elle, »Diana lieber gemocht als Venus; mich spricht dieses Schönheitsideal ... mehr an, und ich selbst möchte lieber ein Dasein wie Diana führen als das der Venus mit noch so vielen Rosengärten und von Tauben gezogenen Wagen...«[23]

Achtes Kapitel

Kunst und Leben

I

Die wachsende Spannung zwischen Tanne und ihrer Familie entlud sich im offenen Streit, als sie den Wunsch äußerte, in Kopenhagen an der Königlichen Kunstakademie zu studieren. Der Widerstand, den man ihr entgegensetzte, ist schwer zu verstehen, es sei denn als Strafe, denn immerhin galten ihre Mutter und Tanten als »glühende Fürsprecherinnen« der unabhängigen Frau. Aber dank ihres »hartnäckigen und unglaublichen Durchsetzungsvermögens«[1] behauptete Tanne sich, und im Herbst 1903 durfte sie sich an der privaten Zeichenschule von Charlotte Sode und Julie Meldahl einschreiben, die in einem Palais an der Bredgade untergebracht war.*

Kutscher Alfred Pedersen brachte Tanne allmorgendlich nach

* Der Unterricht bei den Damen Sode und Meldahl war Voraussetzung für alle weiblichen Kunststudenten, die an der Königlichen Akademie studieren wollten, da Frauen der Zutritt zu den obligatorischen Vorbereitungskursen der Kunstakademie verwehrt war. Als Zulassungsarbeiten mußten Studienbewerberinnen 1904 vorlegen: »Eine vollkommen durchgezeichnete Porträtskizze oder eine plastische Kopfskizze; die ausgearbeitete Skizze eines Körperteils; eine Aktstudie, etwa 60 Zentimeter groß; (diese Arbeiten sind außerhalb der Akademie auszuführen).« Darüber hinaus mußten sie »ohne Anleitung« in der Akademie selbst eine dreißig Zentimeter große Aktzeichnung anfertigen und eine Mappe mit den Werkzeichnungen aus der vorbereitenden Schule und mit selbständig ausgeführten Zeichnungen vorlegen. Siehe F. Meldahl und P. Johansen (Hrsg.), *Det Kongelige Akademi for de Skiønne Kunster: 1700–1904* (Die Königliche Akademie der Bildenden Künste: 1700–1904), Kopenhagen 1904, Hagerups, S. xci-xcviii, 501–503.

Klampenborg zum Bahnhof, von wo aus sie mit dem Zug in die Hauptstadt fuhr. Es war eine hübsche, kurze Bahnfahrt, überwiegend an der Küste entlang; nach wenigen Minuten passierte man in südlicher Richtung den *Dyrehaven* und dann, weiter stadteinwärts, die Villen und Sommerhäuser der wohlhabenden Kopenhagener, die dicht gedrängt die Küste säumten. Die Stadt dehnte sich rasch nach Norden aus, wo Naturlandschaft sich in Vorstädte verwandelte. Der Wert von Wilhelms Grundbesitz war, ganz wie er gehofft hatte, sprunghaft angestiegen, als die Eisenbahnlinie gebaut wurde, und Ingeborg hatte nach und nach einiges davon verkauft. Sie tat es nicht ohne Gewissensbisse und Bedauern, denn die Waldparzellen und die sanft gewellten Felder sollten als Bauland erschlossen werden.

Die Fahrt bot Tanne Gelegenheit, ihr Lunchpaket zum Fenster hinauszuwerfen. Abends aß sie wie ein Spatz und behauptete, sie hätte mittags zu viel gegessen. Dies war die erste von vielen Fastenkuren, die sie sich auferlegte, um durch »Hunger und Leiden Größe zu erlangen«.[2] Es existiert ein Foto von Tanne aus jenem Jahr, auf dem sie mit einem Mal abgemagert wirkt, das Gesicht mit den großen traurigen Augen nur noch ein spitzes Dreieck unter einer riesigen Schleife. Zeit ihres Lebens sollte sie sich Mühe geben, dünn zu sein – nicht nur wegen der ästhetischen Befriedigung, die ihr das zweifellos verschaffte. »Man lernt ja im Laufe der Jahre«, bemerkte sie 1928 zu Elle, »die kleineren Bedingungen des Lebens zu verstehen und sortieren, die dazugehören, damit man man selbst sein kann. Ich weiß zum Beispiel, daß ich nicht dick sein darf; und wenn ich auch alle Qualen des Hungers erleiden muß, so ist das immer noch besser als das Dick-sein, denn das ›cramps my style‹«.

Magerkeit war sichtbarer Ausdruck ihrer Verachtung alles dessen, was sie als *hyggelig* bezeichnete, war Zeichen einer Leichtigkeit, nicht nur des Körpers: Sie sprach Westenholzscher Robustheit Hohn. Fasten wurde und blieb für sie, selbst als alternde, an Auszehrung sterbende Frau, ein ironischer, heldenhafter und im wesentlichen weiblicher Beweis der Stärke.

II

Ende 1903 bestand Tanne die Aufnahmeprüfung für die Königliche Akademie der Bildenden Kunst. Im Januar darauf besuchte sie zunächst den Abendunterricht und wohnte in Kopenhagen bei ihrer Großtante Ellen Plum, Mary Westenholz' jüngster Schwester, der Familien-»Heiligen«. Alltag und Umgangston im Hause der Plums glichen Folehave so sehr, daß Tanne es eine »Filiale des Paradieses«[4] nannte.

Die Kunstakademie ist bis heute im berühmten Barockschloß *Charlottenborg* untergebracht. Damals herrschte noch strenge Geschlechtertrennung, die Studentinnen wurden in einen Flügel des Hauptgebäudes verbannt und waren, was Räumlichkeiten und Unterrichtsniveau betraf, gegenüber ihren männlichen Kommilitonen in jeder Beziehung benachteiligt, widmete man doch ihrer »Moral« mehr Aufmerksamkeit als ihren zeichnerischen Fortschritten. Wenn sie den Saal mit den Gipsmodellen aufsuchen wollten *, den sie gemeinsam mit den jungen Männern benutzten, mußte die Portiersfrau, eine Frau Grauballe, sie als Anstandsdame begleiten. Sie murrte über die lästige Pflicht: »Toter Gips«, sagte sie zu ihnen, »kann Ihnen doch weiß Gott nicht schaden.«[5]

Tanne hatte im eigenen Land noch nie zuvor eine Schule besucht, und das studentische Leben war etwas vollkommen Neuartiges für sie, ebenso wie das Zusammensein mit einem kleinen Kreis von Altersgenossinnen, und sie erinnerte sich später, daß »wir jungen Mädchen viel Spaß miteinander hatten.«[6] Anfänglich war sie schüchtern im Umgang mit ihnen; der »tiefe Respekt gegenüber Künstlern«[7] hatte sie zu der Überzeugung gebracht, daß diese klüger sein mußten als sie, und so eröffnete sie nie das Gespräch. Diese Zurückhaltung kann jedoch nicht von langer Dauer gewesen sein, denn bereits im ersten Studienjahr wurde sie zur stellvertretenden Vorsitzenden des Studentenverbandes gewählt, ein beliebtes Amt mit vielen gesellschaftlichen Verpflichtungen, mit dem ein schüchternes, gehemmtes Mädchen nicht betraut

---

* Bevor die Kunststudenten nach dem lebenden Modell arbeiten durften, mußten sie den Nachweis ihres Könnens anhand von Modellzeichnungen nach den Gipsabgüssen aus der umfangreichen Antikensammlung der Akademie erbringen.

worden wäre. (Eine ehemalige Kommilitonin erinnerte sich sogar an sie als »arrogante und beeindruckende Person«.[8]) Der Verband veranstaltete Tanzfeste, und zu einem davon, einem Faschingsfest, ging Tanne als »Watteauscher Pierrot«[9], eine Gestalt, die sie so oft in den eigenen Theaterstücken gespielt hatte. Da ihr aufgrund ihres Amts die Rolle der Gastgeberin oblag, hatte sie den Gastredner des Abends als Tischherrn. Der »große alte Mann« war der Philosoph und Theologe Harald Høffding. »Ich kann mich nicht erinnern, daß ich wegen meiner prominenten Stellung im geringsten verkrampft war; ich denke, es lag an Høffdings gütiger, kluger Liebenswürdigkeit, daß ich mich rasch wohl fühlte neben ihm.«[10]

Nachdem Tanne einen Monat lang die Abendkurse besucht hatte, wurde sie zum regulären Unterricht zugelassen, wo sie eine solide, wenn auch konventionelle akademische Ausbildung erhielt. Der Unterricht in perspektivischem Zeichnen im ersten Studienjahr habe ihr, erzählte sie später, »eine neue und schöne Seite der Welt eröffnet«, die sie offenkundig als einzige unter ihren Mitstudentinnen zu würdigen wußte. Während jene die Übungen als lästige Fron empfanden, war sie »entzückt von der unbestechlichen Gerechtigkeit und Zuverlässigkeit der Perspektive. Wenn ich selbst richtig handelte, mußte das Ergebnis zwangsläufig richtig sein – aber wenn ich mir die kleinste Nachlässigkeit gestattete, rächte sich das unweigerlich und mit erschreckender Wirkung bei der Fertigstellung der Arbeit.«[11] Wenige Jahre später sollte sie fast die gleichen Worte wählen, um die Fügungen des Schicksals zu beschreiben, »welches das erfinderischste von uns allen ist in seinen Wechselfällen ... und die eigenen Gesetze mit großer Genauigkeit befolgt. ... Dies ist im übrigen ein Zeichen großer Güte, denn es gibt den Menschen das, wonach sie streben.«[12]

Tanne studierte fünf Semester lang an der Königlichen Akademie. Einige ihrer Zeichnungen und Gemälde aus jener Periode sind in einem schönen, von Frans Lasson herausgegebenen und 1969 in Dänemark veröffentlichten Bildband* enthalten, so zum Beispiel Porträts ihrer Schwestern, zarte Bleistiftillustrationen zu

* *Karen Blixens Tegninger, med to essays af Karen Blixen*, hrsg. und mit einem Vorwort versehen von Frans Lasson, Forening for Boghandværk, 1969; noch keine dt. Ausgabe. (Anm. d. Üb.)

Ein Mittsommernachtstraum, sowie einige Arbeiten aus dem zweiten Studienjahr, in welchem sie das Modellzeichnen nach Abgüssen klassischer Figuren aus »kaltem Gips« und die perspektivischen Übungen abgeschlossen und mit dem Zeichnen nach lebenden Modellen begonnen hatte. Tania Blixen erinnerte sich später an eine alte Frau, die den Kunststudentinnen immer aus ihrem »stillen und ereignislosen Leben« erzählte; oder an einen alten Mann, der zu seiner Zeit ein »Hansdampf in allen Gassen« gewesen war; und an ein junges Mädchen, das sie mit ihrem ausdruckslosen Gesicht, leer wie ein unbeschriebenes Blatt Papier, fasziniert hatte.[13] Alle ihre Porträts sind ausdrucksvoll und zeugen von handwerklichem und künstlerischem Geschick, allerdings läßt sich schwer beurteilen, wieviel echtes Talent tatsächlich in ihnen steckt. Tannes Kunstlehrer förderten ihren Ehrgeiz nicht, was wohl eher vom Desinteresse an den weiblichen Studenten insgesamt zeugt als von mangelnder Anerkennung für Tanne im besonderen. Als sie die jungen Leute von »Zahrtmanns Kunstschule« – der Abteilung für die männlichen Kunststudenten – kennenlernte, stellte sie verblüfft fest, daß diese »mit einer Begeisterung arbeiteten, die wir in unserer Schule nicht kannten, und da begriff ich, daß es nicht die vornehmste Aufgabe des wahren Lehrers ist zu ›unterrichten‹, sondern zu inspirieren«.[14]

III

Nach eigenem Bekunden verdankte Tania Blixen der Malkunst, daß sie »mir das Wesen der Wirklichkeit offenbarte. Es bereitete mir immer Schwierigkeiten, eine Landschaft wirklich zu sehen, wenn ich nicht zuvor von einem großen Maler den Schlüssel dazu bekommen hatte. Ich habe immer dort das besondere Wesen eines Landes erfahren und begriffen, wo ein Maler es mir interpretiert hat. Constable, Gainsborough und Turner haben mir England gezeigt. Als ich in meiner Jugend nach Holland reiste, verstand ich alles, was Landschaft und Städte aussagten, weil die alten holländischen Maler mir den Gefallen getan hatten, sie mir zu interpretieren; das umbrische Blau in der Umgebung von Perugia wurde für mich zum beglückenden Erlebnis durch die Hände von Giotto und Fra Angelico.«[15]

Aber in ihren Erzählungen deutet Tania Blixen an, daß die großen Maler auch noch in anderer Weise »Interpreten« sein können, besonders für junge, weltfremde Menschen, die in der Isolation leben, und die nicht imstande sind, ihr wirkliches Wesen, ihre Schönheit aus eigener Kraft zu erkennen. Frederick Lamond, der junge Theologe in der Erzählung »Die Heldin«, ist einer von ihnen. Er hat »ein abgeschiedenes Leben inmitten von Büchern gelebt«[16], aber im Bildersaal des Alten Museums in Berlin, unter den sinnenfrohen Werken großer Meister wie Tizian und Veronese offenbart sich ihm eine neue Welt. Die junge Komtesse Calypso in »Die Sintflut von Norderney« ist das eindrucksvollste Beispiel. Sie ist von ihrem Oheim, dem Grafen Seraphin, als Junge großgezogen worden, da dieser ein eingeschworener Bewunderer knabenhafter Schönheit und Frauenfeind ist. Als sich ihr erblühender weiblicher Körper nicht mehr verbergen ließ, »strich der Graf sie aus seinem Leben« – sie war »für ihn nicht mehr vorhanden« und wanderte wie ein Geist, ausgestoßen aus dem wirklichen Leben, in seinem Schloß umher. Eines Nachts entschloß sie sich, diesem unseligen »Nichtdasein« zu entfliehen und »ihr langes Haar abzuschneiden und ihre Brüste abzuhacken, um sich ihrer Umgebung anzupassen«.[17] Vor einem Wandspiegel streifte sie ihre Kleider bis zum Gürtel herunter und betrachtete zum erstenmal den eigenen Körper. Dabei wurde sie jedoch von einer Gestalt abgelenkt, die im Spiegel hinter ihr stand, und als sie sich umwandte, erblickte sie ein »unzüchtiges« altes Gemälde, das »eine Szene aus dem Leben von Nymphen, Faunen und Satyrn« vorstellte, kurzum, eine bukolische Idylle.[18]

Calypso betrachtete es im Schein ihrer Kerze; in ihrem einsamen Dasein hatte sie eine tiefe Zuneigung zu Tieren gefaßt, und zu ihrem Vergnügen erblickte sie auf dem Bild »allerlei Volk, das ein gut Teil vom Tiere besaß. Was sie erkannte, war die Tatsache, daß diese starken und anziehenden Wesen augenscheinlich ihre Aufmerksamkeit auf junge Mädchen ihres Alters, ihrer Gestalt und ihres Aussehens richteten, ihnen folgten, sie anbeteten und umarmten; daß alles ihnen zu Ehren geschah und von ihrem Liebreiz ausging.«[19]

Die erotische Kunst einer vergangenen Zeit erweckt Calypso zur eigenen Schönheit, zur Weiblichkeit und macht ihr die furchtbare Wirklichkeitsfälschung bewußt, deren Opfer sie gewesen war. Im Namen dieser Fälschung war sie bereit gewesen, sich zu verstümmeln – wird jedoch von der Tat abgehalten von »Freunden«, von deren Existenz sie nichts geahnt hatte:

> Sie wußte nun, daß sie Freunde in der Welt hatte. Wer so aussah wie sie, durfte frei hineingehen in das sanfte goldene Licht, den blauen Himmel und die grauen Wolken, und in die tiefen braunen Schatten des blumigen Grundes und des Olivenhains. Das Herz schwoll ihr vor Dankbarkeit und Stolz, denn hier wurde sie von allen angesehen und ihre Zugehörigkeit anerkannt. Der Gott Dionysos selber, der zugegen war, schaute lachend ihr gerade in die Augen.[20]

Die unter Frauenfeinden eingesperrte sechzehnjährige Calypso ist der unter Männerfeindinnen eingesperrten sechzehnjährigen Tanne nicht so unähnlich, die sich auch »aus dem Leben gestrichen« fühlte, als die ersten Regungen ihrer weiblichen Natur sich bemerkbar machten. Dies ist eine reichlich dramatische Metapher, aber »ausgeschmückt ... oder nicht, jedenfalls war sie für die eigentliche Heldin ein Sinnbild und Gleichnis geworden, das sie in Wahrheit erlebt hatte«.[21]

IV

Eine leidenschaftliche, sehnsüchtige junge Person wie Tanne wird nicht selten von Dankbarkeit überwältigt angesichts der grenzenlosen Großzügigkeit und Einfühlungsgabe, mit welcher sie manches geniale Kunstwerk zu beschenken scheint, etwas, das den älteren Menschen in ihrem Milieu in so betrüblicher Weise abgeht. Mag sein, daß die Überzeugung, »Freunde« unter den Großen zu haben, Tanne ermutigte, auf denjenigen zuzugehen, der ihr die Literatur offenbart hatte: auf Georg Brandes. Als er 1904 im Krankenhaus lag, schickte sie ihm einen Strauß Blumen, nebst einigen Zeilen, die ihre tiefempfundene Verehrung und Achtung ausdrückten. Brandes dürfte ihrem Namen und ihrer Anschrift entnommen haben, daß sie mit Hauptmann Dinesen – Boganis – verwandt war; vielleicht hatte sie es ihm auch mitgeteilt. Auf jeden Fall muß ihn die Geste sehr gerührt haben, denn kurze Zeit darauf stattete er Rungstedlund einen Besuch ab, um der Absenderin persönlich zu danken. Ingeborg Dinesen empfing ihn – zuvorkommend, wie wir annehmen dürfen, da er ein Freund ihres Mannes gewesen war. Aber sie beschied ihn, ihre Tochter sei nicht zu Hause. Als er wieder gegangen war, wurde Tanne von oben herunterzitiert und entrüstet von den Mitgliedern des Familienrats zurechtgewiesen. Sie hatte sie »hintergangen«, eine zutiefst ungehörige und respektlose Tat begangen, ja, sie hätte sich ums Haar ins Unglück gestürzt, als sie sich dem berüchtigten Verführer näherte. Die Haltung ihrer Angehörigen traf und demütigte Tanne, war sie doch zutiefst überzeugt, nur aus der »echten Begeisterung eines jungen Herzens für das, was ich für die höchste Offenbarung von Geist und Genie hielt«[22], gehandelt zu haben. 1924 beschwerte sie sich in einem Brief, den sie Tante Bess aus Afrika schrieb, daß sie die einmalige Chance verpaßt habe, Brandes' Freundschaft und Fürsprache zu erlangen: »Brandes hätte einen Schriftsteller oder Künstler aus mir machen können, wie er es bei so vielen getan hat – ja, es gibt wohl unter Dänemarks Künstlern und Schriftstellern in den letzten fünfzig Jahren niemanden, der es nicht mehr oder weniger durch ihn geworden ist. ... Hätte ich damals realisiert, wie viel auf dem Spiel stand, ... dann wäre ich wohl ... stark genug gewesen, Euch zu täuschen, und ich wünschte, ich hätte diese Kraft gehabt.«[23]

Dennoch trug Brandes in gewisser Weise dazu bei, eine Schriftstellerin aus Tanne zu machen. Er beflügelte ihre Liebe zur Literatur und untermauerte sie durch Wissen. In seinen Essays über das neunzehnte Jahrhundert fand sie jene unvoreingenommene und differenzierte Sicht der romantischen Tradition, die ihren eigenen Erzählungen die Perspektive lieferte. Brandes war ein großartiger Analytiker und scharfsinniger Kenner der Romantik, und das gleiche ließe sich über Tania Blixen selbst sagen. Wie Robert Langbaum treffend feststellt, »entspringt ihre Stringenz ihrer Treue zum romantischen Denken. ... Weil sie sich als so hervorragende Kritikerin dieser Tradition erweist, weil sie sie zusammenfaßt und ein Stück weit fortführt, ist sie eine der Hauptvertreterinnen der modernen Literatur.«[24]

Neuntes Kapitel

Komtesse Daisy

I

Im Hause ihrer Tante Ellen war Tanne ausgehungert nach Vergnügungen und Abwechslung. In Kopenhagen gab es außer dem Plumschen nur noch zwei andere Salons, in denen sie gelegentlich einen Abend verbringen konnte: den der Gräfin Ida Bardenfleth und den ihrer Tante Ellinor Knudtzon, beide alles andere als mondäne Adressen. Sie knüpfte von sich aus Bekanntschaften an der Kunstakademie und lernte sogar einige der männlichen Studenten aus der »Kunstschule Zahrtmann« kennen. Aber Jahre später gestand sie, daß sie sich auf Bällen und Festen »unsicher und schuldig . . . fühlte«, anstatt sich zu amüsieren.[1]

Es läßt sich nicht genau sagen, wann es anfing aufwärtszugehen, aber es ging aufwärts. Briefentwürfe in Tannes Notizheften deuten auf beginnende Männerfreundschaften und Flirts hin. Diese Konzepte sind selten datiert und meist nur flüchtig hingeworfen, so daß sie die Neugier eher anstacheln als sie zu stillen.[2]

Tanne hatte einen Freund namens »Etienne«. Nach dem burschikosen Ton zu urteilen, den sie ihm gegenüber anschlägt, scheint er auch ihr Vertrauter gewesen zu sein. Sie nennt ihn *kammerat*, unter Umständen war er also auch ein Studienkollege. Einer ihrer Briefe kommentiert die Rücksendung eines »geheimnisvollen und schrecklichen Apparats«, den er ihr geliehen hat. Dann zieht sie ihn auf wegen seiner bevorstehenden Reise nach München mit »der hinreißenden Kirstine B«; sie spielt auf einen »keckeren« Ausflug an, den sie miteinander vorgehabt hatten und der ins Wasser gefallen war; und sie schreibt ihm, daß sie neidvoll an ihn denken und sich vorstellen wird, wie er in Deutschland die

Nase über alles rümpft. Der Brief endet »mit vielen Grüßen und einem Kuß von Deiner stets ergebenen Freundin, *Poca animata*«.

Von einem ähnlichen Geist zeugt ihre Freundschaft mit einem gewissen Vidur, mit dem sie ebenfalls eine Reise geplant hatte. Vidur war offenkundig ein Freund der Familie; an dem Ausflug sollten Tannes Kusinen, die Komtessen Sophie und Daisy Frijs, teilnehmen, aber als die Schwestern nicht mitkommen konnten, bekam auch Tanne nicht die Erlaubnis zu der Fahrt. »Es ist sehr bitter, sich vorzustellen, daß Ihr Euch köstlich amüsiert, während ich mit zwei alten Damen hier herumsitze, die gerade bei uns zu Gast sind.«

Dann gab es noch einen »allerliebsten und heißgeliebten Cecil«. Tanne trifft eine lockere Verabredung mit ihm zu einem Treffen in der Stadt und läßt dann eine sarkastische kleine Tirade vom Stapel über ihren gemeinsamen Freund, einen gewissen »T«. »Obwohl wir früher so dicke Freunde waren«, schreibt sie, »wird der gute T begreifen müssen, daß ich nicht ganz so sehr in ihn verliebt bin, wie er meint. ... Er kommt mir vor wie eine Mischung aus verwöhntem Muttersöhnchen und Schurke, mehr vom letzteren. ... A Propos, schulde ich Dir nicht hundert *Kroner*?* Stets Deine Dich liebende usw., usw., da die Zeit davonläuft, Tanne.«

II

1906, während sie noch bei den Plums am *St. Annæ Plads* lebte, begann Tanne, Tagebuch zu schreiben. Es ist kaum mehr als ein »Wetterbericht«, in dem sie von Verwandtenbesuchen berichtet und beschreibt, was sie beim Essen anhatte und wer neben ihr saß. Persönliche Gedanken oder Gefühle sind nicht darin enthalten; was sie unter der Oberfläche bewegte, müssen wir aus ihrer Prosa herauslesen. Aber das Tagebuch vermittelt einen Eindruck von der äußeren Beschaffenheit, vom eher nichtssagenden Hintergrund ihres Lebens, den sie mit ihrer blühenden Phantasie ausschmückte.

Dienstag, der dreizehnte Februar, ist ein typischer Tag aus ihrem damaligen Leben. Tanne berichtet, das Wetter sei ausgezeich-

---

* Im Jahre 1900 waren einhundert *Kroner* etwa 50 Mark wert.

net, Ingeborg krank und Onkel Asker Westenholz zum Mittagessen dageblieben. Am Nachmittag geht sie zum Frisör, wo sie fünfundzwanzig *Kroner* ausgibt. Tante Ellinor kommt zum Abendessen; Tannes Tischnachbar ist Onkel Thorkild, und das Mahl wird von einem Boten unterbrochen, der von einem »erfolglosen Gang« zum »Landwirtschaftlichen Institut« berichtet. Ea ist anwesend. Die Schwestern tragen beide ihre schwarzen Kleider.

Wenige Tage darauf gibt es eine kleine Unterbrechung im Alltagstrott. Tanne fährt im Anschluß an den Kunstunterricht nach Rungstedlund. Tante Bess kommt zu Besuch und fährt mit ihr nach Hørsholm zum Picknick im Freien. »Es war herrlich auf dem Lande.« Sie essen in Folehave zu Abend, und Ea nickt den ganzen Abend lang eifrig zu den Gemeinplätzen der alten Tante, fast wie die ältere Schwester in einem Roman von Jane Austen. Tanne merkt an, daß das »sehr ermüdend gewesen sein muß«. Nach dem Essen kehren sie nur »mit größter Mühe« nach Kopenhagen zurück, denn die Stadt wimmelt von ausländischen Offizieren und Würdenträgern, die zum Begräbnis von König Christian IX. angereist sind.

Den darauffolgenden Nachmittag verbringt Tanne am Fenster ihres Zimmers und sieht den Leichenzug nach Roskilde vorüberziehen. »Sah alle Welt zum Begräbnis gehen. ... Die ausländischen Offiziere waren sehr schmuck. Ich hätte gewünscht, Mutter und ich wären am Nachmittag zum Gottesdienst gegangen« – vermutlich um den Offizieren aus größerer Nähe schöne Augen zu machen – »aber statt dessen gingen wir auf der *Langelinie* spazieren.« Zwei Vettern kommen zum Tee, und Tanne versucht, einen von beiden, Christian, dazu zu bewegen, mit ihr »Theater zu spielen«.

Der erste Vormittag zu Beginn der folgenden Woche ist angefüllt mit Besuchen, nacheinander kommen die Frijs', Frau Bech mit Tochter Grethe und schließlich Tante Bess vorbei. Den ganzen Nachmittag über machen Tanne und ihre Mutter Besuche; Ea geht zum Essen aus; und Ingeborg und Tanne besuchen eine Vorstellung von *Figaros Hochzeit* in der Oper, zu der sie eine halbe Stunde zu spät kommen. »Sehr unterhaltsam«, urteilt Tanne.

Der flüchtige Hinweis auf die Frijs' legt die Vermutung nahe, daß ein Zusammensein mit ihnen in Kopenhagen für Tanne nichts Ungewöhnliches war. Die Begegnung wird nicht hervorgehoben, und mit der gleichen Selbstverständlichkeit tauchen sie immer wieder auf: »Besuch von den Frijs' ...« »Die Frijs' zum Mittagessen zu Besuch – sehr gut unterhalten ...« »Bei den Frijs'«.[4]

Die Mitglieder der Familie Frijs – eigentlich Krag-Juel-Vind-Frijs – waren die ranghöchsten in Tannes scheinbar uferlosem Verwandtenkreis. Graf Mogens Frijs, ein Sohn von Thyra Dinesen, war Vetter ersten Grades von Wilhelm und zu dessen Lebzeiten sein Jagdgefährte, Waffenbruder und bester Freund gewesen. Er hatte Komtesse Frederikke Danneskjold-Samsøe – von Tanne »Tante Fritze« genannt – geheiratet, und sie hatten vier Töchter miteinander: Sophie (Agnes Louise), Helle, Inger und Daisy (Anne Margrethe). Daisy Frijs, drei Jahre jünger als ihre Kusine, sollte »die beste Freundin« werden, »die Tanne jemals hatte«.[5]

Schwer zu sagen, wann diese Freundschaft ihren einmaligen Stellenwert, ihre besondere Innigkeit bekam. Zwischen den Notizen aus dem Jahre 1900 befindet sich ein Briefausschnitt, der an »meine allerbeste und liebste Kusine« gerichtet ist, und in dem Daisy, damals etwa vierzehnjährig, sich Tanne als deren »Vertraute«[6] anbietet. Im Jahre 1906 hatten die beiden Mädchen, die sich oft in der Stadt trafen, einen Briefwechsel angefangen, von dem leider kaum nennenswerte Bruchstücke erhalten sind. Eines davon gibt uns Einblick in Tannes geheimes Gesellschaftsleben. Einmal war sie zu einer Verabredung mit einem Freund in die Stadt gekommen und hatte den Hausmeister der Frijs'schen Stadtvilla an der *Ny Kongensgade* überredet, sie einzulassen, obwohl niemand zu Hause war. Gräfin Frijs kam dahinter und schlug Krach.* Tanne schrieb an Daisy und bat sie zu vermitteln. »Ich wollte ja keinen Diebstahl begehen, noch hatte ich ein Rendezvous«, versicherte sie ihrer Kusine, »es war lediglich eine vollkommen sittsame und ehrbare Zusammenkunft mit Tolhetzer« (vielleicht der geheimnisvolle »T«). Aber dann streicht Tanne diese Erklärung in dem Briefentwurf aus und fährt fort: »Ich war nämlich in der Stadt, um ein paar Zeichenblöcke zu besorgen, und es war unmöglich, sich im Freien aufzuhalten, wegen [des Straßenkarnevals im Februar]. Ich hoffe, Tante Fritze ist mir nicht böse. Wenn sie es doch sein sollte, würde es mir schrecklich leid

---

* Der Zwischenfall klingt an in der Erzählung »Saison in Kopenhagen«, worin Adelaide ihrem Freund Ib Angel im leeren Haus ihrer Tante ein Rendezvous gewährt.

tun. *Vielen* Dank für Deinen Brief. Ich werde Dir auf jeden Fall die neueste *chronique scandaleuse* liefern, sobald ich genug Stoff habe. Ja, ich denke, es ist eine glänzende Idee, miteinander ins Ausland zu reisen, allerdings sollten wir es nicht zu einer öffentlichen Reisegesellschaft ausarten lassen. ... Entschuldige die Eile, es wird hoffentlich bald ein amüsanterer Brief folgen.«[7]

Daisy Frijs war ein anmutiges, elegantes und lebenslustiges junges Mädchen mit einem ausgeprägten Hang zum Leichtsinn. Sie war für jedes Vergnügen, jedes Abenteuer zu haben und ebenso bereit, ihre Zukunft oder ihren Ruf aus einer Laune heraus aufs Spiel zu setzen. Mit dem Gleichmut eines Spielers sah sie dem Ruin ins Auge, kostete sie seinen Nervenkitzel aus, und schien sich mit eben diesem Übermut für irgendeine Wunde zu rächen, die zu behandeln ihr Stolz oder ihr Zorn ihr verboten. Einmal beschloß sie, mit einem Liebhaber durchzubrennen, aber sie heckte ihre Fluchtpläne so ungeschickt aus, daß Graf Frijs dahinterkam und schwor, den Mann umzubringen. Auch Daisys Ehe war eine Art Trotzhandlung, so als hätte sie der Welt und sich selber ein Schnippchen schlagen wollen. Sie verlobte sich mit einem Adeligen, einem Mann in mittleren Jahren mit beginnender Glatze, der im auswärtigen Dienst tätig war, und gegen den ihre Familie nichts einwenden konnte, der jedoch vollkommen leidenschaftslos war und sich nicht wirklich für sie interessierte. Von den protokollarischen Zwängen seines Berufsstandes eingeengt führte sie an seiner Seite ein konventionelles und unglückliches Leben und nebenher ein zunehmend selbstzerstörerisches geheimes Eigenleben.

Daisys Verwegenheit, so hinreißend unberechenbar, entzückte Tanne. Sie beneidete sie um diesen Wesenszug, mißdeutete ihn als Furchtlosigkeit, fand ihn edel und poetisch. Er erinnerte sie an Wilhelm; seine Nichte strahlte das gleiche Charisma aus. Dienstboten, Fremde, flüchtige Bekannte waren bezaubert von ihr, sie gehörte zu denen, die sich selbst »zum Mythos machten«. Aber wie Wilhelm wurde Daisy von einer inneren Rastlosigkeit umgetrieben. Nichts konnte sie festhalten, kein Ort, keine Beziehung. Tanne war es, als sehnte Daisy sich gegen Ende ihres kurzen Lebens nach solch einem Anker. Rückblickend hatte es den Anschein, als sei sie wie Wilhelm zum Scheitern verurteilt gewesen.

In Tania Blixens Erzählungen spiegeln mehrere Figuren Tanne und Daisy als junge Frauen. Sie glichen den zwei stolzen Schwestern in »Die unbezwingbaren Sklavenhalter«, die mit ihrem Rollenspiel die Welt auf Abstand halten und ein Drama voller Verwicklungen und Gefahr, Torheit und Pathos in Szene setzen. Sie hatten auch viel von den Freundinnen in »Karneval«*, modernen Gestalten in ihrer Hemmungslosigkeit, die »sich gegenseitig in ihren schlechtesten Eigenschaften bestätigen«[8], und die eine erotische Komplizenschaft mit einem Anflug von Verzweiflung miteinander verbindet. Am besten getroffen sind sie vielleicht in »Ein Familientreffen in Helsingør«, im Jugendbildnis der Schwestern de Coninck:

> Dann aber konnte es denselben Mädchen geschehen, daß sie bei sich in ihren Zimmern in Tränen aufgelöst umhergingen ...; oder des Nachts auf ihren Betten konnten sie bitterlich schluchzen für nichts und wieder nichts. Sie sprachen dann vom Leben mit dem gesalzenen Weltschmerz zweier Timone von Athen ... Dann standen die Mädchen wieder auf, sie trockneten sich ihre Tränen, probierten ihre neuen Hüte vor dem Spiegel auf, planten Theatervorstellungen und Schlittenfahrten und wie sie sich mit ihren Freunden einen Jux oder ein Vergnügen machen könnten, und alles war wieder gut.[9]

Dennoch war es keine ebenbürtige Freundschaft. Für Tanne war sie Chance und Herausforderung. Sie verlangte ihr den ganzen Vorrat an Witz und Charme ab, den sie so lange ohne Publikum gehegt hatte. Wie das Studium an der Kunstakademie war die Freundschaft mit Daisy »Schwerarbeit«[10]; sie fühlte sich offenbar verpflichtet, sich als interessante und begehrenswerte Gesellschafterin darzustellen, indem sie Unterhaltung »lieferte«: Skandalgeschichten, Theaterstücke, Geschichten, Vorführungen. Sie wurde für ihre Kusine eine Art gehobene und elegante Kammerzofe: wie Viola für Orsino. Die Gestalt der Erzählerin oder des Erzählers, die als Vertraute eines launenhaften Königs ihre Kunst entfalten – Mira Jama, Scheherazade, Granze, der kluge alte Hörige in »Der Fisch« – hat hier ihren Ursprung.

Daisy Frijs scheint Tanne ihrerseits geliebt und bewundert zu

---

* Efterladte fortællinger, (Inhalt: Familien de Cats, Onkel Theodore, Karneval, Den sidste dag, Onkel Seneca, Den fede mand, Anna, Den stolte dame, Bjørnen og kysset, Gensyn) Gyldendal, 1975; die Erzählung »Karneval« wurde von Clara Svendsen ins Englische übersetzt, eine deutsche Übersetzung liegt noch nicht vor. (Anm. d. Üb.)

haben, aber sie hatte selbst drei Schwestern, denen sie innig verbunden blieb. Ihre Welt, die Welt der höchsten Adelskreise, war eine hermetische und inzestuöse Welt, und Tanne, obwohl eine Kusine zweiten Grades, blieb Außenseiterin. Daisys Schwestern, alle drei Draufgängerinnen und sportliebende Frauen, fanden Tanne leicht »affektiert«.[11] Ihrer Ansicht nach war sie »intellektueller als ein junges Mädchen aus adeligem Hause«[12], was kein Kompliment war. Sie machten auch abfällige Bemerkungen über Tannes seltsame Angewohnheit, »ihre abnorm großen, dunklen Augen weit aufzureißen«.[13] Tannes eigene Angehörigen hatten ähnlich kritische Vorbehalte. Sie fanden, Tanne lege ihnen gegenüber ein merkwürdiges »Gehabe« an den Tag, allerdings benutzten sie ein anderes Wort für diese unnatürliche Art. Die Frijs' nannten sie »affektiert«, die eigenen Angehörigen »unaufrichtig«. Niemand wird bestreiten, daß das eine ein ästhetisches, das andere ein ethisches Werturteil ist.

Als Tanne anfing, die Kreise der vornehmen Schwestern zu frequentieren, mit ihnen in der Stadt zum Essen auszugehen, ihre Bälle zu besuchen, Wochenenden in Frijsenborg zu verbringen, litt sie heftig unter dem Gefühl gesellschaftlicher Minderwertigkeit, das sie vielleicht durch ihr Auftreten – indem sie sich besonders geistreich gab – zu überspielen suchte. Sie war unweigerlich die einzige Besucherin auf dem Schloß, die ohne eigene Dienstboten kam. Das war eine besondere Demütigung für sie, und möglicherweise nährte diese Erfahrung bei ihr die Vorstellung, daß die Ergebenheit des Dieners den Adel des Herrn bestimmt. Was für ein Genuß muß es für sie gewesen sein, als sie sechzig Jahre später nonchalant schreiben konnte, »man bringt [in Afrika] immer seinen eigenen Diener mit, wenn man bei Freunden Hausbesuch macht«.[14]

Tante Fritze und andere adelige Damen, die Tanne ebenfalls »Tante«* nannte, gaben ihr mehr oder weniger versteckt ihre Herablassung zu spüren. Bei Tisch wurde sie an die Seite irgendeines titellosen Vetters des Hauses oder neben einen verheirateten älteren Mann gesetzt. Die begehrtesten jungen Männer im heirats-

* *Tante* galt in diesem Kreis als Anrede, die respektvolle Zuneigung für weibliche Verwandte oder gute Bekannte der Elterngeneration ausdrückte.

fähigen Alter behielt man den passenden weiblichen Partien vor und wies Tanne mit unauffälligen Maßregelungen, Blicken und Demütigungen in ihre Schranken.

Tannes eigene Angehörigen, besonders Tante Bess, mußten »voll Verzweiflung« mitansehen, wie sie sich mit Daisy Frijs anfreundete, denn sie hatte ihrer Meinung nach eine leichtfertige Einstellung zur Moral.[15] Aus der eigenen Verlobungszeit erinnerte sich Ingeborg Dinesen an ein üppiges, »orientalisches« Gastmahl in Frijsenborg. Die Gäste saßen auf Kissen, und die allgemeine Nonchalance und Freizügigkeit hatten ihr gar nicht behagt. In den achtziger und neunziger Jahren war viel geschrieben worden über das »sexuelle Schmarotzertum« der Aristokratie, über hohe Herren, die ihren Dienstmädchen nachstellten und über Gräfinnen, die mit ihren Kutschern tändelten. Vieles davon entsprang zweifellos romantischer, dichterischer Phantasie, aber in Anbetracht von Tannes kapriziösem Wesen befürchtete die Familie das Schlimmste. In einer Hinsicht waren ihre Befürchtungen begründet. Was Tanne zu den Adeligen hinzog, war just der Eindruck, daß diese ihren Gefühlen, ihrem Triebleben freieren Lauf ließen. Niemand warnte Komtesse Daisy mit erhobenem Zeigefinger vor den »Gefahren . . ., weltlich und eitel«[16] zu werden, oder predigte ihr Selbstaufopferung.

Tanne war die einzige der drei Dinesentöchter, die die Frijs' vergötterte. Ea studierte eifrig Musik in Kopenhagen und Berlin und hatte angefangen, Konzerte zu geben. Sie war bestrebt, als Sängerin Karriere zu machen, aber Standesdünkel oder Geltungsbedürfnis gingen ihr völlig ab. Wie Tanne zu sagen pflegte: »Ich bin so viel anspruchsvoller als sie.«[17]

Derweil übte Elle sich in Sekretärinnenkünsten, lernte Russisch und Esperanto (»in der Hoffnung, daß eines Tages weltweit Brüderlichkeit herrschen würde«)[18] und war Sozialistin geworden. Sie wollte unbedingt nach Rußland fahren, einmal in einer Kommune unter jungen Nihilisten leben, und kurz vor der Revolution trat sie die Reise tatsächlich an. Tanne stand dem politischen Idealismus der jüngeren Schwester, der stark von Tante Bess beeinflußt war, kritisch und leicht geringschätzig gegenüber. In einem ihrer Notizbücher findet sich in Spiegelschrift die Feststellung: »in meinen Augen sind die Radikalen ziemlich unmenschlich.«[19]

Tatsächlich war Tannes Freundschaft mit Daisy eine Abkehr

von den eigenen Schwestern, von deren Wertvorstellungen und Lebensstil. Wie durch ein Prisma, das die Westenholz' von den Dinesens trennte, trat sie aus der Welt, die die Geschwister miteinander geteilt hatten, in das strahlende Leben von Frijsenborg. Bei Daisy war sie nicht eine von drei, sondern unverwechselbar, konnte sie sich ungehindert als Kind aus edlem oder geheimnisvollem Geblüt dünken wie Alkmene oder als die Frucht einer spirituellen Liebesbeziehung wie Jens in »Das träumende Kind«.

»1908: Habe mich mitten im Winter für die bessere Gesellschaft aufgeopfert. Im Schneesturm Brautjungfer auf Frijsenborg gespielt.«[20] In diesem Bild – dem Wirrwarr, der Leichtigkeit und dem Ungestüm des fallenden Schnees; der Pracht des hochherrschaftlichen Schlosses; in den gesellschaftlichen und erotischen Verheißungen der Hochzeit; und in der Ironie des Schicksals, die dieses Erlebnis zum »Opfer« macht – sind fast sämtliche Elemente von Daisys unwiderstehlichem Zauber enthalten.

Zehntes Kapitel

Erste Erzählungen

> Perlen sind wie Dichtermärchen: Krankheit wird zur Köstlichkeit, durchscheinend und doch undurchsichtig: Geheimnisse der Tiefe kommen ans Licht zum Schmuck für junge Frauen, und sie erkennen darin die tieferen Geheimnisse ihrer eigenen Seele.
>
> *Tania Blixen*

I

Das Theaterspiel im Verwandtenkreis war im neunzehnten Jahrhundert ein beliebter Zeitvertreib der gehobenen Gesellschaft. Es gehörte auch zu den wenigen Quellen und Kanälen der Selbstbestätigung für schöpferisch ambitionierte junge Mädchen – auffällig viele Schriftstellerinnen des vergangenen Jahrhunderts begannen ihre Laufbahn als Familiendramaturginnen und Theaterdirektorinnen.

Tanne hatte diese Rolle jahrelang in Rungstedlund gespielt und schrieb Weihnachten 1904 eines ihrer letzten Stücke für die Familie. Thomas, damals dreizehn, übernahm widerstrebend die weibliche Hauptrolle und war nur unter viel gutem Zureden und Schmeicheln zu bewegen, die kritische Zeile »Ich liebe dich, Jan Bravida« aufzusagen.[2] Tanne übernahm wie üblich eine kleine, aber entscheidende Nebenrolle. Sie war eine Hexe, eine alte Zigeunerin, die im ersten Akt auftritt und sich in einen Streit zwischen dem Bösewicht, einem geizigen Wirt, und dessen Helfershelfer Mopsus einmischt, die beide gerade den Plan aushecken, einen jungen Glücksritter auszurauben und zu ermorden.

Das Schicksal, erklärt sie ihnen warnend, ist klüger als sie alle, und sie verhängt einen Fluch über das Wirtshaus: Sämtliche am nämlichen Abend unter seinem Dach ausgesprochenen Lügen sollen sich bei Tagesanbruch als Wahrheit erweisen. Der Fluch sorgt für die komische Umkehrung der Handlung: Er bringt den Geizkragen an den Bettelstab, rettet den Helden, verwandelt Enttäuschung in Liebe und gibt dem kleinen Stück den Titel: *Die Rache der Wahrheit*.

Vergleicht man einmal die Rache der Wahrheit mit der Rache der Perspektive, deren Regeln Tanne gerade an der Kunstakademie entdeckte, so wird man eine bemerkenswerte Parallele feststellen. Wer das Schicksal verrät, bekommt dessen Rache bitter zu spüren. Wer beim Aufzeichnen einen Fehler macht, bekommt zu spüren, daß sich die Perspektive »... unweigerlich und mit erschreckender Wirkung bei der Beendigung der Arbeit« rächt.[3] Weit davon entfernt, die junge Künstlerin zu verunsichern, gaben die unerbittlichen Regeln der Perspektive ihr Halt. Sie hatte das Gefühl, sich den Händen eines »Künstlers« anzuvertrauen, der unendlich viel kundiger war als sie selbst.

Die Rache der Wahrheit ist ein Destillat aus Tannes neunzehnjähriger Lebenserfahrung. Sie überarbeitete das Stück später, zunächst 1912 und dann noch einmal 1925, diesmal als Marionettenspiel. Während der Stoff der Handlung sich mit den Jahren fast gar nicht veränderte, wurde die Ironie milder. Viel später sollte das Stück im Königlichen Theater von Kopenhagen auf die Bühne gebracht und fürs dänische Fernsehen eingerichtet werden. Im Jahre 1960 gab die Autorin zu einer der letzten Aufführungen die Anweisung, die Hexe Amiane solle wie »Tania Blixen« aussehen.

II

Gegen Endes des Jahres 1904 hatte Tanne auch mit der Arbeit an einer Reihe von Erzählungen begonnen, denen sie sich während der folgenden vier Jahre intensiv widmete. Sie schrieb sie in Langschrift in ihre blauen Übungshefte und faßte die zumeist in der romantischen Tradition wurzelnden phantastischen Geschichten, die von Geistern, Erscheinungen und Besessenheit handeln, unter dem ironischen Titel *Sandsynlige Historier* (Wahrscheinliche Geschichten) zusammen.

In »Advokaten i Bergen« (Der Anwalt von Bergen), einer der frühesten der *Wahrscheinlichen Geschichten*, stellt ein angesehener Mann fest, daß er von einem Geist verfolgt wird. »In der Regel folgen einer solchen Entdeckung zwei Phasen; zuerst kommt die Phase der Verstörung, der Verunsicherung und des Zweifels, in der man sich als Spielball einer Macht fühlt, deren Absichten man nicht durchschaut, und dann kommt die nächste Phase, in der man die Absichten seines Herrn oder Verfolgers begreift und, indem man nach und nach mehr Interesse und Verständnis für den Verfolger erwirbt, lernt man, sich auf ihn einzustellen.«[4]

In einer zweiten Erzählung, »Sebastian di Sandeval« ist ein spanischer Edelmann dieses Namens seiner Seele überdrüssig, die seinem Hang zu irdischen Genüssen hinderlich ist. Er verpfändet sie dem Teufel, der sie nur widerwillig annimmt. Einige Jahre später besinnt er sich und bittet den Teufel, sie ihm zurückzugeben. Dieser lehnt nicht rundweg ab, hält ihn jedoch hin, indem er mit Sebastian wettet, er könne nicht ein Jahr lang leben, ohne irgendeine unmoralische Handlung zu begehen – ohne seinem Nachbarn Land wegzunehmen oder dessen Frau zu verführen.

In »Diævelens modstander« (Der Widersacher des Teufels), einer weiteren »wahrscheinlichen« Geschichte, unvollendet wie die übrigen, fällt ein junger englischer Aristokrat in London zwei Abenteurern in die Hände, die einer grenzenlosen »Vergnügungssucht« frönen. »Es war etwas Feinfühliges und Edles im Wesen [des Edelmannes], das im Älteren der beiden Abenteurer, welcher sich in den Höhen und Tiefen des Lebens gleichermaßen wohl fühlte, eine tückische Regung weckte.«[5]

In der Regel sind die Geschichten über die ersten Seiten hinweg brillant angelegt, aber dann läßt die erzählerische Spannung nach. Tanne ist jetzt weniger an der Ausarbeitung ihrer Figuren interessiert als am Mechanismus der Erzählstrukturen. Hat sie den Schlüssel zu einer Erzählung, zum dramatischen Höhepunkt erst einmal gefunden, läßt sie die Handlung achtlos ablaufen.

Wie zufällig passen diese kleinen Schlüssel auch zu ihrer eigenen Lebenssituation im Jahre 1904, als sie anfängt auszugehen, die ersten Männerbekanntschaften zu machen und das Verlangen der Männer nach ihr und das ihre nach ihnen zu spüren. Wie der Anwalt von Bergen ist sie verunsichert, wird in Zweifel gestürzt und fürchtet, »besessen« zu sein, zum »Spielball« eines Geists zu werden, über den sie keine Gewalt hat. Gleichzeitig hofft sie, daß sie Geschmack daran finden wird, sobald das anfängliche Befremden abgeklungen ist. Wie Sebastian di Sandeval wird sie ihrer Hemmungen »überdrüssig« und ist begierig, mit »irdischen Genüssen« zu experimentieren. Aber noch hat sie sich nicht von der Furcht vor ewiger Reue, vor dem unwiderruflichen Selbstverlust freigemacht. Und gleich dem edlen, empfindsamen jungen englischen Adeligen hat sie sich auf Freunde eingelassen – insbesondere eine Freundin – deren Selbstzerstörung sie aus nächster Nähe miterlebt, hin- und hergerissen zwischen Faszination und Entsetzen. Denn Daisy ist wie der ältere der beiden Abenteurer der »Vergnügungssucht« verfallen, und ihre Seele ist auf den Höhen gleichermaßen zu Hause wie in den Tiefen.

III

Während sie an der Kunstakademie studierte, machte Tanne die Bekanntschaft eines jungen Mannes, der sie als erster in ihrer schriftstellerischen Laufbahn wirklich ermutigte und anleitete. Sein Name war Mario Krohn; er war vier Jahre älter als sie und Sproß einer angesehenen Intellektuellenfamilie. Sein Vater war Kurator des Museums für Angewandte Kunst *(Kunstindustriemuseet)*; Mario sollte eines Tages Kurator des Thorvaldsen Museums werden und war bereits mit etwas über zwanzig Jahren ein geachteter und weitgehend autodidaktischer Kunstexperte, ein Kenner der Malerei des achtzehnten Jahrhunderts und der Wechselbeziehungen zwischen französischen und dänischen Künstlern in jener Epoche. Sein Photo zeigt einen blassen jungen Mann mit hoher Stirn, schönem Profil, mit sanftem und klugem Gesichtsausdruck und – in Form einer kunstvoll gebundenen Krawatte – mit einer Andeutung des Stilgefühls, das man ihm nachrühmte.

Tanne selbst gibt nur spärlich Auskunft über Krohn, und das wenige, was wir über ihn erfahren, stammt überwiegend aus den Tagebuchnotizen von einer Parisreise im Jahre 1910, in deren Verlauf sie einander häufig sahen. Parmenia Migel erzählte sie einmal nebenbei, er habe um ihre Hand angehalten. Sie scheint mit ihm jenes heikle, gespannte Verhältnis zwischen Flirt und Freundschaft gepflegt zu haben, das sie auch mit ihren »guten Kameraden« Cecil, Vidur und Etienne verband.* Über den Grad von

* Was aber nicht sicher ist, denn in einem Brief an ihren Bruder über sexuelles Begehren und Eifersucht, schrieb Tania Blixen: »Aus den Liebesbeziehungen, die ich in meinem Leben gehabt habe, habe ich mich immer im besten Einvernehmen mit dem Partner gelöst. Was mich gefesselt oder fasziniert hat, oder wie immer Du es nennen willst, war stets die Persönlichkeit eines Menschen oder es waren gemeinsame Interessen irgendwelcher Art – oder aber das ganze Verhältnis war …

Krohns Einfluß können wir nur Vermutungen anstellen; darüber beispielsweise, wie stark seine Vorliebe für das achtzehnte Jahrhundert ihre eigene prägte. Er trat in einer Phase in Tannes Leben, in der sie beeinflußbar war wie Calypso, und er war ein gutaussehender und bereitwilliger Mentor. In Paris führte er sie durch die Museen und Privatgalerien, hielt ihr Vorträge über die Impressionisten, versuchte, sie von Millais Vorzügen zu überzeugen und sprach über jene »Lebendigkeit der Seele«[6], die er an einer Frau weit interessanter fand als bloße Schönheit. »Er gab sich überaus viel Mühe«, schrieb sie später ». . . eine Anfängerin anzuleiten«.[7]

Krohn war Tannes erster Leser außerhalb des Familienkreises. (Die *Wahrscheinlichen Geschichten* hatte sie abends, wenn sie sich zum Essen umzogen, an ihrer Schwester Elle »ausprobiert«.) Er war ein guter Zuhörer, einer jener versierten Kenner, die fähig sind, unverbildetes Talent zu würdigen und sich dessen Entfaltungsmöglichkeiten vorzustellen. Er bestärkte sie darin, sich selbst als Schriftstellerin ernst zu nehmen, und um ihr das zu erleichtern, sorgte er dafür, daß Valdemar Vedel, Herausgeber von *Tilskueren*, der renommiertesten dänischen Literaturzeitschrift, einige der Erzählungen zu lesen bekam.

Vedel reagierte prompt mit einem Brief, in dem er handfeste Kritik und behutsames Lob spendete. Eines der Manuskripte, eine lange, schwärmerische Geschichte über die Französische Revolution, die er als »Lehrstück« bezeichnete, lehnte er ab. »Sie war«, schrieb er ihr, »zu breit angelegt und ein wenig zu künstlich, und der Ton insgesamt zu gefühlvoll und einfältig. Sie ist überdies zu lang.« Eine andere Erzählung, »Enebœrne« (Die Einsiedler), fand er ebenfalls zu lang, aber diese sei »so originell . . . und so gut geschrieben, daß ich sie gern für *Tilskueren* nehmen würde.« Zusammen mit einigen anderen der *Wahrscheinlichen Geschichten* könne man durchaus ein Buch daraus machen, meinte er. »In der Autorin steckt zweifellos Talent.«[8]

»Enebœrne« erschien im August 1907 in *Tilskueren* – unter dem Pseudonym »Osceola«, unter dem Tanne 1907 auch die Erzählung »Pløjeren« (Der Pflüger) in *Gads Danske Magasin* veröf-

---

wie ein Spiel oder ein Tanz. Ich habe wohl kein Talent, ein sexuelles Verhältnis als solches mit tiefem Ernst zu betrachten.« Siehe Tania Blixen, *Briefe aus Afrika*, S. 363.

fentlichte und 1909, als Mario Krohn Herausgeber der *Tilskueren* geworden war, »Familien de Cats« (Die Familie de Cats). 1962 gab Clara Svendsen einen eigenen Band mit Osceolas Werken heraus.[9] Zusätzlich zu den drei bereits veröffentlichten Geschichten nahm sie mehrere Gedichte aus derselben Schaffensperiode in die Ausgabe hinein, ebenso wie die unvollendete Geschichte »Grjotgard Ålvesøn og Aud« (Grjotgard Ålvesøn und Aud).

IV

Der ursprüngliche Osceola (1804-1838) war ein Seminolenhäuptling, der einen englischen Vater und eine indianische Mutter vom Stamme der Creek hatte. Als die amerikanische Regierung den Stamm unter Druck setzte, einen Vertrag zu unterzeichnen, der seine Angehörigen zwingen sollte, von Florida nach Arkansas auszuwandern, organisierte Osceola einen bewaffneten Aufstand und schwor, daß jeder Häuptling, der sein Volk ins Exil führe, getötet werden würde. Er schlug die amerikanischen Truppen in mehreren Kämpfen und entwischte seinen Häschern immer. Mittels Bestechung und Verrat gelang es schließlich doch noch, ihn gefangenzunehmen. Er starb wenig später im Gefängnis.

Wilhelm Dinesen war natürlich ein Bewunderer Osceolas und hatte selbst unter dem indianischen Pseudonym *Boganis* geschrieben. Betrachtet man Osceola mehr als literarische denn als historische Gestalt, so wird deutlich, daß er einige von Wilhelms Idealen und von den Lieblingsvorstellungen der Romantik verkörpert. Er ist der edle »Naturmensch«, der sich in einer letzten und zum Scheitern verurteilten Anstrengung gegen seine Vernichtung aufbäumt. Wie so viele von Tania Blixens literarischen Figuren und wie sie selbst als alternder Mensch, vereinte er große ethische Stärke mit verbissener Ablehnung der modernen Welt. Er war eine donquichotteske Figur, die an der Reinheit, beziehungsweise Wahnhaftigkeit ihres Idealismus scheiterte.

Osceola hieß außerdem Wilhelms deutscher Schäferhund, die treue Kreatur, die Vater und Tochter immer auf ihren gemeinsamen Spaziergängen begleitet hatte, und so war das Pseudonym vielleicht auch eine familiäre Anspielung. Auch »Osceola der Kleine« gewann Tannes Herz für seinesgleichen – Hunde sollten immer eine besondere Stellung in ihrem Leben einnehmen. 1908, als die Osceola-Periode ihren Höhepunkt erreichte, bekam sie einen Schäferhund geschenkt, den sie, um in der gleichen literarischen Gattung zu bleiben, Natty Bumppo nannte.

Als die Autorin der *Sieben phantastischen Geschichten* im Jahre 1934 nach zeitraubenden Recherchen dänischer Journalisten enttarnt war, erklärte Tania Blixen, warum sie ein Pseudonym angenommen hatte. Einem Interviewer von *Politiken* sagte sie, sie habe es aus »denselben Gründen« getan, aus denen »mein Vater sich hinter dem Pseudonym Boganis versteckte, ... damit er sich freimütig ausdrücken und seiner Phantasie freien Lauf lassen konnte. Er wollte nicht, daß die Leute fragen, ›Meinen Sie das im Ernst? Oder haben Sie das selbst erlebt?‹ ... Ich habe meine eigenen Erzählungen um hundert Jahre zurückverlegt in eine tatsächlich romantische Epoche, in der die Menschen und ihre Beziehungen anders waren als heute. Nur so erlangte ich vollkommene erzählerische Freiheit. Ich bin in vielen Dingen wie mein Vater.«[10]

In den symbolträchtigen und traumhaften Geschichten des Osceola-Bandes werden Wilhelms Präsenz und Einfluß spürbar, auch sind sie erfüllt von der Sehnsucht, mit den Toten in Verbindung zu treten, die aus dem englischen Brief an »meinen geliebten Freund« spricht. Verstorbene Väter geben ihren in Not geratenen Kindern Ratschläge; tote Offiziere umwerben arglose irdische junge Frauen; Dämonen flehen unter dem Galgen um Erlösung; und Geister sprechen mit ergreifenden und einschmeichelnden Stimmen.

V

»Grjotgard Ålvesøn og Aud« führt uns ins alte Dänemark in eine halbmythische Übergangszeit zwischen Heidentum und Christentum. Die Erzählung hat ihren Ursprung in der Sage von König Olav dem Heiligen, der die Wikinger zum Christentum bekehrte. Die Kinder der Dinesens kannten diese Geschichte alle sehr gut, da Ingeborg die nordischen Sagen liebte und oft sehr ausdrucksvoll daraus vorlas. Besonders Tanne und Thomas teilten zeit ihres Lebens die Begeisterung für Heldentum und Ehre, die urzeitlichen (und auch bei Nietzsche anklingenden) Ideale der Sagenwelt.

Einer von Olavs Lehnsherren, Ålve von Egge, weigerte sich, den neuen Gott anzuerkennen und fuhr fort, den alten Göttern zu opfern. Olav ließ ihn töten und wurde seinerseits von Ålves Verwandten ermordet. Grjotgard war Ålves Sohn, und für ihn dachte sich Osceola ein Schicksal aus. Er verliebt sich in Aud, die Frau seines Bruders, die er für einen weiblichen Waldgeist hält. Sie ermutigt ihn durch ihr vieldeutiges Verhalten. Als sie ihn mit einem anderen Krieger kämpfen sieht, sagt sie ihm, er sei der stärkste Mann von allen und fügt hinzu: »Ich an deiner Stelle würde keinen gleich starken Mann neben mir dulden.«* Verwirrt von seinem inzestuösen Begehren und unglücklich über dessen zwangsläufige Konsequenz – den geheimen Wunsch nach dem Tod des Bruders – sucht Grjotgard Rat bei seinem toten Vater. Ålve steigt aus dem Grab und ermahnt seinen Sohn, in erster Linie sein Geschlecht und seine Familie zu ehren. Die Erzählung hat ein hochherziges, tragisches Ende. Grjotgard erfährt vom gewaltsamen Tod seines Bruders, rächt, ohne einen Augenblick zu zögern, dessen Tod und kommt dabei selbst ums Leben. Mit der Gleichmut einer Königin trauert Aud um beide: »Werden wir, die wir sie kannten, sie je vergessen?«[11]

Diese epischen Leidenschaften liegen Tanne eher fern, was ihrem Stil eine gestelzte Feierlichkeit verleiht. Aber »Grjotgard« macht deutlich, was sie anstrebt: sie versucht sich in dem Kunststück, das Tania Blixen später so meisterlich beherrschen soll – »in einem Atemzug«, wie Robert Langbaum es formuliert, »von Psychologie und Kultur zu sprechen«.[12]

Grjotgard gehört auch zu jenen hehren, anachronistischen Gestalten, deren Größe im Wandel der Zeiten verblaßt ist, und denen wir in Tania Blixens Erzählungen so oft begegnen. Finn, sein Leibeigener, der die Geschichte erzählt, ist ein weiterer Blixenscher Archetyp: der des stolzen Dieners. Er ist unergründlich in seiner Lebensklugheit, mütterlich in seiner Fürsorglichkeit, streitbar in seinem treuen Festhalten an der hierarchischen Ordnung. »Die Hierarchie der kreatürlichen Welt«, schreibt Walter Benjamin in seinem großartigen Aufsatz über den Erzähler, »die in dem Gerechten ihre höchste Erhebung hat, reicht in vielfachen Stufungen

---

* Tania Blixen, *Osceola*, Hrsg. von Clara Svendsen, Gyldendal, 1962, S. 22. Es ist aufschlußreich, diese Stelle mit einer Bemerkung von Brandes in seinem Essay über Nietzsche zu vergleichen: »Derjenige, der spürt, daß er in seinem innersten Wesen nicht mit anderen verglichen werden kann, wird sein eigener Gesetzgeber sein.«

in den Abgrund des Unbelebten herab. ... Diese ganze kreatürliche Welt wird ... nicht sowohl in der menschlichen Stimme als in dem, was man ... ›Die Stimme der Natur‹ nennen könnte.«[13]

Diese Stimme spricht durch Finn zu Grjotgard, ebenso wie sie später durch Farah, durch Kamante und durch Afrika selbst zu Tania Blixen sprechen wird.

VI

Die Erzählung »Die Einsiedler«, die Vedel für *Tiskueren* auswählte, ist bei weitem die gelungenste aus Osceolas Sammlung. Sie spielt gegen Ende des achtzehnten Jahrhunderts, und die Titelfiguren sind zwei Jungverheiratete, Lucie und Eugène Vandamm. Wie die Autorin ist Lucie eine hübsche junge Frau von zwanzig, phantasievoll und lebenshungrig und dennoch ums Leben betrogen. Auch sie wurde in einem jener »Pfarrhäuser«, von einem jener verbitterten, schwermütigen und lebensfeindlichen Väter großgezogen, einem gelehrten Mann, der sich nur mit den »nüchternsten Fakten« abgibt und für Frauen »eine tiefe Verachtung« hegt. Eugène ist sein Schüler, ein junger Idealist, der für Rousseau schwärmt und an einem Buch arbeitet, das nach seinem Willen »die Welt reformieren sollte«. Der leise Spott, mit dem Tanne ihn schildert, spiegelt auch wider, was sie von der politischen Betätigung ihrer Schwester Elle und ihrer Tante Bess hielt.

Als sie verheiratet sind, nimmt Eugène Lucie mit auf eine weltabgeschiedene und unbewohnte Insel, um in Ruhe sein Buch zu schreiben, und vernachlässigt sie dort um seiner Arbeit willen. Lucie ist außerordentlich einsam, aber nach einiger Zeit erscheint ein Geist, der ihr Gesellschaft leistet. Es ist ein junger Schiffsoffizier, der vor vielen Jahren über Bord gespült worden war, und auch er ist einsam. Sie fassen wachsende Zuneigung zueinander; er erzählt ihr aus seinem Leben, von dem Mädchen, das er liebte, und schildert ihr, wie schmerzlich es für ihn war, alledem gewaltsam entrissen zu werden; sie spricht über sich selbst und singt ihm etwas vor. Lucie schreckt davor zurück, ihrem Mann, der den Geist nicht sehen kann, alles zu erzählen, denn »sie wußte, daß er ihr nie glauben würde, was sie ihm erzählen wollte, und noch mehr, daß es nach seiner Vorstellung von Wahrheit auch nicht glaubhaft war«.[14] Lucies Beziehung zu ihrem galanten geisterhaften Freund gleicht in mancher Hinsicht Tannes Romanze mit ihrem toten Vater. Die anderen in Rungstedlund konnten ihn nicht »sehen«, sie sprachen nie von ihm, und Tanne hätte ihre Gefühle nicht ausdrücken können, selbst wenn sie es gewollt hätte.

Nach und nach lockt der tote Mann, der sich so leidenschaftlich nach dem Leben sehnt, Lucie weg von dem lebendigen Mann, der so teilnahmslos am Leben vorbeilebt. »Können Sie, die Sie selbst sie geweckt haben, ahnen, welche Gefühle ... die Worte mir zurückgegeben haben?« fragte er sie. »... geben Sie mir Ihre Sorgen«, sagt sie später zu ihm, wie Tanne zu Wilhelm, »lassen Sie mich teilhaben an Ihrem Schmerz.«[15] Und nach einem furchtbaren Sturm geht sie für immer zu ihm.

Osceola läßt uns über die Echtheit des Geistes taktvoll im unklaren, und selbst Lucie fragt sich im letzten Augenblick: »Bin ich es, die schreit?« Es ist beeindruckend, wie klar Tanne, schon mit neunzehn Jahren, die Beziehung zwischen dem Übernatürlichen und dem Unbewußten begriff. Ebenso beeindruckend ist es, daß sie es verstand, die eigene gefährliche Bindung an die Toten so scharfsinnig darzustellen.

VII

»Pløjeren« (Der Pflüger) »ist ein viel ungezügelteres Werk, erfüllt von stürmischen Gefühlen, die den Handlungsrahmen fast sprengen. Die Erzählung beginnt mit einem Loblied auf den Urwald. Überschwenglich preist Tanne den Zustand der Welt, als sie noch ursprünglich und nicht vom Menschen gebändigt war. Sie stellt sich Elefanten vor, die durch die unberührte Wildnis ziehen, und schildert unzivilisierte menschliche Wesen, voll Ehrfurcht angesichts der unwegsamen Tiefe des Urwaldes. Schließlich beklagt sie seinen »Tod«, den »Mord«, den die Zivilisation am Urwald beging. Dann beginnt eine Geschichte, die ebenfalls eine dämonische Urgewalt besingt: die einer Seele.

Aus diesem Traumwald werden wir an eine Stelle inmitten der dichten Wälder geführt, die früher landeinwärts vom *Strandvej*, südlich von Helsingør, lagen, und damit nicht weit von der Gegend, in der Tanne und ihr Vater immer miteinander spazierengingen. Bei Einbruch der Dunkelheit kommt ein junges Mädchen auf dem Heimweg vom Markt an diesen unheimlichen Ort, an dem, mitten im Wald, ein alter Galgen steht. Am Fuße des Galgens erblickt sie einen Mann, der ausgestreckt am Boden liegt; ihr Pferd, sonst nicht schreckhaft, scheut, und im ersten Augenblick hält sie den Mann für einen Geist. Als er sie um Mehl von ihrem Fuhrwerk bittet, erkennt sie ihn als eher gewöhnlichen Wegelagerer und droht, ihn zu töten, wenn er es wagen sollte, ihr nahezukommen. Aber als sie zum Schlag ausholen will, ist ihr Arm gelähmt. Er sagt ihr, daß weder sie noch irgendein anderes menschliches Wesen ihm etwas anhaben könne.

Sein Name ist Anders Østrel, und er ist halb Mensch, halb Dämon. Sein Vater war ein reicher Kaufmann, der eine Hexe heiratete, diese dann aber mißhandelte. Nachdem er gestorben war, lebten Anders und seine Mutter allein, von der Gesellschaft gemieden, bis er achtzehn Jahre alt wurde. Er verliebte sich dann in eine Kaufmannstochter und hielt um sie an. Aber als sie ihn wegen seines Teufelsblutes zurückwies, verfluchte er in einem Anfall von Jähzorn seine Mutter und den Tag seiner Geburt. »Du, der du deine Geburt wegen eines unerfüllten Wunsches verflucht hast, sollst alle Wünsche erfüllt bekommen«, sagt seine Mutter zu ihm, und schickt die unheilvollen Worte hinterher: »Du sollst noch aus anderem Grunde wünschen, du wärst nie geboren worden.«[16]

Anders beginnt nun, Kapital aus seiner magischen Unverwundbarkeit zu schlagen und »probiert alles aus«, was das Leben bietet: »Arroganz, Macht, grenzenloses Glück, Reichtum, Allmacht ...«[17] Aber mit der Zeit wird seine Allmacht zur Bürde. Es gibt niemanden, der imstande wäre, ihm Grenzen zu setzen, und wie ein zweiter Frankenstein entwickelt er zerstörerische Kräfte, begeht abscheuliche Verbrechen und läßt sich ebenso rücksichtslos auf das Böse ein und stiftet Unglück, wie er Reichtum angehäuft und sich irdischen Freuden hingegeben hat. Seine Seele ist von Bitterkeit gegen die Menschen erfüllt, und in dieser Verbitterung zieht es ihn in den Wald.

Die Mésalliance zwischen seinen Eltern ist der Ursprung von Anders' Zerrissenheit, denn in ihm liegen dämonische und menschliche Regungen im Widerstreit. »Ihr seid es nicht wert, auf Erden zu leben«, sagte er zu dem Mädchen als einer Abgesandten der Menschheit. »Ihr seid Sklaven eueres freien Willens. ... Wir, die wilden Tiere des Waldes, verachten euch, die ihr die Bäume gefällt ... den Dingen Namen gegeben ... und Galgen errichtet habt. ... Aber euer Blut in mir ist so stark, daß es mich bezwungen hat; ich gebe nichts auf eure Gesetze, eure Galgen sind eine Schande, aber nun haben sie mich in ihren Bann gezogen.«[18]

Wie später für Alkmene ist der Galgen für Anders das Sinnbild der Schuld: die verinnerlichte, bändigende Gewalt. Auch Alkmene verabscheut den Galgen und fühlt sich dennoch hingezogen. Anders nennt zivilisierte Menschen »Sklaven ihres freien Willens«, was so viel heißt wie Sklaven ihrer freiwilligen Annahme des Dogmas von Schuld und Sühne; das Christentum hat sie zu Sklaven gemacht. Das ist die Begriffswelt, in welcher Tanne die eigene Auseinandersetzung mit dem »Paradies«, das heißt mit den Moralvorstellungen ihrer Familie, mit deren Triebfeindlichkeit ansiedelte. Wenn sie sich auch wie Anders als »Kind der freien Lüfte« sieht, so fließt doch auch das Blut »reicher Kaufleute« in ihren Adern, und durch sie das Blut all der Gesetzmacher und Galgenbauer.

Nachdem er ihr von seinem ausschweifenden Leben berichtet hat, fleht Anders – ziemlich widersinnig, wie es scheint – das junge Mädchen an, ihn für seine Verbrechen zu bestrafen, das Todesurteil über ihn auszusprechen und ihn dadurch zu befreien. Sie ist ein menschliches Wesen, erklärt er ihr, und wird daher imstande sein, ihn nach den Maßstäben der menschlichen Rechtsprechung zu richten. Zornbebend, von Schluchzen geschüttelt und völlig verwirrt lehnt sie ab und reitet fort. Dann wendet die Erzählung sich ihr zu.

Sie heißt Lea; sie ist Bauerntochter, und wir erkennen in ihr sofort eine von Tania Blixens Walküren: ganz Stärke und Unschuld. Zu Hause angelangt, geht sie sofort zu Bett. Ihre Welt ist erschüttert, »alles ist verändert«. Das Schlimmste ist, daß es zum ersten Mal in ihrem Leben »notwendig war, über ihre Gefühle nachzugrübeln, etwas, das sie immer für reinste Zeitverschwendung gehalten hatte.« Mit anderen Worten, Lea hat ihre Unschuld verloren, sie kann nie mehr ohne Bewußtsein leben. »Ein Mensch hat ihr seine Verbrechen gebeichtet, eine schwere Last.«[19]

Hier hört die Geschichte auf, psychologisch glaubhaft zu sein, denn Lea »erlöst« Anders daraufhin, indem sie ihm Arbeit als Pflüger gibt. Sie küssen und verlieben sich, der Alptraum wird zum Tagtraum. Aber bevor das geschieht, soll an ein Erlebnis in Tannes Leben erinnert werden, das Leas Schicksal sehr ähnlich ist, und das sie möglicherweise verarbeiten und anders enden lassen wollte.

Unmittelbar vor seinem Tod beichtete Wilhelm Dinesen seiner Tochter viele Episoden aus seiner Vergangenheit, die »Tanne in ihrem Alter zu überfordern schienen«. Sie lauschte mit weit aufgerissenen Augen, manchmal fast entsetzt, und merkte sich das Erzählte, ohne es verstanden zu haben.[20] Aber das Wesentliche hatte sie begriffen: Daß ihr geliebter Vater unter einem heftigen und geheimnisvollen Kummer litt. In ihrer kindlichen Phantasie nahm sein Unglück nach und nach furchterregende Ausmaße an, und gleichzeitig verschmolz es auch, ähnlich wie bei Anders, mit jenem »Strom« von Erinnerungen an ein Leben voller Sinnlichkeit und verbotener Handlungen. Während es Lea gelingt, Anders zu retten, konnte Tanne ihren Vater nicht davon abhalten, den »Galgen« zu wählen. Er hatte sich hilfesuchend an sie gewendet, aber sie hatte versagt. »Der Pflüger« ist offenkundig ihr Versuch, von diesem traumatischen Erlebnis zu erzählen und seinen verhängnisvollen Verlauf zu korrigieren.

Ein weiteres wichtiges Motiv dieser Traumgeschichte ist das Kind, das von einem tragischen Loyalitätskonflikt zerrissen wird. Nicht genug, daß in Anders' Adern zweierlei Blut fließt, Vater und Mutter ringen selbst um seine Identität.

Anders schildert Lea, daß sein Vater sich nach der Hochzeit von seiner Frau abkehrte, daß er sie wie eine Sklavin behandelte und Abscheu zeigte, wenn sie sich ihm näherte. Auch Anders verwünscht sie und stößt sie zurück, hätte am liebsten nur einen Elternteil: den Vater.

Tannes einfühlsames Porträt der Hexe läßt ahnen, wie schmerzlich das Bild von Ingeborg als Frau sie berührte: von ihrem Mann verschmäht, der, wenn sie ihrer Tante Christentze Glauben schenkte, immer eine andere Frau geliebt und sich um dieser Liebe willen das Leben genommen hatte. Wir sehen Ingeborg als zweifach im Stich gelassene Frau, die auch von ihrem Kind zurückgewiesen wurde. Auch Tanne hätte am liebsten nur einen Elternteil gehabt, und erlebte kurze Zeit die Erfüllung dieses klassischen Wunsches.

Es konnte gar nicht ausbleiben, daß diese »Allmacht« ihr eines Tages Angst machte, so wie Anders seine grenzenlose Macht erschreckte, und daß sie verheerende Schuldgefühle auslöste.

Elftes Kapitel

Liebe, demütig und kühn *

I

Osceolas Erzählungen umfassen eine Periode im Leben der Schriftstellerin, in welcher der Widerstreit von Angst und sexuellem Begehren das erzeugte, was Tania Blixen später als »die geheimnisvolle Melancholie der Jugend«[1] bezeichnete. Tanne verlieh den antagonistischen Kräften die Namen, die ihre Erziehung und ein schwärmerisch religiöses Zeitalter ihr lieferten: Gott und Teufel, Tugend und Sünde, Christentum und Heidentum. In gewissem Sinne durchlebte sie eine religiöse Krise mit all ihren Seelennöten, ihrer sexuellen Spannung und Bedrängnis, ihrer Sinnsuche. Ihr Hang zur Askese kennzeichnet eine Phase dieser Krise – wenn sie beispielsweise ihr Eßpaket aus dem Zugfenster warf, um »durch Hunger und Leiden« eine heroische Erfahrung zu machen. Auch ihr Verlangen nach »Ekstase«, nach dem Überwältigenden, nach einem Schicksal, dem sie sich hingeben konnte, gehört dazu. Thomas Dinesen berichtet von einem Frühlingsnachmittag des Jahres 1906, an dem er als Vierzehnjähriger mit seiner einundzwanzigjährigen Schwester im Wald von Folehave spazierenging. Am Rand einer kleinen Kiesgrube rasteten sie. Tanne schlug ein mitgebrachtes Buch auf – Hans Kaarbergs *Stort Vildt* (Großwild) – und las Thomas eine Passage daraus vor. Es war die Geschichte eines kleinen Jungen namens Svend, der seinen Vater bittet, ihm zu erklären, was Gott ist. Der Vater antwortet ihm, »wenn er auch nur ein einziges Mal dem Großartig-

---

* Zitat aus »Der alte wandernde Ritter«, in *SphG*, S. 75. (Anm. d. Üb.)

sten begegne, das ein Mensch sich vorstellen könne, dann sei er auch Gott begegnet.« Als alter Mann ist Svend an der Küste von Grönland auf Bärenjagd und erlegt schließlich das Beutetier. Aber der Schuß sprengt das Ende des Gletschers ab, auf dem er steht, und läßt es wie eine Lawine ins Meer stürzen. Als er das gewaltige Bersten hört, »überkommt Svend unbändiges Glück«, las Tanne vor, »sein Herz bebte vor Entzücken. Glücklich und geborgen wie ein Vogelfreier, der ... sein ergrautes Haupt auf sein einstiges Kinderkopfkissen bettet, legte er sich neben dem zur Strecke gebrachten Bären auf die wogende Eisscholle. ›Gott behüte mich, der Gott meines Vaters‹, sang es in seiner Seele, als die See ihn – den Heiden – in die Tiefe riß«.

Tanne schloß das Buch und riet ihrem Bruder, nie zu vergessen, daß »es ... Gefühle wie diese sind, die das Leben lebenswert machen«.[2]

Es fällt auf, daß Leben und Selbstaufgabe hier eins sind. Für Tanne waren in diesem Alter Tod und Sexualität unentwirrbar miteinander verwoben. Wenn sie sich in Rungstedlund eingesperrt, in ihrer Vitalität eingeengt oder niedergedrückt fühlte, malte sie sich ein Schicksal aus – einen ekstatischen oder heroischen Tod, eine Apotheose –, das sie erlösen würde. Fünfunddreißig Jahre später verarbeitete sie Kaarbergs kleine Geschichte im Ende ihrer eigenen Erzählung »Peter und Rosa«.

Ekstase hat in Tania Blixens Werk fast immer ihren Preis – meist wird sie mit Verlust oder Tod bezahlt. Ihre Helden und Heldinnen zahlen den Preis bereitwillig und sogar frohgemut, und das macht ihren Heroismus aus.

II

Die düsterste Mädchenzeit ging schließlich vorüber. Die 1909 erschienene Erzählung »Die Familie de Cats«, die letzte, die unter dem Pseudonym Osceola veröffentlicht wurde, spiegelt den Abstand zwischen der vierundzwanzigjährigen und der zwanzigjährigen Tanne. Die früheren Erzählungen sind ungeschliffen und impulsiv: »Übertrieben gefühlvoll und ernst«, urteilte Vedel. »Die Familie de Cats« dagegen ist spielerisch, voller Charme, leicht in Wilhelms Sinn: Der wahre Ernst der Geschichte liegt im Verborgenen. In dieser Erzählung über eine rechtschaffene gutbürgerliche Familie nach dem Muster der Hansens macht Osceola Tugend und Sünde zum Gegenstand einer Gesellschaftskomödie.

Im August 1905 nahm Tanne die Einladung ihrer schottischen Verwandten, der Berrys, an, sie in Glenstriven, ihrem Haus bei Edinburgh, zu besuchen. In ihrem Reisetagebuch lieferte sie genau Rechenschaft über all ihre Unternehmungen, bedauerlicherweise jedoch, ohne sie zu kommentieren. Bei der Überfahrt über die Nordsee sieht sie drei Delphine und verbietet dem Kapitän, sie zu schießen. Es regnet und stürmt; sie macht Ausflüge zu mittelalterlichen Schlössern und durchstöbert dörfliche Buchläden; in Tweedrock und Strohhut streift sie mit dem Zeichenblock durchs Heidemoor. In Gesellschaft unzähliger blaßgesichtiger Vettern und Kusinen schießt sie Moorhühner, sammelt Miesmuscheln, sucht schottische Bäche nach Rohsmaragden ab und setzt bei einem Picknick durch Unachtsamkeit ihr rotes Lieblingscape in Brand. Es gibt endlose Tee-Einladungen, und Tanne berichtet ihrer Mutter ausführlich über das Partygeplauder. Nur einmal rafft die Schreiberin sich aus der Ferienlethargie zu einer scharfen Bemerkung auf über ein Paar, das eines Tages zum Lunch erscheint, einen jungen Lord und eine junge Lady: »Was für herrlich waschechte, bornierte, vornehme Engländer.«[3]

Die Schottlandreise war ein typisches Beispiel für die erholsamen Sommerferien im Verwandtenkreise, die Tanne sich in den nachfolgenden Jahren gönnte und offenkundig genoß. 1906 fuhr sie »Elle in England abholen«, hielt sich zum Englischlernen bei einem Professor Darlyle und seiner Frau in Oxford auf und lebte eine Zeitlang in London – ein Lebensabschnitt, über den es keine Informationen gibt, außer daß sie »von [einem gewissen] John Burns durchs House of Parliament geführt wurde«. Im darauffolgenden Jahr reiste sie zusammen mit Thomas auf die Halbinsel Kullen in Südschweden. Sie gingen bei einem Skipper namens Helgeson an Bord, der sie Segeln lehrte. Bruder »Tommy« war damals knapp sechzehn, ein hochgewachsener, gutaussehender, athletischer junger Mann, der sich mit Naturwissenschaften und Technik beschäftigte. Er war unendlich stolz darauf, daß seine ältere Schwester ihm vertraute »wie einem Gleichaltrigen«.[4]

Diese Reise festigte die Freundschaft und die Verbundenheit zwischen den Geschwistern, die sich für Tanne während ihrer schweren Jahre in Afrika als unendlich kostbar erweisen sollte.

Im folgenden Sommer fuhr sie wieder gen Norden, diesmal mit ihren Schwestern. Sie machten eine Rundreise durch die Fjorde – »eine herrliche Kreuzfahrt.«[5] Leicht hätten ihre Wege sich dort – auf einem der Dampfer, die die zerklüftete Küste befuhren, auf der Terrasse eines Gasthauses mit Blick auf ein Gebirgspanorama, oder beim Begehen eines steilen Pfads in der kristallklaren Morgenluft – mit denen einer feinen englischen Familie kreuzen können. Viscount Maidstone, genannt Maisie, Lady Gladys Finch-Hatton (Topsy), der Honourable Denys Finch-Hatton (Tiny) und ihre Mutter Nan, Gräfin von Winchilsea, verbrachten alljährlich einen Teil des Sommers in Norwegen.[6]

III

Tannes Leben besaß, nachdem sie das Studium an der Königlichen Kunstakademie abgebrochen hatte, keine geregelte Struktur mehr. In den sechs Jahren von 1907 bis zu ihrer Abreise nach Afrika zeichnete und schrieb sie weiter, zum Zeitvertreib, aber ihre literarische Produktion war bescheiden, selbst wenn man die unvollendeten Manuskripte berücksichtigt. Thomas mutmaßt, daß »nach einer Weile Kritik laut wurde wegen ihres einigermaßen inhaltsleeren Lebens«[7], wahrscheinlich von Tante Bess, die Tanne dazu bewegen wollte, »für die Kirche tätig zu werden«.[8] Aber der Druck bewirkte nicht viel, und Tania Blixen beklagte sich später – nicht ganz zu Recht unter den Umständen –, es sei skandalös, daß man sie habe aufwachsen lassen, ohne ihr irgendwelche einträglichen praktischen Kenntnisse zu vermitteln.

Clara Svendsen faßt Tannes Gemütsverfassung in diesem amorphen Lebensabschnitt in die Metapher vom kleinen Nachen, von dem auch zwei von Tannes Gedichten handeln – »Günstiger Wind« und »Ruderlied« – beide aus dem Jahr 1906, dem Jahr, in dem Thomas sein erstes kleines Boot, die *Basia*, geschenkt bekam und anfing, seine Schwestern auf »Kreuzfahrten« mitzunehmen. »Das leichte Boot, von den Meeresströmungen fortgetragen, wird als Bild für den schweifenden Geist gesehen, der sich von ›Einbildungskraft und Phantasie, alten Märchen und Dämmergedanken, Worten, Stimmungen und Träumen‹ dahintreiben läßt.«[9]

Der erste Abschnitt dieser müßiggängerischen Periode brachte Tanne einige der ungetrübtesten, sorglosesten Glücksmomente ihres jungen Lebens. Sie ging ein und aus bei der sportbegeisterten aristokratischen »Hautevolée«, zu der die Schwestern Frijs und deren schwedische Vettern, die Zwillingsbrüder Bror und Hans von Blixen-Finecke, gehörten. Deren Lieblingszeitvertreib unterschied sich kaum von dem, was um die Jahrhundertwende auch andernorts unter ihresgleichen gang und gäbe war. Sie huldigten dem Pferderennsport, spielten Bridge und Golf, tranken Whisky, tanzten zu Grammophonmusik, gaben Kostümbälle, schossen Unmengen kleiner Vögel, kauften sich Flugzeuge und Automobile mit allen Schikanen und gaben sich mit einer zynischen Selbstverständlichkeit der Liebe hin, die ihre viktorianischen Eltern, wenn sie darüber im Bilde gewesen wären, einigermaßen konsterniert hätte. In Dänemark war jedoch viel weniger von jener mondänen Dekadenz zu spüren, die das London Eduards VII. und das Paris der Belle Epoque zu so unwiderstehlichen Objekten kulturgeschichtlicher Forschung gemacht hat – es fehlten die schillernden Figuren der Theaterwelt, die symbolistischen Dichter, die homosexuellen Pianisten, die großen Exzentriker, die Halbwelt.

»Kaum eine andere geschlossene Gesellschaft der Welt hat ein derartiges Aufgebot glanzvoller Erscheinungen vorzuweisen wie die schwedische Aristokratie«, schrieb Boganis[10], und Tanne merkte es sich wohl.

Bror und Hans Blixen kamen 1886 als Mitglieder einer großen, weitverzweigten Familie zur Welt. Ihr Vater, Baron Frederik von Näsbyholm in Skåne, hatte die dänische Komtesse Clara Frijs geheiratet, eine Schwester von Agnes Frijs, Kusine ersten Grades von Wilhelm und Tante von Daisy Frijs. Es gab noch einen älteren Bruder, den Erben des Familienbesitzes, und vier Schwestern. Hans war der ältere der Zwillinge und war, wie oft in solchen Fällen, Bror sowohl dynastisch als auch psychologisch eine Nasenlänge voraus.

Die Brüder wuchsen auf einem herrlichen Landsitz auf, inmitten von Tieren, dienstbaren Geistern und königlichen Hoheiten – ohne Bücher allerdings. Außer der Stammesgeschichte gab es kaum starke Zwänge oder ernste Wertvorstellungen, die prägend auf ihre Charaktere wirkten. Sie waren beide robuste Naturen, selbstbewußt und siegesgewiß. Die Hauptleidenschaft im Leben der Brüder galt der Eroberung in jeder Form, ganz besonders jedoch der Großwildjagd. Hans war ein vorzüglicher Reiter und wurde später Flieger. Bror, ein Mann von beinahe legendärer Vitalität, war vermutlich das Vorbild für Hemingways weißen Großwildjäger Robert Wilson in *Das kurze glückliche Leben des Francis Macomber*. In bester Hollywoodmanier pilgerten Ehefrauen und Töchter seiner Safarikunden in laszivor Wallfahrt zu seinem Zelt.

Als Kinder gingen Hans und Bror in Lund in die Schule und wurden »für Lehrer und Eltern zu einem ständigen Ärgernis, da sie die Arbeit nie ernst nahmen und immer Späße und Streiche im Schilde führten.« Ihr Taschengeld rechneten sie folgendermaßen ab: »Erhalten: 100 *Kroner*. Ausgegeben für Schulhefte, Stifte, Radiergummis: 1,85 *Kroner*; für dies und das: 98,15 *Kroner*.«[11] Einmal luden sie ihren Vater zu einem großen Essen ins Hotel *Angleterre* in Kopenhagen ein, um für ihr schlechtes Benehmen Abbitte zu leisten. Aber als die Rechnung kam, mußte Hans den Pelzmantel des Vaters verpfänden, um sie zu begleichen.

In Adelskreisen war es üblich, daß der zweitgeborene Sohn die Offizierslaufbahn einschlug, und Hans trat bereitwillig in die Dienste der Kavallerie. Er war der beste Reiter von ganz Schweden und erlangte internationales Renommee. Es war eines seiner meistdiskutierten und -gerühmten Bravourstücke, daß er einmal, nachdem er ein Pferderennen in Malmö gewonnen hatte, mit dem eigenen Flugzeug nach Dänemark flog, wo er noch am selben Nachmittag ein zweites Rennen ritt und gewann.

Bror tat sich in jungen Jahren weniger hervor. Er schrieb sich an einer landwirtschaftlichen Schule in Alnarp ein, vertrieb sich jedoch nach Aussagen eines alten Freundes »die meiste Zeit mit Studien anderer Art, meist in Kopenhagen.«[12] Nach der Abschlußprüfung wurde er mit der Leitung eines kleinen Familienguts betraut, einer kleinen Milchwirtschaft in Stjärneholm, aber er versagte. Brors Verschwendungssucht und sein verantwortungsloses Kreditgebaren sollten sich auf drei Kontinenten herumsprechen – dem Vernehmen nach gingen sie auf das Konto einer an Schwachsinn grenzenden kaufmännischen Unfähigkeit. Als Farmer hatte er stets »Riesenlöcher in sämtlichen Taschen«.[13]

Die Zwillinge waren gutaussehende, nicht sehr große, kräftig gebaute Männer, mit markanten Zügen und stahlblauen Augen unter schweren Lidern. Hans war schlanker und galt – ob in Galauniform, beim Diner, oder dreckverspritzt nach einem Sieg auf der Pferderennbahn – fast schon als Inbegriff der Männlichkeit. Ingrid Lindström, Tania Blixens schwedische Freundin in Kenia, die die Brüder schon gekannt hatte, bevor sie nach Afrika auswanderte, beschrieb Hans als den »etwas Attraktiveren« und meinte, daß er »die meisten Vögel abschoß«. Der alte Baron zog ihn seinem Bruder Bror vor, welchen er »mit Herablassung«[14] behandelte. Aber wenn auch väterliche und öffentliche Gunst ungleich verteilt waren, so deutet doch nichts darauf hin, daß Bror sich viel daraus machte. Er scheint sogar aufreizend wenig unter Stimmungsschwankungen gelitten zu haben. Nach Aussagen seiner Freunde, besonders der afrikanischen Freunde, scheint er eine der unverwüstlichsten, liebenswürdigsten, unstetesten und verschwenderischsten Naturen gewesen zu sein, die es je gab.

IV

Tanne verliebte sich Hals über Kopf in Hans.

Er erwiderte ihre leidenschaftliche Zuneigung nicht.

»Mehr als alles andere hat eine tiefe, unerfüllte Liebe meine frühe Jugend geprägt«, erzählte Tania Blixen später ihrer Sekretärin Clara Svendsen.[15]

Wir wissen sehr wenig über diese Romanze. Aber in »Der alte, wandernde Ritter«, einer Geschichte, in der ein alter Baron sich an seine erste Liebe erinnert, beschwört Tania Blixen jenes Erlebnis sehr ausführlich. Wenn wir die Geschlechter der beiden Hauptfiguren vertauschen – ein Verfahren, das sie selbst so oft anwendet –, entsteht ein klares Bild vor unseren Augen: ein Schloß, ein vielbewunderter Reiter, eine über beide Ohren verliebte Außenseiterin.

Ich hatte sie im Herbst kennengelernt und mich in sie verliebt, als wir beide auf dem Landschloß Jagdgäste waren, zugleich mit einer Menge anderer lustiger, junger Menschen, die jetzt, wenn sie noch leben, taub und gichtbrüchig sind. Ich glaube, ich werde sie bis zu meiner letzten Stunde vor mir sehen, wie sie damals auf einem großen Fuchs saß, den sie ritt, in der klaren Luft, in der man nur eben den Frost ein wenig spürte, wenn wir nachmittags Seite an Seite zusammen heimritten, wenn wir abends heimkamen, voller Wärme in unseren kalten Kleidern, über die alte, steinerne Brücke, die zum Schloß hinaufführte. Ich liebte sie, wie man sich vorstellen könnte, daß ein Page seine Herrin geliebt hat, ebenso demütig wie kühn, denn sie war so sehr von Anbetern umringt, und ihre Schönheit hatte einen Zug von Ferne und Verachtung, die einem jungen Mann, der arm und fremd in ihrem Kreise war, sehr wohl das Herz zusammenpressen konnte. Jede einzige Stunde, in der wir zusammen ausritten, oder tanzten, oder Komödie spielten und lebendige Bilder darstellten, war denn auch bis zum Rand angefüllt mit Angst und Hoffnung und Berückung, ja, Sie werden das kennen: ein ganzes großes Orchester im Herzen. ...

Wo es sich um junge Menschen handelt, hat die Liebe nur wenig mit dem Herzen zu schaffen. Wir trinken in dem Alter aus Durst oder um einen Rausch zu bekommen, und das Wesen des Weins beschäftigt uns nicht sonderlich. Ein verliebter junger Mann ist in erster Linie von den Kräften hingerissen und berückt, die sich in ihm selber regen.[16]

Tanne liebte Hans Blixen unbeirrt, trotz dessen Gleichgültigkeit, zumindest solange, bis sie seinen Bruder heiratete. Es gab zwar, nach ihren eigenen Aussagen, andere Männer, die ihr den Hof machten und um ihre Hand anhielten, aber die hielt sie auf Distanz. Sie zog die Idee mit ihren grenzenlosen Möglichkeiten dem Kompromiß der Wirklichkeit vor.

Zwischenmenschliche Liebe von der dauerhaften, der alltäglichen Art, mit all ihren Abnutzungserscheinungen und Enttäuschungen, kann kurzfristig nicht mit jenen herrlichen, eingebildeten Leidenschaften konkurrieren, die Liebende nach Gutdünken immer wieder mit Spannung aufladen können. Tanne mochte sich noch so sehr nach »Licht und Wärme« einer gesicherten Beziehung sehnen, sobald es »ernst wurde« vertraute sie Thomas an, ergriff sie unweigerlich die Flucht; ihre Vision war für sie gleichbedeutend mit Freiheit.[17] Aber sie erkannte auch, und akzeptierte bedingungslos, was sie sich dafür einhandelte: Außenseitertum, Einsamkeit, Lebensferne, ja Wahnsinn. Dieses Thema zieht sich leitmotivisch durch alle ihre Erzählungen, von den ersten, den »Einsiedlern«, bis hin zur letzten, »Stürme«, in der sie es aus der Erfahrung eines Menschenlebens heraus resümiert.

V

Tannes erstes Liebesglück war Anfang 1910 verflogen, als sie in außerordentlich niedergeschlagener Stimmung nach Paris abfuhr, überzeugt, daß »ich nie wieder das Glück haben werde, mich zu fühlen, als stünde ich hoch oben und die ganze weite, herrliche Welt läge mir zu Füßen.«[18]

Im Februar jenes Jahres war Daisy Frijs mit Kammerherr Henrik Grevenkop-Castenskiold getraut worden. Es war eine stille Feier, besonders im Vergleich zu der strahlenden Pracht, die Frijsenborg zwei Jahre zuvor bei der Hochzeit von Inger Frijs mit Graf Julius Wedell entfaltet hatte. Daisy war offenkundig nicht verliebt in den Bräutigam, einen Mann um die fünfzig, der als dänischer Botschafter in Wien und Rom akkreditiert war. Tanne und Inger, ihre Brautjungfern, betranken sich ihretwegen am Abend vor der Hochzeit.

Die Rolle der Brautjungfer wirft für eine junge Frau die Frage nach dem eigenen Erfolg oder Mißerfolg in der Liebe auf, und Daisys Schritt veranlaßte Tanne, sich über ihre jüngsten Selbsttäuschungen Rechenschaft abzulegen. »Ist es nicht sagenhaft, wie leicht wir uns selbst betrügen«, schrieb sie in ihr Heft, »und vom selbstgewählten Weg abkommen? ... Aus was für morschem Holz sind Menschen doch gemacht.«[19]

Fast unmittelbar nach der Hochzeit reiste sie mit ihrer Schwester Ea nach Paris. In gewisser Weise war die Reise ein Versuch, ihren Fehltritt wiedergutzumachen. Tanne hatte beschlossen, sich eine Kunstschule auszusuchen und das Malstudium wieder aufzunehmen; sie wollte allein leben, sich einen neuen Freundeskreis schaffen und etwas von dem Elan und der Courage zurückgewinnen, die sie mit siebzehn Jahren so lebhaft verspürt und mit vierundzwanzig verloren hatte.

Zwölftes Kapitel

Rue Boccador

I

Tanne und Ea fuhren am dreiundzwanzigsten März 1910 aus Dänemark ab; fast auf den Tag fünfzehn Jahre, nachdem Wilhelm Selbstmord begangen hatte. Anders begleitete sie mitsamt Natty Bumppo ans Gartentor, und Elle kam bis nach Kopenhagen mit. Ellen Wanscher und Else Bardenfleth erwarteten sie auf dem Bahnsteig des Hauptbahnhofs, wo sie auch Sophie Frijs trafen, die gerade nach Jütland unterwegs war. Tanne war in fürchterlicher Stimmung, sie litt unter einer »wahrlich grauenhaften Melancholie, der Art Gemütsverfassung, in welcher man am liebsten sterben würde und gleichzeitig alle anderen umbringen könnte«.[1]

Vor der Abreise blieb genug Zeit, um eine mittelmäßige Gemäldeausstellung anzusehen, »ein blödsinniges Unterfangen«, wie Tanne später meinte, da es sie daran erinnerte, wie »widerwärtig, trivial und sinnlos« das Leben war. Auch besaß sie keinerlei Zuversicht, daß die Reise ihren Lebensmut wiederherstellen könnte; in diesem Augenblick bereute sie ihren Entschluß wegzufahren. »Eigentlich grenzte es an Wahnsinn.«

Der Zug durchquerte Seeland; sie bestiegen eine Fähre und fuhren dann durch Jütland weiter nach Süden. Über der deutschen Grenze, wo Wilhelm im Alter von siebzehn Jahren als Soldat gekämpft hatte, lag dichter Nebel, und Tanne war enttäuscht, daß sie nichts sehen konnte. In Hamburg vertraten sie sich die Beine und tranken im Bahnhofsrestaurant einen Tee. Ein norwegischer Gentleman half ihnen in Bremen mit dem Gepäck, und sie verbrachten die Nacht im Hotel. Am nächsten Tag kämpften sie sich durch einen Platzregen zum Bahnhof zurück und fuhren durch eine endlos scheinende Industrielandschaft südwärts. Um ein Haar hätte Tanne den Anblick des Kölner Doms, auf den sie sich schon so lange gefreut hatte, verpaßt. Sie saßen im Speisewagen neben zwei »einfachen Schweden«, aber als sie wieder in ihr Abteil zurückgekehrt waren, zogen sie die Rouleaus herunter, und es war ihnen, als dauerte die Fahrt eine »kleine Ewigkeit. Wir schlafen ein und wachen auf und lesen und schlafen wieder ein und wachen wieder auf«, schrieb sie. Sie hatte für diese Reise ein neues Tagebuch eingeweiht, und als eine Art Leitmotiv, eine Warnung vor Selbsttäuschung, hatte sie die Worte »*Ærlig, Ærlig*« – Ehrlich, Ehrlich – auf den Umschlag geschrieben.

Am Abend des fünfundzwanzigsten kamen sie in Paris an. Eine mit ihrem Gepäck vollbeladene Kutsche fuhr sie durch die dunklen Straßen zum überfüllten *Hôtel de Malte*, wo sie nur noch ein »winziges« Zimmerchen bekamen. In diesem Augenblick war Tanne vom Leben dermaßen »angewidert«, daß sie beim ersten Anblick von Wilhelms »geliebtem Paris« keinerlei Vorfreude oder Glück verspürte.

Es war Frühlingsanfang, aber die Stadt war noch immer in frostige Kälte gehüllt. Nach den sintflutartigen Regenfällen des Winters wirkte das Licht wässrig, und die mächtigen Kastanien, die die Pariser Boulevards säumten, waren gespickt mit prallen grünen Trieben. Der Ostersonntag brachte plötzlich strahlenden Sonnenschein und Wärme, und beglückt nahm Ea ihre Schwester mit in die Kathedrale von Notre Dame. Sie standen inmitten einer ungeheuren Menschenmenge und konnten Priester und Chorknaben nur als weiße Schemen ausmachen, die weit weg in einer Wolke von Weihrauch wogten. Nur widerwillig nahm Tanne die Großartigkeit der Architektur und die Schönheit der Musik wahr. »Ea« notierte sie, »war sehr ergriffen. Ich konnte beim besten Willen nichts empfinden.«

Die erste Woche war, wie nicht anders zu erwarten, mit der Besichtigung von Sehenswürdigkeiten angefüllt – Jardin de Luxembourg, Panthéon – und mit der Suche nach einer Bleibe. Die letztere erwies sich für Tanne als problematisch. Ea, die sich in Gesang ausbilden lassen wollte, während die Schwester Kunst studierte, suchte lediglich ein einfaches Zimmer in der Nähe ihrer Musiklehrerin in Neuilly, was sie auch mühelos fand. Tanne dagegen inspizierte und verwarf eine ganze Reihe von Unterkünften, die eine als »zu schrecklich«, die andere als »zu deprimierend«, bevor sie schließlich in eine Pension in der *Rue Boccador* einzog, die ihr empfohlen worden war. Sie fand diese »zu spießerhaft« und wäre auch wieder umgezogen, wären nicht die übrigen Gäste gewesen – ein ständig wechselnder Strom junger ausländischer Diplomaten, die sich ihr als unerschöpfliches Reservoir an männlichen Begleitern und Flirts anboten. Als sie ihre Schwester schließlich am anderen Ende der Stadt besuchte, vertraute sie ihrem Tagebuch an: »Habe Eas Zimmer gesehen. Ich bin ja so viel anspruchsvoller als sie, die überhaupt keine Ansprüche hat.«

Diese Feststellung berührt den Nerv ihrer Beziehung. Ea besaß Ingeborgs liebenswürdiges und genügsames Naturell und nahm die Dinge, wie sie kamen. Zwar widmete sie sich mit außerordentlichem Fleiß ihrem Musikstudium, aber als ihre Hoffnungen auf eine Karriere als Sängerin sich zerschlugen – ihre Stimme war nicht stark genug –, heiratete sie ohne viel Aufhebens und ließ sich auf einem Gut in Jütland nieder. Ea war für die jüngere Schwester ein Trost, aber keine Freundin. Tanne konnte ihr das dramatische Auf und Ab ihrer Gefühle nicht anvertrauen; nicht, weil es Ea an Mitgefühl gefehlt hätte, sondern weil diese sie einfach nicht verstand. »Um meine Enttäuschung und meine Hoffnungslosigkeit zu bezähmen, konnte ich nichts Besseres tun«, schrieb Tanne am Anfang ihres Tagebuches, »als Ea vorzujammern, wie idiotisch und sinnlos ich die Reise fand. Sie verstand mich zwar nicht im geringsten, aber sie war sehr mitfühlend.«

In einer ihrer frühen Tagebucheintragungen skizziert Tanne mit spitzer Feder das Leben in der *Rue Boccador*:

> Montag, 4. April. Wie bin ich müde, müde, müde. Wie trival dies alles ist. Vielleicht hätte ich umziehen sollen, hier ist es so spießbürgerlich. Ich werde selbstverständlich die Kunstschule besuchen, obwohl es völlig zwecklos erscheint...
>
> Beim Mittagessen hat mich Madame [die Pensionsbesitzerin] neben eine alberne französische Lehrerin gesetzt. Die übrige Tischgesellschaft bestand aus einer geschiedenen französischen Dame, die sich vor einem Monat das Leben nehmen wollte und nun jedermann mit der Geschichte unterhält; einem ziemlich affektierten rumänischen Offizier; dem liebenswürdigen, schlichten Grafen Wedell; einem deutschen Offizier; einem französischen Ehepaar; einem gutaussehenden jungen Engländer; einem deutschen Gentleman, der gemeinsam mit seiner Frau malen lernen will!

... Das Abendessen war diesmal besser; die geschiedene Französin unterhielt sich mit dem Rumänen über das Leben; ich mit Graf Wedell, welcher versprach, mich zum *concours hippique* mitzunehmen. Nach dem Essen plauderten wir in Madames Salon. Sie erteilte uns gute Ratschläge über die Ehe. Eine Runde Bridge gespielt. Früh ins Bett gegangen. Meine Unruhe hatte sich gelegt.

Am darauffolgenden Vormittag erhielt sie einen Brief von Tante Bess, nach dessen Lektüre sie Hals über Kopf zur Venus von Milo lief. Sie verbrachte Stunden im *Louvre*, die meiste Zeit in der Abteilung mit den Gemälden aus dem achtzehnten Jahrhundert – »Corot, Watteau und Chardin«. Aber das Museum selbst fand sie »gräßlich«, wie überhaupt alle Museen. »Im Louvre herrscht eine so gesalbte Atmosphäre. Der König sollte dort wohnen.« Sie nahm die Métro nach Hause und verpaßte das Mittagessen, aber später am Nachmittag kam Graf Reventlow zu Besuch, und sie besorgte eilends Blumen und Teegebäck für ihn. Es war der erste von vielen Besuchen dieses jungen Mannes.

II

Eduard Reventlow hatte sich einen Monat zuvor mit Else Bardenfleth verlobt und war der erste Freund der Familie, den die Schwestern in Paris trafen. Er war damals siebenundzwanzig und an der dänischen Gesandtschaft in Paris akkreditiert – der erste Posten in einer langen und glänzenden Diplomatenkarriere.

Eduard war ein zierlicher eleganter Mann mit einem ausgeprägten Sinn für Humor und jener »intellektuellen Verspieltheit«, die Tania Blixen so schätzte. Er und Tanne schlossen spontan Freundschaft, eine Freundschaft, die auf beiden Seiten eine unerwartete und unausgesprochene Tiefe entwickelte. Der Graf begleitete Tanne in die Oper, er lud sie in die berühmten Cafés zum Champagner ein, er nahm sie auf die Boulevards mit, wo sie dem bunten Treiben zusahen. Sie waren bis spät in der Nacht unterwegs und wanderten in den frühen Morgenstunden zu Fuß über die menschenleeren *Champs-Élysées* nach Hause. Einmal blieb Eduard ein Stück hinter Tanne zurück, um zu beobachten, wie viele Männer sie ansprechen würden, und einmal warf sie ihm aus Zorn über das, was sie als mangelnde Großzügigkeit empfand, eine Handvoll Goldmünzen vor die Füße.[3] Dafür besaß er etwas, das der dänische Kritiker Aage Kabell »seelische Beweglichkeit«[4] nannte. Wie einige von Tania Blixens Jugendfreundinnen und anders als viele ihrer späteren Bewunderer konnte er im richtigen Moment über sie lachen.

So tief das Gefühl der Zuneigung auf beiden Seiten auch gewesen sein mag, so sehr bemühten sich beide, es nicht allzu ernst zu nehmen. Sie schickten gemeinsame Postkarten an Else; Eduard zog Tanne damit auf, daß sie bald heiraten würde, und sie malten sich zusammen aus, was für Hüte ihr künftiger Gemahl wohl tragen würde. Zum Abschied schenkte er ihr ein Buch mit dem Titel *Une jeune fille à marier*. Er kostete vor der eigenen Heirat zum letztenmal die Freiheit aus, und die Tatsache, daß Tanne mit Else befreundet war, gab dem Genuß eine gewisse Pikanterie, setzte ihm aber auch engere Grenzen. Wenn sie auch für ihr gemeinsames Vergnügen die Regeln des guten Anstands ein wenig strapazierten, so übertraten sie sie doch nie.

Der Beweis, oder zumindest ein sehr überzeugender Anhaltspunkt ist die Tatsache, daß Tanne sich auf Flirts mit einem halben Dutzend anderer junger Männer einließ, die meisten von ihnen Gäste der Pension. Da war zum Beispiel ein rothaariger Amerikaner, der unter Schuppen litt, und der sie ins Theater einlud und Karten für Plätze in der ersten Reihe besorgte. Sie fand ihn »ganz passabel aber unappetitlich«. Des weiteren war da ein Adeliger namens Hohenemser, der aus der Pension auszog, dann aber, wie Tanne meinte, »um meinetwillen« zurückkehrte. Er war mit einem etwas anmaßenden Deutschen namens Dürang befreundet, mit dem sie im *Café de la Paix* Hummer speiste. Graf Wedell, den sie sehr anziehend fand, ging mit ihr zum Eiffelturm und zum Springreiten und lehrte sie eine wichtige Lektion: Immer das Herz über etwaige Hindernisse vorauszuwerfen, so daß der Körper zwangsläufig folgen müsse.

Als Wedell die Pension in der *Rue Boccador* verließ, »bedauerte« Tanne dies »sehr«, aber er wurde rasch ersetzt durch einen schmucken Russen namens Raffaelowitsch, »mit dem ich mich nach Meinung der Leute verloben sollte«. Tanne selbst war gar nicht abgeneigt: »Ja, ich wünschte es zu Gott«, schrieb sie, obwohl sie ihn kaum kannte. Sie kleidete sich sorgfältig für den Russen und machte eines Abends »den Versuch, im Treppenhaus mit ihm zu flirten ..., aber es führte zu nichts.«

Das Studium der Malerei – Tannes vorgebliches Reisemotiv – spielte während ihres Parisaufenthalts eine reichlich untergeordnete Rolle. Sie engte ihre Wahl auf zwei Kunstschulen ein und entschied sich für *Simon et Menard*, in der *Rue de la Chaussée.* Die Schulleitung verzichtete auf die übliche Zulassungsbedingung, die Vorlage einer Arbeit, vielleicht, weil man von der Tatsache beeindruckt war, daß Tanne in Kopenhagen die Königliche Akademie für Bildende Kunst besucht hatte. Aber die französische Einrichtung besuchte sie, gelinde gesagt, nur sehr unregelmäßig. Eines Nachmittags beispielsweise erschien sie, »um Dürang loszuwerden«, ein anderes Mal, um der Notwendigkeit zu entgehen, »die Zeit mit Leuten zu verbringen, für die ich nichts empfinde«, und ein drittes Mal in der Hoffnung, einen »netten französischen Maler« wiederzusehen, den sie in der Woche zuvor dort kennengelernt hatte, der jedoch nie wieder auftauchte.

Für die Kunst blieb ohnehin wenig Zeit, da es Tanne und Ea gelungen war, eine erstaunliche Zahl von Bekannten aufzutun. Zwei offenkundig mit der Familie befreundete Damen, Aagot und Cæcilie Sunde, waren praktisch ständige Gäste in der *Rue Boccador.* Sie kamen zum Tee oder, um Tanne abzuholen: zu Fahrten durch den *Bois de Boulogne*, zum Kaffeetrinken, zum Wäscheeinkaufen in den *Galeries Lafayette.* Cæcilie färbte sich die Haare und war eine fürchterliche Plaudertasche, und Tanne betete zu Gott, er möge »mich davor bewahren, wie sie zu werden«.

Ein weiterer treuer Gesellschafter war Emil Hoskier, ein ehemaliger dänischer Vizekonsul, der sich in Paris niedergelassen hatte und Bankier geworden war. Er war verwitwet und lebte mit seiner erwachsenen Tochter Rosalie zusammen, die sich mit Ea und Tanne anfreundete, was ihn nicht daran hinderte, eher amouröse Beziehungen zu den beiden Schwestern Dinesen zu pflegen. Sie genossen seine Aufmerksamkeit, gestatteten ihm, sie im Foyer auf die Wangen zu küssen und neckten einander wegen seiner ständig wechselnden Vorliebe. Hoskier war großzügig und reich, fuhr sie in seiner Kutsche spazieren, schenkte ihnen »ungeheuer häßliche Blumensträuße« und führte sie in die besten Pariser Restaurants zum Essen aus. Am Ende ihres Aufenthalts wollte er jeder von ihnen ein üppiges Geschenk machen, und Tanne ließ durchblikken, daß ein Abendkleid willkommen sei. Ihrem Tagebuch gestand sie, daß sie dies eigentlich skandalös fand, aber sie suchte sich ohne weitere Gewissensqualen »ein hinreißendes blaßblaues Chiffonkleid« aus. Mary Westenholz, die bereits auf die Barrikaden gestiegen war, als Wilhelm Ingeborg einen Reithut schenken wollte, hätte ihre Enkelinnen zweifellos völlig verdorben gefunden.

III

Nach den Aussagen von Parmenia Migel und Aage Kabell soll Tanne Diaghilew in den *Ballets Russes* gesehen haben, die 1910 zum zweiten Mal gegeben wurden, und Sarah Bernhardt in *Hamlet*, aber während der Zeit, die Tanne in Paris verbrachte, stand keine von beiden Aufführungen auf dem Spielplan. Einmal berichtet sie tatsächlich von einem »Ballettbesuch: sehr amüsant«, und eine ihrer wichtigsten und extravagantesten Neigungen galt der Oper – der großen Oper wie der komischen Oper –, allerdings widmet sie in ihrem Tagebuch der eleganten Garderobe der Damen in den Logen mehr Aufmerksamkeit als den Bemühungen der Künstler auf der Bühne.

Zwar verbrachte Tanne viele Abende zusammen mit Ea in Gesellschaft verschiedener ehrbarer Freunde der Familie, aber die interessanteren neuen Freundschaften mit jungen Männern wollte sie ganz für sich, ohne Begleitperson, genießen. Einmal lud sie Ea ein, zusammen mit ihr und Wedell in die Oper zu gehen, gab dann aber vor, nichts Konkretes mit ihm vereinbart zu haben. Enttäuscht fuhr Ea nach Neuilly zurück, und Tanne verbrachte den Abend allein mit Wedell. »Das war ziemlich gemein von mir«, bekannte sie. Sie sahen *Samson und Dalila* und aßen anschließend im *Café de Paris* Früchte und tranken Champagner.

Ea mag sich bei dieser Gelegenheit hintergangen gefühlt haben, aber mit besonderer Mißbilligung beobachtete sie Tannes Flirt mit Eduard Reventlow. Tanne sah ihn praktisch täglich: Sie besuchte ihn zum Mittagessen im Konsulat; er kam auf ein paar Runden Bridge oder Domino oder auf einen Whisky in die Pension; er lieh ihr Geld, kam zum Tee vorbei, lud sie zum Essen bei *Rumpelmaier* ein. Ea war oft mit von der Partie, aber selbst in einer großen Gesellschaft trugen Tanne und Eduard ihr inniges Einverständnis, die Freude an ihrem Beisammensein, ungeniert zur Schau.

Diese Freude wurde jäh beendet, als Admiral Bardenfleth und seine Frau mit Else zu einem einwöchigen Besuch ankamen.

Tanne ging zur Begrüßung zu ihnen ins Hotel und fühlte sich augenblicklich »niedergeschlagen« vom »hausbackenen Geist, den sie mitbrachten«. Solange die Bardenfleths sich in Paris aufhielten, war Tanne plötzlich auffallend vergeßlich. Sie kauft für Else eine Schachtel Konfekt, läßt sie jedoch in Malmaison stehen. Sie vergißt, was sie erlebt hat, und vergißt, es in ihrem Tagebuch aufzuschreiben. Zur Feier der Verlobung wird ein Essen gegeben, bei dem Else in den Augen ihrer alten Freundin »so schlecht aussah wie noch nie« und Eduard »schlecht gelaunt« war.

Als die Bardenfleths schließlich nach Dänemark zurückkehrten, sprach Ea sich in einem »teuren Teesalon« mit ihrer Schwester aus und hielt Tanne vor, sie »verderbe etwas zwischen Eduard und Else. Ich wurde wirklich böse.«

Der Vorwurf muß Tanne wohl getroffen haben. Er muß sie gezwungen haben, ihre undurchsichtigen Absichten zu überprüfen und vielleicht auch die Illusion, daß dies ihr eigentliches Ziel – daß dies das »wahre Leben« sei.

Vom folgenden Tag an war die Lebensfreude aus ihrem Tagebuch verschwunden. »Traurig, traurig, traurig«, schreibt sie, »alles ist so abgeschmackt und trivial wie zuvor. Alles im Leben scheint mir zwischen den Fingern zu zerrinnen.«

IV

Während der zwei Monate, in denen Tanne in der *Rue Boccador* lebte, war sie abwechselnd gefühlsleer und zornig, passiv und ungeduldig, belustigt und hoffnungsvoll, und dann, während einer Fahrt entlang der Seine, war ihr mit einem Mal »leicht ums Herz«, fühlte sie sich »zum ersten Mal stark«, imstande, »über mich selbst zu lachen«. Aber kaum war das Gelächter verklungen, als sie wieder in »Lethargie«, in »Stumpfsinn« versank. Das Tagebuch zeugt von Tannes fast täglich wechselnden Gemütszuständen, welche nicht nur ein vorübergehendes Pariser Phänomen, sondern eine Grundbedingung ihres Lebens waren, bis zu ihrem Tode. Sie besaß, wie sie wenig später über ein Mädchen namens Rosa schreiben sollte, »eine schwankende Gemütsverfassung, ständig auf der Kippe zwischen Bitterkeit, oder eher Groll, auf der einen Seite und übermütiger Freude auf der anderen«.[5]

Tanne feierte ihren fünfundzwanzigsten Geburtstag in Paris.

Früh am Morgen des 17. April kamen eine Karte von Ellen Wanscher und ein Brief von Tante Bess. Tanne fuhr zu Ea nach Neuilly und brachte ihr Rosen mit. Zusammen mit Cæcilie und Aagot fuhren sie mit der Straßenbahn nach Saint-Cloud, fanden ein kleines Restaurant und aßen im Freien. Es war »ein bißchen kalt, während wir aßen, regnete es, aber plötzlich wurde es wunderbar klar«. An diesem Abend gingen sie mit Freunden essen, und es gab »Champagner zu meinem Wohl«. Zu Hause fand sie eine Photographie von Daisy vor.

In der ersten Maiwoche kam Mario Krohn in Paris an. Der Zeitpunkt war günstig, denn er konnte Tanne von den Bardenfleths ablenken. An ihrem ersten gemeinsamen Abend führte er sie in »*Le bois sacré* ins Varieté-Theater«. Sie gingen zu Fuß nach Hause, tranken unterwegs Tee in einem Straßencafé und unterhielten sich über das Gottesgnadentum, und später standen sie so lang vor der Haustür der Pension und lachten und redeten, daß eine der Bewohnerinnen, eine Miss Humphreys, an ihr Fenster klopfte.

Während der Woche, die er in Paris verbrachte, traf Mario Krohn sich häufig mit Tanne, obwohl sie auf keine ihrer sonstigen Unternehmungen verzichtete, um mit ihm zusammenzusein. Sie durchstreiften die Museen und Privatsammlungen, zu denen seine einflußreiche Stellung als Kunsthistoriker von Rang ihnen Zutritt verschaffte. Tanne war entzückt von seiner Galanterie, seinem Wissen, seiner Prominenz, verhielt sich aber dennoch ausweichend. Eines Nachmittags sagte sie unvermittelt eine Verabredung mit ihm im *Musée des Beaux Arts* ab, und er antwortete mit einem großen Rosenstrauß. Sie wich ihm auch aus, als er sie nach neuen Arbeiten fragte, nach ihren literarischen Projekten, nach ihren Zukunftsplänen – in der stillen Hoffnung, sie könnte ihn einbeziehen. Sie erklärte ihm daraufhin in aller Bestimmtheit und mit einem Anflug von Verächtlichkeit, sie erhoffe sich vom Leben »alles andere als Schriftstellerin zu sein – Reisen, Tanzen, Leben, die Freiheit zu malen«.[6]

Mit der gleichen Beiläufigkeit, mit der Mario Krohn in Tannes Tagebuch erscheint, verschwindet er wieder daraus. Er kehrte nach Dänemark zurück, und binnen eines Jahres war er mit einer zehn Jahre älteren Witwe verheiratet. Er setzte seine glanzvolle Karriere fort. Er gab *Tilskueren* heraus, übernahm die Direktion des *Thorvaldsen Museums* und prägte das Studium der Kunstgeschichte in Dänemark nachhaltig. Seine Freundschaft mit Tanne jedoch ließ in dem Maße nach, wie diese sich auf Ziele und Beziehungen außerhalb seiner Sphäre einließ. Im Jahre 1922, während sie in Afrika war, starb er an Tuberkulose.

Jener übermütige, stolze und etwas naive Entschluß, der Kunst um des Lebens willen zu entsagen, war schwieriger durchzuführen, als Tanne sich in Momenten der Stärke und der Unbeschwertheit vorstellen mochte. Abrupt und ohne erkennbaren Grund änderte sie ihre Pläne. Ea hatte angekündigt, daß sie nach Dänemark zurückkehren wolle, und vielleicht fürchtete Tanne sich davor, auf sich selbst gestellt zu sein. Vielleicht wurde auch die Freundschaft zu Eduard zu deprimierend für sie. Am Morgen nach einem besonders schönen Abend mit ihm beschloß sie, »als ich im Bett lag, daß ich mit Ea nach Hause fahren würde«.

Der kleine Bekanntenkreis reagierte voller Aufmerksamkeit und Bedauern auf ihre Abreise. Am Vormittag ihres Reisetages kam Hoskier mit einem »kleinen Blumenbukett« und einer Schachtel Konfekt. Eduard kam am Vorabend ihrer Abreise und führte sie zum Essen aus. Danach tranken sie bei *Bullier* Kaffee, unterhielten sich über »angeborene Triebe«, bestellten dann eine Kutsche und ließen sich langsam durch ganz Paris chauffieren. »Standen am Seineufer, landeten schließlich bei *Maxim*; es war fast Tag, als wir zum letztenmal nach Hause fuhren.« Leichter Regen fiel, und Tanne hielt im Tagebuch fest, daß sie die Nadeln aus ihren Haaren löste.

Fünfzig Jahre danach, kurz vor ihrem Tode, schrieb Tania Blixen einen Weihnachtsbrief an Eduard und Else Reventlow, mit denen sie zeit ihres Lebens freundschaftliche Beziehungen gepflegt hatte. Eduard antwortete: »Vor allem aber«, schrieb er, »hat mich Dein Brief so sehr an das Zusammensein mit Dir vor einem halben Jahrhundert erinnert. Es war eine bewegende Zeit in meinem Leben. Ich habe nie den Kummer vergessen, den mir Deine Abreise bereitet hat, noch, wie sehr Du mir gefehlt hast, nachdem Du fort warst. Ich bin nie sehr mitteilsam gewesen, wenn es um Dinge ging, die mir sehr nahegehen, aber Du kannst nicht vollkommen in Unkenntnis meiner Gefühle gewesen sein.«[7]

Dreizehntes Kapitel

»La Valse Mauve«

I

Wenn Tanne schon die »hausbackene Ausstrahlung« der Bardenfleths deprimiert hatte, die diese aus Dänemark wie einen unangenehm vertrauten Mief mitgebracht hatten, der ihrem offenen Gepäck entstieg, um wieviel deprimierender mußte dann die hausbackende Atmosphäre von Rungstedlund für sie sein. In ihren Notizen schildert sie bildhaft, wie sie beim Wiedereintritt in seinen Dunstkreis »annähernd die gleiche Gemüts- und Geistesverfassung überkam, die man, fast greifbar, in einem überfüllten Zugabteil oder Wartezimmer erlebt, wo die Fenster nie geöffnet werden: die Luft ist verbraucht«.[1]

Dieser keusche Haushalt, der nur aus Matronen und späten Mädchen bestand – Thomas und Anders waren im Internat, und die drei unverheirateten Schwestern gingen alle auf die Dreißig zu –, verströmte das Fluidum eines wohlsituierten Laienklosters. Tanne, die Mario Krohn mit solcher Entschlossenheit die Absicht kundgetan hatte, daß sie »leben« wolle, verfiel wieder in Langeweile und Niedergeschlagenheit. Sie begann, eine Erzählung zu entwerfen über »einen jungen französischen Adeligen, der aus Paris auf den Familiensitz zurückkehrt und sich dort niederläßt. ... Er gehörte zu jener Spezies, die keine Befriedigung findet im Leben« und verbrachte seine Tage und Nächte, »ohne mit seinem Körper und seiner Seele etwas anfangen zu können, und wurde so immer melancholischer.«[2]

Diese Melancholie durchzieht die Geschichten, die Tanne nun schreibt und deren Helden und Heldinnen ausnahmslos unter ihr leiden: Ein berühmter französischer Dichter, von der Schicksalsidee besessen, spielt mit dem Gedanken an Selbstmord; ein berühmter spanischer Dichter durchlebt eine »über alle Maßen« unglückliche Kindheit und beneidet alle Menschen um ihre Existenz und ihre Glücksfähigkeit; ein junges Mädchen namens Rosa findet durch Liebe und Tod Erlösung von ihren widerstreitenden Gefühlen. »Rosa« war eine frühe Fassung der Erzählung »Peter und Rosa«, die Tania Blixen 1940 zu Ende schrieb und in den Erzählband *Vinter Eventyr* (Wintergeschichten) aufnahm.

Stimmung, Charaktere und Szenen der frühen Geschichte sind denen des späteren Werks sehr ähnlich und demonstrieren beispielhaft Tania Blixens erstaunlich sparsamen Umgang mit ihren künstlerischen Mitteln.[3] Bereits im Jahre 1911 tug sie sich mit dem Gedanken, mehrere Geschichten in einem Sammelband zusammenzufassen, der den Titel *Syv fortællinger* (Sieben Geschichten) bekommen sollte. Im Inhaltsverzeichnis erscheinen Titel, die sie später, einige bis zu vierzig Jahre später, überarbeiten sollte: neben »Fra det gamle Danmark« (»Der Fisch«) und »Sandhedens hævn« (»Die Rache der Wahrheit«) auch die Erzählung »Karneval«, die damals noch »La Valse Mauve« hieß. Tania Blixen, die »Karneval« 1926 umschrieb und in den frühen dreißiger Jahren noch einmal überarbeitete, wollte die Geschichte ursprünglich in den Band *Syv fantastiske fortællinger* (Sieben phantastische Geschichten) aufnehmen, fand dann aber, daß sie in ihrer Modernität den historischen Rahmen der übrigen Erzählungen sprengte, und so wurde sie erst nach ihrem Tode veröffentlicht.*

Die Fassung aus dem Jahre 1911 spielt auf ihre eigenen Erfahrungen in Frijsenborg an. Unter der lustvollen Oberfläche, hinter den munteren Dialogen wird eine erotische Spannung spürbar, die Tannes eigene innere Spannung widerzuspiegeln scheint:

> In dem Jahr, in dem diese Geschichte sich tatsächlich zutrug, war »la valse mauve«, der »lila Walzer«, gerade in Mode. ... Ein paar Jahre zuvor war der sogenannte »blaue Walzer« der letzte Schrei gewesen, aber dieser ... entsprach mehr einer Generation, die zu wissen meinte und tatsächlich auch wußte – aber auf andere Weise –, daß nichts irgendeinen Wert besaß. Zwei Hausangestellte brachten Whisky und Sodawasser in ein kleines Vestibül, das in den Ballsaal überging. ... Nur fünf oder sechs Paare tanzten zur Grammophonmusik, die übrigen

---

* in *Efterladte fortællinger*, Gyldendal, 1975

Hausgäste spielten im oberen Stockwerk Karten. Die Frauen waren alle schön, mit Ausnahme der Gouvernante, und keine war über fünfundzwanzig. Vier von ihnen waren verheiratet, hatten aber ihre Ehemänner nicht dabei. ...[4]

II

Auch nach ihrer Rückkehr aus Paris war Tanne ständiger Gast in Frijsenborg. Mit besonderer Vorliebe wählte sie für ihre Auftritte dort die Anlässe, bei denen sie Hans Blixen begegnen würde. Aus ihren Ausgabenheften geht hervor, daß sie für ein paar Meter weißen Crêpe de Chine hundert Kronen ausgab, um »fürs Pferderennen die richtige Garderobe« zu haben. Es existiert ein Photo, auf dem wir sie, vermutlich im Sommer 1911, in diesem Kleid auf der Galopprennbahn von Klampenborg sehen. Das elegante Gewand ist mit einer Schärpe verziert, in die Tanne eine Gardenie gesteckt hat. Sie trägt eine lange weiße Boa und einen großen, mit Tüll und Federn besetzten Hut. Obwohl sie unter dem tief heruntergezogenen Rand kaum zu erkennen ist, kann man ihre halbgeschlossenen Augen und ihr entzücktes Lächeln ausmachen. Ihre schlanke Figur, vermutlich wieder einmal das Ergebnis einer Hungerkur, wird unverhohlen von einem jungen Burschen mit flachem Strohhut bewundert.

Nach Aussagen aus Tannes Freundeskreis fiel allgemein auf, daß sie nach ihrer Parisreise verändert war. Sie war »hübscher« geworden, aber auch »künstlicher, geistreicher, scharfzüngiger – eine junge Dame voller *raffinement*, die Männern Angst machte«.[5]

Sie rauchte Zigaretten und sprach ihren Namen mit leicht russischer Färbung aus: »Tania«.* Möglicherweise war Raffaelowitsch Urheber dieser aparten Namensänderung, die sich allerdings unter ihren alten Freunden nie einbürgerte.

---

* In Afrika hieß Tanne für alle ihre britischen Freunde *Tania*, und Parmenia Migel behauptet, Denys sei der erste gewesen, der ihr diesen Namen gab. Aber alte dänische Freunde waren überzeugt, daß *Tania* schon 1910 aufgekommen sei. Die Skandinavier, die in Afrika lebten, wie Ingrid Lindström, nannten sie weiterhin *Tanne*, ebenso wie ihr Mann und ihre Angehörigen. Später benutzten nur noch ihre engsten und ältesten dänischen Freunde und Verwandten den Namen *Tanne*, und für alle übrigen, beziehungsweise für diejenigen von ihnen, die sie beim Vornamen nannten, war sie *Tania Blixen*. So lautet auch ihr Name in den deutschen Ausgaben ihres Werks.

Wenn wir uns »Tanias« nervösen Charme vorstellen, ihre tiefer gewordene Stimme mit dem leicht affektierten Tonfall, die außerordentlich starke, ja bedrohliche Ausstrahlung jenes schwankenden Gemüts, »ständig auf der Kippe zwischen ... Groll und ... Freude«, dann verwundert es nicht, daß die rauhbeinigen, robusten jungen Männer ihrer Gesellschaftskreise, deren Hauptinteresse dem Sport galt, Angst vor ihr bekamen. Ein alter Freund meint, es sei ihre »Intellektualität« gewesen, die abschreckte, aber mit Sicherheit spielte auch eine Inbrunst mit hinein, die auf solche Männer durchaus wie leichter Wahnsinn gewirkt haben mag.

Immer hatte sie es auf Männer wie Hans Blixen, wie Wedell, wie Raffaelowitsch abgesehen. Ein Mann wie der zartfühlende und kultivierte Mario Krohn, der ihre Vorzüge zu würdigen wußte, der ihr eine ausgeglichenere und liebevollere Beziehung zu bieten gehabt hätte, war für sie vielleicht nicht »männlich« genug. Erotisch fühlte sie sich von demonstrativer Virilität, von Nietzsches Männlichkeitsideal angezogen: »der Mann soll zum Krieger erzogen werden und das Weib zur Erholung des Kriegers.«[6] Und sie scheint, zumindest als junge Frau, durchaus bereit gewesen zu sein, diesem Ideal eine innigere Zweisamkeit mit einem Mann zu opfern. Es war ihre oft wiederholte Ansicht, daß über den wahren Wert eines Menschen letzten Endes immer das andere Geschlecht entscheide. Tannes hemmungslose Flirts und ihre unglücklichen Liebesgeschichten legen die Vermutung nahe, daß sie, als sie auf die Dreißig zuging, zutiefst an ihrem wahren Wert gezweifelt haben muß.

Gleichzeitig besaß sie jedoch auch großes Vertrauen in ihre Kraft, ihren »Stern«, ein Vertrauen, das anscheinend keine noch so starke Zurückweisung und kein Mißerfolg erschüttern konnten. In Paris hatte sie einmal im Vorübergehen von einem alten Mann ein Lotterielos gekauft – der große Preis war eine Million Francs – und in ihrem Tagebuch festgehalten: »Vielleicht wird das Schicksal Mittel und Wege finden, seine Schuld bei mir wettzumachen.«[7] Im Hinblick auf Hans Blixen scheint sie dem gleichen Optimismus gefrönt zu haben.

Bruchstückhafte Notizen und Briefe, einige davon datiert, machen deutlich, welch ausgeklügelte Schachzüge Tanne ausführte, um Hans zu begegnen, oder um einer Begegnung mit ihm auszuweichen, oder um Rendezvous zu günstigen Zeitpunkten und an geeigneten Orten zu arrangieren. »Ich werde nicht nach Frijsenborg fahren«, schreibt sie im Juli 1911 wie in einer Art Selbstgespräch. »Die Umstände entsprechen zu wenig meinen Gefühlen für [Hans]. Was ich beim letzten Zusammensein mit ihm erlebte, ... will ich nie wieder durchmachen.« Sie läßt im Geist alle möglichen Ausflüchte Revue passieren, mit denen sie sich bei Gräfin Frijs entschuldigen kann, und verwirft eigene Gäste oder Krankheit, denn sie möchte am darauffolgenden Sonntag zum Pferderennen gehen. Sie beschließt, sich mit einer Fußverletzung herauszureden und ein Humpeln vorzutäuschen.[8]

Dieser sterile Aufwand an Kraft und Phantasie – für ihre Garderobe, ihre Figur, ihre gesellschaftlichen Manöver – verschlimmerten nur ihre Gemütsschwankungen, das Auf und Ab zwischen »himmelhoch jauchzend« und »zu Tode betrübt«. Gegen Jahresende litt Tanne unter etwas, das man seinerzeit seelische Erschöpfung nannte. Thomas, der gerade von der Polytechnischen Lehranstalt über die Weihnachtsferien nach Hause gekommen war, erwies sich als sehr einfühlsam für die Bedürfnisse seiner Schwester und »überredete« sie, mit ihm zusammen nach Norwegen in die Berge zu fahren. Hier, in Finse, muß sie, wie er sich erinnert, »etwas von der landschaftlichen Schönheit gespürt haben, nach der sie sich immer gesehnt hatte. Sie war noch nie auf Skiern gestanden, aber gleich am ersten Morgen, als wir auf den gewaltigen Hardanger Gletscher hinausschauten, rief sie hell begeistert, ›Da müssen wir hinauf, und wenn es uns das Leben kostet!‹« Und sie schlug »einen Purzelbaum nach dem anderen während der Abfahrt über den vereisten Berghang«.[9]

Selbstmord in irgendeiner Form beschäftigte Tanne oft, allerdings eher als Gedankenspiel und weniger als praktische Lösung. Einer ihrer Helden beschließt, seinem »elenden Dasein« ein Ende zu machen, aber dieser Entschluß verschafft ihm so viel Erleichterung, daß er ihn gar nicht mehr auszuführen braucht. Jules Bertillon, der »berühmte französische Dichter«, erzählt einer Gruppe adeliger Damen und Herren in einem Landschloß, er sei als jüngerer Mann von einem Mädchen, das er anbetete, betrogen und von Verlegern abgewiesen worden und habe »seinen Selbstmord geplant, ohne wirklich über dessen praktische Ausführung nachzudenken«. Er stand, erzählt er ihnen, an einem Seinekai in Paris, schaute ins Wasser, erfüllt von dem Wunsch nach innerem Frieden, »... und verfaßte eine Grabinschrift für mich selbst: Wenn ich niemanden liebe und niemand mich liebt, wenn ich keine Freude empfinde und nichts mich froh macht, wenn ich zu nichts tauge und mit nichts etwas anfangen kann, dann Lebewohl, Welt. Aber«, fährt er fort, »man bekommt doch Bedenken, die man nicht erwartet hätte. ... Mir kam mit aller Schärfe zu Bewußtsein, daß ich es um keinen Preis tun konnte, daß ich [mein Leben] Ihm oder Seiner Welt schuldete, weil ich Künstler war. Ich weiß nicht, wie ich zu dieser Überzeugung kam, denn ich hatte noch nie an einen Gott geglaubt. Ich erkannte auch, daß die Sünden des Menschen Jules Bertillon Ihn um des Dichters Jules Bertillon willen betrübten.«[10]

So sehr Tanne auch Tod und Selbstmord verklärte, so besaß sie doch wie ihr Held einen außerordentlichen und fast schon heroisch zu nennenden Überlebenswillen. Jene Glaubensbereitschaft, von der sie nichts geahnt hatte, bis sie mit der Hoffnungslosigkeit der Neurose konfrontiert wurde, war eine seiner Triebfedern. Ein weiterer Bestandteil war die innere Bejahung ihres Talents, ein Gefühl, »Gott oder Seiner Welt« Dank zu schulden, die Überzeugung, in sich eine Fähigkeit zu besitzen, die zu kostbar war, als daß sie sie zerstören durfte. Nach der Häufigkeit ihrer Depressionen zu urteilen, konnte sie sich nicht immer auf diese Kraft verlassen. Aber in den schlimmsten Augenblicken ihres Lebens ließ sie sie nicht im Stich – vor allem nicht in ihrer tiefsten Krise, in der Zeit, als sie aus Afrika zurückkehrte, nachdem sie alles verloren hatte. Ihr erstes Buch, *Sieben phantastische Geschichten*, ist der sichtbare Beweis dafür. Der Mensch Tania Blixen verzweifelte an ihren »Sünden« – ihren Begierden, ihren Fehlern, ihrem Unglück – und wollte sterben. Aber die Künstlerin Tania Blixen fand den Mut, diese in Erzählungen zu verwandeln.

III

Im Jahre 1912 keimte in Tanne noch einmal die Hoffnung auf, daß ein Kunststudium im Ausland ihr neuen Lebensmut geben und ihre Begabung wiedererwecken könnte. Diesmal wollte sie es mit Rom oder Florenz versuchen, wo sie in der Nähe ihrer Kusine Daisy sein konnte, deren Mann als Gesandter Dänemarks in Rom und Wien akkreditiert war. Daisy schien Tannes Kommen sehr zu begrüßen. Sie selbst war zutiefst unglücklich und haderte mit ihrer Ehe und den protokollarischen Zwängen ihres Lebens, und Tanne hatte in diesem Frühjahr »eine traurige Nachricht« von ihr empfangen, auf die sie geantwortet hatte: »Ach, liebste D. ... man muß einfach versuchen, den Kopf oben zu behalten, ... entschieden und unbeirrt, und auf bessere Zeiten hoffen.«[11] Es wurde vereinbart, daß Tanne im Mai nach Süden reisen würde.

Wenn es von dieser Reise ein Tagebuch gab, so ist es bedauerlicherweise nicht erhalten geblieben. Die meisten Informationen stammen aus den Beschreibungen, die Tania Blixen fünfzig Jahre später in verschiedenen Interviews gab. Im Gespräch mit dem amerikanischen Schriftsteller Eugene Walter erinnerte sie sich voll Entzücken an einen Besuch der *Casina Valadier**, an Fahrten durch den Park der *Villa Borghese* und an den Korso berühmter Schönheiten, die es dort zu bewundern gab.[12] Parmenia Migel berichtete sie von Diplomatenempfängen und -bällen und von den unverheirateten jungen Männern, die ihre Kusine ihr vorstellte, in der Hoffnung, die Spur einer »Gefühlsreaktion« bei ihr auszulösen.[13] Clara Svendsen wiederum vertraute sie an, daß bei einem dieser gesellschaftlichen Anlässe ein alter Herr auf sie zutrat und sie flüsternd darauf hinwies, daß die Bänder ihrer Unterröcke zu sehen seien. Sie wäre fast »im Boden versunken vor Verlegenheit«, was der alte Herr, vielleicht nicht ohne diebisches Vergnügen, bemerkte. »*Cela n'a pas d'importance, Mademoiselle*«, versicherte er ihr, »*car je suis un homme marié.*«**

Daisy war *ein wunderbarer Cicerone* und konnte, wie Tania Blixen später schrieb, »das Leben aus dem Alltäglichen herausheben und ihm Poesie verleihen.«[14] Sie zeigte Tanne das Rom, das sie liebte, und nahm sie zu langen Ausritten in die Campagna mit. Tanne war »verblüfft von der würdevollen und selbstverständlichen Art, mit der die Bauern sie beide auf ein Glas Wasser zu sich ins Haus baten«.[15] In Begleitung eines distinguierten alten Kutschers fuhren sie in einem offenen Wagen nach Umbrien und bis in die Toskana. Als Tanne ihn einmal nach dem Namen

---

* *Casina Valadier*: Lustschlößchen, von dem Architekten Valadier zur Zeit Napoleons erbaut. (Anm. d. Üb.)

** »Das macht nichts, mein Fräulein. Ich bin ein verheirateter Mann.« Aus einem Interview mit Clara Svendsen, Dragør, Juli 1976.

einer in den fernen Bergen gelegenen Ortschaft fragte, antwortete er ihr mit der »Würde eines Kardinals, ›Das, Signorina, ist Assisi‹«.[16]

Das Bild von Daisy inmitten dieser mittelalterlichen Stadt mit ihren Steintürmen und ihren gepflasterten Straßen, umgeben vom »umbrischen Blau«, sollte sich Tanne unauslöschlich einprägen. Es erschien ihr merkwürdig und großartig zugleich, daß »ein moderner Mensch in die dortige Welt eintreten und sofort dorthin gehören konnte wie sie«.[17]

Das bewegende Wiedersehen von Tanne und Daisy hatte eben erst begonnen, als eine Nachricht kam, die ihr baldiges Ende zu bedeuten schien. Henrik Castenskiold wurde nach Wien beordert, um die Mitglieder der dänischen Königsfamilie zu empfangen, die der Stadt unverhofft einen Besuch abstatten wollten. Selbstverständlich war es Daisys Pflicht, ihn zu begleiten. Untröstlich über die Aussicht, wieder auseinandergehen zu müssen, fuhren sie »an einem nebelverhangenen Nachmittag von einer geliebten Stätte der Stadt zur anderen und waren uns einig, daß uns nie und nimmer ein Vorwand einfallen würde – wenn nicht das Schicksal helfend eingriff –, der uns tatsächlich gestatten würde, in Rom zu bleiben«.[18]

An jenem Abend erhielten die Castenskiolds jedoch ein Telegramm, worin ihnen mitgeteilt wurde, der König von Dänemark, Frederik VIII., sei unerwartet in Hamburg gestorben und Henrik werde nach Kopenhagen zurückberufen. So wurden Daisy und Tanne mindestens noch zwei weitere gemeinsame Monate gewährt, und Tania Blixen bemerkte Jahre später – und nicht nur im Scherz – »Mir war oft, als hätte ich den König umgebracht«.[19]

Rom gehörte ihnen, ohne die väterliche und einengende Gesellschaft von Daisys Mann. Sie waren beide, wie Tania Blixen sich später erinnerte, »fast restlos glücklich miteinander«.[20] Und wenn sie einmal nicht glücklich waren, dann fanden sie wieder Trost in ihrer einstigen Vertrautheit, und jede gestand der anderen ein beunruhigendes Geheimnis. Daisy hatte sich in möglicherweise kompromittierende Geschäfte verstrickt, um ihre Spielschulden zu finanzieren. Tanne wurde in dieses Drama – das aus Ibsens oder Flauberts Feder hätte stammen können –, als Mittelsperson hineingezogen. Sie wiederum erzählte ihrer Kusine, daß sie an Heirat dachte: nicht mit dem Mann, von dem Daisy wußte, daß sie ihn seit Jahren liebte, sondern mit seinem Zwillingsbruder. Offenkundig konnte keine dieser Eröffnungen ihrer Fröhlichkeit Abbruch tun, im Gegenteil, vielleicht steigerten sie diese sogar noch. Beide benutzten Rom als grandiose und malerische Kulisse, um ganz dem Augenblick zu leben, während jede für sich Anstalten machte, ihr Leben wegzuwerfen.

Vierzehntes Kapitel

Vielversprechende Aussichten

I

In dem Tagebuch, das er zeitlebens mit großer Sorgfalt führte, vermerkte Thomas Dinesen, daß seine Schwester am dreiundzwanzigsten Juli aus Italien zurückkehrte, sich wortlos zurückzog und niedergeschlagener wirkte, als er sie je erlebt hatte.[1] Er schrieb Tannes Gemütszustand der Tatsache zu, daß sie für den Rest des Sommers keine Pläne hatte, aber in Wirklichkeit manifestierte sich hier ein Symptom, das im Laufe ihres Lebens immer wieder auftreten sollte, sobald sie aus dem Ausland ins Haus ihrer Mutter zurückkehrte, zu dem Zorn, der seelischen und geistigen Ohnmacht und der Verbitterung, die sich ihrer dort bemächtigten.

Dabei hatte sie eigentlich sehr konkrete Zukunftspläne: Sie würde Bror Blixen heiraten. Sie hielt diese Entscheidung wohlweislich eine Zeitlang vor ihrer Familie geheim, ohne viel Unterstützung von Bror allerdings, der sich in Frijsenborg aufhielt und Rungstedlund mit stürmischen Liebesgrüßen bombardierte, die nicht immer in Umschlägen steckten. Nach dem ersten schoß Tanne zurück: »Mein liebster Bror. Schicke mir künftig keine solch kompromittierenden *offenen* Postkarten mehr. Grüße, Tanne.«[2]

Über die Zeit vor der Verlobung wissen wir recht wenig. In den 50er Jahren erzählte Tania Blixen dem dänischen Kunsthistoriker und Literaturkritiker Christian Elling, sie und Bror seien einige Jahre lang gute Freunde (*kammerater*) gewesen, und er habe im Laufe des Jahres 1912 angefangen, von Heirat zu reden. Aber sie habe sich gesträubt und Bror klargemacht, daß sie nie in Skåne seßhaft werden könne, wo er eine familieneigene Milchwirtschaft führte – »in mancherlei Hinsicht der hinterwäldlerischste Winkel der Welt«.[3] Erst als sich die Möglichkeit der gemeinsamen Auswanderung abzeichnete, nahm sie seinen Antrag an. Von Errol Trzebinski, Denys Finch-Hattons Biographin, erfahren wir noch, daß Bror beharrlich um Tanne warb, und daß »paradoxerweise ausgerechnet ihre kaum verhohlene Bewunderung für seinen Bruder der Auslöser war für Brors hartnäckiges Werben, das zu guter Letzt, nach dem dritten Heiratsantrag, von Erfolg gekrönt war«.[4] Eine kleine Anekdote, die uns Clara Svendsen überliefert, veranschaulicht den rauhbeinigen Charme und die Spontaneität, die Tanne so faszinierten. Während einer mehrtägigen Sommergesellschaft auf dem Frijsschen Familiensitz beschlossen die jüngeren Gäste, um Mitternacht in großer Abendgarderobe Krebse fangen zu gehen. Dabei verlor Tanne ihr Netz, das in die Mitte des morastigen Teichs hinaustrieb, und Bror watete hinein, um es wieder herauszufischen.[5]

Als Tanne schließlich den Verwandten ihre Heiratsabsichten eröffnete, waren sie entgeistert. Sie kannten Bror gut und mochten ihn eigentlich ganz gern. Aber als künftiger Schwiegersohn »genoß er bei ihnen keine große Achtung«.[6] Er besaß Wilhelms erotische Unbekümmertheit, aber weder dessen Feinfühligkeit noch seine Intelligenz oder Charakterstärke. Tante Bess bemängelte vor allem, daß er all ihren Prinzipien, insbesondere den feministischen, abhold war. Dieser betriebsame und charmante Hedonist kannte kein höheres Ziel im Leben als sein Amüsement. Er sah wohlwollend und wollüstig auf das weibliche Geschlecht herab und war in dem Glauben erzogen worden, die ganze Welt existiere zu seinem Vergnügen wie die Fische in seinen Flüssen und das Wild in seinen Wäldern. Bess meinte, das einzig Gute an der Verlobung sei in ihren Augen die Tatsache, daß Bror ein armer Mann sei.[7]

Ingeborgs Widerstand war weniger theoretisch. »Sie spürte instinktiv«, schreibt Parmenia Migel, »daß Tanne ihn nicht liebte.«[8] Sie befürchtete auch, daß ihre Tochter, die »im Handumdrehen ihre optimistischsten Pläne fallen ließ«[9], im Affekt handelte und daß ihr eine bittere Enttäuschung bevorstand. Sie widersetzte sich der Heirat mit allen Argumenten und, zu guter Letzt, mit aller Zorneskraft, die sie aufbieten konnte.

Ihr Streit mit Tanne war das Muster des schrecklichen Machtkampfs, der in der Erzählung »Stürme« zwischen Madam Ross und ihrer Tochter ausbricht, als Malli ankündigt, daß sie entschlossen ist, Schauspielerin zu werden:

> Bei dem gegenwärtigen Konflikt mit ihrem Kind geriet sie vor Schrecken und Kummer ganz außer sich, während Malli ihrerseits sich völlig unbeugsam zeigte. Es kam zu einer Reihe großer, wilder Auftritte zwischen den beiden, und es hätte damit enden können, daß die eine oder die andere ins Wasser des Fjords gegangen wäre.[10]

Schließlich wurde, wie Tante Bess schrieb, »Mutt [Ingeborg] im Sturm erobert«.[11] Die Verlobung wurde am 21. Dezember 1912 bekanntgegeben, und Ingeborg und Tanne fuhren zum obligatorischen Besuch nach Näsbyholm.

Tanne war oft übers Wochenende zu Jagdgesellschaften auf dem großen Blixenschen Familiensitz zu Gast gewesen, und sie erinnerte sich später in Afrika mit einer Mischung aus Empörung und Belustigung, daß »Tante Clara« (Baronin Blixen) den Haushalt von Näsbyholm völlig auf ihre »Mannsbilder« zuschnitt und daß diese mit abgöttischer Hingabe hofiert und verwöhnt wurden. Die Rolle der Frau erschöpfte sich auf Näsbyholm in absoluter Dienstwilligkeit: Die Frau war dazu da, die Helden beim Abendessen nach einem anstrengenden Jagdtag zu unterhalten und zu bezaubern, ihr Wissen über Weine, Politik und Zigarren zu bewundern und die Schuld für alle ihre Schwächen oder Fehler auf sich zu nehmen. Tanne hatte immer die Frechheit genossen, mit der Inger und Sophie Frijs sich über die gesellschaftlichen Zwänge hinwegsetzten, wenn sie mit den Männern zur Jagd ausritten und ebenso zerzaust und verdreckt zurückkamen wie diese, beseelt vom gleichen rätselhaften Feuer.[12] Nach der Heirat wurde ihre Beziehung zu »Tante Clara« auf eine harte Probe gestellt, durch die fanatische Parteilichkeit der Baronin für Bror[13] und durch die Flut mahnender und kritischer Briefe, die aus Näsbyholm in Afrika ankamen.

Die Ankündigung der Verlobung wurde mit allgemeiner Skepsis aufgenommen. Viele Freunde des Paares sahen nur die Unvereinbarkeit ihrer Charaktere: Bror, der heißspornige, extrovertierte Adlige und unverbesserliche Spaßvogel; Tanne die launenhafte und künstlerisch anspruchsvolle Bildungsbürgerin mit ihrer prüden Erziehung, ihren literarischen Ambitionen und ihren hochfliegenden Sehnsüchten. Vielleicht gingen einige dieser Freunde so weit, die Tiefe von Tannes Gefühlen oder ihre Aufrichtigkeit in dieser Sache in Frage zu stellen, denn zeit ihres Lebens empfand sie besondere Verachtung gegenüber Personen, die sich anmaßten, eine Ehe oder eine Liebesbeziehung von außen zu beurteilen.

II

Bror Blixen mutmaßte später, er hätte sein Leben wohl in Skåne verbracht und wäre ein »wohlhabender Bauer« geworden, wenn er sich nicht verlobt hätte mit »dem Mädchen, das ich Tanne nannte, aber das die Welt viele Jahre später unter dem Namen Isak Dinesen [Tania Blixen] kennenlernen sollte. ... Mit der menschlichen Phantasie ist es eine wunderliche Sache. Wenn man sie gut düngt, kann sie im Nu emporschießen wie ein Fakirbaum. Tanne verstand sich darauf, und wir malten uns zu zweit eine Zukunft aus, in welcher alles Platz hatte, nur nicht das Unmögliche.«[14]

Für Tanne war klar, daß ihre Zukunft so weit wie möglich von Rungstedlund und Skåne entfernt lag, in »irgendeinem fernen Land mit vielversprechenden Möglichkeiten«, aber die Ironie des Schicksals wollte es, daß ausgerechnet ihr Onkel Aage Westenholz ihren Träumereien als erster konkrete Nahrung gab. »Was würden Sie davon halten«, fragte er Bror, »Stjärneholm, die Milchwirtschaft, gegen meine Kautschukplantage in Malaya einzutauschen?«[15] Genauso gut, entgegnete Bror, könne man ein Pferd fragen, ob es Hafer wolle, und er »nahm an, ohne einen Augenblick Bedenkzeit«.[16] Aber nicht lange danach kehrte Brors Onkel, Graf Mogens Frijs, von einer Safari in Britisch-Ostafrika nach Dänemark zurück und riet dem Brautpaar: »Geht nach Kenia, ihr zwei.«[17] Er beschrieb die Schönheit des Landes und die vielversprechenden wirtschaftlichen Möglichkeiten in so glühenden Farben und mit so viel Überzeugungskraft, daß sie es sich anders überlegten. »Wir ersetzten Penang durch Nairobi und Malaya durch Ostafrika. Wir würden Kühe melken und Kaffee anbauen, ... und unsere einzige Sorge war, wie ich all das viele Geld auf die Bank schaffen sollte.«[18] Andere Familienmitglieder waren jedoch, wie Tania Blixen gegenüber Christian Elling durchblicken ließ, weniger begeistert. Brors Vater widerstrebte es zutiefst, seinen jüngsten Sohn und »*maître de plaisir*« ziehen zu lassen, »und alle unsere Bekannten in Skåne nannten uns verrückt«.[19]

Dieses Abenteuer – die Ehe und die Auswanderung in die Fremde – machte sie zu Komplizen. Die Bande gegenseitiger Abhängigkeit und hoher Erwartungen, die dadurch zwischen ihnen entstanden, wurden noch verstärkt durch die Skepsis der Außenstehenden. Wie zwei Gefangene, die der Zufall in die gleiche Zelle geworfen hat und die gemeinsame Fluchtpläne aushecken, verschworen sie sich miteinander, wobei einer des anderen potentielle Vorzüge und Nachteile gänzlich unromantisch taxierte, wohl wissend, daß im entscheidenden Moment, wenn es für beide um Sein oder Nichtsein ging, keine andere Wahl blieb, als jeweils das Beste daraus zu machen. Daher war es nur folgerichtig, daß Tanne als die ältere und einfallsreichere für die kreative Gestaltung ihrer Planung zuständig war, während Bror, unerschrocken und zäh, für die tatkräftige Durchführung sorgte. Mit Sicherheit spielte noch ein weiteres wichtiges Tauschgeschäft mit hinein: einerseits Brors Titel und seine Beziehungen zu den höchsten Adelskreisen, einschließlich der schwedischen Königsfamilie, und andererseits Tannes Zugang zum Westenholzschen Vermögen, das für ihre Farm bürgen würde. Dennoch steht außer Frage, daß – trotz all ihrer Unterschiede, trotz Tannes Liebe zu Hans, trotz einer Spur Aufsässigkeit (*dépit*) * und trotz gegenseitiger Ausbeutung – auf beiden Seiten echte Zuneigung vorhanden war.

Tania Blixen beteuerte später, sie habe sich aus ganzer »Seele« zu dieser Ehe entschlossen, und noch lange nach ihrem Scheitern schilderte sie deren Anfänge als einen der glücklichsten Abschnitte ihres Lebens.[20]

---

* In der Erzählung »Das träumende Kind« (*Wintergeschichten*, S. 171–172) bemerkte Tania Blixen über Emilie Verdamms Vernunftehe mit ihrem Vetter Jakob: »Viele junge Mädchen heirateten auf die gleiche Weise – *par dépit* – verleugneten dann, um ihre Selbstachtung zu retten, ihre erste Liebe, und machten die Unübertrefflichkeit ihres Gatten zum Inbegriff ihrer Ehe .... Vor diesem Schicksal wurde Emilie bewahrt durch das Eingreifen ... ihrer Vorfahren, und durch den Instinkt und das Prinzip solider Kaufmannschaft, die sie dem Blut ihrer Tochter vererbt hatten. Die unerschütterlichen und resoluten alten Handelsherren hatten nicht mit der Wimper gezuckt, wenn sie ihre Bilanz aufmachten; in schweren Zeiten hatten sie Bankrott und Ruin unnachgiebig ins Auge geblickt; sie waren die treuen, unbestechlichen Diener des Tatsächlichen. So machte nun auch Emilie ihre Gewinn- und Verlustrechnung auf.«

III

Die Auswanderung wurde, wie Thomas Dinesen später sagte, »ohne kleinliche Detailbeflissenheit« geplant.[21] Aage Westenholz und Ingeborg Dinesen steuerten je einhundertfünfzigtausend Kronen zum Kauf von Grund und Boden bei, eine Summe, die damals (1912) etwa hunderttausend Mark entsprach. Nach einer »umfangreichen Korrespondenz mit Afrika wurde eine Farm von über zweihundertachtzig Hektar gekauft. Die Goldmine gehörte uns. Wir brauchten nur noch das reichlich vorhandene Erz zutage fördern.«[22] Bror reiste unverzüglich nach Afrika, um den Handel perfekt zu machen, ein Haus zu beschaffen und sich einzurichten, bevor er Tanne nachkommen ließ. Es war ausgemacht, daß sie zu Beginn des neuen Jahres, am Tag ihrer Ankunft in Mombasa, heiraten würden.

In der Zwischenzeit betätigte er sich als überschwenglicher Briefschreiber. Im September 1913 schickte er Tanne ein fünfunddreißigseitiges Safaritagebuch, voller Photos, Blutflecke und Orthographiefehler. Die Familie war nicht gerade beglückt zu erfahren, daß er seine ursprüngliche Absicht, Milchkühe und Rinder zu züchten, aufgegeben hatte und die soeben erworbene Farm wieder veräußert hatte, um eine viel größere Kaffeeplantage zu kaufen. »Kaffee bedeutet Gold«, erläuterte er in seinen Memoiren. »Der Kaffeeanbau war das einzige, was irgendeine Zukunft hatte; die Welt schrie nach Kaffee aus Kenia. Ich ... verkaufte meine zweihundertachtzig Hektar und kaufte statt dessen von Herrn Sjögren die Schwedisch-Afrikanische Kaffeegesellschaft, welche über tausendachthundert Hektar * in der Nähe von Nairobi besaß und etwa noch einmal soviel in der Nähe von Eldoret.«[23]

Dieses Land schien die ideale Höhenlage zu haben für den Anbau von Kaffee, welcher im kenianischen Bergland bereits auf noch größeren Höhen mit Erfolg gepflanzt wurde. Aber was Bror unmöglich wissen konnte, war die Tatsache, daß dieser Boden sich als sauer erweisen und nicht genug Regen abbekommen würde, um je eine florierende Kaffeeplantage aus seiner Farm zu machen. Das Schicksal wollte es, daß ausgerechnet dieses Land sich besser

---

* Die im amerikanischen Original angegebenen *4500 acres* entsprechen etwa 1800 Hektar, damals rund 6000 Morgen. (Anm. d. Üb.)

für Viehzucht geeignet hätte oder für eine »Mischfarm« mit weniger Kaffeebäumen auf niedriger gelegenen Äckern.[24] Dieser mit so viel Enthusiasmus eingegangene, teuer bezahlte und überstürzt abgeschlossene Handel mit Sjögren um den Erwerb der Schwedisch-Afrikanischen Kaffeegesellschaft barg den Keim zu Tania Blixens afrikanischer Tragödie.

Unterdessen packte Tanne ihre Aussteuer. Schon bevor sie Dänemark verließ, hegte sie die Absicht, ihr Haus in Afrika zu einer Oase der Kultur zu machen. Sie nahm ein komplettes Silberbesteck mit, Kristallgläser, Porzellan, Möbel, Bettwäsche, Gemälde, Schmuck, Teppiche, eine französische Uhr, Photographien in kostbaren Rahmen, ein Gymnastikgerät, ihre Notizhefte, die Bibliothek von Großvater Westenholz und ihr Lieblingshochzeitsgeschenk, einen schottischen Windhund, den sie *Dusk* nannte.

Anfang Dezember, zu einer Jahreszeit, in der die Tage in Kopenhagen nur sieben Stunden dauern und es schon gegen drei Uhr nachmittags dunkel wird, machte sie ihre offiziellen Abschiedsbesuche und saß bei jeder alten »Tante« ein Weilchen in einem nach Buchenholzfeuer und Oleander duftenden Salon oder Damenzimmer. Dutzende schlaffer Wangen wurde ihr zum Kuß hingehalten, und jede der würdigen alten Damen hatte der jungen Braut irgendeinen guten Rat mitzugeben. Am zweiten Dezember fand auf dem Hauptbahnhof von Kopenhagen ein großer gefühlvoller Abschied statt. Ingeborg und Elle begleiteten Tanne bis nach Neapel, wo sie zwei Wochen miteinander verbrachten, bevor das Schiff am sechzehnten in See stach. Das Chaos, die zerbröckelnde Pracht und die Lebendigkeit der italienischen Hafenstadt machten Neapel ebensosehr zu einer geistigen wie zu einer geographischen Zwischenstation.

Einer ihrer Mitreisenden, der schwedische Graf Gustaf Lewenhaupt, Adjutant des Prinzen Wilhelm von Schweden, der zu einer Safari nach Afrika unterwegs war, erinnerte sich später, wie reizend mädchenhaft und strahlend »die kleine Tanne« wirkte, als sie mit ihren Verwandten inmitten ihrer Gepäckstücke auf dem Kai stand.[25]

Im letzten Augenblick, schon auf Deck von *S. S. Admiral*, verspürte sie »unerträgliche Zärtlichkeit« für ihre Mutter.[26]

Zweites Buch

Tania

Unter der Flagge meines ersten Mottos
segelte ich in eine Vita Nuova, in etwas,
das mein wahres Leben werden sollte.

Tania Blixen

Die Schiffahrt überläßt den Menschen
der Unsicherheit des Schicksals.
Jeder ist auf dem Wasser
seinem eigenen Schicksal anvertraut,
jede Fahrt mit einem Schiff
ist möglicherweise die letzte.

Michel Foucault

Fünfzehntes Kapitel

Ein anderes Meer

I

Im Jahre 1913 dauerte die Seereise nach Ostafrika 19 Tage. Die *Admiral* dampfte durch das Mittelmeer und den Sueskanal ins Rote Meer, sodann durch den Golf von Aden, dem lieblichen somalischen Küstenhalbmond südlich von Mombasa folgend, zum Indischen Ozean. In Port Said, der Mündung des Sueskanals, betrat Tania Blixen erstmals afrikanischen Boden. Auf dem Marktplatz hatte sich seit Sindbads Zeiten nicht viel verändert. Bettler zeigten ihre Wunden vor, die Klingen der Schwertschlucker blitzten in der sengenden Sonne, der Geruch von Tierkot und Minze vermischte sich mit dem Staub, und »es gab alles zu kaufen; Seidenstoffe und Krummsäbel; Opium, Whisky und kleine Kinder«. [1]

Am Silvesterabend hatte das Schiff die halbe Strecke zurückgelegt, und in der ersten Klasse wurde ein Fest gefeiert. Südafrikaner, die seit vielen Generationen das Land bestellt hatten, unterhielten sich mit den neueren Westküsten-Einwanderern über Ernten und Viehzucht; Sportsleute berichteten von ihren Großtaten und machten den Neuankömmlingen den Mund wäßrig; ein deutscher Wissenschaftler, der seine 23. Reise nach Tanganjika (Deutsch-Ostafrika) unternahm, verbreitete sich über den Charakter der Eingeborenen. Im Salon wurde getanzt und Bridge gespielt. Briten und Deutsche waren durch Klassenbande und enormes Selbstvertrauen geeint. Um Mitternacht erhoben sie ihre Gläser zum Wohl auf ein Jahr, in welchem sie sich später, einander durch das *Bundu* jagend, wiederfinden sollten.

Der Mann, der diese Jagd anführen und für beide Seiten zur

Legende werden sollte, brachte Tanne Champagner und trank auf ihr Wohl. Sein Name war Paul von Lettow-Vorbeck; er war damals 44 Jahre alt und auf dem Weg, das Kommando der deutschen Streitkräfte in Dar es Salaam zu übernehmen. Er hatte bereits eine glänzende Laufbahn in kolonialer Kriegführung hinter sich. Er hatte mit von Trotha in Südwestafrika gekämpft, wo er von einem Hererokrieger am Auge verwundet wurde, ein Erlebnis, das ihn in seiner hohen Meinung vom afrikanischen Soldaten noch bestärkte. Er hatte auch Botha und den Buren und während des Boxeraufstands auf englischer Seite gedient. Dies alles hatte ihn zu einem skrupellosen, zwielichtigen, wendigen Guerillastrategen gemacht.

Auf einer in jenem Februar in Moshi aufgenommenen überbelichteten Photographie sitzt von Lettow in weißer Uniform und mit einer Augenklappe, Gin trinkend und in den Photoapparat lächelnd, auf einer Veranda. Er hat einen nahezu vollkommen runden, kurzgeschorenen Schädel, eine von Augenbrauen wie umgedrehte Kommas und einem Klecks von einem Schnurrbart umrahmte spitze Nase. Charles Miller, ein Erforscher der Geschichte des Krieges in Afrika, gesteht von Lettow Charme und Sinn für Humor zu, was bei preußischen Offizieren seiner Generation selten war: »Er war imstande, aus sich herauszugehen.«[2] Er ging so weit aus sich heraus, daß Tanne ihrer Mutter mit mädchenhaftem Stolz von ihrer Eroberung berichten konnte, »er ist mein bester Freund gewesen«.[3] Als die Nächte immer schwüler wurden, saßen sie an Deck, beobachteten die Sterne des Äquators und stellten Betrachtungen über ihrer beider afrikanisches Schicksal an. Seine Familie hatte in drei europäischen Kriegen als Gegner der ihren gekämpft, und es ist denkbar, daß sie über die alten Feldzüge sprachen. »Er stammte aus der alten Zeit«, schrieb sie, »und ich bin nie wieder einem Deutschen begegnet, der mir so beeindruckend vermittelte, was das kaiserliche Deutschland war und symbolisierte.«[4]

Es war ein harmloser Flirt. Oberst von Lettow schenkte Tanne eine Photographie von sich auf einem Pferd, sie aber sollte vierzig Jahre warten, ehe sie ihm einen Kuß gab, und in der Zwischenzeit schrieb sie ihm neckische Briefe. Bevor sie in Mombasa schieden, verabredeten sie für den kommenden August eine gemeinsame Safari, und er bat sie, ihm unterdessen zehn Zuchtstuten für seine

Kavallerie zu besorgen. Sie sagte mit amazonenhaftem Selbstvertrauen zu – dieselbe junge Frau, die vor achtzehn Monaten auf einer römischen Soirée »verlegen auf die Knie sank«, als ein älterer Herr sie darauf aufmerksam machte, daß ein Band ihres Unterkleids hervorschaute.

II

Tania Blixen hat wenig Aufschlußreiches über diese denkwürdige Reise geschrieben, vielleicht, weil sie über weite Strecken seekrank, nervös und »verzweifelt«[5] war. Eine deutsche Stewardeß namens Martha nahm sich mütterlich ihrer an und erbot sich, in Mombasa mit an Land zu gehen und mindestens sechs Wochen zu bleiben, bis sie sich in ihrem neuen Haus eingelebt hätte. Endlich war Tanne mit diesem für ihre Würde und ihre Persönlichkeit bedeutenden Attribut geschmückt, einer Zofe. Doch in Aden, an der somalischen Küste, wartete eine weit bedeutendere und poetischere Gestalt darauf, in ihre Dienste zu treten. Bror Blixen gab ihr einen Titel, aber Farah Aden machte sie zur Aristokratin, und sie muß ihn von Anfang an als eine Gestalt erkannt haben, wie sie selbst sie in ihrer Vorstellung geschaffen hatte. Dieser Augenblick war der wirkliche Beginn ihrer »*Vita Nuova*«.[6]

Farah war Brors Diener und vorausgeschickt worden, um Tanne vom Schiff abzuholen und ihr mit ihrem Gepäck zur Hand zu gehen. Er war mit einem langen weißen *kanzu*, einer bestickten Weste und einem roten Turban bekleidet und begrüßte seine Herrin mit einem tiefen *salaam*. Mit der Vielfalt der afrikanischen Physiognomien nicht vertraut, hielt sie ihn zunächst für einen Inder, er aber war ein Somali vom Stamme der Habr Yunis, ein Angehöriger eines grimmigen, stattlichen und gerissenen ostafrikanischen Volkes von Händlern und Viehzüchtern. Sie entwickelte alsbald eine tiefe Neigung für den Fatalismus seines moslemischen Glaubens, seinen Ehrenkodex, seine Erotik. In *Schatten wandern übers Gras* bezeichnet sie die Somali als die Aristokraten unter den Afrikanern, »an Intelligenz und Kultur weit überlegen«.* Sie konnten es auch an Hochmut mit den Europäern aufnehmen, de-

---

* bei Thurman ohne Quellenangabe. SG, S. 9.

nen zu dienen sie sich herabließen, und die Tania Blixen als die »Mayflower-Leute« der Kolonie bezeichnet. »Da gab es Lord Delamere mit seinem Hassan, Berkeley Cole mit seinem Jama, Denys Finch-Hatton mit seinem Bilea und schließlich mich mit Farah. Wir waren die Leute, denen, wohin sie auch gingen, in einer Entfernung von fünf Fuß ein adliger, wachsamer, geheimnisvoller Schatten folgte.«[7]

Farahs Schatten war allerdings für einen Somali ungewöhnlich kurz; er hatte dieselbe Größe wie seine Herrin und auch ungefähr ihr Alter. Er war schmächtig, mit feinen Gesichtszügen, und vornehm, besaß jedoch die seinem Stamme eigene Neigung zur Herablassung. Als sie sich in Aden begegneten, sprach Farah schlecht englisch, mit der kehligen Stimme der Somali. Auch als seine Rede fließender wurde, behielt sie eine merkwürdige biblische Betonung bei, als sei ein Teil von ihr kursiv gesetzt. Er war der Aufseher von Tania Blixens Haus und Farm (»unserem Haus«); er verwahrte ihr Bargeld, bezahlte ihre Rechnungen und die Löhne, chauffierte ihr Auto, beaufsichtigte ihre Ställe und ihre Küche. Dies verschaffte ihm natürlich bei den einheimischen Lieferanten einen ungeheuren Einfluß, und mit der Zeit errichtete er in Ngong seinen eigenen *dukka* (Lebensmittelladen) und trieb einen blühenden Handel. Tania Blixen hatte zuweilen den Verdacht, daß ihrer beider Interessen nicht übereinstimmten, ja, daß Farah sie manchmal betrog, und in ihrer achtzehn Jahre währenden Beziehung ging es nicht ohne *shauries* * ab.

Wie alle Männer, die ihr nahestanden, war er ein Wanderer und pflegte die Farm für mehrere Monate hintereinander zu verlassen, um Brors Safaris zu organisieren oder selbst auf Safari zu gehen. Von Anbeginn ihrer Ehe wetteiferten die Blixens um seine Treue und seine Dienste.

Wenn Tania Blixen von Farah Besitz ergriff, dann deswegen, weil sie auf so vielfältige Weise auf ihn angewiesen war. Er gehörte zu ihrem täglichen Leben, vermittelte zwischen ihr und den Afrikanern, befreite sie von vielerlei praktischen Bürden. Er wurde aber auch ihr Vertrauter. Sie hatte ein fast mystisches Vertrauen zu ihm, sie spricht von Partnerschaft. »Ich sprach mit ihm von

---

* Shaurie heißt auf suaheli Geschäft, Handel, Affäre – aber auch Ärger, Intrige.

meinen Sorgen wie von meinem Glück, und was ich tat und dachte, war ihm bekannt.« * Die Engländer fanden diese Vertrautheit mit einem Diener, noch dazu einem schwarzen, ungewöhnlich, ja verdächtig; sie konnten sich dafür nur einen unsittlichen Beweggrund vorstellen. Tania Blixen jedoch nannte sie eine »schöpferische Einheit«. Stolz und Anhänglichkeit des Dieners entsprachen der Ehre und dem Ansehen des Herrn, und die Abhängigkeit des Herrn verlieh dem Diener Identität. Jeder Partner braucht die Beziehung, um »er selbst zu sein«. [8]

Die Bedingungen dieser Einheit haben eine verblüffende Ähnlichkeit mit einer anderen schöpferischen Einheit, der viktorianischen Ehe; der Diener übernimmt hier die Rolle der Ehefrau. Man könnte sie auch mit der Einheit zwischen einer Mutter und einem kleinen Kind vergleichen. Die Ergebenheit ihrer Diener ermöglichte es der herrschenden Klasse, sich ihr ganzes Leben lang der physischen frühkindlichen Abhängigkeit zu erfreuen, und Hilflosigkeit war ironischerweise das Fundament ihrer Macht. Ein wesentlicher Unterschied zwischen einem Diener wie Farah und einer Mutter wie Ingeborg aber bestand darin, daß Farah Tania niemals mit Besorgnis einengte. Er folgte ihr einfach in respektvollem Abstand mit einem Kaschmirschal und einem geladenen Gewehr.

III

Am 13. Januar ging das Schiff an einem feuchten Morgen vor dem Hafen von Kilindini vor Anker, und Bror kam an Bord, um seine Braut in Empfang zu nehmen. Es gab noch keinen Kai, und die letzten 100 Meter bis ans Ufer mußten im Ruderboot zurückgelegt werden. Es herrschte bereits sengende Hitze, in deren Glast die Klippen schimmerten. Jenseits der Hafeneinfahrt bildeten die Brecher »eine schmale, krumme weiße Linie« und gaben ein »leises Grollen« von sich. [9]

Mombasa ist eine sehr alte Hafenstadt. Die Höhe ihrer Blütezeit erlebte sie im 15. Jahrhundert, als sie so etwas wie das Venedig von Afrika war, der Mittelpunkt einer großen Suahelikultur und eines blühenden Handels mit Gold, Elfenbein, Baumwolle und – später

---

* bei Thurman ohne Quellenangabe. SG, S. 5.

– Sklaven. Dann kamen die Portugiesen, sie plünderten die einheimische Bevölkerung aus, vernichteten den Küstenhandel mit ihren Steuern und ihrer Korruption und errichteten eine uneinnehmbar wirkende Festung, Fort Jesus, die noch heute den Hafen beherrscht.

Die schmalen Straßen der Stadt winden sich zum Meer hinab, und an den Klippen wachsen Palmen und alte knorrige Affenbrotbäume. Die Häuser haben dicke Mauern aus zartfarbenem Korallengestein; in den Innenhöfen blühen Akazien, und viele Türstöcke sind in dem anmutigen Suahelistil geschnitzt. Im Jahre 1914 dockten die Liniendampfer aus Hamburg und Southampton neben den Daus von Lamu. Die Stadt war die Endstation der ugandischen Eisenbahn, der Hafen, von dem die Ernten des Hochlandes – Flachs, Kaffee, Pyrethrum und Holz – nach Europa verschifft wurden. Sie war außerdem ein großer inländischer Marktplatz. Unter dem Schatten der Mangobäume feilschten verschleierte Frauen mit schwarz umrandeten Augen um Hühner und Honigtau. Tuch- und Silberhändler standen in ihren Hauseingängen und spuckten Betelsaft in den Rinnstein, und überall hing der Geruch von Fisch und frisch geröstetem Kaffee in der schweren Luft.

An diesem Abend speisten Bror Blixen und Tanne mit von Lettow, und die Nacht verbrachten sie im Clubhaus von Mombasa. Tanne hatte ihrer Familie um der Schicklichkeit willen erzählt, sie hätten am Morgen ihrer Ankunft geheiratet, in Wirklichkeit aber fand die Trauung erst am nächsten Tag statt. Sie wurde von dem Bezirkskommissar vorgenommen, und Prinz Wilhelm von Schweden war Trauzeuge. Von Ingeborg dringend um Einzelheiten gebeten, berichtete Tanne, sie habe ein Kostüm aus Schantungseide mit einer Bluse, die sie in Neapel gekauft hatte, und einen »Helm« getragen, und die Trauung »war ganz einfach und simpel und dauerte höchstens zehn Minuten«.[10] Der Prinz berichtete in seinen Erinnerungen etwas ausführlicher:

> Die Trauung wurde von einem mageren, kreidegesichtigen Standesbeamten mit Brille vorgenommen, der krank aussah, und dessen Kleider ihm zu groß waren... Er saß an einem ungestrichenen Holztisch, darauf lagen ein Gesetzbuch, ein Blatt fettiges Papier und ein rostiger Füllfederhalter. Die Wände waren weiß getüncht. An einer hing ein Leopardenkopf.
> »Und nun frage ich dich... Verzeihung, wie war noch der Name?...

willst du...« Sie helfen ihm gutmütig. Der Bräutigam mit breiten Schultern, blauäugig, sonnengebräunt, selbstsicher und gefaßt in seinem weißen, lange nicht gebügelten Anzug. Sie ist schlank, hübsche Figur, mit tiefliegenden, klugen Augen und ebenmäßigen Zügen unter einer Fülle kastanienbrauner Haare. Das schlichte, aber gutgeschnittene Tageskleid verrät das Handwerk eines erstklassigen Modeateliers. Eine reizende, elegante junge Frau, jetzt von alledem weit entfernt. Sie ist allein gekommen, um ihr Schicksal mit dem Mann an ihrer Seite zu verbinden. Ohne Familie, ohne Freunde bis auf die, die sie unterwegs gewann. [11]

Um vier Uhr nachmittags bestiegen die Hochzeitsgesellschaft und das königliche Gefolge die Eisenbahn nach Nairobi. Sir Henry Belfield, der Gouverneur des Protektorats, hatte ihnen seinen persönlichen Speisewagen zur Verfügung gestellt, und Sir Northrup McMillan, der amerikanische Millionär, schickte seinen Koch. »Das Hochzeitssouper«, schrieb Seine Königliche Hoheit, »wurde zur Begleitung der ratternden Räder und ihrer harten Stöße auf den Schienen eingenommen. Wir brachten unsere Trinksprüche mit Champagner aus und fühlten, wie unsere Poren sich in der großen Hitze von dem Alkohol zusammenzogen, obwohl die ganze Gesellschaft im Pyjama dasaß, eine ausgezeichnete Galagarderobe für die Tropen...« [12]

An der Küste entlang fuhr der Zug durch kleine Dörfer, wo die Leute bei Einbruch der Dunkelheit plaudernd um ihre Feuer saßen. Er durchquerte das tropische Tiefland mit seinem Dickicht aus Palmen und Bananenstauden, kletterte zur Taruwüste hinauf. Hier war die Welt flach wie ein Pastetendeckel, an den Ecken abgerundet, und ringsum erhoben sich die Hügel wie ungleichmäßig geformte Kammuscheln. Die Luft kühlte ab, und die Nacht brach unvermittelt herein. Der Mond und die Sterne gingen auf – der Planet Venus war in jenem Jahr außergewöhnlich hell – und in den Ebenen wimmelte es von den sehnigen, purpurnen Schatten des Wildes.

Es gab keinen Schlafwagen im Zug, und dieses Zusammentreffen von Luxus mit Primitivität, einem königlichen Hochzeitsgast und einer auf einer Polsterbank verbrachten Hochzeitsnacht, sollte bezeichnend werden für Tania Blixens Afrika. Bror hatte in weiser Voraussicht Laken und eine Decke mitgebracht.

Sechzehntes Kapitel

Ein stilles Land

I

Der Zug, der die Blixens ihrer Farm entgegentrug, kletterte auf schmalen Gleisen zu einer unendlich weiten, ungeheuer schönen Hochebene mit fruchtbarem Acker- und Weideland in gemäßigtem Klima empor. Die Eisenbahn durchschnitt das Land. Im Osten lagen die feuchten Tiefebenen der Küste, im Westen zog sich das Land zu einem gezackten steilen Hang empor, der alsdann fast senkrecht zum Rifttal abfiel. Hier lag eine mit Lava, Natronseen und Dornsträuchern durchsetzte und von zahlreichen Flußbetten aus flachen Steinen durchfurchte Mondlandschaft.

Das Hochland, in einer Höhe zwischen 1500 und 2500 m gelegen, war von einer Kette von Bergen und erloschenen Vulkanen eingefaßt und von dem schneebedeckten Gipfel des Mount Kenya überragt. Die Luft war außergewöhnlich klar und rein, und es hieß damals, sie erzeuge eine »Euphorie« bei Weißen, die infolgedessen für ihr Benehmen nicht voll verantwortlich gemacht werden könnten. Britisch-Ostafrika hatte eine höchst erotische Atmosphäre; hier löste man sich mit Billigung der Natur von den Hemmnissen der Zivilisation. Sukzessive Polygamie wurde als Sport betrieben, und in den Bars der Dampfer, die Siedler zu ihren Farmen oder Jäger zu ihren Abenteuern brachten, näherte man sich den Frauen mit der berühmten Frage: »Sind Sie verheiratet oder leben Sie in Kenia?«

Im Hochland wechselte sich Üppigkeit mit Kargheit ab. In den Ebenen waren die Farben »trocken und glasiert wie Farben irdener Geschirre«.[1] Die welligen Hügel aber waren mit dem dunklen Grün großer Kaffeepflanzungen bedeckt, mit einem harmonischen Muster aus Feldern und Blattwerk, und weiter oben auf den Hängen wuchsen Regenwälder und Kampferbäume, Gelbholz und Riesenbambus.

Neben dem Kaffee- waren der Mais- und Sisalanbau sehr profitabel. Es gab ausgezeichnetes Weideland für Vieh, denn ein großer Teil des Landes bestand aus einer parkartigen Landschaft mit hohem Gras. Es gab Wild in Hülle und Fülle, phantastisch in seiner Vielfalt. Millionen von Flamingos nisteten in den Bergseen; Büffel, Elenantilopen und Nashörner durchstreiften die Anhöhen, im trockenen Buschland gab es Unmengen von Elefanten, Giraffen weideten die üppigen Dornsträucher ab, Affen schnatterten im Wald; die Savannen waren bis zum Horizont verdunkelt mit Herden von Zebras, Wildtieren und Gazellen, die ihre katzenhaften Räuber abwechslungsreich ernährten. Nirgendwo auf Erden bot das Leben ein solches Schauspiel von Kraft, Schönheit, Harmonie und, vor allem, Größe.

Es erweckte in vielen, die es zum erstenmal erblickten, eine religiöse Ehrfurcht, ein Gefühl der Dankbarkeit. »Es war«, wie C. G. Jung über die Athi-Ebenen schrieb, »die Stille des ewigen Anfangs, die Welt, wie sie immer schon gewesen, im Zustand des Nicht-Seins.«[2]

Im Rückblick auf ihr Leben in Afrika befand Tania Blixen, »daß man es ingesamt als das Dasein einer Person beschreiben kann, die aus einer hektischen und lauten Welt in ein stilles Land gekommen ist«.[3]

II

Die Blixens reisten auf der Hauptstrecke der ugandischen Eisenbahn, die von Mombasa nach Kisumu am Victoriasee entlang verlief. Diese Eisenbahnlinie hatte das Landesinnere für weiße Siedler erschlossen. Bevor sie 1901 fertiggestellt wurde, waren Missionare, Kaufleute und etliche Kolonialoffiziere die einzigen Europäer, die im Hochland lebten. Selbst die Imperialisten, welche die Eisenbahn so energisch befürwortet hatten, waren nicht auf den Reichtum gefaßt, den sie erschließen würde. Sie hatten einen strategischen Verbindungsweg nach Uganda und zum Quellgebiet des Nil schaffen wollen, weil sie fürchteten, daß ein Feind von Süden her in die Kolonie einfallen, den Fluß an seiner Quelle stauen, das 5000 km entfernte Nildelta austrocknen und somit den

Sueskanal kontrollieren könnte. Das war gewiß eine der weitest hergeholten Paranoien in der Geschichte der Geopolitik.[4]

1894 wurde das Gebiet vermessen und ein Heer von indischen Arbeitern zur Verlegung der Gleise importiert. Diese heroischen Kulis schleppten fast 1000 Kilometer Eisen durch Malariasümpfe und Wüsten, schlugen Viadukte über Schluchten, kletterten Böschungen hinan und stiegen in ausgedörrte Täler hinab. Sie erlagen zu Hunderten Fieber und Parasiten und den menschenfressenden Löwen, die sich an ihre Lager heranpirschten. Die Arbeit dauerte fünf Jahre und kostete die Briten sechs Millionen Pfund.

Als das Werk vollendet war, mußte die Investition wieder hereingeholt werden, und »Besiedelung durch weiße Farmer schien der einzige Weg zu Liquidität, wenn nicht Prosperität«.[5] 1902 verkaufte das Ostafrikanische Syndikat 130000 Hektar erstklassigen Hochlandgrund zu niedrigen Preisen, als handele es sich um herrenloses Land. Bis 1915 waren über viereinhalb Millionen Morgen an etwa 1000 weiße Farmer abgegeben worden, ein Verhältnis, das sich bis in die 1950er Jahre nicht wesentlich geändert hat.

Man muß bedenken, daß es zwar möglich war, ein riesiges unberührtes Terrain zu relativ niedrigen Kosten zu erwerben, daß jedoch die Risiken und Ungewißheiten der Nutzbarmachung enorm waren. Diese Tatsache bestimmte die Klasse und in gewisser Weise auch das Temperament der frühen Pioniere. Sie waren vermögend und einflußreich, entstammten der oberen Gesellschaftsschicht und sehnten sich nach der »Welt der Abhängigen und Abhängigkeiten, die ihre Vorfahren an die industrielle Revolution verloren hatten«.[6] Sie waren überdies Individuen, die zum größten Teil einen zwingenden Grund hatten, ihr bequemes Dasein in Europa zu verlassen und über genügend Unabhängigkeit, Ehrgeiz, Mut und Durchhaltevermögen verfügten, um das Pionierleben zu meistern.

Ehe wir uns dem aristokratischen Profil dieser Farmer zuwenden, sollten wir einhalten, um das Volk zu betrachten, dem sein Land fortgenommen worden war.

1913 hatte Kenia eine etwa drei Millionen starke einheimische afrikanische Bevölkerung, in der Mehrheit die Bantu sprechenden Kamba und Kikuju, welche das zentrale Hochland bebauten, und die Luo, die im Gebiet westlich des Nyanzasees lebten. Die Priester der Luo hatten ihnen zugeredet, die Briten willkommen zu heißen, die sie irrtümlich für eine wohlwollende Rasse von »roten Fremdlingen« hielten, die ihnen von ihren Vorfahren verheißen worden waren. Diese Auffassung wurde von ihren unmittelbaren Nachbarn, den Nandi, nicht geteilt, die mit einer Reihe Strafexpeditionen »befriedet« werden mußten. Die Briten rekrutierten ihre afrikanischen Truppen zur Durchführung der Kämpfe und Plünderungen aus den freundlich gesinnten Luo und den kriegerischen Massai- und Somalistämmen.

Die Massai, ein sudanesisches Volk, waren ursprünglich aus dem Norden nach Kenia gekommen und auf der Suche nach Weideland für ihr Vieh, unterwegs Dörfer plündernd, ins zentrale Hochland gezogen. Sie waren gefährlich mutig im Kampf, jagten Löwen mit ihren langen Speeren und ernährten ihre jungen Krieger mit einer Kost aus Milch und Blut. Dieser Stamm übte auf die frühen Siedler, zumindest auf einige unter ihnen, eine Art Nietzschesche Anziehungskraft aus. Lord Delamere lächelte mit milder Nachsicht, als sie seine Schafe und Kühe stahlen, Berkeley Cole erforschte ihre Sprache und setzte sie im Krieg als Kundschafter ein, Tania Blixen malte ihre geschmeidigen, storchenähnlichen Gestalten und bewunderte »im höchsten Maße die seelische Haltung, die wir schneidig nennen; so verstiegen und wildphantastisch, wie sie scheinen, sind sie doch ihrer eigenen Natur und ihrem eingeborenen Ideal unbeirrbar treu geblieben«.[7]

Die Somali, ihre Waffenbrüder, waren ebenfalls ein Stamm stolzer und reizbarer kriegerischer Hirten. Sie waren von Somalia nach Kenia gezogen und hatten sich im sengenden Wüstenland des Nordostens angesiedelt – sofern dies das richtige Wort ist. Sie waren ein Volk »des Heiligen Buches«, fromme Moslems, die auf die heidnischen Stämme herabsahen. Anders als die Massai, traten sie gelegentlich in die Dienste von Europäern, bewahrten jedoch eine Zurückhaltung, die die Weißen mißtrauisch machte und die sie für anmaßend hielten.

Es gab viele kleinere Stämme, darunter die für ihr Geschick bei der Elefantenjagd berühmten Dorobo, die nackten, mit Armreifen geschmückten Turkana, die in der Wildnis rund um den Rudolfsee lebten, sowie die Baluyia (Kavirondo).

Und schließlich die Suaheli an der Küste. Jahrelang waren sie ein Puffer zwischen den Stämmen im Landesinneren und den unterschiedlichen Eindringlingen gewesen, und ihrer lebendigen, hochentwickelten Kultur war es gelungen, wiederholte Verwüstungen zu überleben. Auch sie waren Moslems, die von den arabischen Händlern des Goldenen Zeitalters * und ihren Bantufrauen abstammten. Sie besaßen eine Architektur, eine Schriftsprache, eine reichhaltige Dichtkunst. Suaheli war damals und ist bis heute die Verkehrssprache in Ostafrika.

Im Hinblick auf die allgemeine Haltung der Siedler gegenüber den Afrikanern – diese seien »Geschöpfe« oder »Kinder« und soeben im Begriff, »der Steinzeit zu entsteigen«, oder sie müßten dankbar sein, daß man sie zivilisierte und ihnen Arbeit gab – ist eine Erkenntnis des bedeutenden Historikers Basil Davidson zitierenswert. Während die einheimische Zivilisation von Kenia »in den meisten sachlichen Dingen, was Werkzeuge und Waffen, Transportmittel, Unterkunft, Lesen und Schreiben sowie Herstellungsmethoden betraf, primitiv blieb, war ihr Alltagsleben auf andere Weise reich und vielfältig. Es war eine Zivilisation, die Würde und Größe besaß in ihrem spirituellen Glauben, in den Methoden der Selbstregierung, in Künsten wie Tanz und Gesang, in den Fähigkeiten, die zur Lösung für die Probleme des täglichen Lebens erforderlich waren.

Es war zudem eine größtenteils friedliche Zivilisation, im allgemeinen weit mehr als die Zivilisation Europas... Sie lebten in Frieden miteinander, dank oft überaus demokratischer Methoden der Selbstregierung; und sie lebten in Frieden mit ihren Nachbarn, weil es gewöhnlich genug Land für alle gab...«[8]

Tania Blixen besaß fast von Anfang an eine ähnliche Wertschätzung für die Afrikaner, wobei jedoch nicht zu leugnen ist, daß ihr Verhältnis zu ihnen feudal, ihre Kenntnis ihrer Gebräuche und Geschichte durch die Umstände bedingt, ihr Blickwinkel sowohl romantisch als auch bevormundend war. Doch sie begriff auf Anhieb die »Würde und Größe« ihrer Künste. Sie erkannte ohne tiefere, über ihre eigenen Beobachtungen hinausgehende Nachforschungen jene Weisheit, die imstande war, eine moralische Ordnung, weit zweckmäßiger als die ihrer eigenen Rasse, zu schaffen. Sie verachtete, zumindest privat in ihren Briefen nach

---

* Die Zeit der arabischen Forschung und Verbreitung der islamischen Kultur, ungefähr zwischen dem 9. und 14. Jahrhundert.

Hause, die verwerfliche Selbstgefälligkeit einer herrschenden Klasse, die glauben und erklären konnte: »In Ostafrika wird uns das seltene Erlebnis zuteil, es mit einer *tabula rasa* zu tun zu haben, einem nahezu unberührten ... Land, wo wir tun können, was wir wollen.« [9]

Siebzehntes Kapitel

Die klare Dunkelheit

I

Dafür, daß Nairobi Regierungssitz und das Tor zur Pracht des Hochlands war, war es eine einmalig derbe, farblose, heruntergekommene Kleinstadt. Sie war rings um den Kopfbahnhof auf flachem Terrain gewachsen und sah aus, als sei ihr Stadtplan anfangs mit einem Gewehrlauf in den Schmutz gedrückt worden. Die hölzernen Gehwege waren von Eukalyptusbäumen beschattet und von *dukkas* gesäumt, Kontoren und flachen eingeschossigen Wohnhäusern mit Wellblechdächern. Das Vorherrschen dieses Materials veranlaßte Bror Blixen, Nairobi mit einer Sardinenbüchse zu vergleichen. Der rote Staub, der die Hauptverkehrsstraßen bedeckte, verwandelte sich bei Regen in ochsenblutroten Schlamm. Hinterher waren dort riesige Schlaglöcher. 1911 hatte eine Gruppe erzürnter, jedoch gewitzter Siedler darin Bananenschößlinge gepflanzt.[1]

Es gab in Nairobi eine große indische Gemeinde, die größtenteils dichtgedrängt in den Armenvierteln des Basars hauste. Ein ähnlich dürftiges Somali-Getto befand sich vor der Stadt an der Straße nach Limuru. »Die Somalistadt war allen Winden preisgegeben, schattenlos und staubig, und mag ihre Bewohner wohl an ihre heimischen Wüsten gemahnt haben.«[2] Für die Siedler gab es jedoch allerlei Annehmlichkeiten: ein schönes Regierungsgebäude mit einem Ballsaal und einem »hübschen Garten«, eine Rennbahn, zwei gute Hotels, das Norfolk und das New Stanley, auf deren Terrassen man sich bei lauwarmem Whisky am Klatsch des Landes ergötzen konnte. Der von Berkeley Cole gegründete Muthaigaclub wurde in der Woche von

Tania Blixens Ankunft eröffnet. Er war in einer Villa aus rosafarbenem Stuck untergebracht und verfügte über einen Golfplatz, einen Krocketrasen, Stallungen für Polopferde, zwei Limousinen mit Chauffeur und einen Küchenchef aus Goa. Die Mitgliederliste las sich wie ein Ausriß aus Debretts Adelskalender, und Baron Blixen trug sogleich seinen Namen ein. Eine solche Stätte in einem rauhen Land glänzte des Nachts im wörtlichen wie im übertragenen Sinne und beflügelte die Phantasie Außenstehender.

In den zwanziger Jahren wurde der Muthaigaclub »Das Moulin Rouge Afrikas« genannt, und mit seinem Namen verbanden sich allerlei berühmte Romanzen und auch ein, zwei Schießereien. Eine Handvoll adeliger Ehebrecher wie der Earl of Erroll, die Gräfin de Jancé und Lady Idina Sackville, die fünf Ehemänner hatte, taten das ihre, um den Ruf des Clubs zu fördern, zum Amüsement der meisten anderen Siedler. »Wir waren«, versicherte mir einer von ihnen, »ein schwer arbeitender, solider Haufen, führten ein einsames Leben auf unseren Farmen und genossen unseren Schampus, wenn wir in die Stadt kamen.«[3] Der Erzähler lachte auch über die Orgiengerüchte. Der Muthaigaclub mußte ständig seinen Kronleuchter ersetzen, und Feste neigten dazu, gegen Morgengrauen in Klettereien auszuarten. Lord Delamere schoß gerne Golfbälle aufs Dach und stieg dann hinauf, um sie wiederzuholen. Algy Cartwright kletterte die Säulen hinauf. Denys Finch-Hatton stieß mit dem Kopf Sessel um wie ein Stier und endete damit, daß er darin saß, und Tania Blixen übte die Technik und beneidete ihn darum, beherrschte sie jedoch nie. Wer um neun Uhr früh, wenn Emile Jardine auf der Government Road seinen Weinladen öffnete, noch auf den Beinen war, begab sich zuweilen auf eine letzte Flasche Champagner dorthin und fuhr anschließend zu einem Schlammbad ins Blue Post Hotel.

Nairobi hatte sein »Käseblatt«, *The Leader*, das über Lokalpolitik, Landtransaktionen, Fauna, Schiffahrt und Wetter berichtete und eine lebhafte Gesellschaftsspalte unterhielt. In der Woche, als Tanne eintraf, wurde ihr Name an zwei verschiedenen Stellen erwähnt. Auf der Schiffahrtsseite war sie auf der Passagierliste der *Admiral* als »Frau Karen Dinesen« aufgeführt. Auf der Gesellschaftsseite war sie als Gast beim Gouverneursempfang für Prinz Wilhelm genannt: »Baronin von Blixen-Finecke.«[4] Sie selbst war über diese Beförderung ein wenig verwirrt. Der Gouverneur, berichtete sie, plazierte sie zu seiner Rechten und fügte »nach jedem zweiten Wort ihr gegenüber ›Baronesse‹ ein«.[5]

II

Die weitläufige Landschaft um Nairobi wird von den Ngongbergen beherrscht. Der Kamm ist von vier Gipfeln gekrönt, die aus bestimmten Blickwinkeln wie die unebenmäßig gerundeten Knöchel einer geballten Faust aussehen. An den kühlen Abschnitten des Tages sind sie von dunklerem Blau als der Himmel, und Tania Blixen sah sie als »reglose Wellen gegen den Himmel stehen«.[6] Aber sie verändern sich ständig mit dem Licht, fast wie ein Gesicht geben sie die Stimmung und Weite von allem ringsum wieder. Nach einem Regen ragen sie mit einer solchen dramatischen Klarheit empor, daß die Massai wie auch die Kikuju diesem Effekt einen Namen gaben, »die klare Dunkelheit«, ein Ausdruck, der wie ein Stück von Tania Blixens Prosa anmutet.

Ihrem Unternehmen, der Swedo-African Coffee Company, gehörten 4500 Morgen Land am Fuße der Berge, und nach dem Mittagsempfang für den Prinzen fuhr Bror seine Braut hinaus, um es zu besichtigen. Es war ein strahlender Tag; auf den Feldern zu beiden Seiten der Straße blühten Wildblumen, deren zu dem offenen Wagen aufsteigender Duft Tanne an dänische Heidemyrte gemahnte. Knapp 20 Kilometer hinter Nairobi und einige hundert Meter höher bogen sie in eine kiesbestreute Auffahrt ein, und sie erblickte zum erstenmal ihr Haus. Es war nicht die stattliche Villa, wo *Afrika, dunkel lockende Welt* spielt, welche die Blixens 1917 kauften, als sie noch weitere 1500 Morgen erwarben, sondern ein recht bescheidener Ziegelbungalow mit vier quadratischen Zimmern und einer kleinen Veranda. Er war von einer großen Rasenfläche umgeben, und alle 1200 Landarbeiter hatten sich versammelt, um sie zu begrüßen. Sie stießen ein »Willkommensgebrüll« aus, drängten nach vorn, lachten und versuchten, das Paar zu berühren. Bror war verärgert, Tanne aber war hingerissen. Nachdem sie durch die Wälder spaziert war, die für den Kaffeeanbau gerodet werden sollten, und mit den sechs europäischen Verwaltern Tee getrunken hatte, stellte sie sich auf die Treppe, um den Afrikanern Fleisch zu versprechen und ihnen eine Dankesrede zu halten.

Keine junge Königin hätte für eine solch »wunderbare Bereicherung«[7] ihres Horizonts dankbarer sein, hätte sich mit größerer Leichtigkeit zu ihm erheben können, und vielleicht hatte keine jemals empfunden, daß dies längst überfällig war.

Tania Blixens Affinität zu den Afrikanern war unmittelbar und sinnlich. »Sie kamen als eine Antwort auf einen Ruf meiner ureigenen Natur in mein Leben«, schrieb sie am Ende ihres Daseins, »auf Kindheitsträume vielleicht oder auf vor langer Zeit gelesene und inniggeliebte Gedichte oder auf Empfindungen und Instinkte tief im Innern des Gemüts...«[8] Sie fühlte sich in einer Art »Bund« mit ihnen. Dieser Begriff erscheint in ihrem Leben und in ihrem Wortschatz immer, wenn sie ihre stürmischsten und intimsten Beziehungen schildert. Mit fünfzehn hatte sie die Vorstellung eines »Bundes« mit ihrem toten Vater, voller mystischer und erotischer Gefühle, wodurch Wilhelm zu ihrem Verbündeten gegen die Verzweiflung des Heranwachsens wurde. Viel später sprach sie von einem »Bund« mit ihrem Freund Thorkild Bjørnvig, dem jungen dänischen Dichter, den sie als ihren Schützling und geistigen Erben sah. Auch diese Beziehung ergab sich zu einer Zeit, als Verlorenheit und Verzweiflung – die Empfindungen des hohen Alters – sie zu überwältigen drohten. Als junge Frau in Afrika erlitt sie qualvolle Perioden der Krankheit und Unsicherheit, und das Gefühl eines »Bundes« mit den Afrikanern – eine tiefe, gegenseitige, unveränderliche Bindung – half ihr darüber hinweg. Die meiste Zeit sah sie sich als elterliche Gestalt. »Aber es gab eine Zeit«, erzählte sie Bjørnvig, »als Farah und meine anderen Leute und alles in Afrika und Afrika selbst ein und dasselbe zu mir sagten: ›Vertraue uns, und wir werden dich beschützen.‹«[9]

Was die andere stürmische und intime Beziehung, ihre Ehe, betrifft, war Tania Blixen sehr viel verschwiegener. Die Ehe ließ sich zumindest als Idylle an. Tanne spielte die Schloßherrin, Bror den robusten Lord, und sie brüstete sich vor ihrer Familie, er sei der rücksichtsvollste und praktischste Mensch, der je gelebt habe – und der meistbewunderte Farmer im Lande. Er wiederum pries ihren Charme, ihre Courage und ihr haushälterisches Talent, das »bei einem primitiven Negerpersonal«[10] Wunder gewirkt habe. Ehe sie sich im Haus Mbagathi einrichteten, unternahmen sie eine kurze Hochzeitsreise in das schöne Land um den Naivashasee. Hier jagten sie bei Nacht und schliefen tagsüber in einer kleinen

Hütte mit Lehmboden und gemauertem Kamin. Sie waren auf allen Seiten von kargem, hügeligem, mit hohem Gras bestandenem Land umgeben, das sich bis zu den fernen Bergen hin erstreckte. Es gab Wild in Hülle und Fülle, und Löwen brüllten die ganze Nacht, ein Geräusch, so durchdringend »wie Geschützdonner im Dunkeln«. Als sie eines Morgens im Bett schrieb und ein Bote wartete, um ihren Brief mitzunehmen, versuchte Tanne ihre Gefühle und ihre Umgebung zu schildern, aber sie war zu überwältigt, um sich präzise ausdrücken zu können. »Ihr müßt selbst sehen«, schrieb sie an Ingeborg, »wie Ihr Euch aus meiner ungeordneten Darstellung ein Bild von dem großen neuen Leben und allem, was hier draußen geschieht, machen könnt.«[11]

Tannes erste Unternehmung war eine aufwendige Renovierung des Bungalows, die fast ein Jahr in Anspruch nahm und ihn in ein villenähnliches Haus verwandelte. Sie ließ die Veranda einfrieden und machte daraus ein hübsches Gartenzimmer, wo sie ihre Bilder aufhängte und ihre Perserteppiche auslegte; sie baute eine Säulenterrasse und einen Flügel mit Büros und Arbeitszimmern, legte einen Küchengarten an, verschönerte den Rasen, hob einen kleinen Ententeich aus und setzte Kletterpflanzen, die schließlich die häßlichen Ziegel überwuchsen. Das Haus steht heute noch als Teil eines Hotels am Rande von Karen.*

Bror war, in seiner Rolle als des Landes »meistbewunderter« Kaffeepflanzer, ebenso eifrig. Es dauerte einige Jahre, bis die Sträucher reif waren, so daß der Umstand, daß er nichts von Kaffee verstand, noch kein Hemmnis war. Er ritt mit einem riesigen Hut, einer *kiboko*** und erlesenen englischen Reitstiefeln auf der Farm herum, überwachte das Roden des Waldes und die Impfung der Ochsen gegen Rinderpest. In seinen Mußestunden saß er pläneschmiedend bei erstklassigem Whisky mit seinen Freunden zusammen, und seine Büroräume waren ein zwangloser Club für die hier ansässigen Schweden. Tanne beschrieb ihn zärtlich gönnerhaft als Stätte, die nach »Mannsbildern« und ihren Zigarren roch. Kenias zwielichtige Gestalten erkannten in Bror eine verwandte Seele, sie kamen mit ihren Minenaktien und Eisenbahnspekulationen zu

---

* Als Karen (Tania) Blixens Farm 1931 an einen Bauunternehmer verkauft wurde, nannte er den Bezirk ihr zu Ehren Karen.

** Peitsche aus Nilpferdleder.

ihm, und er zeichnete die Papiere unweigerlich. Er ging mit seinen Freunden auf Safari, kampierte in Uasin Gishu, wo sie Land besaßen, oder inspizierte Anbauflächen in Eldoret, die er eventuell zu erwerben gedachte, und oft verbrachte er seine Nächte im Muthaigaclub, wenn »Geschäfte« ihn dort aufhielten.

Tanne beklagte sich offenbar nicht darüber und hätte ihn, wäre sie dazu aufgefordert worden, nicht begleiten können, denn Ende Februar zog sie sich eine schlimme Malaria zu, die sie wochenlang ans Bett fesselte, und als das Fieber vorbei war, litt sie unter Melancholie. »Es ist etwas langweilig, weil Bror natürlich viel unterwegs ist«, berichtete sie ihrer Tante Bess mit erheblicher Untertreibung. Farah nahm die Zügel in die Hand, pflegte Tanne, während sie fieberte, »besser als eine weiße Kammerjungfer«[12], hielt sie mit Farmklatsch auf dem laufenden, brachte ihr Suaheli bei und sprach, als er ihre Lebensgeister schwinden sah, vertrauensvoll von Gottes Willen.

In gewisser Hinsicht aber suchte die junge Baronin Blixen die Einsamkeit geradezu. Sie war sich ihres Standes bewußt und hielt Distanz zu den Siedlern, die ihr nicht ebenbürtig waren. Der englische Adel seinerseits zögerte, nicht hochgeborene Neulinge aufzunehmen. Lady Belfield, die Gattin des Gouverneurs, kam allerdings auf die Farm zum Tee gefahren (oder zumindest blieb ihr Wagen auf der Ngongstraße stecken und wurde von Tannes Kavirondoarbeitern herausgezogen). Tanne beklagte sich, in das Hörrohr ihrer Ladyschaft jammernd, über den schrecklichen provinziellen Ton, der auf Festen in Nairobi herrschte. Ihrer Mutter vertraute sie an, sie bete zu Gott, daß er sie fürderhin von solchen Festlichkeiten verschonen möge. Es gab unter ihren Nachbarn ein paar poetische Seelen, die Charme besaßen: Mr. Grieve, ein galanter alter Pionier, Ture Rundgren, ein melancholischer Schwede, den Tanne mit einer »Art Hamlet« verglich[13], aber sie waren die Ausnahmen. Ihre Briefe nach Dänemark schäumen vor Verachtung für die Banalität der weißen Siedler, insbesondere der Engländer, was die Leser von *Afrika, dunkel lockende Welt* überraschen dürfte. Am meisten verletzten sie deren Rassenvorurteile. Da sie die Afrikaner als Untermenschen ansahen, verlangten sie, daß ihre Landarbeiter während der täglichen Wolkenbrüche weiterarbeiteten, und ihre Somali-Bediensteten ihre Gebete unterbrachen. Als Tanne versuchte, über die Rassenunterschiede zu diskutieren, als ob es möglicherweise eine Vergleichsgrundlage gäbe, lachten die englischen Damen über ihre »Originalität«. Die moralische Überlegenheit der Weißen, folgerte sie, sei eine Illusion, und in allen bedeutenden Eigenschaften – Ehre zum Beispiel oder Humor – seien die Afrikaner viel zivilisierter.

Heftige Antipathien werden im allgemeinen erwidert, und die Engländer konnten sich anfangs nicht für Tania Blixen erwärmen. Argwöhnisch betrachteten sie die tüchtige Ausländerin mit den etwas gekünstelten Manieren und dem schwerfälligen Akzent, die sich zu gut für ihre Gesellschaft war und ihre eigenen Ansichten über die moralische Schönheit der Eingeborenen vortrug. Sie hielten sie, so ein Zeitgenosse, für »einen komischen Vogel«, »einen kalten Fisch«, »einen schrecklichen Snob«.[14] Während des Krieges glaubten sie, sie sei eine deutsche Spionin. Das war absurd und kränkte sie tief, wenngleich sie Elle bekannt hatte, sie fände die Deutschen sympathischer als die Engländer, und sich, selbst aus der Ferne, mit von Lettows Freundschaft tröstete. Bror wurde nach seinen Verdiensten beurteilt; er war allgemein beliebter und wurde viel besser verstanden. Niemand befand ihn für zu intellektuell oder zweifelte an seiner Loyalität gegenüber seiner Rasse. Er war gesellig im Umgang mit Männern, ein großes Rauhbein und ein kluger Kopf, ein guter Geschichtenerzähler und Getränkespendierer und charmant zu Frauen, die den Baron »einfach unwiderstehlich« fanden.[15] Dies mag Tanne zu ihrer leidenschaftlichen Karikatur einer typischen beutegierigen koketten Engländerin inspiriert haben: kurzer Rock, gebleichte Haare, schrilles Lachen, hochhackige Stiefel und auf der Hüfte einen Revolver, mit dem sie nicht zu schießen verstand. Es gab, so versicherte sie Elle, keine zehn »anständigen« Frauen im Land.[16]

Anfang April erschien der Häuptling der Kikuju, um der Baronin Blixen seine Aufwartung zu machen. Kinanjui war ein leidenschaftsloser, vogelähnlicher Mann mit halbgeschlossenen Augen und einem äußerst vornehmen Profil. Es glich so sehr ihrem eigenen im hohen Alter, daß sie die zwei Seiten eines Medaillons hätten sein können. Die meiste Zeit trug er ein Netz über seinem kahlen Schädel, ein silbernes Glöckchen im rechten Ohr, eine schottisch karierte Decke, und bei feierlichen Anlässen einen Umhang aus blauem Affenfell. Als er an diesem Nachmittag kam, wurde er von einigen seiner Söhne begleitet. Tanne hatte Åke

Sjögren, den schwedischen Siedler*, zu Gast, der Bror die Farm verkauft und eine beträchtliche Geldsumme geliehen hatte. Sjögren begrüßte Kinanjui mit schallendem Gelächter, wobei er sich über seine »Höflichkeit« gegenüber einem Eingeborenen lustig machte. Tanne fand dies bedauerlich, denn Kinanjui war der bei weitem größere Gentleman und hatte zufällig auch noch über die Gutwilligkeit von Sjögrens Feldarbeitern zu befinden. Sie plauderte mit dem Häuptling; er war dankbar und versprach ihr, daß es ihrer Farm niemals an Arbeitskräften mangeln werde. Es war der Beginn einer herzlichen Freundschaft.

Tannes Reaktion auf die Entfremdung war damals – und sollte es in Zukunft sein – die Verwurzelung ihres Lebens unter den Afrikanern. Sie machte, mit Farah als Dolmetscher, in einer Rikscha, die Bror ihr zum Geburtstag geschenkt hatte, die Runde zu ihren *shambas*, merkte sich ihre Namen und hörte sich ihre Nöte an. Sie nahm in ihren Taschen Zucker und Pennymünzen für die Kinder und Schnupftabak für die alten Frauen mit, was sie natürlich außerordentlich beliebt machte. Doch ihr Ruf war nicht allein auf ihre Wohltätigkeit begründet. Die Leute auf der Farm, sagte ihr Koch Kamante Gatura, erwiderten ihre Liebe, und Fremde suchten bei ihr Zuflucht, wenn sie woanders mißhandelt worden waren. Sie schrieb voller Hochachtung über das unabdingbare Vertrauen der Eingeborenen in ihr Urteil sowie über das, was sie aus dieser Erfahrung über Unterwerfung unter höhere Mächte gelernt hatte. Die alten Frauen gaben ihr den Namen *Jerie***, bei den Kikuju ein weiblicher Ehrentitel, der unter anderem »Die Zuhörende« bedeutet.[17] Ein alter Kikuju, dem ich begegnete, und der

---

* Er war auch der schwedische Konsul.

** Die Afrikaner zeigten im allgemeinen in ihren Namen für die Europäer einen feinen Sinn für Sarkasmus und Gerechtigkeit. Bror wurde *Wahoga* genannt, was, wie er glaubte, »Wildente« hieß, aber in Wirklichkeit »der Watschelnde« bedeutete. Denys wurde *Bedar* genannt, was »der Kahlwerdende« bedeutet. Er hieß außerdem *Makanyaga*, was sich in etwa mit »Meister des Aufsetzens« übersetzen läßt. »Bwana Finch-Hatton«, so hieß es, »kann mit seiner Zunge auf untergebene Menschen treten. Er kann mit einem Wort strafen...« (Errol Trzebinski, *Silence Will Speak*, S. 210). Gillis, Ingrid Lindströms Mann, wurde *Samaki* genannt, weil er so versessen auf Fisch war, und Erik Otter, der Freund der Blixens, war bekannt als *Risase Moja* – Eine Patrone.

heute noch in Ngong lebt, erinnerte sich an Tania Blixen als den einzigen weißen Menschen, den er je ein »afrikanisches Kind aufheben und auf ihren Armen tragen« sah. »Wir Kinder«, sagte er, »nannten sie unsere Mutter.«[18]

Wenn sie sich kräftig genug fühlte, sattelte sie ihre Stute Aimable und unternahm lange einsame Ritte ins Massaireservat jenseits des Flusses im Westen der Farm. Die Massai beeindruckten sie durch ihre stolze Haltung und die Freimütigkeit, mit welcher sie ihr in die Augen sahen, wenn sie mit ihnen sprach. Sie und Farah begannen einen recht einträglichen Schafhandel mit ihnen. Sie kauften die Tiere für fünf bis sechs Rupien das Stück und verkauften sie in Nairobi für siebeneinhalb. Mit einem Kapital von 3000 Rupien konnte Tanne einen Gewinn von 500 im Monat erzielen. Sie liebte es, Geschäfte zu machen, es lag ihr bestimmt im Blut, und sie behauptete, es passe viel besser zu ihr als Bücher zu schreiben.

Zu ihrer nie versiegenden Freude verfügte Tania über einen Überfluß an Haushaltshilfen, was ihr die Richtigkeit von Voltaires Ausspruch *Le superflu, chose si nécessaire* bewies. Ihr somalischer Koch Ismail war ein »famoser alter Mann«[19], aber sein Repertoire, vor allem an Desserts, war begrenzt und vulgär – schuld daran war seine frühere englische Herrin. Tania brachte ihm bei, wie man Käsetorte, Meringuen, Soufflés und diverse Kuchen machte, und bat ihre Mutter, ihr ein Kochbuch aus den 1830er Jahren zu schikken, dessen Rezepturen mit dem vergleichbar waren, was ihr in ihrer Küche zur Verfügung stand. Ismails Gehilfe war ein junger Kikuju namens Ferasi von »engelhaftem« Naturell. Zwei tadellose Somali erledigten unter Farahs Aufsicht die Hausarbeit, und ein Bursche (*syce*) war für die Stallungen zuständig.

Das Personal des Haushalts wurde durch einen umfangreichen Anhang ergänzt, zu Besuch kommende Verwandte sowie *totos*, kleinen Jungen, die in der Küche halfen oder die Hunde versorgten. Sie waren die Kinder von den »Squattern« der Farm. Swedo war wie die anderen großen Plantagen des Protektorats ein riesiges Lehnsgut. Einige Feldarbeiter waren dieselben Kikujubauern, die auf dem Land gelebt hatten, bevor es verkauft wurde und die, wie Tania Blixen schrieb, »wahrscheinlich mich als eine Art Obersquatter auf ihrem Grund und Boden ansahen«.[20] Ungefähr ein

Sechstel des Ackerlandes wurde ihnen zum Anbau von Süßkartoffeln, Mais und Bohnen, als Weideland für ihr Vieh und als Grund für ihre Dörfer aus kegelförmigen Lehmhütten überlassen. Als Gegenleistung arbeiteten sie an einer festgelegten Anzahl von Tagen im Jahr für die Grundeigentümer.

Bei den Arbeitern, die keine Pachtbauern waren, handelte es sich um Lohnarbeiter, darunter viele Zuwanderer aus anderen Landesteilen. Diese jungen Männer lebten zu je zehn bis zwölf Mann in Gemeinschaftshütten. Wenn Tanne ihre Runden machte, war sie beeindruckt von der Ordnung und Liebenswürdigkeit, die bei ihnen herrschten, und sie bezweifelte, daß Europäer unter denselben Bedingungen so freundschaftlich miteinander leben könnten. Von ihrem spärlichen Lohn – ein paar Schillinge im Monat – kauften sie Fertigwaren, Tabak oder Decken und bezahlten den Engländern die Pachtgebühr für ihre Hütten. Als die Kolonie expandierte, wurde eine in England stark umstrittene Politik der de-facto-Zwangsarbeit eingeführt, wobei die Hüttenpacht als Mittel zur Kontrolle des Bestandes an Arbeitern für Bauvorhaben und die Farmen der Weißen diente.* Als die Gebühr angehoben wurde, mußten die Afrikaner Jahr für Jahr länger arbeiten, bis sie der Regierung fast 50 % ihres Lohnes schuldeten. Dieses System vernichtete ihre Unabhängigkeit, untergrub ihr Stammesleben und machte sie arm. Tania Blixen war entsetzt, ein so stolzes Volk an den Bettelstab gebracht zu sehen, und sie versuchte, sich bei jedem nachfolgenden Gouverneur, bei einer Anzahl einflußreicher Siedler, die ihre Freunde wurden, und beim Prinzen von Wales, der bei ihr auf der Farm dinierte, für »die Sache der Eingeborenen zu verwenden«. Ihre eigene Situation als Angehörige der größten Feudalherren des Landes war ein Parado-

---

* »Zwei Punkte sind zu beachten«, schrieb der Gouverneur des Protektorats, Sir Edward Northey, 1919 zum Thema Zwangsarbeit für Afrikaner. »Erstens, daß eingeborene Arbeitskräfte für die richtige Entwicklung des Landes vonnöten sind, und zweitens, daß wir den Eingeborenen dazu erziehen müssen, daß er hingeht und zu seinem eigenen Wohle arbeitet; denn nichts ist schlimmer für einen jungen Eingeborenen als im Reservat müßig zu gehen ...« Elspeth Huxley, *White Man's Country: Lord Delamere and the Making of Kenya*, Bd. 2, S. 62.

In den ersten Monaten ihres Lebens in Afrika war auch Tania Blixen dieser Ansicht, aber ihre Gefühle änderten sich sehr rasch.

xon, ebenso die Tatsache, daß sie an ihrem *noblesse oblige* in dieser Rolle solches Vergnügen hatte.

In der Woche von Kinanjuis Besuch schrieb Tanne vom Bett aus, während sie sich von der Malaria erholte, jedem Mitglied ihrer Familie einen ausführlichen Brief. Tante Bess schilderte sie soziale Fragen, rassistische Ungerechtigkeiten, die Beziehungen zwischen den Geschlechtern. Thomas beschrieb sie die Begeisterung, die die Landschaft des Hochlands in ihr erweckte, und ihr Empfinden einer mystischen Einheit mit den Afrikanern und den wilden Tieren. Ea und Elle berichtete sie, in gespielter Verzweiflung über ihre Untüchtigkeit, von ihrem Hauswesen. Heiratet nie, ermahnte sie sie, ohne vorher kochen zu lernen. Ingeborg pries sie ihren Mann, ihre Dienerschaft und ihr häusliches Glück, und versprach, sie heimlich wissen zu lassen, wenn sie schwanger würde. Dies aber, setzte sie hinzu, sei unwahrscheinlich, da es nicht wünschenswert sei, sogleich ein Baby zu bekommen. Afrika sei zu rauh und wild, und die verheirateten Frauen in der Nachbarschaft jammerten »dauernd über die schreckliche Last, daß sie ein Kind bekommen sollen«.[21]

Die Briefe enthielten zudem exotische und zuweilen recht gespenstische Vignetten: wie Bror von einer Safari mit Milben unter den Nägeln zurückkehrte, die mit einer Pinzette entfernt werden mußten; wie ein Wurf Kätzchen lebendig von roten Ameisen gefressen wurde; wie Tanne ihre Seidenwäsche durchschwitzte, als sie Fieber hatte, oder wie sie einen im Rausch angezettelten Streit unter den »Boys« schlichtete. Doch es gibt auch ein allgemeines Thema, auf das in *Afrika, dunkel lockende Welt* mit äußerster Zurückhaltung verwiesen wird: »Hier bin ich, wo ich sein sollte.«[22] In den Briefen schwang auch Stolz, ja sogar Rechtfertigung mit. Denn hier waren der Wirkungskreis, die Freiheit, die Erotik, die unverfälschte Vornehmheit, wovon sie in Dänemark geträumt und deren sie sich so lange beraubt gefühlt hatte. »Das Leben hier draußen ist brutaler«, berichtete sie Tante Bess, »und würde Dich mehr erschüttern als selbst die schlimmsten Enthüllungen aus dem Leben daheim; *ich* zum Beispiel will es lieber so haben ... Man kann ja nur eine Wahl treffen, und die Probe, ob man richtig entschieden hat, kann niemals darauf hinauslaufen: was ist das Beste, sondern muß heißen: hat man richtig erkannt, was einen glücklich macht ...«[23]

Achtzehntes Kapitel

Safarileben

I

Im Frühjahr * dieses Jahres fiel reichlich Regen für die erste Pflanzung. Es waren 600 Morgen gerodet und reihenweise tiefe Löcher in die nasse Erde gegraben worden. Tanne, »jung und hoffnungsvoll«, trug eigenhändig Kisten mit schwarzgrünen Sämlingen aus

* Die Jahreszeiten in Kenia entsprechen klimatisch nicht denen in Europa und Amerika, doch der Einfachheit halber spreche ich trotzdem von »Frühling«, »Sommer« usw. Im Hochland gibt es zudem zwei Regenzeiten: eine Periode »anhaltender Niederschläge« zwischen April und Juni sowie kurze Niederschläge zwischen Oktober und Dezember. Der Januar ist gewöhnlich trocken, eine weitere lange Trockenzeit gibt es zwischen Juli und September. Die Niederschlagsmenge variiert von Ort zu Ort, je nach Höhe, und kann, wie wir noch sehen werden, unberechenbar sein, ist jedoch im großen und ganzen im Hochland reichlich (durchschnittlich 100 bis 250 cm jährlich).

Die Witterung ist angenehm und erholsam, mit starkem Sonnenschein und kühlen Winden, in der Trockenzeit kann aber auch häufig feuchter Nebel auftreten. An einem heißen Tag beträgt die Temperatur in Nairobi durchschnittlich 27 °C und an einem kühlen Abend 13 °C. Am Fuße der Ngongberge, mehrere hundert Meter höher, ist es kühler, tagsüber durchschnittlich 15–21 °C und nachts 12–17 °C. Die Unterschiede sind jedoch beträchtlich. In der sengenden Mittagssonne kann die Temperatur auf 32 °C klettern, und um drei Uhr morgens, zu der Stunde, da die Menschen damals zu ihren Safaris aufzubrechen pflegten, kann sie auf 4 °C sinken. Mombasa an der Küste hat tropisches Klima, es ist heiß und extrem feucht, ohne große Schwankungen. Februar, März und April sind die heißesten Monate (durchschnittlich 28 °C), und im Mai ist es am feuchtesten. Zu Tania Blixens Zeiten galt die Küste für Europäer – beziehungsweise für Menschen, die nie einen New Yorker Sommer erlebt hatten, als unbewohnbar.

der Schonung herbei und beobachtete die Feldarbeiter, die sie vorsichtig in die Erde setzten. Sie würden erst in drei bis fünf Jahren Früchte tragen. »Kaffeeanbau«, schrieb sie später mit der für sie typischen Untertreibung in *Afrika, dunkel lockende Welt,* »ist eine langwierige Arbeit. Sie geht durchaus nicht so glatt, wie man sich's vorstellt.«[1]

Als die Arbeit vollbracht war, sehnten sich Bror und Tanne nach Urlaub. Sie war nach monatelangem Fieber blaß und mager, und der Arzt hatte zu Luftveränderung geraten. Bror wollte unbedingt auf die Jagd gehen und schlug statt eines Kuraufenthaltes in den Bergen eine einmonatige Safari im Massaireservat im Südwesten der Farm vor. Dies sollte Tannes erstes ausgiebiges Erleben der Wildnis und ihre Einführung in die Strapazen des Safarilebens werden. Sie hatte noch nie in einem Zelt geschlafen, in einem *boma** gesessen, ein großes Gewehr gehandhabt oder ein Leben ausgelöscht. Bror schenkte ihr vor dem Aufbruch ein Gewehr mit Zielfernrohr und unterwies sie ein wenig im Schießen. Es gibt eine Photographie von ihr, wie sie, angetan mit einem sehr eleganten Tweedkostüm, schwarzen Pumps und einem Filzhut, vor dem Haus Zielscheibenschießen übt. Sie war von ihrer eigenen Blutgier überrascht. Nach einer Woche Safari war sie dermaßen berauscht, daß sie allen Jägern Abbitte für ihr früheres Unverständnis gegenüber ihrer »Ekstase« leistete.[2]

Mitte Juni brachen sie mit einem um der besseren Beweglichkeit willen klein gehaltenen Troß aus drei Maultierwagen und neun Boys von Ngong aus auf. Vier Tage lang folgten sie einem gewundenen, äußerst steinigen Weg über Böschungen, die durch dichtes Dorngesträuch abfielen, wo es kein Wild gab. Dann plötzlich tat sich die Steppe vor ihnen auf. In den Ebenen blühten nach den Regenfällen Veilchen, und ringsum ragte ein majestätisches Panorama blauer Berge auf. Hier schlugen sie ihre Zelte auf und schickten sich an, »alle gewöhnlichen Hirscharten, Zebras, Gnus, Elenantilopen, Antilopen, Marabus, Schakale, Wildschweine...

---

* Eine Einfriedung, um Haustiere vor wilden Raubtieren zu schützen; auch eine provisorische Schutzhütte, gewöhnlich aus Dornzweigen errichtet, wo die Jäger nachts Wache hielten. Draußen vor dem *boma* wurde so, daß der Wind einem den Duft zutrug, in Schußweite erwartungsvoll ein Köder ausgelegt.

und eine Menge großer Vögel« zu schießen. Tania verpaßte die Chance, einen besonders prächtigen Leoparden zu erlegen, was ihr noch wochenlang »wie ein Dorn im Herzen« saß. »Wenn ich nicht so ein Dummkopf gewesen wäre, hätte ich ihn erwischt«, berichtete sie ihrem Bruder.[3] Das Gemetzel war ungeheuerlich.

Nach einer Weile konzentrierten sie sich auf Löwen. Ein von einer Safari zurückkehrender Jäger beschrieb ihnen den Weg zu einer Stelle, wo er und sein Begleiter ein großes Rudel ausgemacht hatten. Die Blixens fanden die Stelle – einen stinkenden Lagerplatz in einem Flußbett –, aber sie hatten hier kein Glück und wurden bei lebendigem Leibe von Fliegen aufgefressen. Tanne wurde außerdem fast bei lebendigem Leibe von einem der schwer faßbaren Löwen gefressen, der vor ihrem Zelt seine Fährte hinterließ; von da an wachte Farah nachts bei ihr, wenn Bror im *boma* war, und vertrieb ihr die Zeit mit somalischen Volkserzählungen.

Sie brachen das Lager ab und zogen ostwärts, mit einem jungen Massai *moran* als Führer. Er führte sie in eine schöne, entlegene Gegend in den Bergen, wo, wie Tanne glaubte, noch nie Weiße gelagert hatten. Die Tiere schienen beinahe zahm; die großen Zebra- und Elenantilopenherden blickten vom Grasen hoch, flohen jedoch nicht, und hier fanden sie nach einigen Nächten ihre Beute.

Tanne und Bror waren unterwegs, um sich etwas zum Essen zu schießen, als ihr *syce* in großer Aufregung hinter ihnen hergerannt kam. Er hatte im hohen Gras beim Flußübergang einen gewaltigen Löwen gesichtet. Sie kehrten um und folgten ihm. Sie erblickten den Löwen, und Bror wechselte rasch die Gewehre und schoß. Der Löwe ruhte, als ihn die Kugel traf, und er starb liegend, das große Haupt zwischen den Tatzen. Tanne ging zu ihm und war einen Moment allein dort, bevor die anderen sie erreichten. Die Augen des Löwen waren offen, und sie sah das Leben aus ihnen schwinden. Als die Diener ihn abzubalgen begannen und ihm das blutige goldgelbe Fell abzogen, stellte sie fest, daß seine Muskeln und Sehnen »keine Spur von überflüssigem Fett« zeigten; er war im Tode von hochmütiger Vollkommenheit, elegant bis auf die Knochen, »durch und durch, was [er] sein« sollte.[4] Diese Beschaffenheit strebte sie selbst in ihrer Kunst, ihrer Gestalt und ihrem Schicksal an.

Bror hatte einen Photoapparat, und beide posierten mit einigen ihrer Trophäen. Auf einem Schnappschuß stützt er sich mit grimmiger Miene auf sein Gewehr, die Beine leicht gekrümmt, eine Löwin zu seinen Füßen. Auf einem anderen sitzt Tanne und wiegt einen Leoparden im Schoß. Es gibt Aufnahmen von den weiten Ebenen, den staubigen Lagerplätzen, und eine von Tanne und Bror mit zwei weiteren Löwen. Sie stehen dicht nebeneinander, jedoch ohne sich zu berühren, zwei hagere braune Gestalten, zwischen ihnen eine fast spürbare sexuelle Strömung. Gewiß war ihr Glück nie wieder dermaßen unkompliziert und ungetrübt. Am Ende der heißen Tage badeten sie in dem steinigen Fluß; wenn es dunkel war, brieten ihre Boys Wild an Spießen über dem Feuer. Farah schenkte ihnen Wein ein, und Ismail, der Gewehrträger, erzählte ihnen somalische Jagdgeschichten, »Liebesgeschichten aus einer anderen Zeit«.[5] Dreißig Jahre später, als sie Grund genug hatte, sich dieses Augenblicks aus anderer Sicht zu erinnern, sagte Tania Blixen zu einem Freund: »Wenn ich mir etwas in meinem Leben zurückwünschte, dann wäre es das, noch einmal mit Bror Blixen auf Safari zu gehen.«[6]

II

Mitte Juli, nach ein paar Tagen Luxus im Bergerholungsort Kijabe, kehrten die Blixens nach Hause zurück. Tanne hatte noch keine Pferde für von Lettow gefunden, und Ende des Monats begab sie sich nach Naivasha auf die Suche danach. Es war eine ungünstige Zeit, denn schon kursierten Kriegsgerüchte. Ab 3. August hielten die Engländer Telegramme nach Tanganjika zurück. Am Morgen des 4. August ging eine große Flotte unter amerikanischer Flagge segelnder arabischer Daus mit englischen, französischen und belgischen Flüchtlingen aus der deutschen Kolonie vor dem Hafen Kilindini bei Mombasa vor Anker. In Nairobi sichtete jemand ein deutsches Flugzeug – das sich als der Planet Venus entpuppte. Am selben Tage wurde der Krieg erklärt.

Sogleich traf sich im Haus Mbagathi eine Gruppe Schweden, um zu beschließen, wie sie sich verhalten sollten, falls Schweden sich auf Deutschlands Seite schlüge. Ihre Lage war äußerst prekär. Als Siedler im britischen Protektorat gehörte ihre Loyalität den Engländern. Als Untertanen des schwedischen Königs konnten sie nicht ehrenhaft auf seiten des Feindes kämpfen. An dieser Versammlung nahmen neben Bror der Baron Erik von Otter, Emil

Homberg, Mitbegründer einer berühmten Safarigesellschaft, sowie die Farmer Helge Fägerskjöld, Nils Fjæstad und Ture Rundgren teil. Nach einer langen Debatte beschlossen sie, ihre Dienste »unserer Wahlheimat«[7] zur Verfügung zu stellen, sich jedoch vom aktiven Dienst befreien zu lassen, falls Schweden sich direkt mit dem Kaiser verbündete.

Am 5. August radelten zwei von den Männern, Baron Blixen und Baron Otter, nach Nairobi, um der Rekrutierungsstelle Bericht zu erstatten. Sie fanden die Stadt in heller Aufregung, auf den Straßen herrschte beinahe »Karnevalsstimmung... Ganze Scharen von Siedlern«, schrieb Charles Miller, »galoppierten auf Pferden und Maultieren nach Nairobi und bildeten Miniaturregimenter irregulärer Kavallerietruppen. Ihre Waffen waren Vogelflinten und Elefantengewehre, ihre Uniformen zerfetzte Buschjacken und breitkrempige Filzhüte mit Nackenschutz aus Leopardenfell, aus dem Fischadlerfedern ragten. Sie führten Namen wie Bowker's Horse und Wessel's Scouts nach den Siedlerkameraden, unter deren Kommando sie standen. Ein Regiment nannte sich Lanzenreiterschwadron... und galoppierte, mit Stahlspitzen versehene Bambusspeere schwingend, die ein ansässiger Schmied in aller Eile angefertigt hatte, durch die Straßen von Nairobi.«[8]

Erik Otter schloß sich den berittenen ostafrikanischen Schützen an. Bror, zunächst unentschlossen, wo er am besten dienen könne, meldete sich freiwillig als Nachrichtenoffizier bei Lord Delameres Grenzpatrouille. Seine Aufgabe bestand in der Herstellung von Verbindungen zwischen dem Nachrichtenoberst in Nairobi und Delamere, der sich irgendwo an der 320 Kilometer langen Grenze zum deutschen Territorium befand. Rundgren und Fjæstad wurden mit ihm nach Südwesten abkommandiert. Sie sollten, wo Straßen vorhanden waren, Motorräder, im Busch eingeborene Läufer, und, wo das Terrain unpassierbar war, Brieftauben benutzen. Ein Farmgehilfe wurde zur Bahnstation von Kijabe geschickt, um ihre Meldungen in Empfang zu nehmen und ihren Proviant auf den Weg zu bringen.

Tanne wollte keinesfalls zu Hause abwarten, bis sie womöglich mit den anderen weißen Frauen in Schutzhaft genommen würde. (Noch war nicht bekannt, wie das erbauliche Schauspiel von Weißen, die sich gegenseitig umbrachten, sich auf die Afrikaner auswirken würde.) Deshalb ritt sie auf ihrem Pferd Aimable, gefolgt von ihrem Windhund Dusk, nach Kijabe. Sie nahm Farah und einige Boys mit. Sie zelteten dicht beim Bahnhof zwischen Stapeln von Brennholz für die Lokomotiven.

Tania Blixen schildert ihre nachfolgenden Erlebnisse in *Afrika, dunkel lockende Welt*: wie sie sich mit dem goanesischen Stationsvorsteher * anfreundete und ihm etwas Dänisch beibrachte, wie sie einen jungen Südafrikaner namens Klapprott engagierte, der prompt als Spion verhaftet wurde, und wie sie darauf die Proviantkolonne allein anführte und drei Monate mit 21 jungen Kikuju und drei Somali im Massaireservat verbrachte.

Dies war die Zeit, da sie sich am leidenschaftlichsten, ohne jede Ablenkung, mit Afrika eins fühlte: »Das Gras war ich, und die Luft, die fernen, unsichtbaren Berge waren ich, die müden Ochsen waren ich. Ich strich mit dem sanften Nachtwind durchs Dorngeäst.«[9] **

Diese Schilderung stellt eine poetische Verdichtung der tatsächlichen Ereignisse dar. Die Safari bestand in Wirklichkeit aus einer Reihe kurzer Expeditionen, die im Ausgangsort Kijabe begannen und endeten. Andere Einzelheiten wurden ausgelassen oder ausgeschmückt. Aber für den Leser wird die Schilderung dem Erlebnis so gerecht, wie es vielleicht kein Tatsachenbericht vermocht hätte. Was Tania Blixen von den Afrikanern sagte: »Man durfte sich nie auf das verlassen, was sie sagten, und doch waren sie im tieferen Sinne wahrhaftig«[10], das gilt auch für ihre eigene Autobiographie.

Während dieser Zeit besuchte Bror das Zeltlager seiner Frau, wenn er es finden konnte, was sehr für seine Leidenschaft spricht. Einmal erschien er für einen kurzen Urlaub, er litt an Ruhr und hatte in zwei Tagen 140 km zu Fuß zurückgelegt. Unterwegs waren ihm Lebensmittel und Wasser ausgegangen, und er hatte in einer Massai *manyatta* geschlafen. Als die Diener am nächsten Morgen das Lager abbrachen, griff er zu einer Flasche, die, wie er glaubte, Sodawasser enthielt, es war aber konzentriertes Lysol. Er hatte sich schlimm an Mund und Zunge verbrannt, und Tanne, die

---

* Thurman schreibt »telegraph operator«, in *AW* ist es aber der »Stationsvorsteher«. (Anm. d. Ü.)

** »and the air« und »the tired oxen« fehlen in der deutschen Ausgabe von *AW*.

glaubte, er müsse sicher sterben, schickte hastig jemanden zum Bezirkskommissar, um Milch zu holen.

Doch dies war eine der vielen Gelegenheiten, die Bror aller Wahrscheinlichkeit zum Trotz überlebte. Er besaß eine rasputinhafte Konstitution, der offenbar weder Gift, Krankheit, Malaria, Krieg, Knochenbrüche noch Verwundungen aller Art etwas anhaben konnten. Am nächsten Tag hatte er sich so weit erholt, daß er 15 Kilometer in einem Ochsenkarren fahren konnte, und am Morgen darauf winkte er munter zum Abschied, stopfte sich ein Butterbrot in die Tasche und machte sich zu Fuß, wie er gekommen war, zu seinem Posten auf.

III

Anfang Oktober konnte Tanne nach Hause zurück. Auch die übrigen Irregulären kehrten nach und nach auf ihre Farmen zurück, da die Armee nun mit Kompanien gut ausgerüsteter regulärer Soldaten ausgestattet war. Nach dem ersten heroischen Ansturm auf die Rekrutierungsstelle dachten viele Siedler gründlich über den Krieg nach. Wenn sie ihre Farmen vernachlässigten, würden diese wieder dem Busch anheimfallen, und ein Feldzug in Afrika konnte ohnehin kaum einen strategischen Einfluß auf den Ausgang des Krieges in Europa ausüben. Zudem hielten die Engländer ihren Sieg selbstverständlich für eine beschlossene Sache. Das erzürnte Tanne, die es trotz »allen Deutschenhasses«[11] unerträglich fand, die Engländer mit ihrer Kriegskunst prahlen und behaupten zu hören, die Feinde seien Schwachsinnige. Wenigstens ein höherer englischer Offizier teilte ihre Ansicht: Oberst Richard Meinertzhagen. In seiner langen Laufbahn in Afrika hatte er die Tüchtigkeit und den Mut der *Askari*, der schwarzafrikanischen Soldaten der deutschen Schutztruppen, sowie von Lettows Geschick achten gelernt. Es erschreckte ihn, seine Offizierskameraden dermaßen falsche Zuversicht verkünden zu hören. Am Ende erwies sich seine und Tannes Beurteilung als richtig. Von Lettow gelang es, die Engländer mit einer sehr viel kleineren Streitmacht, die vollkommen vom Nachschub abgeschnitten war, vier Jahre lang hinzuhalten. »Es entsprach gänzlich der Aggressivität von Lettows Armee«, schrieb Miller, »daß sie durch Abfangen der Nachrichten von ihrer eigenen Niederlage (1918) erfuhr.«[12]

Tanne fand bei ihrer Rückkehr in ihrem Haus ein vollkommenes Chaos vor. Es war für den Fall von Eingeborenenunruhen zum Hauptquartier der weißen Farmer des Distrikts gewählt worden, und Tanne schrieb ihrer Mutter, das könne sie sehr gut verstehen, denn man könne beim besten Willen nicht hineinkommen. Der Bau der neuen Veranda war halbvollendet abgebrochen worden, die Mauern standen, aber es gab weder Treppe noch Fußboden. Die Maler hatten ihre Arbeit mittendrin stehen und liegen gelassen und eine Türe und ein Fenster mitgenommen. Tannes Küchengarten war eine »Sahara«, und ihre erste Tätigkeit als »Hausfrau« bestand darin, die Auspeitschung (20 Schläge mit einer *kiboko*) einiger *totos* anzuordnen, die sich betrunken hatten und drei andere Jungen beinahe umgebracht hätten.[13] Zu dieser Zeit verkündete Farah, er möchte drei Monate Urlaub nehmen, um seine Verwandten in Somaliland zu besuchen. Tanne nahm ihm das Versprechen ab, zurückzukommen, zeigte jedoch Verständnis für seinen nomadischen Drang. Sie tröstete sich damit, daß sie einen neuen Koch einstellte und ihn in der Zubereitung von schwedischen Pfannkuchen und gefülltem Kohl unterwies. Diese Gerichte wurden zu Spezialitäten des Hauses und für die ansässigen Skandinavier eine besondere Überraschung und Delikatesse.

Bror kehrte in der ersten Novemberwoche abgemagert und sonnenverbrannt heim. In derselben Woche erlitten die Engländer in der Schlacht von Tanga eine furchtbare Niederlage. Von Lettow eroberte genügend Munition und Vorräte für drei Kompanien und demütigte die militärische Führung der Briten. Dies führte zum sogenannten »schwarzen Jahr« des Landes. Die Moral sank, das Militär verübelte den Siedlern ihren Mangel an Patriotismus, die Siedler hielten dem Militär Unfähigkeit vor. Alle gaben den Schweden die Schuld.

Tanne berichtete ihrer Mutter, sie würden als Verräter, zumindest aber als potentielle Verräter angesehen, und sie gab zu, daß die meisten tatsächlich mit den Deutschen sympathisierten. Einige von ihren Nachbarn veranstalteten eine Sammlung für die belgischen Flüchtlinge und überreichten dem Gouverneur die Einnahmen als Geste des guten Willens der »Schweden und Dänen in Ngong«. Tanne aber fand das ziemlich sinnlos, zumal es »Gott weiß schwer genug war, in solchen Zeiten Geld aufzubringen.« Es sei wirklich schade, schrieb sie in ihrem letzten Brief, bevor die Post zensiert wurde, daß Schweden oder Dänemark keine Kolonie hatte. »Man hat doch immer das Gefühl, von einem fremden Volk umgeben zu sein – mir sind die Engländer nun besonders fremd, insoweit ist es ein Glück für mich, daß ich die Somalis und *Natives* als Brüder ansehe.«[14]

Neunzehntes Kapitel

Luzifers Kind

I

Der Krieg brachte die Swedo-African Coffee Company an den Rand des Ruins. Brors Wagen wurden von den Engländern konfisziert, und seine Ochsen gingen an einer Fieberkrankheit ein. Viele Feldarbeiter wurden zum Trägerkorps eingezogen, und entgegen Kinanjuis Versprechen bestand auf der Farm ein bedenklicher Mangel an Arbeitskräften. Für Weihnachten hatten Bror und Tanne zur Aufheiterung eine kurze Safari geplant, doch die Zustände auf der Farm waren zu unsicher. Zudem litt Tanne an einer nicht identifizierbaren, wiederkehrenden Krankheit, die sie zunächst für Malaria hielt. Sie hatte abgenommen, konnte nicht schlafen, und Bror, der sie für »ziemlich krank« hielt, schrieb Ingeborg einen »traurigen« Brief über sie, den Tanne fand und wütend zerriß.[1]

Die Krankheitssymptome besserten sich nicht, und Ende Februar schrieb sie selbst nach Hause und schilderte ein äußerst seltsames, betrübliches und, im Rückblick, vieldeutiges Vorkommnis.[2] Dem Brief zufolge hatte sie mehrere Nächte unter Schlaflosigkeit gelitten und daraufhin unwillig an einem Abend zwei Pulver Veronal genommen. Als dies nichts nützte, nahm sie am nächsten Abend vier, eine nahezu tödliche Dosis. Bror kam zufällig nachmittags in ihr Schlafzimmer, sah sie dort in Erstarrung liegen und tat sein Bestes, um sie ins Leben zurückzurufen. Die nächsten zwei Tage mußte sie unaufhörlich erbrechen, und danach schickte er sie nach Nairobi zum Arzt. In dem Brief behauptet Tanne, der Arzt habe ihr nach einer gründlichen Untersuchung versichert, noch nie einen Menschen von so gesunder

Konstitution erlebt zu haben. In Wahrheit aber erklärte er, sie habe Syphilis, »so schlimm wie ein Kavallerist«[3], und verordnete die einzige Medizin, die zur Verfügung stand: Quecksilbertabletten.

Über die Umstände dieser tragischen Enthüllung, über Tannes Reaktion und die Auswirkungen auf ihre Ehe gibt es widersprüchliche Berichte. Was Tania Blixen Parmenia Migel 1960 erzählte, stimmt nicht mit den Tatsachen, Schilderungen und Mutmaßungen aus verschiedenen zuverlässigen Quellen überein. P. Migel zufolge entdeckte Tanne irgendwann, »ungefähr nach dem ersten Jahr«, daß Bror in Nairobi »etliche Liebschaften« hatte und sie diesbezüglich »dreist« belog. Eine war die Frau eines guten Freundes, der ihnen Geld geliehen hatte, und darüber war Tanne besonders entrüstet. Zur selben Zeit wurde sie »leidend« und sah sich schließlich gezwungen, einen Arzt aufzusuchen. Er eröffnete ihr, daß ihr Zustand sehr ernst sei und riet ihr zur sofortigen Abreise nach Europa. Ihrem Bericht zufolge beschloß Tanne zu fahren, ohne ihrem Mann zu sagen, warum, damit seine Syphilis womöglich unbehandelt bliebe, und ihn in dem Glauben zu lassen, sie sei in einem Anfall von Eifersucht abgereist. Aber als er verlangte, daß sie Farah zurückließ, eröffnete sie ihm »unverblümt in kalter Wut, warum sie fortmußte, und wie schlimm ihre Krankheit war... Bror starrte sie, sprachlos über ihren ungewohnten Ausbruch, einen Moment ungläubig an, dann drehte er sich um und ging.«[4]

Tania Blixens dänischer Arzt Mogens Fog bestätigte, sie habe 1914 erfahren, daß sie Syphilis hatte[5], und einzelne Anspielungen in ihren Briefen lassen darauf schließen, daß sie, als gegen Ende des Jahres Appetit- und Schlaflosigkeit auftraten, an der Krankheit zu leiden begann. Unwohlsein, Fieber, Kopf- und Gelenkschmerzen sind die Symptome von Syphilis im Sekundärstadium; sie treten gewöhnlich vier bis acht Wochen nach der Infektion auf. Somit hätte sich Tanne, obwohl es sich nicht mit Sicherheit sagen läßt, während ihres Aufenthalts im Massaireservat infiziert, als Bror in ihrem Lager erschien, nachdem er die Nacht in einem Massai *manyatta* verbracht hatte. Die Syphilis trat bei den Massai geradezu epidemisch auf, sie war die Ursache der unter Massaifrauen weitverbreiteten Unfruchtbarkeit. Ein Kriegskamerad von Baron Blixen erinnert sich: »Es war für alle ein Skandal, daß Blixen seine Verhältnisse mit Negerinnen nie verhehlte.«[6] Möglicherweise waren diese Verhältnisse die Ursache seiner Infektion.*

Als Tanne im Februar Veronal nahm, litt sie unter einer Vielzahl von Mißlichkeiten, die ihr durchaus hätten schlaflose Nächte bereiten können. Doch der freizügige Gebrauch des Schlafmittels läßt auf tiefere Verzweiflung als Motiv schließen. Schwere Depressionen sind ebenfalls ein Symptom bei Syphilis im Sekundärstadium; sie mögen in Tannes Fall durch Brors enthüllte oder mutmaßliche Untreue mit der Frau seines Freundes, anderen Europäerinnen sowie einer Reihe Afrikanerinnen verschlimmert worden sein. Als sie Thorkild Bjørnvig ihr Pech in der Liebe und ihre unglückliche Erfahrung mit der Eifersucht bekannte, sagte sie: »Es ist, als hätte eine Pranke Ihr Herz gepackt, als seien Sie von einem wilden Tier geschüttelt und gebeutelt worden. Wie gut ich mich erinnere. Wie gut ich es kannte.«[7]

Trotz ihrer akuten Reaktion verließ Tanne Afrika erst im Mai 1915. Tatsächlich begab sie sich unter der Obhut von zwei von Brors schwedischen Gehilfen auf eine von Bror arrangierte zweimonatige Safari, um sich wieder eine »Luftveränderung« zu verschaffen. Falls es eine bittere Auseinandersetzung gab, findet sich weder in Tannes erhaltenem Briefwechsel mit Bror noch in ihren übrigen Briefen ein Hinweis darauf. Jahre später sagte sie zu ihrer Sekretärin Clara Svendsen: »Man kann in einer solchen Situation zwei Dinge tun: den Mann erschießen, oder sich damit abfinden.«[8] Und als sie ihrem Bruder Thomas von der Krankheit schrieb, bekannte sie ihm, daß diese sie weit weniger erschüttere als andere Leute; sie sei ihrem Wesen eigentlich nicht so fremd.[9]

---

* Sämtliche verfügbaren Informationen zu Bror Blixens Krankengeschichte stammen aus indirekten Anspielungen in Tania Blixens *Briefe aus Afrika*. Er wurde offenbar von Dr. Rasch, ihrem dänischen Venerologen, behandelt. Er scheint jedoch im Frühstadium der Krankheit kaum oder gar nicht gelitten zu haben. Seine zweite Frau weigerte sich zu glauben, daß er jemals krank gewesen war. Aber als er in den zwanziger Jahren in Tanganjika lebte, hatte er offenbar mindestens einen schweren Anfall, den er der Krankheit zuschrieb. Die Syphilis nimmt bei jedem einen anderen Verlauf, und bei manchen Menschen treten so gut wie keine Symptome auf. Bror mit seiner außergewöhnlichen Konstitution könnte durchaus ein solcher Fall gewesen sein.

Diese Unbekümmertheit entspricht besser als die von P. Migel geschilderte moralische Entrüstung dem Eindruck, den Tania Blixens Freunde und Verwandte von ihrem Verhalten hatten. Selbst nach der Diagnose wollte sie mit Bror verheiratet bleiben. Jahre später machten sie immer noch den Eindruck eines Ehepaares, das eine tiefe Zuneigung füreinander empfand.

Es war von Anfang an eher eine praktische als eine wild-romantische Verbindung gewesen, und sie ließen sich später gegenseitig einen erstaunlichen Spielraum an Bewegungsfreiheit. Tanne tolerierte Brors Affären, und er belächelte ihre Freundschaft mit Erik Otter und Denys Finch-Hatton. Am Ende war es Bror, nicht Tanne, der die Scheidung einreichte.

II

Seit Anfang des »schwarzen Jahres« 1915 wurden alle Briefe aus Ostafrika nach Europa zensiert, und die Blixens mußten um der Bequemlichkeit des Zensors willen englisch schreiben. Bror schrieb grammatisch falsch, obwohl er fließender englisch sprach als seine Frau. Ihr Englisch war geschraubt; sie behauptete, weil sie meist unter Afrikanern lebte, spreche sie »wie Freitag in Robinson Crusoe«.[10]

Am 3. März schrieb Bror an Ingeborg, daß es Tanne besser gehe, nachdem sie eine Zeitlang bei schlechter Gesundheit gewesen sei und alle in Angst und Schrecken versetzt habe, und er hoffe, daß die Safari ihre Kräfte wiederherstellen werde. Sie verbrachte zwei Monate in den schönen Aberdare Bergen, wo die Luft kühl war und es Büffel- und Elefantenherden gab. »Bror«, berichtete sie ihrer Mutter, »hat alles fabelhaft arrangiert, er kann so etwas großartig und macht mir alles so leicht.«[11] Was immer sie wirklich empfand, ob sie gekränkt oder zornig war oder sich betrogen fühlte, sie war entschlossen, es daheim niemanden merken zu lassen.

Die Safari löste ihr Problem natürlich nicht, und als sie zurückkehrte, war sie sehr krank und hatte hohes Fieber. Der Arzt riet ihr, sich in Europa behandeln zu lassen. Es gelang ihr nur mit Mühe, eine Passage auf einem nach Marseille bestimmten Dampfer zu bekommen. Sie nahm Farah mit, teils vielleicht als kleine Rachegeste, um Bror während ihrer Abwesenheit seiner Dienste zu berauben, vor allem aber, weil sie einfach zu krank war, um allein zu sein. Sie schickte ihn zurück, als sie Frankreich erreichten; er »wirkte zu ferne von seiner natürlichen Umgebung«.[12]

Als sie Ende Mai in Paris ankam, nahm sie ein Zimmer in einer Pension, wo sie 1910 gewohnt hatte, und verfaßte in aller Eile einen Brief an Ingeborg, den sie einem Schweden, der nach Kopenhagen unterwegs war, mitgeben konnte. Darin bemühte sie sich, ihre Mutter auf die Folgen der Krankheit vorzubereiten, ohne deren wahre Beschaffenheit preiszugeben. Sie beschrieb sie als eine sehr ernste Tropenkrankheit, eine Art Malaria, welche, wenn sie nicht sogleich behandelt würde, zu Unfruchtbarkeit führen könne.

Die französischen Spezialisten für Geschlechtskrankheiten, die sie konsultierte, erklärten ihr aufrichtig, daß es einer langwierigen und schmerzhaften Behandlung bedürfe, wenn sie dauerhaft geheilt werden wolle, und daß es hierfür keine Garantie gebe. Es war unmöglich, sich dieser Behandlung während des Krieges allein in einem fremden Land zu unterziehen, deshalb fuhr sie mit der Eisenbahn nach Dänemark und unterbrach die Fahrt in der Schweiz. In ihrem Züricher Hotelzimmer konnte sie den Uhrturm des Rathauses sehen, und sie sagte sich, daß diese Uhr gewiß die letzten Stunden ihres Lebens zählte. Sie erreichte Kopenhagen mit unverminderter Todesahnung und kam unter der Obhut von zwei führenden dänischen Venerologen, Dr. Rasch und Dr. Lumboldt, ins Landeskrankenhaus. Um ihren wahren Zustand vor der Familie geheimzuhalten, erhielt sie ein Bett auf einer allgemeinen Station anstatt in Dr. Raschs Spezialabteilung. Hier unterzog sie sich einer Therapie, die drei Monate dauerte und deren Hauptbestandteil Salvarsan war, Paul Ehrlichs »Wundergeschoß«, ein 1909 entdecktes Medikament auf Arsenbasis. Salvarsan war gegenüber Quecksilber ein bedeutender Fortschritt in der Syphilisbehandlung, wenngleich es selbst außerordentlich gefährlich war. »Es kam häufig zu schweren toxischen Nebenwirkungen, die manchmal zum Tode führten.«[13] Üblicherweise wurde über einen Zeitraum von bis zu zwei oder mehr Jahren zehn bis zwölf Wochen hintereinander wöchentlich eine Injektion, abwechselnd mit intramuskulären Wismutinjektionen, verabreicht. Tania Blixen klagte während der Behandlung über Schmerzen in Mund und Hals, die ihre Ärzte später auf eine Quecksilbervergiftung von den Tabletten, die ihr in Nairobi verschrieben worden waren, zurückführten. Das Salvarsan schien anzuschlagen. Eine im Dezember 1915 durchgeführte Wassermann-Reaktion verlief negativ. Zwei Rückenmarkspunktionen im September und Dezember zeigten einen ständigen Rückgang der Anzahl weißer Blutkörperchen. Mogens Fog schrieb jedoch: »Die anfängliche Normalisierung der Wassermann-Reaktion im Blut bedeutete lediglich, daß die ›aktive‹ Syphilis, und damit das Infektionsrisiko, im Sekundärstadium zum Stillstand gekommen war.«[14] Die Krankheit war keineswegs geheilt oder unter Kontrolle. Nur die Symptome waren zurückgegangen.

III

Am 7. September starb Frau Westenholz in Folehave. Sie war 83 Jahre alt, blind, senil und war im hohen Alter zu einer ätherischen Erscheinung geworden. Ihre Schwester nannte sie »Mondstrahl«.[15] An exakt demselben Datum sollte Tania Blixen 47 Jahre später bei ähnlicher herbstlicher Witterung in Rungstedlund sterben.

Tanne, noch im Krankenhaus, glaubte sich selbst dem Tode nahe, sprach jedoch heiter davon. Thomas, der ihr Gesellschaft leistete und ihr Vertrauter wurde, war angesichts dieses Fatalismus gleichermaßen beeindruckt und verwirrt. Tanne schien ihre Krankheit als eine seltene geistige Wahrnehmung anzusehen. »Sie hätte sie leicht an den Rand der Verzweiflung bringen können«, schrieb er, »sie aber faßte ihr Leiden gänzlich anders auf, so als dächte sie, ›nachdem ich auch das nun ertragen habe, bin ich der Erfahrung wirklich großer Dinge noch näher gerückt.‹«[16] Im späteren Leben erklärte sie, sie habe ihr Leiden viel leichter genommen als andere Menschen und es als Teil des Handels betrachtet, den sie abschloß, als sie einen Mann wie Bror ehelichte. »Würde es sich nicht so scheußlich anhören, könnte ich zum Beispiel sagen, daß, so wie die Welt nun einmal ist, es sich für mich gelohnt hat, Syphilis zu haben, um dafür ›Baroness‹ geworden zu sein.«[17]

Tania Blixen spielt in ihren Werken mehrmals auf die Krankheit an.* In *Schatten wandern übers Gras* erwähnt sie, daß sie die Afrikaner mit Salvarsan zu behandeln versuchte und einmal mit einer versehentlich von einem Diener verabreichten Überdosis Arsen vergiftet wurde. In »Die dritte Erzählung des Kardinals« macht sie die Krankheit, die sich die Heldin auf unschuldige Weise zugezogen hat, zum Heilmittel für deren unversöhnliche seelische Kälte. Sie kuriert Lady Floras Abscheu vor dem Fleischlichen, ihre Verachtung der Menschlichkeit, den Mangel an – sexueller – Erfahrung. Es ist vielleicht keine unerhörte Vermutung, daß für die Leidende selbst eine Spur von Stolz darin lag, Syphilis zu haben. Im späteren Leben sah sie rückblickend darin den nicht nur für ihren Titel, sondern für ihre Kunst entrichteten Preis. Sie behauptete tatsächlich, sie habe ihre Seele dem Teufel versprochen, auf daß alles, was sie erlebte, zu Geschichten würde. Dieses Versprechen, sagte sie, sei in dem Augenblick besiegelt worden, als sie ihre Krankheit entdeckte und kein normales Geschlechtsleben mehr erhoffen konnte.[18]

Vor dem Tod hatte Tania Blixen keine Angst, aber davor, in Dänemark festzusitzen. »Als ich in Kopenhagen im Krankenhaus lag, sehnte ich mich nach Afrika und fürchtete, die Strapazen der Reise würden so groß sein, daß ich nie mehr zurück könnte.«[19]

---

* Unter Tania Blixens unveröffentlichten Manuskripten befindet sich auch eine unvollendete Erzählung mit dem Titel »Cornelia« (KBA 147,III), für die sie sich eingehend mit Prostitution und der Verbreitung von Geschlechtskrankheiten im 19. Jhd. beschäftigte. Es ist die Geschichte einer tugendhaften Frau, die den Konventionen trotzt, um sich in Nächstenliebe den niedrigsten Prostituierten zu widmen, und wurde vermutlich in der Absicht verfaßt, auf die Scheinheiligkeit und den Widersinn in der Auffassung der Gesellschaft (und der Männer) im Hinblick auf Frauen und Geschlechtsverkehr hinzuweisen. »Ein Mann, der sich alle Mühe gibt, um seine Sünden [Besuche in einem übel beleumundeten Hause] vor Mutter und Schwester geheimzuhalten, gesteht ihnen womöglich freimütig, daß er einen Mord begangen hat«, schreibt Tania Blixen. Und von der guten Frau, die die Prostituierten besucht, läßt sie den selbstgefälligen Erzähler sagen: »Als Geschichte ist es gut, ja rührend, wie eine Legende von den alten Heiligen, die ihre Menschlichkeit zum Ruhme Gottes erniedrigten. Jedoch übertragen ... auf das wirkliche Leben wird Ihre christliche Heldin verabscheuenswürdig ... skandalös, wie eine Geistesgestörte oder eine Hexe. Weder Sie noch ich könnten es ertragen, ihr ins Gesicht zu sehen, mit einer Frau zu sprechen, von der wir wüßten, daß diese Dinge wahr sind.«

Diese Sehnsucht inspirierte sie zu dem Gedicht »Ex Africa«, das zehn Jahre später in *Tilskueren* veröffentlicht werden sollte. Es ist die lyrische Beschwörung eines verlorenen Paradieses, insbesondere der Landschaft und Eindrücke ihrer ersten Safari mit Bror. Den Mond betrachtend, denkt die Dichterin, wie er wohl am Himmel über dem Massaireservat aussähe, sich widerspiegelnd in den Wellen des Flusses Guaso Nyeri, hinter den Bergen von Kijabe, »über Suswa und Ngong, in meinem freien Land, meinem weiten Land, dem Land meines Herzens.«[20]

Mehr hat Tanne in jenem Winter offenbar nicht geschrieben. Sie genas, führte mit Thomas lange Gespräche über Philosophie und Literatur und wartete auf Nachrichten von Bror über die Farm. Er schrieb weitschweifige, leidenschaftliche, triviale Briefe, in denen er sie stets mit »Meine Geliebte« anredete.

Ihre Geschwister waren ebenso rastlos und gereizt wie Tanne. Elle litt unter der »unerträglichen Leere« eines untätigen Lebens und war kurz nach Ausbruch des Krieges nach England gegangen, um sich freiwillig als Krankenschwester zu melden in der Hoffnung, an die französische Front geschickt zu werden. Sie wurde abgelehnt und kehrte »bitter enttäuscht«[21] nach Rungstedlund zurück. Aus dieser Enttäuschung heraus nahm sie den Antrag eines Mannes an, der ihr seit langem den Hof machte, eines reichen Rechtsanwalts namens Knud Dahl. Sie heirateten 1916, Elle ohne große Begeisterung, doch sie »lernte ihren Mann lieben, und machte aus ihrer Ehe einen großen Erfolg.«[22] Tanne konnte sich mit Dahl nicht anfreunden. Sie fand ihn spröde, intolerant – er war ein erklärter Antisemit – und affektiert. Sein Vermögen war *bourgeois*, seine politische Einstellung ultrareaktionär. Wohl gab er später die erste dänische Ausgabe von *Sieben phantastische Geschichten* heraus, doch kurz danach gerieten er und Tanne in einen bitteren Streit, und sie versöhnten sich erst im Winter vor seinem Tod.

Ea heiratete ebenfalls 1916, nachdem sie ihre Hoffnung auf eine musikalische Laufbahn aufgegeben hatte. Ihr Mann Viggo de Neergaard war ein jovialer, ziemlich provinzieller Landedelmann, und sie zog auf sein Gut in Jütland. Thomas, unterdessen 23, studierte Maschinenbau, platzte vor patriotischen Gefühlen und sehnte sich danach, in den Kampf zu ziehen. Er sah den Krieg als Gelegenheit, Dänemark bei der Rückeroberung Nordschleswigs zu helfen und die Familientradition tapferen Dienens in ausländischen Armeen fortzusetzen. »Doch mehr als alles andere«, erklärte er, »waren meine Gefühle dieselben wie Tannes. Es waren dies Umstände, in denen man sein Leben hingeben mußte.«[23] Er wartete ab, bis er sicher war, daß für Dänemark keine unmittelbare Invasionsgefahr bestand, machte auf dem Polytechnikum sein Examen und setzte sodann seine Mutter von seinem Entschluß in Kenntnis. Sie war so wütend, erschrocken und entsetzt wie damals, als Tanne sie von ihrem Entschluß, Bror zu heiraten, unterrichtete. Tanne griff ein, sie machte geltend, daß Thomas die Freiheit, seiner Bestimmung zu folgen, brauche und verdiene, und daß Wilhelm zugestimmt haben würde. Am Ende gab Ingeborg ihren Segen, und Thomas trat in das Black Watch Regiment der kanadischen Armee ein. Er wurde nach Frankreich abkommandiert, bewies hervorragende Tapferkeit auf dem Schlachtfeld und erhielt 1918 sowohl das britische Viktoriakreuz – eine außerordentliche Auszeichnung – als auch das französische Croix de Guerre.

In diesem Sommer kam Bror voll Optimismus in bezug auf die Farm nach Hause. Durch die kriegsbedingte Kaffeeknappheit waren die Preise gestiegen, und die Swedo erschien nun selbst einem so gewieften Geschäftsmann wie Aage Westenholz als ausgezeichnete Investition. Onkel Aage ließ die Farm als Karen Coffee Company eintragen, mit sich selbst als Vorstandsvorsitzendem. Anteile wurden an Familienmitglieder und Freunde verkauft und eine Bankanleihe in Höhe von einer Million Kronen aufgenommen. Die Kapitalisation belief sich nun insgesamt auf eine halbe Million Dollar (1916).

Im Hinblick auf ihre Zukunft in Hochstimmung, und allen verbunden, die dazu beigetragen hatten, begaben sich Tanne und Bror auf eine Besuchsrunde zu ihren Verwandten, um ihren Dank auszusprechen und sich zu verabschieden. Besonders überschwenglich dankten sie ihrem Onkel Mogens Frijs, der sie über Ostafrika so gut beraten hatte. Im November brachen sie nach London auf, wo sie für ein paar erlesene Erholungswochen im Carlton Hotel logierten, ehe sie südwärts nach Marseille weiterreisten. Tanne war überglücklich, wieder in einer Großstadt zu sein. Sie kaufte Reitstiefel und Wäsche und hatte eine Audienz bei der Königinmutter Alexandra, einer geborenen Dänin, die »ungemein liebenswürdig« zu ihr war.[24] Die Blixens besuchten auch Henrik Castenskiold – Daisy war offenbar nicht anwesend – und die Reventlows, die allesamt in der dänischen Botschaft residierten. Ihre alten Freunde warnten sie, daß die Mittelmeerroute zu riskant sei und sie Gefahr liefen, torpediert zu werden. Deshalb buchten sie eine Passage auf einem englischen Schiff, der *Balmoral Castle*, die durch den Atlantik und um das Kap herum fuhr.

Über den Krieg reflektierend, über den Anblick der Soldaten auf den Straßen und die Gefahren, die sie zur Änderung ihrer Pläne zwangen, teilte Tanne ihrer Mutter mit, sie verstehe Thomas' Wunsch, daran teilzunehmen, sein Leben hinzugeben, seinen Mut auf die Probe zu stellen. Das entsetzliche Ausmaß und die Schwere der Ereignisse rückten ihre eigenen »kleinen Kümmernisse« in die richtige Perspektive.

IV

Die Reise nach Durban war langwierig und strapaziös. Sie wurde belebt durch eine Truppe ausnehmend hübscher junger englischer Schauspielerinnen, welche die älteren Damen schockierten und die Herren prickelnd erregten. Bror, schrieb Tanne, schloß sich einer Gruppe auswandernder Farmer an und verbrachte seine Zeit vorwiegend damit, mit ihnen über Afrikas Zukunft zu diskutieren. Es war auch eine Reihe englischer Offiziere an Bord, die an der Front gewesen waren. Tanne fand es bedenklich, daß ihre Erlebnisse offenbar so wenig Eindruck auf sie gemacht hatten und sie wie ihre übrigen Landsleute munter unaufhörlich Shuffleboard und Bridge spielten und sich in endlosen banalen Plaudereien ergingen. »Ich habe das Gefühl«, schrieb sie, »daß sie nicht wagen, ernst zu sein; sie können es nicht und fürchten die Banalität ihres eigenen Charakters.«[25]

In der zweiten Dezemberwoche erreichten sie Südafrika, wo es einen zweiwöchigen Aufenthalt gab, bis das nach Mombasa bestimmte Schiff sie aufnahm. In der Zwischenzeit logierten sie im besten Hotel, schwammen an einem Strand, der Tanne an Trouville erinnerte, und kauften einen Wagen, einen Zweisitzer. Tanne lernte fahren und meinte, es müsse ein »toller Spaß« sein, auf der Farm ein Auto zu haben.[26]

Der schwedische Konsul lud sie während ihres Aufenthalts in Durban zu sich ein und gab ihnen Einführungsbriefe für Bekannte mit, deren vor Zeiten gegründete Plantagen ihnen eventuell als

Vorbilder dienen könnten. Bror wollte sich eine Menge verschiedene Farmen ansehen, denn er hatte für die Gestaltung seiner eigenen überaus ehrgeizige, vielfältige Pläne. Er wollte Schweine, Hühner und Rinder züchten, Bier brauen, Blumen anpflanzen, Ziegel fabrizieren, auf einem Landstrich an der Küste eine Kokosnußbaumschule anlegen und tausend Morgen mit Zuckerrohr bepflanzen.

Einer der Farmer, die sie aufsuchten, war Joseph Baynes, ein reicher Engländer von vornehmer Herkunft, der in Maritzburg ein riesiges, hochherrschaftliches Anwesen namens Nels Rust besaß. Seine Familie lebte seit Generationen dort, und die Afrikaner auf der Farm waren ihnen, wie Tanne schrieb, in feudaler Treue zugetan. Der Ehrenwerte Mr. Baynes war ein »großes Original«, er bewirtete sie zuvorkommend, erwies sich als Shakespeare- und Bibelkenner, kannte die angesehensten Leute in England und war bei Königen zu Gast gewesen. Was Tanne jedoch am meisten beeindruckte, war eine von einem Verwalter erzählte Anekdote, welche die große Liebe der Afrikaner zu Baynes veranschaulichte. Einmal, so lautete die Geschichte, war er sehr krank geworden und gezwungen gewesen, nach England zu reisen, um einen Arzt aufzusuchen. Es bestand wenig Hoffnung, daß er überleben würde, und er hatte von den Leuten auf seiner Farm endgültig Abschied genommen. Doch im Ausland besserte sich sein Zustand; als er das Krankenhaus verließ, begab er sich zu einer Londoner Grammophongesellschaft und nahm für die Diener und Feldarbeiter eine lange Botschaft auf Kaffir auf. Die Schallplatte wurde verschickt, das Grammophon auf der Veranda aufgestellt, und die Afrikaner wurden herbeigerufen, um die Stimme ihres Herrn zu vernehmen. »Nie«, sagte der Verwalter mit großer Ehrfurcht, habe er »Menschen so bewegt gesehen wie die Eingeborenen damals.«[27]

An Deck des nach Mombasa bestimmten Dampfers stellte Tanne ihre Staffelei auf. Sie hatte in London Aquarellfarben gekauft und war entschlossen, wieder ernsthaft mit dem Malen zu beginnen. Ihr erstes Werk war ein Portrait von Brors Schwager Gustaf Hamilton, einem Offizier der schwedischen Kavallerie, der in den nächsten Monaten in Mbagathi ein etwas lästiger Hausgast sein sollte. Auch Bror hatte einen kreativen Zeitvertreib, er schrieb ein Buch über Afrika. Tanne verkündete, es werde bestimmt »erstklassig«.[28]

Das Schiff machte in Sansibar Halt, und die Blixens ließen ihren

Wagen ausladen, um eine Inseltour zu unternehmen. Auf dem Marktplatz der alten, blendend weißen Stadt stand ein Block, auf dem früher Sklaven versteigert wurden. Die Engländer hatten den Sultan bewogen, den Sklavenhandel abzuschaffen, indem sie ihm eine jährliche Ausgleichsvergütung zahlten und ihm als Ersatz für seine Sklaven Kikuju-Arbeiter zur Verfügung stellten. Aber seither, berichtete Tanne, hatte sein Leben seine »Würze« verloren, und er war nach Paris gezogen.

Nun war es nur noch eine Tagesreise bis Mombasa, und es war beinahe »unvorstellbar«, daß sie in einer Woche daheim sein würde. Am 26. telegrafierte sie Ingeborg, daß sie auf der Farm angekommen seien, und am 1. Februar schrieb sie, es sei »wie ein Traum... alles wiederzusehen. Irgendwann einmal muß jemand von Euch daheim nach hier kommen und die Welt von zu Hause mit dieser verbinden; denn jetzt habe ich das Gefühl, das seien zwei sehr unterschiedliche Existenzen.«[29]

Zwanzigstes Kapitel

Schwinge des Todes

I

1917 war ein verlust- und katastrophenreiches Jahr. Es begann mit unzeitigen Regenfällen, den schwersten, deren irgend jemand sich erinnern konnte, gefolgt von einer verheerenden, langanhaltenden Dürrezeit. Der Kaffee blühte vielversprechend, vertrocknete jedoch an den Zweigen, und es gab so gut wie keine Ernte. Das finanzielle Abkommen mit der Karen Coffee Company gestand den Blixens eine 10%ige Tantieme vom Gewinn zu. Als kein Gewinn anfiel, stellten sie fest, daß sie von ihrem Gehalt allein, 50 Pfund monatlich, nicht leben konnten.

Onkel Aage zeigte kein Mitgefühl, und Tanne bat Ingeborg, sie möge ihren Bruder überreden, ihnen die verdiente Gehaltserhöhung zu genehmigen.

Fast unmittelbar nach ihrer Rückkehr aus Europa verließ ihr Verwalter Åke Bursell die Farm, angeblich, weil er ihren Untergang nicht mit ansehen wollte. In Wirklichkeit hatte sich ihm die Gelegenheit geboten, selbst Land zu erwerben. Bursell war den Blixens buchstäblich unentbehrlich gewesen: er besaß die Besonnenheit und praktische Erfahrung, die Bror fehlten. Tanne war verbittert über seine Treulosigkeit nach all der »Hilfe«, die sie ihm gewährt hatten, und es war »hart« für sie, als Bursell mit seiner eigenen Farm erfolgreich wurde.[1]

In diesem Frühjahr erreichte sie aus Schweden die Nachricht, daß Hans Blixen beim Absturz seines kleinen Flugzeuges tödlich verunglückt war. Seine Witwe, die vor Kummer vorübergehend den Verstand verlor, bat Bror in einem Brief, sie zu heiraten. Es ist nicht überliefert, wie Tanne auf Hans' Tod oder den Brief seiner

Witwe reagierte, es muß aber ein schwerwiegender Verlust gewesen sein, wenngleich sie sein privates Ausmaß nicht ganz ermessen konnte.

Während sie um Hans trauerte, erfuhr sie, daß das Gut Katholm verkauft worden war. Nach dem Tode von Laurentzius Dinesens einzigem Sohn war es Thomas angeboten worden, aber er war nicht bereit, die Verantwortung und die Kosten für den Unterhalt zu tragen. Tanne heuchelte Gleichgültigkeit, erwog jedoch im selben Atemzug, es zurückzukaufen.

Dieser Nachricht folgte ein Brief von Else Reventlow aus London mit der Mitteilung, daß Daisy Castenskiold Selbstmord begangen hatte. Tanne schrieb ihrer Mutter:

> Es kommt mir vor, als seien mit ihr sehr viel Farbe und Glanz aus dem Leben entschwunden, für mich auch so viel von meiner Jugend. Obwohl ich sie in den letzten Jahren nicht oft gesehen habe, wird es nur wenige Menschen geben, die ich mehr vermissen werde, und jetzt, bei ihrem Tode, sehe ich, wieviel ich immer an sie gedacht habe... Ich glaube nicht, daß man sagen kann, sie sei unglücklich gewesen. Sie hatte mehr Freude am Leben als die meisten, sie war immer mit irgend etwas intensiv beschäftigt und hatte so viele Interessen, und sie wurde geliebt wie nur wenige Menschen. Ich würde gern mein Leben mit dem Daisys tauschen... Armer Henrik, er tut mir so leid... Er ist der einzige, der wirklich gut zu Daisy gewesen ist, und obwohl er der Mensch ist, dem sie, wie man so sagt, in ihrem Leben unrecht getan hat, glaube ich dennoch, sie hat ihm mehr Gutes als Böses zugefügt. Die Zeit mit ihr war sicher die einzige, in der Henrik wirklich gelebt hat, und das weiß er auch. Es gibt so wenige Menschen, die das Leben aus dem Alltäglichen herausheben und ihm Poesie verleihen können, und trotz allem glaube ich immer, ist Dankbarkeit das vorherrschende Gefühl ihnen gegenüber.[2]

II

Bror blieb hinsichtlich der Farm optimistisch und vertraute trotz Bursells Fortgang voll auf seine Fähigkeiten. Er interessierte sich für Flachs, der im Protektorat mit großem Erfolg angebaut wurde und auf dem europäischen Markt hohe Preise erzielte, und im März besuchte er mit Tanne mehrere Flachsplantagen im herrlichen Gilgil-Hochland. Sie wurden auch zur Besichtigung einiger großer Rinderfarmen in diesem Gebiet eingeladen. Eine davon gehörte Galbraith Cole, dem Sohn des Earl of Enniskillen und Schwager von Lord Delamere. Tanne fand, er sei der »netteste

Mann«, dem sie in Afrika begegnet sei; er war eine typische Verkörperung der Viehfarmer, in denen sie eine noblere, unabhängigere Spezies sah als in den Kaffeefarmern rund um Nairobi. Sie bedauerte plötzlich, daß sie sich nicht mit Viehzucht statt mit Kaffee befaßten.[3]

»Nett« war vermutlich nicht die richtige Bezeichnung für Galbraith Cole, der vor dem Krieg wegen der Ermordung eines afrikanischen Wilddiebes des Landes verwiesen worden war. Aber er und sein Bruder Berkeley, sein Schwager Lord Delamere sowie deren Freund Denys Finch-Hatton besaßen alles, was Tania Blixen als »das wichtigste an einem Edelmann« bezeichnete, *»un fond gaillard«*.[4]

Ende des Monats zogen die Blixens in ein neues Haus, das der Weitläufigkeit ihrer Plantage besser entsprach. Es war ein von Åke Sjögren aus Feldsteinen errichtetes Herrenhaus, und sie übernahmen es mitsamt einem Teil seines kostbaren schwedischen Mobiliars. Er ließ außerdem eine Bibliothek mit schön gebundenen Büchern zurück, von denen keines jemals aufgeschlagen worden war. Sie enthielt unter anderem Werke von Kipling, Oscar Wilde, Bret Harte, Selma Lagerlöf und Robert Louis Stevenson. Tanne, die immer nach Lesestoff hungerte, war entzückt.

Sjögrens Haus war etwas näher an Nairobi und sehr schön gelegen. Die sechs Zimmer waren geräumig und kühl; sie hatten steinerne Kaminsimse, ausgezeichnete sanitäre Installationen und im Speisezimmer eine Mahagonitäfelung. Nachdem einige Bäume gefällt waren, bot sich ein herrlicher Blick über den Rasen und die hügeligen Gebirgsausläufer bis zu den Gipfeln der Ngongberge. In den Wäldern rund um das Haus gab es Störche, Schwalben und Nachtigallen, und Bror machte den Vorschlag, es ihnen zu Ehren *Fuglsang* (Vogelgesang) zu taufen. Tanne wies taktvoll darauf hin, daß die Engländer *Fuglsang* nie richtig aussprechen würden und schlug *Frydenlund* vor, nach Wilhelms Einsiedelei in Wisconsin. Dann erfuhren sie, daß die Afrikaner es Mbogani nannten, »Haus im Wald«. Es war ein beinahe perfektes Homonym für Boganis, und so blieb es dabei.

In der Stille eines Aprilabends setzte Tanne sich in Brors neues Büro, um ihrer Mutter zu schreiben und ihr einige Photographien zu schicken. Im Kamin brannte ein Feuer; Farah stand hinter ihrem Stuhl und fing jedesmal, wenn sie den Füllhalter hinlegte, ein Gespräch an, und sie bemerkte, ihr Dasein gleiche sehr dem Leben »in Dänemark um das Jahr 1700«.[5] Durch die Regenfälle war die Hauptstraße nach Nairobi für jeglichen Verkehr bis auf Maultiere und Fußgänger unpassierbar geworden. Bror ging oder ritt in die Stadt, wenn er dort geschäftlich zu tun hatte, aber Tanne war dazu nicht imstande. Die Post kam einmal im Monat, Güter des täglichen Bedarfs waren knapp, und sie mußten umprovisieren; die meiste fleischliche Nahrung schossen sie selbst. Auch Gesellschaften wurden improvisiert, Bücher waren kostbar, gute Gespräche hochgeschätzt. Die Rollen von Männern und Frauen waren eindeutig festgelegt, die Männer waren Jäger und Beschützer, die Frauen sorgten für kultivierte Zuflucht und vergnügliche Unterhaltung. Dies erhöhte die gegenseitige Anziehungskraft. Wie im 18. Jahrhundert bildete der Überfluß an menschlicher Energie einen Ausgleich für die Abgeschiedenheit, und das behagte Tanne mehr als moderne Gerätschaften und das Gleichheitssystem. Sie liebte Kontraste und das Extreme und die Art und Weise, wie ihr Spiel, ihre gegenseitige Abhängigkeit und ihre Spannung »Harmonien« schufen.

Auf einer Photographie, die sie ihrer Mutter schickte, ist sie mit ihrem Personal auf dem Rasen abgelichtet. Sie sieht rundlich und strahlend aus, ist von Kopf bis Fuß in Weiß gekleidet, mit einer Rose am Gürtel und einer langen, schweren Bernsteinkette, einem Geschenk von Farah. Die acht Diener wirken entschieden weniger gelöst, vielleicht lag es einfach daran, daß sie es nicht gewöhnt waren, photographiert zu werden. Sie sind gutaussehende Schwarze mit schäbigen Jacken über ihren *kanzus*, nur Farah trägt eine bestickte Weste. Es sind Ali, der neue Koch, Juma, der bei Tania Blixen bleiben sollte, bis sie Afrika verließ, und der seine Kinder auf der Farm großzog, Esa, ein neuer Hausdiener, Kebri und Kamau, die in der Küche halfen und sich um die Hunde kümmerten, und Abdullai, ein junger Somali, der Tanne auf dem Fuße folgte und für sie sorgte wie ein »altes Kindermädchen«[6] und den sie verwöhnte und liebte »wie meinen eigenen Sohn«.

III

Die extremen Regenfälle in diesem Frühjahr führten im wörtlichen Sinne zur Feuereinstellung, doch Armee und Siedler, letztere allerdings in geringerem Maße, waren betrübt über ihre Unfähigkeit, von Lettow zu bezwingen. Er hatte keine einzige Niederlage erlitten und war zu einer Art mythischem Dämon geworden, gleichzeitig gefürchtet und idealisiert. Tanne war stolz darauf, ihn kennengelernt zu haben.

Eines der größten Probleme der britischen Armee war die Versorgung mit Nachschub, und in diesem Frühjahr unternahmen die Engländer etwas zur Verbesserung. Statt Ochsen oder Maultiere benutzten sie nun Träger, und im Sommer war die Anzahl der Afrikaner am Trägerkorps von 7000 auf über 175 000 angewachsen. Die Afrikaner wurden einfach dienstverpflichtet, und die Diener auf der Farm hatten schreckliche Angst, eingezogen zu werden. Die Engländer beschlossen außerdem, ihre afrikanischen Streitkräfte aufzustocken, da sie sahen, wie erfolgreich von Lettow mit seinen war. Sie hatten aus mehreren Gründen gezögert: Sie fürchteten, den Eingeborenen Waffen in die Hände zu geben, die gegen sie gerichtet werden könnten, und sie fürchteten ferner, daß die Afrikaner – die als Soldaten große Tapferkeit, Ausdauer und Courage bewiesen – die Achtung vor ihren weißen Vorgesetzten verlieren könnten.

Die »Bewaffnung der Eingeborenen«, das sonderbare Wetter sowie von Lettows Unfaßbarkeit und Grausamkeit sorgten für allgemeines Unbehagen im Land. Die Leute suchten nach einem Sündenbock und befanden, es müsse einen Feind im Landesinnern geben. Die Animosität gegen die Gemeinde der Schweden lebte wieder auf, und in einer Artikelserie in *The Leader*, die ein gewisser Bromhead verfaßte, wurden die Schweden beschuldigt, sich mit den Deutschen verbündet zu haben und »unsauberes Geld« zu besitzen. Angehörige der »besten Kreise«, schrieb Tanne, hielten dies für wahr, und sogar unter den Somali wurde hitzig darüber diskutiert.[7] Die Blixens, die mehr von dem »unsauberen Geld« hatten als alle anderen, waren besonders verdächtig. Tanne hatte aus ihrer früheren Freundschaft mit von Lettow keinen Hehl gemacht, und als der Krieg ausbrach, hatte sie tatsächlich in Naivasha Pferde für ihn gekauft. Jetzt behaupteten die Engländer, sie sei eine Spionin, und wohin sie auch kam, wurde sie geschnitten. Wenn sie auf der Terrasse des »New Stanley« zu Mittag aß, rückten die Leute am Nebentisch von ihr ab. Wenn sie Mackinnons Lebensmittelgeschäft betrat, verstummten die Gespräche.[8] Tania Blixen berichtet in *Afrika, dunkel lockende Welt* von diesem traumatischen Erlebnis und erklärt, daß sie jedesmal, wenn sie im späteren Leben erkrankte oder Sorgen hatte, lebhaft daran erinnert wurde. In solchen Momenten litt sie »unter einer eigentümlichen Zwangsvorstellung. Es schien, daß alles rings um mich in Gefahr oder Not sei und daß ich inmitten all des Elends gewissermaßen auf der falschen Seite stünde und darum von jedermann mit Furcht und Argwohn betrachtet würde.«[9]

Bror hatte ein dickeres Fell, und Tanne staunte, daß er alles »so ruhig erträgt und nie aus der Haut fährt.«[10] Er suchte vielmehr den stellvertretenden Gouverneur auf, der sich zuversichtlich gab, und traf auch eine Verabredung mit Bromhead, der sich nach einer langen Unterredung bereit erklärte, einen Widerruf seiner Artikel zu veröffentlichen. Dieser erschien alsbald, doch wie immer in solchen Fällen, war der Schaden leichter angerichtet als behoben. Erst als Thomas Dinesen das Viktoriakreuz – die höchste britische militärische Auszeichnung – verliehen bekam, waren Tannes Unschuld und ihr guter Name wiederhergestellt.

Sie hatte in diesem Sommer keinen Kontakt mit der Welt, da die Post aus Dänemark mit dreimonatiger Verzögerung eintraf. Wenn sie nach Hause schrieb und von Bror berichtete, hieß es oft, er sei fort, und sie habe Zeit für sich: einen ruhigen Abend, eine Woche im Bett, ein paar Tage Einsamkeit am Naivashasee. Bei ihr hörte es sich wünschenswert an, was es damals vielleicht auch war.

Die Briefe von Ingeborg, die die Ngongfarm erreichten, strotzten von Sorge. Sie schrieb, Ea erwarte ein Kind, aber sie, Ingeborg, fürchte, die Neuigkeit sei für Tanne, der eine Schwangerschaft verwehrt geblieben war, schwer zu ertragen. Tanne verneinte dies, sie habe die Hoffnung auf ein Kind noch nicht aufgegeben, und schwer zu ertragen sei nur jedermanns morbides Mitgefühl. Ingeborg quälte sich auch mit Vorwürfen, weil sie Thomas hatte in den Krieg ziehen lassen. Sie gierte nach Beschwichtigung, und Tanne, die sich ständig um ihren Bruder sorgte, bemühte sich sehr, ihre in Panik geratene Mutter aufzurichten und ihr Mut einzuflößen. Sie ermahnte sie, liebkoste sie mit Worten und wartete auch mit einigen Lebensweisheiten auf, die ihr selbst in verzweifelten Momenten von Nutzen gewesen waren. Eine war der Stoizismus der Somali, Farahs »unerschütterliche Ergebenheit dem Schicksal gegenüber«. Eine andere war das absolute Selbstvertrauen der englischen Aristokraten, die sie vor kurzem kennengelernt hatte, Männer wie Delamere und Galbraith Cole, die »ihre eigene Natur erfassen und ihr folgen«.[11]

Thomas Dinesen schrieb seiner Schwester von der französischen Front, voll glühender Begeisterung für den Kampf und grenzenlosem Idealismus für die Menschlichkeit, und schickte ihr etliche Gedichte. Sie überschüttete ihn mit ihrer Liebe in ihren Briefen, die sie an »D'Artagnan« richtete oder an »Olav Trygveson«, einen Helden der Saga, und verhieß ihm, er werde in solchen Prüfungen und Leiden sein Schicksal finden. »So vieles, wovon ich selbst geträumt, das ich aber nie erreicht habe, ist durch Dich verwirklicht worden«[12], schrieb sie ihm eher stolz als neidisch. Und als Gegengabe für seine Gedichte schickte sie ihm einige überarbeitete ältere Werke sowie etwas Neues, das er »traurig« finden werde. In der Tat gibt es in einem Notizheft aus dieser Zeit einen Entwurf zu einem solchen Gedicht, mit Bleistift gekritzelt und »Harfengesang«[13] überschrieben:

Die Jahre meiner Jugend vergehen und entschwinden
Zwei Dinge nur sind mir geblieben: meine tote Jugend
und das Wissen, daß du tot bist
Zwei Bruchstücke nur bleiben mir in Händen
und alles übrige verrinnt ganz ohne Spur.

In der Einsamkeit und Trauer jenes Jahres mit seinen vielen Toden begann Tanne wieder zu malen. Es war eine Methode, Energien zu sammeln, ihre Geisteshaltung zu bewahren, als sie Gefahr lief, sie zu verlieren. Sie bemerkte, sie habe einen viel feineren Sinn für Form und Farbe als in jüngeren Jahren, und schrieb dies ihrer größeren Lebenserfahrung zu. Dieselbe Reife ist auch in ihren Briefen spürbar. Ihr Ton hat sich geändert; sie sind tiefsinniger und mitteilsamer. Manchmal, bekannte sie, schien ihr im Leben vieles zu entgehen; ihr und Brors Geschmack waren zu verschieden. Er sprach zum Beispiel davon, sich in Dänemark niederzulassen, eines der alten Familiengüter zurückzukaufen und es schließlich einem Neffen, Hans' Sohn, zu überlassen. Sie hoffte immer noch, sie werde »meinen kleinen Wilhelm haben und aufziehen, damit er unser Geschäft hier übernimmt und weiterentwickelt«.[14] Trotz allem, was sie verletzte und zermürbte, hatte Afrika ihr einen Einblick in das »wahre Leben« gewährt. Sie konnte sich eine Zukunft außerhalb Afrikas nicht mehr vorstellen.

Einundzwanzigstes Kapitel

Personen der Handlung

I

Anfang 1918 wurde Tania Blixens Dasein durch eine Anzahl neuer Leute außerordentlich belebt. Um Weihnachten herum war sie mit Bror und dem Viehzüchter Frank Greswolde-Williams, einem der frühen Siedler im Lande, zur Büffeljagd im Kedongtal eingeladen. Greswolde-Williams besaß viel von der rauhbeinigen Würde, Unverblümtheit, Tierkenntnis und Unnahbarkeit, die Tania Blixen später Vitus Angel in »Saison in Kopenhagen« zuschrieb. Angel gemahnte die dänischen Aristokraten an ihre ehemaligen Jagdhüter und Stalleute; Greswolde-Williams war bei den Jagdhütern und Stalleuten auf dem großen Gut seines Vaters aufgewachsen und hatte wohl deren Verhaltensweisen übernommen. Kurz bevor Tanne ihn kennenlernte, hatte er bei einem Jagdunfall ein Auge und seinen Sohn in Tanganjika an von Lettow verloren. Er gehörte dem Stamm einsamer alter Kämpfer an, für die sie eine besondere Schwäche besaß.

Von Kedong aus besuchten sie Sir Northrup und Lady McMillan auf deren Jagdgut in Juja. Sir Northrup war 1904 ins Land gekommen und war Mitglied der gesetzgebenden Kammer. Er war mehrfacher Millionär und wog fast zwei Zentner. Aber er bewegte sich mit unwahrscheinlicher Anmut und war von ausgesuchter Höflichkeit, und diese Eigenschaften lieh er Tania Blixens Prinz Potenziani in »Die Straßen um Pisa«. Tanne lernte nun auch den ständigen Hausgast der Macmillans kennen, Charles Bulpett, der sie im Automobil auf Rhinozerosjagd mitnahm. Bulpett war damals 67 Jahre alt und hatte sich von seinem Dasein als Forscher und *homme du monde* zurückgezogen. Er taucht in *Afrika, dunkel lockende Welt* als »Onkel Charles« auf, er war der Erzählerin »ein lieber Freund und verkörperte ein Ideal« für sie.[1] Er gemahnte sie an eine verfeinerte Version ihres Onkels Laurentzius in der Blüte seiner Jahre. Er gab zudem eines der Vorbilder für den ritterlichen, jedoch unpraktischen Baron von Brackel ab, welcher »Der alte, wandernde Ritter« erzählt und »weit in der Welt herumgekommen war und viele Orte und Männer kennengelernt«, jedoch »seine eigenen Angelegenheiten... nur sehr mäßig geregelt« hatte.[2]

Die Bekanntschaft mit dem schwedischen Baron Erik von Otter war nicht neu, wurde jedoch nun intimer. Otter kehrte in diesem Winter auf Urlaub von seinem Regiment der afrikanischen Schützen nach Nairobi zurück und war im Haus Mbogani ein häufiger Gast. Er war ein magerer, gutaussehender Mann von 29 Jahren. Die Sonne hatte einen Teil seines Gesichtes gebleicht und den Rest gebräunt, und das seltsame, scheckige braun-weiße Muster wiederholte sich in seinem Schnurrbart. Ein Freund bemerkte, die »Frauen waren fasziniert, doch nach dem wenigen, was ich in Nairobi von ihm sah, hatte er nicht viel mit dem anderen Geschlecht im Sinn.«[3]

Erik war mit Bror in der ersten Kriegswoche nach Nairobi geritten und war geblieben, um während der gesamten Dauer des Krieges zu dienen. Er war gleichermaßen für die weißen wie die schwarzen Soldaten der afrikanischen Schützen eine legendäre Gestalt. Er lebte freiwillig bei seinen afrikanischen *Askaris*, aß dieselbe Verpflegung wie sie, beherrschte ihre Sprache und, was schwieriger war, verstand ihren Sinn für Humor. Sie nannten ihn *Risase Moja*, Eine Patrone, denn er war in jeder Waffengattung ein erstaunlich guter Schütze. Der Earl of Lytton schreibt voll Bewunderung über Eriks »Pistolenschießen, das Schießen mit der Schrotflinte auf Flughühner, das Abschießen eines fernen Bockes mit einem 256er, die kaltblütige Vernichtung eines Löwen nach dem anderen... Es ging das Gerücht, daß er im Sterben liege; daß er unvergleichlich besser Kisuaheli, Sudanesisch und Turkana spreche als jeder andere, ob Weißer oder Eingeborener; daß er nach einer unglücklichen Liebe keine Frau mehr ansehe. Andere Freunde sprachen von einer Ehefrau, mit der er sich so schlecht verstand, daß er die Turkana-Wüste vorzog.«[4] Dies war die romantische Ader des harten Erik Otter.

Als er Tania wiedersah, war sie schlank und schön, von rastloser Energie erfüllt und von lebhafter Gesprächigkeit – eine Unbeschwertheit, die jedoch auch viel Leid zu überspielen schien. Wie die meisten Leute wußte er von Brors Untreue * und bewunderte Tanias tapfere Haltung. Vielleicht sah er darin eine weibliche Version seines rauhen Heldentums. Jedenfalls verliebte er sich in sie und setzte sich in den Kopf, sie aus ihrer in seinen Augen heuchlerischen Ehe zu erretten.

Auch Tanne fühlte sich von Anfang an zu Erik hingezogen. Er erinnerte sie an Wilhelm, und sie schrieb ihrem Bruder von Eriks Liebe zum Krieg, seiner Ehrfurcht vor der Natur, seinen verwandtschaftlichen Gefühlen für die Afrikaner – in alledem war er ihr selbst sehr ähnlich. Erik war Anhänger des Islams und kannte den Koran auswendig, und Tanne las ihn mit ihm. Sie fand die Moral des Korans »sehr human, weil sie keinen Sündenbegriff kennt wie die christliche, sondern aus hygienischen Vorschriften und Anweisungen zum Schutz der persönlichen Ehre besteht. Zum Beispiel zählt Diskretion zu ihren ersten Geboten«.[5] Nachdem ihre eigenen Vorstellungen von Hygiene, Ehre und Diskretion dermaßen bestärkt worden waren, begaben sie und Erik sich im Februar auf eine Safari in der Tana-Ebene, um Büffel und Nashörner zu schießen, um *Der Wildtöter* und *Die drei Musketiere* zu lesen und sich höchstwahrscheinlich zu lieben. »... das Safarileben hat etwas so Herrliches an sich«, schrieb sie ihrer Mutter, und diese Stelle offenbart ihre Empfindungen, »daß man alle Sorgen des Lebens vergißt und sich den ganzen Tag fühlt, als hätte man eine halbe Flasche Champagner getrunken – man ist erfüllt von tiefer Dankbarkeit dafür, daß man lebt.«[6]

Doch außerhalb seines Elements – der Wildnis – war Erik Otter »bekanntlich ein ziemlich schwieriger Mensch... [der] dazu neigte, sich in sein Schneckenhaus zurückzuziehen.«[7]

---

* In einem an Bord eines Schiffes auf dem Weg nach Europa geschriebenen Brief an Tania Blixen berichtet ihre Freundin »Ginette«: »Es sind mehrere Leute an Bord, die Dich kennen und darauf beharren, über Bror zu sprechen... Ich kann Dir gar nicht sagen, wie ich Deinen Schneid und Deine Duldsamkeit bewundere – fast so sehr wie Deine Augen, und das will viel heißen – Du hältst Dich wirklich tapfer.« (Aus »Ginette« an KB, o. D., KBA 56)

Er besuchte Tanne, wenn Bror fort war, und starrte oft den ganzen Abend ins Feuer. Einmal machte er ihr einen Antrag, zumindest schlug er ihr vor, sich scheiden zu lassen und ihn zu heiraten. Sie erwog es eine Weile ernsthaft, und seine Zuneigung »trug viel dazu bei, [ihr] schwankendes Selbstwertgefühl wieder aufzurichten.«[8] Aber Erik konnte einen zur Verzweiflung bringen. Sein edler Geist machte seinen Todesernst nicht wett. Er hatte nichts Verspieltes, nichts Lebhaftes oder Schelmisches. Tanne äußerte sich später zu ihrer Freundin Ingrid Lindström sehr »abfällig« über Erik, und ihrer Schwester schrieb sie, sie habe ihn vermutlich »sehr unglücklich«[9] gemacht.

II

Falls Bror auf seinen Freund Erik eifersüchtig war, überspielte er es und wollte lediglich zwischen zwölf und vier Uhr nichts von Mohammed hören.[10] Als Otter zu seinem Regiment zurückkehrte, verließ auch Bror Tanne und Nairobi und brach zu einer einmonatigen Safari nach Uasin-Gishu auf. Wieder stand Tanne eine Periode der Einsamkeit und Langeweile bevor, die durch eine schlimme, monatelang anhaltende Dürrezeit noch erschwert wurde. Die Trockenheit der Luft und das ständige nervöse Warten auf den Regen zermürbten sie und machten sie furchtbar heimwehkrank. Sie wollte so gerne sehen, welche neuen Plastiken das Thorvaldsen Museum erworben hatte, und vermißte die Musik »schrecklich«.

Ende März schrieb sie Ea einen langen Brief, um ihr zur Geburt ihrer Tochter Karen zu gratulieren. Der Brief vermittelt ein besonders gutes, klares Bild von ihrem damaligen Spannungszustand.

> Wenn Ihr schreibt, daß Ihr Ellen Wanscher auf Vimmelskraft getroffen habt, ist das für mich ungeheuer eindrucksvoll und inhaltsreich; aber was, um alles in der Welt, kann es Euch interessieren zu hören, daß ich mit Leutnant Cartwright beim *Blue Post* gewesen bin? Aber mit der Zeit dringt wohl doch einiges von meinem Dasein – Kaffee, Flachs, Farah, Dusk, Lord Delamere, Safaris und Handelsgeschäfte – in Euer Bewußtsein, und für mich ist es in jedem Fall ganz herrlich, daß Ihr wenigstens etwas von meiner Umgebung kennt.
> Wir haben hier leider zur Zeit eine Trockenheit, die alles übertrifft, was man sich zu Hause vorstellen kann. Wenn sie noch lange anhält, ver-

dorrt das ganze Land, und schon wie es jetzt ist, ist es schlimm genug. Wir bekommen nun auch einen Teil der Entbehrungen zu spüren, unter denen Ihr zu Hause schon lange leidet; Butter, Milch, Sahne, Gemüse, Eier existieren fast nur noch in der Erinnerung. Alle Pflanzen welken, die Grasflächen brennen jeden Tag, sie liegen schwarz und verkohlt da, und wenn man nach Nairobi fährt und sich der Stadt nähert, sieht es aus, als ob dort eine riesige Feuersbrunst herrsche – so steht der Staub Tag und Nacht in dicken, gelben Wolken über der Stadt – und wenn der Wind gerade von der Somalistadt und dem Bazar her weht, hat man das Gefühl, die Pest- und Cholera-Bazillen wirbeln einem munter entgegen. Die Sterblichkeit unter den weißen Kleinkindern in Nairobi ist so hoch wie noch nie, und den Erwachsenen geht dieser dauernde, glühend heiße Wind, der alles noch weiter ausdörrt, derart auf die Nerven, daß man äußerst vorsichtig im Umgang miteinander sein muß. – Man muß aber... denken, daß [die Trockenheit] einmal ein Ende haben wird und daß man so lange durchhalten muß – *aber frage nur nicht wie...* * [11]

Am 5. April nahm Tanne im Muthaigaclub an einem intimen kleinen Abendessen teil, das der neue englische Freund, Leutnant Cartwright gab, bevor er nach Ägypten an die Front zurückkehrte. Algy Cartwright hatte nur zwei weitere Gäste: Monica Belfield, die Tochter des ehemaligen Gouverneurs, und Denys Finch-Hatton, einen Offizierskameraden. Tanne war neugierig auf Finch-Hatton, von dem sie so viel Bewunderndes gehört hatte. Er erwies sich als ein aufgeschossener, geistreicher, hagerer, sarkastischer, unglaublich gutaussehender Aristokrat von 32 Jahren mit schütterem Haar, der soeben aus Somaliland zurückgekehrt war und die Gesellschaft mit seinen dortigen Abenteuern ergötzte. Ihre nächste überlieferte Begegnung fand einen Monat später statt, unmittelbar vor Denys' Rückkehr nach Ägypten, wo er an einem Fliegerkurs teilnehmen wollte. Die Blixens veranstalteten auf ihrer Farm eine Jagd zu Ehren von General E. Llewellyn und luden eine kleine Gruppe Freunde dazu ein. Es kamen Denys, Erik Otter, General Llewellyns Bruder Jack, ihr Nachbar Johnny van der Weyer und einige andere. Am Morgen ging ein leichter Regen, und später gab es im Speisezimmer bei lodherndem Kaminfeuer ein kaltes Mittagsmahl. Sie erlegten 30 Rothirsche, zwei Schakale und einen Leoparden. Denys blieb zum Abendessen und, da es spät wurde, über Nacht. Am nächsten Morgen fuhr Tanne ihn nach Nairobi, und sie aßen zusammen zu Mittag. Da war sie bereits wahnsinnig verliebt. »Ich habe... auf meine

---

* die kursiv gesetzten Worte sind orig. Deutsch

alten Tage das Glück gehabt, meinem leibhaftigen Ideal zu begegnen«[12], vertraute sie ihrer Schwester Elle an. »Es geschieht nicht oft, daß man einem Menschen begegnet, für den man sofort Sympathie empfindet und mit dem man gleich gut auskommt, und was sind doch Begabung und Intelligenz für herrliche Dinge«[13], schrieb sie ihrer Mutter. Drei Tage später plante sie, angeregt von Denys' Begeisterung für das Land, eine Safari in Somaliland und einen Besuch Kairos. Bror neckte sie deswegen. Er war überzeugt, berichtete sie, »daß das einzige, was mich auf der Welt noch interessiert, sei, Finch-Hatton wiederzusehen.«* Er hatte recht.

III

Der Ehrenwerte Denys Finch-Hatton** war etwas so Kostbares, daß er in *Afrika, dunkel lockende Welt* spärlich erwähnt wird. Er taucht zuweilen aus dem Nirgendwo auf wie eine Erscheinung. Sein Tod, dem alsbald der Zusammenbruch der Farm folgt, vervollkommnet die »Gestalt des Storches« und gibt Tania Blixen das Gefühl, ihr widerfahre nicht, »was die Leute eine Pechsträhne nennen«, sondern daß höhere strafende Mächte am Werk seien: »... im innersten Kern muß ein Sinn sein. Wenn ich ihn fände, wäre ich gerettet.«[14]

Denys erkundete Ostafrika erstmals 1911 und kehrte im Jahr darauf zurück, um sich für immer dort niederzulassen. Er hatte in Eldoret eine Farm, wo er Flachs anbaute, und besaß auch Anteile an einer Farm in Naivasha, wo er Vieh zu züchten und Pyrethrum anzubauen gedachte. 1913 kaufte er für 4000 Pfund die ehemalige Parklands-Villa der McMillans in der Nähe von Nairobi.*** Als

---

* Tania Blixen, *Briefe aus Afrika*, S. 103. In ihren Briefen und in *Afrika, dunkel lockende Welt* schreibt Tania Blixen Denys' Nachnamen mit Bindestrich. Doch der gegenwärtige Earl of Winchilsea sagte zu Errol Trzebinski, daß seine Familie ihren Namen lieber ohne Bindestrich schreibt.

** Denys' Vater war der 13. Earl of Winchilsea and Nottingham, seine Mutter Nan eine geborene Codrington, die Tochter eines Admirals. Denys hatte einen älteren Bruder, Toby, Viscount Maidstone, Erbe des Titels, und eine schöne ältere Schwester, Gladys, die der Krieg zur Witwe gemacht hatte.

*** Errol Trzebinski, *Silence Will Speak*, S. 83. Mrs. Trzebinskis Biogra-

Prinz Wilhelm von Schweden 1914 auf demselben Schiff wie Tanne nach Afrika kam, hatte ihm Denys die Villa zur Verfügung gestellt. Er war alles andere als der unbehauste Vagabund, den Parmenia Migel – und Tania Blixen selbst – in ihm sahen.

In den Anfangsjahren waren Geschäfte, nicht die Jagd, Denys' wichtigste Einkommensquelle und sein größtes Vergnügen. Er richtete im Massaireservat eine Reihe Außenstellen ein, besaß eine Kette von *dukkas*, kaufte und verkaufte Grundstücke und leitete später mehrere Firmen, von denen eine Nutzholz exportierte. Er stand in dem Ruf, hart zu verhandeln, und es ging sogar das Gerücht, daß er Geld zu hohen Zinsen verlieh. Das Händlerdasein entsprach seinem rastlosen Temperament, auch wenn es für einen Earlssohn, der in Oxford studiert hatte, eine ungewöhnliche Betätigung war.

Seine Freunde sagten, Denys habe England verlassen, um dem konventionellen Leben seiner Klasse zu entfliehen, und weil er Raum brauchte. »Zu Hause waren zu viele Menschen«[15], meinte eine Freundin, und die meisten schienen außerstande, sich in ihrer Verehrung für ihn zurückzuhalten. In Eton war er für Lehrer wie Schüler »ein bewunderter Tyrann« gewesen, der »die Schule beherrschte, wie nur wenige... sie vorher oder nachher beherrscht haben können.«[16] Die Liste seiner Fertigkeiten, Begabungen und Verschrobenheiten läßt sich mit dem Wort fürstlich zusammenfassen. Als einer, der offensichtlich nicht seinesgleichen hatte, war er der schwer faßbare Gegenstand so mancher Phantasievorstellung, und wer seine Gunst besaß, gewann enormes Prestige.

Wenn es Denys aber schwerfiel, nicht charmant zu sein, dann hatte sein Charme auch nichts Aufopferndes. Seit seiner Kindheit war er von der Welt und seiner Familie mit Hochachtung behandelt worden, infolgedessen hatte er schreckliche Angst, gelangweilt, abhängig, ausgenutzt oder in Besitz genommen zu werden. Es war die Hochachtung vor seiner physischen Kraft und Schönheit, seiner Intelligenz und seinem Geschmack, vor allem aber vor einer besonderen, unbestimmbaren Sicherheit, die von ihm ausging. Folglich suchte Denys – ganz wie Wilhelm Dinesen –

---

phie Denys Finch-Hattons, ihre Briefe an mich, unsere Gespräche zum Thema waren die wichtigste Quelle meiner Informationen über Denys' Kindheit, Finanzen, Familie und allgemeinen Werdegang.

eine gewisse Herausforderung – Risiko, Vergnügen, Gefahr –, die groß genug war, um ihn zu fesseln. Eine solche Sehnsucht mag sich häufig in Kapricen äußern und sich ihre Überraschungen selbst schaffen, wenn sie draußen keine finden kann. Denys war ein großer Witzbold. Einmal flog er, nur um eine Oper zu hören, nach London, ohne sich bei irgendwem von seiner Familie zu melden, und am nächsten Morgen flog er nach Afrika zurück. Ein andermal schickte ihm ein Freund ein dringendes Telegramm, das ihm ein Läufer im fernen Busch überbrachte. »Weißt du die Adresse von Soundso?« lautete es. Er antwortete auf demselben Weg: »Ja.«[17]

Tania Blixen hatte Verständnis für diesen Charakterzug ihres Freundes, sie fand ihn liebenswert und zeigte im Alter dasselbe Verlangen nach Überraschungen. Sie dachte vermutlich an Denys, als sie schrieb: »Um [Gott] richtig zu lieben, mußt du den Wechsel lieben und auch einen guten Spaß, denn das sind seine zwei wahren Herzensneigungen.«[18]

Zu Beginn der zwanziger Jahre gab Denys seine übrigen Wohnsitze auf und schaffte seine Habe nach Ngong in Tania Blixens Haus. Hier wohnte er zwischen seinen Safaris, meist für ein, zwei Wochen, dann war er wieder monatelang unterwegs. Durch diese kurzen, intensiven Zusammenkünfte mit ihrem Geliebten schwebte Tania in einem ständigen Schwebezustand der Sehnsucht. Denys schuf einen Notstand in ihrem Leben, und sie nahm die Herausforderung an. Ihre große Liebe zu ihm bestand teilweise in dem Gefühl, er verdiene ihr Bestes – diese zahlreichen geistigen Schätze, die sie so lange in einem luftleeren Raum kultiviert hatte. Wenn Denys ihr »leibhaftiges Ideal«[19] war, so wurde sie mit ihm zu ihrem eigenen »leibhaftigen Ideal«.

Zu den bewegendsten Passagen in Tania Blixens Erzählungen gehören diejenigen, wo sich zwei großartige, einander ebenbürtige Partner bekämpfen. Sie haben gewöhnlich bis dahin in Einsamkeit gelebt, außerstande, ihre eigene Kraft zu ermessen. Zu dieser Kategorie zählen Agnese della Gheradesci und Prinz Nino in »Die Straßen um Pisa«, Athene Hopballehus und ihr Freier Boris in »Der Affe«, Kasparson und Malin Nat-og-Dag in »Die Sintflut von Norderney«, Malli und Herr Sörensen in »Stürme«. Auch Wilhelm Dinesen hatte sein Leben mit der Suche nach der seiner

Achtung würdigen Geliebten / Feindin verbracht. Diese Erfahrung beschreibt Tania Blixen, wenn sie von der Löwenjagd berichtet; sie war »jedes einzelne Mal eine Angelegenheit von vollendeter Harmonie, erfüllt von einer tiefen, brennenden gegenseitigen Begierde und zugleich Ehrfurcht zwischen zwei gradsinnigen und von keinem Angstkomplex besessenen Geschöpfen, sozusagen auf derselben Wellenlänge.«[20]

Sie spürte mit dem ganzen Stolz und der ganzen Dankbarkeit, deren sie fähig war, daß sie in Denys ihresgleichen getroffen hatte. Es war vermutlich das wahre *noblesse oblige* ihrer späteren Jahre, als sie glaubte, ihresgleichen existiere nicht mehr, daß sie diese Erfahrung anderen jungen Menschen zuteil werden ließ: Thorkild Bjørnvig, Aage Henriksen, Jørgen Gustava Brandt, Viggo Kjær Petersen, Clara Svendsen und vielen ihrer Leser.

IV

Denys Finch-Hatton war ungern Soldat – oder »sodjer« wie er das Wort »soldier« verächtlich aussprach – und er erklärte einmal: »*People in uniform are not human beings.*«*[21] Doch bei Ausbruch des Krieges gesellte er sich zu seinem Freunde Berkeley Cole, der eine Truppe äußerst grimmiger und stolzer irregulärer Somali befehligte, die als Cole's Scouts bekannt wurden.

Berkeley Cole war Offizier im Neunten Lanzenreiterregiment gewesen und hatte im Burenkrieg gekämpft. In den frühen Tagen des Protektorats hatte er in Londiani als Partner von Lord Cranworth ein kleines, verkommenes Grenzhotel geführt. Später besaß er eine Farm auf den Hängen des Mount Kenya. Er war ein zierlicher, zartknochiger junger Mann mit roten Haaren, der Tania Blixen an eine Katze gemahnte, behaglich und voller Mißtrauen. Er hatte einen anspruchsvollen Geschmack, den Zynismus eines Dandy des fin-de-siècle und, wie Denys, Spaß an Streichen. »Aus einer Art Teufelsübermut«, schrieb Tania Blixen, »war er am liebenswürdigsten zu den Menschen, von denen er am wenigsten hielt. Wenn er gehörig aufgekratzt war, gab er einen unvergleichlichen Spaßmacher ab.« Aber »wenn ein Spaß bis zum Wagnis und

---

* Leute in Uniform sind keine Menschen. Im Brief orig. Englisch

zur Vermessenheit aufschießt, wird er ergreifend. Wenn Berkeley, leicht erhitzt und gleichsam transparent vom Weine, sein hohes Roß bestieg, dann wuchs des Reittiers Schatten an der Wand und bäumte sich ... als wär's der Sproß einer edlen Stute, als hieße seine Mutter Rosinante.«[22]

Berkeley war von zarter Gesundheit. Er litt wie sein Bruder Galbraith an Arthritis und hatte ein schwaches Herz. Er lebte allein auf seiner geliebten Farm, aber es ging das Gerücht, daß er außerhalb Nairobis, »bequem an der Straße zum Muthaigaclub gelegen«[23], eine schöne Somali-Geliebte hatte. Denys brachte ihn oft zu Tania mit, und er wurde ein vertrauter Gast; er nannte ihr Haus »mein Waldheim«.[24] Gemeinsam mit Denys füllte er die Keller und die Behältnisse auf, die zum Feuchthalten der Zigarren dienten, und bei seinen Besuchen kam er vollgepackt mit Obst und Wild von seiner Farm. Jeden Morgen um elf Uhr trank er in Tanias Wald eine Flasche Champagner, den ihm sein Diener Jama in eines der schönsten Kristallgläser seiner Freundin schenkte. Berkeley befleißigte sich auch einer gewissen romantischen Exaltiertheit. Er bemühte sich, jeden Augenblick zu einem vollendeten kleinen Kunstwerk zu machen.

Cole's Scouts kämpften tapfer an der Nordgrenze, rieben sich jedoch an der konventionellen Militärdisziplin und meuterten schließlich.[25] Denys und Berkeley stießen sodann zu den berittenen afrikanischen Schützen. Ihr häufiges Zusammensein mit einem dritten Freund, dem kleinwüchsigen A. C. (»Tich«) Miles, brachte ihnen den Spitznamen »Die drei Musketiere« ein.[26] Seine Urlaube verbrachte Denys auf Galbraith Coles 30000 Morgen großer Schafsfarm Keepkopey am Elementeiasee. Es war eine Zuflucht, wo man Löwen jagen oder am Feuer sitzen und über Philosophie diskutieren konnte. Denys brachte sich dort selbst Gitarrespielen bei und sang oft zu seiner eigenen Begleitung. Llewellyn Powys, ein Freund von Cole, erinnerte sich an eine Begegnung mit Denys im Jahre 1916 auf Keepkopey und verglich ihn mit einem »sehnigen Puma-Hund, der sich träge unter den Palmen des Amazonas sonnt, bis die Zeit kommt, da energisches Handeln dringend geboten ist ... Er besaß die gleiche Courage wie Berkeley – war jedoch bei weitem nicht so forsch – er vereinte die Kühnheit eines altmodischen Elisabethaners mit der Klugheit und Voraussicht des Sohnes von Laertes ... Ich liebte den Anblick seiner gelehrtenhaften

Erscheinung, der zudem etwas von einem abenteuerlichen Wanderer anhaftete, von einem, der jedes verborgene Flüßchen und jede breite Stelle des oberen Nil kannte...«[27]

Denys diente sodann unter Generalmajor Hoskins, rettete ihm aus dem Hinterhalt das Leben und erhielt das Militärverdienstkreuz. Nach einem Urlaub in England begab er sich als Hoskins' Adjutant nach Mesopotamien; auf dem Schiff lernte er einen jungen amerikanischen Offizier kennen, mit dem ihn fortan eine lebenslange Freundschaft verband. Es war Kermit Roosevelt, der Sohn von Theodore Roosevelt. In Port Said desertierten die Schiffsheizer, und Denys und Kermit verrichteten freiwillig deren Dienst, wie man ihren »Erfahrungen in den Tropen« entnehmen kann.[28] Als sich die Chance zum Besuch der Royal Flight School bot, nahm Denys sie wahr. Eines Tages sollte er sein eigenes Flugzeug in Afrika haben, mit Tania aufsteigen, um die Farm aus der Luft zu betrachten und Tania »das größte, erhebendste Glück« ihres Lebens zu bescheren.[29] Doch kurz vor Beginn des Kurses starb Denys' Geschäftspartner, und er mußte nach Nairobi zurückkehren. Das war im Frühjahr 1918, als er Tania im Muthaigaclub zum erstenmal begegnete.

V

Die Ehe der Blixens überlebte Tanias Liebesaffähre mit Denys, so wie sie die Syphilis-Diagnose, die häufigen Trennungen und Brors Affären mit anderen Frauen überlebt hatte. Sie blieben zusammen, besuchten Gesellschaften als Paar, schliefen, wenn sie bei Freunden zu Gast waren, in demselben Zimmer und machten im allgemeinen den Eindruck zweier guter alter, liebevoller Freunde. Bror war kein Heuchler und war höchstens stolz darauf, daß seine Frau einen so hochkarätigen Liebhaber hatte.[30]

Es war sicher keine stabile Ehe. Tania Blixen war eine stolze Frau, und Brors Benehmen – Annäherungsversuche bei jungen Amerikanerinnen, Szenen im Muthaigaclub, unbezahlte Rechnungen und Schulden – muß sie gekränkt haben. Auch war es keine verträgliche Ehe; Tanne und Bror hatten selten denselben Geschmack oder dieselben Passionen. Aber sie konnte diese Unverträglichkeit teils tolerieren, weil Bror ihrem Ideal des »idealen Mannes« entsprach, worunter sie eine Art *Condottiere* verstand, brutal vielleicht, aber auch sinnlich und edel. Im großen und ganzen vertrat sie eine dem 18. Jahrhundert gemäß Ansicht über die Ehe. Sie hatte einen Kontrakt unterschrieben, sich eher zur Bindung an eine Idee statt an eine Person verpflichtet und wollte sich getreu daran halten. Innerhalb der Bindungen ihrer formalen Unterwerfung fühlte sie sich frei, ihren eigenen Vergnügungen nachzugehen. Wenn sie vor Denys (und vermutlich Erik) keine Liebhaber nahm, so hatte sie doch zahlreiche Verehrer. Einer von ihnen, General Polovtsoff, ein ritterlicher, älterer russischer Diplomat, machte eine Bemerkung, die sie selbst gerne zitierte und die diesen Aspekt ihres Charakters und ihrer Erfahrungen ins rechte Licht rücken hilft. Er sagte ihr, er habe nie jemanden *»so sensual and so little sexual«*[31] wie sie gekannt.

Man ist versucht, Bror und Denys als Einheit im Blixenschen Sinne zu sehen: geistige Fechter. Eine Photographie aus dem Jahre 1928, als sie beide mit dem Prinzen von Wales auf Safari waren, läßt auf eine solche Beziehung schließen. Bror ist klein, gedrungen, robust mit einer gewissen Rauhheit im Ausdruck. Denys ist melancholisch und vergeistigt, von fast marmorhafter Vornehmheit. Bror war der Mann, von dem seine Frau sagte: »Er wußte nicht, ob die Renaissance vor oder nach den Kreuzzügen kam.«[32] Denys brachte ihr Griechisch bei, machte sie mit den Symbolisten bekannt, spielte ihr Strawinsky vor, versuchte ihr die moderne Kunst nahezubringen. Den beiden Männern waren ihr Heldenmut, ihre außerordentliche Körperlichkeit gemeinsam, und sie galten als die zwei größten weißen Jäger ihrer Zeit.[33] Sie verstanden sich gut, bezeugten ihre Freunde, und eine Zeitlang teilten sie tatsächlich auf der Ngongfarm dasselbe Schlafzimmer, das jeweils von dem einen benutzt wurde, wenn der andere auf Safari war. Man findet oft ein gewisses inzestuöses Gefühl zwischen zwei Freunden, die dieselbe Frau lieben, und dies war vielleicht Teil ihrer gegenseitigen Anziehungskraft. Mit seiner freieren Sexualität und seinem rauheren Charme mag Bror gewissermaßen der erste Entwurf für seinen Nachfolger gewesen sein: jene Gestalt des »Dionysius«, den Nietzsche den »Bock« nennt. Für alle, die ihn kannten, war Denys der Gott.[34]

VI

Im Jahre 1918 gab es in Ostafrika abermals eine schreckliche Dürreperiode, die bis zum Winter des folgenden Jahres anhielt. Viele Farmer entließen vorübergehend ihre Feldarbeiter, denn es gab keine Ernte einzubringen und infolgedessen auch keinen Mais, um sie zu ernähren. Die Massai sengten alljährlich die Steppen ab, um Platz für das neue Gras zu schaffen, aber wenn der lange Regen ausblieb, »dehnten sich die versengten Steppen schwarz und wüst, von grauen und weißen Aschenstreifen durchzogen.«[35] Die Wassertümpel trockneten aus; die verzweifelten Tiere kamen von den Hügeln, um aus dem tiefen Teich der Farm zu trinken. Im ganzen Land hungerten die Afrikaner, und sie starben zu Zehntausenden, und auf die Hungersnot folgte die Pest. Die Blixens ließen sich und ihre Arbeiter gegen Pocken impfen, und Tania tat, was sie konnte, um die Kinder zu ernähren. Eine Zeitlang unterhielt sie auf der Farm eine Fürsorgestation und teilte *posho*, Maismehl, aus – das Hauptnahrungsmittel der Afrikaner. Aber als dies knapp wurde, »liefen« die mit der Lieferung beauftragten Händler »davon«, und sie mußte ihr »Samariterwerk« aufgeben.[36]

Die Dürre verschonte natürlich den Kaffee der Blixens nicht, und 1918 machten sie nicht einen Cent Gewinn. Tania schrieb über »die hungernden Aktionäre« daheim, die bereit seien sie zu verschlingen, wenn sie sich dort zeigte. Bror hatte zudem viel in zweifelhafte Verbesserungen investiert und neue Darlehen aufgenommen, und er hatte begonnen, im Namen der Farm Unsummen privater Schulden zu machen, wodurch diese in Nairobi in Verruf geriet. Am Ende konnte er nicht einmal mehr seine Rechnungen im Muthaigaclub bezahlen und wurde im folgenden Winter ausgeschlossen, bis er sie beglichen hatte. Aber er nahm weiterhin an den gesellschaftlichen Veranstaltungen dort teil und lieferte, wie eine Freundin es ausdrückt, »einen reellen Gegenwert fürs Geld.«[37]

Aage Westenholz war sehr beunruhigt und schrieb kritische Briefe über Brors Unternehmensführung, doch Tania verteidigte ihn heftig. Sie klagte, daß sie zu einer Zeit, da sie allen Anlaß hätten, von den Menschen zu Hause Verständnis oder gar Mitgefühl zu erwarten, mit Vorwürfen und Zweifeln drangsaliert würden. Die Dürre sei ein Akt Gottes, Bror habe alles getan, was er unter diesen Umständen konnte, und sie nannte ihn einen Mann von ungewöhnlicher Voraussicht und Verläßlichkeit. »Ihr könnt mich ruhig auslachen«, schrieb sie an Ingeborg, »aber ich komme mir in diesen schlimmen Zeiten vor wie Khadija, die Frau des Propheten – ich bin überzeugt, daß ich mit einem großen Mann verheiratet bin.«[38] Um ihr Vertrauen in Bror, Afrika und die Farm zu unterstreichen, schlug sie vor, daß die anderen Aktionäre ihre Anteile an sie verkauften. Sie wolle die Farm für fünf Jahre verpachten und großzügige Zinsen für das Kapital zahlen, bis das Grundkapital zurückgezahlt sei. Onkel Aage lehnte ab, und Tanne bemerkte mit einer gewissen grimmigen Befriedigung, die Aktionäre müßten mit ihnen die guten wie die schlechten Zeiten durchstehen.[39]

Im August jenes Jahres verlor Tanne ihren geliebten Windhund Dusk. Sie war nach Nakuru gefahren, um sich mit ihrem Mann zu treffen, und sie wollten ein Wochenende bei den Delameres verbringen. Unterwegs rettete sie Dusk einmal, als er auf einem Bahnübergang vom Wagen sprang. Der Zug sauste heran, und sie zog den Hund in letzter Sekunde von den Schienen, wobei sie beinahe selbst getötet wurde. Lord Delamere beobachtete die Rettung von einem neben den Geleisen verlaufenden Weg aus und erklärte, das sei das »pluckiest thing« (das »Schneidigste«) gewesen, das er je gesehen habe.[40] Aber der Schneid war vergebens. Tanne vertraute Dusk kurz einem schwedischen Freund an, dem er davonlief. Sie verließ Lord Delameres Haus und suchte in der folgenden Woche verzweifelt in der Wildnis, sie fragte jeden, den sie traf. Farah fand Dusk schließlich in den Bergen, ausgezehrt und blutend wachte er über ein junges Zebra, das er getötet hatte. Am Nachmittag darauf starb er. Tania war untröstlich. Sie schilderte den Vorfall in allen Einzelheiten in mehreren Briefen. »Er war mir so treu«, jammerte sie. »Ich glaube, wenn ich sterbe, werde ich ihn wiedersehen, und dann werde ich ihn ganz herzlich um Verzeihung bitten, daß ich von ihm weggegangen bin. Mein wunderbarer, treuer Dusk. Ich vermisse ihn so sehr, und wenn ich auch siebzig Jahre alt werde, kann ich, glaube ich, nicht an ihn denken, ohne zu weinen ...«[41]

Im selben Monat traf sie fast an derselben Stelle ein neues Unglück. Bror hatte den Auftrag, bei Naivasha 2000 Morgen Land zu pflügen, und sie begaben sich gemeinsam für einen »Arbeitsurlaub« dorthin. Tanne kampierte in einem Zelt auf einem »hohen Hügel mit einem meilenweiten Rundblick.« Sie hatte zwei Somalijungen bei sich; sie durchstreiften die Berge, segelten auf dem See und nahmen Dusks Sohn Banja mit auf die Jagd. Die Luftveränderung lenkte Tanne von ihrem Kummer ab, und ihre Briefe von der Naivasha-»Klause« waren heiter, von Klatschgeschichten und einem poetischen Vergnügen an ihrer Umgebung erfüllt.

Aber eines Nachmittags stürzte sie von einem Maultier und riß sich an einem Fels das Bein auf. Die Wunde entzündete sich, Tanne bekam Fieber, und Bror transportierte die vor Schmerzen fast Bewußtlose mit einem Ochsengefährt zum nächsten Arzt, einem charmanten, aber verrückten Iren mit Namen Burkitt. Es bestand Sorge, daß sie das Bein verlieren werde, aber der Doktor schnitt ein Stück *»totes Fleisch«* heraus, chloroformierte und nähte sie.[42] Die Wunde riß zweimal auf und wurde zweimal wieder genäht. Jedesmal versprach Burkitt, es werde keine Narbe zurückbleiben. Das war natürlich eine galante Schwindelei; eine häßliche schwarze Narbe verlief vom Knie bis zur Hüfte, heilte fünf Monate nicht und verschwand nie ganz. Bror erwies sich als rührender Krankenpfleger und als Experte im Anlegen von Bandagen. »Er hofft«, berichtete sie ihrem Bruder munter, »daß es nicht vielen vergönnt sein wird, [die Narbe] zu sehen.«[43]

VII

Als die Nachricht vom Waffenstillstand Nairobi erreichte, wurde in den Ngongbergen ein großes Freudenfeuer entfacht, und patriotische Menschenmengen strömten aus der Stadt herbei, um es zu sehen. In der Woche darauf paradierten die afrikanischen Soldaten durch die Hauptstadt; im Regierungsgebäude wurden Bälle und Diners veranstaltet, und die Leute tanzten auf den Straßen. Anfang Dezember traf aus Dänemark die Nachricht ein, das Thomas Dinesen das Viktoriakreuz verliehen worden war, eine Ehrung, die dem ostafrikanischen *Leader* eine Schlagzeile wert war: »Baronin Blixens Bruder erhält das Viktoriakreuz.«[44] Alle hielten Tania auf der Straße an, um ihr zu gratulieren, und sie schrieb stolz, daß die Engländer sie nun als eine der ihren behandelten. »Das hat den Leuten den Mund gestopft, die mit einer unglaublichen Hartnäckigkeit immer weiter behauptet haben, wir seien deutschenfreundlich.«[45]

Die Truppen wurden entlassen, die jungen Männer kehrten auf ihre Farmen zurück, und das Gesellschaftsleben kam wieder in Schwung. Ein neuer Gouverneur, Sir Edward Northey, traf ein und wurde mit einer Reihe erlesener Festlichkeiten willkommen geheißen. Im Februar fand in Nairobi ein einwöchiges Pferderennen statt. Nachdem der Patriotismus der Blixens so blendend reingewaschen war, waren sie sehr gefragt. Sie speisten mit Lord Delamere auf der Rennbahn zu Mittag und übernachteten im Regierungsgebäude. Tanne gab nun häufiger Einladungen im Haus Mbogani und war entzückt, daß ihre Gäste solch großen Gefallen an ihrer Küche und ihrer Einrichtung fanden. Denys war aus Ägypten zurück, und am 26. Februar schreibt Tanne ihrer Mutter, daß er an Fieber erkrankt war und auf der Farm wohnen blieb. ». . . und das ist für mich unbeschreiblich schön; ich glaube, ich bin noch nie einem so intelligenten Menschen begegnet . . .« *

Denys' Rückkehr fiel mit dem ersten richtigen Regen zusammen, den das Land seit fast einem Jahr hatte. Es regnete täglich zehn Zentimeter, und die ausgedörrte Landschaft belebte sich, die *shambas* grünten, die Berge hatten einen grünen Schimmer. »Vielleicht hat nun wirklich unsere Mühsal ein Ende«, schrieb Tanne. »Es ist herrlich hier, ein Paradies auf Erden . . . ich habe das Gefühl, daß ich in Zukunft, wo immer in der Welt ich bin, daran denken werde, ob es wohl in Ngong regnet.«[46]

Denys ging mit ihr allein auf eine Safari »am Mount Kenya«[47], und lange Zeit gibt es keine Briefe. Tania Blixen hatte sich in ihr Paradies zurückgezogen.

---

* Tania Blixen, *Briefe*, S. 133. Denys' »Intelligenz«, seine Liebe zu Kunst, Musik und Dichtung waren tatsächlich eine Seltenheit unter den Siedlern, die ein unbelesener Haufen waren, die meisten vom selben Schlage wie Bror. Denys stellte seine Belesenheit niemals zur Schau, hierin war er eher bescheiden, wenn nicht schüchtern. Aber mehrere alte Freunde betonten, daß dies ihn – ebenso wie Tania – von ihren Zeitgenossen »absonderte« und »über sie erhob«.

Zweiundzwanzigstes Kapitel

Intermezzo

I

Im August 1919 schifften sich die Blixens nach Europa ein. Sie vergnügten sich ein wenig in London und Paris, verbrachten den Winter bei ihren Familien und stellten sich der unangenehmen Auseinandersetzung mit den Aktionären der Karen Coffee Company. Sie reisten erster Klasse auf der *S. S. Pundua*, und Tanne nahm zwei kleine Somalipagen mit, die ihr beim Ein- und Auspakken der Koffer zur Hand gehen sollten. Die ernsten, schön gekleideten *totos* folgten ihrer Herrin, ihre Pakete oder ihren Schirm tragend, durch das blaudämmrige Europa. Im Carlton Hotel übernachteten sie mangels einer anderen Unterkunft in Tannes Badewanne. Ihre afrikanischen Freunde fanden das amüsant, wenn auch etwas albern, und sie klatschten ausgiebig darüber. In Dänemark starrten die Leute sie auf der Straße an, sie nahmen offensichtlich Anstoß an der Zurschaustellung einer dekadenten Phantasie. Allerdings war diese dekadente Phantasie durchaus nicht außergewöhnlich, denn etliche wohlbekannte *Vedettes* der Gesellschaft jener Epoche, allen voran die Princesse de Faucigny-Lucinge und die Marquesa Casati, hatten ebenfalls ihre livrierten schwarzen Pagenknaben. Jahre später bekannte Tania Blixen Bjørnvig, daß die Geste »verpufft« sei.[1]

Der Kaffee war vor ihrem Aufbruch geerntet worden, und es war ein einigermaßen gutes Jahr gewesen. Trotz ihrer Schulden und Rückschläge waren Tanne und Bror zuversichtlich, was die Zukunft der Farm betraf, und sie hatten keine Bedenken, ihr Kapital für einen luxuriösen Urlaub anzugreifen. Im Maxim in Paris bestellte Bror den besten Champagner mit der Ausrede, eine Flasche davon sei billiger als das Parfum seiner Frau. Bei Baccarat ergänzten sie ihr Hochzeitskristall durch eine Bestellung von acht Dutzend Wein- und Wassergläsern. Tania schwelgte in Musik, Opern und Theaterstücken, besuchte einen erstklassigen Coiffeur und eine Masseuse und deckte sich wie verrückt mit neuen Kleidern ein. Sie ließ sich bei Pacquin * eine Schneiderpuppe machen, suchte sich im Maison Lewis mehrere elegante Hüte aus und hinterließ ihre Maße bei Madame Dupré, der berühmten Corsetière auf dem Place Vendôme. Tanne und Bror schafften sich neue Reitstiefel an, und bei Hellstern in Paris ließ sie sich Schuhe aus mitgebrachten Schlangenhäuten anfertigen. »Es ist erstaunlich, was Kleider mir bedeuten«, gestand sie Thomas, »vielleicht messe ich ihnen einen zu hohen Wert bei. Aber nichts – ob Krankheit, Armut, Einsamkeit oder sonstiges Mißgeschick, betrübt mich mehr, als wenn ich nichts anzuziehen habe . . .« **

Denys war in England, er hielt sich im Conservative Club auf und glänzte in den Salons von Mayfair. Er besaß eine Kollektion romantischer Kleidungsstücke und sonderbarer Hüte (die seine Glatze verbargen), die er zu Sonnenbräune und schiefem Lächeln trug. Die Wochenenden verbrachte er auf Haverholme Priory, dem Sitz seiner Familie in Lincolnshire, und ließ sich von seinen Angehörigen feiern. Anscheinend konnte keiner je genug von ihm bekommen.

Sein älterer Bruder Toby, Viscount Maidstone, hatte kürzlich eine reiche Amerikanerin geheiratet, Margaretta Drexel aus Philadelphia, eine schöne Frau, die Denys, je nach Informant, entweder heftig liebte oder nicht ausstehen konnte. Aber er genoß ihre Feste mit der »anglo-amerikanischen Clique«, zu welcher die Cunards, die Astors, Margot Asquith sowie Kermit Roosevelt, Duff Cooper und Ivan Moffat mit ihren Frauen gehörten. Mrs. Iris Moffat war eine geborene Tree, eine Dichterin, die Tochter von Beerbohm Tree, in Bloomsbury ansässig, und sie und Denys wurden gute Freunde. Er liebte ihre Werke und hatte ihren Gedicht-

---

* Vielleicht sagte ihr dieses Haus besonders zu, weil zu seinen Kundinnen die grandes dames von Saint Germain *und* die großen Halbweltdamen, wie etwa Caroline (La Belle) Otero, gehörten.

** Tania Blixen, *Briefe*, S. 97. Ihre Rechnungen, die unbezahlt blieben, als sie Afrika 1931 verließ, beliefen sich auf über 20000 Francs (KBA 75).

band bei sich, als er starb. Iris war eine lebhafte, rastlose Schönheit mit goldblonden Haaren und hellem Teint, und sie verkörperte den Frauentyp, den Denys attraktiv fand. Sie waren Abenteurerinnen oder Künstlerinnen mit einem Hang zur *Grandezza*, wie Tania Blixen es nannte. Als junger Mann hatte Denys seine französische Kusine Catherine (Kitty) Bechet de Balan sehr bewundert, die in Eingeborenenkleidung durch Marokko gereist war. Lady Winchilsea, eine Amateurphotographin, hatte sie auf Haverholme in ihren Schleiern und Pantalons auf einem Diwan ausgestreckt posieren lassen, und Errol Trzebinski bemerkte, das Porträt weise eine verblüffende Ähnlichkeit mit Tania Blixen auf.[2]

In England hielten die Blixens getrennt Hof, und Tania benutzte ihre Freiheit vermutlich, um mit Denys zusammen zu sein. Eines Abends war Bror von einem afrikanischen Freund namens Geoffrey Buxton ins Theater eingeladen. Buxton hatte eine Farm in Naivasha und lebte seit 1906 in Britisch-Ostafrika. Er stammte aus einer sehr vornehmen Familie in Norfolk, hatte mit Toby Maidstone die Schule besucht, und seine jüngeren Geschwister Rose und Guy waren gute Freunde von Denys. Auf Geoffreys Drängen war Denys nach Afrika gegangen.

Das Theaterstück, für das Buxton mit einiger Mühe Karten bekommen hatte, war das Erfolgsstück *Chu Chin Chow*. Buxtons übrige Gäste waren sein Cousin Ben Birkbeck und dessen junge Frau Jacqueline, von ihren Freunden Cockie genannt. Den Spitznamen verdankte sie ihrer Ähnlichkeit mit einem rundlichen, flinken, munteren Rotkehlchen. Buxton hatte Bror als »Prachtbursche« gepriesen, mit dem man »immer eine Menge Spaß« bekomme, aber aus irgendeinem Grunde sprach Bror an diesem Abend kaum ein Wort. Mrs. Birkbeck war enttäuscht, denn sie amüsierte sich gern. Einem anderen Gastgeber, der Bror einmal als Attraktion des Abends ankündigte, winkte sie ab. Aber sie und Bror begegneten sich ein Jahr später in Afrika wieder, und Cockies erster Eindruck wurde durch den zweiten korrigiert.[3] Nach einer lange währenden Romanze und zwei Scheidungen wurde Cockie Birkbeck Brors zweite Frau.

II

Die Afrikaner, schreibt Tania Blixen, waren »auf alles Unvorhergesehene gefaßt«[4], und auch sie hatte einen Instinkt, eine bestimmte Wachsamkeit entwickelt, womit sie den Überraschungen und Katastrophen ihres dortigen Lebens begegnete. In Dänemark entspannte sie sich; wenn sie nach Hause kam, ließ sie sich einfach gehen. Es war die geistige Erschöpfung, die eine tatkräftige Person befällt, wenn sie plötzlich keinen Drang mehr verspürt, etwas für sich zu tun.

Sie verbrachte ein spärlich dokumentiertes Jahr in Rungstedlund. Professor Rasch behandelte weiterhin ihre Syphilis, und sie litt fünf Monate an einer Kombination von spanischer Grippe und Blutvergiftung. Der Familienkreis umschloß sie mit Hingabe und guten Ratschlägen. Ihre Schwestern kamen sie mit ihren reichen, konventionellen dänischen Ehemännern besuchen, von denen der eine Tanne langweilte und der andere sie in Wut versetzte. Alle verwöhnten und tätschelten Eas kleinen Engel, der jetzt zwei Jahre alt war und mit Kosenamen Mitten hieß. Tanne klagte später, sie hätte gar nicht erst nach Hause kommen sollen, und sie habe sich dort mehr denn je wie eine Fremde gefühlt.

Die Familie, zumindest Ingeborg und Thomas, wußte unterdessen – im Jahre 1919 – über Tannes Krankheit Bescheid, und in einem Augenblick der Schwäche oder Verstimmung erzählte sie ihnen in diesem Winter von Brors unaufhörlichen Seitensprüngen und erwähnte, daß sie eine Scheidung in Erwägung gezogen hatte. Sie benutzten diese Informationen, um sie zur Scheidung zu drängen, als sie sie gar nicht mehr wollte. Darauf versuchte sie, wenn auch nicht die Tatsachen, so doch die Bedeutung ihrer Enthüllungen herunterzuspielen. Kein Außenstehender, hielt sie Ingeborg vor, könne verstehen, wie eine Ehe im Innern funktioniere, was Ingeborg aus eigener Erfahrung wissen müsse.

Das ursprüngliche Mißtrauen der Familie gegenüber Bror verwandelte sich in unverhohlene Abneigung. Aage Westenholz wollte ihn sowohl aus finanziellen als auch aus moralischen Gründen aus dem Kaffeegeschäft ausschließen. Als Bror im März nach einem langen Aufenthalt in Schweden nach Afrika zurückkehrte, waren seine Tage als Verwalter gezählt. Aage sprach von Verkauf, worin er von der Gräfin Frijs, die ein dickes Aktienpaket besaß, unterstützt wurde. Bror verpfändete in der Zwischenzeit Tannes Silber, ließ ihre Möbel von Gläubigern beschlagnahmen und war bereit, Haus und Grund jedem zu überschreiben, der mit ihnen über ein Darlehen verhandeln wollte.

Im November fuhr Tanne auf der ersten Etappe ihrer Heimreise mit ihrem Bruder Anders nach London. Sie wollte sich dort mit Thomas treffen und auf Nachricht aus Afrika warten, bevor sie sich einschiffte. Die Telegramme kreuzten sich. Sie fuhr nach Marseille und wartete wieder ab, unsicher, ob sich die Rückkehr überhaupt lohne. Als sie schließlich, begleitet von Thomas, eine Passage auf der *Garth Castle* buchte, war sie »sehr bedrückt«.[5]

Bror hatte unterdessen während Tannes Abwesenheit auf der Farm ein sorgloses, gastliches und zeitweise ausschweifendes Leben geführt. Ein alter Freund sprach von »Orgien mit Massaiweibern, sie waren *der* Skandal des Bezirks.«[6] Olga Holmberg, eine Nachbarin, erinnerte sich, daß Tannes bestes Kristall manchmal als Zielscheibe bei Schießübungen herhalten mußte. Ein ehemaliger Diener sagte, Bror habe das Haus in ein »Hotel« verwandelt.[7]

Zwei alte Freunde von Bror, Ingrid und Gillis Lindström (die allerdings nicht an den Ausschweifungen teilnahmen), waren 1918 nach Kenia ausgewandert, und Bror war während Tannes Abwesenheit oft mit ihnen zusammen. Sie waren ausnehmend herzliche, realistische Menschen. Gillis war ein ehemaliger Offizier der schwedischen Kavallerie, Ingrid war eine Offizierstochter, eine kleine, blonde, pausbackige Frau, vital und energiegeladen, und sie hatte die Blixen-Zwillinge als junges Mädchen in Skåne gekannt.

Die Lindströms kauften von Algy Carthwright ein Haus in Njoro und bauten dort Flachs an. Ingrid hing so leidenschaftlich an der Farm wie Tanne an ihrer. Als im Jahr darauf der Markt zusammenbrach, konnten sie ihre Hypothekenabtragungen nicht zahlen, und Ingrid versuchte ersatzweise Geflügel zu züchten und ausgefallene Gemüsesorten für den Markt in Nairobi anzubauen. Ihre Familie, mit drei kleinen Töchtern, war mit Tannes Worten »das Sorgloseste, was man sich vorstellen kann.« Gillis fertigte die Möbel aus Packkisten an; im Wohnzimmer stand ein altes Sofa ohne Füße, und dort saßen Tanne und Ingrid bis spät in die Nacht und redeten. Die Mahlzeiten waren »chaotisch«, und in der Speisekammer fehlten gewöhnlich Grundnahrungsmittel wie Zucker,

Butter und Milch. Die Kinder liefen nacktbeinig herum, angezogen wie Zigeuner, und spielten mit Vierbeinern und Hühnern im Schmutz. »Aber inmitten von alledem«, schrieb Tanne später, »ist es die glücklichste Familie, die ich hier draußen gesehen habe.«[8] Ingrid bezog Tanne in ihr Familienleben ein, nahm an ihrer Heiterkeit und ihrem Befinden teil, neckte sie und lachte sie wegen ihrer Verrücktheiten aus und weinte in ihren Armen, wenn die Zeiten für die eine oder andere schwer waren.

Algy Carthwright trieb sein Geld bei den Lindströms auf liebenswürdige Weise ein. Er zeigte das Haus sogar anderen Freunden, die eventuell an einem Kauf interessiert waren. Es waren Ben und Cockie Birkbeck, die bei Geoffrey Buxton zu Besuch weilten und ernsthaft von Auswanderung sprachen. Cockie und Ingrid wurden gute Freundinnen, und in Njoro begegneten Cockie und Bror sich wieder.

Auch Denys tauchte bei Lindströms auf. Er kam eines Tages mit Algy Carthwright, verbrachte jedoch fast den ganzen Vormittag damit, den Wagen zu reparieren, weshalb Ingrid ihn für den Chauffeur hielt.[9] Sie faßte auf Anhieb Zuneigung zu ihm, wie im Jahr darauf zu Tanne.

Mindestens einmal waren Cockie und die Lindströms zusammen im Haus Mbogani zu Besuch. Bror lud sie alle großartig zum Abendessen ein, aber sie mußten warten, bis Farah sich nach Nairobi begeben hatte und mit Lebensmitteln zurückkehrte. Bei anderer Gelegenheit lernten sich Cockie und Denys dort kennen. Bror stellte ihn mit einem vertraulichen Klaps auf den Rücken als »mein guter Freund und Liebhaber meiner Frau, Denys Finch-Hatton« vor. Daher konnte Cockie Tannes Verbitterung über ihre Affäre mit Bror nie verstehen. »Sie fühlte sich zum Narren gehalten. Sie hat nie wieder mit mir gesprochen.«[10]

Dreiundzwanzigstes Kapitel

Thomas

I

Thomas Dinesen kam nach Afrika, um zu sehen, ob er sich dort niederlassen könne. Schon 1918 hatte Tanne ihm Hoffnung auf den Erwerb von Crescent Island am Naivashasee gemacht, wo er morgens Enten schießen und bei Sonnenuntergang baden könne und es einen kleinen Hafen für ein Motorboot gäbe. Auf der *Garth Castle* war von Land auf der anderen Seite des Mount Kenya die Rede gewesen, wo er die besten Milchkühe im Lande züchten könne. Doch nach seinem ersten begeisterten Eindruck von der Kolonie* nahm ihm deren ökonomische Zukunft den Mut. Er steckte das mitgebrachte Kapital in die Karen Coffee Company und blieb zwei Jahre, in denen er seiner Schwester bei der Bewirtschaftung der Plantage und bei der Kaffeeaufbereitung zur Hand ging. Diesem großen, kräftigen, praktisch veranlagten jüngeren Bruder war jedoch in dem strengen Gefüge von *Afrika, dunkel lockende Welt* kein Platz vergönnt. Er bewohnte auf der Farm eine eigene Hütte, in die er sich diskret zurückzog, wenn Denys kam, und unternahm gelegentlich auf eigene Faust ausgedehnte Safaris.

Kurz nach Thomas' Ankunft in Afrika verließ Bror die Farm endgültig. Über die Vorkommnisse, die zu seinem Fortgang führten, gibt es verschiedene Versionen. Thomas merkte, daß die Ehe gescheitert war, sobald Bror ihn und Tanne in Mombasa abholte und ein Klagelied über die Farm anstimmte; es schien beinahe, als

* Im Juni 1920 wurde das Protektorat Britisch Ostafrika Kronkolonie.

hoffte er, sie würden das nächste Schiff zurück nach Dänemark nehmen. Mrs. Hoogterp, die frühere Cockie Birkbeck Blixen, klagte, Bror sei von Tannes Familie vernachlässigt und schlecht behandelt worden, und sie hätten ihn buchstäblich »hinausgeworfen, so daß er im Busch schlafen mußte.«[1] Bror zog tatsächlich ins Massaireservat, als er die Farm verließ, teils jedoch, weil er kein Geld hatte und auf der Flucht vor seinen Gläubigern war, die nur darauf warteten, über ihn herzufallen, wenn er sich in Nairobi blicken ließ. Später versteckten ihn Freunde bei sich, darunter der Gouverneur und seine Gattin, in deren Haus er vor Verfolgung geschützt war. Danach »verabschiedeten sie ihn schleunigst«[2] nach Tanganjika auf Safari mit reichen Klienten. Er kehrte nach einem einträglichen Handel mit Elfenbein um 5000 Pfund reicher zurück, aber er gab die gesamte Summe während der Rückfahrt nach Europa für Glücksspiele und Champagner aus. »Niemand traute Bror, aber alle versuchten, ihm zu helfen«, sagte Frau Lindström. Sein unsicheres, würdeloses Dasein schien weder auf seine Stimmung zu drücken, noch seinen Charme zu schmälern oder seine Extravaganz zu zügeln.

Tanne beschrieb die Szenerie, die sie zu Hause vorfand – die zerbrochenen Gläser, die zum Teil verpfändeten Möbel –, doch danach erwähnte sie ihren Mann ganze sieben Monate nicht mehr. Als sie schließlich 1922 in die Scheidung einwilligte, tat sie es ungeheuer traurig und zögernd. Bror wollte die Scheidung unbedingt, Thomas und die Lindströms waren dafür, Tanne aber sah es als eine vollendete Tragödie. Sie sei sogar gewillt gewesen, bekannte sie, Bror seine »Freiheit« zu lassen, während sie formal mit ihm verheiratet blieb, solange er jeglichen Skandal vermied.

II

Denys war während der nächsten zwei Jahre meistens in England oder auf Safari, und Thomas Dinesen war der einzige wirkliche Gefährte seiner Schwester. Seine Gegenwart war für sie ein großer emotionaler Luxus, denn er war der einzige unter ihren Angehörigen, dem sie vertrauen konnte. Dieses Vertrauen war mitunter leidenschaftlich und tyrannisch. Jahre später, als Thomas eine Familie gegründet hatte und nicht mehr »mein ganzes Leben und Vermögen meiner Schwester«[3] widmen konnte, versuchte sie immer noch so etwas wie ein *droit du seigneur* auszuüben, wogegen sich seine Kinder um ihrer Mutter willen verwehrten. Als Tania Blixen nach dem Zweiten Weltkrieg von Bewunderern umringt war, nahm sie ihren Bruder weniger in Beschlag, sie stritt sich öfter mit ihm und schlug ihm gegenüber einen etwas anmaßenden Ton an. Bis dahin aber – in Afrika und während sie ihre ersten drei Bücher schrieb – war er ihr Sprachrohr, der Mensch, bei dem sie sich von ihrer »ritterlichen Haltung« erholen und mit dem sie »über ihre Sorgen sprechen« konnte.[4]

Die beiden waren sehr verschieden und hatten nie die gleiche Meinung. Als Thomas eines Abends an Deck der *Garth Castle* erstmals nach dem Kreuz des Südens Ausschau hielt, stellte er enttäuscht fest, daß es »überhaupt kein Kreuz war.«[5] Er war Demokrat, Atheist, Parteigänger von Tante Bess und den Westenholzens und vertrat in all seinen Auseinandersetzungen mit Tanne über Kunst und Religion die vernünftige, nüchterne Position. Es bestand eine gewisse Rivalität zwischen ihnen darüber, wer Wilhelm ähnlicher sei. Thomas behauptete, seines Vaters Begabungen als Jäger und Soldat sowie sein Interesse an »großen Kernfragen« geerbt zu haben. Tanne gestand er zu, Wilhelms schriftstellerische Begabung geerbt zu haben, und er bedrängte sie, ihre »geniale Schöpferkraft« zu entwickeln. Schreiben, glaubte er – nicht Ackerbau oder Malerei –, sei ihre wahre Berufung. Er betrachtete jedoch ihr »Künstlertum« auch mit einer gewissen Respektlosigkeit und mit Mißtrauen, und die »Unstimmigkeiten« in *Afrika, dunkel lockende Welt* amüsierten ihn. »Kennen Sie das Epigraph?« fragte er mich.* »In Wirklichkeit konnte meine Schwester weder reiten noch Bogenschießen, und sie hat nie die Wahrheit gesagt. Ihr Pferd war widerspenstig, und sie konnte nicht allein aufsteigen. Sie rief ihre Boys zu Hilfe, aber wenn es ihnen nicht gelang, das Tier stillzuhalten, verzichtete sie aufs Reiten und sagte: ›Keiner hilft mir, keiner kümmert sich um mich, hier will ich nicht bleiben‹.«[6] Tanne, so schrieb er förmlicher, »besaß eine Begabung dafür, von allem, das ihr im Leben begegnete, ein attraktives Bild zu malen – von Menschen und Landschaften, von Verzückung und

---

* *Equitare, arcem tendere, veritatem dicere:* Reiten, Bogenschießen, die Wahrheit sagen.

Verzweiflung. Zuweilen kann der Künstler von seinem Bild so hingerissen sein, daß selbst seine besten Freunde seine Echtheit, seinen Wahrheitsgehalt in Zweifel ziehen.«[7]

Thomas Dinesen war in allem, was er über seine Schwester veröffentlichte oder sagte, ausnehmend loyal. Wenn er in einem Atemzug ihr Geltungsbedürfnis, ihre Launenhaftigkeit, ihr sprunghaftes Temperament beschreibt, so preist er im nächsten ihre Courage, ihre hohen Ideale, ihre schöpferische Begabung. Aber er porträtiert sie als eine Seele, mit der zu leben schwierig war. Sie war äußerst launenhaft und konnte über Belanglosigkeiten in wütende Verzweiflung geraten. Sie faßte die Nachlässigkeiten ihrer Dienerschaft als persönliche Beleidigung oder Abneigung auf. »Ihr wollt mich los sein«, beschuldigte sie sie, wenn sie zuließen, daß ihr Lieblingshund sich mit einem Mischling paarte, oder wenn die Hausarbeit schlampig erledigt wurde. »Ihr habt mir nie geholfen, etwas zu werden«, warf sie ihrer Familie vor. Thomas glaubte jedoch, wenn sie »sie zu einem Beruf ermutigt hätten, so hätte sie sich aus Prinzip widersetzt«.[8]

Wenn Tania etwas erreichen wollte, sei es etwas Großes oder etwas Kleines, so tat sie dies mit einem Eigensinn und einer Heftigkeit, denen nur wenige widerstehen konnten. »Man mußte sich ihr unterwerfen«, sagte eine Nichte.[9] Selbst die Geldgeber in Nairobi, die Thomas' unzählige Bitten um kurzfristige Darlehen abschlägig beschieden, gaben ihr nach. »Sie besaß eine erstaunliche Fähigkeit, ihren Willen durchzusetzen, alle möglichen Leute dazu zu bringen, sich ihren Wünschen zu fügen. Es war«, schloß Thomas, »ein etwas gefährlicher Charakterzug.«[10] Eine afrikanische Freundin drückte es unverblümter aus: »Die Leute fürchteten sich vor Tania. Sie war zu allem fähig. Man hatte das Gefühl, daß sie imstande sei, jemanden mir nichts, dir nichts zu erschießen.«[11]

III

In diesem Frühjahr kam Aage Westenholz in der Absicht, die Farm zu veräußern. Er war ein großer, schlanker Herr von sechzig Jahren mit einem feinen Schnurrbart, und er sagte offen und deutlich seine Meinung. Die Afrikaner nannten ihn *Mzee*, »Alter Mann«, aber gegen Ende seines Aufenthaltes waren sie von seiner Kondition dermaßen beeindruckt, daß sie ihn nunmehr »Starker alter

Mann« nannten. Er liebte kalte Bäder und ausgedehnte Spaziergänge und interessierte sich nicht für das Gesellschaftsleben. Er war aber um eine vorurteilslose Einstellung zur Farm bemüht.

Thomas verschwieg seine Bedenken und erörterte seinem Onkel, daß es sich durchaus lohne, dem Unternehmen frisches Kapital zufließen zu lassen. Tanne glaubte nicht, daß die Schönheit des Landes ihn berührte, ihre Entschlossenheit jedoch berührte ihn offensichtlich. Als er im Juni abreiste, hatten sie eine für sie äußerst vorteilhafte Vereinbarung getroffen. Sie würde die Gesamtverantwortung für die Verwaltung übernehmen und dafür ein Gehalt von monatlich 80 Pfund sowie eine 10%ige Gewinnbeteiligung beziehen. Im Falle des Verkaufs der Farm sollte sie ein Drittel aller Gewinne über 100000 Pfund erhalten und in der Lage sein, eine Option auszuüben, um die Aktionäre mit 850000 Kronen auszuzahlen; zudem würde ihr eine zweite Hypothek in Höhe von 1350000 Kronen bewilligt.[12] Daran waren jedoch zwei harte Bedingungen geknüpft. Bror Blixen durfte die Farm nie wieder betreten, und Tania sollte, als Geste guten Willens, aus Haus Mbogani in eine Grashütte ziehen, die früher ihr Verwalter bewohnt hatte. Die Unrentabilität der Farm wurde somit von Onkel Aage als Sünde hingestellt, die bestraft werden müsse. Tanne weigerte sich auszuziehen und wütete noch monatelang über Onkel Aages »Grashaus und Büroarbeit«.[13] Sie hat ihm diese Zumutung nie verziehen. Dies veranschaulichte wieder einmal die Kluft, die sie vom Temperament und den Wertvorstellungen der Familie ihrer Mutter trennte.

Tannes Entschlossenheit, die Farm zu halten, sowie ihr Entschluß, sich nicht von Bror scheiden zu lassen, verdichteten sich im Laufe des Jahres 1921 zu einem erbitterten Ringen um ihre Selbständigkeit. Sie kämpfte genau wie als junges Mädchen gegen die Familie, um ihre Lebenskraft, ihr geheimes Selbst trotz deren Einmischung intakt zu halten. Ihr Haus, ihr Land, ihre *totos* seien, erklärte sie, Bestandteile ihres Seins, und sie habe das Gefühl, das alles erschaffen zu haben. Als die Familie sie in besorgten Briefen bedrängte, nach Hause zu kommen, ihr ernste Warnungen zukommen ließ, daß sie verkaufen müßten, und ihr Vorhaltungen wegen Unwirtschaftlichkeit und Selbstsucht machte, antwortete sie, wenn sie ihr die Farm nähmen, würden sie sie nie wiedersehen. Dieser Briefwechsel wurde immer erbitterter, indes die zwanziger Jahre vergingen und Tannes Versprechungen an Glaubwürdigkeit verloren. Zum Ausgleich mußte sie eine hohe, ja übersteigerte Einschätzung ihres Könnens und Wertes, ihrer Handhabung der Dinge bewahren. Sie beharrte zum Beispiel darauf, *sie* wisse eben, wie man die Kaffeebäume dünge oder die Brandwunden ihrer Squatter behandle, und sie verließ sich in Verwaltungs- und Geldangelegenheiten auf ihren Instinkt. Vielleicht benötigte sie diesen maßlosen Eigensinn, um demjenigen von Onkel Aage zu begegnen und in einer Familie von überaus starrsinnigen und willensstarken Menschen zu überleben.

IV

Als Tanne Ingeborg schließlich gestand, daß sie sich von Bror getrennt hatte, bat sie ihre Mutter, der Familie nichts davon zu sagen. Sie sehnte sich verzweifelt nach Zuspruch und schlichtem Trost, nicht Mitleid, nicht Rat – den Hauptbestandteilen des Gefühlsvorrats ihrer Familie. Statt sich an ihre Geschwister zu wenden, bat sie Ingeborg: »Ja, sprich etwas mit Vater über mich. Er hat wirklich ein Teil Verantwortung, denn er hat mich verlassen und hat doch gewußt, daß ich es im Leben nicht leicht haben würde.«[14] Ingeborg besprach jedoch das Problem auf einer Aktionärsversammlung mit dem Resultat, daß Tanne in einer Reihe gefühlvoller, rechtschaffener Briefe bedrängt wurde, sich scheiden zu lassen. Man kann sich ihre Entrüstung vorstellen. Sie drohte, sämtliche Verbindungen abzubrechen und alle Briefe – selbst die ihrer geliebten Mutter – ungelesen zurückzuschicken. Sie könne nie mehr nach Hause kommen, schrieb sie wütend, und dort unter Pharisäern leben. Doch selbst im höchsten Zorn war sie darauf bedacht, ihrer Mutter zu versichern, wie sehr sie sie noch immer brauche und liebe. Die Worte Lord Dounes, eines jungen Freundes, zitierend, »wenn man reitet, hat man *ein Maul* am Zügel«, erklärte sie ihrer Mutter: »Denkt daran, wenn Ihr schreibt, trefft Ihr ein Herz.«[15]

Die Scheidungsklage wurde 1922 endlich im schwedischen Konsulat verhandelt. Es kam nichts von den »schmutzigen Aspekten« zur Sprache, die Parmenia Migel in *Titania* erwähnt.[16] Es war ein zivilisierter Antrag des Inhalts, daß das Ehepaar seit drei Jahren getrennt lebe und keine Kinder habe. Das einzige pikante Detail ist, daß Tanne falsche Angaben über ihr Alter und sich fünf Jahre jünger machte.* Thomas und die Lindströms waren die Zeugen, und hinterher aßen alle zusammen fröhlich im Norfolk zu Mittag. Wenn Tanne auch Cockie Birkbeck »nie verzieh«, so schien sie doch – zumindest für eine Weile – keinen Groll gegen ihren früheren Mann zu hegen. Wie Denys hielt er sich zwischen den Safaris auf der Farm auf, er brachte zum Essen Bekannte mit, um sie Tanne vorzustellen, und bewohnte das Haus, wenn sie in Europa war.

Es bestand jedoch zwischen den Blixens ein ständiger Konflikt, eine Art Vormundschaftskampf um Farah. Er war ursprünglich Brors Diener gewesen, und Bror nahm ihn weiterhin auf Safaris mit und beraubte Tanne monatelang seiner Dienste. Sie verübelte ihm das sehr, und sie befehdeten sich deswegen – ganz so wie Oberon und seine Gemahlin wegen ihres Elfenknaben. Dieser Streit dürfte Denys sehr amüsiert haben. Vielleicht hat ihn dies zu dem Kosenamen inspiriert, den er seiner Geliebten gab: Titania.

* 1919, als sie 34 war, ließ sie Geoffrey Buxton ihr Alter schätzen, der sie auf siebenundzwanzig schätzte. (Tania Blixen, *Briefe*, S. 131.) Seither gab sie unter ihren englischen Freunden, Denys eingeschlossen, vor, sieben Jahre jünger zu sein, als sie wirklich war (KBA 72, Karen Blixens Scheidungsgesuch und -urteil).

Vierundzwanzigstes Kapitel

Kamante und Lulu

I

Anfang 1922 hatte Ea de Neergaard eine Totgeburt. Sie lag die folgenden Monate mit hohem Fieber zu Hause darnieder. Sie starb im Juni, erst 39 Jahre alt, und ließ ihre Tochter Karen in Frau Dinesens Obhut zurück. Tanne schrieb sogleich; die Entfernung zwischen sich und Dänemark nannte sie unerträglich. Doch in den nachfolgenden Briefen, die die Familie sehr verstörten, gestand sie, daß der Tod ihrer Schwester für sie einer gewissen Realität entbehre und ihr die *shauries* mit Bror größeren Kummer machten. Sie und Ea hätten sich wenigstens geliebt, sie hätten alte Konflikte beigelegt, und sie habe ihre glücklichen Erinnerungen. Von ihrer Ehe aber bleibe nichts Nennenswertes zurück.

Wenngleich Tanne häufig wiederholte, sie habe sich in aller Freundschaft von ihrem Mann getrennt, deprimierte sie das Scheidungsverfahren, das sich über mehrere Jahre hinzog, zutiefst. Sie konnte nicht verstehen, wie Bror ihre Partnerschaft mit solcher Leichtigkeit aufgeben konnte, mit solch unbekümmerter Illoyalität gegenüber einer Vergangenheit, wo es Liebe, Vergnügen und Gemeinsamkeit gegeben und in der zumindest sie »ein wenig von meiner Seele« zurückgelassen hatte. »Bror«, schrieb sie, »ist viele Jahre lang der Mensch gewesen, dem ich auf der Welt am allernächsten stand«, und ihr sei, als hätte sie »ein Kind, das im Sterben liegt«.[1]

Thomas konnte seine Schwester nicht aufheitern. Sie wollte ihre Mutter bei sich haben, und ohne sich sentimentaler Floskeln zu enthalten, beschwor sie Ingeborg, über den Winter nach Afrika zu kommen. Frau Dinesen erwiderte jedoch, sie könne Eas Tochter nicht allein lassen, worauf Tanne entgegnete, Mitten habe noch mehr Jahre vor sich als sie, um von Ingeborg verwöhnt zu werden, und auch die Farm sei gleichsam ihr Enkelkind und habe ihren Segen und ihre Fürsorge ebensosehr verdient. Daß sie sich dieser Ausdrucksweise keineswegs schämte, läßt auf das Ausmaß von Tannes Unglück schließen.

Im Herbst dieses Jahres kam ein neuer Gouverneur in die Kolonie Kenia, Sir Robert Coryndon. Man munkelte, er sei »pro-indisch« und »pro-native«, was Tanne sehr für ihn einnahm. An dem Abend, als Lady Northey ihr Abschiedsfest gab, war Tanne besonders deprimiert, und sie wollte zuerst gar nicht hingehen. Doch nach dem Essen schüttelte sie ihre Niedergeschlagenheit ab, sie ließ sich von ihren *totos* den Wagen vorfahren und eine Lampe montieren und fuhr eigenhändig nach Nairobi. Das Fest geriet gegen elf, als sie ankam, gerade erst richtig in Schwung. Denys war da. Lord Delamere machte sie mit dem neuen Gouverneur bekannt und flüsterte ihr zu, er sei ein famoser Kerl; er sei Jäger gewesen, bevor er in den Staatsdienst ging, und verstünde etwas von Wildnis und Tieren. Alle waren besonders nett zu Tanne, einschließlich Coryndon, der versprach, die Farm zu besuchen, und dies einen Monat nach seiner Amtseinführung wahr machte. Sie führten eine lange Diskussion über die Kolonialpolitik, und Tanne entdeckte, daß er ihre Zuneigung zu den Afrikanern und ihre Vorstellungen von deren wirtschaftlicher Bedeutung für die Zukunft des Landes teilte. Sie war der Meinung, daß eine unabhängige einheimische Produktion zunehmend an Bedeutung gewinne und »diesen Stämmen noch viele Fertigkeiten beigebracht werden können ...«[2]

Die Bezeichnung »pro-native« (wenngleich nicht »pro-indisch«) wurde in den zwanziger Jahren häufig mit dem Namen Tania Blixen in Verbindung gebracht. Sie bezieht sich auf eine der kontroversesten Streitfragen jenes Jahrzehnts. Nach dem Krieg herrschte auf den Farmen der Weißen ein akuter Mangel an Arbeitskräften, der noch verschärft wurde durch ein Regierungsprogramm für den Bau einer neuen Eisenbahnlinie, der Tausende von afrikanischen Arbeitern beschäftigte, sowie durch den Zustrom sogenannter »Soldaten-Siedler«, durch Los bestimmter Veteranen, denen drei Millionen Morgen Ackerland im Hochland zugeteilt wurden, ferner durch eine Reihe von Hungersnöten und Epidemien, die 1918 das Land heimsuchten und bei denen Tausende von Afrikanern umkamen. Die Siedler wünschten die Einführung einer Art Zwangsarbeit für öffentliche Arbeiten; sie wollten außerdem, daß die Regierung Druck auf die Häuptlinge ausübte, damit diese ihre jungen Männer veranlaßten, auf den Farmen der Weißen zu arbeiten. »Früher«, argumentierte Gouverneur Northey, »war der junge Mann beständig auf dem Kriegspfad und führte ein gesundes Leben, weil er sich viel im Freien bewegte; heutzutage hat er keinen Ausgleich für die Beutezüge und Fehden der alten Zeiten, es sei denn, er arbeitet.«[3] (Er wurde später wegen solcher Ansichten abgesetzt und von dem mehr »pro-native« eingestellten Coryndon abgelöst.) Doch anders als Tania Blixen und Coryndon, die eine unabhängige einheimische Produktion befürworteten, meinten die meisten Siedler, die Afrikaner könnten nicht gleichzeitig ihr eigenes Land und das der Weißen bestellen. Sie wollten die Schwarzen nicht als »Partner« in der Entwicklung der Kolonie.

Auch die »indische Frage«, die sowohl rassischer als ökonomischer Natur war, wurde zu dieser Zeit zu einer erbitterten Kontroverse. 1921 gab es in Kenia 23 000 Inder, in der Hauptstadt arbeiteten 9600 als Angestellte, Steinmetze, kleine Ladenbesitzer und Verkäufer, die in großem Elend lebten. Die Weißen wollten der uneingeschränkten Einwanderung von Indern ein Ende machen – dem »braunen Keil«, der zwischen sie und die Afrikaner getrieben werde. Sie wünschten nach Rassen getrennte Schulen und Wohnviertel und wollten den Indern Landbesitz in ihrem geheiligten Hochland mit dem Argument verbieten, die Inder könnten aufgrund ihrer Konstitution gut woanders leben, während die Europäer es nur in den gemäßigten Zonen aushielten. Vor allem aber erhoben sie Einspruch gegen die Forderung der Inder nach einer Stimme in der Kolonialregierung und insbesondere nach proportionaler Vertretung in der Gesetzgebenden Kammer. Ihnen das allgemeine Stimmrecht geben hieße ihnen Macht geben.

Die weißen Siedler sahen von diesen zwei Streitfragen ihre Farmen, ihren Lebensunterhalt, die Jahre ihrer Mühen und Opfer, ja, mehr noch, die »Zivilisation« an sich, Kenia als Land des weißen Mannes, bedroht. Sie waren, wie Elspeth Huxley es ausdrückte, »ziemlich betrübt«[4] über die Heftigkeit, mit der sie von Reformern im britischen Parlament und in der Presse sowie von den

Missionaren und Staatsbediensteten in der Kolonie angegriffen wurden. Dieses Gefühl der Anfeindung wurde 1923 noch verstärkt, als die britische Regierung ein Kenia-Weißbuch veröffentlichte, darin im Falle eines Interessenkonfliktes die Interessen der Afrikaner als »übergeordnet« und die der Immigranten, gleich welcher Rasse, als unbedingt untergeordnet definiert wurden. Doch aller Schönrednerei des Außenministeriums zum Trotz hielten die Weißen an ihrem Grund und Boden fest. Sie behielten die Mehrheit in der Gesetzgebenden Kammer und behinderten die uneingeschränkte Einwanderung von Indern. Während eine kurzzeitig betriebene Politik der Zwangsarbeit (für öffentliche Arbeiten) aufgehoben wurde, nahm die Zahl der auf den Farmen der Weißen arbeitenden Afrikaner ständig zu, was hauptsächlich auf die Anhebung der Hüttensteuer zurückzuführen war.

Die Weißen in Kenia waren bereit, sich jeglicher Unterhöhlung ihrer Position notfalls mit Gewalt zu widersetzen, und sie gingen so weit, einen Selbstschutzausschuß – mit Lord Delamere als führendem Mitglied – zu gründen, der bei heimlichen Treffen Pläne für einen Widerstand ähnlich wie in Ulster schmiedete. In einem solchen Klima »pro-native« oder »pro-indisch« zu sein, kam Klassen- und Rassenverrat gleich. Innerhalb ihres kleinen Freundeskreises wurden Tania Blixens Ansichten toleriert, vielleicht auch belächelt, denn sie bewirkten nicht viel. Die übrigen Leute sprachen allerdings zumeist mit Verbitterung und Groll über sie. Sie aber trug ihr Etikett »pro-native« mit trotzigem Stolz und verglich es mit der Art und Weise, wie sie ihre Krankheit trug. »Viele Shauries«, schrieb sie ihrem Bruder, »die für viele Menschen fast unerträglich wären, wirken auf mich geradezu aufmunternd... Schließlich und endlich kommt es darauf an, ob man unter den gegebenen Umständen doch noch man selbst sein kann...«[5]

II

Denys verbrachte einige Tage auf der Farm, und seine Ausstrahlung verwandelte Tanias Depressionen in »reine Freude«. Sie spielten Schuberts *Frühlingsglaube** und waren sich einig, daß es

---

* »Es blüht das fernste, tiefste Tal.« Auch Ea hatte dieses Lied gesungen, mit dem viele Erinnerungen in Tania Blixens Leben verbunden waren.

ein »fernes Tal gab, das wir von der Farm aus sehen konnten, unmittelbar nach dem Regen, das fernste, tiefste Tal...«[6], wo sie begraben sein wollten. Wenn er einmal für längere Zeit zu Besuch war, wollten sie hinreiten und es erkunden. Aber Denys hatte geschäftlich in Nairobi zu tun; er reiste nach drei Tagen ab und begab sich in seinen Bungalow am Golfplatz von Muthaiga. Erst im folgenden Jahr verfrachtete er sein Hab und Gut auf Tanias Farm, die er fortan als sein »Basislager« benutzte.

Thomas war unterdessen mit Lindströms auf Safari gewesen und kehrte rastlos und unglücklich zurück. In jungen Jahren litt er ähnlich wie seine Schwester. Auch er besaß die übertriebene Westenholzsche Achtung vor Großtaten und hehren Prinzipien, und er sehnte sich danach, auf die Probe gestellt zu werden und sich zu beweisen. Im Krieg war ihm dies geglückt, doch nun fand er kein anderes Unternehmen, keine Berufung oder Passion, die groß genug waren, um seinen grenzenlosen Idealismus zu fordern und zu belohnen.

Tanne konnte ihn diesbezüglich gut beraten. Als seine Sehnsucht einige Jahre später der Verzweiflung wich, sagte sie zu ihm: »Halte aus!«

Es sei unmöglich, daß ein dermaßen aufrechter, starker Mann nicht schließlich Mittel und Wege fände, sich zu betätigen. Es sei ebenso unmöglich, daß ein so liebesfähiger Mensch wie er nicht jemanden fände, der seiner Liebe wert sei. Er beneidete sie um ihre Liebe zu Denys, und sie verhieß ihm, auch er werde dies eines Tages erleben.

> Ich glaube nicht, daß... man nur einmal einen Schimmer von Glück erspäht und dann nie wieder; es liegt in uns, und es trifft uns so sicher wie der Tod. Ich spreche aus eigener Erfahrung; als ich ganz jung war, war ich sehr, sehr verliebt – das war im Jahr 1909 – und ich glaubte, ich würde so etwas nie wieder erleben; und neun Jahre danach, 1918, erlebte ich es wieder – noch viel, viel heftiger und tiefer als zuvor. Ich habe einmal die Übersetzung eines kleinen griechischen Verses gelesen:
>
> Eros holt aus wie ein Schmied mit dem Hammer,
> Funken entsprühn meinem trotzigen Sinn,
> Kühlt mir das Herz dann in Tränen und Klagen –
> Glühendes Eisen härtet die Flut.[7]
>
> An den denke ich oft. So, finde ich, geht es zu, und keineswegs mit dahinschmelzender Sanftheit, wie es so oft beschrieben wird. Warte nur ab, der Hammer wird sicher auch einmal für dich erhoben.[8]

Doch so sehr Tanne ihren Bruder liebte und ihn vermißte, als er fort war, seine Unschlüssigkeit und Ernsthaftigkeit gingen ihr auf die Nerven. Sie stritten sich oft, wenn sie abends nach dem Essen noch lange aufsaßen oder müßig am Damm eine Zigarette rauchten. Thomas interessierte sich leidenschaftlich für Naturwissenschaften und Philosophie, und als Tanne meinte, Darwin hätte es verdient, wegen seiner »deprimierenden« Lebensanschauung auf dem Scheiterhaufen verbrannt zu werden[9], nannte Thomas sie eine Reaktionärin, worauf sie konterte, er sei ein Bolschewik. Sie entzweiten sich über sexuelle Moral – seine Ansicht war romantisch geprägt, ihre war aufgeklärt in dem Sinne, wie man dieses Wort im 18. Jahrhundert verstand – und über Empfängnisverhütung, die Tanne ungeheuer praktisch, aber unästhetisch fand. Thomas meinte, sie solle mit Rücksicht auf ihre allgemeine Weltanschauung katholisch werden, und sie entgegnete, sie sei, ohne irgendein Dogma anzuerkennen, eine Art Katholikin und ein katholischer Priester noch dazu, und sie verglich ihr Wirken unter den Afrikanern, nur halb im Scherz, mit der Missionierung der heidnischen Dänen durch Bischof Absalon. Schließlich rümpfte sie die Nase über die Evolution, Kant, den perfekten Gefährten, »Prinzipien«, und erklärte, sie hoffe, »mit der alten Zivilisation vergehen« zu können.[10]

Allerdings unterlagen Tania Blixens politische und religiöse Anschauungen genau wie ihre Stimmungen sprunghaften Schwankungen. (Der einzige Fixpunkt war ihre Abneigung gegen alles, was Mittelklasse war.) Als junges Mädchen hatte sie für die Französische Revolution geschwärmt und sprach seither von Frankreich als dem »Heiligen Land« der Freiheit.[11] Aber sie liebte den Luxus und hielt eisern an ritterlichen Manieren, feudalen Privilegien und hoher Kultur fest. Sie beklagte den Niedergang einer »Elite«, die »gesellschaftliche Nivellierung«, die die alten Klassenunterschiede verwischte[12], erklärte jedoch leidenschaftlich ihre Liebe zu den »kleinen Leuten«. 1910 bezeichnete sie die Radikalen als »kaum menschlich«[13], doch als ihr Onkel Aage 1919 ein höchst umstrittenes Freiwilligenkorps zur Bekämpfung der Kommunisten an der finnischen Grenze organisierte, vertrat sie die Ansicht, daß »der Bolschewismus der erste wirkliche Versuch ist, die Demokratie zu verwirklichen, und durchaus zu etwas Gutem führen kann«.[14]

In den zwanziger Jahren hatte Tania Blixen die Frauenbewegung in einem Brief an Tante Bess als die bedeutendste Revolutionsbewegung des 19. Jahrhunderts bezeichnet[15], und ihre Sexismus-Analyse ist noch heute eine brillante Lektüre. Doch in den fünfziger Jahren stritt sie jegliche Kenntnis über die Frauenbewegung ab und behauptete, »die Frauenbewegung ist etwas, das ich nicht begreife und womit ich mich nie aus freien Stücken befaßt habe«.[16] Auch in ihren Aussagen zur Religion finden sich viele derartige Widersprüche. 1914 bezeichnete sie sich in einem Brief an Tante Bess als »Atheistin«[17], und zeit ihres Lebens verachtete sie die »verderbliche Tradition des Dualismus« – des Christentums –, der das Sinnliche vom Geistigen getrennt habe.[18] Aber Gott oder die Götter (und Teufel) wirken allgegenwärtig, und eine ihrer tiefstgläubigen Ansichten über Kunst lautete, man schreibe oder male, weil man »Gott eine Antwort schuldet«[19].

Tania Blixen war, und hierin glich sie ihrem Vater, eine geborene Rebellin und Individualistin – eine intellektuelle *Pétroleuse*. Ihre Meinung zu einem bestimmten Thema hing sehr stark davon ab, wer darüber diskutierte, und mehr noch, wer die Kapazität war. Der Drang, ihre Unabhängigkeit zu verteidigen – sich von der Masse abzuheben, einmalig zu sein –, bleibt beständig, während ihre Wertvorstellungen wechseln. War der Konsens konservativ, vernunftbestimmt und patriarchalisch, so war sie radikal, freisinnig und modern. Wurde der Konsens liberaler – dann, im Nachkriegsdänemark, marxistisch – fühlte sie sich bemüßigt, das *Ancien régime* zu vertreten, sie ersann »dekadente«, phantastische Geschichten über ihre Vergangenheit, und es bereitete ihr großes Vergnügen, die Leute mit ihren »aristokratischen Äußerungen«[20] zu schockieren. Sie liebte die Provokation um der Provokation willen, was vielleicht nicht so frivol war, wie es klingt. Es diente auch dem Wohle des erotischen Prinzips.

III

Eines Abends Ende Oktober wurde Thomas, nachdem er sich in seine Hütte zurückgezogen hatte, von Tannes Nachtwächter geweckt: Die Memsabu wünsche ihn unverzüglich im Hause zu sehen. Erschrocken kleidete er sich hastig an und folgte dem Mann beim Schein einer Laterne. Er fand seine Schwester im Wohnzimmer ans Kaminsims gelehnt, am ganzen Leibe zitternd, hemmungslos weinend und fast außer sich vor Gram. Er versuchte, sie zu beruhigen, und nach einer kleinen Weile erfuhr er, was geschehen war. Sie hatte geglaubt – und innig gehofft –, ein Kind von Denys zu bekommen, aber diese Hoffnung war »getrogen« worden. Thomas Dinesen wollte sich als alter Herr nicht näher darüber auslassen, und das eigentliche Geschehen bleibt etwas mysteriös. Aber sie konnte höchstens im zweiten Monat gewesen sein, und in diesem Stadium könnte eine Fehlgeburt durchaus mit einer überfälligen Menstruation verwechselt werden oder umgekehrt. (Bei einer Frau von 35, die an Syphilis leidet, ist die Wahrscheinlichkeit einer Fehlgeburt groß.) Dies mag Thomas Dinesens unklare Erinnerung an jenen Abend erklären. Teils aus Feingefühl, teils aus wirklicher Unsicherheit hinsichtlich der Fakten mochte er nicht behaupten, daß seine Schwester tatsächlich schwanger gewesen war.

Tanne erwähnte diese Enttäuschung nie vor ihrer Mutter oder sonst jemandem, aber am 29. Oktober schrieb sie einen besonders rührenden Brief nach Hause. »Ich denke so oft an das Bibelwort ›Ich lasse dich nicht, du segnest mich denn.‹ Ich finde, es hat einen tiefen Sinn, und es liegt etwas Großartiges darin; fast könnte ich es zu meinem ›Wahlspruch‹ hier im Leben erheben ... Es war für mich das Schwerste, daß ich in meiner Ehe das nicht habe durchführen können – wenn Bror und ich uns auch in aller Freundschaft getrennt haben. Aber ich finde nun auch, daß man, wenn man so etwas sagt, es auch wahrmachen und seine Erinnerung von dem lösen muß, was uns seinen Segen erteilt hat.«[21]

Tania Blixens Koch Esa wurde von seiner jungen Frau Fatoma vergiftet und starb im Dezember. Hassan Ismail trat vorübergehend an seine Stelle, und ein fremder, wilder kleiner Kikujujunge wurde ihm als Küchenhelfer zugeteilt, um die Töpfe zu spülen und den Fußboden zu fegen. »Mrs. Karen kam jeden Tag und sagte, meine Dienste sind ausgezeichnet«[22], erinnerte er sich. Sein Name war Kamante.

Kamante Gaturra war etwa zwölf Jahre alt, als Tania Blixen ihm begegnete. Er war der Sohn eines *squatters*, der seit 1914 auf der Farm lebte. Sein Vater war Stammesältester der Kikuju gewesen und nannte sechs Frauen und zahlreiche Stück Vieh sein eigen, aber er hatte sich mit Kinanjui gestritten und seinen Sitz im Stammesrat verloren. Nach dem Waffenstillstand war er gestorben, die Familie war auseinandergebrochen, und jede Frau war mit ihren Kindern ihrer Wege gegangen.

Kamante hatte ein schlimmes Bein, als Tania Blixen ihn auf ihrem Rasen bemerkte. Das muß Anfang 1922 gewesen sein, denn Bror und Thomas waren beide bei ihr. Er »war das bejammernswerteste Geschöpf, das man sich vorstellen kann«[23], mit einem großen Kopf und erschreckend dürren Gliedmaßen, die Beine mit eiternden Geschwüren bedeckt. Sein Gesicht war ausdruckslos, und die Augen waren blicklos und stumpf. Aber als Tania Blixen ihn fragte, ob er die Namen ihrer zwei Hunde wisse, antwortete er mit der bühnenreifen Präsenz, für die er bekannt werden sollte: »Dusk und Banja.«[24] Das freute sie ungemein.

Allem Anschein nach hatte Kamante nur noch kurze Zeit zu leben. Tanne verband seine Wunden, gab ihm etwas Reis und Zukker und sagte ihm, er solle wiederkommen. Er tat es vertrauensvoll und ließ ihre Behandlung mit Salben und heißen Umschlägen mit überaus noblem Gleichmut über sich ergehen. Als das Bein nicht heilte, brachte sie ihn ins Hospital der schottischen Mission, wo er zum Presbyterianertum bekehrt wurde. Am Ostersonntag holte sie ihn wieder nach Hause, und zu ihrer Verwunderung hatte er seine Beine mit den alten Bandagen umwickelt. »Alle Schwarzen«, schrieb sie, »haben einen starken Sinn für dramatische Wirkung.«[25]

Kamante wurde sodann zum Hundepfleger bestimmt (obwohl er die Hunde »haßte und fürchtete«[26]), und später wurde er zeitweise medizinischer Assistent in Tania Blixens Krankenstation. Dabei fiel ihr auf, »wie geschickt er mit den Händen war«[27], und sie versetzte ihn in die Küche. Seine ersten Glanzleistungen waren Plätzchen, die er nach dem *Kochbuch des Sultans* backen lernte. Während seiner Ausbildung* schickte Tania Blixen ihn zu den Küchenchefs des *Norfolk*, des *New Stanley* und des Muthaigaclubs in die Lehre. Aber es widerstrebte ihm, »aufgrund von Schwierigkeiten in der Kindheit«, wie er sagte[28], diese neue Verantwortung zu übernehmen. Seine Herrin schildert dieses Wider-

---

* Esa war bis 1926 Küchenchef, dann löste Kamante ihn ab.

streben in *Afrika, dunkel lockende Welt* etwas anders: »Kamante besaß in der Küche, der Welt des Kulinarischen, alle Kennzeichen des Genies einschließlich des Verhängnisses der Genialität: der Machtlosigkeit der Person über ihre eigene Macht.«[29]

Im Dezember gab es einen weiteren Todesfall auf der Farm. Der Kaffee war gepflückt, die Bohnen waren in der Aufbereitung enthülst und sortiert und sodann auf Ochsenkarren verladen worden, die sie zur Bahnstation von Nairobi beförderten.

Eines Nachmittags waren – trotz aller Verbote – drei kleine Kikujumädchen auf einem Ochsenkarren mitgefahren. Als er sich dem Haus Mbogani näherte, sprangen sie herunter, aus Angst, so schildert es Kamante, von den Jagdhunden gefressen zu werden, vielleicht aber auch aus Angst, von der Baronin gesehen zu werden. Ein Mädchen namens Wamboi hatte ein Körbchen an einer langen Schnur bei sich, und als sie absprang, verfing sich die Schnur im Gestell des Wagens und zog das Mädchen unter die großen Räder. Der Fahrer merkte nichts von dem Vorfall und hätte vermutlich ohnehin nicht anhalten können. Wamboi wurde zu Tode gequetscht.

Ihr Leichnam blieb drei Tage auf der Straße liegen. Unterdessen überlegte Tania Blixen, wer sie beerdigen sollte, und die Polizei versuchte zu entscheiden, wer die Verantwortung trage. Die Afrikaner waren in bezug auf Leichen überaus abergläubisch und wollten die Tote nicht anrühren. Sogar die Eltern des kleinen Mädchens ließen wissen, daß sie nichts mit ihr zu tun haben wollten – und versuchten später eine Entschädigung zu erzwingen. Dies bewirkte einen der seltenen Wutanfälle Tania Blixens gegen die Afrikaner. »Die Kikuju sind wahrhaftig eine niederträchtige Rasse«, schrieb sie. »Und doch haben sie etwas Rührendes, insbesondere dieses erstaunliche Vertrauen zu mir... das meinen Zorn besänftigt.«[30]

Schließlich begruben Tania Blixen und ihr Verwalter Dickens, von Kamante assistiert, das kleine Mädchen. Kamante hatte »die Kraft seiner Religion« bewiesen[31], indem er die Arbeit freiwillig verrichtete. Nach Wambois Begräbnis, erinnert er sich, rief seine Herrin die Leute zusammen und schalt sie. »Mrs. Karen hat uns gesagt, wir sollen den Tod nicht fürchten, denn der Tod erwartet jeden.«[32]

IV

Während Ingeborg Dinesen in Dänemark Karen de Neergaard umsorgte, traf Karens Vater in Afrika ein, um Ferien zu machen. Er brachte Weihnachtsgeschenke von zu Hause mit und auch ein wenig von der dänischen Landschaft selbst. Seine Kleidung und Redeweise hatten etwas Behäbiges, Schlichtes, Provinzielles, was Tanne und Thomas zum Lachen brachte, aber auch rührte. Sie begingen den Heiligen Abend auf traditionelle Weise: kerzengeschmückter Baum, Tannenzweige auf dem Kaminsims, gebratener Truthahn, Reisgrütze und Mandelplätzchen, von Kamante gebakken.

Nachts wollte Tanne die Mitternachtsmette in der französischen Mission besuchen und sich anschließend zu einem Nachtmahl zu Lady Northey begeben. Sie hatte Kamante versprochen, ihn mitzunehmen, um ihm die Krippe zu zeigen und die schreckliche Furcht vor der Jungfrau Maria zu nehmen, die ihm die schottischen Missionare eingeflößt hatten – oder vielmehr vor einer lebensgroßen Figur aus Pappmasse, auf welche die französischen Patres sehr stolz waren. Zu dieser Zeit fing Kamante an, seine Herrin überallhin zu begleiten. Zunächst erscheint er in ihren Briefen noch als »ein ulkiges Wesen, nicht ganz normal«[33], ein zugleich mitleiderregendes und amüsantes Findelkind, Gegenstand ihrer Experimente als Heilkünstlerin. Doch als er eine Weile bei ihr war, begann sie die Kraft seiner wahren Natur zu schätzen und ihn als *Destiné* zu betrachten, und das sicherte ihm einen Platz in ihrer Mythologie. Kamante war »aus dem Stoff, aus dem in früheren Zeiten die Hofnarren waren«.[34] »Er war sich selbst seiner Abgesondertheit wohl bewußt, mit der anmaßenden Seelengröße des echten Zwerges, der merkt, daß er anders ist als die übrige Welt, und darum die Welt für buckelig hält.«[35] Diese Eigenschaft findet sich bei vielen von Tania Blixens Helden, und sie kultivierte sie auch bei sich selbst. Es ist der Heroismus des Träumers, des Exzentrikers und des Perversen: all derer, die mit geknickten Pfahlwurzeln ins Leben gepflanzt wurden und nie gedeihen oder Früchte tragen; aber ihre »Blüte ist reicher als bei anderen«.[36]

Im Januar brannte die Kaffeeaufbereitung vollkommen ab. Das Feuer war durch glühende Asche in einem Haufen alter Kaffeesäcke entstanden. Thomas traf diese Katastrophe schwerer als seine Schwester, denn er hatte den Bau geplant und buchstäblich eigenhändig errichtet. Aber die Aufbereitungsanlage war gut versichert, und Tanne, die stets fähig – und tatsächlich genötigt – war, die gute Seite jeder Tragödie zu entdecken, freute sich darauf, die Prämie zu kassieren und mit einem Teil davon die Verluste auszugleichen, die infolge einer weiteren enttäuschenden Ernte entstanden waren.

So nahm Thomas' Aufenthalt in Afrika keinen glücklichen Ausgang; Ende März schiffte er sich nach Hause ein. Er hatte sein mitgebrachtes Geld aufgebraucht, und auch seine Hoffnungen und seine Geduld mit der Farm waren erschöpft. Seine Beziehung zu Tanne war neuerdings gespannt, unter anderem deshalb, weil er sich weigerte, ihren Optimismus und ihre Vorstellungen zu teilen.

In einer Reihe von Briefen an ihre Mutter, aus denen die Besorgnis der älteren Schwester sprach und die einen wütenden Unterton enthielten, schilderte Tanne diese Spannung aus ihrer Sicht. Afrika »bekomme« Thomas nicht, ungeachtet seiner Begeisterung für das Safarileben. Aus ihm werde nie ein guter Farmer, dafür sei er zu intellektuell. Die langen Diskussionen, die sie angeblich »verabscheute«, seien das einzige, was er liebte. Es klang fast, als könne sie seine Abreise nicht erwarten, doch als er fort war, hat sie ihn »schmerzlich« vermißt.

V

1923 wurde für Tania Blixen ein Jahr schrecklicher Einsamkeit und Sorge. Der Verkauf der Farm drohte, und jeder noch so kleine Rückschlag hatte ein besorgtes Telegramm der Aktionäre zur Folge. Das Betriebskapital reichte nicht aus, um der Farm über die ersten sechs Monate hinwegzuhelfen, und Tanne ging so weit, ihre Pariser Kleidung an eine »jüdische Dame« in Nairobi zu verkaufen. In erbitterten Briefen an ihre Mutter und an Thomas, sobald er zu Hause war, ließ sie sich über ihre zwei ewigen Kümmernisse aus: Geldmangel und Ungewißheit. Im Frühjahr wartete sie, mit der Bangnis einer an den Scheiterhaufen gefesselten Verurteilten beim Anblick der Fackel in der Hand des Schergen, auf den Regen. Als er kam – in reicher Menge – und die Bäume blühten und die Farm in »ausgezeichnetem Zustand« schien, und als ein Experte namens Major Taylor Tanne mit seinen Ratschlägen Mut machte, wollte sie die übrigen Aktionäre auszahlen und sprach von nichts anderem, als sich von Thomas oder Denys für diesen Zweck eine Anleihe zu beschaffen. Als aber im nächsten Sommer die Kaffeekirschen welkten, die Ernte enttäuschend war, die Gläubiger ihr Geld wollten und alle sagten, es sei hoffnungslos, bat Tanne um Zeit; sie belehrte ihre Angehörigen über Ehrenhaftigkeit, sie warf ihnen Geldgier vor und drohte sogar versteckt mit Selbstmord, wenn man ihr die Farm unter den Füßen wegnehmen und verkaufen würde.

Die Aktionäre verübelten ihr natürlich diese eindeutigen Versuche, sie mit ihrer Verzweiflung zu erpressen. »Wir haben in die Karen Coffee Company investiert«, sagte Gräfin Frijs, »und uns war nicht daran gelegen, Tanne ein behagliches Leben zu finanzieren.«[37] Sie konnten einfach nicht ermessen, was für Tanne auf dem Spiel stand. Für die Aktionäre ging es ums Geschäft, für Tanne ging es um ihr Leben. Vielleicht betrachtete sie die Farm auch als eine gerechte Entschädigung für all die Mißverständnisse seitens der Familie, unter denen sie als junges Mädchen zu leiden hatte.

Ingrid Lindström zeigte für Tannes mißliche Lage mehr Verständnis als irgend jemand von ihren Angehörigen. »Sie *liebte* den verflixten Kaffee«, sagte Frau Lindström, »sie *wollte* nicht begreifen, daß es hoffnungslos war, so sehr ihre Freunde es ihr auch klarzumachen versuchten.«[38] Und Remy Martin, der Bauunternehmer, der schließlich 1931 die Farm erwarb, um das Gelände in Vorstadtsiedlungen aufzuteilen, meinte, daß Tania Blixen wegen ihrer »starrsinnigen Zuneigung zu den Afrikanern« als Unternehmerin versagt habe. »Niemand«, sagte er, »hatte in Karen in über 2000 Meter Höhe Erfolg mit Kaffee. Der Säuregehalt des Bodens nahm mit der Höhe zu, es war hoffnungslos. Aber es hätte eine ideale Mischfarm sein können – sie hätte sehr gut auf kommerzieller Basis Mais anbauen und gleichzeitig Vieh züchten können; die Farm war ideal für Vieh. Um das profitabel durchzuführen, hätte sie ihren *squattern* das Land wegnehmen müssen, doch daran wollte sie nicht rühren. Ihre Dienstboten konnten auf ihrem

Grund und Boden machen, was sie wollten, nur weil es ihre Dienstboten waren, und sie brachte es nicht über sich, sich da einzumischen. Lieber baute sie Kaffee mit Totalverlust an, und die Afrikaner machten den Profit. Als ich die Farm übernahm, befanden sich dort 3000 Stück *Squatter*vieh.«[39]

Die heftigen anhaltenden Regenfälle in jenem Frühjahr führten bei den wilden Tieren zu merkwürdigen Verhaltensweisen. Löwen wagten sich bis nach Nairobi hinein, und einer kam auf der Suche nach einer Gefährtin Nacht für Nacht in den Zoo. Ein anderer wurde direkt vor der Tür des Regierungsgebäudes von einem Adjutanten erschossen. Leoparden strichen um die Farm, und es war gefährlich, abends unbewaffnet hinauszugehen. Im Reservat stand das Gras so hoch, daß es bis an den Sattelzwiesel hinaufreichte. Tania bestieg nach wie vor den temperamentvollen Rouge und ritt allein aus. Einmal, erzählte sie, warf das Pferd sie in eine Vertiefung von der Größe eines Grabes, die vom Gras verborgen war. Bis es ihr gelungen war hinauszuklettern, hatte sich Rouge davongemacht. Aus Angst, ihn nicht einholen zu können und zu Fuß durch das von Löwen wimmelnde Grasland nach Hause gehen zu müssen, fing sie an zu weinen. Rouge hatte sogleich Erbarmen und ließ sie wieder aufsitzen.

Eines der wilden Tiere kam und blieb – die Buschbockantilope Lulu. Tanne fuhr eines Morgens nach Nairobi, um ihren Versicherungsanspruch geltend zu machen, und kam auf der Ngongstraße an einer kleinen Schar Kinder vorüber, die versuchten, ein an den Läufen gefesseltes Kitzlein zu verkaufen. Sie konnte nicht anhalten und hielt auch abends nicht an, als sie auf dem Heimweg wieder an den Kindern vorüberkam. Doch mitten in der Nacht erwachte sie von einem heftigen Gefühl des Grauens. »Was würde wohl, dachte ich, aus dem Kitzlein werden in den Händen seiner Häscher, die einen ganzen Tag lang mit ihm am Weg gestanden und es an seinen gefesselten Läufen hochgehoben hatten?«[40] Sie weckte ihre Diener und schickte sie aus, das Kitzlein zu suchen, sie drohte ihnen, sie zu entlassen, wenn sie es nicht fänden. Die Afrikaner waren an derartige Drohungen gewöhnt, waren sie doch schon viele Male »entlassen« worden. Dennoch schwärmten sie sogleich im Mondlicht aus, und am nächsten Morgen brachte Farah seiner Herrin das Kitzlein mit dem Morgentee.

Lulu wurde Kamante anvertraut, der sie mit der Milchflasche aufzog, und sie rollte sich wie ein Kätzchen unter Tannes Schreibtisch zusammen.

Lulu ist ein weiteres von Tania Blixens noblen Findelkindern, die, vor einem grausamen Schicksal bewahrt, womöglich zu einem schlimmeren verdammt waren: einem zahmen Dasein. Lulu hatte den »Teufel« im Leib wie Alkmene, und wenn »ihr Mißvergnügen an der Umwelt ihren Höhepunkt erreichte, vollführte sie, um ihrem Herzen Luft zu machen, auf der Wiese vor dem Hause einen Kriegstanz, der aussah wie ein Zickzack-Stoßgebet an Satan«.[41] Lulus Porträt ist eine der schönsten Passagen in *Afrika, dunkel lockende Welt*, vielleicht, weil sie soviel persönliches Empfinden und Erinnern enthält.

VI

Als in den frühen zwanziger Jahren die Kinder von Tania Blixens Dienern heranwuchsen, hatte sie immer eine Schar dunkeläugiger »Pflegekinder« im Haus, für die sie eine glühende, besitzerische Liebe empfand. Juma hatte eine Tochter namens Mannehawa (Mahu), die am Jahrestag des Waffenstillstandes geboren war und sich zu einem lebhaften, wißbegierigen kleinen Mädchen entwickelte. Tanne meinte, Mahu würde vielleicht eines Tages Abdullahi heiraten, der in Europa Tannes Page gewesen war, obwohl es für ihn wegen des Massaiblutes seiner Großmutter eine Mesalliance wäre. Mahu hatte einen Bruder, Tumbo, 1921 geboren, ein robustes, froschgesichtiges, fröhliches Kind, das gerne zur Schule gehen und die Welt sehen wollte. Tania Blixen finanzierte seine Ausbildung in einer Somali-Internatsschule (die Denys gerne »Eton« nannte), obwohl es ihr widerstrebte, ihn gehen zu lassen. Als sie Afrika verließ, fragte sie Tumbo, ob er eine junge Kuh möchte, was für die viehliebenden Afrikaner ein einzigartiges Geschenk gewesen wäre. Er aber zog eine Fahrt nach Mombasa vor.

Juma hatte auch eine Stieftochter mit Namen Halima, das Kind seiner Frau. Halima war Tania Blixens besonderer Liebling und wurde so etwas wie ihre Zofe. Sie war »ein zu ulkiges Kind« und paßte nicht recht in die respektable mohammedanische Frauenwelt. Tanne nannte sie eine richtige Zigeunerin und fragte sich zuweilen, was später aus ihr werden würde. »Sie spielt Harmonika und singt und tanzt gleichzeitig dazu mit einer erstaunlichen Leichtigkeit und – wenn ich das so sagen darf – mit Kraft eher als mit Schönheit.«[42] Vielleicht hatte Tania Blixen Halima im Sinn, als sie »Alkmene« schrieb.

Farah Aden hatte auch eine Familie auf der Farm. Er holte seinen Bruder Abdullahi nach dem Krieg nach Ostafrika, als er, wie Tania Blixen in *Schatten wandern übers Gras* schreibt, zu dem Beschluß kam, ihr »Haus bedürfe eines Pagen, dem der Rang besser anstünde«.[43] Farahs erste Frau lebte mit ihrem Kind in Somaliland, aber Fathima, seine zweite Frau, kam 1918 an, und sie heirateten mit großem Pomp in Mombasa. Seine dritte Frau, die ebenfalls Fathima hieß, kam 1928 mit ihrer Mutter und ihren Schwestern auf die Farm, und Tania Blixen baute ihnen ein Haus. Die »junge Fathima« gebar einen Sohn namens Saufe, ein hübsches Baby, das Tanne über alles liebte.

Farahs Bruder Abdullahi bewies alsbald Anzeichen von Genialität. Denys und Berkeley Cole spielten gern an Tanias Kamin Schach, und Abdullahi stand hinter ihnen und lernte das Spiel durch bloßes Zuschauen. Denys war dermaßen beeindruckt – besonders, als Abdullahi ihn schlug –, daß er Tania zuredete, ihn in den Rechenkünsten zu unterweisen. Sie schickte ihn nach Mombasa auf die islamische Schule, wo er sehr gute Fortschritte machte, und schon als junger Mann wurde er von seinen Stammesgenossen um Rat gefragt. Später kehrte er nach Somalia zurück und wurde Richter. Ein dänischer Journalist traf ihn dort in den fünfziger Jahren, erzählte ihm, daß Tania Blixen noch lebte, worauf er ihr seine Hochachtung und Dankbarkeit übermitteln ließ.[44]

Abdullahis Fähigkeiten und Tumbos Ehrgeiz brachten Tanne auf den Gedanken, auf der Farm eine eigene Schule zu gründen, eine Abendschule, und sie bat Elle in einem Brief, ihr einen Montessori-Lehrer zu besorgen, der sowohl mit Kindern als auch mit Erwachsenen arbeiten könne. Ihre Freunde erklärten sie für verrückt, und Denys machte Scherze über die »Bewahrung des schwarzen Erdteils«[45], aber sie erwiderte: »Die Zivilisation wird sich ihrer in irgendeiner Form bemächtigen, und ich finde, man sollte dafür sorgen, daß es unter guten Voraussetzungen geschieht.«[46] Sie mußte ihre hochfliegenden Pläne aufgeben und sich mit einem Lehrer von der schottischen Mission begnügen, der die Afrikaner in Lesen und biblischer Geschichte unterwies und zum Singen von Psalmen anleitete.

Diese Vorstellung von einer »zivilisierenden Mission« mag moderne Leser naiv oder gefährlich anmuten, aber in ihrem Kontext hatte sie – für die unerschütterlichen Imperialisten im Muthaigaclub – einen subversiven Klang. Tania Blixen wollte zeigen, daß die Afrikaner »bildbar« und ein edles, hochmoralisches Volk waren, und sie wollte das Ihre dazu beitragen, um sie zur politischen Reife im westlichen Sinne zu führen, wie lange dies auch dauern mochte. Sie vertrat den Standpunkt, der ihre Zeitgenossen nicht gleichgültig ließ, daß die Afrikaner ihr Land eines Tages wieder selbst regieren müßten. In den zwanziger Jahren agitierten die weißen Siedler leidenschaftlich gegen diese Überzeugung, die ein Eckpfeiler der Außenpolitik war. Das Ziel der Siedler war ein Staat wie das heutige Südafrika, und Lord Delamere sprach und dachte für eine Mehrheit unter ihnen, als er 1927 der britischen Regierung seine eigene Kolonialpolitik darlegte. Sein erster Punkt lautete, daß »die Ausdehnung der europäischen Zivilisation in Afrika an sich wünschenswert sei. Ein zweiter lautete, daß die britische Rasse... den verschiedenartigen afrikanischen Rassen überlegen sei, die erst jetzt Jahrhunderten relativer Barbarei entstiegen... Ein dritter lautete, daß die Erschließung neuer Gebiete durch gründliche Kolonialisierung der Welt zum Vorteil gereiche.«[47]

VII

Im Juni dieses Jahres fanden zwei *ngomas* statt: eine Tagesngoma zu Ehren von Tania Blixen und eine nächtliche für die kleine Betty Martin, ein fünfjähriges weißes Kind, das noch nie einen von den großen afrikanischen Tänzen gesehen hatte. Die Tagesngoma war größer und geräuschvoller; Scharen von Zuschauern strömten aus Nairobi herbei und verliehen dem Ereignis »mehr den Charakter eines Jahrmarkts als eines Tanzfestes«. Bei Nacht wurden entlang der Auffahrt kleine Feuer entfacht, es herrschte eine feierliche Stimmung, und die Tänzer waren den Zuschauern an Zahl überlegen.

Für ein solches Ereignis schoren sich die jungen unverheirateten Mädchen die Köpfe, sie kleideten sich in gefettete Lederröcke und legten so viele Halsketten aus auf Draht gezogenen Perlen an, wie zwischen Schlüsselbein und Kinn paßten. Die jungen Männer rieben ihre Leiber und Haare mit hellroter Kreide ein. Tania Blixen beschreibt es als eine seltsam *blonde* Färbung, aber es verlieh ihnen auch das Aussehen von Tänzern auf einer antiken griechischen Vase. Die Krieger kamen mit ihren Speeren und Schilden und bildeten einen oder mehrere Kreise, wobei sie zum Takt von Flöten und Trommeln in die Höhe sprangen. Die Alten saßen rauchend, spuckend und schwatzend ringsum im Gras. Der Bezirkskommandant erteilte zuweilen die Erlaubnis, *tembu* zu brauen, einen starken Zuckerrohrschnaps. Wenn nicht, sorgte Tania Blixen für das leibliche Wohl: Die alten Leute erhielten Schnupftabak, und die Kinder bekamen Zucker, den Kamante mit einem hölzernen Löffel verteilte.[48]

Betty Martin, die hergebracht wurde, um das Schauspiel mit anzusehen, war das Kind von zwei der besten Freunde Tanias, Hugh und Flo Martin, die manchmal zu ihr auf die Farm hinausfuhren, um Nairobi zu entfliehen. Flo (»die unbekümmerte Flo«) war die Tochter von Sir Edward und Lady Northey. Hugh war Direktor des Vermessungsamtes, ein kleiner, dicker englischer Mandarin, ein brillanter Erzähler, ein Mann, dessen Zynismus und selbstgerechtes Auftreten durch nichts zu erschüttern waren. Er nannte Tania »Candide« und »war selbst auf der Farm eine Art kurioser Doktor Pangloß, sicher und friedvoll verwurzelt in seinem Glauben an die Gemeinheit und Verächtlichkeit der menschlichen Natur und des Weltalls«.[49] Am Ende von Tania Blixens Zeit in Afrika stand Hugh ihr mit großer Zärtlichkeit und Besorgtheit bei; als Denys starb, schwand seine Nonchalance, und er schien gealtert und verändert. »Ein Idealbild«, sann Tania, »ist ein seltsames Ding; man hätte Hugh kaum zugetraut, daß er ein solches hegte, und gewiß nicht geglaubt, daß sein Verlust ihn treffen konnte, beinahe wie der Verlust eines lebenswichtigen Organs.«[50]

VIII

Während der ersten Hälfte des Jahres 1923 litt Tanne an einer Reihe mysteriöser und zuweilen schlimmer Symptome, die niemand zu identifizieren vermochte. Der junge Dr. Anderson in

Nairobi, der Nachfolger des »verrückten« Burkitt, meinte, sie habe Malaria, war jedoch nicht sicher. Sie dachte, es könnte ein »Hexenschuß« oder eine »Rückgratentzündung« sein. Im Juli fühlte sie sich so schlecht, daß sie ins Krankenhaus ging, weil sie sich dem Tode nahe wähnte. Aber man konnte ihr Leiden nicht diagnostizieren oder behandeln, und als die Gefahr vorüber war, entließ man sie nach Hause.

Es war nicht das erste Mal, daß Tania Blixen über mysteriöse und qualvolle Schmerzen klagte, die ihre Ärzte in Nairobi weder diagnostizieren noch behandeln konnten. Weihnachten 1921 hatte sie einen ähnlichen Anfall gehabt, der im Laufe der zwanziger Jahre periodisch wiederkehrte. Solange diese Schmerzen anhielten, glaubte Tanne, sie werde sterben, und sie schrieb mehrmals nach Hause, daß sie sich »nicht wohlgefühlt« habe, daß sie einen Spezialisten aufsuchen müsse und der Kunst und dem Urteilsvermögen der sie behandelnden Ärzte nicht traue. Aber sie mutmaßte auch, daß ihre Schmerzen psychisch bedingt seien. Der Krankenhausaufenthalt im Jahre 1923 erfolgte in einer Zeit großer Enttäuschung und Einsamkeit auf der Farm, als sie dringend Urlaub brauchte und sich ärgerte, daß sie sich keinen leisten konnte. Weitere Anfälle traten auf, wenn sie allein oder verzweifelt war, und oft verband sie Klagen über ihren Gesundheitszustand mit Klagen über ihr Allgemeinbefinden und wehrte Ingeborgs Besorgnis ab, indem sie ihr Problem herunterspielte. Sie behauptete sogar, sie habe 1915 ihren Krankenhausaufenthalt regelrecht genossen und nehme ihr Leiden viel leichter als alle anderen in der Familie. Wenn man diese Briefe ohne Kenntnis ihrer Krankengeschichte liest, könnte man sie für eine Hypochonderin halten. Aber auch wenn ihre Gefühle zu ihren Beschwerden beigetragen haben mögen, so war mit Sicherheit größtenteils die Syphilis und nicht ihre Psyche die Ursache. Der »Hexenschuß«, den sie beschreibt, die »Schmerzen wie Zahnweh« in Gliedmaßen und Ohren, stimmen mit der klinischen Beschreibung der »lanzinierenden (blitzartig auftretenden) Schmerzen« überein, die durch *Tabes dorsalis*, Degeneration des Rückenmarks, die Form der Syphilis, an der sie litt, hervorgerufen werden.* Solche Schmerzen treten oft Jahre früher auf als andere Symptome, sie kommen und gehen abrupt und können leicht mit Rheumatismus (bzw. »Hexenschuß«) oder Wetterfühligkeit verwechselt werden. In manchen Fällen verursachen sie nur leichtes Unwohlsein, in anderen heftige Qualen. Zwischen den Anfällen kann es lange schmerzfreie Perioden geben – wie in Tania Blixens Fall –, und sobald die Schmerzen nachlassen, erholt der Patient sich rasch. Dieser Aspekt der Krankheit dürfte Tannes Ärzte in Nairobi auf die falsche Spur geführt haben, denn zeitweise diagnostizierten sie Lungenentzündung, Amöbenruhr und diverse tropische Fieberkrankheiten. Das verwirrte Tanne, und sie schrieb ihrer Mutter, es sei vielleicht zu verführerisch, alles auf die Syphilis zu schieben. Einige ihrer afrikanischen Freunde mochten nicht glauben, daß sie die Krankheit haben und dennoch ein so robustes, aktives Leben in freier Natur führen konnte, und noch in Dänemark, als sie eine alte Frau war, mehr krank als gesund, gab es Leute, die behaupteten, sie habe es »sich ausgedacht«. Sie war zweifellos kapriziös, aber nicht mehr als die Syphilis selbst. »Wenige Krankheiten rufen eine solche Vielfalt an Symptomen hervor wie *Tabes dorsalis.*«[51]

VIV

Kaum war sie wieder zu Hause, überbrachte ein Bote ihr die Nachricht, daß Erik Otter in Turkana an Schwarzwasserfieber gestorben war. Sein Kommandant bei den afrikanischen Schützen wollte wissen, ob Tania ihm die Anschrift von Eriks Frau besorgen könne. Das konnte sie nicht – und sie hatte ihren alten Freund auch jahrelang nicht gesehen. Er war nach dem Krieg beim Militär geblieben und hatte abseits von der Gesellschaft Weißer und fern von seinen alten Freunden ein recht asketisches Leben geführt. Sein Tod brachte Tania zu der Erkenntnis, daß die Welt ihrer frühen Tage in diesem Lande fast gänzlich verschwunden war.

Zur selben Zeit erreichte sie eine weitere Todesnachricht. Graf Mogens Frijs war im Alter von 74 Jahren gestorben. Er war Wilhelms bester Freund gewesen, Daisys Vater, Herr über Frijsenborg, und eine Hauptperson in Tannes Jugend. Sie erkannte, daß sie mit zunehmendem Alter mehr und mehr zu seiner Weltanschauung gelangt war, und bedauerte nur, sie nicht früher über-

---

* Vgl. 33. Kap., Fußnote 3.

nommen zu haben. »Das hätte mir viele Schwierigkeiten ersparen können.«[52]

Diese »Schwierigkeiten« waren der alte, ungelöste Konflikt zwischen unterschiedlichen Wert- und Treuebegriffen, zwischen Dinesen und Westenholz, zwischen ihrer grenzenlosen Bewunderung für die einen und ihrer grenzenlosen Abhängigkeit von den anderen. Es gab Momente, in denen sie fließend und bestimmt, mit autoritärem Ton, den anzuschlagen es keiner Gewalt oder Provokation bedurfte, auftreten konnte. Doch es gab auch andere Momente, in denen sie herzzerreißend um Liebe betteln und gegen die Familie wettern konnte, weil sie ihr ihre Moralvorstellungen aufgezwungen habe, Momente, da ihre Kräfte versagten, ihr Vorstellungsvermögen und ihre Einsicht schwanden und mit ihnen der »*klart overblik*«, der klare Überblick über ihr Leben und ihre Situation. Dieser Konflikt scheint viele der Depressionen, unter denen sie litt, ausgelöst zu haben. Noch jahrelang schrieb sie abwechselnd einmal ihr Unglück dem Einfluß der Familie zu und bettelte dann ein anderes Mal jämmerlich um ihr Verständnis.

Fünfundzwanzigstes Kapitel

Parallelen der Liebe

I

Als Denys Finch-Hatton im Mai 1922 nach Afrika zurückkehrte, widmete er sich seinen vernachlässigten Geschäften*, und Tania bekam ihn ein ganzes Jahr lang kaum zu sehen. Sie traf ihn zufällig im Muthaigaclub oder auf Lady Northeys Festen, und am Silvesterabend kam er mit Lord Francis Scott auf die Farm hinausgefahren, weckte Tania auf und entführte sie zu einem Mitternachtssouper. Ende August beschloß er dann, seinen Bungalow aufzugeben und die Farm zu seinem »Basisheim« zu machen. »Ich erwarte Denys«, schrieb Tania ihrem Bruder am 19. August, »vielleicht heute, jedenfalls diese Woche, und da weißt du ja: Der Tod ist nichts, der Winter ist nichts ...« **

Tania Blixen war bei der Beschreibung ihrer Freundschaft mit Denys so zurückhaltend, daß deren wahres Ausmaß in *Afrika, dunkel lockende Welt* verborgen bleibt. Legen wir die Gepflogenheit einer solchen Zurückhaltung bei anderen Schriftstellerinnen zugrunde, so verleitet uns das Buch zu der Annahme, daß da weit »mehr« war, als sie uns erzählt, und daß der Ursprung ihrer Diskre-

---

* Denys besaß nach wie vor seine *dukkas* im Massaireservat und war Direktor zweier Gesellschaften, der Kiptiget AG, die Grundstücke zur Erschließung aufkaufte, und der Anglo-Baltischen Nutzholz-Gesellschaft.

** Tania Blixen, *Briefe*, S. 190. Die Verszeile ist Sophus Claussens Gedicht »Røg« (Rauch) entnommen. Frans Lasson vervollständigt die Strophe in seinen Notizen zu *Briefe aus Afrika*: »Denn die Flammen, das Feuer/haben die gestürzten Altäre meiner Jugend wieder errichtet/im Gras bei der Quelle.« (S. 438) tion Galanterie, noble Schüchternheit, ja selbst die Gerissenheit der alten Geschichtenerzählerin war: *A ce moment de sa narration, Schehérazade... se tut«* * Aus derselben Verschwiegenheit (oder vielleicht Schüchternheit) heraus wollte sie Denys nicht wissen lassen, wie bewundernd sie ihrer Familie von ihm schrieb, oder was er für ihr Glück bedeutete. Als ein Jahr später die Aussicht bestand, daß Thomas und Frau Dinesen auf demselben Schiff wie Denys nach Afrika fuhren, bat Tanne ihre Mutter, so zu tun, als habe sie nie von ihm gehört. Und in einem Brief, der die Last dieser Täuschung verrät, bittet sie Thomas, sollte sie sterben und er Denys später begegnen, so möge er ihn nie merken lassen, wieviel er ihr bedeutet hatte.

»Er war auf der Farm glücklich; er kam nur zu ihr, wenn er gern kam«, schrieb Tania Blixen über Denys[1], und dies waren seine Bedingungen: keine Verpflichtungen und keine Ansprüche. Sie ging darauf ein; sie nannte ihre Freundschaft »Parallelen der Liebe« **, rügte die Liebenden, die sich seelenvoll in die Augen starrten, gegenseitig von ihrem Leben Besitz ergriffen, ineinander aufgingen. Doch wie so viele Frauen, die stolz auf ihre Stärke sind und ihr Geheimnis abergläubisch hüten, unterdrückte sie auch ein Bedürfnis, von dem sie sich gerne befreit hätte. Sie konnte ihre Angelegenheiten in Ordnung bringen, bevor Denys kam, und in der kurzen Zeit, die er bei ihr war, konnte sie ihren Kummer oder Ärger unterdrücken. Doch die Anspannung dieser Zurückhaltung, die Unbeständigkeit, die Angst, verlassen zu werden, brauchten ein Ventil und fanden es wohl auch.

Manchmal blieb sie, nachdem er gegangen war, zwei Wochen im Bett, krank oder deprimiert oder beides. Und einige ihrer zornigsten und klagendsten Briefe nach Hause schrieb sie unmittelbar, nachdem Denys sie nach einem Besuch verlassen hatte.

---

* Tania Blixen, *Sieben phantastische Geschichten*, S. 71. (An dieser Stelle ihrer Erzählung hielt Scheherazade in der verstatteten Rede an.)

** Diese Formulierung benutzt Aldous Huxley in *Crome Yellow* zur Beschreibung einer ziemlich sterilen Beziehung. Doch Tania Blixen schrieb ihrem Bruder, daß sie den Begriff »aber wohl in meinem Sinn deuten« dürfe. Sie fuhr auf Denys bezogen fort: »Während man man selbst ist und sein eigenes fernes Ziel anstrebt, findet man das Glück in dem Bewußtsein, doch in alle Ewigkeit parallel zueinander zu laufen.« Tania Blixen, *Briefe aus Afrika*, S. 298

Tanias Liebe zu Denys war eine Art Verzückung, frischgehalten durch seine häufige Abwesenheit und ihre Einsamkeit und Verlassenheit. »Für uns arme Sterbliche«, schreibt sie in *Sieben Phantastische Geschichten*, »beruht der Wert der Freude ganz bestimmt in ihrer Seltenheit. Wie die alten Weisen so richtig sagten: Der ist ein Narr, der nicht weiß, daß die Hälfte mehr ist als das Ganze. Wo die Freude ewig dauert, da sind wir in Gefahr, daß wir blasiert werden oder... sterben.«[2] Diese Einstellung mag vieles von der Weisheit der Alten enthalten, aber ihr wohnt auch eine gewisse strenge, vielleicht sogar puritanische Selbstentäußerung inne. Während Tania Blixen die »buchhalterische« Lebensführung verachtete, führte sie ihre eigenen geistigen Konten sehr penibel. Wenn sie später behauptete, für ihre Kunst mit der Syphilis bezahlt zu haben, so glaubte sie in Afrika, daß ihre kurzen Augenblicke der Vollkommenheit mit Denys mit den Dürreperioden, der Ungewißheit, der Einsamkeit und den endlosen *shauries* mit der Farm bezahlt wurden, und daß dies tatsächlich das Geheimrezept war, der Vertrag, der sie zum wirklichen Leben berechtigte.

Was aber bedeutet es zu glauben, es sei edel, einen so hohen Preis für die Liebe zu zahlen, oder es sei geboten, sich hungrig vom Tisch und unbefriedigt vom Bett zu erheben, weil »wo die Freude ewig dauert... wir in Gefahr [sind]... zu sterben«? Es läßt vielleicht vermuten, daß die Liebe schuldbeladen sei, etwas, wofür man büßen muß, und daß die Freude, sobald sie eine bestimmte Intensität überschreitet, gefährlich, ja tödlich sei. Es läßt ferner auf eine Furcht schließen, daß diese machtvollen Bedürfnisse und Begierden, sind sie einmal geweckt, tatsächlich nicht befriedigt werden. Kinder kennen diese Furcht in ihrer ursprünglichsten Form – die Angst, die Liebe eines Elternteils und damit die Selbstachtung, das Glück, das Wohlbefinden, welches diese Liebe hervorruft, zu verlieren.[3]

II

Wenn Denys, gewöhnlich unangemeldet, kam, »hungerte er nach einem Gespräch«. An den ersten Abenden saßen er und Tania so ins Gespräch vertieft am Eßtisch, daß sie sich ausdachten, »daß die wilden Massai in ihren Manyattas am Fuß der Berge unser Haus leuchten sähen wie einen Stern in der Nacht, so wie die Bauern von Umbrien einst das Haus sahen, in dem der heilige Franz und die heilige Clara sich über göttliche Dinge besprachen«.[4] Kam er aus Europa, brachte er ihr Wein und Grammophonplatten mit, und wenn sie gerade ausgeritten war, spielte er die Platten mit voller Lautstärke bei weit geöffneten Terrassentüren, so daß, wenn sie sich dem Haus näherte, Schubert oder Strawinsky ihr Denys' Ankunft verkündeten. Wenn sie wußte, daß er kam, hielt sie ihm sein Leibgericht bereit, »klare Brühe«, Kamantes exquisite Consommé. Vielleicht lehrte die Zubereitung dieser Suppe Tania Blixen etwas über das Geschichtenerzählen. Das Rezept verlangt, den Gehalt der Grundzutaten zu bewahren, das Material jedoch wegzuwerfen: Eierschalen, Knochen, Wurzelgemüse und Rindfleisch. Sodann überläßt man sie, wie eine Geschichtenerzählerin, »dem Feuer und der Geduld«. Und die Klarheit stellt sich am Ende wie durch einen Zaubertrick ein.*

Die beiden Freunde zogen sich auch dann zum Abendessen um, wenn sie allein aßen. Denys besaß ein altes Lieblingssamtjackett und sie ein Lieblingstaftkleid, das so geschnitten war, daß es ihre »blendend weißen Schultern«[5] freiließ. Farah servierte ihnen den Kaffee im Wohnzimmer, das ringsum mit Denys' Sammlung seltener Bücher gesäumt war. Er hatte dafür Regale anfertigen lassen, und als das Haus nach seinem Tod verkauft wurde, ließ Tania zwei Messingplaketten mit seinem Namen gravieren und unauffällig anbringen. Sie sind noch da, wenn man sie finden kann, die Tätowierung einer Liebenden im Fleisch des alten Hauses.

Es war ein sinnlicher, mit kleinen Rosensträußen und langstieligen Madonnenlilien geschmückter Raum. Auf dem Fußboden lag ein Leopardenfell; es gab einen niedrigen Diwan mit persischen Kissen und einen alten französischen, mit orientalischen Phantasiegestalten bemalten hölzernen Wandschirm, der die Tür zum Schlafzimmer verdeckte. Er ist das Vorbild für den Wandschirm, den Tania Blixen in »Der Affe« als Hintergrund für das Verführungssouper im Kloster Seven beschreibt. Es ist ein Abend von

---

* Als ich in Afrika war, genoß ich den Vorzug, Kamantes klare Suppe zu kosten und ihm bei der Zubereitung zuzuschauen. Nachdem er die Brühe 24 Stunden auf ganz kleiner Flamme köcheln ließ, klärte er sie mit Eierschalen.

exaltierter Lüsternheit, den Nächten in Ngong vermutlich nicht unähnlich. In der Erzählung verabreicht die Priorin ihren Gästen ein Rauschmittel – einen Liebestrank. Ihre Freunde erinnern sich, daß Denys und Tania gerne mit den Wahrnehmungen experimentierten, die Haschisch, Opium oder *miraa* * hervorrufen konnten. Denys arrangierte auf dem Fußboden vor dem Kamin die Kissen, lehnte sich daran und spielte Gitarre. Tania saß »kreuzbeinig wie Scheherazade« und erzählte ihm Geschichten. Ausgerechnet das Ende dieser Abende wird uns vorenthalten. Doch was Tania Blixen ihrem Bruder über Sexualität schreibt – daß sie eine sexuelle Beziehung nicht ganz »ernst« nehmen könne, daß ihr wahres Vergnügen »rein geistiger Natur«[6] sei –, läßt den Eindruck entstehen, daß sie das phantasievolle Vorspiel bevorzugte, die Vorfreude, die geistige Übereinstimmung.

Vielleicht war die Kraft ihrer Phantasie so stark, daß der eigentliche Akt eine gelinde Enttäuschung war.

III

Tania Blixen bezeichnet sich in *Afrika, dunkel lockende Welt* als Scheherazade, denn diese junge Frau war eine Heldin nach ihrem Herzen. Sie liebte das Risiko, »hatte alle Bücher gelesen, die Annalen und die Lebensbeschreibungen der früheren Könige ... und auch die Dichterwerke«[7], und war von dem eintönigen Dasein unter Frauen gelangweilt. Wenn sie sich ihrem Vater, dem Wesir, als Braut / Opfer für den Sultan anbietet, tut sie dies mit einer Bereitwilligkeit, die ihn erschrickt und den Schluß zuläßt, daß die Gelegenheit sich mit einem alten Begehren deckt. Nichts, so verkündet sie, könne ihren Glauben an die Mission erschüttern, die zu erfüllen ihr bestimmt sei.

Die Mission besteht darin, durch die erotische Kraft des Erzäh-

---

* Ein einheimisches afrikanisches Kraut mit leicht halluzinogener Wirkung. Tania Blixen erwähnt es in »Die Träumer« mit einem anderen Namen, *Murungu*, ein Kraut, dessen getrocknete Blätter »einen wach und bei freundlicher Laune erhalten« *(Sieben Phantastische Geschichten*, S. 248). Der Name *Mira Jama* selbst mutet wie ein Spiel mit dem Wort *miraa* an. Lincoln Forsner, der andere Erzähler in der Geschichte, hat ebenfalls den Namen eines Rauschmittels; die Afrikaner nennen ihn *Tembu*, das ist das Suaheliwort für Alkohol.

lens einen allmächtigen Mann zu entwaffnen, der durch den Verlust seines Glaubens an das weibliche Ideal zum Mörder wurde. Tanne hatte begonnen, in ihrer Erzählung »Der Pflüger« eine Gestalt wie den Sultan zu schaffen, aber er ängstigte sie, und sie nahm Zuflucht zu einem romantischen, christlichen Ende. Anders Ostrel wird von einer tugendhaften Jungfrau bezwungen und erlöst, und er tut Buße, indem er die gute Erde pflügt. Scheherazade besaß mehr Phantasie und weniger Sinn für Therapie. Sie versucht nicht, den Sultan zu überzeugen, daß seine Meinung von der menschlichen (und weiblichen) Natur falsch oder daß sein Tun verwerflich sei, sondern nur davon, daß sie zu eng gefaßt seien. Ihre »Mission« war es, ihm ein so reiches Lebensgefüge, ein so verschlungenes Schicksalsgespinst, eine so gewaltige Perspektive zu zeigen, daß dagegen der ihm zugefügte Betrug als winziger Stich erschien und er darüber lachen konnte. Die reife Kunst Tania Blixens, die auf ihre Art ebenfalls eine Kunst der Tröstung ist, hat den Methoden, den Absichten und dem Wagemut ihres Vorbildes viel zu verdanken.

Für Scheherazade freilich wurde die Herausforderung der Verführung durch die Gefahr des Versagens gesteigert. Ihr Leben hing von der Kraft ihrer Faszination ab, und wie alle Draufgänger, für die Triumph und Überleben eins sind, muß sie eine masochistische Ader gehabt haben. Auch Tania Blixen verknüpfte Todesgefahr mit Freude, auch sie war gezwungen, ihre Fähigkeit, zu faszinieren und andere in ihren Bann zu ziehen, auf die Probe zu stellen – und somit zu überleben. Die Freundinnen ihrer Mädchenzeit schilderten die Überspanntheit ihres Charmes und ihre Gewohnheit, die Augen beim Sprechen »unnatürlich weit« aufzureißen, als wolle sie die Zuhörer hypnotisieren. Diese Eigenart wurde mit zunehmendem Alter noch eindringlicher und theatralischer.

Denys spielte für Tania Blixen die Rolle des Sultans, und sie hat ihn später verinnerlicht. Der Sultan, den Scheherazade verinnerlicht, macht sie zu einer besessenen, perfektionistischen Künstlerin. Alle darstellenden Künste haben eine Tradition ästhetischen Draufgängertums, der unmöglichen Heldentat * und der zu ihrer Vollbringung notwendigen verhüllten Leiden und Opfer. Diese

---

* Es ist denkbar, daß die Pantomimen, die Tanne Dinesen im Tivoli sah, ihren Begriff vom Virtuosen, von jemandem, der eine Maske aufsetzen und in eine Rolle schlüpfen konnte, beeinflußt haben. Es gibt keinen

Art von Opfer ist allen Erzählungen Tania Blixens gemeinsam, wo der *Virtuoso* eine Hauptfigur – und ausnahmslos eine Art Geistlicher – ist. Keiner ihrer zahlreichen Künstler scheint einem priesterlichen oder faustischen Opfer zu entkommen, und gewöhnlich geht damit eine willentliche, ja sogar stolze Verstümmelung einher. Im Falle Mira Jamas, dem die Nase abgeschnitten wurde, und Marellis, des »sublimen« Kastraten, ist diese Verstümmelung eine buchstäbliche. Im Falle Mallis oder Pellegrinas oder des Kardinals Salviati ist sie eine symbolische: der Verzicht auf normale menschliche Liebe. Für diese Transaktion gibt es zahlreiche mythische und religiöse Vorbilder; Priester weihen Gott ihr Zölibat als Mittel, einen Schutzbund mit ihm zu schließen.* Aber sie ist auch die Form vieler heimlicher neurotischer Abmachungen. Gewisse Personen finden oder suchen hemmungslosen Stolz im Leid, sie glauben, daß er von ihrer Größe oder Einmaligkeit künde und daß ihr Leben und Wirken ohne ihn unbedeutend wäre. Sie hoffen, daß ihre rachsüchtige Gottheit besänftigt wird, möglicherweise Elternstelle an ihnen vertritt und sie ihrer Allmacht und ihres Einflusses teilhaftig werden läßt.

IV

In den Monaten nach Denys' Umzug auf die Farm hat sich Tania Blixens Ausdrucksweise merklich verändert. Sie wurde sich ihres Intellekts – oder seines Nichtvorhandenseins – bewußt. Sie bat

---

Beweis, daß sie sich jemals intensiv mit der *Commedia dell'arte* auseinandergesetzt hätte, aber ihre Werke enthalten eine Menge diesbezügliche Hinweise. Der Name selbst bedeutet »Komödie der Profession, der Geschicklichkeit«. Den Schauspielern wurde die Handlung (ein Szenario) in groben Zügen vorgegeben, und sie mußten improvisieren, wobei sie ihren Witz, ihre Behendigkeit und allgemeine Begabung unter Beweis zu stellen hatten. Aber ich finde, daß Tania Blixens Gespräche, für die sie berühmt wurde, der Tradition der *Commedia dell'arte* mehr entsprachen als ihre kunstvoll aufgebauten Erzählungen.

* vgl. Tania Blixen, »Die erste Erzählung des Kardinals« in »Letzte Erzählungen«, S. 32. »Bemitleiden Sie ihn nicht« [den Künstler, den Priester], sagt Kardinal Salviati. »Vom Schicksal gezeichnet wird er sein... und ewig einsam... Doch [Gott] hält sein Sprachrohr schadlos. Hat sein Diener auch sonst nicht viel Macht, so ist ihm doch von Gottes Allmacht ein klein wenig mitgegeben.«

Thomas (der in England war), sie über die neuesten Ideen und »Tendenzen« auf dem laufenden zu halten, da sie Sorge habe, im Busch »zum vollkommenen Idioten zu werden«.[8] In fast allen Briefen bittet sie um Bücher, oder sie reflektiert in glänzender, eleganter, ausgefeilter Prosa über literarische oder philosophische Fragen.

Als Tanne eines Sonntags in Nairobi einen alten Freund traf, war sie verblüfft, daß »das Alter die größte Prüfung für alle darstellt – wie beim Wein; es muß ein wirklich guter Jahrgang sein, damit er das Lagern verträgt. Und nicht nur bei den Menschen ist das so, auch in der Kunst... Die weniger guten Ernten muß man lieber gleich trinken, ohne Illusionen, um den Durst zu löschen. Aber das wirklich Gute – welchen Charme und welchen Wert bekommt es durch das Lagern. So lange es ganz frisch ist, kann kein Mensch seinen Wert beurteilen; aber nach fünfzig, oder nur zwanzig Jahren! Wenn ich zum Beispiel Oscar Wilde wieder lese, finde ich, das Ganze ist so dünn und kläglich, daß man das meiste gleich wieder ausspucken sollte; aber Oehlenschläger – das Beste von ihm – und Aarestrup haben meines Erachtens mit den Jahren eine solche Reife und Feinheit bekommen, ein solches ›bouquet‹, das ihre Zeitgenossen, glaube ich, bei der Lektüre gar nicht haben empfinden können... Finch-Hatton gehört – glaube ich – im Gegensatz zu Geoffrey Buxton, zu dem Schlag Menschen, dem die Jahre nur guttun werden, so daß er, wie Stevenson von d'Artagnan sagt, – – will mellow into a man so witty, kind and upright – – that the whole man rings true like a good Sovereign.«[9]

Die Bücher, um die sie bat, waren die Lieblingsbücher aus ihrer Jugendzeit, die sie wieder lesen wollte: Sophus Claussens Gedichte, die sie ihre »Bibel« nannte, Frau Heibergs Erinnerungen, Cellini, Goldschmidt, eine Anthologie dänischer Liebesgedichte. Thomas schickte ihr *Tilkueren*, aber sie fand darin fast nichts von Interesse, und Tante Bess sandte ihr ein Exemplar des jüngst erschienenen Romans *Kristin Lavransdatter* (Kristin Lavranstochter) von Sigrid Undset nebst einer ausführlichen lobenden Besprechung.

Anfangs bewunderte Tanne das Werk, doch am Ende empfand sie einen Widerwillen gegen die uniforme Grausamkeit der Charaktere. Mit ihrem Widerspruch verband sie ein kleines Glaubensbekenntnis: »Ich suche in der Dichtung eine Erhellung dessen, was Goldschmidt die ›Magie des Lebens‹ nennt – und das gibt es bei Sigrid Undset nicht... ihr Werk ist wie eine große Landschaft in ständig grauem Wetter und ohne Farbe; es gibt ›keine Hexerei‹, und ich sage wie Otto Benzow (glaube ich), daß wirkliche Kunst immer etwas Hexerei ist.« [10]

Moderne Ehe und andere Betrachtungen

I

Gegen Ende des Herbstes 1923 schien der Verkauf der Karen Coffee Company unabwendbar. Telegramme gingen hin und her – kritische von den Aktionären und bittere, stolze Erwiderungen von Tanne. Sie habe, erklärte sie ihrem Bruder, ihre Jugend und ihr Herz an die Farm verloren, und fühle sich nun wie Samson, als man ihm die Haare abgeschnitten hatte.

Eine Weile lang schien sie sich Afrikas wegen aufzugeben. »Bisher habe ich meine Trennung von hier als eine Art Ragnarök angesehen – danach käme nichts. Aber jetzt schreibe ich Dir, um Dich zu bitten, mir bei der Klärung der Frage zu helfen, was jenseits dieser Zäsur geschehen könnte.« * Als erstes wollte sie wissen, ob Thomas nach Afrika kommen und ihr helfen könne, ihre Angelegenheiten in Ordnung zu bringen. Und ob er ihr sodann mit Geld zu einem »neuen Start im Leben« verhelfen wolle?[1] Sie habe kaum eine Vorstellung von ihrer Zukunft, nur eines stehe für sie ganz fest: In der Mittelklasse wolle sie nicht leben. Sie würde gerne reisen, vielleicht nach China. Sie könne in Rom oder München Kunst studieren. Sie könne in Djibouti oder Marseille ein kleines Hotel für Farbige haben, und sie verfiel sogar auf die Idee, zu heiraten und eine »sehr gute Partie« zu machen, allerdings war Denys eindeutig nicht der Erwählte – sie dachte an eine Vernunftehe. Diese wilden Pläne, dieses Sichwerfen auf ein halbes Dutzend Berufe, Reiseziele, Zukunftsphantasien sind von einer verzweifelten

* bei Thurman ohne Quellenangabe. Tania Blixen, *Briefe*, S. 191.

Energie getrieben. Vielleicht war dies notwendig, um dem ungeheuren Drang ihres Wunsches zu begegnen, in Afrika und bei Denys zu bleiben, mit dem eine einzige Woche »für alles andere auf Erden entschädigt und andere Dinge in sich bedeutungslos macht«.[2]

Als Denys die Farm Ende Oktober verließ, senkte sich einsame Stille auf sie herab. Tanne begann wieder zu malen; sie sehnte sich nach der Rückkehr ihres Geliebten, um ihm das fertige Werk zeigen und seine Kritik hören zu können. Ihr Modell war ein junger Kikuju, dem das Stillhalten entschieden schwerfiel. Einmal drohte ihm Tanne mit einer Pistole, aber das machte keinen Eindruck auf ihn. Die Kikuju, bemerkte sie trocken, fürchten sich weniger vor dem Tod als vor Unbeweglichkeit.

Am Jahrestag des Waffenstillstandes kam Berkeley Cole zu Besuch und entführte Tania aus ihrer Zurückgezogenheit auf ein großes Diner, das im Muthaigaclub zu Ehren des Gouverneurs von Uganda gegeben wurde. Die folgenden Tage wohnte Berkeley auf der Farm, er schlief lange und trank wohl jeden Morgen um elf im Wald seine Flasche Champagner. »Berkeley«, berichtete Tania ihrer Mutter, »ist ein sehr amüsanter Mensch, sehr behende und originell – und ich glaube, gänzlich frei von allen moralischen Skrupeln.«[3] Er gehörte damals der Gesetzgebenden Kammer an und hielt Tania zu ihrem Amüsement über die Machtkämpfe zwischen den Siedlern und dem Kolonialamt auf dem laufenden.

Die »hochmütige und phantastische« Persönlichkeit des jungen Berkeley Cole ist eine interessante Vorwegnahme der hochmütigen und phantastischen alten Tania Blixen. In *Afrika, dunkel lockende Welt* spricht er mit der höflichen Ironie, die für sie als Erzählerin bezeichnend wurde, und mit derselben undefinierbaren, seltsamen Stimme, die den Eindruck vermittelt, einer großartigeren, reicheren Sprache – der Sprache der Vergangenheit – anzugehören.

Berkeley hatte eine unglückliche Kindheit, die mit zu seinem Zynismus beitrug. Die Familie, bekannte er, hielt es für ein Glück, als sein Vater, Earl Enniskillen, starb. Seine Mutter hatte viele Jahre allein in einer zauberhaften Villa außerhalb von Florenz gelebt, wo sie einen Salon für einen Dichter- und Künstlerzirkel unterhielt. Berkeley war ungeachtet seiner Liebenswürdigkeit ein Exzentriker und Einzelgänger. Seine chronische Arthritis machte ihn zu einem »halben Invaliden« und ließ, wie er behauptete, eine Heirat »nicht ratsam erscheinen«[4]. Die Schwerelosigkeit seines Witzes in dem so zarten, zerbrechlichen Körper gab Tania das Gefühl, er könnte, wenn sie plaudernd am Kamin saßen, »plötzlich durch den Schlot emporfahren«.[5] Denselben Eindruck sollten Tania Blixens Freunde später auch von ihr bekommen.

Berkeley und Tania waren sich vielleicht zu ähnlich, um einander zu begehren, obgleich Berkeley, wie Tania berichtete, kurze Zeit meinte, ihre Ehe könne amüsant sein. Als sie ihrem Bruder von einer Vernunftehe schrieb, war Berkeley einer von drei Kandidaten (neben Geoffrey Buxton und Colonel Jack Llewellyn). Er stamme aus vornehmer Familie, sei reich und solle demnächst von der Regierung 150000 Morgen Land erhalten, und das sei »immerhin etwas«. Aber im nächsten Atemzug verwirft sie den Gedanken entschieden. Es wäre ebenso »bedeutungslos« für sie, wie wenn sie mit ihrem Hund Banja verheiratet sei. »Ich bin«, schreibt sie an Thomas, »für Zeit und Ewigkeit an Denys gebunden, gezwungen, den Erdboden zu lieben, auf den er tritt, über die Maßen glücklich zu sein, wenn er hier ist, und jedesmal Schlimmeres als den Tod zu erleiden, wenn er geht.«[6]

Die Farm war von einer Rattenplage heimgesucht gewesen, als Berkeley dort war, und er telegraphierte Tania, daß er ihr zu Weihnachten eine Katze schicken werde. Sie verbrachte die Feiertage allein, schlug Einladungen aus, hoffte, daß Denys doch noch auftauche, und benutzte die Ruhepause, um an einem Essay über sexuelle Moral, Liebe und Ehe in ihren wechselnden historischen Zusammenhängen zu arbeiten.

Sie schrieb auf dänisch, das, wie sie klagte, eingerostet war, weil sie seit Thomas' Abreise nicht ein dänisches Wort mehr gesprochen hatte. Ohne Nachschlagewerke, um daraus zu zitieren, oder einen Freund, dem sie ihre Gedankengänge darlegen konnte, ging ihr das Schreiben sehr langsam von der Hand; ihre geistige Unbeholfenheit verdroß sie so sehr, daß sie einmal die Arbeit angewidert beiseite schob und hinausging, um Hassan zu zeigen, wie man Blätterteigpasteten machte. Doch der fertige Essay hatte schließlich einen Umfang von 70 Schreibmaschinenseiten und umfaßte zwölf sorgfältig gegliederte Kapitel. Seine Sprache ist von einer Eleganz, einer nahezu beispiellos trockenen, formalen Intelligenz, und reflektiert den Ton, den Stil, das disziplinierte Ich, die Tania Denys zuliebe zu vervollkommnen begonnen hatte.

Die Hauptaussage in »Moderne Ehe und andere Betrachtungen«[7] lautet, daß Liebe und Ehe vollkommen ungleichartig sind und jeweils ihre eigene Funktion, Lust und Bedeutung haben. Tania Blixen glaubte wie Shaw, den sie damals gerade las, daß die Mittelschichten des 19. Jahrhunderts Liebe und Ehe vermengten und damit »mehr als jeder andere für sich genommene Irrtum dazu beigetragen haben, das Bewußtsein des Menschengeschlechts zu vernichten«. Die Ehe solle von beiden Partnern am besten als Treue zu einem Ideal – Familie, Fortpflanzung, Rechtmäßigkeit, Gott – statt zu einer Person verstanden und gehandhabt werden. Unter demselben Vorzeichen erfordere die »freie« Liebe Freiheit von häuslichen oder dynastischen Verantwortlichkeiten, die ihr Mysterium und ihr Feuer erstickten. Diese Philosophie reflektierte natürlich ihre eigene Erfahrung sowohl mit der Ehe als auch mit der »freien Liebe«. Sie meinte, Bror habe den Sinn des Ehekontraktes mißverstanden und eine ehrenhafte, funktionsfähige Beziehung mutwillig zerstört. Sie schrieb die Vollkommenheit ihrer Liebe zu Denys dem Umstand zu, daß sie keine gegenseitigen alltäglichen Ansprüche stellten, sondern »parallel zueinander liefen«.

Der Zufall wollte, daß zu der Zeit, als Tanne sich zum Schreiben hinsetzte, Bror Blixen von einem längeren Aufenthalt, eigentlich mehr einer Art Exil, in Tanganjika zurückkehrte, wo er auf Elefantenjagd war. Als er seiner Frau in Nairobi wiederbegegnete, war er sehr liebenswürdig, und sie fühlte bei seinem Anblick weder Verlegenheit noch Zorn. Er sträubte sich jedoch, mit ihr zum Anwalt zu gehen, und benahm sich, als »wollte jemand ihm einen Haufen Sorgen, die ihn nichts angingen, auf seine ohnehin überlasteten Schultern laden ...«[8] Sie wollte vor allem einen Punkt der Scheidungsklage ändern: Sie wollte von Bror einen Unterhalt zuerkannt bekommen. Oberflächlich gesehen schien dies absurd, weil er so mittellos war, aber sie beabsichtigte gar nicht, den Betrag einzufordern. Es war eine symbolische Geste, ein kleines Zugeständnis an die Konvention. Nach englischem Recht galt die Ehefrau bei einer Scheidung als schuldig, wenn ihr Mann ihr keinen Unterhalt zahlen mußte. Und es würde die Stimmen in der Familie Blixen zum Schweigen bringen, die behaupteten, Bror sei ein Märtyrer und werde von den Westenholzens schlecht behandelt.

II

Tannes Arbeit an ihrem Manuskript wurde Anfang Februar durch die Ankunft eines ungewöhnlichen Besuchers auf der Farm unterbrochen. Er war ein alter Däne, der Seemann gewesen und nun krank und nahezu blind war. Er bat sie um ein Obdach, wo er wohnen und die *kibokos* anfertigen konnte, mit denen er seinen Lebensunterhalt bestritt. In *Afrika, dunkel lockende Welt* heißt er Knudsen, sein richtiger Name war jedoch Aarup. Er war ein schwieriger alter Mann, der sich mit den Afrikanern herumstritt, einen fauligen Geruch hatte und sehr viel trank. In betrunkenem Zustand wurde er melancholisch und verbittert. Dann erzählte er immer dieselben alten Geschichten von den Schwindlern und Schuften, denen er begegnet war, und seiner schrecklichen, zänkischen Frau, deren Nörgeleien ihm das Leben vergällt hatten. Tania Blixen aber mochte ihn gern und empfand eine nahezu patriotische Zärtlichkeit für ihn. Er besaß die ausgleichende Gabe »starker, glühender innerer Visionen, um ihn für den Verlust seines Augenlichts zu entschädigen«, und er setzte seinen Ehrgeiz darein, der Farm zum Erfolg zu verhelfen. Er riet Tania, Holzkohle zu brennen und zu verkaufen, einen neuen Fischteich anzulegen, und mit ihm eine Partnerschaft zum Zwecke der Gewinnung von Phosphat aus dem Naivasha-See einzugehen. Er behauptete, dieses Projekt werde sie zu Millionären machen, aber Tania Blixen hielt es für eine Ausgeburt seiner Phantasie. Jahre nach seinem Tod erhielt sie jedoch einen Brief von einem alten afrikanischen Freund, der ihr mitteilte, daß Aarups Plan »keine Irrsinnsidee gewesen ist. Man hat eine Entdeckung gemacht, die seine Theorie bestätigt.«[9]

Am 19. Dezember, fast genau ein Jahr nach dem Tod der kleinen Wamboi, ereignete sich auf der Farm ein schlimmer Schießunfall – ein Mißgeschick, das in *Afrika, dunkel lockende Welt* sehr lebendig geschildert ist. Thaxton, der Verwalter der Kaffeeaufbereitung, hatte seinem Koch am Abend Ausgang gegeben, und sein Küchenjunge Kabero hatte kleine Buben in die Küche eingeladen. Als die Gesellschaft ausgelassen wurde, hatte sich Kabero die Flinte geholt, die Thaxton, der Geflügel züchtete, bereithielt, um Habichte und Marder zu verscheuchen, und mitten in die Schar seiner Spielkameraden geschossen. Die Flinte war an diesem Abend zufällig geladen.

Als Tania Blixen – von Thaxton aus dem Bad geholt – am Schauplatz erschien, war eines der Kinder fast tot, und es starb kurze Zeit später in ihren Armen. Das andere, Wanyangerri, war schwer verletzt, ein Teil des Gesichtes war ihm weggeschossen. Tania Blixen verband ihn, so gut sie konnte, und ihre Gegenwart und ihr Zuspruch schienen ihn zu beruhigen, denn er hörte zu schreien auf und blieb während der langen Fahrt nach Nairobi still liegen. Als sie ihn am nächsten Tag und in der folgenden Woche dort besuchte, ging es ihm schon viel besser. Aber der Junge, der den Schuß abgegeben hatte, verschwand anschließend, und obwohl seine Angehörigen die Farm und die umgebenden Wälder und Ebenen absuchten, war er nirgends zu finden. Manche Leute vermuteten, er sei zu den Massai gegangen, deren Frauen unter Unfruchtbarkeit litten und gerne Kikujukinder adoptierten. Und tatsächlich kehrte Kabero nach fünf Jahren eines Morgens zurück, »ein Massai vom Kopf bis zum Fuß«, er hatte deren Haltung und Haartracht angenommen und »auch sonst... das starre, passive, anmaßende Gehaben eines Kriegers, der sich als Gegenstand der Betrachtung hinstellt wie eine Statue, eine Gestalt, die sichtbar ist, aber selbst nicht sieht«.[10]

III

Thomas Dinesen war ohne klare Vorstellung, was er mit seinem Leben anfangen sollte, aus Afrika nach Rungstedlund zurückgekehrt. Er war seit dem Krieg wenig zu Hause gewesen und war sich vermutlich nicht bewußt, wie sehr Afrika und die Freiheit des Milieus, der Freunde und Ideale seiner Schwester ihn verändert hatten. Ingeborg Dinesen schrieb ihrer Tochter bald darauf lange Klagebriefe über »Thomas' Flirts«, die ihr große Sorge bereiteten. Er verbrachte seine Zeit offenbar mit Frauen, deren Herkunft oder Manieren sie nicht schätzte, die nicht »würdig« waren, in die Familie aufgenommen zu werden; denn Ingeborg konnte sich nichts anderes vorstellen, als daß diese Flirts zur Heirat führten. In ihren Briefen bat sie Tanne, bei ihrem jüngeren Bruder zu intervenieren, was diese natürlich abschlug. Er sei als kleiner Junge so ernst gewesen, da stehe ihm als junger Mann nun gewiß das Recht zu, »allen Champagner zu trinken, den er bekommen kann«. Ohne Groll, doch in aller Deutlichkeit hielt sie Ingeborg vor, ihre Familie sei nicht imstande, sich zu amüsieren, ihr fehle das Gefühl für den »Wein des Lebens« und die Fähigkeit, sich menschliches Glück anders denn als »Speichelleckerei« vorzustellen. Den größeren Teil des Menschengeschlechtes, behauptete sie, verlange es nach Aufregung, ein wenig Berauschung, nach Freude und Gefahr. »Ich glaube, wenn es in meiner Macht stünde, etwas für die Menschen zu tun, ich würde *sie unterhalten.*«[11]

Tanne sah in Ingeborgs mangelndem Verständnis für ihren Sohn auch ein Generationsproblem, und zwar ein überaus modernes. In einem Brief, den sie später in ihren Essay über die Ehe aufnahm, legte sie ihre Erfahrung mit den Veränderungen dar, die in den Männern und Frauen, die am Krieg teilgenommen hatten, vorgegangen waren. Er habe sie zu Freunden und Gleichgestellten gemacht, sie seien nicht mehr zwei fremde Gattungen, die sich auf Bällen und in Sommerfrischen zusammentaten. Sie seien nunmehr in ihren Bestrebungen und auch in ihrem erotischen Dasein ebenbürtig geworden. Beide Geschlechter seien, zumindest in Afrika, mit dieser Entwicklung zufrieden, sie seien bei ihren Liebesaffären ohne Schuldgefühle, und der Begriff des Verführers sei passé. Es bleibe immer das Risiko, daß ein Partner tiefer und abhängiger liebe als der andere, aber dieses Risiko, bemerkte sie anzüglich, bestehe sogar in einer altmodischen Ehe.

Ideale seien so wechselhaft und vielleicht auch so launisch wie die Mode. In der Zeit, als junge Frauen im Kloster erzogen wurden und mit 17 heirateten, habe wohl jedes Mädchen, dem es gelang, eine voreheliche Liebesaffäre zu haben, *»le diable au corps«* gehabt, so daß ihr Freier allen Grund hatte, sich vor ihr zu hüten. Im 20. Jahrhundert aber, wo junge Männer und Frauen sich in denselben Sportarten übten, in denselben Büros arbeiteten und dieselbe Luft aus »Freiheit und Erotik« atmeten, erzeuge ein Mädchen, das nicht wenigstens einmal geliebt habe, bei einem potentiellen Freier dieselben Bedenken.

»Ich habe so viele Männer mit hellem Entsetzen darüber sprechen gehört, was es bedeute, eine *jeune fille* zu heiraten«, schloß sie, was möglicherweise ein Licht auf ihre eigenen vorehelichen Beziehungen wirft. Sowohl General Polovtsoff als auch Erik Otter hatten ihr anvertraut, daß die Mädchen, die sie geheiratet hatten, nicht nur jungfräulich waren, sondern dem Geschlechtsverkehr mit Angst und Abscheu gegenüberstanden, und »daß die Unerfahrenheit einer Braut im allgemeinen das größte Hindernis für das Glück einer Ehe sei«. Insbesondere der mit seiner Frau so unglückliche Erik hoffte, seine Töchter würden die Freiheit des Experiments mit der sexuellen Liebe genießen und sie als natürlichen Bestandteil des Lebens begreifen.[12]

IV

Ende Januar war die Kaffee-Ernte eingebracht, magere 70 Tonnen. Tanne war äußerst beunruhigt. Es war drei Jahre her, seit sie in Europa gewesen war, sie sehnte sich nach einem Urlaub und hätte wegen ihrer Krankheit gern einen Spezialisten, vielleicht in Paris, konsultiert. Sie sah ihre Kämpfe und Strapazen jedoch auch in einem heroischen Licht und verglich sie mit dem Heldenmut ihres Bruders im Krieg. Auch sie habe »das Victoria Cross verdient...«[13]

Anfang März kam Denys, und es versprach ein langer Besuch zu werden. Er hatte vor, bei Tania zu bleiben, bis er im Juli in Tanganjika auf Elefantenjagd ging. Sie hielt buchstäblich mitten im Satz eines langen Klagebriefes inne, um ihrem Bruder mitzuteilen, sie sei noch nie so glücklich gewesen.

Eine gute Freundin erinnert sich an einen Besuch bei ihnen in jenem Frühjahr. Rose Cartwright war die Schwester von Geoffrey Buxton und eine Kindheitsgespielin von Denys. Rose hatte Afrika erstmals 1921 besucht und sich dort in Algy Cartwright verliebt, den sie im Jahr darauf in Norfolk heiratete. Es war eine inzestuöse kleine Gemeinschaft. Algy hatte Tania mit Denys, Denys mit Lindströms und Cockie mit Lindströms zusammengeführt und sowohl Cockie als auch Denys nach Afrika gebracht.

Rose war damals Ende Zwanzig, eine hochgewachsene, freimütige junge Frau mit wunderschönen blauen Augen, die in einem Landhaus unter Brüdern aufgewachsen und eine hervorragende Sportlerin war. Mit demselben scharfen Blick, derselben sicheren Hand, die sie zu einer vortrefflichen Schützin machten, verfertigte sie feine Seidenstickereien. Rose ähnelte sehr den zwei Walküren in Tania Blixens Erzählungen, Athene und Ehrengard, die ihrerseits geistige Abkömmlinge von Diana waren. Nach ihrer Trennung von Algy Cartwright wurde sie professionelle Jägerin und hielt im Erlegen von Bongos den Weltrekord. Als ihre Tochter – ihr einziges Kind – geboren wurde, war Rose allein in einer Hütte in Naivasha, und ihre einzige Sorge war, wo sie die Nabelschnur abschneiden sollte.

»Manche Männer sind perfekte Freunde, aber wehe, wenn sie zufällig dein Ehemann oder dein Vater sind«, reflektierte sie, wie es Diana getan haben könnte. Ihr und Tanias Mann gehörten aber beide in diese Kategorie. Bror war ihr Freund, aber sie »hätte ihn ermordet, wenn er mein Mann gewesen wäre«. Denys dagegen war ihr Idol, und er empfand seinerseits eine tiefe brüderliche Zärtlichkeit für sie. Er spielte immer noch gerne mit ihr. Wenn Tania noch schlief, verließen Rose und Denys frühmorgens das Haus, um zu angeln, zu reiten oder Vögel fürs Mittagessen zu schießen. Später ging sie Denys und Bror bei ihren Safaris zur Hand. Ihr Umgang mit Tania schloß jede Eifersucht aus, und ihre Verbindung mit Denys' Vergangenheit, seine Empfindung für sie machten sie zu einem besonders willkommenen Gast. »Denys hatte mich gern, weil ich ungesellig und schüchtern war«, sagte sie, »aber bei ihnen war ich nie so. Vielleicht fühlte ich mich so wohl bei ihnen, weil sie mich nie ›bemerkten‹. Man war nicht Gegenstand ihrer Aufmerksamkeit. Vielleicht lag es an der Ungezwungenheit ihrer gegenseitigen Liebe. Sie waren mir in vieler Hinsicht ›haushoch überlegen‹. Und doch mußte man nie mit ihnen konkurrieren. Man kam sich nie wie ein Dummkopf vor. Man war eigentlich wie ein Hund.«[14]

Tania und Denys waren mit Rose so ungezwungen, daß sie in ihrer Gegenwart klatschten. Sie hatten die Gewohnheit, alle Freunde mit Wein zu vergleichen. Denys war mit einem Amerikaner auf Safari gewesen, den er als »schlechten Roten« deklarierte. Ein gewisser Angehöriger der oberen Gesellschaftsschicht war »rosa Champagner«. Sie liebten es auch, ihren Freunden imaginäre Tischpartner zu geben, die Marquise de Pompadour oder Dschingis-Khan, Shelley oder König Tutanchamun. Vielleicht verdankte Rose Cartwright dem Umstand, daß sie bei Tania und Denys so ungezwungen war – sie war einer der wenigen Menschen, die so mit ihnen umging –, das Vorrecht, sie als Liebespaar zu erleben. Ansonsten demonstrierten sie nie ihre Zusammengehörigkeit. »Tanne strahlte für Denys«, sagte Ingrid Lindström, »aber zwischen ihnen bestand keine besonders enge Beziehung.« Zahlreiche andere Freunde sahen es genauso. »Sie war kühl«, »er war irgendwie geschlechtslos«, »die Anziehungskraft war eine rein geistige.«[15] Rose Cartwright aber amüsierte sich über die erstaunlich weit verbreitete Annahme, es sei eine platonische Freundschaft gewesen. »Ich glaube«, sagte sie, »Tania und Denys waren deswegen so glücklich, weil ihre Liebe umfassend war. Sie hatte alles.«

Die Nachricht von Denys' Rückkehr verbreitete sich rasch. Hugh und Flo Martin, Charles Gourdon und seine frischangetraute Frau Honour kamen aus Nairobi. »Der alte Bulpett« kam von Chiromo, dem palastartigen, im Osten Nairobis gelegenen neuen Haus der McMillans angefahren. Er wußte den hohen Anspruch von Tanias Gastlichkeit besonders zu schätzen und konnte wie der alte Baron von Brackel die jüngeren Gäste mit ergötzlichem Geplauder über »Theologie, Oper, Moral oder andere brotlose Künste«[16] unterhalten. Als Tania ihn eines Abends fragte, ob er, nachdem er sein Vermögen für la Belle Otero verschwendet und seine Jugend damit verbracht hatte, das Matterhorn zu erklimmen und die Dardanellen zu durchschwimmen, das alles gern noch einmal tun würde, erwiderte er ohne zu zögern: »Und ob, jeden einzelnen Moment davon!« Er sei, berichtete sie ihrer Mutter, »ein Virtuose« in der Kunst des Lebens, und sie hoffe inständig, wenn sie in sein Alter komme (73), so fröhlich und lebhaft sein zu können wie er.[17]

Tania Blixen war jetzt fast 39. Auf Bildern, die in jenem Frühjahr, vermutlich von Denys, aufgenommen wurden, ist sie eine reizende, noch jugendliche Frau mit fülliger Figur, das Gesicht schmal und unverändert blaß unter einem großen Hut, ihr Ausdruck warm und offen. Tagsüber trug sie schäbige Arbeitskleidung: eine schlichte Strickjacke zu einem Rock, oder ein lose fallendes Baumwollkleid, oder das Khakihemd zum Hosenrock, ihr

»Regensaisonkostüm«.* Sie hatte sich auch aus praktischen Gründen die Haare abschneiden lassen; sie waren kurz und dick, und sie liebte es, den Wind darin zu spüren. Aber für ihre Auftritte im Muthaigaclub oder im Regierungshaus oder auch für Abende daheim kreierte sie gern prachtvolle Toiletten. »Sie war furchtbar geschminkt«, sagte eine Freundin nachsichtig. Sie untermalte die Augen mit Kajal und brachte sie mit Belladonna zum Glänzen. Sie unterstrich ihre Blässe mit einer dicken Schicht weißen Puders. »Ihre Eleganz war ihre eigene Erfindung«, sagte Rose Cartwright. Als die Frauen die schlichten Kleider der zwanziger Jahre trugen, »eine eckige Linienführung, die schon überholt war, ehe sich erweisen konnte, ob sie auch sinnvoll war«[18], ließ Tania Blixen sich bei Pacquin ein Abendkleid aus weißem Taft mit geschnürter Taille, Krinoline, steifen Unterröcken und verführerischem Décolleté schneidern. Aber sie konnte ebensogut in Rock und Bluse, mit einem Turban auf dem Kopf und einem Somalischal um die Schultern, auf einer glanzvollen Veranstaltung erscheinen.

Ihre Kleider waren Ideen, Metaphern, und als alte Grande Dame gab sie ihnen wahrhaftig Namen. Die Robe von Pacquin war eine Referenz an die Zeit, als »eine Frau... ein Kunstwerk [war], das hervorzubringen viele Jahrhunderte gedauert hat, und wir erörterten ihre Figur in derselben Weise wie ihren Salon, mit all dem Respekt, den man einem genialen und unermüdlichen Künstler schuldig ist«.[19] Doch so gerne sie Aufsehen erregte, es gab auch praktische Erwägungen für ihre ausgefallene Kleidung und Aufmachung. In einen Somalischal hüllte sie sich zuweilen, um zu verbergen, daß sie korpulent war. »Tanne wollte der schlankste Mensch auf der Welt sein«, sagte Frau Lindström. Sie hatte ein zu klein gewordenes Reitkostüm von ihr geerbt, wurde jedoch einige Jahre später gebeten, es zurückzugeben. »Wenn sie dick war, fühlte sie sich elend. Ich fühlte mich genauso elend. Einmal sagte Tanne zu mir, ›wenn du wirklich schlank werden willst, kann ich dir helfen‹. Sie gab mir ›Marienbader Pillen‹, eine Art Abführmit-

---

* Tanne vertraute ihrer Schwester Elle an, sie hätte gern einen Hosenanzug oder gar Shorts getragen wie so viele Engländerinnen, und bedauerte, daß sie weder deren Fohlenbeine noch ihre moralische Veranlagung habe.

tel, das man zu jeder Mahlzeit nahm!«[20] Der Turban kam zu einer Zeit zu Ehren, als ihr infolge des Arsens, das sie einnahm, die Haare ausgegangen waren. Und der Puder diente teils dazu, die feinen Pigmentveränderungen zu verdecken, die ebenfalls eine Nebenwirkung ihrer Krankheit waren.

Für ihre engen Freunde waren dies alles liebenswerte Überspanntheiten, Beweise von Tanias »Originalität«. Sie akzeptierten ihre Launen, sogar ihre »hysterischen Wutanfälle«, weil diese stets durch ihre große Herzlichkeit wettgemacht wurden. »Sie war schwierig, aber reizend«, sagte Frau Lindström schlicht.

Von Tania Blixens Charakter in den zwanziger Jahren gibt es drei Versionen. Mit Freunden, die sie liebte, war sie die meiste Zeit umgänglich und sogar erdverbunden, eine Frau, die früh aufstand, um ihrer Pflicht nachzugehen, oder die sich nach einem herrlichen Abendessen auf den Fußboden setzte, Schallplatten spielte und Geschichten erzählte. Mit Leuten, die sie beeindrucken wollte, war sie weltgewandt, anmutig, charmant, »wenngleich vielleicht allzu selbstbewußt«.[21] Aber mit allen, die sie prosaisch fand – mit ihren weniger vornehmen Nachbarn, mit Staatsbediensteten, Siedlern ohne »Poesie«, »langweiligen Skandinaviern« –, konnte sie »frigide«, »hexenhaft«, »grob«, »ein Eisberg« sein.[22] »Tanne hatte«, erfahren wir von Frau Lindström, »eine idiotische Ehrfurcht vor der Aristokratie, und sie konnte die Rolle der Grande Dame übertreiben. Doch vieles, was über sie geschrieben wurde, vermittelt einen falschen Eindruck. Es läßt sie snobistisch und pathetisch erscheinen. Pathetisch war sie nie. Es war oft ein elendes Dasein, aber auch ein heiteres. Damals lachten die Menschen über ihre Schwierigkeiten, und Tanne allen voran.«[23] Tanne selbst drückte es lakonisch aus, als sie Sigrid Undset wegen ihres unversöhnlichen Grimms kritisierte. »Die Wirklichkeit ist nicht so«, schrieb sie Tante Bess. »Es gibt gewiß immer ein wenig *Gemütlichkeit** bei einer Seuche und unter Menschen, die am nächsten Tag zur Guillotine geführt werden sollen.«[24]

---

* Im Orig. deutsch

V

Ende März erhielt Denys ein Telegramm aus England, daß seine Mutter schwer krank sei, und er reiste auf der Stelle nach Hause. »Lebwohl«, schrieb er auf einem Blatt vom billigsten gelben Seidenpapier, »und danke für so viele schöne Tage, als ich schlecht gelaunt war.«[25]

Das Wetter wurde auf einmal kalt, ein rauher Wind blies von der Athisteppe, und der alte Aarup fiel plötzlich auf dem Weg von seiner Hütte zum Haus Mbogani tot um. Tanne und Kamante fanden ihn beim Pilzesuchen und brachten seinen Leichnam ins Haus; es war, wie sie bemerkten, der dritte, den sie zusammen trugen. Er wurde während eines heftigen Gewitters beerdigt, wobei Tanne bis auf die Haut durchnäßt wurde und der offene Wagen mit dem Sarg von einer Seite des Weges zur anderen schaukelte. Der alte Aarup, meinte Tanne, hätte das genossen. Nach seinem Tode hat er ihr gefehlt.

Nach dem heftigen Guß hörte der Regen abrupt auf. Wochenlang blieb die Luft vollkommen klar, die Nächte waren sternenhell. Überall im Hochland traten die Farmer vor dem Zubettgehen auf ihre Wiesen hinaus und sahen zum Himmel, ob es regnen würde. Viele hielten den kurzlebigen Sturm für ein schlechtes Zeichen und glaubten, daß der Regen ausbleiben werde.

An diesen nahezu winterlichen Abenden breitete Tanne ihre Papiere auf dem Eßzimmertisch aus und arbeitete an ihrem langen Essay. Sie war nicht sehr vom Wert ihres Werkes überzeugt; die Probleme mit der Farm lenkten sie ab, und sie räumte ein, dies sei keine Entschuldigung gegenüber Lesern, die fragen mochten, warum sie sich eine so anstrengende Aufgabe unter Umständen vorgenommen habe, die dem Vorhaben kaum zuträglich waren. Aber sie hatte Thomas geschrieben, es handele sich um eine äußerst wichtige Angelegenheit, um »die moralische Aufgabe... mit dem, was ich einmal angefangen hatte, fertigzuwerden und meine Gedanken nach besten Kräften beieinander und klar zu halten...«[26] In *Afrika, dunkel lockende Welt* drückte sie es poetischer aus: »Ich war jung und mußte aus Selbsterhaltungstrieb meine Kräfte auf etwas konzentrieren, wenn ich von dem Staub auf den Wegen der Farm und dem Rauch in den Steppen nicht fortgeweht werden wollte.« Sie schildert, wie sie damals zu schreiben begann, »Geschichten, Märchen und Erzählungen, die meinen Geist weit fort in andere Länder und Zeiten entführten«.*

Frühe Entwürfe dieser Erzählungen sind noch in Tania Blixens afrikanischen Notizbüchern enthalten, oft umgeschriebene Titellisten und kurze Prosapassagen, meist auf dänisch, die schon fast so etwas wie ein Stichwortverzeichnis von Tania Blixens späten reifen Werken darstellen. Hieraus läßt sich ersehen, was für eine im allerwörtlichsten Sinne konservative Schriftstellerin sie war. Die unvollendeten Erzählungen bleiben Jahrzehnte so erhalten, sie nimmt sie von Dänemark mit nach Afrika und wieder zurück nach Dänemark.

Tania Blixen arbeitete unter anderem an einem Essay über Afrika mit dem Titel »Udenfor Tiden« (Seit undenklichen Zeiten). »Man sieht«, schrieb sie, »ein Haus oder ein *manyatta* schon Stunden, bevor man es erreicht, und es beflügelt die Phantasie, wie das Spielzeug, das einem als Kind versprochen wurde; die Frage, wer dort wohnt und wie man empfangen wird, und ob man frische Butter oder Milch bekommen kann, füllt Gedanken und Gespräche, insbesondere die Unterhaltung mit den Schwarzen, mit denen man in Wiederholungen und simpel spricht wie mit kleinen Kindern.«[27]

Es ist interessant, den Stil dieses Fragments mit der Schreibweise in *Afrika, dunkel lockende Welt* zu vergleichen. »Udenfor Tiden« ist mit der Freude der Reisenden an Entdeckungen geschrieben und läßt das Vergnügen erkennen, dem zu Hause gebliebenen Leser eine exotische Szenerie zu schildern; den stärksten Eindruck erweckt das Neue – noch übertrifft der Schauplatz die Erfahrung. Doch in *Afrika, dunkel lockende Welt* wurde das Neue etwas Größerem, tiefer Empfundenem einverleibt, das gleichzeitig persönlich und charakteristisch ist. Und dies ist mit ein Grund, weshalb es weit mehr ist als ein Bericht oder »Reisebuch«.

---

* Tania Blixen, *Afrika, dunkel lockende Welt*, S. 60. Unter anderem schrieb sie eine Neufassung der Marionettenkomödie »Die Rache der Wahrheit«. Ende Mai waren zwei Erzählungen fertig, und Tanne dachte daran, sie an *Tilskueren* zu schicken. Sie hatte bereits eine Anzahl Gedichte hingeschickt, zumeist Neufassungen früherer Arbeiten. Der Verleger Poul Levin nahm eines davon an, »Ex Africa«, das 1926 veröffentlicht wurde. Ihre gesamte Prosa wurde abgelehnt.

Die Erzählungen sind im allgemeinen zu skizzenhaft und zu kurz, um viel daraus ersehen zu können. Aber in einer, die schon in jener frühen Fassung »Die Straßen um Pisa« heißt, entwickelt Tanne bereits einige uns vertraute Charaktere. Zwei Beziehungen sind in einem kurzen Dialogabschnitt skizziert. Die Sprechenden sind Freunde, der eine heißt Octavio (und wird in einer späteren Fassung der Graf von Schimmelmann), der andere Boris, und beide sind unglücklich, ohne zu wissen warum. Octavio bekennt, daß er seiner Frau Lavinia nicht trauen kann; es herrscht keine »Sympathie« zwischen ihnen, kein »Eingehen« des einen auf die Leidenschaften des anderen. Boris wiederum schildert sein deprimierendes Verhältnis mit seiner Geliebten, einer berühmten Sängerin namens Ernestine. »Es gibt keine Frau auf der Welt, die ich so verehre wie Ernestine, und nicht eine, die ich mehr achte. Sie ist eine Königin . . . sie hält Hof und empfindet für ihre Verehrer die Freundlichkeit und Dankbarkeit, wie sie eine geborene Königin für ihre Dienerschaft empfindet... Doch was ich möchte«, schließt Boris, »ist jemand, mit dem ich morgen über das reden kann, was ich gestern erlebt habe.«[28]

Wenn auch diese frühen Fragmente schon einen klaren Eindruck von Tania Blixens Themen und ihrer Tendenz als Schriftstellerin vermitteln, so geben sie noch nicht Aufschluß über die Qualität ihrer vollendeten Werke. Es sind kleine Licht-, Farb- und Strukturstudien, und es ist unmöglich, sich vorzustellen, mit welcher Kunstfertigkeit sie später ausgeführt und wie großartig sie vollendet werden. Walter Benjamin versucht in »Der Erzähler« verständlich zu machen, welches Element in den Fragmenten fehlt. »Nun ist es aber an dem«, schreibt er, »daß nicht etwa nur das Wissen oder die Weisheit des Menschen, sondern vor allem sein gelebtes Leben – und das ist der Stoff, aus dem die Geschichten werden – tradierbare Form am ersten am Sterbenden annimmt. (...) Am Ursprung des Erzählten steht diese Autorität. (...) Der Tod ist die Sanktion von allem, was der Erzähler berichten kann. Vom Tode hat er seine Autorität geliehen.«[29]

Tania Blixen stand dem Leben noch zu nahe, um den eigentlichen Sinn der Dinge zu erkennen. Sie besaß noch nicht die Erfahrung der Endgültigkeit, die sie zur Erzählerin machte; diese kam erst, als sie ihre Farm verlor, als Denys starb und sie Afrika für immer verließ – alles auf einmal; da wurde die Klammer geschlossen.

Seit 1914 hatte Tanne ihre Mutter immer wieder nach Afrika eingeladen. Die Farm sei wie ihr Kind, meinte sie, wie könne ihre Mutter es nicht sehen wollen? Als sie die Reise 1922 vorschlug, war Eas Tod noch zu nahe und Frau Dinesen noch zu sehr mit der Sorge für ihre Enkelin beschäftigt. Nun ließ sich die Reise endlich verwirklichen. Thomas traf die Vorkehrungen und beschloß, seine Mutter zu begleiten. Sie sollten im Herbst eintreffen.

Doch als die Zeit nahte, überkamen Tanne plötzlich Ängste und Bedenken. Sie hatte sich von ihrer Familie »entfernt«, besonders in den letzten Jahren. Frau Dinesen hatte ihr nicht die Unterstützung gewährt, die sie sich während des erbitterten Schriftwechsels über ihre Scheidung erhofft hatte, was Tanne zu dem Glauben veranlaßte, Ingeborg sei mit zunehmendem Alter immer mehr unter den Einfluß ihrer Geschwister geraten. Sie fürchtete nun, ihre Mutter werde sie drastisch verändert finden, und sie könne Ingeborgs Erwartungen und Illusionen nicht entsprechen.

Doch genaugenommen fürchtete Tanne, daß Ingeborg ihr Verhältnis mit Denys als Verrat ansehen würde. »Wenn Mutter jemals erführe, daß es einen anderen Menschen gäbe, den ich liebe und der für mich mehr bedeutet als alles andere auf der Welt, würde ihr das, glaube ich, unbegreiflich sein, ja, es würde ihr wehtun.«[30] Es gibt keinen Beweis, daß Frau Dinesen tatsächlich so dachte oder fühlte. Sie war im Gegenteil eine große Bewunderin von Denys. Als sie wenige Jahre später erfuhr, welchen Platz er wirklich in Tannes Leben eingenommen hatte, akzeptierte sie es dankbar in dem Wissen, daß er ihre Tochter glücklich gemacht hatte. Ihre Briefe an ihre anderen Kinder zeugen von tiefem Verständnis und großzügiger Sympathie für Tannes »Anderssein« und dafür, wie sie deswegen in der Familie gelitten hatte. Frau Dinesen übernahm auch die Verantwortung für die Rolle, die sie selbst bei Tannes »Leiden« spielte, indem sie zuließ, daß Folehave sie »zwar mit Liebe umsorgte, aber auch mit seiner ganzen Schwere belastete«.[31]

Tanne ließ ein Teil dieser Gefühle statt an Ingeborg (die Tanne für zerbrechlich halten mußte) lieber an Tante Bess aus. Bess hatte ihrer Nichte einen langen, philosophischen Geburtstagsbrief geschrieben, und Tanne benutzte ihre Antwort dazu, einige der alten Querelen wieder aufleben zu lassen. Zum erstenmal berichtete sie von ihrer Wut und Enttäuschung darüber, daß die Familie sie daran gehindert hatte, Brandes zu treffen, und sie erinnerte daran, daß Bess sie damals beschuldigt hatte, die Ihren zu »täuschen«. Es war ein Lieblingsthema in der Auseinandersetzung mit Bess, die behauptete, die jüngere Generation habe mit ihrer lockeren Moral, ihrem Mangel an Patriotismus und Respekt, »das Vertrauen betrogen« oder »getäuscht« oder »die Erwartungen enttäuscht«, die ihre älteren Angehörigen in sie gesetzt hatten. Punkt für Punkt widerlegte nun Tanne mit großer Deutlichkeit und Gewandtheit die alten Vorwürfe; sie verteidigte ihre Gutgläubigkeit, legte dar, wie die Familie sie mißverstanden hatte, und schilderte ihre daraus resultierende Einsamkeit. Der Brief schließt mit einer liebenswürdigen, aber standhaften Erklärung ihrer moralischen Unabhängigkeit. »Was sonst passiert, hörst Du wohl durch Mutter; ich hoffe jedoch, es ist Dir klar, daß ich die zehn Gebote breche und mich dabei sehr glücklich fühle... viele, viele Grüße, geliebte Tante B., Deine Tanne.«[32]

Ingeborg und Thomas kamen am 3. November an und blieben zwei Monate. Ingrid Lindström hat Frau Dinesen als eine »sehr nette alte Dame, kein bißchen wie Tanne«, in Erinnerung. »Sie ging stets schwarzgekleidet, mitsamt Wollsocken und Schuhen, und beeindruckte alle damit, daß ihr nie heiß war.« Tania Blixen erzählte Parmenia Migel, daß die afrikanischen Frauen und Mädchen von Frau Dinesen fasziniert waren, die die älteste Weiße war, die sie je gesehen hatten, und daß Tanne einmal, als ihre Mutter von ihren Bewunderinnen umringt auf der Veranda stand, ihr plötzlich die Haarnadeln herauszog, um ihnen die immer noch schönen, langen Haare ihrer Mutter zu zeigen. »Die Haare«, wird uns berichtet, »hatten nichts von ihrem warmen Farbton eingebüßt.«[33] Das ist eine aufschlußreiche kleine Geste. Es ist, als hätte Tanne plötzlich eine überraschende, sorgsam gezügelte und verborgene Quelle der Jugend und sexuellen Vitalität aufgedeckt.

Frau Dinesen schiffte sich am 14. Januar 1925, dem Hochzeitstag ihrer Tochter, allein nach Hause ein. Tanne war von derselben »unerträglichen Zärtlichkeit« für ihre Mutter erfüllt, die sie vor elf Jahren am Kai von Neapel empfunden hatte. »Für alles, für jedes Wort, das du zu mir sprachst, für jedes Mal, das du mich ansahst, danke ich dir mehr, als ich zu sagen vermag.«

Am selben Tag erhielt sie von ihren Anwälten ein Telegramm, daß die Scheidung rechtskräftig sei. Die meisten ihrer Freunde hielten das Urteil für eine Formalität, die für keine Seite große Bedeutung hatte, und meinten, Tania solle froh sein, daß sie Bror los war. Sie selbst aber empfand es anders. In einem zwischen ihrer Wäscheliste und dem Entwurf für »moderne Ehe und andere Betrachtungen« eingezwängten Notizbuch steht ein Gedicht mit dem Titel »Au Revoir«.

I have wept and said farewell
Thus justly ends our lovers' duel.
Both our honor was served well.
And to the honor of your soul
I shall remember each old place.
Friend, it was sweet, in any case.[34]

Am 5. März schifften sich Tanne, Thomas und Farah auf der *Admiral Pierre* nach Aden ein. Farah und Thomas zogen weiter auf Safari nach Somaliland. Im ungewissen über ihre Zukunft, sogar über ihren Namen, fuhr Tania Blixen heim nach Dänemark, wo sie die nächsten acht Monate verbringen sollte.

Siebenundzwanzigstes Kapitel

Aushalten

I

Als Tania Blixen im April nach Rungstedlund zurückkehrte, war sie verzweifelt. Ihre Zukunft in Afrika war äußerst ungewiß, und sie mußte sie jetzt allein bewältigen. Sie konnte nicht mit Denys' Unterstützung rechnen, nur gelegentlich mit seiner Gesellschaft, und war nicht einmal sicher, ob sie ihn jemals wiedersehen würde. Ihr Status als geschiedene Frau bekümmerte sie, und sie reagierte empfindlich auf die Erwartungen ihrer Freunde und Angehörigen, daß Denys sie heiraten solle. Indem die Scheidung sie »befreite«, kompromittierte sie die wirkliche Freiheit, die sie innerhalb der formalen Grenzen ihrer Ehe genossen hatte. Sie fühlte sich haltlos im Leben. Als sie mit vierzig auf das vorangegangene Jahrzehnt zurückblickte, wurde sie nachträglich von einer plötzlichen Furcht ergriffen, die sie in *Sieben phantastische Geschichten* als Sterben an »*malheurs passés*« beschreibt.[1] Sogar die Farm erschien ihr abstoßend, das Alltagsleben dort trivial, hart, eine Vergeudung ihres Talentes und ihrer Energie. Sie sprach davon, daß sie »Afrika hasse« und »den ganzen Kram hinschmeißen« wolle.[2]

Dies lag zum Teil an der Depression, die sie jedesmal heimsuchte, wenn sie nach Hause kam. Sie fühlte sich dort unvermeidlich als Fremde; das war schon immer so gewesen. Elle und ihre Kindheitsgespielinnen hatten sich alle wohlbestallt in ihrem Leben und mittleren Alter eingerichtet. Sie suchten nicht wie sie weiterhin nach einem Ideal ihrer eigenen potentiellen Größe, sie klammerten sich nicht an die Illusion, das vollkommene Leben oder Kunstwerk zu schaffen, sondern nahmen die Tage hin, wie sie kamen, und begnügten sich mit einem bestimmten Quantum Glück. Tanne beneidete sie nun um diese Heiterkeit (wenn auch nicht um die Umstände, die sie bewerkstelligten) und verachtete sich wegen ihrer »Selbstaufgabe«.[3] Sie sah ihr Leben als das Bemühen, einen kahlen Berg zu besteigen, während die wahre Herausforderung, die »wahre Religiosität«[4] darin bestand, jeden Augenblick zu nehmen, wie er kam, und ihn nicht anders haben zu wollen.

Nach einem kurzen Krankenhausaufenthalt* richtete Tanne sich im Hause ihrer Mutter ein und überließ sich dessen *hygge*. Ingeborg verköstigte sie mit Roggenbrot, Garnelen, norwegischem Ziegenkäse, lauter Sachen, von denen sie in Afrika »geträumt« hatte. Unten in der Küche saßen die Dienstboten wie in alten Zeiten plaudernd beim Kaffee, und wenn sie sie nun *Baronessen* betitelten, gaben sie ihr wieder das Gefühl, die verhätschelte Tochter des Hauses zu sein. An schönen Tagen spazierte sie am Sund entlang oder durch die Buchenwälder nach Folehave, wo sie mit Tante Bess über die Ehe und über Sigrid Undset diskutierte. Sie nahm Unterricht im Kochen**, studierte wie in den zwanziger Jahren Malerei bei der bekannten Künstlerin Bertha Dorph und versuchte, ihre Gedichte und Geschichten in verschiedenen Zeit-

---

* Dr. Rasch behandelte ihre Syphilis abermals mit einer Salvarsankur. Eine Ende des Jahres vorgenommene Lumbalpunktion zeigte normale Werte, und er glaubte, die Krankheit sei zum Stillstand gekommen. Aber mit fortschreitendem Wissensstand erkannten die Venereologen, daß Patienten mit normaler Rückenmarksflüssigkeit ein ausgeprägtes Krankheitsbild haben können. Dr. Fog weist darauf hin, daß bei Tania Blixen im Laufe der zwanziger Jahre fortgesetzt Syphilissymptome auftraten; in den frühen Dreißigern wurde die Krankheit mit ihren Spätfolgen wieder akut und konnte nun überhaupt nicht mehr zum Stillstand gebracht werden. (Mogens Fog, »Karen Blixens Sygdomshistorie«, *Blixeniana* 1978, S. 142)

** Tania Blixen hatte tatsächlich die Idee, eine Stelle als Küchenchef in einem Hotel anzunehmen, falls die Farm Bankrott machte. Während des Aufenthaltes zu Hause sprach sie im Rex vor, einem renommierten Restaurant an der Bredgade, freundete sich mit Herrn Perochet, dem Besitzer und Küchenchef, an und ging bei ihm in die Lehre. Herr Perochet soll so beeindruckt gewesen sein, daß er ihr eine Partnerschaft anbot. Dies ist zumindest eine Version der »Kochschule«-Geschichte, die Tania Blixen dänischen Interviewern in den vierziger und fünfziger Jahren auftischte.

schriften zu veröffentlichen. Der dänische Literaturkritiker Aage Kabell schrieb über Tania Blixens literarische Comeback-Versuche: »Es ist einer Betrachtung wert... wie unbeholfen Karen Blixen mit vierzig Jahren schien... in einem Land und einer Stadt, wo allabendlich ein literarisches Wunder am Himmel aufblitzte.«[5]

Als einen Schritt zur Beendigung ihrer Isolierung als Schriftstellerin arrangierte Tania Blixen ein Treffen mit Georg Brandes. Er hatte den Ruf nahezu jedes bedeutenden dänischen Künstlers begründen geholfen, und sie war immer noch verbittert, weil die Familie sie um ihre einzige Chance gebracht hatte, als er 1904 von der Tür gewiesen wurde. Ironischerweise war es Tante Bess, die sich nun als Vermittlerin betätigte und an Brandes schrieb, um die Verabredung zu treffen. Es ist nicht klar, wie es dazu kam. Vielleicht war Tanne schüchtern, vielleicht schien es würdiger, wenn die Ältere den Anfang machte. Tannes Vorwürfe müssen Bess jedenfalls tief getroffen haben, daß sie nun einen solchen Schritt tat. Sie dankte Brandes dafür, daß er an einem Nachmittag um halb sechs ein paar Minuten erübrigte, damit ihre Nichte »einen Mann treffen [konnte], dessen Lebenswerk ihr in der Einsamkeit des afrikanischen Hochlands soviel bedeutet hat«.[6]

Brandes ging liebenswürdig sowohl auf Bess als auch auf Tania Blixen ein, und es ist wahrscheinlich, daß sie sich öfter trafen. In einem Brief vom Dezember bedankt sie sich bei Brandes für sein neues Buch *Hellas* und äußert den Wunsch, ihm vor ihrem Aufbruch nach Afrika Lebewohl zu sagen. Einige Monate später schreibt sie scherzhaft aus Ngong, sie sehne sich danach, mit ihm im Fiskehuset (einem bekannten Kopenhagener Fischrestaurant) Austern zu essen, daher ist anzunehmen, daß sie dort zusammen zu Abend oder zu Mittag gegessen haben. Aage Kabell vermutet, daß der 38jährige Brandes von der attraktiven, weltgewandten Tania Blixen hingerissen war.[7] Sie hat die Begegnung nie erwähnt, aber es muß ein bewegendes Erlebnis für sie gewesen sein – die Erfüllung großer Erwartung und Neugier. In jedem urbanen, erotischen Philosophen ihrer Erzählungen steckt etwas von dem »alten Georg«, wie sie ihn insgeheim nannte.

Nach dem – oder den – Treffen mit Brandes legte Tanne Poul Levin von *Tilskueren* »Die Rache der Wahrheit« abermals vor, und er nahm es an.* Es war die letzte Fassung ihres kurzen Theaterstückes, das sie 1904 mit 19 für die Familie verfaßt, mit 25 in Rom umgeschrieben und an dem sie seither sporadisch gearbeitet hatte. Die Fassung von 1910 hatte zu einem Streit mit Tante Bess geführt, die das Stück blasphemisch nannte. Die endgültige Fassung war ein hochgestochenes, mit ästhetischer und dramatischer Ironie durchsetztes kleines Werk. Kabell schreibt treffend von der »nervösen Symbolik« des Stückes. Die Nervosität rührte vielleicht von dem zweifelhaften Verhältnis der Verfasserin zu ihrer Erfahrungsphilosophie her, nämlich das Schicksal zu lieben, »die Ideen der Verfasserin auszuführen« und »die Zeilen auszusprechen, die wir in uns haben«.[8]

Die Rache der Wahrheit wurde tatsächlich in den unsichersten, unerfülltesten, schmerzlichsten Momenten in Tania Blixens Leben verfaßt und umgeschrieben, in den Momenten voll blinder Hoffnung, daß sich alles zum Guten wenden werde.

II

In dem Jahr, als Tanne zu Hause war, gab Thomas Dinesen seine Verlobung mit Jonna Lindhardt bekannt. Jonna war ein strahlendes junges Mädchen, dessen Vater lutheranischer Dekan in Aarhus war. Aber in dem streitbaren, intellektuellen Milieu von Rungstedlund wirkte sie etwas schüchtern und fehl am Platz. Tanne war insgeheim enttäuscht, daß ihr Bruder eine so konven-

---

* Anfang 1926 schrieb Tania Blixen aus Afrika an Brandes und bat ihn, seinen Einfluß bei Levin geltend zu machen, um *Die Rache der Wahrheit* aus der Schublade des Verlegers zum Druck zu bringen. Kabell vermutet, daß Brandes das Manuskript nur als »eigenartig« empfunden haben konnte, und wenn er sich einschaltete, dies nur als »seinen letzten Tribut an die literarischen Ambitionen des schönen Geschlechts« tat. Das Werk erschien 1926 in der Mai-Ausgabe, dennoch »tat Levin seine private Meinung« – und vielleicht seinen Widerwillen gegen ein derartiges Bedrängtwerden – »sehr deutlich kund, indem der kostbare Beitrag von Karen Blixen-Finecke in der kleinstmöglichen Typengröße gedruckt wurde«. (Aage Kabell, *Karen Blixen debuterer*, S. 87) Auch nahm er in letzter Minute eine eindeutig verächtliche Veränderung in den Fahnenabzügen vor. Tania Blixen hatte auf der Verwendung ihres Pseudonyms Osceola bestanden. Levin setzte »unverschämterweise« ihren richtigen Namen darunter. [Isak Dinesen, *Letters*, S. 256]

tionelle Ehe einzugehen gedachte, und deutete ihm später sogar in einem Brief an, er habe damit sie und seinen Idealismus verraten.

Auf der Höhe seines Glücks hörte sich Thomas erschrocken die Klagen seiner Schwester über ihr Leben an. Als sie wirklich zu beabsichtigen schien, Afrika aufzugeben, nahm er sie beiseite und sagte ihr »klipp und klar«, sie sei verrückt, wenn sie das tue. Er sah vielleicht besser als sie, daß sie die Mittel nicht hatte und sie sich nicht verschaffen konnte, um allein in Europa in dem Luxus zu leben, den sie gewöhnt war (und der ihr zustand, wie sie behauptete). Er hatte auch, und mit Recht, das Gefühl, daß Tanne in Dänemark Ansprüche stellen würde, die seine Ehe gefährden könnten. »Ich konnte meine Zukunft nicht länger darauf abstellen, meiner Schwester beizustehen«, schrieb er.[9]

Gegen Ende ihres Aufenthaltes fuhr er mit ihr für drei Tage nach Schweden, damit sie sich unter vier Augen »aussprechen« konnten. Selbst wenn die Farm Bankrott machen sollte, hielt Thomas ihr vor, müsse Tanne bis zum Ende durchhalten. Sie entgegnete, sie könne nicht mehr. Er konterte, eine komplette Niederlage entspreche ihrem Naturell mehr, als einfach aufzugeben. Als er ihr einmal verzweifelt von der Suche nach dem richtigen Weg in seinem Leben schrieb, habe sie ihm mit großer Leidenschaft und Deutlichkeit geraten: »Halte aus.« Nun müsse sie den Mut aufbringen, dasselbe zu tun.

III

Am Weihnachtstag entzog sich Tania Blixen ihrer Familie und bestieg einen Zug nach Antwerpen. Die Abreise war offenbar zeitlich so abgestimmt, daß die unendliche Verlassenheit der kleinen Gestalt, die sich aufmachte, es mit der Welt aufzunehmen, dramatisch betont wurde. Thomas begleitete sie ritterlich an Bord des Dampfers. Er versuchte sie unterwegs mit Gesprächen über Bestimmung und Größe bei Laune zu halten. »Schon zu diesem frühen Zeitpunkt begann mir Tannes Zukunft zu dämmern«, erklärte er. »Die Niederlage war es, die zum Sieg führen, die Verzweiflung war es, die große Kunst hervorbringen würde. Tanne befand sich verständlicherweise in einem absoluten Zwiespalt.«[10]

Die Überfahrt über die Nordsee war sehr rauh. Im Golf von Biskaya kam Sturm auf, und als das Schiff heftig schaukelte,

»wagte« Tanne nicht seekrank zu werden. Die Erinnerung an diesen Sturm kehrte während der ersten Monate auf der Farm oft zurück, wenn sie sich kaum weniger elend oder hilflos fühlte und nicht »wagte», Heimweh nach ihrer Familie zu haben. Sie konnte die schlimme Erkältung, die sie sich auf dem Schiff zugezogen hatte, nicht loswerden und ihre fast ein Jahr währende Depression nicht abschütteln: die extreme Mattigkeit, eine allgemeine Hoffnungslosigkeit im Hinblick auf die Zukunft, die Unfähigkeit zu arbeiten oder sich zu konzentrieren. Sie versuchte zu malen, ein Buch über Afrika und eine neue Marionettenkomödie zu beginnen, doch sie brachte kaum die Kraft auf, um nur bis zum Damm zu spazieren. In Briefen an Thomas klagt sie darüber, daß sie ihre eigene Stimme nicht hören könne, und so sei es ihr natürlich unmöglich zu schreiben. Diese »mysteriöse Krankheit«[11], wie sie es nannte, dauerte bis Anfang März.

Kein Besuch von Denys oder Berkeley erlöste sie in diesem Winter aus ihrer Trostlosigkeit. Berkeley war 1925 auf den Stufen seines Farmhauses an einem Herzanfall gestorben. Denys war mit einem Kunden auf Safari, er hatte in dem Jahr von Tanias Abwesenheit professionell zu jagen begonnen. Im Regierungshaus saß eine neue Verwaltung, und nach einjähriger Abwesenheit fühlte Tania sich wieder wie eine Fremde im Land. Es erzürnte sie, daß die Hüttensteuer während der Hungersnot abermals angehoben worden war, daß die Gattin des Gouverneurs ein enorm kostspieliges Wohltätigkeitsfest veranstaltete, bei dem mehr Geld für die Feier verschwendet wurde, als dem guten Zweck zufloß, und daß Lord Delamere 200 Gäste zu einem Empfang lud, bei dem 600 Flaschen Champagner getrunken wurden. »Fange ich an zu predigen«, schrieb sie hilflos an ihren Bruder, »verliere ich meine Macht.« Ihr einziger Einfluß bestehe in ihrem guten Beispiel oder in ihrem Vorbild als »Gastgeberin und Freundin«[12], doch sei ihr weder freundschaftlich noch gastlich zumute.

Das Elend der Hungersnot wurde noch verschlimmert durch den Ausbruch einer Seuche im Hochland – Schwarzwasserfieber. Tania Blixens geliebter Abdullahi, ihr »Page«, brach am Abend seiner Hochzeit zusammen und starb. Sie pflegte die anderen Opfer auf der Farm, stand für Notfälle bereit, und ihr Ruf als große, wenngleich dilettantische Heilkünstlerin gewann in dieser Zeit an Glanz. Es kam zu neuen *shauries*. Eine Horde boshafter, durch die

Wildgesetze geschützte Diademmeerkatzen suchte die Farm heim und verwüstete die Maisfelder. Die *totos* ließen zu, daß ein »ekliger Shenziehund« ihre edle Heather deckte, und Tania führte sich auf, als sei ihre eigene Tochter vergewaltigt worden. Hassan verließ ihre Dienste, Juma verspielte sein Hab und Gut; der Regen kam, aber er brachte eine Art »Entzündung« oder »nervösen Hexenschuß« mit sich, und keine Behandlung schien anzuschlagen. Schließlich traf die Mai-Nummer von *Tilskueren* mit »Die Rache der Wahrheit« ein, in beleidigend winziger Typengröße gedruckt und mit dem falschen Namen signiert.

In ihren Briefen an Ingeborg blieb Tanne in dieser Zeit stoisch heiter und gelassen. Frau Dinesen hatte Probleme mit Mitten, und Tanne belehrte sie über die Segnungen des Mißgeschicks, weswegen sie nicht versuchen solle, das Kind davor zu schützen. Man möchte »am liebsten dem Wind und dem Frost Einhalt gebieten und den Einbruch der Nacht hinauszögern«, schrieb sie ihr, »und doch weiß man, es ist *gut*, daß man das nicht kann; denn selbst der Wind und der Frost haben im Dienst des Lebens eine Mission.«[13] Doch es fiel ihr schwer, über ihr eigenes Mißgeschick nicht zu verzagen. Ihre Briefe an Thomas sind von Zorn und Verzweiflung erfüllt.

IV

Als Denys im März wiederkam, blieb er nur zwei Wochen; er hatte seine Passage nach England schon gebucht und dachte nicht daran, sie zu stornieren. Tania bemühte sich, das Geschenk des Augenblicks anzunehmen, das Gefühl, daß im Leben sonst nichts zu wünschen übrigblieb, doch ihre Freude war getrübt durch das morbide Wissen um die verrinnende Zeit, den drohenden Verlust. Wenn sie hügelan ritten, um ihre »Gräber« zu besichtigen, oder am Mühlsteintisch den Sonnenuntergang betrachteten, oder Schubert hörten, während der Wind von der Athisteppe herüberwehte, erinnerte sich Tania unbarmherzig daran, daß ihr jetzt nur noch fünf von den vierzehn Tagen, oder nur noch drei Stunden von diesem Abend blieben. Sie wußte, daß es falsch war, konnte aber nicht dagegen an. Was, jammerte sie, machte sie so unfähig, sich mit einem Verlust abzufinden?

Afrika, dunkel lockende Welt bietet eine Erklärung: »Wenn ich Denys zurückerwartete«, heißt es da, »und seinen Wagen den

Weg heraufkommen hörte, fingen alle Dinge auf der Farm zu reden an und sagten, wes Wesens sie seien.«[14] Tania selbst konnte »reden«, konnte »sagen, wes Wesens« sie sei, wenn Denys bei ihr war, um es zu erwecken, und vielleicht war dies die persönliche Dimension, die ihr das Motto seiner Familie vermittelte: »Je responderay.« Wenn er fortging, wurde sie von Panik über einen Verlust ergriffen, der im wesentlichen ein Verlust ihrer selbst war.

Tania Blixen war zeit ihres Lebens anfällig für Depressionen, für heftige Stimmungsschwankungen zwischen Verzweiflung und Exaltiertheit. Die gleichmäßige, heitere Weisheit ihres späteren Ausdrucks und Stils, die moralische Zähigkeit waren Ideale, die sie im wirklichen Leben nie für längere Zeit erreichte; aber sie hörte nie auf, sie anzustreben. Anders als die meisten Menschen war sie zu einer klaren Einsicht über die Ursachen ihrer Depressionen fähig und verfügte über »ganz ungewöhnliche Ressourcen an *joie de vivre*«, die ihr halfen, »ganz langsam wieder an die Oberfläche zu treiben«.[15] Sie dachte oft an den Tod und wollte sich manchesmal das Leben nehmen, schreckte jedoch im letzten Moment zurück, weil der Tod »Leere und Zugrundegehen« sei und sie »furchtbar gerne leben« wolle.[16] Sie wußte im Augenblick noch nicht, wie sie ihre Vitalität wiedergewinnen sollte, aber sie konnte zumindest ergründen, warum sie sich so tot fühlte. Erstens, erklärte sie Thomas, habe sie ihre Liebe zu Denys zum Mittelpunkt ihres Daseins gemacht, und das sei eindeutig nicht genug, um davon zu leben. Zweitens sei sie das Opfer eines entsetzlich morbiden Verlassenseins und Verlustes, weshalb sie nicht selbständig, mit einer festen Überzeugung von ihrem wahren Wert, existieren könne. Drittens, und dies sei das Wichtigste, habe sie den Bruch mit ihrer Familie nie vollzogen und ihre Abhängigkeit von ihr nie beendet. Sie zürne den Ihren immer noch, weil sie sie so festgehalten, herabgesetzt, zum Kind gemacht hatten, und sich selbst, weil sie sie so grenzenlos brauchte, daß sie sich nicht auflehnen konnte. Schon als Heranwachsende habe sie begriffen, daß »Luzifer der Engel war, der seine Schwingen über mich breiten sollte«, und daß ihre Lösung gleich seiner darin bestand, »in sein eigenes Königreich zu fallen«. Diese Aussage einer Halbwüchsigen sei bei einer Frau von 41 Jahren pathetisch, meinte sie, und sie sollte »einen geraden Strich durch die Torheit der Vergangenheit ziehen und zur Hölle fahren, falls ich dorthin gehöre«.[17] Und doch fühlte sie sich dazu außerstande.

Eine Antwort auf diesen Aufschrei erhielt Tania Blixen nicht direkt von Thomas, an den er gerichtet war – und der sich auf Hochzeitsreise in Paris befand –, sondern vom Schicksal. Im Mai wiesen alle Anzeichen auf eine neue Schwangerschaft hin, und sie war so davon überzeugt, daß sie es Denys nach England telegraphierte. Dabei benutzte sie einen verschlüsselten Namen für das Kind, der ihm aufgrund einer vorausgegangenen Diskussion bekannt gewesen sein muß. Sie nannte es Daniel.

Jahre später erzählte Tania Blixen ihrer Sekretärin, daß sie sich dieses Kind sehr gewünscht und daß sie geplant habe, »ihn« in Afrika zu erziehen, indem sie eine Schule für Somalijungen aus guter Familie gründete. »Kein Kind zu haben, war eine große Enttäuschung für sie«, sagt Clara Svendsen. Der Plan, »Daniel« unter Afrikanern zu erziehen, obwohl, wie wir wissen, Tanne so große Stücke auf Eton hielt, läßt darauf schließen, daß sie damit rechnete, er werde im Milieu seines Vaters ein Außenseiter oder Verfemter sein. Denys telegraphierte aus London zurück: »Absage von Daniels Besuch dringend geboten.«[18] Das Telegramm mit Tanias Erwiderung ist nicht erhalten, auf das Denys wiederum entgegnete: »Kabel erhalten – meine Antwort – tu mit Daniel was Du willst – würde ihn willkommen heißen, falls ich Partnerschaft bieten könnte – ist aber unmöglich – STOP – ich weiß Du wirst Meinung Deiner Mutter bedenken – Denys.« Die betont gleichgültige Sachlichkeit verhüllt kaum die Entrüstung, und Tania war natürlich über diesen Ton gekränkt. »Danke für Kabel«, antwortete sie stolz, »wollte nie Hilfe erbitten – nur Zustimmung – Tania.«[19]

Daniel wurde nie geboren, und Tania Blixen empfing danach kein Kind mehr. Im Hinblick auf ihr Alter und ihre Krankengeschichte ist es wahrscheinlich, daß sie eine zweite Fehlgeburt hatte, wenngleich sie selbst nicht sicher wußte, ob sie schwanger gewesen war. Ende Juni traf ein kurzer, lahmer Trostbrief von Denys in Ngong ein. »Hier ein paar Bilder«, schrieb er. »Ich schreibe bald ausführlich. Ich bin ziemlich deprimiert und sehne mich nach Ngong. Ich möchte Deine Neuigkeiten hören. Was macht Daniel? Ich hätte es gern gehabt, aber ich sah, daß es schwierig für Dich werden würde. Denys.«[20]

Tania Blixen richtete für den Rest des Sommers kein weiteres Wort mehr an Denys, wahrscheinlich als bescheidenen Racheakt. Im September schrieb er ihr wieder einigermaßen ausführlich, ziemlich verärgert über ihr Schweigen und womöglich dadurch zu einem ungewöhnlichen poetischen Erguß angeregt. Er werde im Oktober zurückkehren, teilte er ihr mit, und »ich freue mich darauf, Ngong und Deine bezaubernde Person wiederzusehen. Die Sonnenuntergänge von Ngong haben eine Atmosphäre der Ruhe und Zufriedenheit, die ich sonst nirgends gefunden habe. Ich glaube, ich könnte bei Sonnenuntergang in Ngong, in Betrachtung der Berge, deren liebliche Farben über den nahen dunkelnden Wäldern verblassen, glücklich sterben. Bald werden die Berge sich samtschwarz gegen den silbern verblassenden Himmel abheben – schwarz wie die Büffel, die sich leise aus dem Busch hoch droben unterhalb der Bergkämme drängen, um sich mit frischem Odem zu nähren, ohne Furcht vor dem offenen Grasland der Nacht. Ich freue mich sehr darauf, Dich wiederzusehen, Tania. Du hättest mir einige Neuigkeiten zukommen lassen können – nichts – nicht mal ein Wort von Daniel ...«[21]

V

Als Tania Blixens Periode ausblieb, setzte sie sich in einer schwarzhumorigen Laune hin, um eine »Abrechnung« mit ihrem Leben zu machen, und sie fühlte sich bewogen, das Ganze als »great joke« zu begreifen. Sie war 41 Jahre alt und unverheiratet. Sie litt an Syphilis und besaß kein Vermögen, um ihr Kind für die mißlichen Umstände seiner Geburt zu entschädigen (von denen sie Armut mehr verdammte als angeborene Syphilis; Armut legte einem Hindernisse in den Weg, »man selbst« zu sein).[22] Zudem war ihr Geliebter ein eingefleischter, eifersüchtig auf seine Unabhängigkeit bedachter Junggeselle, und es war damit zu rechnen, daß ihre Familie entsetzt und, schlimmer noch, von Mitleid erfüllt sein würde.

Dies waren gewiß Erschwernisse für eine Mutterschaft, aber sie waren an sich nicht eigentlich entmutigend. Was Tanne bei der Erwägung des Für und Wider wirklich erschreckte, war das Gefühl, daß ihr Leben ein Fehlschlag war, daß sie die Leidenschaft und das Talent, womit sie aufgebrochen war, vergeudet und sich unbewußt ein Kind gewünscht hatte, um diesen Mangel wettzumachen. Genauso hatte ihre Mutter »durch sie«, hatte Frau Westenholz durch ihre fünf Kinder gelebt. Es war eine gutgemeinte, aber schmachvolle Kette von Abhängigkeiten, unter denen sie so gelitten hatte, und die sie nun mit der nächsten Generation fortzusetzen bereit war. Diese Erkenntnis demütigte, strafte, amüsierte und erleuchtete sie ungemein.

Wie so oft in der Vergangenheit, war Tanne imstande, ihre persönliche Erfahrung auf die Menschheit im allgemeinen zu übertragen. In einem langen philosophischen Brief an ihre Tante Bess folgert sie, daß ihr Versagen zum Teil das Versagen einer Gesellschaft sei, die die Frauen zu Nutzlosigkeit und Kindlichkeit, zum Mangel an Selbstvertrauen und zur Abhängigkeit vom Geld und der Liebe der Männer erziehe. Niemand hatte sie gefühlsmäßig auf das Erwachsenwerden vorbereitet. Sie hatte sich auf einen Liebhaber verlassen, um ihrem Leben einen Sinn zu geben, sie war bereit gewesen, sich für ein Kind zu »opfern«, als sie selbst eigentlich noch nichts erreicht hatte. Das erzürnte sie auf eine Art, die moderne Feministinnen verstehen werden. In dem Brief an ihre Tante ist natürlich nicht von Schwangerschaft oder Fehlgeburt die Rede, aber sie nennt darin die Frauenbewegung die »radikalste« und

> bedeutendste Bewegung des 19. Jahrhunderts... Würde man mich fragen, worin diese Bewegung besteht, so würde ich antworten, daß... die Frauen heute – in krassem Gegensatz zu früher – wünschen und danach streben, Menschen mit einer direkten Beziehung zum Leben zu sein, wie es die Männer waren und sind.
>
> ...Obwohl ich nicht mit Karl Marx übereinstimme, daß alle Erscheinungen im Leben auf die wirtschaftliche Situation zurückzuführen sind, glaube ich doch, daß sie vieles aufhellt... Meiner Meinung nach ist »Männlichkeit« ein allgemein menschlicher Begriff; »Weiblichkeit« bezeichnet in der Regel die Eigenschaften einer Frau oder die Seiten ihrer Persönlichkeit, die den Männern gefallen oder die sie brauchen. Die Männer hatten keinen besonderen Bedarf und keinen großen Gefallen an Malerinnen, Bildhauerinnen oder Komponistinnen, und daher auch keinen Grund, sie zu fördern – dagegen hatten sie Bedarf und Gefallen an Tänzerinnen, Schauspielerinnen, Sängerinnen... Ein Mann mochte durchaus eine Frau bewundern, die ein leidenschaftliches Interesse an den Sternen bekundete, oder Blumen züchtete, um damit sein Heim zu verschönern; aber sie würde sich gegen die Idee der Weiblichkeit versündigen, wenn sie eine unmittelbare Verbundenheit mit der Natur auf diesen Gebieten suchte, indem sie sich mit Astronomie oder Botanik befaßte...
>
> Es wird oft gesagt, daß die Ritterlichkeit von der Welt verschwindet, wenn die Frauen beginnen, aus eigenem Antrieb zu *leben*. Hierzu kann

ich nur sagen, daß... Ritterlichkeit, in der man, um dem Gegenstand seiner Huldigung zu dienen, ihm zuerst die Beine fesselt, mir von geringem Wert erscheint, und es ritterlicher wäre, die Fesseln aufzuschneiden... Ich meine, es sollte – und hoffe, es wird dahin kommen – unter Menschen gleichen Geschlechts, unter Freunden und Kollegen viel mehr Ritterlichkeit geben, als dies heute der Fall ist...

Es wird auch oft darüber diskutiert, welch großen Einfluß die Frauenbewegung auf die Moral der Frauen ausübt, und gerade diese Diskussionen zeigen allgemein, in welch großem Maße Frauen als geschlechtliche Wesen, und in welch geringem Maße sie als menschliche Wesen gelten. Die »Moralvorstellungen« einer Frau werden als etwas rein Geschlechtliches angesehen, ebenso wie die »Ehre« einer Frau stets mit dem rein Geschlechtlichen verbunden wird. Unter einem »ehrenwerten Mann« versteht man im allgemeinen einen Mann, der so klare, einfache menschliche Begriffe wie Ehrenhaftigkeit, Zuverlässigkeit, Loyalität, Furchtlosigkeit kennt und sich nach ihnen richtet; eine ehrenwerte Frau ist... »eine Frau, die nur über die Ehe zu haben ist«, ungeachtet des moralischen Wertes dieser Ehe. Ich bin der Meinung, daß die jungen Frauen von heute couragierter, aufrichtiger, weniger intrigant und loyaler sind als »die Frau vergangener Tage«; sie sind [die besseren] *Gentlemen*...
Wir haben so viel über sexuelle Moral geredet, nicht wahr – ich finde, einen Begriff wie sexuelle Moral dürfte es gar nicht geben, so wenig wie politische, diplomatische oder militärische »Moral«; denn ich meine, daß ein und dieselbe Vorstellung von *Anstand* für alles Menschliche gelten sollte.

Zur Beziehung zwischen Mann und Frau sagt ein französischer Schriftsteller, den ich gelesen habe: Eine moderne Frau zu lieben ist Homosexualität – und ich denke, er hat recht (abgesehen freilich von der physischen Unnatürlichkeit, die dem Wort einen häßlichen Beigeschmack verleiht). Aber ich glaube... daß eine solche »Homosexualität« – wahre Freundschaft, Verständigung, Freude zwischen zwei gleichen, parallel zueinander laufenden Lebewesen – ein menschliches Ideal war, dessen Verwirklichung die Konventionen bis heute verhindert haben...

Liebste Tante Bess, ich könnte fast glauben, wir hätten in Folehave auf der Veranda gesessen und eine recht hitzige Diskussion geführt... außer daß meine arme Gegnerin überhaupt keine Chance hatte, zu Wort zu kommen! Könnte ich doch nur für eine Stunde hinüberfliegen...[23]

In direkter Beziehung zum Leben stehen. Das Schicksal bedingungslos akzeptieren. Das Leben nicht länger im Namen eines Ideals aufschieben. Parallel laufen mit dem Geliebten, einem Freund, aber nicht einem Besitz oder Sexualobjekt. Dies waren die Schlußfolgerungen aus Tania Blixens Seelenerforschung. Im

Herbst schrieb sie Thomas einen 17seitigen Brief, der dieses Kapitel ihres Lebens beschließt. Sie skizziert darin ihr eigenes heiteres hohes Alter, »mit Erfolgen auf der Farm, der Liebe zu den Afrikanern als Daseinszweck, Denys als ihrem alten verläßlichen Freund«, mit Nachkommen von Banja und Heather und Farahs Sohn als ihrem Butler. »Es gibt wohl fast immer einen Augenblick im Leben, wo es noch die Wahl zwischen zwei Richtungen gibt – während einem im nächsten Augenblick nur noch eine Möglichkeit bleibt. Darüber bin ich mir jetzt auch ganz im klaren: Dieses Mal habe ich meine Schiffe verbrannt. – No retreat, no retreat, – they must conquer or die who have no retreat.«[24]

Die Passage in dem Brief an Tante Bess sowie Tania Blixens Aussöhnung mit dem Verlust sind von einer tiefen, bewegenden Entschlossenheit. Diese konnte nicht von Dauer sein, und das ständige »Auf und Ab« ihres Daseins sollte sie wieder heimsuchen. Aber die Ausgeglichenheit, die Selbstbejahung flossen in die Stimme ein, mit der sie ihre Geschichten erzählte.

Erlösung vom Ich

I

Tania Blixen teilte ihrem Bruder mit, sie habe den Seelenfrieden gefunden, um wieder mit dem Schreiben zu beginnen. Dies war so lange unmöglich gewesen, bis sie ihre »eigene Stimme hörte, mich im Spiegel sah als einen anderen Menschen, mit dem man spricht – bis ich mir Rechenschaft abgelegt hatte«.[1] Die Arbeit, mit der sie sich befaßte, war eine im letzten Winter auf dänisch begonnene Marionettenkomödie mit dem Titel »Karneval«*. Doch wenig später fand sie den Stoff besser für eine Erzählung geeignet und schrieb ihn um, diesmal auf englisch. Der Stil ist erkennbar der von Tania Blixen, auch wenn die Erzählung als Ganzes nicht ihrem späteren Standard entspricht. Es ist bezeichnend, daß sie erst, als sie lange genug gelebt hatte, um mit ihren Verlusten »abzurechnen«, und nicht so sehr durch die ständige Ausübung ihres Handwerks, zu ihrem Ausdruck fand. Dies steht im Einklang mit Tania Blixens Meinung, daß sie eher zur Erzählerin als zur Schriftstellerin bestimmt sei. »Der Erzähler«, erfahren wir von Benjamin, »das ist der Mann, der den Docht seines Lebens an der sanften Flamme seiner Erzählung sich vollkommen könnte verzehren lassen.«[2]

Daß sie diese Erzählung in englisch schrieb, hatte teils praktische Gründe. Ihr Dänisch war aus Mangel an Übung »eingerostet«, Englisch war die Sprache ihres Alltagslebens und ihres wichtigsten Zuhörers und Kritikers, Denys. Aber sie scheint es auch

---

* Die frühere Version (1910) hieß »La Valse Mauve«.

gewählt zu haben auf dieselbe Weise, wie sie ein Pseudonym wählte, als Mittel, Freiheit durch Distanz, einen klareren *Overblik* (Überblick) und eine gewisse Anonymität zu gewinnen. Sich einer Fremdsprache bedienen heißt einen markanten, wesentlichen Zug seiner Identität maskieren. Tania Blixen schreibt dazu in »Karneval«: »Die eigene Maske verschafft einem zumindest die Erlösung vom Ich, die alle Religionen anstreben. Ein kleines Stück Nacht, richtig angeordnet, um einem uneingeschränkte Freiheit zu schenken. Das Zentrum der Schwerkraft wird vom Ego zum Gegenstand verschoben; durch die wahre Demut der Selbstverleugnung gelangt man zu einer allumfassenden Einheit mit dem Leben, und nur so kann große Kunst entstehen.«[3] In ihrem Zusammenhang beziehen sich diese Worte auf das Wesen der erotischen Freiheit, und besagte Maske wird von einer unbekleideten Dame getragen. Die Worte lassen sich ebensogut auf die Freiheit – und Einschränkungen – der Rede und Imagination anwenden.

»Karneval« spielt im Februar 1925 in der Nacht eines Opernmaskenballs in Kopenhagen. Es ist das eine von Tania Blixens zwei Werken, die in der modernen Zeit spielen.* Acht *convives* (Tischgenossen) treffen sich, vom Ball kommend und noch im Kostüm, zu einem Mitternachtssouper in einer Villa außerhalb der Stadt. Alle sind reich, gutaussehend und desillusioniert. Vier von ihnen sind »sehr ineinander verliebt«.[4] Die Verstrickungen ihrer Phantasien und Affären ähneln dem Gewirr von Beziehungen, für das die »elegante Welt« von Nairobi bekannt war. Die Gastgeberin ist eine junge Frau namens Mimi, die sich als »Watteauscher Pierrot« kostümiert hat, um den Dauerzustand unerwiderter Liebe zu veranschaulichen, und sei es nur für sich selbst. Tanne hatte in ihren Theateraufführungen dieselbe Rolle gespielt, und Mimi erinnert nicht nur in dieser Hinsicht an die Verfasserin. Sie ist leidenschaftlich, aber unglücklich mit einem »herzlosen« Mann von fürstlichem Geblüt verheiratet, der fliegt, an Pferderennen und Jagden teilnimmt, ein Kunstkenner ist und wünscht, daß sie allezeit »im Leben mit ihm parallel läuft«. Das gelingt Mimi, aber nur

---

* Das andere, die Erzählung »Gespensterpferde«, wurde zur Veröffentlichung in einer Zeitschrift verfaßt.

mit viel Bravour und List. »Gott, Polly«, sagt sie zu ihrer Schwester, ehe die anderen eintreffen, »wie müssen einen die vielen parallelen Linien dauern, die sich so schrecklich gerne kreuzen würden, wie ich es mir bei mir wünsche.«[5]

Mimis ungetreuer Gatte Julius ist als venezianische Dame verkleidet erschienen. Hiermit soll angedeutet werden, daß er wie die Heldin einer Erzählung ist, wie eine Frau, um welche die Handlung brodelt, während sie selbst ungerührt bleibt – Preis und Gegenstand der Begierde. Julius hat eine auffallende Ähnlichkeit mit Denys Finch-Hatton, und die Rolle weist darauf hin, daß in Tannes wie in Mimis Fall ein Körnchen Unmut die Perle ihrer Verehrung stimulierte. Sein Leben ist eine »glatte Sache«; ihm ist gleichgültig oder gar nicht bewußt, was andere von ihm denken, und er macht jederzeit, was er will. »Im Dasein seiner Freunde nahm er den Platz eines Idols im Tempel ein.«[6]

Auch die anderen Gäste drücken mit ihren Kostümen auf stilisierte Weise etwas Wahres über ihre eigentliche Natur aus – und das heißt ihre sexuelle Natur, denn alle beschäftigt irgendein sexuelles Problem. Polly, die einzige Jungfrau in der Gruppe, ist dieser Ehre überdrüssig. Sie will sich unbedingt verlieben, wovon ihre ältere Schwester ihr energisch abrät. Charles, ein als purpurroter Domino kostümierter englischer Diplomat, ist in Polly oder vielmehr in ihre Jungfräulichkeit verliebt; er ist ein Fetischist des Unerreichbaren. Annelise, eine geschiedene Frau, hat sich als der junge Søren Kierkegaard, beziehungsweise als Johannes, der Dandy aus seinem »Tagebuch des Verführers«, verkleidet. Wie Johannes hat sich Annelise zu einem Dasein der rituellen Promiskuität entschlossen – eine einzige leidenschaftliche Nacht mit jedem Liebhaber und mehr nicht – und sie hat Tido eine solche Gelegenheit auf der Basis »tu's oder laß es« angeboten. Tido, ein »futuristischer« Harlekin, der sein Kostüm gewählt hat, um Polly zu überstrahlen, ist ebenfalls geschieden, und seine Frau hat Annelises Mann geheiratet. Fritze schließlich, die »wahre Schönheit« der Gruppe, ist als Camelia gekommen. Sie ist mehr aus Veranlagung als aus Prinzip promiskuitiv, es fällt ihr schwer, ihre Kleider an- oder ihre Bettgenossen im Auge zu behalten. Sie hält mit Julius Händchen unterm Tisch aus dem einfachen Grunde, weil, wie uns die Erzählerin berichtet, beide unerklärlicherweise glücklich sind. Wenn sie nicht in erotische Träumereien versunken sind, ergehen sich diese jungen Leute in geistreichem Geplänkel über Beischlaf, Penisse, Syphilis, Prostitution, Fetischismus, Sado-Masochismus, Scheidung, Ehebruch, die Defloration von Jungfrauen und *Coitus interruptus*. Julius und Annelise führen das Ende ihrer Unterhaltung in Blankversen.

Ein Gast, der nicht dieser Generation angehört, hat andere – und erhabenere – Ansichten. Er ist ein großer alter Maler mit Namen Rosendaal und hat den Kimono eines Eunuchen am chinesischen Hofe als Kostüm gewählt. Als Höfling und freiwillig Unverheirateter beobachtet er die »Kapriolen der weniger einfachen Menschen mit Sympathie und ohne Voreingenommenheit«, wenngleich seine exaltierte Redeweise mit einer gewissen Durchtriebenheit und einem spöttischen Unterton durchsetzt ist, wie es einem alten Eunuchen wohl ansteht. »Rosie« begutachtet die pastellfarbenen Kostüme und die frohen, oberflächlichen Gesichter seiner jungen Freunde und beklagt den Mangel an »gutem, ehrlichem Schwarz« unter ihnen, womit er das Schwarz der Sünde, des schlechten Gewissens, meint. Er hat eine Nietzschesche Sehnsucht nach einer edleren, gewaltigeren Zeit, als es »hohen Orts Tragödien, Eifersucht, glühende Liebe und Tod« gab, und als das Risiko, das den Exzessen des Lebens anhaftete, das Vergnügen an ihnen unermeßlich steigerte. Nur das fanatische Fasten der jungen Frauen kommt seinen idealistischen Ansprüchen entgegen. Es freut ihn, sie mitten im Überfluß hungern zu sehen; »das hat zweifellos Charme, das versorgt uns mit ein wenig Schwarz«. Doch die moderne Liebe, die so mechanisch, so behaglich, so konstruiert ist, scheint ihm äußerst »schal«. Die »stimulierende Heimlichkeit ist verlorengegangen«.[7]

Durch eine Reihe von Ereignissen – eine Lotterie, das Eindringen eines verzweifelten Fremden – gelangen die anderen zu seiner Auffassung und erkennen, daß die »stimulierende Heimlichkeit« das Aufsspielsetzen der Seele, die Überschreitung vorgegebener Vorstellungen und Normen der Mäßigung ist. Viele von Tania Blixens Erzählungen enthalten einen solchen Dialog zwischen einer Gestalt, welche die Unzulänglichkeiten der Vergangenheit mit dem Charme und der Autorität des alten Malers verteidigt, und einer modernen Generation, die sich von alten Tabus befreit hat, jedoch verwirrt, gelangweilt ist und der Weisheit bedarf – mit anderen Worten, ihren Lesern.

»Karneval« beeindruckt, weil es – oftmals mit fast denselben Worten – dieselben Themen behandelt, die Tanne im Sommer in ihren Briefen an Bess und Thomas anschnitt. Doch in den Briefen *verteidigte* sie die Courage der Nachkriegsgeneration, sie bewunderte ihre sexuelle Freiheit und Androgynität und beschrieb ihre eigene Unterdrückung durch die überkommenen Wertmaßstäbe. In »Karneval« scheint sie somit ihre persönlichen Schlußfolgerungen auszuschalten, ja sogar zu verraten. Als sie später daranging, sich eine Rolle auszusuchen, verzichtete sie auf Feminismus und Vielschichtigkeit, auf die überaus moderne Sensibilität, die verblüfft, wenn man die Briefe zum ersten Mal liest. Der Standpunkt in »Karneval« erscheint wie der des alten Malers und wie der des kaiserlichen Eunuchen, künstlich und nahezu seziererisch »vereinfacht«. Er stellt, wie Tania Blixen selber bekennt, eine »Abkürzung auf dem Weg zu Überlegenheit und Gleichgewicht« dar.[8]

Es gibt keine einfache Erklärung für dieses Paradoxon, es lassen sich jedoch einige Beobachtungen anstellen. Tania Blixen hatte soeben ihre letzte Chance verloren, Mutter zu werden. Sie sah in ihrer Zukunft mit Denys nichts mehr als eine »sichere« Freundschaft. Sie hatte ihre »Stimme« und Integrität wiedergewonnen, aber nur durch einen ziemlich drastischen Verzicht auf jegliches »normale« Glück. Im August erklärt sie Thomas in einem Brief, wie sie diesen Wechsel versteht:

> Man kann mich nicht besitzen, und auch ich habe nicht das Verlangen zu besitzen – Gott weiß, das kann Leere und Kälte mit sich bringen, aber bedrückend und beengend ist es nie. Ich weiß, auch in diesem Punkt muß ich mein Schicksal »bedingungslos« annehmen, denn so sehr ich mich nach etwas Festerem, nach größerer Intimität in meinem Leben sehne, so passiert es mir doch immer wieder, daß ich mich dem im entscheidenden Moment entziehe. Ich sagte ja, ich wäre gern ein katholischer Priester, dazu stehe ich noch – und etwas Ähnliches bin ich ja – aber der müßte wohl mehr als ein Mensch sein, würde er nicht manchmal tief seufzen, wenn er die Lichter in anderer Leute Heim angehen und die Familie sich versammeln sieht.[9]

Die Rolle eines katholischen Priesters, das heißt einer weisen, ehelosen und einsamen Gestalt, ist der des alten Malers nicht unähnlich. Und so sollte Tania Blixen schließlich ihre Rolle und Bestimmung als Künstlerin verstehen. Sie würde auf Intimität verzichten und dafür mit der Möglichkeit, der Menschheit einen großen geistigen Dienst zu erweisen, belohnt werden. Der alte Maler ist der Prototyp für andere priesterliche, allwissende Gestalten in Tania Blixens Erzählungen, die für ihre eigenen Wertvorstellungen sprechen. Es sind alte Kardinäle und alte Jungfern, alte Priorinnen und alte Lords, alte Hexen und alte Impresarios. Wie Rosendaal betrachten sie das Leben »mit Sympathie und ohne Voreingenommenheit« aus sicherem Abstand. Aber sie haben für ihre Erhabenheit einen ungeheuren Preis bezahlt.

Schließlich enthält »Karneval« eine tiefe Ironie, eine Verkehrung von Aufopferung und Verzicht. Indem sie hinter ihrer Maske schrieb, war Tania Blixen imstande, ihre erotische Energie freizusetzen. Der stärkste Eindruck, den man aus der Erzählung von ihr gewinnt, ist vielleicht ihre Unersättlichkeit, eine metaphorische Unersättlichkeit, die sie vollständig befriedigen kann, weil sie sämtliche Rollen spielt.

II

Eines Nachmittags im November, als Tanne am Mühlsteintisch saß und über den Lauf ihres Lebens nachsann, blickte sie auf und sah einen Storch auf dem Rasen stehen. Es war ein europäischer Storch, ein Vogel, wie aus einem Märchen von Andersen entflogen.[10] Er hatte einen gebrochenen Flügel und blieb mehrere Monate auf der Farm; er fraß die Ratten und Frösche, welche die *totos* ihm fingen, wofür sie pro Stück mit einer Dreipencemünze belohnt wurden. »Er folgte Kamante durchs ganze Haus, und man mußte unwillkürlich meinen, daß er dessen steifen, gemessenen Gang absichtlich nachäffte. Ihre Beine waren gleich dick.«[11] Die *totos* lachten, wenn sie das Paar sahen. Farah glaubte, der Storch könnte der umherstreifende Kalif aus *Tausendundeine Nacht* sein, und Tanne rühmte sich ihrer Begabung, Geschöpfe der Wildnis zu zähmen.

Den Herbst hindurch hatte sie ihre Mutter zu einem zweiten Besuch gedrängt. Es war eine Art diplomatisches Verhandeln: Die Familie stellte alle möglichen Bedingungen, Tanne sagte den Besuch mehrmals aus purer Enttäuschung ab, und Ingeborg blieb reserviert wie eine heiratsfähige jungfräuliche Königstochter. Als Bess Tanne vorschlug, nach Dänemark zu kommen, statt ihrer Mutter die weite Reise nach Afrika zuzumuten, wurde sie unwirsch: »Ich war nicht gesund, seit ich hier herauskam ... aber ich habe deswegen nicht daran gedacht, nach Hause zurückzukehren, und möchte lieber hier draußen sterben, wenn es denn sein sollte, statt wie eine Fliege in einer Flasche zu leben ...«[12]

Schließlich kam man überein, daß Frau Dinesen sich nach Weihnachten einschiffen und dringend benötigtes Kapital für die Farm mitbringen sollte.

Denys Finch-Hatton, der unterdessen auf diversen Landsitzen in England und Schottland ein abwechslungsreiches Leben führte, schrieb Tanne, daß die Atmosphäre daheim ihn »bedrücke«. Er suchte Erleichterung in Paris, wo er Wein für den Muthaigaclub bestellte und einige von den weniger feinen Nachtclubs besuchte. Kurz vor seiner Abreise nach Afrika kaufte er ein Automobil – einen Hudson – und schrieb Tania, er wolle die Küste entlangfahren und sich dort ein Grundstück ansehen. »Ich bin entschlossen, ein Stück Land zu kaufen, das ich kenne, und einen kleinen Bungalow zu bauen, so daß wir von Zeit zu Zeit am Meer sein können. Es ist ein schönes Fleckchen, hübsch weit weg von allen Menschen. Sag zu niemandem etwas davon.«[13]

Besagtes Stück Land lag am Takaungafluß am Indischen Ozean, 50 Kilometer nördlich von Mombasa. Es ist heute noch über dieselbe Lehmstraße zu erreichen, die sich in ausgefahrenen Spuren durch eine Sisalplantage zur Küste windet. Hier befand sich einst eine Somalisiedlung, die Ruinen ihrer Moschee sind zwischen Mangobäumen, Affenbrotbäumen und Gebüsch noch auszumachen: ein Minarett aus verwitterten Steinen und etliche ausgebleichte, zerfallende Bögen. Derartige Stätten findet man selten in Afrika, wo verlassene Ortschaften vollständig und geschwind von der Wildnis vereinnahmt werden.

Auf den Klippen errichtete Denys sein Haus im arabischen Stil aus verputzten, weißgetünchten Korallensteinblöcken. Es hatte zwei Räume und eine schmale überwölbte Veranda. Die dicke niedere Mauer zwischen den Bögen bildete eine Sitzbank, und dort saßen Denys und Tania im Mondschein, rauchten nach dem Abendessen eine Zigarette und beobachteten die Brecher. Sie schrieb:

> Der Schauplatz bot die ganze unnahbare Reinheit, Unfruchtbarkeit und Großartigkeit der Meerlandschaft: vor einem der Indische Ozean, im

> Süden die tiefe Schlucht des Takaunga und, soweit der Blick reichte, die lange, steile, buchtenlose Küstenlinie blaugrauer und gelber Korallenfelsen. Wenn das Meer in der Ebbe zurücktrat, konnte man vom Hause meilenweit seewärts wandern, wie über eine unermeßliche, etwas holprig gepflasterte Piazza, und seltsame langspießige Muscheln und Seesterne aufgreifen. Die Suahelifischer streiften an der Küste entlang, mit Lendenschurz und roten oder blauen Turbanen angetan, wie zu Zeiten des Seefahrers Sindbad... nachts blieben die Türen weit offen gegen das silberglänzende Meer, die fächelnde warme Brise wehte, leise wispernd, losen Sand auf die Steinfliesen des Bodens herein. Eines Nachts kam eine Reihe arabischer Daus dicht an der Küste vorüber, lautlos liefen sie vor dem Monsun, eine Kette brauner Segelschatten im Mondschein.[14]

Als Denys in Nairobi eintraf, begab er sich sogleich auf die Farm, und es kam zu einer sehr glücklichen, ausgedehnten Wiedervereinigung. Er wohnte noch dort, als Frau Dinesen im Januar ankam, und Tanne fühlte sich verpflichtet, dies mit der alten Ausrede, er sei »schwer krank« gewesen, zu erklären. Die drei blieben zusammen wohnen, bis Denys Anfang März nach England zurückkehrte; es war für Tanne eine Zeit idyllischer emotionaler Geborgenheit. Sie hoffte, ihre Mutter werde bis zum Herbst bei ihr bleiben, und war enttäuscht, als Frau Dinesen im Mai abreisen wollte. Thomas und Jonna erwarteten ihr erstes Kind, und sie wollte bei seiner Ankunft bei ihnen sein.

Das Baby, eine Tochter, wurde im Juni geboren und Anne genannt. Ihre Tante Tanne wünschte ihr, was sie selbst sehr geschätzt hatte: Sie möge aufwachsen, um »faszinierend und fasziniert zu sein«.[15]

Neunundzwanzigstes Kapitel

Löwenjagd

I

Nach Frau Dinesens Abreise kam es auf der Farm zu einer ganzen Reihe von Katastrophen. (Katastrophen traten in Afrika nie vereinzelt auf.) Banja, Tannes geliebter Jagdhund, starb im Alter von elf Jahren und wurde mit großem Zeremoniell begraben. Die *totos* waren sehr beeindruckt, als sie ihre Memsabu vor Kummer weinen sahen. Wenige Tage später stürzte die immer noch etwas aufgewühlte Tanne von ihrem Pferd Rouge. Dann wurde ein kleines Kikujumädchen ermordet – die erste von zwei solcher Tragödien innerhalb weniger Monate – und ein junger Kavirondo wurde verhaftet und später gehängt, obwohl Zweifel an seiner Schuld bestanden. Thaxton, der Amerikaner, der die Kaffeefabrik leitete und in *Afrika, dunkel lockende Welt* als Belknap erscheint, ging fort, um sein eigenes Land in Tanganjika zu bestellen, und Tania schwor sich, in zukünftigen Verträgen festzusetzen, daß ihre Angestellten kein Land besitzen durften, das sie mit ihrer Loyalität zur Farm in Konflikt bringen könnte. Zum Glück stieg Dickens, ihr Hauptverwalter (in *Afrika, dunkel lockende Welt* heißt er Nichols), mit seinem Humor, seiner Gründlichkeit und praktischen Veranlagung ständig in ihrer Wertschätzung.

Im Juni begab sich Denys mit einem amerikanischen Kunden, Frederick Patterson, der »mit einer patentierten Registrierkasse, welche die Verkäufe von süßen Brötchen und Ingwerlimonade genau verzeichnete, viel Geld verdient hatte« [1], auf Safari. Als er fort war, kam Ingrid Lindström für einige Tage zu Tanne. Denys hatte dies arrangiert, er hatte sich oft auf diese Weise an Ingrid gewandt, weil er wußte, wie schlimm seine Abreise jedesmal für seine Liebste war und wie verzagt und krankheitsanfällig sie dann war. Tanne erfuhr nie etwas von dieser Verschwörung. Denys traf Ingrid »zufällig« in Nairobi und fuhr mit ihr nach Ngong, und diese List funktionierte jedesmal. »Es waren immer glückliche Tage, wenn Ingrid bei mir war, denn sie hatte die starke, kühne, überquellende Heiterkeit der alten schwedischen Bäuerinnen, und aus ihrem wettergebräunten Antlitz leuchteten weiß die Zähne einer lachenden Walküre. Darum liebt alle Welt die Schweden, weil sie mitten in eigenem Kummer jeden an ihre Brust reißen und so mutig sein können, daß alles überstrahlt wird.«[2] Diese Passage war als großes, gefühlvolles Kompliment gedacht, denn Tanne liebte und bewunderte Ingrid – wie sie Ellen Wanscher bewundert hatte – wegen ihrer Schlichtheit und Bodenständigkeit, die sie selbst nicht besaß. Aber leider mißverstand Frau Lindström die Vergleiche und fühlte sich von ihrer alten Freundin wegen ihres Mangels an Raffinesse oder Intellekt verspottet.

Wenn Tanne und Ingrid zusammen waren, sprachen sie wie zwei Schwestern im Backfischalter über Kleider und Abmagerungskuren. Tanne versuchte Ingrid zu bewegen, mit ihr zu »schauspielern«, doch Ingrid scheute vor allem zurück, was mit Phantasie verbunden war, und gab ihr einen Korb: »Du spielst und ich klatsche Beifall.« Tannes künstlerische Ader war ihr ein Rätsel, und sie vermutete, daß ihr die phantastischen Elemente in *Sieben phantastische Geschichten* während der Malariaanfälle eingefallen seien, »die bei jedem Menschen seltsame Visionen hervorrufen«.[3] Aber sie gehörte zu den wenigen, die sich von Tannes Stimmungen und Überspanntheiten nicht einschüchtern ließen und sie necken konnte, und dafür war Tanne damals wie in ihrem späteren Leben dankbar.

Frau Lindströms Schwester Henriette war mit Tannes Nachbar Nils Fjæstad verheiratet, der seit 1912 im Ngonggebiet lebte und mit Bror im Krieg gedient hatte. Eines Sonntagmorgens Ende August unternahmen die Fjæstads, Tanne und die zwei älteren Töchter der Lindströms einen Ausflug zum Gipfel der Ngongberge. Tanne bezeichnete den Aufstieg trocken als Probe für ihr Begräbnis. In einem Augenblick der Bitterkeit hatte sie Nils einmal das Versprechen abgenommen, sie, sollte sie in Afrika sterben, in den Bergen zu beerdigen, und an diesem Tag wollten sie sehen, wie weit man mit dem Wagen hinaufkommen konnte.

Sie begannen den Aufstieg bei schwerem Nebel, der sich immer mehr verdichtete. Auf halbem Wege brach die Sonne durch, so stark, daß der Tau verdunstete und das Gras binnen Minuten trokken war. Oben auf dem Kamm war es klar, und man hatte einen herrlichen Blick nach Westen über das Rifttal und nach Osten über die Hänge mit Maisfeldern und Kaffeehainen. Es gab einen festgetrampelten Wildwechsel von den Büffel- und Elenantilopenherden, die in den Wäldern lebten, und Tanne stellte sich vor, »die großen friedfertigen Tiere sind wohl gegen Sonnenaufgang in einer langen Kette den Kamm entlang gewandert«, und zu keinem anderen Zweck, »als um tief hinab nach beiden Seiten ins weite Land zu schauen«.[4]

Von diesem Ausflug angeregt, begab sich Tanne wenige Tage später auf eine kurze Safari, um eine Elenantilope für ihre Farmarbeiter zu schießen, für die das Fleisch eine große Delikatesse war. Die Sonne ging gerade unter, als sie die Orungi-Ebene erreichten, eine Herde graste friedlich in ihrer Reichweite, und Tanne schoß das nächststehende Tier. Als es abgebalgt und das Fleisch zerlegt war, war es dunkel geworden, und die Safarigesellschaft begab sich auf den Heimweg, »völlig in Ekstase«; ringsum heulten Hyänen, und ein Löwe machte sich über die Reste der Elenantilope her. Tanne überlegte: ». . . wie sehr ich doch dieses Land liebgewonnen habe; es erinnerte mich an die Safaris meiner Jugend . . . unterwegs zu sein in der klaren, leichten Luft, die einem nach Sonnenuntergang durch Mark und Bein geht, mit den Hunden und den vergnügten, japsenden Boys um mich herum, und die Sterne gehen auf und werden hell und klar.«[5]

Denys war den ganzen Sommer mit Patterson unterwegs, und Tania, die seinen Wagen behalten hatte, fuhr ihn in einen Graben. Farah übernahm ritterlich die Verantwortung für diesen Unfall. Sie wollte den Wagen reparieren lassen, bevor Denys zurückkam, doch er überraschte sie, als er während eines kurzen Zwischenaufenthalts in Nairobi, wo die Vorräte aufgestockt wurden, auf der Farm auftauchte. Tania führte gerade Major Taylor und seine Frau auf der Farm herum, und der Major gab ihr wie schon oft Ratschläge für ihren Kaffee. Die Taylors wollten sich nach dem Tee verabschieden, sie wußten, daß Tania und Denys sich lange nicht gesehen hatten, doch sie wurden gebeten, zum Abendessen zu bleiben und sich Denys' Abenteuer anzuhören. Errol Trzebinski hat Mrs. Taylor interviewt, die sich an den Abend in allen Einzelheiten als an etwas »wie ein Traum« erinnert. »In dem dunklen, von Kerzen beleuchteten getäfelten Raum saß Tania reglos und stumm – als könne eine plötzliche Bewegung den Zauber brechen. Im dunklen Schatten sah ihr Gesicht klein und weiß aus, und ihre Augen riesig, wie eine kleine Waldhexe ... Sie sprach den ganzen Abend kaum, und alle hörten Denys zu.«[6]

Denys und Patterson hatten unter anderem eine seltene Pavianart entdeckt und einen davon gezähmt. Sie hatten auch herrliche Photo- und Filmaufnahmen von Elefanten und Löwen mitgebracht. Denys war ein begeisterter Wildfotograf, doch Tania konnte seine Begeisterung nicht teilen. Sie konnte sich, wie sie in *Schatten wandern übers Gras* schrieb, »mit der Kamera nie ... befreunden«, und nach ihrer Meinung hatten die Bilder »mit ihrem Gegenstand weniger Ähnlichkeit ... als die Kreidebildnisse, wie sie unsere eingeborenen Träger an die Küchentür malten«.[7] Ihre Abneigung gehört in dieselbe Kategorie wie die des Malers in »Karneval« gegen die moderne Liebe. Wildphotographie war »eine hübsche, platonische Liebesaffäre«, an deren Ende die Beteiligten »sich gegenseitig eine Kußhand zuwerfen und sich höflich verabschieden«.[8] Es war keine Sache auf Leben und Tod, und deswegen interessierte es sie nicht.

II

Im August dieses Jahres feierte Bess Westenholz inmitten der Rosen von Folehave, im Kreise ihrer Geschwister und deren Kinder, ihren 70. Geburtstag. Sie war eine stattliche, aufrechte, silberhaarige alte Dame, die ihr Alter scheinbar mit Anmut trug, doch in Wahrheit war es nicht so. Bess beging diesen Jubeltag in einem Zustand von Zweifel und Krise, sie hielt sich für eine Versagerin, klagte, von ihrer Einsamkeit bedrückt, allen, die in Hörweite waren, ihre Nichtigkeit, und rief innerhalb der Familie einen kleinen Sturm der Besorgnis hervor, dessen Nachhall unweigerlich bis ins Ngonggebiet gelangte. Tante Bess' »Fall« und Tannes Betroffenheit beherrschten im folgenden Jahr ihre Korrespondenz mit Dänemark.

Bess hatte immer daran geglaubt, daß es wichtig war, für andere zu leben, aber als sie älter wurde, war sie zu der Überzeugung gelangt, daß die wünschenswerteste Einrichtung für ein solches Wirken die Ehe sei. Eine Frau, die »für« ihren Mann und ihre Kinder »leben« konnte, war eine glückliche, eine reiche, eine vervollkommnete Frau, während eine unverheiratete Frau die höchste Berufung des Lebens versäumt hatte. Tanne, als geschiedene und neben Bess die einzige nicht verheiratete Frau der Familie, bekam natürlich das schlimmste Quantum an Mitgefühl und Mißbilligung ihrer Tante ab. Sie wehrte sich dagegen mit der alten Vehemenz in seitenlangen Briefen, in denen sie geduldig, meist liebevoll, zuweilen heftig, ihren Widerspruch äußerte. Leute *ihrer* Sorte, erklärt sie Bess wiederholt, schätzen Abenteuer, Leidenschaft und Freiheit höher ein als die Geborgenheit des Familienlebens. »Das bürgerliche Glück« ist nicht das einzig Wahre. »Ein Leben für andere« ist eine zweifelhafte Beanspruchung und vermutlich eine Verschwendung der einem Menschen zur Verfügung stehenden Mittel. Es ist durchaus gut, für ein immanentes Ideal zu leben – für die Armen, für sein Land, für eine Kaffeefarm oder für Gott – aber nicht für Herrn Petersen.[9]

Dieser Streit war so oft wiederholt worden, daß er tatsächlich ein Duett und, wie man folgern muß, Musik in den Ohren der beiden Kontrahentinnen war. Bess fuhr willentlich fort, Tannes Beispiele mißzuverstehen oder zu verzerren, und Tanne provozierte ihre Tante fortgesetzt mit ihrer intellektuellen Unmoral. Bess, die ihre Nichte innig liebte, betrachtete es als ihre Aufgabe, sie in den Schoß der Familie zurückzuführen, und Tanne, die ihre Tante ebenso innig liebte, grenzte ihre Identität aufsässig gegen Bess' orthodoxes Denken ab.

Ihre Bindung war so beschaffen, daß Tanne das Dilemma ihrer Tante besser und mit weniger Mitleid und Sentimentalität erkannte als die anderen. Als Elle sie aufforderte, Bess zu bedauern, weigerte sie sich. Zum einen war Bess ihnen allen mit dem Beispiel einer gewissen Zähigkeit vorangegangen – der Anregung, zu einer Persönlichkeit zu werden, »in die man sich nicht einmischte«. Zum anderen war Bess' Unglück nichts Neues. Zufriedenheit war für sie immer problematisch, wenn nicht gar abstoßend gewesen. Sie selbst hatte die von ihrer Mutter gesetzten engen Grenzen der Welt verstärkt und keine Anstrengungen unternommen, aufzubegehren. Tanne schrieb:

Es ist schwer, ein Menschenleben zu beurteilen; man kann es gewiß nicht an Hand bestimmter Regeln tun, und man wird darin mit den Jahren sehr vorsichtig... Schließlich und endlich gibt es für jeden einzelnen *etwas*, worauf er im Leben nicht verzichten kann... und der Preis, den sie dafür zahlen, ist wie dort »das Leben«. Das, was ich erreicht habe, und was mich das Leben kostet und weiter kosten wird, das ist wohl in den Details nicht so, wie ich es mir vorgestellt habe, als ich siebzehn war – bei Dir wird das nicht anders sein und bei anderen, die wir kennen, auch nicht, mit Ausnahme von solchen ordentlichen und orthodoxen Naturen wie Else... Es hat Tante Bess »das Leben« gekostet, als alte Jungfrau und Tante auf Folehave zu sitzen... und das ist ziemlich kümmerlich für einen so reich begabten Menschen. Aber es zeugte auch von sehr oberflächlicher Betrachtungsweise, wenn man mein Dasein als das eines armen Kaffeefarmers mit einer Masse Shauries bezeichnete... Man kann doch auch sagen, ihr Leben sei es gewesen, in Übereinstimmung mit ihrer Natur die Menschen, die für sie zählen, zu lieben und auf sie Einfluß zu nehmen... Wenn sie nicht in ihrem Alter, sozusagen in einem schwachen Augenblick, auf die Idee gekommen wäre, mit anderer Menschen Maßstab zu messen, der ihrer Natur in Wirklichkeit fremd ist, würde sie, glaube ich, selbst die Dinge so sehen...[10]

Wie leider schon so oft, brachte auch 1927 die herrliche Blüte der Kaffeebäume nicht viel ein. Eine Sommerdürre ließ die Bohnen vertrocknen, und der größte Teil der Ernte war verloren. Tanne kämpfte darum, die Bäume, die Früchte trugen, zu retten, und kalkulierte ihren geschmälerten Gewinn. Sie hatte lange genug in Afrika gelebt, um sich die Sicht der Kikuju zu eigen zu machen, daß es doch komisch sei – und sie lud ihren Bruder Anders in einem Brief ein, sich etwas von ihrer trockenen Witterung zu holen. Er bestellte das Anwesen von Onkel Georg und Tante Lidda in Jütland, und sein Getreide litt unter zuviel Regen. »Wir Bauersleute verstehen uns und müssen zusammenhalten«[11], schrieb sie ihm. Anders war so etwas wie ein Außenseiter in seiner militant akkuraten Familie, und die anderen behandelten ihn manchmal etwas herablassend. Er war mit Anfang Dreißig ein einzelgängerischer Junggeselle mit einer lakonischen Redeweise, und seine Schwester, die seine rustikale Veranlagung schätzte, neigte dazu, ihm gegenüber in seine eigene verschrobene Art zu verfallen. Sie versprach ihm, in zwanzig Jahren heimzukehren und ihm das Haus zu führen – falls er bis dahin keine Frau gefunden habe – doch in der Zwischenzeit müsse er sie in Afrika besuchen kommen. Der in seinem jütländischen Boden verwurzelte Anders hat sein Land nie verlassen.

III

Als Patterson zu seinen Registrierkassen heimkehrte, unternahm Denys allein eine Reise nach Eritrea und kam wie versprochen rechtzeitig zu Weihnachten auf die Ngongfarm zurück. Er brachte Tania von seiner Reise ein Geschenk mit, einen Ring aus abessinischem Weichgold, der an jeden Finger angepaßt werden konnte. Sie trug ihn bis wenige Wochen vor seinem Tode, als er ihn nach einem Streit zurückverlangte.

Am Silvesterabend nahmen sie ihr festliches Diner *tête à tête* ein und gingen lange vor Mitternacht schlafen, weil Denys wegen einer Büchse beunruhigt war, die er am selben Tag einem Freund geliehen hatte. Er beabsichtigte, sich am nächsten Morgen vor Tagesanbruch aufzumachen, um den Stecher zu erklären. Der Freund war auf der alten Straße mit einem großen, langsamen Troß aus Lastwagen und Bediensteten in das fast 100 Kilometer entfernte Narok gefahren. Tania und Denys beschlossen, eine neue Abkürzung zu nehmen, die gerade im Bau war, obwohl sie nicht wußten, wie weit sie führte. In *Afrika, dunkel lockende Welt* beschreibt Tania Blixen die morgendliche Fahrt. Die Luft war so frisch und kalt, daß sie das Gefühl hatte, sich »in dunklem tiefem Wasser« zu bewegen, während »Wirbel von Gerüchen« vorüberfegten, »der herbe, kräftige Duft der Olivenbüsche, der laugige Geruch verbrannten Grases, plötzlich eine stickige Welle von Verwesungsgestank«.[12]

Knapp 25 Kilometer von der Farm entfernt entdeckte Denys' Boy Kanuthia am Straßenrand eine tote Giraffe, an der sich ein abgezehrter goldener Löwe gütlich tat. Denys hielt den Wagen an, und nachdem er seine Freundin höflich um Erlaubnis gebeten hatte – sie befanden sich noch auf ihrem Grund und Boden – hob er sein Gewehr und schoß.

Nach weiteren zehn Kilometern Fahrt hörte die Straße auf, und sie mußten unverrichteter Dinge umkehren. Als sie an die Stelle kamen, wo sie den Löwen getötet hatten, sah Tanne in der klaren Morgendämmerung dort dunkel aufragend einen zweiten, gewaltigen Löwen stehen, der in seinem Mahl innehielt und sie anstarrte. Sie waren zunächst unschlüssig, ob sie ihn erschießen sollten, »kamen aber zu dem Resultat, wir wollten ihn haben«.[13] Denys schoß, und der Löwe schnellte in die Höhe und fiel mit einem gewaltigen Plumps in den Staub. Kanuthia und Denys balgten beide Tiere ab, und während einer Ruhepause setzten sie sich ins Gras und verzehrten ihr Neujahrsfrühstück, das aus Rotwein, Rosinen und Mandeln bestand, während sich hoch oben die Geier versammelten. Tannes »Herz war so beschwingt, daß mir war, ich ließe sie da oben fliegen, wie man an einer Schnur einen Drachen steigen läßt«.[14]

Tania Blixen verwandelt in *Afrika, dunkel lockende Welt* das Erlegen dieser Löwen in eine Liebesszene, der sie mehr Harmonie verleiht, als dem wirklichen Ereignis innewohnte. Sie macht aus dem ersten Tier eine Löwin, die *femme fatale* der Tragödie, und in ihrer Erzählung ist sie es, die auf Drängen ihres Liebsten das Löwenmännchen erschießt: »Hier war der Schuß ein Liebesbote.«[15]

Als sie Jahre, nachdem sie diese Passage geschrieben hatte, das strenge Gefüge von *Afrika, dunkel lockende Welt* mit *Schatten wandern übers Gras* ausschmückte, fügte Tania Blixen hinzu: »Ich wußte damals, und brauchte gar nicht darüber nachzudenken, daß ich in großer Höhe war, auf dem Dach der Welt, eine kleine Gestalt in der gewaltigen Retorte aus Erde und Luft, aber eins mit ihr. Das wußte ich nicht: daß ich auf der Höhe und auf dem Dach meines eigenen Lebens war.«[16]

Dreißigstes Kapitel

Gäste auf der Farm

I

Zu Weihnachten hatte Elle Dahl ihrer Schwester einen kleinen Harlekin aus Porzellan geschickt, der mit der Colombine, die sie schon besaß, ein Paar bildete, und Tanne hatte die zwei Figuren auf das Kaminsims ihres Wohnzimmers gestellt. Sie erinnerten sie an eine Welt, die sie mit den Jahren und dem größeren Abstand »sehr zu schätzen gelernt« hatte [1] – das Kopenhagen ihrer Kindheit: die Pantomimen und Marionettenkomödien im Tivoli, das Ballett, die Sonntagsspaziergänge mit ihren Schwestern im Wildpark. Am Silvesterabend zündete Tanne hinter dem Harlekin eine Reihe Kerzen an, und sie und Denys meinten, es müßte schön sein, ihn eine Pirouette drehen zu sehen – nur eine einzige.

Ihr Wunsch ging eine Woche später auf dramatische Weise in Erfüllung, als drei Stöße das Hochland erschütterten. Denys schlief im Massaireservat auf seinem Lastauto und dachte beim ersten Stoß, ein Nashorn sei unter den Wagen geraten. Tanne war im Badezimmer und dachte bei der ersten Erschütterung, ein Leopard sei aufs Dach gesprungen. Beim zweiten Stoß dachte sie, sie werde sterben, und beim dritten befiel sie ein »Übermaß von Freude«. Diese »rührte hauptsächlich daher, daß etwas, das einem für unbeweglich galt, die Macht hatte, sich selbst zu bewegen... die sture Kugel, die tote Masse, die Erde selbst...« [2]

Um diese Zeit wurde sie von der Ortspolizei informiert, daß eine gefährliche, dreiste Räuberbande, die verdächtigt wurde, einen indischen Ladenbesitzer in Limuru ermordet zu haben, in der Nachbarschaft ihr Unwesen trieb und sich vermutlich auf ihrer Farm versteckt hielt. Die Polizisten fragten sie, ob sie zwanzig

Schillinge als Belohnung für Hinweise aussetzen wolle, die zur Festnahme der Bande führten, aber sie lehnte ab. Ihre Sympathie galt den Banditen. Ihr Anführer Muangi war ein einheimischer Mörder und berühmter Tänzer, der wahrhaftig seine Festnahme riskierte, um an einer *ngoma* auf der Farm teilzunehmen. Tanne bekannte, wenn sie hätte sicher sein können, daß er sie nicht töte, wäre sie ihm gerne begegnet. »Leute in völlig hoffnungslosen Situationen haben immer etwas Faszinierendes.«[3]

Eine andere »Desperada« war auf der Farm herzlich willkommen. Es war die junge Gräfin de Jancé, die in Paris für schuldig befunden worden war, in einem Abteil eines Zuges nach Calais auf ihren englischen Geliebten Raymond de Trafford geschossen zu haben. Der Graf de Jancé besaß eine Farm in Kenia, und die Gräfin, eine hübsche Amerikanerin und Erbin des Armour-Vermögens, hatte Trafford im Muthaigaclub kennengelernt. Sie hatte beabsichtigt, zuerst ihn und dann sich selbst zu töten, und war auch wirklich mehrere Wochen dem Tode nahegewesen. Nach ihrer Verhandlung und Scheidung hatte sie Trafford geheiratet.[4] Im April dieses Jahres war Alice de Jancé wieder geschäftlich in Kenia. Sie hatte eine kleine Aufmunterung nötig, und »Josh« Erroll* machte sie mit Tania Blixen bekannt, die beide einlud, sie zu besuchen, und der Gräfin anbot, sie könne ruhig in Ngong wohnen, während sie auf ihre Ausweisung warte.

Am selben Nachmittag erschienen Lady McMillan und Mr. Bulpett unangemeldet mit zwei alten amerikanischen Damen, Passagiere auf einem Touristenschiff, die den Tag in Nairobi verbrachten und in der Hoffnung, einen Löwen zu sehen, nach Ngong herausgefahren waren. Lady Macmillan betrachtete die Baronin offenbar als eine Art Löwe, eine pittoreske Attraktion, die einen extra Ausflug lohne, und Tania lud die Gesellschaft ein, zum Tee zu bleiben. Sie redeten darüber, wie entsetzlich viele unmoralische Menschen es in Kenias Gesellschaft gebe, und die zwei Damen

---

* Der Earl of Erroll, damals mit Lady Idina Sackville verheiratet, war eine ziemlich berüchtigte Gestalt, einer von den »flotten«, extravaganten Typen, die Kenias Ruf begründeten. Er wurde 1941 erschossen in seinem Wagen aufgefunden, und der Ehemann einer Frau, die bekanntlich Errolls Geliebte war, wurde wegen des Verbrechens verhaftet, später jedoch freigesprochen.

nannten Alice de Jancé ganz unpatriotisch die schlimmste unter den Sündern und Wüstlingen. In diesem Moment fuhr Lord Errolls Wagen vor; er und die Gräfin wurden gemeldet, und Tania bemerkte höchst befriedigt, daß der Teufel selbst mit seinem Erscheinen keinen größeren Effekt hätte erzielen können. Die Szene amüsierte sie dermaßen, daß sie abends im Bett aufsaß und immer noch lachte.

Die Räuberbande versorgte das Hochland weiterhin mit Gesprächsstoff, und es bestand eine gewisse Besorgnis, daß sie unter den Einheimischen einen allgemeinen Aufruhr auslösen könnte. Tanne unterhielt sich eines Nachmittags mit ihrem norwegischen Freund Gustav Mohr darüber, der Kierkegaards *Der Begriff der Angst* ins Gespräch gebracht hatte. Sie waren sich einig, daß im Zusammenhang mit den Räubern nichts zu befürchten sei, und dies gelte allgemein, wenn man in bezug auf die wahre Natur der Angst ehrlich sei. Das Leben berge Risiken und Todesgefahren, doch die befielen einen, einerlei, ob einen zuvor bei dem Gedanken daran Entsetzen packe oder nicht. Tanne meinte, daß vielleicht nur diejenigen, die in lähmender Angst vor dem Teufel lebten, etwas zu befürchten hätten. Sie machte jedoch einen Unterschied zwischen *ihrem* Teufel – dem gewandten Unternehmer, der weltliche Triumphe gegen Seelen einhandelte – und jenem anderen, bedrückenderen, von germanischem Schlage, der das Böse förderte. Falls dieser existiere, sei sie auf eine Begegnung mit ihm ebenso gespannt wie auf eine Begegnung mit Muangi.

Mohr, der erst 30 war, war ursprünglich Thomas' Freund gewesen. Zu jung für den Krieg, war er nach Amerika ausgewandert, wo er, wie Wilhelm Dinesen, verschiedene Arbeiten annahm und den Westen bereiste. Von Kalifornien nahm er einen Dampfer nach Australien, gelangte in den frühen zwanziger Jahren nach Kenia und fand Arbeit als Hauptverwalter einer Farm. Er war für 11 000 Morgen in der Nähe von Rongai zuständig und hatte vier europäische Verwalter unter sich. Das war, fand Tanne, »eine sehr interessante Stellung für einen so jungen Mann«.[5]

Mohr war jedoch alles andere als ein Bauer. In *Afrika, dunkel lockende Welt* beschreibt Tania Blixen ihn als langnasigen Menschen, eine glühende, poetische Seele, der in ihr Wohnzimmer geschleudert kam »wie ein Stein aus einem Vulkan«, sich vor ihrem Kamin auf den Boden warf und erklärte, er »werde verrückt ... in einem Lande, in dem man von einem Manne erwarte, daß er von Gesprächen über Ochsen und Sisalhanf sein Leben fristen könne«.[6] Er redete sodann über »Liebe, Kommunismus, Prostitution, Hamsun, die Bibel« und so fort bis nach Mitternacht, rauchte billige Zigarren und verweigerte das Abendessen. Er liebte Tanne mit derselben strengen Intensität wie Thomas und hatte wohl auch einiges von dessen beschützerischen Gefühlen für sie übernommen. Sie hatten jede Woche eine feste Verabredung auf ein Glas Wermut auf der Terrasse des New Stanley Hotels, wobei sie sich gegenseitig Bücher liehen und über Literatur diskutierten. Mohr füllte ein wenig von der Leere, die Denys' Umherschweifen in Tannes Leben brachte, und wenn ihre Einsamkeit am schmerzlichsten war, bot er ihr unentbehrliche Freundlichkeit und Anteilnahme.[7] Er war der erste, der nach Denys' Tod zu ihr kam, und er blieb bei ihr, um das Begräbnis zu arrangieren. Mohr war es, der sie an dem Morgen, als sie Afrika verließ, zum Bahnhof fuhr. »Anders als die meisten Männer, die sie kannte«, erinnerte sich Thomas, »liebte Gustav Tanne ohne Ehrfurcht, und sie achtete ihn, weil er nicht ihr Sklave war.«[8]

II

1928 war für Denys als Jäger ein äußerst geschäftiges und einträgliches Jahr, und er ging in Tanias Haus und Leben ein und aus. Im Februar tauchte er auf dem Wege nach Tanganjika kurz auf, um ein Ersatzteil für sein Lastauto zu besorgen. Sie aßen zu Abend, und er ging gleich zu Bett, weil er um ein Uhr früh zu seiner Safari aufbrechen wollte. Tania saß noch eine Weile auf und spielte ihm Schallplatten vor, und um Mitternacht stand sie auf, um ihn zu verabschieden. Sie gingen miteinander bis zum Fischteich, sie in Nachthemd und Schal, und von dort aus winkte sie ihm Lebewohl. Venus verblaßte soeben, die Luft war kühl, und vielleicht fühlte sie die »Liebe und Dankbarkeit, die der Daheimbleibende für alle Wanderer und fahrenden Gesellen in der Welt empfindet«.[9]

Am Sonntag darauf erschien ein anderer Wanderer und fahrender Geselle auf ihrer Türschwelle, eine Schwede mit Namen Otto Casparsson, der kurze Zeit im Norfolkhotel als *maître d'hôtel* gearbeitet und, wenn Tania Blixen dort speiste, hinter ihrem Stuhl gestanden und sie mit salbungsvoller Stimme mit seiner Lebensphilosophie unterhalten hatte. Ingrid Lindström erinnert sich seiner als eines feisten, rotgesichtigen Homosexuellen aus einer »ziemlich guten« schwedischen Familie. Aber er hatte die Seinen verlassen, war in Europa von einer Stadt zur anderen gezogen und hatte als Kellner gearbeitet, wenn er keine bessere Anstellung finden konnte. Jetzt hatte er Ärger mit der Polizei, und die schwedische Gemeinde, an die er sich hilfesuchend hätte wenden können, wollte nichts mit ihm zu tun haben. Es sei, klagte er, schwer für einen Weißen wie ihn, gegen die große Konkurrenz der Einheimischen eine Beschäftigung zu finden. Er hatte keinerlei praktische Fähigkeiten, konnte nicht Auto fahren, und wie er da vor dem Haus Mbogani im Staub stand, bot er ein Bild des Jammers. Tanne, die von einem Ritt heimkam, wollte ihn zunächst nicht hereinbitten. Er aber sprach in so bewegendem Ton von seinen Schwierigkeiten, und war so sehr darauf bedacht, daß sie ihr Gesicht wahren könne, falls sie ihn wegschickte, daß sie sich anders besann. »Das war die Höflichkeit eines gehetzten Wildes.«[10]

Casparsson erzählte der Baronin bei einem guten Abendessen seine Lebensgeschichte. In seinen besseren Tagen sei er Schauspieler gewesen. Seine Lieblingsrollen seien der Armand in der »Kameliendame« und der Oswald in Ibsens »Gespenster« gewesen. Sie sprachen eine Weile von Theaterstücken und davon, wie ihrer Ansicht nach die großen Rollen gespielt werden müßten, und Casparsson schlug wahrhaftig vor, daß sie zusammen Ibsen läsen. Tanne war dazu bereit, aber sie hatte nur eine englische Ausgabe, und er beherrschte die Sprache nicht fließend. Ihr Gespräch fand gewiß einen Niederschlag in »Die Sintflut von Norderney«, wo Casparsson als der Schwindler Kasparson und Tanne als Malin Nat-og-Dag auftritt, und dort kann man nachlesen, was sie verband.

> »Und warum«, fragt ihn Fräulein Malin, »verlangten Sie so sehr nach dieser Rolle?«
> »Ich will es Ihnen anvertrauen«, erwiderte Kasparson mit gedämpfter Stimme. »Nicht am Gesicht soll man den Menschen erkennen, sondern an seiner Maske.«[11]

Gegen Ende des Abends eröffnete Casparsson der Baronin, daß er unterwegs nach Tanganjika sei, um dort sein Glück zu machen. Auf ihre Frage, wie er dorthin gelangen wolle, antwortete er, zu

Fuß. Als sie ihn darauf hinwies, daß dies 400 Kilometer durch wasserloses Gebiet bedeute, wo es von Löwen wimmelte, erwiderte er, es sei nur gerecht, wenn die Löwen sich im Namen seiner Angehörigen an ihm vergreifen würden. Wenn er überlebte, könne er ihnen mit bestem Gewissen für immer den Rücken kehren.

Tania Blixen wollte ihn auf den Weg schicken, und am nächsten Morgen fuhr sie ihn bis zu Farahs *duka*, gab ihm eine Flasche Bier, ein Paket Brote, zehn Schilling und ihren Segen.[12] Er hatte einen riesigen Mantel an und schied mitten in seinem Elend in bester Laune. Sie hörte erst nach einigen Monaten wieder von ihm, als eine Freundin ihr berichtete, daß er nach zahlreichen Abenteuern mit Löwen und den Massai heil nach Tanganjika gelangt sei. Später schickte er ihr das Geld mit einem überschwenglichen Dankesbrief für ihre Hilfe und anregende Gesellschaft zurück. In Kairo schrieb er zwei Artikel für eine schwedische Zeitung, in denen er unter der Überschrift »Zu Fuß durch Ostafrika« von seinen Abenteuern berichtete. Die Baronin erscheint darin als eine pittoreske, großherzige Erscheinung – ganz ähnlich wie er in ihren afrikanischen Erinnerungen erscheint.

Das Haus Mbogani war so etwas wie ein Magnet für Ausgestoßene und eine Touristenattraktion für bedeutende Persönlichkeiten, die oft herausgefahren und herumgeführt wurden. Choleim Hussein, ein reicher indischer Holzhändler, mit dem Tanne in den Jahren, als sie ihre Wälder rodete, geschäftlich viel zu tun hatte, bat sie im Wissen um ihre sagenhafte Gastfreundschaft, einen Hohepriester aus Indien, der zu jener Zeit eine Inspektionsreise durch das Land unternahm, bei sich zu empfangen. Hussein erbot sich, für das Obst, den Kuchen und das übliche Geldgeschenk aufzukommen, und Tanne sagte zu, erschrak allerdings, als sie an dem verabredeten Tag nicht einen, sondern 17 alte Männer in edlen Kaschmirgewändern einer Wagenkolonne entsteigen sah.

Der Hohepriester war ein ganz kleiner alter Mann mit einem zarten Gesicht und einer leisen Stimme, aber er sprach weder Englisch noch Kisuaheli. Er und die Baronin mußten sich, wie sie schreibt, »durch Zeichen unserer hohen gegenseitigen Achtung versichern«.[13] Nach dem Mahl, für das ihr ganzes Silber aufgedeckt worden war, saßen sie in seltenem einvernehmlichem Schweigen auf dem Rasen. Tania Blixen war verblüfft über den sanften, doch lebhaften Gesichtsausdruck des Priesters, der an den eines sehr kleinen Kindes oder einer sehr alten Dame der großen Welt erinnerte; nichts konnte ihn überraschen, aber er interessierte sich für alles. Besonders bewunderte er ihre Jagdhunde, eine Rasse, die er noch nie gesehen hatte. Am Ende des Besuches überreichte sie ihm feierlich 100 Rupien, und er schenkte ihr einen Ring mit einer Perle. Doch nun störte sie dieser abgeschmackte Tausch, und sie hatte das Bedürfnis, ihm ein richtiges Geschenk zu machen. Sie schickte Farah, das Fell eines Löwen zu holen, den Denys einige Monate zuvor erlegt hatte. »Der alte Mann faßte nach einer der großen Pranken und probierte, leuchtenden Blikkes, die Schärfe einer Klaue an seiner Wange.«[14]

Die Jagd nach diesem Löwen ist eine der aufschlußreichsten Episoden in *Afrika, dunkel lockende Welt* und galt schon damals als ein Vorkommnis von tiefer Symbolik. Am 23. April, dem Vorabend von Denys' 42. Geburtstag, meldete Dickens Tania Blixen, daß zwei Löwen die Ochsen in ihrem *boma* überfallen und zwei junge Bullen gerissen hatten. Er bat sie um Erlaubnis, Strychnin auszulegen, aber sie lehnte ab. Das sei nicht »sportlich«, sagte sie, und zum Glück sei Mr. Finch-Hatton im Hause, sie beide würden hinausgehen und die Löwen schießen. Dickens hielt dies für leichtsinnig und ging »bitter« fort.[15] Für Denys kam es gerade recht. Er hatte sich beklagt, daß sein Leben bislang nicht seinen Erwartungen entsprochen hätte, und um ihn aufzumuntern, sagte ihm Tania, daß sich womöglich noch vor seinem Geburtstag etwas Interessantes ereignen würde.

Am Nachmittag zogen sie einen der toten Ochsen an eine Stelle auf einem niedrigen Hügel neben einer Gruppe Kaffeepflanzen, wo sie die Löwen gut im Schußfeld haben würden, falls diese kämen, um sich an dem Tier gütlich zu tun. Nach Einbruch der Dunkelheit kehrten sie mit Farah zurück. Er hatte eine elektrische Lampe bei sich, Tania hatte ebenfalls eine, und Denys hatte eine dritte am Gürtel. Es war eine mondlose Nacht, und Tania zitterte, als sie mit ihrer Lampe einen kleinen Kreis beschrieb. Das erste, was sie beschien, war ein Schakal, aber ein Stück weiter links fiel das Licht auf »ihre Majestät Simba, im Abstand von fünfundzwanzig Yards auf der Erde liegend, den Kopf auf den Tatzen, die Augen genau auf uns gerichtet«.[16]

Sie hatten nicht viel Zeit. Wenn der Löwe sich tiefer zwischen die Pflanzen verzöge, würde das Licht nicht stark genug sein, ihm zu folgen. Denys schoß. Farah schwenkte nun seine Laterne im *shamba* herum, und ganz nahe, hinter einem Kaffeebusch, war der zweite Löwe. Denys schoß rasch ein zweites Mal. Das war unglaublich riskant, denn jeder Schuß hätte danebengehen können, und umgeben von Kaffeepflanzen auf einem Hügel hätte es keine Fluchtmöglichkeit gegeben. Doch beide Räuber waren tot, und die Jäger kehrten, erschöpft, aber erleichtert, nach Hause zurück und leerten eine Flasche Sekt.

Nicht lange nach dieser Löwenjagd erhielt Tania Blixen von einem alten Gewehrträger einen in dem blumigen Stil eines öffentlichen Schreibers verfaßten und an die »Löwin von Blixen« adressierten Brief. »Ehrengeachtete Löwin...«, begann er. Ihr Personal nannte sie von nun an Löwin, was sie für eine recht schneidige Titulierung hielt. Vielleicht gefiel ihr der Name besser, als sie sich einzugestehen wagte, denn die Geburtstagslöwenjagd bestätigte auf beinahe sakramentale Weise eine Wahl, die sie getroffen, eine Identität, die sie erlangt, einen Triumph über den Konflikt, der diese Identität in ihren jüngeren Tagen verdunkelt hatte. Es ging darum, schrieb sie an Tante Bess, ob man »die Löwen oder das Familienleben wählen« wolle.[17] Dickens, ein tapferer Mann, aber Ehemann und Familienvater, habe sich mit Recht geweigert, sich an die Löwen heranzupirschen, und von ihm aus sei es ein vernünftiger Vorschlag gewesen, Strychnin auszulegen. Doch sie und Denys seien ebenso im Recht gewesen – nicht »frivol« oder »egoistisch«, wie Bess unterstellte – als sie einen anderen Sinn für Verantwortung bewiesen: »Come now«, hatte sie zu ihrem Geliebten gesagt, »and let us go and risk our entirely worthless lives.«[18] In *Afrika, dunkel lockende Welt* setzte sie hinzu: »Frei lebt, wer sterben kann«, ihre endgültige Antwort an Tante Bess.[19]

Die briefliche Auseinandersetzung zwischen Nichte und Tante dauerte an, eine jede verteidigte ihren Standpunkt mit einem großen Maß an Leidenschaft und Stil. Bess hatte an Tannes Briefen soviel Freude, daß sie sie veröffentlichen wollte. Tanne versicherte ihrer Tante, daß sie weit mehr Gemeinsames als Trennendes hätten, und daß sie dankbar sei für »Begeisterung, Licht und Wärme«, welche Bess verkörperte.[20] »Immer, wenn ich mich in meiner Sicht der verschiedenen Probleme des Lebens bestätigt sehe oder feststelle, daß ich meine Ansicht ändern muß, passiert es mir wieder und wieder, daß ich denke: ›Darüber würde ich gerne mit Tante Bess reden …‹«[21]

III

Ungeachtet dessen, daß Denys in diesem Jahr sehr beschäftigt war, war sein Zusammenleben mit Tania ausgesprochen glücklich. Sie hatte sich von dem Gefühl, vernachlässigt zu sein, befreit, und das mag ihn ermutigt haben, ihr mehr Zuneigung zu zeigen. Ihr Glück durchdringt ihre Briefe mit Humor und Munterkeit. Als eine Westenholz-Cousine sie um eine Erklärung dafür bat, zitierte sie einen englischen Autor, den sie gerade las, einen Kritiker namens Philip Wicksteed. In seiner Essaysammlung über Henrik Ibsen hatte er die Frage angeschnitten, die Ibsens Stücke beherrscht: »›What it is to be one self? God meant something when he made each of us. For a man to embody that meaning of God in his words and deeds … is to be himself.‹«[22] Tania Blixen drückte es in *Afrika, dunkel lockende Welt* mit größerer poetischer Knappheit aus: »Stolz ist der Glaube an die Idee, die Gott vorschwebte, als er den Menschen schuf. Ein stolzer Mensch ist sich dieser Idee bewußt und willens, sie zu verwirklichen … so findet der stolze Mensch sein Glück in der Erfüllung seines Geschicks.«[23] In ihrer Freundschaft mit Denys, in ihrem Verhältnis zu den Afrikanern, in ihrem Leben als Farmerin hatte sie begriffen, wie »sie von Gott beabsichtigt war«. Und abermals nahm sie die Gelegenheit wahr, zu wiederholen, wie sie von Gott *nicht* beabsichtigt war: als eine behütete, behagliche dänische Matrone.

Diese Gewißheit einer göttlichen Absicht war Tania Blixen überaus kostbar, und wenn sie ihr zuweilen verlorenging, fühlte sie sich hilflos. In ihrer Arbeit wollte sie, wie Gott, ein System der Dinge schaffen, so ordentlich und schön, daß selbst die Verluste ihren Platz hatten, wie die Zwischenräume einer großen Kolonnade.

Auf der Farm herrschte eine romantische Atmosphäre, die Denys und Tania teils selbst stimulierten. Fathima, Farahs zweite Frau, war angekommen, und sie heirateten mit großem Pomp. Auch Ali heiratete in diesem Jahr, und seine Frau Maura unterrichtete Fathima in Kisuaheli. Sie waren ein so glückliches Paar, daß auch Kamantes Herz entbrannte und er beschloß, ein großes, üppiges Kikujumädchen namens Wamboi zur Frau zu nehmen. Tania Blixen half ihm, die Kühe und Ziegen zusammenzubekommen, die er für den Kaufpreis benötigte, und zu der Zeit, als ich in Recherchen für dieses Buch unterwegs war, lebten Kamante und Wamboi, beide fast 80, noch zusammen in Ngong und erinnerten sich lebhaft der Großherzigkeit von »Mrs. Karen«, die es ihnen ermöglicht hatte zu heiraten.

In den Monaten, bevor die kurzen Regenfälle einsetzten, war es maßlos heiß. Um den *totos* Erholung zu verschaffen, fuhr Tanne sie eines Nachmittags zu einer Fliegerschau nach Mbagathi. Hier traf sie zufällig Mrs. Bursell, die Frau ihres früheren Verwalters, die in Tanganjika lebte und ihr Neuigkeiten von Casparsson mitteilte. Sie hatte ihn kürzlich in der Nähe von Moshi gesund, betrunken und aus voller Kehle singend, auf einem offenen Lastauto gesehen.

Die Fliegerschau war für die *totos* und ihre Herrin gleichermaßen aufregend. Vier kleine Flugzeuge führten Tricks vor und flogen um die Wette. Eines wurde von Maia Carbery, einer bekannten Pilotin, geflogen. Sie stürzte einen Monat später nicht weit von Ngong ab und ließ Lord Carbery nebst einer kleinen Tochter zurück. Tanne stellte sie Tante Bess als Beispiel hin für einen Menschen, der niemals hätte heiraten dürfen und der – mit tragischem Ausgang – versucht hatte, »die Löwenjagd« und »das Familienleben« miteinander zu vereinbaren.

Im März kam Lady Grigg, die Gattin des Gouverneurs, mit ihren Eltern, Lord und Lady Islington, zum Tee auf die Farm gefahren. Während Lady Grigg ihrer Mutter den Garten zeigte, unterhielt sich Tania mit dem alten Lord, der Gouverneur von Neuseeland und 1920 ein inniger Fürsprecher der Rechte der Inder gewesen war und in Kolonialangelegenheiten immer noch eine aktive Rolle spielte. Sie diskutierten über Politik, die Entrechtung der Inder und Afrikaner *, die drückenden Steuern, die in den letzten

* Die Gesetzgebende Kammer bestand aus Staatsbediensteten, die das Außenministerium repräsentierten, sowie in getrennten Wahlen von den weißen, indischen und arabischen Gemeinden gewählten Mitgliedern. Die Weißen bildeten immer noch inoffiziell die Mehrheit. Die Inder

Jahren erhoben worden waren – zur selben Zeit, als reichlich Geld für unnötigen Luxus für die Siedler ausgegeben wurde. Lord Islington teilte Tanias Sorgen, er versprach, sie dem Oberhaus vorzutragen und lud sie ein, nach London zu kommen, um ihm dabei zuzuhören. Als die Damen zurückkehrten, neckten sie ihn, weil er von der Baronin so begeistert sei, was er zugab, und sie erklärte, »daß die Herren erst richtig charmant werden, wenn sie siebzig sind«.[24]

Die Griggs hatten bereits mit den Vorbereitungen für den offiziellen Besuch des Prinzen von Wales begonnen, der im Oktober stattfinden sollte. Sir Edward ließ den Ballsaal im Gouverneursgebäude renovieren, was 7000 Pfund kostete, und hatte Befehl gegeben, die Straßen neu zu pflastern. Denys wurde benachrichtigt, daß er auserwählt sei, Seine Königliche Hoheit auf eine Safari zu begleiten, was ihm gar nicht paßte. Als Tania ihn auslachte, erklärte er ihr verbittert, sie habe keine Ahnung, was für ein »Wirbel« um englische Hoheiten gemacht werde.

Es war ein regelrechtes »Wirbeljahr«. Im Mai gab es einen Empfang für die deutsche Prinzessin Marie Louise von Schleswig-Holstein, danach folgte Lord Delameres Vermählung mit seiner zweiten Frau, Gladys Markham. Tania war zu beiden Veranstaltungen eingeladen. Sie genoß dieses Menue aus Aristokraten, Banditen, Mörderinnen, vagabundierenden Schauspielern und Hohepriestern, dankbar, daß auf der Welt noch Menschen zu finden waren, die als »Repräsentanten« eine höhere oder niedere Macht vertraten. Die Demokratie hatte ihre Vorteile, aber Tania meinte auch, daß den modernen zivilisierten Menschen viele symbolische Werte in ihrem Leben abhanden gekommen waren. »Das Bewußtsein, ein Deutscher, ein Reventlow, einer aus der ehrlichen Gilde der Kannegießer, eine ›honnête femme‹ zu sein, hat sicher viele Leute auf ihrem Posten gehalten und ihnen ein beglückendes Selbstbewußtsein gegeben, wogegen die Jungen von heute, die auf ihrer bloßen Menschlichkeit sitzen, nichts Vergleichbares zu bieten haben ...«[25]

---

bestanden auf einer Gemeinschaftsliste, die ihnen eine gerechtere Vertretung sichern würde. Die Afrikaner wurden nach wie vor für unfähig erachtet zu wählen oder selbst über ihr Geschick zu bestimmen, und ihnen wurden (weiße) Berater beigegeben.

Tania Blixen schrieb diese Worte in einem Augenblick, als ihr eigener Status als Repräsentantin höherer Mächte in Gefahr war. Im Sommer hatte sie einen Brief von Bror aus Schweden erhalten. Es war ein Brief von der Art, wie er sie immer schrieb – trivial und erschöpfend in den Einzelheiten und schwerfällig-liebevoll im Ton – die ewig gleiche Schreibweise des älteren Bruders aus der großen Welt an die kleine Schwester. Doch zwischen den Anekdoten stand eine schwerverdauliche Nachricht: »Am 7. August werde ich Cockie heiraten... Ich werde in Tanganjika leben und somit Dir so wenig wie möglich im Wege sein. Dies vor allem: Ich hoffe stets zu verbleiben Dein aufrichtiger Bror.«[26]

Tanne teilte diese Verkündung pflichtschuldigst ihrer Familie mit, ohne Aufhebens davon zu machen, und wünschte Bror nebenbei mehr Glück als beim erstenmal. Aber in Gegenwart ihrer engen Freunde bekam sie einen Wutanfall. Sie beschimpfte Cockie als Eindringling und warf Bror schweren Betrug vor. Sie fanden diese Tiraden seltsam, denn die Scheidung war seit vier Jahren rechtskräftig, und Brors Verhältnis mit Cockie bestand schon zehn Jahre. Doch Tanne war untröstlich. Sie faßte diese Heirat als neuen persönlichen Affront auf. Hatte sie Bror seine Seitensprünge auch verzeihen können, als sie verheiratet waren, diesen Schlag gegen ihr Prestige, die Kompromittierung ihrer gesellschaftlichen Stellung, die Abwertung ihres Titels konnte sie ihm nicht verzeihen, und vielleicht kam nun einiges von dem lange zurückgehaltenen Zorn über alte Verletzungen zum Ausbruch.

Ihre Freunde waren verblüfft, weil niemand verstand, daß sie ihrem Titel eine solche Bedeutung beimaß. Es war nicht nur, daß, wie Parmenia Migel schreibt, »sie es gerne hörte, wenn man sie Baronin betitelte«[27], obwohl es natürlich stimmte. Die Erhebung in den Adelsstand festigte ihre Beziehungen zu der Welt von Frijsenborg und allem, was sie repräsentierte. Das waren nicht nur grenzenloser Reichtum, Vornehmheit und eine eigene Zofe, sondern auch Freiheit und »Leichtigkeit des Herzens«. Ihr Titel verlieh Tania Blixen auch einen Halt, dessen Beschaffenheit sie in »Saison in Kopenhagen« trefflich beschreibt: »Für einen Aristokraten ist ja sein Name der Inbegriff seiner Existenz, sein Unsterbliches, das weiterleben mußte, wenn die niederen Elemente dahin wären. Persönliche Talente und Charaktereigenschaften galten als Angelegenheiten menschlicher Wesen außerhalb seiner

Sphäre... Ein junger Mensch mit altem Namen, der sich weder auf seine Erscheinung noch auf seine Begabung das Geringste einbilden durfte, bewarb sich doch in stolz-bescheidenem Vertrauen auf den Wert dieses seines wirklichen Ich um die Hand einer glänzenden Schönheit... In dieser Welt der Namen und Familien wurde persönliches Glück oder Mißgeschick, solange es nicht Namen berührte, mit Gleichmut hingenommen...«[28] Und in diesem Sinne hatte sie ihr eigenes Mißgeschick, hatte sie Bror ohne Illusionen bezüglich seines Charakters oder seiner Verträglichkeit hingenommen.

Dieses Dilemma hatte auch eine praktische Seite, wie Tanne Lady Colville anvertraute, als sie im August eine Zeitlang bei ihr in Naivasha war. Sie sei, sagte sie, »in Verlegenheit«, wie sie sich nennen solle. Es werde nun zwei Baroninnen Blixen geben, und Cockie stehe der Titel zu. Ob sie selbst nun das Recht habe, den Titel zu behalten, oder ob sie sich nun schlicht Frau Blixen nennen müsse? Lady Colville, eine ältere, ziemlich überspannte adelige Dame, die Nichte des Duke of Marlborough, riet Tania, sich deswegen keine Sorgen zu machen: »Meine Liebe, Sie werden bald die Ehrenwerte Mrs. Denys Finch-Hatton sein.«[29] Sie hatte für diese Prophezeiung keine vertrauliche Information außer ihrem eigenen gutmütigen Wunsch, daß sie wahr werden möge, doch Tania war dermaßen verzweifelt, daß sie daraus einen gewissen Trost schöpfte. Ingrid Lindström vermutet, daß sie »Denys vielleicht damit konfrontierte«, denn sie hatten einen Streit, der bei beiden einen Rest Bitterkeit hinterließ. Wir werden später noch darauf zurückkommen.

IV

Der Prinz von Wales kam Mitte Oktober nach Ostafrika und gedachte, etwa acht Wochen zu bleiben. Lady Grigg lud Tania für die Zeit, da der Besuch in Nairobi weilte, ein, im Regierungshaus zu wohnen. Sie besitzt noch eine reizende Photographie von der königlichen Gesellschaft nach dem Mittagessen auf der Veranda. Seine Königliche Hoheit hat die Augen geschlossen, die übrigen Herren scheinen ein erlesenes Mahl zu verdauen, und Baronin Blixen, die einzige anwesende Dame, streckt der Kamera schelmisch die Zunge heraus.

Tania begegnete dem Prinzen erstmals bei einem kleinen inoffiziellen Abendessen und erklärte hinterher, sie sei von ihm »hingerissen«. Er lud sie darauf zu einer lebhaften, inoffiziellen Abendgesellschaft in seinem privaten Eisenbahnwaggon ein. Es waren insgesamt 16 Gäste an vier kleinen Tischen, und Tania saß neben dem Prinzen. Sie nahm diese Gelegenheit wahr, ihm die Sorgen der Afrikaner »über ihre Besteuerung vorzutragen«, nachdem sie zuvor beschlossen hatte, es »auf angenehme Weise« vorzubringen.[30] Offensichtlich gelang es ihr, ein gewisses Interesse für die Einheimischen bei ihm zu wecken, denn er sagte sich zum Essen auf ihrer Farm an und bat, eine *ngoma* zu sehen. Das war am Dienstag, und das Ereignis sollte am Freitag stattfinden.

Im November eine *ngoma* zu veranstalten, war nicht einfach. Tania Blixen hat ihre Zwangslage in *Schatten wandern übers Gras* beschrieben. Sie schickte Farah zu den großen Häuptlingen, um sie zu bitten, mit ihren Leuten zu kommen, und sie war sich bis zum letzten Moment nicht sicher, ob sie der Bitte Folge leisten würden. Am Donnerstag fuhr sie in die Stadt, um Besorgungen zu machen und für den Anlaß »einige Damen zu finden«. Nur drei weitere Herren waren eingeladen: Denys, Piers Legh, der Adjutant des Prinzen, und sein Sekretär Sir Alan Lascelles. Am Ende lud sie nur noch zwei Damen ein und überließ es so Seiner Königlichen Hoheit, selbst einen Gast mitzubringen.

Eine der Damen war Vivienne de Watteville, eine alte Freundin von Denys und die Tochter eines Schweizer Naturforschers, der sehr viel über Afrika geschrieben hatte. Sie war eine Schönheit, eine amüsante Plauderin, und wollte selbst ein Buch über Afrika schreiben, eine Erinnerung an ihren Vater und ihre gemeinsamen Abenteuer, es sollte mit schwärmerischer Poesie angefüllt sein und *Out in the Blue* heißen. Beryl Markham, die andere Dame, besaß einen spröderen Charme. Sie war die Tochter von Captain Charles Clutterbuck, der Lord Delameres Rennpferde trainierte. Nach der Trennung von seiner Frau war Clutterbuck mit der damals fünfjährigen Beryl nach Ostafrika emigriert und hatte seinen Sohn bei seiner Frau in England zurückgelassen. Beryl war barfuß mit ihren Nandi-Gespielinnen über die Hügel um Njoro gelaufen und hatte gelernt, Warzenschweine mit einem Speer zu jagen. Zeitgenossen schildern sie als eine vollkommen furchtlose und hinsichtlich ihrer eigenen Sterblichkeit recht überhebliche Person. Ihr Vater hatte Kenia im Jahre 1920 verlassen, und sie übernahm die Pferde in seinem Stall. Um diese Zeit heiratete sie ihren ersten Mann, einen Rugbyspieler namens Jock Purves. In den späten zwanziger Jahren nahm sie Flugunterricht und wurde der erste weibliche Postpilot, die erste Frau, die versuchte, den Atlantik alleine von Ost nach West zu überqueren, und einer der ersten Piloten, die mit einem Flugzeug Wild aufspürten. In dieser Eigenschaft arbeitete sie mit Bror wie auch mit Denys zusammen, die sie in *ihren* Afrikaerinnerungen, *West with the Night*, ausführlich und liebevoll porträtiert.

Beryl Markham war damals 24 und hatte vor kurzem ihren zweiten Mann, Mansfield Markham, geheiratet. Er war ein bekannter Sportsmann und Mitglied des Jockeyclubs. Sie war groß, breitschultrig und blond und hatte sowohl im Gesicht als auch in der unruhigen, pantherartigen Anmut der Bewegungen Ähnlichkeit mit Greta Garbo. Ihr Privatleben war Gegenstand endloser Klatschgeschichten und Mutmaßungen, und für die gewöhnliche Imagination war Beryl eine Art Circe. Denys hatte damals – oder hatte es, je nach Informant, gerade hinter oder vor sich – ein »kleines Techtelmechtel« mit ihr. Tania konnte für ihre Reize nicht blind gewesen sein, und es spricht sehr für ihre Qualitäten als Gastgeberin – und ihren allgemeinen Sinn für Spielregeln – daß sie Beryl dennoch zum Essen einlud, sie neben Denys setzte und ihrer Mutter später berichtete, Beryl habe »einfach hinreißend« ausgesehen.[31]

Es wurde der Abend von Kamantes größtem Triumph, mit einem Mahl, das mit seiner berühmten klaren Suppe begann, gefolgt von Mombasa Steinbutt mit Sauce hollandaise, Schinken in Champagner pochiert, Rebhühnern mit Erbsen – die Vögel hatten die Massai gebracht – einem Nudelgericht mit Sahne und Trüffeln, Blattgemüse, Perlzwiebeln und Tomatensalat, warmer Wildpilzpastete, einem Savarinkuchen, Erdbeeren und Passionsfrüchten aus dem Garten. Denys steuerte den Wein und die Zigarren bei. Hinterher gingen die Gäste hinaus und sahen der *ngoma* zu. Die Häuptlinge hatten Tania nicht im Stich gelassen, und um die Freudenfeuer hatte sich eine Menge entrückter Tänzer versammelt. Die Auffahrt war von mehreren kleineren Feuern erhellt, und Tania hatte vor dem Haus ein paar alte Schiffslaternen aufgehängt, die sie für Berkeley Cole aus Dänemark mitgebracht hatte. Der

Prinz bedankte sich persönlich bei den Häuptlingen und sprach sie auf Kisuaheli an. Tania war »mit meiner Party sehr zufrieden«.[32]

Die königliche Safari verließ Nairobi schließlich bei heftigem Regen und begab sich westwärts in Richtung Tanganjika, um nach Elefanten und Löwen Ausschau zu halten. Denys hatte befunden, daß sie noch einen Führer benötigten, einen, der Erfahrung mit Löwen hatte, und da sein alter Freund J. A. Hunter anderweitig verpflichtet war, wandte er sich an Bror, der von der Hochzeitsreise zurück war und mit Cockie in Arusha am Fuße des Mount Babati ein kleines Bauernhaus bewohnte. Bror war von der Einladung begeistert; er warf sich mit enormer Zuversicht auf die Jagd und schwor dem Prinzen, er werde seine Trophäe bekommen. Damit stand er, wie Errol Trzebinski betont, in krassem Gegensatz zu Denys, der die Sache zurückhaltender anging. Finch-Hatton warnte den Prinzen mit der für ihn charakteristischen furchtlosen Offenheit, daß er keinen Löwen oder Elefanten auf Verlangen herbeischaffen könne und daß »Afrika sein Herz nicht auf der Zunge trägt... auch nicht für einen Königssohn«[33].

In Arusha wurde der Prinz mit Cockie Blixen bekanntgemacht; er war von ihr ungeheuer bezaubert und lud sie ein, an der Safari teilzunehmen. Cockie war ein miserabler Schütze, aber sie war keine Spielverderberin. Als Bror, Denys und der Prinz eines Morgens unerwartet in ihrer Hütte auftauchten und frühstücken wollten, rührte sie ihnen munter die letzten Eier zusammen. »Hier bestehen interessante, tiefgreifende Differenzen, sowohl zwischen Denys und Bror als auch zwischen Tania und Cockie«, schreibt Errol Trzebinski. »Bror ist ängstlich darauf bedacht, vor dem Prinzen seinen Ruf in bezug auf Löwen zu behaupten, Denys hingegen hat seinen königlichen Kunden, wiewohl er ihn zu befriedigen wünscht, vorgewarnt, daß er vielleicht kein Glück habe. Cockie ist in Gesellschaft des hohen Gastes auch ganz gelöst und nicht im mindesten beunruhigt, weder wegen ihres bescheidenen Quartiers noch wegen des Umstandes, daß sie ihm keine Feinschmeckermahlzeit bieten kann; Tania dagegen wäre unter ähnlichen Umständen außer sich gewesen.«[34]

Der Prinz nahm Bror tatsächlich beiseite und schalt ihn wegen Cockies Unterkunft. »Wirklich, Blixen, Sie sollten Ihre Gattin nicht in einer solchen baufälligen Hütte wohnen lassen.« »Nie werde ich den Ton seiner Stimme vergessen«, schrieb Bror. »Natürlich habe ich mich geschämt, wenngleich meine Frau sich nicht beklagt hat, und ich habe mir insgeheim geschworen, Abhilfe zu schaffen.«[35]

Die königliche Safari fand ein plötzliches Ende durch das Telegramm, daß König Georg erkrankt sei und vielleicht sterbe, worauf der Prinz sich eilends nach England einschiffte. Denys war eingeladen, die königliche Gesellschaft nach Hause zu begleiten, aber er hatte Tania versprochen, Weihnachten wieder bei ihr in Ngong zu sein, und er erwartete Anfang Januar ein französisches Ehepaar zu einer Safari, Baron und Baronin Napoléon Gourgaud. »Viel Glück mit Ihren Franzmännern«, schrieb ihm der Adjutant des Prinzen.[36] Auf der Farm angelangt, erzählte Denys die ganze Geschichte, ohne Cockies unwaidmännische Schüsse auf Fasane oder ihre Rühreier auszulassen; er dachte zweifellos, daß es Tania amüsieren würde. Aber sie bekam einen eifersüchtigen Wutanfall und beschuldigte Denys auf einer Postkarte, die Naturgesetze zu mißachten. Wie habe er sich nur mit Bror einlassen können, nachdem er sie so behandelt hatte? Dieser grausame, unglaubliche Vorwurf muß Denys erschreckt haben, denn von da an sah er sich vor.

Einunddreißigstes Kapitel

Luftgeister

I

Im März 1929 telegraphierte Thomas seiner Schwester, daß Frau Dinesen schwer erkrankt sei und die Ärzte keine Hoffnung hätten. Tanne nahm die erste Schiffspassage nach Europa, die sie bekommen konnte, und überließ die Farm der Obhut von Mr. Dickens. Doch als sie in Dänemark ankam, hatte sich der Zustand ihrer Mutter erheblich gebessert. Tanne blieb die nächsten sechs Monate in Rungstedlund, während ihre eigene Gesundheit sich verschlechterte und sie wie gewöhnlich stetig deprimierter wurde. »Sie war schwach, in sich gekehrt, ohne Zukunft«, schrieb Thomas, »geistesabwesender, als ich sie je sah. Ich wußte nicht, was daraus werden sollte.«[1]

Zu Hause versuchte sie die Vorstandsmitglieder der Karen Coffee Company zu überzeugen, daß für die Farm noch Hoffnung bestand. Der Regen hatte eingesetzt, bevor sie abreiste, Dickens schickte zuversichtliche Berichte, alles »schwimme in Wasser«. Dann aber kamen im Juli Frost und eine entsetzliche Heuschrekkenplage. Es war unmöglich, Geld für die Betriebsunkosten gegen die Ernte als Sicherheit aufzunehmen, und der Vorstand weigerte sich strikt, noch einen einzigen Cent für die Rettung aufzuwenden.

Zu diesem Zeitpunkt wandte sich Tanne um finanzielle Hilfe an Denys. Er sagte zu, »etwas zu tun«, aber nur als Überbrückung, bis die Ernte eingebracht werden könne. Seine Anwälte schrieben ihr in strengem, ja ziemlich impertinentem Ton nach Rungstedlund, um ihr die Großzügigkeit wie auch die Begrenzungen von Mr. Finch-Hattons Angebot deutlich zu machen. Die Karen Coffee Company, fügten sie hinzu, müsse für ihre Anwaltshonorare aufkommen. »Mr. Finch-Hatton würde es mir nicht danken, wenn ich ihm Kosten verursachte, die sich, so weit es ihn betrifft, als nutzlos erwiesen... Ferner möchte ich erwähnen, daß Mr. Finch-Hatton nicht bereit wäre, sich zu verpflichten, das Geld über den vereinbarten Termin hinaus zu leihen, denn er kann sein Geld nicht auf unbestimmte Zeit untätig liegen lassen, und es ist daher sehr wichtig für ihn, daß das Geschäft zum frühestmöglichen Datum zum Abschluß kommt.«[2]

Denys war ebenfalls den Sommer über in Europa. Er nahm Flugunterricht, bestand die Pilotenprüfung und »eilte umher, um verschiedene Flugapparate zu inspizieren«.[3] Anfang Oktober nahm Tanne seine Einladung an, England und seinen Bruder zu besuchen. Seine Eltern waren beide tot, Toby war nun Lord Winchilsea, das Heim ihrer Kindheit war verkauft, und die Familie lebte im Haus Buckfield in Sherfield nahe Basingstoke. Denys und Tania kamen am 3. Oktober an.

Tania Blixen schreibt in *Schatten wandern übers Gras* über einen Besuch bei den Winchilseas, sie verlegt ihn etwas später in die dreißiger Jahre und sagt sehr wenig darüber, außer daß ihre Gastgeberin »ganz reizend« war. Die Woche, die sie dort verbrachten, war in Wahrheit recht anstrengend. Tania »bemühte sich, charmant zu sein«, es wollte ihr aber nicht recht gelingen. Errol Trzebinski vermutet, daß Toby, der seinen jüngeren Bruder vergötterte und ihn ganz für sich haben wollte, auf Tania besonders eifersüchtig gewesen sein könnte. Vielleicht war sie ein Symbol für die exotischen Reize, die Denys aus England fortgelockt hatten, oder Toby war ihre offensichtliche Komplizenschaft zuwider. Eine ältere Verwandte bemerkte über die Baronin: »Ich kann die Frau nicht leiden. Sie versucht Denys zu vereinnahmen. Das kann nicht gutgehen.«[4] In seinem Tagebuch nennt Lord Winchilsea Tania einfach »Blixen«, eine Unhöflichkeit, die ihm auch im privaten Umgang »gar nicht ähnlich sah«.

Denys jedoch achtete nicht darauf, was die Leute von ihm dachten und merkte vermutlich auch nichts von ihrer Abneigung gegen seine Geliebte. Er zeigte Tania das Heim seiner Kindheit. Haverholme war ein düsteres Herrenhaus, mitten in einer sumpfigen Ebene auf den Ruinen einer alten Abtei errichtet. Im zwölften Jahrhundert hatte es dort eine große Überschwemmung gegeben, die, von den Mönchen schriftlich festgehalten, zum überlieferten Sagengut dieser Gegend geworden war. Errol Trzebinski meint, daß Denys Tania davon erzählt und sie so zu dem Schauplatz von »Die Sintflut von Norderney« inspiriert haben könnte.

Er hatte der Familie versprochen, bis Ende November in England zu bleiben, und Toby erbot sich sogar, den Flugpreis zu bezahlen, wenn ihn das zur Verlängerung seines Aufenthalts bewegen könne. Doch er änderte seine Pläne unversehens und schiffte sich am 28. Oktober, dem Tag vor dem Schwarzen Dienstag in Amerika, nach Afrika ein. Tania verbrachte den Heiligen Abend in Dänemark und brach, wie es ihr zur Gewohnheit geworden war, am Weihnachtsmorgen nach Afrika auf. »Niemand von uns«, schrieb Thomas, »versuchte sie zurückzuhalten, wir verstanden einander so gut, auch wenn Tanne nach wie vor zu hoffen schien und vielleicht auch imstande war, sich in ihr Vertrauen hineinzusteigern. Wir wußten, daß sie, wenn es nicht absolut notwendig war, ihr geliebtes Heim, Farah und die anderen, die ihr so nahestanden, und vielleicht auch Denys für immer, nicht ohne herzzerreißenden Abschied verlassen konnte.«[5]

Auf dem Schiff brach Tanias alte Abneigung gegen die Engländer durch deren übliches oberflächliches Gerede über die Eingeborenen wieder durch. Doch eigentlich dachte sie während der ganzen Reise nur an eines: die Ernte, die soeben eingebracht wurde. »Auf dem Schiff wälzte ich immerfort das eine Problem in meinem Sinn«, schrieb sie in *Afrika, dunkel lockende Welt*. »Ging es mir gut, schaute mich das Leben freundlich an, dann schätzte ich, daß wir wohl fünfundsiebzig Tonnen ernten würden; fühlte ich mich schwach oder nervös, dann sagte ich mir, sechzig Tonnen müßten wir mindestens haben.« Sechzig Tonnen hätten bei den damaligen Preisen etwa 4000 Pfund eingebracht.

Farah erwartete sie in Mombasa, desgleichen Lady Colville, die sie über Nacht in ihrem Hotel unterbrachte. Tania wagte nicht, Farah sofort nach der Kaffee-Ernte zu fragen, und sprach mit ihm von anderen Dingen, von seinen *shauries* mit Dickens, der Eintreibung der Hüttensteuer, der Genesung eines schwachsinnigen Jungen namens Kairobi.

Aber als sie die Frage nicht länger aufschieben konnte, schloß

Farah »halb die Augen, legte den Kopf zurück, seinen Schmerz zu verwinden, und sagte: ›Vierzig Tonnen, Memsahib.‹ Da wußte ich, daß wir die Farm nicht mehr halten konnten.« *

II

Seit ihrer Rückkehr auf die Farm Anfang 1930 kamen von Tania Blixen nur spärliche kurze Briefe an ihre Familie. Ihr Ton war kühl, als wolle sie das fiebrige Elend der Wahrheit abwehren. Sie sprach nach wie vor von der »Ungewißheit« in ihrem Leben, obgleich dies nun ein Euphemismus war; denn bezüglich der Farm gab es keine Ungewißheit mehr.

Der übliche Tagesablauf mitsamt *shauries* erwartete sie. In der Woche ihrer Ankunft wurde eine große *ngoma* veranstaltet, wobei ein Mann ermordet wurde. Das brachte die Polizei auf den Plan, die den *ngomas* für immer ein Ende zu machen drohte. Es erweckte auch den Zorn von Mr. und Mrs. Dickens, für welche die Tänze »eine heidnische Barbarei« waren. Mr. Dickens murmelte sogar etwas von Kündigung. Farah hatte unterdessen eine Stammesfehde mit Hassan, dem ehemaligen Koch, der ihn umzubringen versuchte. Und Denys hatte Bror abermals als Helfer für die nächste Safari des Prinzen von Wales engagiert, die im Februar begann.

Diesmal wohnten Cockie und Bror im Regierungshaus, und Tania war durch die Strenge des Protokolls von allen offiziellen Feierlichkeiten ausgeschlossen. Denys versuchte sie zu trösten, indem er den Prinzen zum Essen mit auf die Farm brachte, aber das verstärkte nur ihre gesellschaftliche Quarantäne. Sie fühlte sich vernachlässigt und zurückgesetzt und gab ohne weiteres Denys die Schuld daran. Ihrer Mutter gestand sie, daß sie ihm eine Szene »ersten Ranges« gemacht – und sich hinterher selbst ausgelacht habe. Aber es falle ihr überhaupt schwer, »etwas, was Denys betrifft, richtig ernst zu nehmen«, und verglichen mit ihrer Liebe zu den Afrikanern falle Denys »nicht ins Gewicht«.[6] Als sie das näch-

---

* Tania Blixen, *Afrika, dunkel lockende Welt*, S. 385. Dagegen hätte eine gute Ernte in jenem Gebiet, ohne moderne technische landwirtschaftliche Hilfsmittel, eine halbe Tonne pro Morgen ergeben, also 300 Tonnen für die 600 Morgen der Karen Coffee Company. Sie kalkulierten auf einer extrem niedrigen Basis.

ste Mal von ihrem Geliebten schrieb, tat sie es ohne Groll. Ihre Beschreibung von ihm – eine der schönsten Passagen in ihren Briefen – besitzt den ruhigen Abstand, die gemächliche Präzision, die nahezu erhaben gleichgültige Objektivität von *Afrika, dunkel lockende Welt*:

> Das Fliegen paßt ganz genau zu Denys. Ich habe immer gefunden, er habe besonders viel vom Wesen der Luft in sich... und er sei eine Art Ariel. Mit diesem Wesen ist ein guter Teil Herzlosigkeit verbunden – und Ariel war auch recht herzlos, wie Du sehen wirst, wenn Du den *Sturm* noch einmal liest. Aber im Vergleich zu den irdischen Wesen auf der Insel war er rein, klar, ehrlich, ohne Vorbehalte, durchschaubar – wie Luft, kurz gesagt. Ich glaube auch, etwas von dem, was ich von Anfang an bei Denys so sehr geschätzt habe, war dies: Er bewegt sich geistig in drei Dimensionen.[7]

Durch den Besuch des Prinzen erneuerte sich Tannes Abneigung gegen die Engländer, die gewöhnlich mit ihrem eigenen Gefühl der Entfremdung einhergeht. Sie schreibt ständig von der Mittelmäßigkeit und Gefühllosigkeit der Engländer, und von ihrem mutwilligen Raubbau an der Welt der Eingeborenen. Sie haßte es zu sehen, wie die Kolonie sich ausbreitete und eine »neue Klasse« von Siedlern das Hochland bevölkerte. Dies waren die Bürokraten und Ladenbesitzer, die sonntags in die Berge fuhren, um von ihren Wagen aus das Wild zu schießen, denen die Somali wegen ihres anmaßenden Stolzes verhaßt waren, und die das Land um Nairobi aufkauften, um Bungalows mit kleinen Gärten zu bauen. Tania und Denys nannten sie »der Feind«, und sie befürchtete, daß die Farm, wenn sie fort wäre, »denen« in die Hände fallen würde. Denys versprach ihr zu tun, was er könne, um dies zu verhindern, und als weitere Überbrückungsmaßnahme lieh er ihr 400 Pfund, um ihre Arbeiter zu entlohnen, und nahm ihr Silber und ihre Möbel als Sicherheit.[8] Während er in diesem Frühjahr mit dem Prinzen nach England flog, machte sie Inventur.

Tania Blixen glaubte noch immer nicht, daß die Farm verloren war, obwohl jeder Brief aus Dänemark es bestätigte. Sie zog ihre Brücken hoch, versenkte sich in den Alltagsablauf der Farm und lebte wie am Anfang fast ausschließlich unter den Afrikanern. Das Schicksal der Leute, wiederholte sie, sei an ihres gebunden, und das Wohlergehen der Afrikaner sei ihr Hauptanliegen. Sonntags stellte sie ihr Grammophon auf die Veranda und machte Musik für die *totos*. Sie trug Farahs kleine Tochter mit sich herum, als sei es ihr eigenes Baby, und als im Winter die schlimmen Alpträume einsetzten, nahm sie den kleinen Saufe, der damals ein Jahr alt war, wie eine Puppe mit ins Bett. In all ihren Beziehungen zu den Afrikanern war etwas von einem kleinen Kind, das mit einer Puppe spielt: die außerordentliche Zärtlichkeit, die mütterliche Besorgtheit, das Gefühl der Macht und Verantwortung, das sie von ihrer Hilflosigkeit und Verzweiflung ablenkte.

Im Mai schrieb Denys Tania aus England, wo er viel Golf spielte und Flugzeuge besichtigte, die vielleicht auf ihrem Rasen auf der den Ngongbergen zugewandten Seite des Hauses landen könnten. Er vermittelte ein amüsantes Bild vom Leben der begüterten Klassen während der »Depression«. »Alle behaupten dieses Jahr bankrotter zu sein denn je, aber anscheinend wird so viel Geld wie immer für nichtige Lustbarkeiten ausgegeben ... Rolls Royce-Autos, neue Garderoben, extravagante Gesellschaften, und jeder, der Geld hat, schafft es heimlich ins Ausland, um die Einkommensteuer zu umgehen ... keine Ratten verlassen das sinkende Schiff. Das Schlimme ist nur, daß das Land, das nicht fliehen kann, zu Tode besteuert wird und die englische Landwirtschaft in den letzten Zügen liegt. Australien ist bankrott, Deutschland voller Arbeitsloser, Amerika wird von Revolverheldenbanden regiert; Frankreich ist anscheinend das einzige Land, dem es gutgeht ... Ich hoffe«, schloß er, »daß Du mein Haus an der Küste besucht hast. Es würde Dir bestimmt sehr gut tun, für ein Weilchen von Ngong fortzukommen. Ich habe nichts von Dir gehört und wüßte gern, wie die Sache mit Dickens ausgegangen ist. Laß bald von Dir hören ...«[9]

Sie hat sein Angebot, nach Takaungu zu gehen, offenbar nicht angenommen. Ihre Gesundheit war schwach, und Tania nahm ständig ab. Mohr war unendlich um sie besorgt, und Fremde, die ihr in dieser Zeit begegneten, fanden sie in sich gekehrt und *kali*. Dieses Suaheliwort umfaßt eine sehr breite Gefühlsskala und wird gewöhnlich auf wilde Tiere, insbesondere Katzen, angewandt, um ihre Grausamkeit und Launenhaftigkeit zu beschreiben. Ein junger Mann, der mit Tania Blixen Streit hatte wegen seiner Rechte, auf ihrem Grund und Boden Büffel zu schießen, wurde »sehr förmlich und anmaßend«[10] zurechtgewiesen. Beryl Markham kam von Zeit zu Zeit, um mit Tania in die Berge zu reiten, und schilderte sie als sprunghaft und unberechenbar.

Ihre zunehmende Magerkeit und Nervosität gaben ihr in den Augen sehr junger Menschen etwas Erschreckendes; ein Siedler, der damals noch ein Kind war, hielt sie für eine Hexe. Es gibt eine Photographie von ihr aus dieser Zeit, wie sie von einem Felsen aus angelt, das Gesicht von einem großen Hut beschattet; sie sah ziemlich genau so aus, wie sie in 20 Jahren aussehen sollte. Auf einer anderen Photographie steht sie mit zwei Afrikanern im Wald, sie trägt eine Herrenhose und einen Kittel. Clara Svendsen schreibt dazu: »Während frühere Bilder eine im Vergleich zu den mageren Afrikanern gutgenährte Europäerin zeigen, haben in diesem Stadium Krankheit und Sorgen zu einer auffälligen Angleichung geführt.«[11]

Denys kehrte im September mit seinem neuen Flugzeug, einer Gypsy Moth, zurück, das leuchtend gelb angestrichen war und Nzige getauft wurde – das Suaheliwort für Heuschrecke. (Die Nzige Road in Karen, die an der ehemaligen Landebahn verläuft, ist nach dem Flugzeug genannt.) Auf ihrem ersten gemeinsamen Ausflug flogen sie über die Ngongberge, zuweilen ganz tief, so daß sie die Zebra- und Antilopenherden auf den Gipfeln in die Flucht schlugen. Sie glitten über die *shambas* der Eingeborenen, die Kaffeefelder und das Haus, und am nächsten Morgen kam eine Abordnung von alten Kikujus, um die Baronin zu ihrem Erlebnis zu befragen. Ob sie Gott gesehen habe? Nein, erwiderte sie. »Dann wart ihr also nicht hoch genug«, sagte ein alter Mann.

Manchmal waren sie nur fünfzehn Minuten in der Luft, so daß, wenn sie heimkamen, der Tee in der Kanne auf dem Mühlsteintisch noch warm war. Manchmal flogen sie über den Natron- oder den Naivashasee oder auch bis Takaungu, um dort ein Wochenende zu verbringen. Denys erklärte Tania, er habe das Flugzeug nur gekauft, um ihr Afrika aus der Luft zu zeigen, und sie bezeichnete dieses Erlebnis als »das größte, erhabenste Glück... Dort, wo es keine oder nur wenige Straßen gibt und man überall auf den Steppen landen kann, bekommt das Fliegen eine wirkliche und wichtige Bedeutung für das Leben, es öffnet einem die Welt... In der Luft... genießt man die volle Freiheit aller drei Dimensionen, nach Jahrhunderten der Verbannung und der Träume stürzt sich das sehnende Herz in die offenen Arme des Raumes... Jedesmal, wenn ich in einem Flugzeug aufstieg und hinabschauend merkte, daß ich vom Boden frei war, trat es mir ins Bewußtsein, wie eine große neue Entdeckung: ›Ich begreife‹, sagte ich mir, ›so war's gemeint, jetzt verstehe ich alles.‹« [12]

Die Sicht in *Afrika, dunkel lockende Welt* ist der Überblick über die Farm und über Tania Blixens Leben dort aus der Luft, aus solcher Distanz, daß selbst die Katastrophen die Schönheit eines Musters besitzen. Der Sichthorizont, den ein übers offene Land fliegendes Flugzeug gewährt, ist der privilegierteste aller Aussichtspunkte: nichts kann sich verbergen. Dies ist die überlegene Perspektive des Künstlers und des Aristokraten in Tania Blixens Erzählungen. Sie sind die Beobachter des Lebens unter ihnen, doch von noch weiter oben lächeln auf sie wiederum die Götter herab.

Das Erlebnis des Fliegens half Tania Blixen auch, sich in ihr Schicksal zu fügen. »Bis dahin«, schrieb sie, »war ich ein Teil von ihr [der Landschaft], die Dürre war mein Fieber, die Blütendecke der Steppe mein neues Kleid gewesen. Nun löste sich das Land von mir, wich ein Stück weit zurück, daß ich es deutlicher, als ein Ganzes, überschauen konnte.« [13]

Nicht lange nach ihrem ersten Flug wurde die Farm verkauft.

Die Klammer wird geschlossen

Was Sie nun benötigen, um alles Betrübliche aus vierzehn Jahren abzurunden, ist eine große, ganz ohne Ihre Schuld herbeigeführte fatale Niederlage. So wird aus den sich auflösenden Elementen eine Einheit entstehen.

Pipistrello zu Lord Byron[1]

I

Im November brach Denys mit dem amerikanischen Millionär Marshall Field und dessen Frau zu einer Safari auf. Tania versuchte immer noch verzweifelt, eine Regelung herbeizuführen, um in Afrika bleiben zu können. In letzter Minute wandte sie sich noch einmal hilfesuchend an Denys; ihr Brief erreichte ihn in einem Lager im Busch, und seine Antwort kam durch einen Boten. Er sagte weitere kurzfristige Hilfe zu, bemühte sich jedoch, sie ganz präzise festzulegen und jede Vorstellung zu zerstreuen, daß Tania die Farm halten könne:

> ... sollte ich *die Farm nicht kaufen*, nur eine erste Hypothek. Wollte ich Haus und Grund erwerben, müßte ich bei der Veräußerung mitbieten wie jeder andere Käufer ... Ich habe den notwendigen Betrag zur Übernahme der Hypothek nicht zur Verfügung. Ich bin jedoch bereit, die erste Hypothek im Namen von Kiptigit zu erwerben, da ich nicht annehme, daß K. gewillt ist, etwas zu verlieren, wenn es zum Verkauf kommt ... Ich bin aber nicht willens, die zusätzlichen fünfhundert aufzubringen, um die Arbeiter weitere drei Monate zu entlohnen. Das kann die Gesellschaft gewiß in ihrem eigenen Interesse finanzieren ... Ich bedaure.
>
> Mehr Hilfe kann ich nicht leisten. Ich habe das Geld selbst nicht ... Es tut mir leid zu hören, daß Du so elend daran bist ... Ich werde alles tun, was ich kann, um zu verhindern, daß Dein Haus und Grund dem Feind in die Hände fallen ... Du machst eine schlimme Zeit durch, Du Ärmste, ich wünschte, ich könnte Dir mehr helfen.
>
> Denys[2]

Die Versteigerung fand im Dezember statt. Die Hypothekenzinsen waren zwei Jahre lang nicht bezahlt worden, und die Aktionäre verloren über 150 000 Pfund. Der Käufer war ein junger Bauunternehmer aus Nairobi namens Remy Martin. Er gedachte die Farm in eine Vorstadtsiedlung mit teuren Eigenheimen zu verwandeln, deren Hauptattraktion ein großer Golf- und Sportclub sein sollte, und Bezirk sowie Club zu Ehren von Karen Blixen »Karen« zu nennen. Er machte der Baronin außerdem ein, wie er meinte, ritterliches und großzügiges Angebot. Sie könne auf unbestimmte Zeit in ihrem Haus wohnen bleiben, während das Land in Bauparzellen aufgeteilt und verkauft werden sollte. »Ich wollte«, erwiderte sie mit verächtlichem Lächeln, »lieber mitten in der Sahara leben als auf zwanzig Morgen in der Vorstadt ›Karen‹.«[3]

Die letzte Ernte gehörte der Gesellschaft, und da die Kaffeebohnen nicht vor Mai reif sein würden, sollte Tania Blixen die nächsten fünf Monate die Farm weiter verwalten. »Inzwischen, sagte ich mir, mußte etwas geschehen, was alles wieder rückgängig machte, denn die Welt war ja doch schließlich kein starres, berechenbares Gefüge.«[4]

Um diese Zeit starb Kinanjui, der Kikujuhäuptling, dessen Freundschaft Tania Blixen in ihrer frühen Zeit in Afrika gewonnen hatte. In *Afrika, dunkel lockende Welt* macht sie ihre Rolle bei diesem Ereignis – ihre Feigheit gegenüber der letzten Bitte des sterbenden Häuptlings – zum Symbol sowohl für den Verlust der Macht als auch für ihren eigenen Tod. Es bezeichnete das Ende des Widerstandes, der ihr die Energie verliehen hatte, ihre Mißernten, die Kämpfe mit den Aktionären und der Bank, die Skepsis ihrer Familie und das ganze Auf und Ab ihres Gefühlslebens zu überstehen. Doch nun, schrieb sie, »hatte [ich] nicht mehr die Kraft, den Machthabern der Welt Widerstand zu leisten«.[5]

Kinanjui hatte sie gebeten, auf ihrer Farm sterben zu dürfen statt im Missionshospital, das ihm Angst einflößte. Sie bedachte es kurz, besuchte ihn in seinem *manyatta*, saß in der übelkeiterregenden, stickigen, nach Verwesung riechenden Luft an seinem Bett – und befand am Ende, sie müsse ihm seine Bitte abschlagen. Ohne eine Entschuldigung – denn es gab keine – sagte sie ihm nein und ging.

Nirgends wird deutlicher als in den letzten Kapiteln von *Afrika, dunkel lockende Welt*, daß Denys Finch-Hattons Loslösung endgültig war. Er war zu Tania wie sie zu Kinanjui. Wenn er nicht mit Kunden unterwegs oder mit seinen geschäftlichen Unternehmungen befaßt war, nahm er sie auf seine Flüge mit, und ein-, zweimal sprachen sie von Tanias unwiderruflich bevorstehender Abreise. Er betrauerte den Verlust, lachte jedoch über ihren Kummer darüber, daß sie die Afrikaner verlassen mußte. Aber er machte keine Ausnahme von der Regel, die er vor langer Zeit für ihre Beziehung aufgestellt hatte:

You must turn your mournful ditty
To a merry measure
I will never come for pity
I will come for pleasure.[6]

Im März begannen ihre Verhandlungen mit der Regierung wegen ihrer *squatter*. Sie wollte erreichen, daß sie mit all ihrem Vieh auf einem zusammenhängenden Stück Land siedeln konnten. Niemand glaubte, daß es ihr gelingen könne, und anfangs hieß es bei der Regierung, es gebe keinen geeigneten Landstrich.

In der Zwischenzeit traf sie ihre Verfügungen; sie machte allen Bediensteten ein Geschenk und sorgte, so gut sie konnte, für ihre Zukunft. Farah sollte seine *duka* in Ngong behalten. Für Juma fand sie Land im Massaireservat. Sein Vater war ein Somali, aber seine Mutter war eine Massai, und Tanne hatte ihn in weiser Voraussicht als solchen registrieren lassen. Sie versprach ihm auch, ihm beim Bau eines Hauses zu helfen. Voll hochfliegender Träume errichtete Juma das Fundament für einen seltsamen, monströsen Palast von 600 Quadratmetern, der unmöglich auf traditionelle Weise – mit Stroh oder Blech, hätte gedeckt werden können. Als Tanne das sah, setzte sie sich hin und weinte.

Ali wollte Chauffeur werden, und Tanne brachte ihm in ihrem Wagen das Fahren bei. Bevor sie abreiste, bestand er die Fahrprüfung, so war sein Lebensunterhalt mehr oder weniger gesichert. Kamantes Schicksal war eine etwas heiklere Sache. Er war ein Genie in der Küche und hatte beim Viehhandel einige gute Abschlüsse erzielt, aber er war auch ein klein wenig verrückt, und Tanne war nicht sicher, daß ein anderer Europäer ihn einstellen würde. Er fand jedoch wieder eine Beschäftigung und arbeitete bis zum Krieg bei Siedlern, dann zog er sich ins Kikujureservat zurück. In den frühen fünfziger Jahren legte er den Mau-Mau-Eid ab und kam für kurze Zeit ins Gefängnis. Der amerikanische Photograph Peter Beard, der in Kenia lebt, hat ihn aufgesucht, und jetzt wohnt er in Beards Lager in Karen. Kamante ist ein majestätischer alter Patriarch geworden, der am Stock geht, sich mit schottischen Pullovern vor der Feuchtigkeit schützt und nach wie vor zu kochen versteht. Er kann eine Geschichte mit bedeutungsvollen Blicken und epischen Pausen erzählen und ist immer noch eine Figur, »halb spaßig, halb diabolisch«[7], voll spöttischen Gelächters. Zuweilen hatte ich das Gefühl, daß er mir wirklich etwas vorspielte – er stellte den Ausgestoßenen dar, den *destiné*, den Hofnarren, den Inspirator und Diener einer großen Künstlerin.

Im April begann Tania Blixen mit der Auflösung ihres Haushaltes. Sie beschloß, das meiste von den Möbeln und dem Porzellan zu verkaufen, das zur Besichtigung auf dem Eßtisch aufgebaut war. Remy Martin sagte, es sei damals »*die* Sache« gewesen, zur Farm hinauszufahren und etwas zu kaufen oder sich zumindest umzusehen. Die Leute kamen zu den seltsamsten Zeiten hinaus, um ihr Hab und Gut zu betasten und darum zu feilschen. Lady McMillan kaufte die meisten Möbel für die Bibliothek der McMillan-Gedächtnisstiftung, wo einige Stücke heute noch als Staubfänger herumstehen. Doch Tania Blixen beschloß am Ende, ihre Bücher, ihr Silber und ihre Tafelgläser zu behalten, »die Finger und Lippen vieler Freunde hatten sie berührt«.[8] Sie nahm auch den bemalten Wandschirm, der seinen Platz am Kamin hatte, mit nach Hause.

Die Mühe, ihre *squatter* umzusiedeln, kostete sie den größten Teil ihrer Geduld und Energie, und ihr blieb nicht viel Zeit, an ihre eigene Umsiedlung zu denken. Sie bemühte sich, ihrer Familie die Sorge zu nehmen, sie könne Selbstmord begehen, aber niemand traute ihren lebhaften Dementis. Freunde fuhren auf die Farm hinaus, teils, um zu helfen, teils, um auf Tania aufzupassen. Rose Cartwright kam von Naivasha, Ingrid von Njoro, Mohr von Rongai; Hugh Martin benutzte seinen Einfluß beim Grundbuchamt, und die Griggs übten den ihren auf die neue Verwaltung aus. Denys kam im April für ein paar Tage, aber er bereitete eine neue Safari vor, und da nun die Möbel in Kisten verpackt und das Haus in Unordnung waren, zog er zu Hugh nach Nairobi. Es sei so bequem, erklärte er, über ein Telephon zu verfügen und einen Zahnarzt in der Nähe zu haben. Aber später fragte er, ob er herausfahren sollte, »und laß mich jederzeit wissen, ob Du möchtest, daß ich herbeieile, falls ich Dir bei der Regelung Deiner Angelegenheiten helfen kann. Ich habe hier ein Buch und möchte, daß Du es liest. Ich werde es Dir bringen. In Liebe, Denys«.[9]

Als er sie dann besuchte, traf er sie in einer seltsamen, bedenklich exaltierten Stimmung an. Sie sprach davon, ihre Hunde und Pferde erschießen zu wollen, und von ihrem Wunsch, mit ihnen zu verschwinden. Sie versicherte ihm, das sei keine Verzweiflung, sondern eine noch reichere, tiefere Wertschätzung für die Vielschichtigkeit und Bedeutung des Lebens. Denys ließ sich nicht täuschen. »Liebe Tania«, schrieb er am nächsten Tag, »was Du gestern abend gesagt hast, hat mich tief beunruhigt. Glaube nicht, daß ich Deinen Standpunkt nicht verstehe. Ich verstehe Dich vollkommen. Aber ich meine, daß Du gerade jetzt die Dinge von ihrer finstersten Seite siehst. Ich möchte Dich noch sehen, bevor Du fortgehst, und will versuchen, später herauszukommen. Ich schicke Kanuthia, um eine Schachtel mit Papieren und einen Jaeger-Morgenrock von der anderen Farm zu holen. Denys«.[10]

Mohr und Denys bedrängten sie, Thomas zu schreiben und ihn zu bitten, ihr beim Beginn eines neuen Lebens in Europa zu helfen – ein, zwei Jahre Unterstützung für Studien oder Reisen. »Ihnen zuliebe« war sie einverstanden. Der Brief begann mit derselben Resignation und war unterschwellig ebenso heftig und verstört. Sie wiederholte, daß sie nicht deprimiert und tatsächlich zu dem »Überblick« gelangt sei, der sich ihr so lange entzogen habe. Sie wiederholte aber auch, daß sie nach so viel Freiheit und Erfahrung niemals wie die verlorene Tochter nach Rungstedlund heimkehren könne. Sie sei auch »nicht gutmütiger als zuvor, im Gegenteil... noch immer gilt für mich, daß der Tod einem bürgerlichen Leben vorzuziehen ist, und im Tode werde ich meinen Glauben an die Freiheit erklären«.[11]

Nach dieser unverhüllten Drohung fuhr Tanne mit Vorschlägen fort, wie sich ihr Tod vermeiden ließe. Thomas könne ihr zusagen, sie zu unterstützen, während sie einen Beruf erlerne; vielleicht könne sie Köchin oder Journalistin werden. Die Unterstützung dürfe nicht zu bescheiden ausfallen, denn sie, Tanne, sei »bekanntlich nicht billig«. Sie nannte Italien, Paris, oder auch London als Orte, wo sie leben könne, und betonte, sie müsse den exakten Betrag wissen, den Thomas auszugeben bereit sei. Sie sprach aber auch von einem Vorhaben, das ihn in bezug auf sie hoffnungsvoll stimmte. Sie habe »unternommen, was wir Geschwister immer tun, wenn wir nicht wissen, was wir sonst machen sollen – ich habe begonnen, ein Buch zu schreiben«. Es war aus praktischen Erwägungen auf englisch geschrieben. Aber da sie fürchtete, ihren eigenen Stil in einer fremden Sprache nicht gut beurteilen zu können, hatte sie einem Freund Mohrs, Christopher Morley, einige Kapitel geschickt, und er hatte sie ermutigt: »Der gemessene Stil und die Sprache sind außerordentlich reizvoll.« Jetzt wünschte sie sich Zeit, um das Buch zu beenden – »ein oder zwei Jahre für meine Ausbildung... jeder weiß ja, daß ich nichts kann«.[12]

II

Während dieser Brief auf dem Weg nach Dänemark war, nahm Tania Abschied von Denys, der zu einer langen Safari aufbrach. Zuvor wollte er für ein paar Tage nach Takaungu fliegen, um sein Haus in Ordnung zu bringen. Sie bat ihn, sie mitzunehmen – ein letzter Ausflug – doch er fürchtete, der Rückflug sei zu strapaziös für sie, da er einen Umweg über Voi machen wolle, um nach Elefanten Ausschau zu halten, und im Busch landen und schlafen werde. So sagte er denn Lebewohl.

So jedenfalls schildert es Tania Blixen in *Afrika, dunkel lockende Welt*. Aber es scheint sich zwischen den Liebenden eine viel traurigere letzte Szene abgespielt zu haben. Ihre engsten noch lebenden Freunde erzählten Errol Trzebinski, und wiederholten es mir gegenüber später, daß Tania und Denys sich gerade zu dieser Zeit heftig stritten und ihre Beziehung tatsächlich lösten.* Der Bruch, mutmaßten sie, habe sich seit geraumer Zeit angebahnt, und nicht, weil es unbequem war, zwischen gepackten Kisten zu

---

* In *Afrika, dunkel lockende Welt* erwähnt Tania Blixen, daß Denys ihr den goldenen Ring abnahm, den er ihr Weihnachten 1928 aus Abessinien mitgebracht hatte. Er fürchtete, behauptete sie, daß sie ihn Pooran Singh, dem Leiter ihrer Kaffee-Aufbereitung, schenken wollte. Errol Trzebinski deutet diese Geste anders. Es sei unwahrscheinlich, meint sie, daß Tania einem Angestellten einen so kostbaren Besitz geschenkt hätte, und ebenso unwahrscheinlich, daß Denys sich darüber aufgeregt hätte, sofern nicht leidenschaftliche Gefühle im Spiel waren.

leben, sei Denys aus Ngong aus- und bei Hugh eingezogen, sondern weil er von Tanias zunehmend unverhüllter Besitzwut und Verzweiflung seine Freiheit bedroht sah.

Diese alten Freunde konnten oder wollten die genaue Ursache des »Kraches« nicht nennen. Einige deuteten an, daß Denys sich neuerdings mit jüngeren Frauen traf und Tania vermutlich einen eifersüchtigen Wutausbruch bekam. Andere meinten, sie sei unter den Strapazen des Verlustes der Farm »zusammengebrochen«, habe sich an ihn geklammert und ihn womöglich frei heraus gebeten, sie zu heiraten, oder sie habe ihm zornige Vorhaltungen wegen seiner Untreue und Gleichgültigkeit gemacht. Man kann sich leicht vorstellen, welche Flut von Empfindungen Tania unter diesen Umständen überrollte, und es ist ebenso leicht vorstellbar, wie Denys darauf reagierte. Er hatte eine geradezu morbide Aversion gegen emotionale Ansprüche.

Thomas Dinesen zufolge war Tannes Verzweiflung zu dieser Zeit so groß, daß sie einen Selbstmordversuch unternahm. Das geschah im Hause von Freunden, und bei ihren Papieren fand sich ein schriftlicher Hinweis auf einen Selbstmord, der später jedoch verlorenging *, worin sie sich bei diesen Freunden entschuldigte. Thomas Dinesen erzählte Frans Lasson, daß seine Schwester sich »eine Verletzung beigebracht«[13] habe, vermutlich, indem sie sich die Pulsadern aufschnitt, aber er konnte sich nicht mehr erinnern, wann das war. Er sagte, sie habe eine Menge Blut verloren, die Blutung jedoch gestillt, bevor es zu spät war.

Als Denys die Farm verließ, startete er nicht sogleich zur Küste, sondern verbrachte die folgenden zwei Tage in Nairobi. In dieser Zeit lud er zwei andere Frauen ein, mit ihm zu fliegen. Die erste Einladung war offensichtlich nicht ganz ernst gemeint. Er aß mit einem Ehepaar, beides gute Freunde von ihm, zu Abend, und als die Frau neugieriges Interesse an seinem Haus bekundete, erbot er sich, es ihr zu zeigen.

Sodann bat er Beryl Markham mitzukommen. Sie schreibt in

---

* Viggo Kjær Petersen, der junge Däne, der 1962 von Tania Blixen autorisiert wurde, ihre Biographie zu schreiben, erwähnte mehreren Leuten gegenüber, darunter auch Errol Trzebinski, ein solches Schreiben. Aber es ist aus dem Blixen-Archiv verschwunden.

ihren Erinnerungen, daß sie vorher »oft« mit Denys geflogen sei... »Er flog erst zu kurze Zeit, um ein Experte zu sein, aber die Kompetenz, mit der er so lässig alles anging, war in der Luft so offensichtlich wie bei seinen Safaris oder in den Rezitationen der Verse von Walt Whitman, die er in seinen düstereren oder vielleicht auch lichteren Momenten vortrug. Er bat mich, mit ihm nach Voi zu fliegen, und ich sagte natürlich zu.«[14]

Beryl wurde im letzten Moment von Tom Black, dem Direktor der East Africa Airways, zurückgehalten. Er hatte Bedenken wegen des Flugs, und sie hörte auf ihn. Denys nahm daraufhin seinen Diener Kamau mit. Bei der Landung in Xipingo brach ihm der hölzerne Propeller ab, und er kabelte nach Nairobi um Ersatz, den Black losschickte. Am Abend des 13. Mai aß Denys in Voi mit Freunden, mit dem Bezirkskommandanten und seiner Frau, einem Sisalpflanzer-Ehepaar namens Layzell sowie J. A. Hunter, der am nächsten Tag in aller Frühe selbst zu einer Safari aufbrechen wollte.

Die Layzells wohnten in der Nähe der Startbahn, deshalb übernachtete Denys bei ihnen, und Mrs. Layzell fuhr ihn früh am nächsten Morgen zum Flugzeug. Ihre zwei Töchter baten sie, sie mitzunehmen, sie wollten das Flugzeug sehen. Im letzten Moment, der Propeller lief bereits auf Touren, lud Denys Mrs. Layzell zu einer kleinen »Spritztour« ein, aber ihr jüngstes Kind fing heftig an zu weinen, und sie verzichtete widerwillig.[15]

Hunter und sein Kunde Lee Hudson stiegen gerade in ihre Lastautos, als Denys anrollte und abhob. Hunter sah als erster »schwarze Rauchwolken vom nahen Flugplatz aufsteigen«. Er lief hin, und da sah er das Flugzeug in Flammen aufgehen und drei verkohlte Apfelsinen von den Trümmern wegrollen. Wegen der großen Hitze war es unmöglich, näher heranzukommen. »Denys hat mit mir das Gebiet der Massai erschlossen«, sagte Hunter. »Er war furchtlos und fair, und es war angemessen, daß seine sterblichen Überreste in dem Land begraben wurden, an dem er so viel Freude hatte.«[16]

Die Nachricht von dem Absturz erreichte Nairobi eher als Ngong. Nichtsahnend fuhr Tania in die Stadt, um einige Beamte wegen ihrer *squatter* aufzusuchen und später bei Lady McMillan zu frühstücken. Die Leute auf der Straße wandten sich, »tiefe Traurigkeit« in den Gesichtern, von ihr ab; ihren Gruß erwiderten sie kaum. Der alte Mr. Duncan, der schottische Kaufmann, floh, offenbar erschrocken, aus seinem Laden, als sie eintrat. »Ich begann mich in Nairobi so einsam zu fühlen wie auf einer verlassenen Insel.«[17]

Nach dem Frühstück, bei dem es quälend steif zugegangen sein muß, bat Lady McMillan Tania in ein kleines Wohnzimmer und eröffnete ihr die Nachricht. »Da war es so, wie ich mir's gedacht hatte, daß schon beim Namen Denys sich mir die Wahrheit offenbarte und ich alles wußte und begriff.«[18] Diese Redewendung, »ich begriff alles« oder »plötzlich begriff ich alles« erscheint fast liturgisch in Tania Blixens Schriften. Sie symbolisiert das Erkennen eines großen Geheimnisses über einen selbst, das lange verschüttet war und überraschend wieder zum Vorschein kam. Sie beschreibt einen Augenblick, in dem es möglich ist, die verborgenen, jedoch entscheidenden Momente der Freude oder des Verlustes zu sehen, die das Gerüst der Identität bilden.

Gustav Mohr fuhr sogleich auf die Farm hinaus, und Ingrid kam ein paar Tage später. Als alte Frau sprach Ingrid Lindström über die Ironie von Denys' Tod, und vielleicht bezog sie sich dabei auf ihre Gespräche mit Tanne in jenen Tagen. Hätte sie ihn in Afrika zurückgelassen, so wäre sie diejenige gewesen, die »starb«, und er wäre der Überlebende gewesen – er hatte sich ja schon von ihr getrennt. Sein Tod aber »gab ihn ihr wieder«.[19] Sie hatte, selbst inmitten ihres Grams, unwillkürlich das Gefühl, daß »die großen Mächte über mich gelacht [hatten] ... mit Fanfaren tönte es über alle Hähne und Chamäleons, Ha, ha!«[20]

Denys wurde in den Ngongbergen begraben, nahe der Stelle, die er und Tania für ihre Gräber ausgesucht hatten, und in den darauffolgenden Wochen wurde sie von jedermann als seine Witwe behandelt. Ihre Freunde versuchten nicht, sie zu trösten, sie schenkten ihr nur Liebe. »Liebe Tania«, schrieb Lady Northey, »mit Denys' tragischem Tode ist die große Liebe Ihres Lebens dahin und mit ihr all Ihr Glück. Er war so überaus einnehmend. Aber, meine Liebe, sind Sie sich Ihres eigenen Zaubers und der Zuneigung Ihrer alten Freunde bewußt? ... Ich wünschte, ich könnte Sie überzeugen, daß das Leben noch viel für Sie bereithält.«[21]

Bror schrieb aus Tanganjika, um sein Mitgefühl auszudrücken, das wie immer einen Anflug von Zweideutigkeit und verletztem Stolz hatte ...

> Liebste Tanne! Das mit Denys' Tod ist schrecklich für uns alle, aber am schlimmsten für Dich, die Du immer eine so große Stütze an ihm hattest. Es ist ein großer Verlust für Kenia ... und macht all seine Freunde bekümmert ... Als ich die Nachricht erhielt, dachte ich daran, nach Nairobi zu fliegen, um zu sehen, ob ich irgend etwas für Dich tun könnte – aber wenn man kein Geld hat, ist man so hilflos. Kann ich etwas für Deine Boys oder Deine Hunde tun? Ich breche heute zu einer sechswöchigen Safari auf. Dein Dir sehr ergebener Bror.[22]

III

Die Ernte wurde eingebracht. Tania schenkte ihren Jagdhund Dinah einem Freund bei Gilgil. Sie fand ein Heim für Rouge, ritt ein letztes Mal auf ihm nach Nairobi und verfrachtete ihn mühsam in den Pferdetransportwagen des Zuges nach Naivasha. Die Afrikaner kamen täglich herbei und setzten sich vor das Haus, sie mochten nicht glauben, daß sie wirklich fortging, und warteten auf Neuigkeiten über ihr eigenes Land und Schicksal. Die alten Weiber, mutmaßte sie, würden sie wohl am meisten vermissen.

Sie hatte ihre *squatter*, deren Kühe und Kinder gezählt und das Ergebnis dieser Volkszählung in dreifacher Ausfertigung dem Bezirkskommissar übergeben. Sie beendete ihre Verhandlungen in Nairobi, und Farah folgte ihr überallhin in seinen prächtigsten Kleidern. Viele Leute glaubten, daß der neue Gouverneur, Sir Joseph Byrne, nach Denys' Tod Mitleid mit ihr hatte, denn anders ließ sich ihre »Errungenschaft« – im Kikujureservat einen Landstrich zu sichern, wo alle 200 Familien nebst 3000 Stück Vieh zusammenbleiben konnten – nicht erklären. Frau Lindström verglich dieses Zugeständnis mit Königin Victoria, als diese Kaiser Wilhelm den Kilimandscharo angeboten hatte.

Ende Juli versammelte sich eine Gruppe Siedler und Afrikaner am Bahnhof von Nairobi, um Tania Blixen zu verabschieden. Die meisten Somali waren da, und Denys' Diener Bilea. Hugh Martin, Lord und Lady Delamere, der Kaffee-Experte Major Taylor und seine Frau hatten sich eingefunden. Mohr war frühmorgens gekommen, um sie zur Bahn zu fahren, und sie schüttelten sich im allerletzten Augenblick die Hand. »Er wünschte so von Herzen, mir Mut einzuflößen, daß er tief errötete; sein Gesicht glühte, und seine hellen Augen strahlten mich an.«[23]

Farah und Tumbo fuhren mit bis Mombasa. Tumbo hatte die Reise statt einer jungen Kuh als Abschiedsgeschenk gewählt. Ein Freund hatte es arrangiert, daß Tania ihre letzte Nacht im Hause Ali bin Salims verbrachte, und daß dieser sie am nächsten Morgen mit dem Boot zum Schiff fuhr. Sein Gästepavillon war eine kleine offene *banda*, wo sie im Bett liegend geradewegs zu den Sternen hinaufschauen konnte – zu Aldebaran, Sirius, dem Kreuz des Südens, während sie unten den Wind in den Palmen und das Meer rauschen hörte.

Drittes Buch

Isak Dinesen

... eine gewisse Liebe zur Größe,
die unbezähmbar war,
hat mich gefangen genommen;
sie war mein Dämon.

Tania Blixen (Isak Dinesen)
Letters from Africa

Dreiunddreißigstes Kapitel

Amor Fati

I

Wie alle Seelen, die dem Fährmann ihren Obulus entrichten und sich ans andere Ufer übersetzen lassen, ging Tania Blixen ein wenig zögernd von Bord. Sie lehnte an der Reling der S. S. MANTOLA, eine ausgezehrte Frau mit einem eleganten Hut, rauchte eine Zigarette und wartete, bis sich die Menge etwas verlaufen hatte. Ihr Bruder Thomas erschrak, als er sie am Kai erspähte; sie hatte 35 Pfund abgenommen und »wirkte wie ein Schatten der Frau, die ich einst kannte«.[1] Dieses Schattenhafte sollte fortan für Tania Blixen bezeichnend sein.

Es war ein kleines, an diesem Morgen jedoch bedeutsames Malheur, daß ihre Strümpfe rutschten, als sie von Bord ging. Thomas führte sie sogleich in ein Wäschegeschäft und kaufte ihr neue Strumpfbänder. Dieser simple Vorgang, der in Nairobi möglicherweise Stunden oder gar Tage gedauert hätte, heiterte sie wunderbarerweise auf und stimmte sie im Hinblick auf das Leben in Europa optimistisch. Jahre später erzählte sie Clara Svendsen die Geschichte[2], die einen Eindruck von dem feingegliederten System symbolischer Gewichte und Gegengewichte vermittelt, das auf Tania Blixens Stimmungen einwirkte.

Ihre erschreckende Magerkeit und Gebrechlichkeit in jenem August führte sie auf die Amöbenruhr zurück, das chronische Leiden zahlreicher Siedler. Lady Grigg hatte Tania überredet, »unverzüglich in meine Schweizer Klinik in Montreux« (die Valmont Klinik) zu gehen; denn die sei der einzige Ort, wo »man das wirklich los wird«.[3] Thomas hatte ihr dort einen Termin besorgt und in einem nahegelegenen Hotel Zimmer für sie beide bestellt. Sie konnten kurze Ausflüge ins Gebirge unternehmen, über Tanias Zukunftsaussichten reden und sich von dem, psychologisch gesehen, extrem anstrengenden »Aufstieg« in nördliche Gefilde erholen. In Montreux erklärte sie ihrem Bruder eines Abends, sie würde ihm »gerne einige von den fertigen Geschichten«[4] aus ihrem Buch vorlesen, jenem Buch, das sie im April in ihrem Brief von der Farm erwähnt. Es handelte sich um zwei von den *Sieben phantastischen Geschichten* *, und Thomas fühlte beim Zuhören »etwas in mir sich regen. Jetzt ist Tanne auf dem richtigen Weg, jetzt hat sie ihre Zukunft gefunden; sie wird auf der ganzen Welt bewundert und geliebt werden; sie wird ›den Storch‹ sehen«.[5]

Sie selbst wollte vermutlich, wie Thomas es formulierte, »die Kunst über das Leiden triumphieren« und »den der Niederlage abgerungenen Sieg«[6] sehen. Doch mehr noch neigte sie dazu, das, was ihr bevorstand, eher als Nachleben denn als Zukunft zu betrachten, und sie verlegte sich mit demselben Elan auf die »Schriftstellerei«, mit dem sie erwogen hatte, in Dschibuti oder Marseille ein Hotel für Farbige aufzumachen oder eine Heil- und Pflegeanstalt zu leiten; im Exil nahm sie sich neben anderen ausgefallenen Projekten vor, eine kluge, unergründliche und zerstörerische Rolle zu spielen. **

---

* Aller Wahrscheinlichkeit nach handelte es sich um die zwei Erzählungen »Die Träumer« und »Der alte, wandernde Ritter«. In *Afrika, dunkel lockende Welt* erwähnt sie die Arbeit an »Der alte, wandernde Ritter«, und Thorkild Bjørnvig erzählte sie, »Die Träumer« sei die erste Geschichte, die sie nach dem Verlust der Farm schrieb. »Es war wie ein Geschrei, das Gebrüll eines Löwen ...« (Bjørnvig, Pagten, S. 35)

** Als die Gesellschaft zu Beginn der zwanziger Jahre erstmals mit dem Verkauf der Farm drohte, hatte Tania Blixen ihr Schicksal mit dem des Prinzen Florizel von Bohemien, dem Helden in Robert Louis Stevensons *New Arabian Nights* verglichen. Sjögren hatte das Buch, das zu ihren Lieblingsbüchern zählte, im Haus Mbogani zurückgelassen. Der Prinz verliert sein Königreich, und sein mit Intrigen und Abenteuern angefülltes Dasein endet damit, daß er am Picadilly Zigarren verkauft – als ein geläuterter, heiterer, wenn nicht gar glücklicher Mensch. Die Moral von der Geschichte, wie Tania Blixen sie verstand, war die, daß man ein Königreich, ein Bein, ein Kind, eine Farm in Afrika oder sonst einen wesentlichen, geliebten Teil seiner selbst verlieren und dennoch überleben und eine unerwartete Befriedigung – oder sogar ein noch größeres, nie gekanntes Glück – finden konnte.

II

Die Zerstörung Tania Blixens war, wie sich bald herausstellen sollte, vollkommen. Sie hatte immer noch Syphilis. Das Leiden war 1925 nicht geheilt worden, wie ihre Ärzte gehofft hatten, und es hatte vermutlich die Symptome verursacht, die Tania der Ruhr zuschrieb.[7] Die Krankheit konnte nun weder aufgehalten noch behandelt werden, auch nicht mit modernsten Medikamenten.

Etliche Kritiker, Freunde und auch Verwandte von Tania Blixen haben einen Zusammenhang zwischen ihren Überspanntheiten und dem Leiden vermutet und gemeint, sie müsse infolgedessen wohl etwas »verrückt« gewesen sein. Doch die Form von Syphilis, an der sie litt, verursacht gewöhnlich *keine* Gehirnerweichung oder sonstigen zerebralen Symptome. Sie hatte *Tabes dorsalis*, Rückenmarksschwindsucht, eine Spätfolge der Syphilis.* Bis an ihr Lebensende fiel ihr das Gehen schwer, sie litt unter plötzlichen Anfällen von Erbrechen, Gleichgewichtsstörungen, lähmenden Magenschmerzen und Anorexie, die später noch durch Magengeschwüre erschwert wurden. Sie trug oft weite Hosen, so daß sie sich mit angezogenen Knien auf die Erde legen konnte, es war die einzige Stellung, die ihr etwas Erleichterung verschaffte. Zuweilen wurde sie von solchen Schmerzen geplagt, daß sie trotz ihrer enormen physischen Tapferkeit und ihrer Verachtung für das Zeigen von Schwäche aus ihrem Sessel rutschte und sich »brüllend wie ein Tier«[8] auf den Boden legte. Nicht von ungefähr zählte für sie das »Nachlassen des Schmerzes« zu den drei größten Glücksgefühlen des Lebens.[9]

Doch konnte man nicht »unmittelbar zu dieser Erkenntnis gelangen.« (Tania Blixen, Briefe aus Afrika, S. 306)

* Dr. Mogens Fog erklärte in seinem Aufsatz über Tania Blixens Krankengeschichte, daß der durch die Syphilis bedingte Rückenmarksschwund in den für Magen und Darm zuständigen Nerven lokalisiert war, wodurch ihre qualvollen Krämpfe, ihre Magenbeschwerden, ihre extreme Magerkeit und zumindest zum Teil ihre Anorexie verursacht wurden. (*Tabes*-Patienten sind abgemagert und haben Schwierigkeiten mit der Gewichtszunahme, selbst wenn sie sich reichlich ernähren. Tania Blixen, die gerne »die dünnste Person der Welt« sein wollte, hatte erst recht keinen Anreiz, ordentlich zu essen, und ihr mangelndes Interesse am Essen scheint ihren Zustand noch verschlimmert zu haben.)

Zahlreiche Heilmittel wurden erfolglos ausprobiert. In den vierziger Jahren experimentierten die Ärzte mit einer »Fieberbehandlung« *, die in einigen Fällen geholfen hatte. 1946 und 1955 durchtrennten sie einige Schmerzbahnen im Rückenmark, doch selbst diese drastischen Maßnahmen brachten kaum Erleichterung. Die Schmerzen und das Erbrechen hielten bis zum Jahr vor ihrem Tod an, als sie ohne fremde Hilfe weder gehen noch stehen konnte.

Die Krankheit war ein sprunghafter Quälgeist. Als Tania Blixen Ende vierzig, Anfang fünfzig war, wechselten sich die schlimmen Tage mit relativ langen Zeitspannen ab, in denen sie sich wohl und kräftig genug fühlte, um vormittags auf einem alten Fahrrad ihre Nachbarn zu besuchen und im Sund schwimmen zu gehen, ehe sie sich zum Schreiben hinsetzte. Aber im Alter schwand ihre Fähigkeit zu arbeiten, zu essen, sich zu konzentrieren, ja selbst aufrecht zu sitzen, und ihr Spätwerk diktierte sie Clara Svendsen meist auf dem Boden liegend oder ans Bett gefesselt, eine grausame Ironie für eine Frau, die den allergrößten Wert auf Vitalität legte und die es selbst im Alter nach »Erfahrung« verlangte, an die sie allerhöchste Ansprüche stellte. Sie wollte eine Pilgerreise nach Mekka machen und auf einem Motorroller durch die Straßen von Paris fahren; sie wollte ein Hospital für die Massai bauen und die Ruinen der griechischen Antike besichtigen; sie wollte Wilhelms Blockhaus in Wisconsin finden, und sie wollte einen ganzen Schwarm von Verehrern anlocken, bezaubern, empfangen und an ihrer Lebenserfahrung teilhaben lassen. Später äußerte sie sogar die kühne Behauptung, sie schaffe dies alles, weil sie sich von Austern und Champagner ernähre, und nichts weiter benötige als Ambrosia. *Navigare necesse est vivere non necesse* lautete ihr Wahlspruch, weitermachen ist wichtiger als leben. Leider erhielt sie den erwünschten Antrieb nicht durch Ambrosia, sondern durch Amphetamine, und sie nahm sie später unbekümmert, wann immer sie in einem wichtigen Moment Kraft benötigte.[10] Nach Ansicht ihrer Ärzte und aller besonnenen Menschen trieb

---

* Die Patientin wurde in einen Dampfbehälter eingeschlossen und ihre Körpertemperatur auf 40 Grad Celsius erhöht. Doch Tania Blixen bekam in dieser Apparatur Platzangst, und die Behandlung mußte abgebrochen werden.

sie es mit sich selbst auf die Spitze. Doch unterdessen war die konventionelle Besorgnis des »Selbst« um den Körper untergraben. Nahrungsverweigerung, Nichtachtung ihrer physischen Grenzen und Einnahme von Tabletten zu ihrer Überwindung, dies war tatsächlich ihre Idealvorstellung von *savoir-mourir*; es war eine Form der »Löwenjagd«, ein Aufs-Spiel-Setzen ihres »gänzlich wertlosen« Lebens, die Bestätigung, daß »frei lebt, wer sterben kann«.

Ihre Krankheit war, wie sie selbst sagte, eine »schlimme Sache«.[11] Doch daß sie gleichzeitig mit der Rückkehr nach Dänemark wieder ausbrach, hatte auch sein Gutes. Ich benutze diese Wendung ungern, und ich tue es durchaus nicht in der Absicht, eine Geschlechtskrankheit zu mystifizieren oder zu verherrlichen, sondern lediglich in dem Bemühen, die Bedeutung hervorzuheben, die sie für Tania Blixen hatte. Millionen Unglückliche haben sich Syphilis zugezogen, darunter ihr Vater, Nietzsche, Baudelaire, die dämonischen Helden und gefallenen Engel der Romantik – zahlreiche Künstler, die wie einst die junge Tanne Dinesen danach trachteten, wie Luzifer zu sein. Sie konnte das Leiden mit einem gewissen Stolz und als Beweis für des Teufels stetige Solidarität mit ihr akzeptieren, zumal sie nun im Begriff war, einer geläuterten Alkmene gleich, ins Pfarrhaus heimzukehren. »Ich versprach dem Teufel meine Seele, und als Gegenleistung versprach er mir, daß alles, was ich hiernach erlebte, in Geschichten verwandelt werden würde«[12], berichtete sie ihrem Freund Bjørnvig, allerdings aus der Überlegenheit der nachträglichen Einsicht heraus. Ebenso hätte sie mit ihrem Leidensgenossen Nietzsche sagen können:

> So wie meine innerste Natur es mich lehrt, ist alles Notwendige, aus der Höhe gesehn und im Sinne einer *großen* Ökonomie, auch das Nützliche an sich – man soll es nicht nur tragen, man soll es *lieben … Amor fati*: das ist meine innerste Natur. – Und was mein langes Siechtum angeht, verdanke ich ihm nicht unsäglich viel mehr als meiner Gesundheit?[13]

III

Nach der Rückkehr nach Rungstedlund blieben Tania Blixen die naheliegenden Vergleiche mit der verlorenen Tochter nicht erspart. Verwandte, die sie immer für eigenwillig und stolz gehalten hatten, zeigten wahrhaftig Schadenfreude. Die Kisten mit ihrer Habe aus Afrika trafen nach ihr ein und wurden, mit Ausnahme einiger besonderer Erinnerungsstücke, verstaut und dreizehn Jahre nicht geöffnet. Der Winter kam, und es wurde schon um drei Uhr dunkel. Der Wind, der vom Sund her blies, rauschte durch das alte Haus, das keine Zentralheizung hatte, doch Tanne ließ die Türen hinter sich offen, so daß die Wärme nach draußen entwich. Als ihre Mutter sie deswegen schalt, erwiderte sie, *»selbstverständlich«* lasse sie die Türen offen; in Afrika habe sie immer ihre Boys gehabt, die sie hinter ihr schlossen.[14] Sie beklagte sich, daß Ingeborg ihr das Geld für Zigaretten nicht gönne und nicht begreife, daß ihr Kind nicht mehr 17 sei, und daß sogar der Chauffeur Alfred Pedersen diesem Irrtum erliege und sie nicht ans Steuer lassen wolle. Mit 46 Jahren erlebte sie die Zeit des Heranwachsens noch einmal, mit allem Trotz und Widerstand, und kämpfte einen zweiten Kampf mit ihrer Familie um den Boden, den sie in Afrika gewonnen hatte: die Erkenntnis, daß sie anders war, einmalig, eine Auserwählte, die unter ihnen fehl am Platze war.

In *Schatten wandern übers Gras* schrieb Tania Blixen, daß sie während der ersten Monate zu Hause Mühe hatte, »überhaupt noch irgend etwas als Wirklichkeit anzusehen«. Es war eine Verwirrung der Sinne, ganz so, wie sich ein schlimmer Schock oder ein Schlaganfall auf die Empfindungsfähigkeit des Organismus auswirken. Schon in den zwanziger Jahren, als sie zu Besuch nach Hause kam, konnte sie sich von dem Licht und der Luft Afrikas, seinem Tempo, seiner Großartigkeit und Ereignisfülle nicht lösen. »Die Landschaften, Tiere und Menschenwesen aus jener meiner alten Zeit konnten für meine neue Umgebung in Dänemark unmöglich mehr bedeuten als Landschaften, Tiere und Menschenwesen meiner nächtlichen Träume.«[15] Zu Hause hatte sie niemanden, der ihren Verlust ermessen konnte.

Denys war noch kein Jahr tot, andere Freunde aus Afrika waren gestorben oder starben bald darauf*, und sie beneidete sie, die

---

* Erik Otter starb 1923 an Schwarzwasserfieber, Berkeley Cole und Sir Northrup McMillan starben 1925 an Herzschwäche, Lord Delamere und Hugh Martin starben 1931, Gustav Mohr kam 1936 bei einem Eisenbahnunglück ums Leben, »Onkel Charles« Bulpett starb 1939.

»neuntausend Fuß hoch, sicher in Afrikas Erde gebettet« waren, während sie »den Wellen im Øresund« lauschte.[16] Der ratlose Barabbas in »Die Sintflut von Norderney« könnte sehr wohl sie selbst in diesen ersten Monaten in Rungstedlund gewesen sein. Am Tage nach der Kreuzigung sucht er den Apostel Petrus auf und fragt ihn in seiner Not um Rat: Sein Leben hat seine Würze verloren; seit dem Tode des Freundes, mit dem er alle Taten gemeinsam verübt hatte, kann er nichts mehr schmecken noch fühlen. Der Freund, auch er ein Jerusalemer Straßenräuber, war mit Jesus gekreuzigt worden, Barabbas aber hatte man verschont – doch mußte er entdecken, daß Überleben zuweilen ein Nachteil ist. Er fürchtet nun, daß der herrliche Wein des Vierfürsten, den er und sein Freund gemeinsam gestohlen und vergraben hatten, wofür sie beide verurteilt worden waren, keinen Geschmack haben wird, wenn er ihn ausgräbt. Petrus ist mitfühlend und höflich, aber verständnislos. Er ist eine zu ästhetische Natur und zu sehr mit seinem Bestreben nach Märtyrertum beschäftigt, um zu begreifen, was es für einen Mann bedeutet, kein Vergnügen an Alkohol oder Geschlechtsverkehr zu finden. Da er von dem Heiligen keinen Rat erhält, gibt der Dieb sich schließlich selbst den Rat, »daß es besser ist, wenn ich den Wein... ausgrabe und mit dem Mädchen schlafe... Einen Versuch ist es wert«.[17]

Tania Blixen begann ihr Arbeitsleben einzurichten. Ingeborg gab ihr Wilhelms altes Büro im Erdgeschoß und die getäfelte Mansarde, die Thomas als Arbeitszimmer gedient hatte. Sie ordnete den gesamten Haushalt dem Bedürfnis ihrer Tochter nach absoluter Ruhe und Ungestörtheit unter. Tanne hat dieses Bedürfnis offensichtlich maßlos kultiviert; sie mißgönnte ihrer Mutter den Besuch von Freunden und Enkelkindern, und in Rungstedlund wurden nur selten Gäste empfangen. Tanne wurde in dieser Zeit als schlechtgelaunt, egoistisch und überempfindlich gegen Störungen beschrieben.[18] Doch dies war zum Teil auf den Willen zurückzuführen, die Dringlichkeit und Ernsthaftigkeit ihrer Arbeit zu betonen, die gutgemeinten Versuche der Familie, sie wieder in ihren Schoß aufzunehmen, abzuwehren und für sich durchzusetzen, was bislang in diesem Hause den Männern vorbehalten war: Ungeselligkeit, Befreiung von der Pflicht, für die anderen jederzeit emotional berechenbar zu sein. Wenn »Isak« Dinesen einen Männernamen wählte, tat sie es zumindest teilweise deshalb, um sich die Freiheit eines Mannes zu verschaffen. Dennoch empfand sie diese »Geschlechtsumwandlung« als ständigen Zwiespalt. Zwanzig Jahre später bezeichnete sie in einer Rede vor einem Kongreß der Frauenbewegung die Tätigkeit einer Frau als »Zauberei« und bekannte, daß sie, wäre sie ein Mann, sich »ohne Zweifel in eine Schriftstellerin verlieben würde«.[19]

IV

Als sie als junge Frau ins Leben hinaustrat, war Tanne Dinesen in einem typisch romantischen Zustand gefangen gewesen. Sie war den Wertvorstellungen und dem Milieu ihrer Familie entfremdet, ihr Innenleben war uneins mit der Realität, und sie fühlte sich betrogen um die Intensität, die sich einstellt, wenn Wunsch und Erleben sich nicht im Widerstreit befinden. Ihr Ringen um ein leidenschaftliches Leben in den Jahren zwischen zehn und siebzehn – ein Ringen um »Selbstwerdung« – hat eine starke Ähnlichkeit mit dem Ringen einer ganzen Generation von Dichtern und Künstlern, die Ende des 18. Jahrhunderts aufgewachsen waren, die Jugendzeit mit Napoleon geteilt und an seine Versprechungen und sein Beispiel geglaubt hatten, und die in den 1820er Jahren strandeten und sich entwurzelt, machtlos und betrogen fühlten. Aus ihrer Enttäuschung flüchteten sie in die Sehnsucht nach der Vergangenheit, in Träume von Abenteuern und Rebellion, in Exzentrik und phantastische Geschichten, in Opium, in den Personenkult oder in die Wälder Amerikas, und sie schufen, was Georg Brandes als Emigrantenliteratur bezeichnete. Einige waren tatsächlich Emigranten aus dem *ancien régime,* und einige waren geistige Emigranten aus ihrer Desillusion.

Das Gefühl, daß die Gesellschaft ihrer Sehnsucht und ihrem Leistungsvermögen – ihrer Humanität – nicht den geeigneten Rahmen bot, spaltete sie und ihre Werke und wurde zum Modell für ein ganzes Jahrhundert. Jede nachfolgende Künstlergeneration, von Lamartine bis Ibsen, schlug den Weg ein, den sie für notwendig oder aufrichtig, edel oder unvermeidlich hielt, und beklagte zudem das Opfer des »Lebens« für die »Kunst«. Tanne Dinesen hatte mit diesem Opfer geliebäugelt, ließ jedoch das Thema fallen, als sie einen Adeligen heiratete und sich in ein verlorenes Paradies aufmachte, nachdem sie sich zuvor eingehend über dessen Wo und Wie erkundigt hatte. Dies war eine Rückkehr – wenn nicht von der Zeit, so doch vom Gefühl her – an einen Ort, wo die Lebensbedingungen »wie zu Hause vor 200 Jahren« waren, wo »Gott und Teufel eins« waren und die puritanischen Hemmnisse ihrer Kindheit sie nicht lähmten. Nun aber wurde der ursprüngliche Zustand neu belebt, und zwar weitaus dramatischer als zuvor – nicht nur im Hinblick auf ihre Familie, sondern auch auf das Dänemark ihrer Jugend, die Klasse, in der sie Zuflucht gesucht hatte, und die materiellen Verhältnisse, welche diese Klasse und ihre Lebensart stützten, und die 1931 so fern wie Ngong und ebenso unwiederbringlich dahin waren. »Die Welt der großen Namen«, wie sie sie gekannt hatte, existierte nicht mehr. Die großen *battus*, die Bälle, das ungeheure Aufgebot an Personal und die »grenzenlose Gastfreundschaft« in den alten Schlössern, das alles war dahin. Der Adel – der, wie Tania Blixen ihn verstand, um zu überleben nicht auf seine Angehörigen, sondern auf ein Heer von »Sklaven« angewiesen war – war untergegangen. Während der 18 Jahre, die sie in Afrika verbrachte, hatte er seine Ländereien an die Steuer und an die neuen Gesetze gegen die Vererbung von Gütern, seine Dienerschaft an die Fabriken und Großstädte verloren; vor allem aber hatte er seine politische Macht an die aufsteigende Unter- und Mittelschicht verloren, die sich 1871 zu organisieren begonnen hatten, und denen es schließlich, lange nachdem sie im Parlament eine Mehrheit errungen hatten, gelungen war, den König zur Ernennung eines Premierministers von der Liberalen Partei zu zwingen. Während Tania Blixen 1915 im Massaireservat kampierte, wurde die alte Verfassung reformiert und Frauen und Bediensteten das Wahlrecht gegeben. Während sie sich 1919 auf ihrer ersten Safari mit Denys befand, wurde das Gesetz über die Vererbung verabschiedet. In den zwanziger Jahren verschärfte sich der Klassenkampf, aus dem die Sozialdemokraten als Regierungspartei hervorgingen.

»Einige meiner Freunde fürchten sich schon vor dem bloßen Wort ›Sozialist‹«, sagte Tania Blixen 1939 zu Hudson Strode. »Für mich bedeutet Sozialist sein wenig mehr als das Ausüben der Verantwortung, die man für seine Mitmenschen hat.«[20] Aber sie machte auch keinen Hehl aus ihrer Abneigung gegen die Demokratie, nicht so sehr, weil das gewöhnliche Volk nicht würdig wäre zu regieren, sondern weil das System Mittelmäßigkeit begünstigte, »Unterschiede verwischte«, auf »alle Ideale, die höher sind als die erreichbaren«[21] verzichtete und den Erfahrungsreichtum, der nach ihrer Ansicht von der Klassengesellschaft herrührte, verminderte. Die Verbürgerlichung der Arbeiterklasse – der Verlust des Verbundenseins mit den bäuerlichen und handwerklichen Wurzeln – erschreckte sie ebenso wie die Verbürgerlichung des Adels, dessen Angehörige sich Arbeit suchten und kochen lernten. »Wie deprimierend«, bemerkt sie einmal, »wenn man zu einer alten Dame zum Tee kommt, und sie hat kein Hausmädchen, das ihn zubereitet.«[22]

In dieser Haltung stecken ein gut Teil Ironie und eine gewisse Pervertierung, und anders als viele ihrer Bewunderer hatte Tania Blixen keine naive Vorstellung von ihrer absurden Position als selbsternannte Repräsentantin der untergegangenen Zeit und Klasse. Sie erkannte klar die Spannung zwischen dem aristokratischen Idealismus ihrer eigenen Weltsicht und dem Materialismus, der darüber triumphiert hatte; sie war imstande, diese Erkenntnis auf andere historische Zeitalter zu übertragen und machte dies zum Thema ihrer Schriftstellerei. Die romantischen Helden und Heldinnen in *Sieben phantastische Geschichten* – Gestalten aus dem 18. Jahrhundert, die sich ins 19. verirrt haben – sind fragile Anachronismen wie Tania Blixen selbst, die aus einem Land, dessen politisches System schlichtweg Feudalismus war, in das Dänemark der dreißiger Jahre zurückkehrte. »Der alte, wandernde Ritter« Baron von Brackel ist der Prototyp dieser Gestalten. Trotz seiner Reisen, seiner Kultiviertheit und Sensibilität hatte er »seine eigenen Angelegenheiten nur sehr mäßig geregelt... Wahrscheinlich aus dieser Erkenntnis heraus verzichtete er jetzt darauf, die praktischen Fragen des Lebens mit der jungen Generation zu erörtern, die darauf versessen war, in der Welt vorwärtszukommen. Wenn es sich aber um Theologie, Oper, Moral oder andere brotlose Künste handelte, so machte es Spaß, mit ihm zu reden.«[23]

Das ist sowohl eine brillante Selbstparodie als auch eine Selbsteinschätzung der Schriftstellerin im Jahre 1931, und die Ironie kommt durch die Mischung von Spott und tiefem Empfinden zustande. Hier drängt sich die Zwiespältigkeit eines anderen Schriftstellers gegenüber einem alten Ritter auf, nämlich die des Cervantes gegenüber dem Don Quijote.* Wie Tania Blixen spielt Quijote in einer Zeit des subjektiven Materialismus eine absurde Rolle. Doch er ist, wie Arnold Hauser betont, zugleich eine edle, ja heroische Figur, deren bloße Existenz eine Anklage ist »gegen die nüchterne, entzauberte Wirklichkeit, in der für einen Idealisten nichts übrigblieb, als sich hinter seine fixe Idee zu verschanzen«.[24] Ein solches Vorbild wollte Tania Blixen sowohl in ihren Erzählungen als auch in ihrer eigenen Person schaffen.

Vielleicht hätte dieser historische Hintergrund ihr nicht so viel bedeutet und sie nicht so tief durchdrungen, wenn er nicht auch eine höchst persönliche Entsprechung gehabt hätte. Der Widerstreit der Wertvorstellungen des alten und des neuen Regimes war ihr Kindheitstrauma gewesen. Die kleine Prinzessin, die sich für einmalig hielt, mußte nach dem Tod ihres Vaters zwangsläufig aus dem Traum erwachen, als Gleiche unter Gleichen in den Schoß der Familie zurückkehren, eine Realität akzeptieren, in der ihr eigener Wert nicht absolut, sondern auf andere bezogen war, und in der der Wert des Erlebten unwiederbringlich »gesunken war«.

* Ein anderes Alter ego von Tania Blixen, Pellegrina Leoni in »Die Träumer«, wird »Donna Quijota« genannt. Tania Blixen nannte ihre Sekretärin Clara Svendsen auch »meinen Sancho Pansa«.

Sieben phantastische Geschichten

Viel zu frisch noch war die Erinnerung an die greifbare Wirklichkeit, die sich mir in schrecklicher Gestalt gezeigt hatte, ich rannte dem Märchen in die Arme, wie ein entsetztes Kind, das Trost in seinem Bilderbuch sucht. Ich ertrug es nicht recht, in die Zukunft, und gar nicht, zurückzublicken.

Tania Blixen[1]

I

Tania Blixen griff für *Sieben phantastische Geschichten* auf Erzählungen zurück, die sie ein Jahrzehnt lang periodisch skizziert und wieder beiseite gelegt hatte. In einem ihrer schwarzen Notizbücher aus den zwanziger Jahren hat sie die Titel für einen geplanten Band mit »Neun Geschichten«, auch »Geschichten von Nozdrefs Chef« * genannt, aufgeführt: »Die Träumer«, »Nokturno«, »Karneval«, »Der Affe«, »Glas«, »Die Straßen um Pisa«, »Die Karyatiden«, »Elsinores Gastmahl« und »Der Dichter«. Fünf davon hat sie für ihr erstes Buch ausgearbeitet, zwei wurden für einen späteren Band zurückgestellt, eine, »Glas«, wurde weggelassen, und aus »Nokturno« wurde »Der alte, wandernde Ritter«. An den Dialogen und beschreibenden Passagen läßt sich ablesen, wie sie ihren Stil verfeinerte, die Erzählstruktur Zug um Zug, Schicht um Schicht aufbaute, eine Seite abschrieb, um vielleicht nur ein einziges Wort zu verändern. Ihre Idealvorstellung von dem vollendeten Werk glich der Schneiderkunst, die das Kostüm von Zamor, dem schwarzen Pagen der Madame de Pompadour schuf, »vor hundertfünfzig Jahren geschaffen, ohne Rücksicht auf die Kosten«[2], und das der alte Maler bei der Betrachtung der Knöpfe aus Rosendiamanten als »ohne Fehl und Tadel« erkennt. Tadel bedeutete für Tania Blixen Berkeley Coles Niedergeschlagenheit, als sie statt ihres feinsten Kristalls gewöhnliche Weingläser in den Picknickkorb gepackt hatte. Es war ein Eingeständnis von Er-

* Nozdref ist eine Figur in Gogols *Die toten Seelen*.

schöpfung, von Angst vor Verlust oder von bourgeoiser Frugalität im Hinblick auf Unkosten oder Opfer, und es war dasselbe Ideal, das ihr für die Unterhaltung ihrer Gäste und für ihre Gespräche vorschwebte. Der Stolz auf das Handwerkliche der Geschichten verbindet ihre Verfasserin mit den Hofpoeten und Künstlern eines anderen Zeitalters, die im Geiste immer noch Handwerker waren – jene »vollkommenen Handwerker«, die Benjamin als »Inkarnation des Frommen« bezeichnet.[3]

Leider enthalten die Notizbücher keine vollständigen Entwürfe, so daß die Entwicklung von Tania Blixens Stil nicht zu erkennen ist. In späteren Jahren beschrieb sie ihre Methode als einen langsamen Wachstumsprozeß. Eine Erzählung setzte etwa mit dem Bild eines Ortes, eines Hauses, einer Landschaft ein, und dann begann die Verfasserin vielleicht von den Bewohnern zu träumen.[4] Oder die Erzählung begann mit einem »wahren Erlebnis. Doch das ist nur das Staubkorn, um welches die Perle wächst. Es ist nicht wichtig, am Ende sieht man es nicht einmal«.[5] Sie trug die Geschichte lange Zeit, manchmal Jahre, mit sich herum, sie erzählte sie sich selbst immer wieder, und wenn sie sich zum Schreiben hinsetzte, war sie unabänderlich vollendet. Der Text war ihr unterdessen so vertraut wie eine Erinnerung. »Die Erzählung«, so Benjamin, »senkt die Sache in das Leben des Berichtenden ein, um sie wieder aus ihm hervorzuholen. So haftet an der Erzählung die Spur des Erzählenden wie die Spur der Töpferhand an der Tonschale.«[6]

Das »Phantastische« im Titel bezieht sich, wie Tania Blixen erklärte, auf die Nachahmung des romantischen Zeitalters Byrons *, das sie exakt als die Periode definierte, die 1781 mit Ewalds Tod begann und 1871 mit dem Second Empire endete, »der letzten großen Phase aristokratischer Kultur«. Als sie 1934 gefragt wurde, warum sie ihre Geschichten um hundert Jahre zurückverlegt habe, erwiderte sie schlicht: »Weil . . . ich nur auf diese Weise vollkommen frei wurde.«[7] Am Ende ihres Lebens äußerte sie sich zu dem formalen Aspekt dieser Freiheit: »In der Vergangenheit finde ich mich vor einer zu Ende gegangenen, in allen Elementen voll-

---

* »Ich stehe der englischen ›Gothic‹ viel näher als der deutschen Romantik«, erklärte sie Bent Mohn am 26. Januar 1948, »auch wenn einige Werke [der späteren Schule] mir sehr viel bedeutet haben.« Dazu gehörten E. T. A. Hoffmann und Chamisso (aus den Archiven von Mohn).

endeten Welt, und so kann ich sie leichter in meiner Phantasie wiedererstehen lassen. Hier gerate weder ich in Versuchung, in den Realismus zu verfallen, noch sind meine Leser bemüßigt, danach zu suchen.«[8] Es war aber auch Freiheit von der Befangenheit oder dem sozialen Bewußtsein der modernen Schriftstellerin. Die Stimme, die *Sieben phantastische Geschichten* erzählt, ist eine Generation älter als die Figuren darin. Es ist die Stimme des Schriftstellers des klassischen Zeitalters, der zu seinen aristokratischen Zuhörern spricht. Sein Wunsch ist es, sie zu unterhalten – vielleicht ihr Blut aufzuwühlen, oder sie in ihren Betten zittern zu machen, oder sie mit Bonbons aus der Bonbonniere seiner Phantasie zu füttern – und sich dabei mit ihnen auf eine anspruchsvolle, ausführliche Diskussion über das Leben einzulassen. Dies sind für Mira Jama (in »Die Träumer«) die einzigen »zwei Wege des Nachdenkens für einen Menschen, der ein wenig Verstand im Kopfe hat. Entweder denkt er: Was soll ich den nächsten Augenblick tun?... Oder er denkt: Was bezweckte Gott, als er die Welt erschuf, das Meer und die Wüste, das Pferd, den Wind, die Frau, Bernstein, Fische und Wein?« Warum Mira Jama nicht eine »schreckliche Geschichte aus all der Armut und Verstoßenheit« mache? »›Nein‹, versetzte der Geschichtenerzähler mit Stolz, ›solche Geschichten erzählt Mira Jama nicht.‹«[9] Tania Blixen wurde selbst häufig mit derselben Fragestellung konfrontiert. »Immer wieder wirft man mir vor, ich sei ›dekadent‹«, sagte sie im Sommer vor ihrem Tod zu Daniel Gillès. »Das ist zweifellos wahr, da ich mich weder für soziale Fragen noch für die Freudsche Psychologie interessiere. Aber auch die Erzählerin von *Tausendundeine Nacht* hat sich nicht um soziale Fragen gekümmert, und es ist ebenso zweifellos wahr, daß sich die Araber aus eben diesem Grunde heute noch auf ihren öffentlichen Plätzen versammeln, um die Geschichten dieser Frau zu hören. Was mich betrifft, so habe ich nur den einen Ehrgeiz: Geschichten zu erfinden, sehr schöne Geschichten.«[10]

Tania Blixens öffentliche Erklärungen zu ihrer Kunst sind interessanterweise stets von Bescheidenheit oder Zurückhaltung geprägt. Sie bestritt jene Belesenheit, jene Kenntnis ihrer heimischen Literaturgeschichte und Tradition, die sowohl Robert Langbaum als auch Aage Henriksen ihr bescheinigten. Sie hielt Interviewern gerne entgegen, wie planlos ihre Bildung sei, und wenn jemand Kierkegaard oder den Bildungsroman oder den Existenzialismus erwähnte, bestritt sie, sich eingehend damit befaßt zu haben. Sie sagte, daß sie leidenschaftlich gerne lese und zählte die Werke auf, die sie gerne öfter las*, ließ aber gewöhnlich alles aus, was sie an eine Schule binden, in eine Kategorie einordnen, sie mit einer Vorgängerin in Verbindung bringen könnte** – außer vielleicht Sheherazade. Sie rechnete sich der mündlichen Überlieferung zu und sagte von ihren Geschichten, daß sie eine nahezu physische oder instinktive Quelle hätten, wie der Tanz. Vielleicht war dies die gute aristokratische Art, denn im Frijsenborgschen Kreise war Intellekt nicht hoch angeschrieben. Vielleicht waren es die Achtung vor dem »magischen«, dem beschwörenden Aspekt des Geschichtenerzählens, und der Wunsch der Virtuosin, ihre Kunst leicht erscheinen zu lassen. Vielleicht war es auch ihre Abneigung, irgendwem zu gleichen.

II

Was die Erzählung unter anderem von den realistischen Formen des Romans, von *»petits faits vrais«* abhebt, ist das Fehlen ausführlicher Details, von Atmosphäre und psychologischer Auf-

---

* Shakespeare, Turgenjew, Stendhal – der auch ein Lieblingsschriftsteller ihres Vaters war – Barbey d'Aurevilly, Thomas Mann (insbesondere das Josephepos), Conrad, Hans Christian Andersen, Voltaire, Tschechow, Katherine Mansfield, Giraudoux, Aldous Huxley, Hemingway. Zu den Dichtern zählten Heine, Shelley, Wergeland, Oehlenschläger, Baudelaire, Sophus Claussen sowie Nietzsche, den sie, wie sie zu Langbaum sagte, eher für einen Poeten als einen Philosophen hielt.

** Sie erwähnte nie bestimmte Werke, die sie in früheren Jahren als ihre »Inspirationen« bezeichnet hatte. Ganz bestimmt kannte sie Brandes' Werk (*Hauptströmungen in der Literatur des Neunzehnten Jahrhunderts*, eine umfassende Sozial- und Literaturgeschichte, die einen vorzüglichen Überblick über die Romantik bietet. Einmal schrieb sie ihrer Mutter aus Afrika, daß sie von James Branch Cabell viele Vorstellungen »über das Leben, den Tod, die Kunst usw.« übernommen habe. Sein Zugang zur Vergangenheit, seine Unzufriedenheit mit den »Dingen, wie sie sind« waren es, die sie am meisten ansprachen und sie hoffen ließen, daß »vielleicht eine neue, auf der Phantasie gegründete Literaturrichtung im Entstehen begriffen ist« (Isak Dinesen, *Letters*, S. 164). Und während sie mit Bjørnvig über ihre Kindheitsliebe zu Zarathustra sprach und in Beantwortung von Langbaums Frage ihre große Bewunderung für Nietzsche ausdrückte, erwähnte sie nie dessen sichtlich großen Einfluß auf ihre Philosophie.

schlüsselung. Die Wahrheit von Erzählungen – beziehungsweise von Mythen oder Dramen – wird durch einen anderen Prozeß erreicht, und diesem Prozeß gab Tania Blixen den Namen Nemesis. »Nemesis«, erklärte sie dem Kritiker Johannes Rosendahl, »ist der Faden im Gang der Ereignisse, der durch die psychischen Voraussetzungen einer Person bestimmt wird. Alle meine Erzählungen befassen sich mit Nemesis.«[11] Der Faden, so könnte man sagen, ist das Verlangen, und die Nadel, die ihn führt, ist die Notwendigkeit, und so erhält eine Erzählung – beziehungsweise ein Mythos oder ein Drama – die zahlreichen Falten.

Nemesis ist eine Idee, die jeder aufmerksame Mensch mit Sinn für Humor, sei er auch noch so agnostisch, akzeptieren kann, und die auch mit den modernen Theorien der Psychologie in Einklang steht. Sie ist die Erkenntnis, daß in jedem wichtigen Moment im Leben (obgleich viele dieser Momente flüchtig, unbedeutend, trivial erscheinen mögen und auf den ersten Blick übersehen werden) die »Kräfte, die uns erschaffen haben«, ihren Einfluß und ihre Autorität ausüben und uns zeitweise auf erstaunlich übereinstimmende Weise bedrücken – sofern wir sie mit ausreichender Distanz sehen. Wir wiederholen unsere eigenen frühesten »psychischen Voraussetzungen« sowie die unserer Eltern und unserer Sippe, und somit liegt unsere mythische Vergangenheit unserer kultivierten Gegenwart zugrunde.

Zu Robert Langbaums großen Verdiensten als Kritiker gehört es, daß er aufzeigte, wie Tania Blixen, gleich Thomas Mann in seiner Joseph-Periode, innovativ mit Mythen arbeitet. »Ihre Geschichten zeigen uns ... den Punkt, an dem die Psychologie mit der Literatur Fühlung aufnimmt, und lassen uns so erkennen, daß die alten literarischen Formen – Tragödie, Komödie, Romanze, Idylle – Bezeichnungen für Begriffseinheiten sind, die wir heutzutage psychologische Einsichten nennen würden. Durch die Wiederbelebung der alten Formen als kulturelle Objektivierungen des psychischen Daseins ist es Isak Dinesen möglich, gleichzeitig von Psychologie und Kultur zu sprechen.«[12] Der Schlüssel zu ihrer Fähigkeit, dieses Kunststück zu vollbringen, ist ihre Erkenntnis des Zusammenhangs von Psychologie und Kultur in ihrem eigenen Leben, die Art und Weise, wie sie, insbesondere in *Sieben phantastische Geschichten*, ihre eigenen »psychischen Voraussetzungen« objektivierte. Diese Fähigkeit war teils Courage und

Intuition; es war ihre ureigene Persönlichkeit, die sich der Analyse widersetzt. Teils war sie auch dem Schicksalsschlag zuzuschreiben, der ihre Jugend von ihrer Reife abriegelte, ihr Leben von ihrer Kunst, und ihr den vortrefflichen »Überblick« verschaffte. Und teils war es die Tatsache, daß der Faden – ihre Nemesis – besonders straff und fest war und ihrem Dasein mehr Kontur, mehr Windungen gab als den meisten anderen.

Dinesen bekennt sich zu Nemesis in dem Namen, den sie als Pseudonym für ihre Werke wählte. Isak bedeutet auf hebräisch »der Lachende«, und er war das Kind von Abraham und Sara, die schon uralt waren, ein Wunder nach der Menopause, ein göttlicher Scherz. Als sie ihn gebar, sprach Sara: »Gott hat mir ein Lachen zugerichtet; denn wer es hören wird, der wird über mich lachen.«[13] Zu ihrer Entscheidung, unter einem Pseudonym oder Halb-Pseudonym zu schreiben, sagte Tania Blixen 1934 in einem Interview, sie habe es »aus demselben Grunde« getan, »aus dem mein Vater sich hinter dem Pseudonym Boganis versteckte... [so daß] er sich in den *Jagdbriefen* frei ausdrücken, seiner Phantasie freien Lauf lassen konnte. Er wollte nicht, daß die Leute fragten: ›Meinen Sie das wirklich?‹ Oder: ›Haben Sie das selbst erlebt?‹«

»Sie sprechen immer davon, daß Ihr Buch vollständig erfunden sei«, sagte der Interviewer. »Aber nichts ist vollständig erfunden... man kann nur von etwas schreiben, das offen oder versteckt in der Erfahrung wurzelt.«

»Das stimmt«, erwiderte sie.[14]

Robert Langbaum, der Tania Blixen 1959 während seiner Vorbereitung von *The Gayety of Vision* begegnete, berichtete, daß sie verlegen von den *Sieben phantastischen Geschichten* sprach; sie seien »zu ausgefeilt« und sie enthielten »zuviel von der Verfasserin«. Er glaubte, es war »die ›Dekadenz‹, wenn man so will... zumal deren Umgang mit sexueller Perversion, die sie verlegen machte – dies sowie ihr Bewußtsein, wie zutiefst persönlich das Buch ist«.[15]

Es ist schwierig, das Wort »Perversion« zu benutzen, ohne eine negative Charakterisierung des »Perversen« einfließen zu lassen, und ich halte den Begriff *Begierde* für wichtiger als Perversion, die nur das Mittel zur Begierde ist. Begierde ist, in mannigfacher und manchmal recht kurioser Form, das Thema der *Sieben phan-*

tastischen Geschichten, und ich glaube, was Tania Blixen über Malin Nat-og-Dag schreibt, ist tatsächlich eine witzige Karikatur von sich selbst als Schriftstellerin:

> Sie war das leibhafte Gegenbild der großen reuigen Sünderin, deren Sünden weiß wie Wolle gemacht waren, sah sie doch ihres Herzens Lust darin, dem weißen Unschuldslamm, das sie gewesen war, die Wolle recht schwarzbunt zu färben. Eifersucht, Falschheit, Verführung, Beraubung, Kindesmord und Grausamkeit samt allen Verkehrtheiten der Leidenschaft waren für sie kleine Leckerbissen, die sie Stück für Stück aus der Bonbonniere ihres inneren Menschen herausnahm und genießerisch auf der Zunge zergehen ließ. In all ihren Phantasien spielte sie selbst die Heldin, und mit der Begeisterung eines Bübchens, das auf dem Schaukelpferd die großen Rennen der Welt mitreitet, rannte sie mit den sieben Todsünden um die Wette. Keine Gefahr konnte ihr bange machen, keine Gewissensbisse ihren Frieden stören. Wenn sie von jemand mit Verachtung sprach, dann von der Maria Magdalena der Legende, die mit ihrer holden Sündenlast nichts Besseres anzufangen wußte, als in die Wüste zu gehen und einem Totenschädel Gesellschaft zu leisten. Sie trug ihr Sündenpack mit Athletengeschicklichkeit und spielte noch Fangball damit.[16]

Um den Übermut zu verstehen, der diese Passage beseelt, muß man sich erinnern, daß Tania Blixen in einem fanatisch puritanischen Hause aufwuchs. Begierde bedeutete für sie nicht den gesunden Drang, den auszuleben die moderne Jugend ermutigt wird, sondern Durchdringung. An dieser Stelle ist es geboten, als eine Art Fußnote zu Fräulein Malins »Fall« auf Freud zu verweisen, der meinte, daß die Unlogik, die Exzentrik, die Verrücktheiten der Menschen derselben Kategorie beizuordnen seien wie die Perversionen, denn indem er sie akzeptiert, erspart sich der Mensch Repressionen.

Tania Blixen erachtete den Versuch, sich Repressionen zu ersparen, als heroisch und erhebend; dies war die Löwenjagd, die große Geste, die gewagte Phantasie, die Todsünde. Hieraus entsprang auch der in ihrem ganzen Werk zu vernehmende Ton der Verachtung für diejenigen, die keinen Mut zum Risiko haben. Nach der psychologischen Terminologie mögen die Charaktere in *Sieben phantastische Geschichten* durchaus Perverse, Größenwahnsinnige oder Transvestiten sein; sie mögen durchaus ödipalen Mutterbindungen oder Zwängen unterliegen. Aber nach Blixens Terminologie sind sie Träumer. Der Träumer ist jemand, erzählt uns Mira Jama, der in die Erde des Lebens gepflanzt wurde wie ein Kaffeebaum mit einer geknickten Pfahlwurzel. Ein solcher Baum »kommt nicht weiter und trägt auch nicht, aber seine Blüte ist reicher als bei anderen Bäumen«[17], und dieselbe verbogene Hauptwurzel kann einen großartigen und vielleicht exzessiv blühenden Charakter in dem »Träumer« erzeugen – Exzentrik, Geist, Imagination, Dreistigkeit, Übermut – auf Kosten der Ganzheit. »Sich aufspielen« nennt der Psychiater die Art und Weise, wie bestimmte Menschen sich Repressionen ersparen; »eine Rolle spielen«, sein Schicksal verwirklichen, nennt es die Erzählerin. Das Unglück des Helden ist äußerlich, das Unglück des Neurotikers ist in seinem Innern, aber beide übernehmen eine Rolle und spielen sie mit der größtmöglichen Präzision und genau nach Vorschrift, und auf diese Weise sind sie schließlich imstande, ihre Begierde zu manifestieren.

Die erotischen Helden und dämonischen Draufgänger der romantischen Literatur – unter ihnen Tannes Vater – vermittelten Tania ihre ersten Vorstellungen von emotionaler Freiheit, wohingegen das Beispiel der Frauen in ihrem Leben in Unterdrückung und Selbstaufgabe bestand: Schuld auf sich nehmen, Begierde verwerfen, »für andere leben«. Sie kannte auch, durch ihren Vater und die anderen und später durch ihr eigenes Leben, den Preis dafür: »Diese Würzelchen sind die Träume des Baumes«, fährt Mira fort. »Indem er sie aussendet, macht er sich frei vom Gedanken an seine verbogene Hauptwurzel, und sie erhalten ihn am Leben – eine Zeitlang wenigstens, nicht sehr lange. Wenn du willst, kann man auch sagen: er stirbt an ihnen. Träumen ist nämlich die Art, wie Wohlgeschaffenes Selbstmord begeht.«[18]

Dies ist vielleicht die wahre »Dekadenz« in Tania Blixens Stimme, ein wehmütiger Ton, das Gemeinsame mit den Symbolisten wie Baudelaire, den sie und Denys beide geliebt hatten, und mit den späteren Dekadenzdichtern des fin-de-siècle wie Huysmans und Villiers de l'Isle-Adam. Die Gemeinsamkeit hat weniger mit dem Transvestismus ihrer Charaktere zu tun oder damit, wie sie der Fleischeslust frönen, als mit dem Gefühl, im bürgerlichen Leben gefangen und verfremdet zu sein. »*Ce pays nous ennouie / O Mort Appareillons!*«[19] schreibt Baudelaire. Und sein *voyageur*, der »*seul pour partir*« abreist, der eine exotische Zuflucht vor seiner unterdrückten Wut und Wollust sucht, ist ihr Träumer und Selbstmörder.

Arnold Hauser verbindet auf brillante Weise den älteren romantischen Impuls mit dem »neoromantischen«, der später in den

1890er Jahren als »Dekadenz« bezeichnet wurde, und gibt eine Empfehlung, in welchem Kontext die *Sieben phantastischen Geschichten* gelesen werden sollten. »Dekadenz«, schreibt er, »heißt das Bewußtsein, am Ende eines Lebensprozesses und vor der Auflösung einer Zivilisation zu stehen. Die Sympathie mit den alten, müden, überfeinerten Kulturen, dem Hellenismus, der römischen Spätzeit, dem Rokoko und dem ›impressionistischen‹ Altersstil der großen Meister, gehört zum Wesen des Dekadenzgefühls. Die Empfindung, vor einer Wendung der Kulturgeschichte zu stehen, hatte man zwar auch früher schon, indem man aber bisher das Schicksal, einer alternden Kultur anzugehören, tief beklagte... verbindet man jetzt mit dem Begriff des Alt- und Müdeseins, der Überkultiviertheit und Degeneriertheit die Idee eines Geistesadels... Die Zusammenhänge mit dem Rousseauismus, dem Byronschen Lebensüberdruß und der romantischen Todessucht sind unverkennbar. Es ist derselbe Abgrund, der den Romantiker und den Dekadenten anzieht, dieselbe Lust an der Zerstörung, der Selbstzerstörung, die sie berauscht. Für den Dekadenten aber ist ›alles Abgrund‹.«[20]

Hier aber geht Tania Blixen ihren eigenen anomalen – und heilsamen – Weg. Sie war oft am Rande des Abgrunds gewesen, hatte sogar hinuntergeblickt, und sollte es noch öfter tun, aber dieses Manöver heiterte sie jedesmal auf. Eines ihrer Notizbücher enthält einen Entwurf für eine Geschichte, die sie nie geschrieben hat, von einem jungen Mann, der sich in tiefer Verzweiflung zum Selbstmord entschließt. Als er sich aber mit größtem Genuß und unendlicher Erleichterung vergegenwärtigt, wie es sein würde, allem Ade zu sagen, was ihm solchen Verdruß bereitet hat, fühlt er sich nicht mehr genötigt, es zu tun.

»Das Bewußtsein, wie zutiefst persönlich das Buch ist«, kann sich bei Tania Blixen keineswegs erst im Nachhinein eingestellt haben. Aber die »Verlegenheit« kam später, als Reaktion auf die dänische Rezeption des Buches und auf eine bestimmte Besprechung, die von einem jungen Kritiker namens Frederick Schyberg geschrieben und in *Berlingske Tidende* veröffentlicht wurde. Bis ans Ende ihrer Tage bewahrte Tania Blixen ein Exemplar auf und holte das im Laufe der Jahre immer mehr zerfetzte und vergilbte Blatt hervor, um es ihren Freunden zu zeigen und sie um ihre Meinung zu bitten. Nachdem er ihr Koketterie und Seichtheit,

Launenhaftigkeit, Mystifizierung, Effekthascherei, Snobismus, Eindruckschinderei mit prominenten Namen und Stilnachahmungen vorgehalten hatte, fuhr er fort: »Aber wie steht es mit der Perversität? Es ist ein häßliches Wort, aber es gibt kein anderes ... um die unumstößliche Tatsache zu beschreiben, daß es in *Sieben phantastische Geschichten* keine normalen Menschen gibt. Das erotische Leben, das sich in den Geschichten entfaltet, ist von höchst sonderbarer Art. Männer lieben ihre Schwestern, Tanten ihre Nichten, etliche Charaktere sind in sich selbst verliebt, und junge Frauen *können* oder *wollen* keine Kinder bekommen. Eine französische Gräfin wirft ihrem Liebhaber an den Kopf, daß er nicht sie, sondern ihren Mann liebe, und er weiß nichts zu erwidern, weil er ›in seinem Herzen weiß‹, daß sie recht hat ... August von Schimmelmann wird von seiner Frau geschieden, weil er in ihre Diamanten verliebt ist! Sein Komplex wird später durch ein italienisches Riechfläschchen gelöst. Morten de Coninck ist in sein Schiff *Fortuna* verliebt, Baron von Brackel und Graf Boris entbrennen für einen Totenschädel beziehungsweise ein ganzes Skelett. Nichts findet der Rezensent ... hinter dem Schleier [der Autorin], ist er erst gelüftet.«[21]

Die Stachel drangen tief, nicht nur, weil sie so scharf waren, sondern weil sie auf so raffinierte, tückische und persönliche Weise Geist und Gehalt von *Sieben phantastische Geschichten* verzerrten. Tania Blixen gehörte zu unseren aufrichtigsten – um nicht zu sagen größten – Immoralisten. Doch kein Zuspruch ihrer Freunde und kein noch so großes Lob ihrer wohlwollendsten Kritiker vermochte sie von dem durch Schybergs Worte verursachten Schmerz zu befreien.

III

Das Manuskript von *Sieben phantastische Geschichten* war im Frühjahr 1933 fertig, aber der unbekannte Verfasser eines Buches mit »Geschichten«, der sich Isak Dinesen nannte, konnte zunächst keinen Verleger finden. Sie hoffte, daß Gustav Mohrs Freundschaft mit Christopher Morley und sein Interesse für ihr Buch ihr die Türen zu Faber & Faber öffnen würden, aber das war nicht der Fall. Thomas erinnert sich, daß sie das Buch einem »amerikanischen« Verleger schickte, »der es ablehnte«; aber vermutlich handelte es sich um den in Boston geborenen Constant Huntington beim (englischen) Putnam-Verlag. Nach zwei Ablehnungen befand Tania Blixen, nachdem sie das Buch als »Mann« geschrieben habe, müsse sie als »Frau« damit hausieren gehen und ihren Charme einsetzen. Lady Islington, Joan Griggs Mutter, erbot sich, sie Huntington vorzustellen und arrangierte im Frühjahr in London eine Einladung zum Mittagessen. Parmenia Migel zufolge brachte Tania Blixen Huntington eine Kostprobe ihres erzählerischen Talentes zu Gehör, indem sie eine Anekdote nach der anderen von ihrem Leben in Afrika zum besten gab. Er hörte höflich zu, bis sie ihr neues Buch mit Geschichten erwähnte, und weigerte sich dann rundheraus, es zu lesen, mit den Worten: »So werden Sie sich nicht einreden können, daß es mir insgeheim mißfällt«[22] und empfahl ihr, lieber einen Roman zu schreiben.

Sie kehrte dermaßen erzürnt nach Rungstedlund zurück, daß sie, wie Thomas es ausdrückte, »nahe daran war, aufzugeben und der Welt Ade zu sagen«.[23] Aber dann fiel ihr ein, daß Thomas eine amerikanische Schriftstellerin kannte, die eventuell in der Lage wäre, ihr zu helfen, Dorothy Canfield Fisher. Thomas hatte Mrs. Fisher am Flughafen Kastrup in Kopenhagen abgeholt und nach Folehave zu Tante Bess gefahren, und sie schrieben sich noch immer. Das Manuskript wurde postwendend nach Vermont geschickt; Mrs. Fisher las es und empfahl es tief beeindruckt ihrem Nachbarn, Robert Haas vom Verlag Harrison Smith und Robert Haas, der später mit Random House fusionierte. Haas befand es für zu gut, um nicht veröffentlicht zu werden, erwartete jedoch nicht, damit Geld zu verdienen. Er weigerte sich, einen Vorschuß zu zahlen, bevor einige tausend Exemplare verkauft waren, und machte zur Bedingung, daß das Buch mit einem Vorwort von Mrs. Fisher erschien. Diese Vereinbarungen wurden getroffen und die Reihenfolge der Geschichten leicht verändert*, und im September las die Autorin die Korrekturen. Haas hatte in seiner Bewertung des Buches sowohl recht wie unrecht gehabt. *Sieben phantastische Geschichten*, im Januar 1934 erschienen, wurde auf Anhieb ein

---

* In der englischen Ausgabe steht »Die Straßen um Pisa« an erster Stelle und »Die Sintflut von Norderney« an vierter. In der amerikanischen Ausgabe ist diese Reihenfolge vertauscht. Tania Blixen bevorzugte die englische, die ihrer eigenen im Originalmanuskript entsprach.

Kritikererfolg, aber auch ein kommerzieller. Das Buch wurde im Februar zum »Buch des Monats« gewählt und in 50000 Exemplaren aufgelegt.

Diese Nachrichten versetzten Tania Blixen in Hochstimmung, und sie lud Thomas und Jonna zu einem »außergewöhnlichen« Familienessen ein. P. Migel stellt dieses Ereignis in *Titania* groß heraus und weist stolz auf die nachfolgende Aufnahme in insgesamt fünf Buchgemeinschaften hin, als sei dies ein unumstößlicher Beweis für die Größe ihrer Freundin. Dieser kindliche, triumphale Stolz scheint Migel zufolge von Tania geteilt worden zu sein. Hannah Arendt wies in ihrer Besprechung von *Titania* darauf hin, wie unvereinbar dies mit ihrem wahren Format und Talent sei; sie nannte es ein »nahezu komisches Spektakel« – ähnlich wie bei Pellegrina Leoni, die ihre schlaffen Liebhaber mit der Kraft einer Pythonschlange umarmt. Aber dieser Standpunkt bedarf einer Korrektur. Tania Blixen hatte zu Beginn ihrer Laufbahn keine Ahnung, was eine Buchgemeinschaft eigentlich war oder wie diese ihre Wahl traf, und sie hielt es für einen literarischen *ærestitel* – Ehrentitel –, der sich einzig auf Qualität gründete.[24] Dieses Mißverständnis wird deutlich in ihren Briefen an Robert Haas aus der Zeit, als *Die Rache der Engel* herauskam, ein zweitrangiger phantastischer Detektivroman, den sie während des Krieges schrieb, um ein bißchen »Spaß« zu haben. Als auch dieser von der Buchgemeinschaft ausgewählt wurde, lehnte sie kategorisch ab mit der Begründung, daß dadurch die ihren »gültigen« Werken erwiesene »Ehre« herabgesetzt würde.

Im Frühjahr 1934 war die dänische Presse »Isak Dinesen« auf der Spur, dem mysteriösen Landsmann, der auf englisch schrieb und in Amerika solchen Erfolg hatte. Auf einen Wink Mark van Dorens, daß der Autor eine Dänin sei, verfolgte die Zeitung *Politiken* Tania Blixens Spur bis nach Rungstedlund. Am 30. April veröffentlichte der Dichter und Romanschriftsteller Tom Kristensen eine bewundernde Kritik, und am nächsten Tag brachte die Zeitung ein Interview. Die dänischen Verleger wetteiferten um die Übersetzungsrechte, die Tania Blixen schließlich an Reitzel verkaufte, einen Verlag, der ihrem Schwager Knud Dahl gehörte – eine Entscheidung, die zu einem bitteren Streit und zu einer Entfremdung von Knud und Elle führen sollte.

Die Bemühungen diverser dänischer Übersetzer enttäuschten

Tania Blixen dermaßen, daß sie sich selbst an die Arbeit machte. In einem verächtlichen Brief an einen erfolglosen Kandidaten dankte sie ihm für sein Anerbieten, ihre Version nach Fertigstellung zu korrigieren, gab jedoch der Meinung Ausdruck, daß sie Dänisch nicht nur so gut beherrsche wie Englisch, »sondern, möchte ich mir erlauben zu behaupten: so gut wie irgendein dänischer Schriftsteller. Ich will damit nicht sagen, daß ich deswegen ein ebenso gutes Buch schreiben kann wie irgendein dänischer Schriftsteller; diese [Fähigkeit] kommt aus anderen Quellen als aus der Sprachkenntnis.«[25] Damit schuf sie einen Präzedenzfall, und fortan besorgte sie sämtliche Übersetzungen ins Dänische selbst, wobei sie sich in späteren Jahren weitgehend auf die Hilfe von Clara Svendsen verließ. Aber es ist irreführend, überhaupt von »Übersetzungen« zu sprechen; die dänischen Ausgaben von Tania Blixens Werken sind eigentlich Originaltexte. Den Prozeß des Neuschreibens erklärte sie in ihrem Vorwort zu *Syv Fantastiske Fortællinger (Sieben phantastische Geschichten)*:

> Als ich dieses Buch zu meinem Vergnügen auf englisch schrieb, dachte ich nicht daran, daß es für dänische Leser von Interesse sein würde. Nun war es sein Schicksal geworden, in andere Sprachen übersetzt zu werden, und daher war es nur natürlich, daß es auch in meiner Heimat veröffentlicht wurde. Es war mein großer Wunsch, daß es in Dänemark als original dänisches Buch erschien und nicht in einer – wenn auch noch so guten – Übersetzung. Im ganzen Text wird von dänischen Eigen- und Ortsnamen, dänischer Geschichte und Zitaten dänischer Dichter freizügig Gebrauch gemacht. Ein großer Teil der *Sieben phantastischen Geschichten* wurde in Afrika erdacht, und einige wurden auch dort niedergeschrieben, und die Stätten in meinem Buch, die Dänemark berühren, müssen als Phantasien einer dänischen Emigrantin über dänische Themen begriffen werden und nicht so sehr als Versuch, ein Bild der Realität zu vermitteln ...[26]

Ihre Arbeit wurde durch Krankheit und anderweitige Verpflichtungen verzögert, und *Syv Fantastiske Fortællinger (Sieben phantastische Geschichten)* kam erst im September 1935 in Kopenhagen heraus. Unterdessen waren bei Putnam die englische und bei Bonniers in Stockholm eine schwedische Ausgabe erschienen. Die englischen Kritiken waren gemischt, aber Desmond MacCarthy bejubelte das Buch als das Werk eines Genies, und Anthony Eden wies Isak Dinesen einen Platz »auf dem angelsächsischen Parnaß« zu. Sie fuhr im Dezember nach London, um »den süßen Ruhm«[27] zu genießen; sie besuchte die Winchelseas, traf sich mit Margot Asquith und den Duff Coopers, wurde von Huntington in sein Haus am Hyde Park eingeladen, wo sie Aldous Huxley, dessen Romane ihr in Afrika so viel bedeutet hatten, Stefan Zweig, Harold Nicolson, H. G. Wells*, Moura Budberg, Desmond MacCarthy – dessen berühmten Witz sie genossen haben dürfte – George Bernard Shaw und anderen illustren Geistern begegnete.[28] Über ihr Kommen und Gehen wurde in der dänischen Presse getreu berichtet, für die sie in den nächsten dreißig Jahren Lieferantin glamouröser und umstrittener Stoffe bleiben sollte. Als sie nach Rungstedlund zurückkehrte, war sie »verausgabt« und hatte 12 Pfund abgenommen, und sie schrieb an Lady Daphne Finch-Hatton, daß sie »sklavisch« an ihrer Übersetzung und an einem neuen Theaterstück arbeite.**

> Was für eine Zeitverschwendung, krank zu sein, dabei muß eine Brücke zum Massaireservat gebaut werden. Leider, leider, wie Julian Huxley mir schreibt... Ich war heute abend auf einen Ball in der englischen Botschaft eingeladen und wäre gerne hingegangen, um mal wieder englisch zu sprechen, aber mir ist überhaupt nicht nach Tanzen zumute mit einem Fuß im Grabe und dem anderen, wie Anthony Eden sagt, auf dem angelsächsischen Parnaß.[29]

Die »Brücke zum Massaireservat« bezieht sich auf einen Plan, den sie insgeheim hegte und der ihr, wie sie hoffte, die Rückkehr nach Afrika ermöglichen würde. Das Projekt sah vor, daß sie ihre Tantiemen zur Errichtung eines Hospitals für Massaikinder verwendete, und während sie in London war, hatte sie ein Treffen mit Albert Schweitzer arrangiert, um ihn um Rat zu fragen. Dr. Schweitzer war erschrocken über ihre Gebrechlichkeit und riet ihr ab. Ohnehin hatte sie die Kosten für ein solches Unternehmen

---

* Tania Blixen hatte H. G. Wells 1924 gelesen und ihrem Bruder damals gesagt, wie sehr sie seine Schriften und seine Philosophie bewundere und insbesondere die in *The Dream* geäußerte Auffassung, daß »der große Gedanke unserer Zeit die ›Erziehung zum Glück‹ ist«. (Tania Blixen, Briefe aus Afrika, S. 238)

** In Tania Blixens Manuskriptsammlung befindet sich eine Darstellerliste, aber kein Text für eine Komödie mit dem Titel »Perdicas und Sibylla«, unterschrieben mit Isak Dinesen, und ich nehme an, daß es sich dabei um besagtes Theaterstück handelt (KBA 110, »Andre Fortællinger«, III a 2 c; 3).

gründlich unterschätzt, und als Weihnachten aus Amerika der erste Scheck über 8000 Dollar eintraf, ließ sie das Projekt in aller Stille fallen. Aber nie gab sie die Hoffnung, »*heim*zukehren«, ganz auf. 1936 versuchte sie, als Reporterin dorthin zu kommen, um über den Krieg in Abessinien zu berichten. Anfang der 1950er Jahre bemühte sie sich um einen Auftrag von *Life*, um mit Farah und seiner Mutter Mekka zu besuchen. Und 1962, in ihrem Todesjahr, versuchte sie, eine letzte »private Mission« zu unternehmen, um diejenigen von ihren Leuten zu besuchen, die noch lebten und sich an sie erinnerten.

Fünfunddreißigstes Kapitel

Im dunklen Wald

I

Im April 1935 feierte Tania Blixen ihren fünfzigsten Geburtstag. Im Jahr zuvor hatte Kehlet sie in voller Größe in einem weißen Chiffonabendkleid photographiert; es war das erste in Amerika veröffentlichte Bild von »Isak Dinesen«, nach Bekanntwerden ihrer Identität. Es zeigt eine reservierte, schlanke, anmutige Frau von Welt in der Schwebe zwischen Jugend und Alter. Ihr Haar ist schlicht nach hinten frisiert, ihr Kopf schaut zur Kamera, die Hüften sind leicht vorgeschoben wie bei einer Tangotänzerin, die dunklen Augen unter den geschminkten Lidern kaum geöffnet, der Mund ist zu einem vieldeutigen Ausdruck verzogen, der Ironie, Hochmut oder schlicht Verachtung bedeuten könnte und der, wie bei Königen auf ihren offiziellen Portraits, keine Neigung zeigt, dem Betrachter zu gefallen.

In den ersten vier Jahren nach ihrer Rückkehr nach Dänemark war Tania Blixen vollauf mit dem Schreiben und Veröffentlichen ihrer Bücher beschäftigt und von der durch ihren plötzlichen Ruhm erzeugten Aufmerksamkeit beansprucht. Aber als sie nach Beendigung der dänischen Übersetzung von *Sieben phantastische Geschichten* zum erstenmal Muße hatte, über ihr Leben und ihre unmittelbare Zukunft nachzudenken, überkam sie der heftige Drang, »wieder zu leben« zu beginnen. Aus ihren Briefen an den Bruder geht jedoch auch deutlich hervor, daß sie von tiefer Besorgnis erfüllt war, ob sie dazu imstande sei. Im Herbst jenes Jahres wurde sie in einem Interview gefragt, ob sie für immer in Dänemark bleiben wolle, und sie gab zur Antwort: »Da draußen sehnte ich mich nach Dänemark, und jetzt habe ich Heimweh nach

Afrika, wie soll ich hier für immer Wurzeln schlagen? Man kann unmöglich auf der Basis leben, daß man ein Buch geschrieben hat, über das alle reden, man wird so etwas wie ein Museumsstück, ein seltener Gegenstand, der besichtigt wird, aber man ist keine Person mit Beziehungen zur Welt. Wenn ich hier leben soll, ist es nur möglich, indem ich mein Dasein so einrichte, daß ich mit den Menschen in ihrem Alltagsleben in Berührung komme, wie ich es in Kenia tat. Man muß wachsen, wenn man leben soll, man kann nicht frei in der Luft schweben.«[1]

In dieser Zeit durchlebte Tania Blixen eine Krise, die gewisse vertraute Merkmale aufwies. Ich will nicht sagen, daß sie sie als vertraut empfand, wohl aber war es die Sprache, mit der sie sie beschrieb. Sie verspürte dieselbe Melancholie, Taubheit, Erschöpfung und Gleichgültigkeit, von der sie als Fünfundzwanzigjährige auf dem Weg nach Paris geschrieben hatte. Wieder hatte sie den Glauben an sich selbst verloren, und in einem Zustand des Zwiespalts brach sie nach London auf und hoffte, ein wenig Aufmunterung, ein wenig Helligkeit, einen »Sinn« für ihr Leben zu finden, doch ohne Zuversicht, daß es ihr gelingen würde.

Diese Krise war möglicherweise das Resultat mehrerer schwerer Belastungen, die alle auf denselben wunden Punkt zuliefen. Viele Schriftsteller fühlen sich ausgehöhlt oder bedrückt, wenn sie ein Buch beenden und ihnen kein neues vorschwebt. In den *Wintergeschichten* beschreibt Tania Blixen den Dichter Charlie Despard in einer solchen prekären Lage: »In seinem Herzen fühlte er die Gewißheit, daß er nie wieder ein großes Buch schreiben würde... Der Gedanke an seinen Ruhm vergrößerte und verschärfte seine Verzweiflung.«[2] Zudem war sie soeben fünfzig geworden, und ihr Vater hatte mit fünfzig Selbstmord begangen. Er hatte gespürt, wie seine Kräfte schwanden, sein politischer Idealismus war dahin, und er war von seinem zweiten Buch enttäuscht. Außerdem war ihm soeben eröffnet worden, daß er Syphilis hatte, und er fühlte, daß er immer weiter dahinsiechen würde, bis er ein hilfloses »Wrack« und vollkommen abhängig von seiner Familie wäre. Eine solche Abhängigkeit war für ihn unerträglich. Seine Tochter, deren körperlicher Verfall bereits eingesetzt hatte, empfand ebenso. Es ist durchaus denkbar, daß sie wie ihr Vater glaubte, sie beide hätten ihre Bestimmung erfüllt und begonnen, diese zu überleben.

Als wäre es damit noch nicht genug, war fünfzig auch das Alter, in welchem in »Die Sintflut von Norderney« bei Fräulein Nat-og-Dag, in so vieler Hinsicht Tania Blixens Alter ego, die Menopause einsetzte, und sie reagierte darauf, indem sie sich in einen »Sündenwahn» versetzte. Ihre Freunde dachten, daß ein unvermutetes Erbe ihr zu Kopfe gestiegen sei, aber die Erzählerin berichtet uns, »was sie veränderte, war, was alle Frauen mit fünfzig verändert; der Übergang vom aktiven Leben – je nachdem mit einer Ehreninvalidenpension – zu dem mehr passiven Dasein des Zuschauers. Eine Last fiel von ihr ab, sie flatterte auf die nächste höhere Stange und gackerte ein wenig.«[3] Nachdem sie durch die Liebe nichts mehr zu gewinnen oder zu verlieren hat, werden Fräulein Malins erotische Phantasien freigesetzt. Alle »Zauberinnen« in Tania Blixens Erzählungen, ob sie nun wörtlich als solche bezeichnet werden oder nicht, sind ähnlich unfruchtbare und kapriziöse Frauen, die das, was sie an erotischer Anziehungskraft verloren, durch Macht mehr als ausgeglichen haben; aber man muß betonen, daß sich bei Tania Blixen selbst Tröstung und Verlust die Waage hielten. Zwei Jahre später, als sie sich für eine Rede vor der dänischen Frauenliga zum Thema afrikanische Frauen Notizen machte, schrieb sie: »Alle alten Frauen hatten die Tröstung der Zauberkraft und Hexerei; ihr Verhältnis zur Hexerei war vergleichbar mit ihrem Verhältnis zur Verführungskunst. Es ist unbegreiflich, wie wir, die wir nichts mit Hexerei zu tun haben wollen, es ertragen können, alt zu werden.«[4]

Ingeborg Dinesen sah die Qual ihrer Tochter und fürchtete, selbst dazu beigetragen zu haben. Einen Tag nach Tannes Abreise nach England schrieb Ingeborg ihr einen Brief, der eine Erklärung bedingungsloser Liebe und Anerkennung war und Tanne von jeglicher Verantwortlichkeit, in Rungstedlund zu leben und die gehorsame unverheiratete Tochter zu spielen, befreite. »Du kannst Dir nicht vorstellen, wie leer es gestern wurde, nachdem Du abgereist warst, und es gibt nicht einen Augenblick, wo ich Dich nicht vermisse... Ich fürchte nur, daß Du Dich verpflichtet fühlst, mir meine letzten Jahre ›zu verschönern‹, aber dem ist keineswegs so... Du hast nicht nur das Recht, sondern die Pflicht, Deinen eigenen Weg zu gehen... Es wäre doch unerhört, wenn eine Mutter, die eine Tochter aufgezogen hat, von ihr verlangte, auf ihre Zukunft zu verzichten, um mit einem mehr oder minder vertrockneten Wrack zusammenzuleben. Wenn ich nur weiß, daß Du wohlauf und glücklich bist, bin... auch ich glücklich: *So sitzet derweilen daheim die zufriedene Mutter.* Deine zwei Zimmer bleiben, als hättest Du sie eben erst verlassen, damit Du sie jederzeit wieder beziehen kannst, und Du weißt, daß meine Arme Dich in dem Augenblick umfangen werden, wenn Du erscheinst, und mit derselben Wärme, wie sie Dich gestern hielten, mein Liebstes.«[5] Als sie wenige Monate später ihrer in Genf weilenden Tochter von Familienneuigkeiten schrieb und allgemein über den traurigen Zustand der Welt reflektierte, schloß Ingeborg: »Ich liebe Dich und weiß, daß Du mich liebst. Hin und wieder denke ich, in unserer Beziehung ist etwas von Deines Vaters und meinen Gefühlen füreinander enthalten – das muß wohl so sein, weil Du in solch hohem Grade seine Tochter bist.«[6]

Thomas Dinesen ging mit seiner Schwester weniger schonend um. »Du bittest mich, Dir zu helfen, Deine Seele zu befreien, einen Sinn im Dasein zu finden, Dein Leben zu planen, dabei bin ich vielleicht der am wenigsten geeignete Mensch, an den Du Dich wenden konntest. Es ist dasselbe, wonach auch ich mein Leben lang gestrebt habe, ohne das geringste Glück. Du schreibst, daß die ›Moral‹ es Dir schwergemacht hat zu leben – daß Du unentwegt geplagt wirst von der alten Gewohnheit, alles auf die Waage der Moral zu legen... und ich habe Dir an jenem Tag in Hellebæk gesagt, daß die Lösung für mich in der Ansicht lag: Es hat nichts zu bedeuten – und ich glaube, Du verstehst mich... Von der Befreiung der Seele zu sprechen, oder davon, Gott zu finden, oder davon, absoluten Ideen oder Prinzipien zu huldigen oder diese abzulehnen, ist das Relikt eines Aberglaubens, einer Furcht vor dem Dunkel... wir bilden uns ein, unsere Sehnsüchte oder Enttäuschungen seien für das gesamte Universum interessant, und wir projizieren sie auf das Firmament, um sie sodann anzubeten oder zu fürchten. Dies hat ganz offensichtlich nichts mit Lebensplanung zu tun... Was ich erreicht habe, ist lediglich... mich von der Angst und dem Groll, von dem letzten Rest des metaphysisch-religiösen Alptraums zu befreien...

Wenn Du vollkommen anderer Meinung bist als ich, wenn Du vollkommen sicher bist, daß Du eine Seele hast, daß es auf der Waage des ethischen Sinns ein Auf und Ab gibt und eine göttliche Welt, oder wie immer ich das Unbeschreibbare beschreiben soll, dann, Tanne, würde ich Dir allen Ernstes raten, Deine Freiheit in der Religion zu suchen. Ich halte Dich nicht für naiv genug, um Dich dem Traktarianismus, oder für betroffen genug, um Dich der Christian Science oder dem Buddhismus zuzuwenden, und ich gestehe, daß es mir den Magen umdrehen würde, wenn Du eine fromme Protestantin würdest. Doch ich glaube, Du könntest ohne große Schwierigkeiten Katholikin werden.«[7]

Thomas schloß mit zwei Empfehlungen. Die eine lautete, seine Schwester solle sich einen klugen katholischen Priester suchen und mit ihm ihre »Schwierigkeiten und Klagen« erörtern, und die andere, sie solle eine Sekretärin einstellen, alles übrige beiseiteschieben und mit ihrem geplanten Buch »über die Massai« beginnen. Dies war unter den gegebenen Umständen ein wohlbedachter Rat. Denn indem er sie bedrängte, das Werk zu schreiben, das *Afrika, dunkel lockende Welt* werden sollte, wies er ihr den Weg, mit ihrer Vergangenheit abzuschließen und ihre Zweifel über deren Bedeutung zu zerstreuen.

II

Im Frühjahr und Sommer 1935 bereitete Mussolini seinen Einmarsch in Äthiopien vor. England und Frankreich widersetzten sich seinen Plänen, teils aus strategischen Gründen, teils aus Sorge um das Prestige des Völkerbundes, dessen Satzung Aggressionen verurteilte. »Wenn der Bund versagt«, so der englische Außenminister, »werden sich die Welt in ihrer Gesamtheit und Frankreich im besonderen vor eine Zeit nahezu fortgesetzter Gefahr und Finsternis gestellt sehen.«[8] Man unterbreitete Mussolini mehrere Kompromißvorschläge, unter anderem schlugen die Engländer die Aufteilung und die Franzosen die Umwandlung Äthiopiens in ein italienisches Protektorat mit dem Kaiser als Statthalter vor. Aber Mussolini lehnte die Vorschläge mit der Begründung ab, daß »sie ihn des Vorzugs eines militärischen Sieges berauben würden« und verkündete, er habe etliche »alte und neue Rechnungen zu begleichen«. Am 3. Oktober marschierte er in Äthiopien ein.

Tania Blixen hatte die militärischen und diplomatischen Manöver von London aus verfolgt, und als die Invasion begann, wurde sie von dem leidenschaftlichen Drang ergriffen, sich für Äthiopien einzusetzen, und eine große Niedergeschlagenheit befiel sie, weil es ihr nicht möglich war. Sie bemühte sich bei den englischen Zeitungen um einen Auftrag als Korrespondentin, wobei sie ihre langjährigen Erfahrungen in Afrika ins Feld führte. Als sie keinen Erfolg hatte, bemühte sie sich im Kriegsministerium um die Erlaubnis, sich in das Kriegsgebiet zu begeben, die ihr mit der Begründung, sie sei eine Frau, verweigert wurde. Darauf machte eine Londoner Freundin, Baronin Moura Budberg, den Vorschlag, Tania solle »zum Trost« mit ihr nach Genf zur Versammlung des Völkerbundes fahren, die einberufen worden war, um den Einmarsch zu verurteilen und über Sanktionen zu beraten. Der dänische Außenminister Erik Scavenius, der mit einer Verwandten von Tania Blixen verheiratet war, besorgte ihnen Presseausweise.

Moura (oder Marie) Budberg hatte vor dem Zweiten Weltkrieg in England, als Tania Blixen die Sommer dort verbrachte, zu ihrem engsten Freundeskreis gehört, aber es ist kein Briefwechsel zwischen ihnen erhalten, und nichts weist darauf hin, daß sie nach dem Krieg wieder Verbindung aufnahmen. Die Baronin war eine energische Russin, überaus charmant, groß und breitschultrig, ungefähr in Tanias Alter und mit einer noch schillernderen, ereignisreicheren Vergangenheit. Sie war in Petersburg, wo ihr Vater Senator war, und auf dem Familiengut in der Ukraine in großem Luxus aufgewachsen, und sie war noch keine zwanzig, als sie einen Freund ihres Bruders, den jungen Grafen von Benckendorff, heiratete. Er war bei der russischen Botschaft in London beschäftigt, und Moura verbrachte das Verlobungsjahr in Cambridge, um Englisch zu studieren. H. G. Wells erinnerte sich, wie er sie 1914 in Petersburg kennenlernte, eine temperamentvolle junge Schönheit mit viel Schmuck und eleganter Pariser Garderobe. Ihre nächste Begegnung fand 1920 in Petrograd statt.* Inzwischen hatten sich Mouras Lebensumstände radikal verändert. Der Graf war während der Revolution getötet worden, Moura hatte ihre Kinder heimlich auf einen Familienbesitz nach Estland schaffen können; sie war von den Bolschewiken ins Gefängnis gesteckt und dann von einem alten Freund gerettet worden – von Maxim Gorki. Bei dieser zweiten Begegnung arbeitete sie als Gorkis Dolmetscherin,

---

* Petrograd war von 1914 bis 1924 der Name von Leningrad. Auch Petersburg ist ein anderer Name für Leningrad. Beide Begegnungen fanden also in derselben Stadt statt. (Anm. d. Üb.).

und sie beeindruckte Wells sowohl durch ihre Intelligenz als auch durch die Tatsache, daß sie in einem »tristen« postrevolutionären Kleid nicht minder reizvoll aussah als in ihrer einstigen Pracht. Ein Jahr später ermöglichte ihr Gorki die Flucht nach Estland, wo sie Baron Budberg heiratete – eine kurze, unglückliche Ehe. 1922 zog sie zu Gorki nach Berlin, um mit ihm zusammenzuleben. Die Beziehung hielt bis 1933, als Gorki in die Sowjetunion zurückkehrte und die Baronin Budberg mit ihren Kindern nach England zog. Sie arbeitete als Übersetzerin für Französisch und Russisch und als Manuskriptgutachterin; sie kannte »alles, was im Bücher- und Theatermilieu Rang und Namen« hatte.[10] Zu dieser Zeit war sie mit H. G. Wells »eng liiert«[11], und sie blieb bis zu seinem Tode mit ihm befreundet.

Wie wir von P. Migel erfahren, fühlte Moura Budberg »eine tiefe Zuneigung zu Tanias ›Wesen‹«, die offenbar erwidert wurde. Beide Frauen schilderten P. Migel die Reise nach Genf in glühenden Worten, und Moura Budberg erinnerte sich, daß Tania trotz ihrer Verzweiflung über den Einmarsch »begierig war, alles zu sehen und zu erleben. Wir hörten uns den ganzen Tag Reden an und ließen uns die ganze Nacht von Tanzmusik« – im Nachtclub des Hotels – »berauschen«.[12]

Die Völkerbundversammlung verurteilte Italien am Tag nach dem Einmarsch, und alle Mitgliederstaaten außer Österreich und Ungarn verhängten Sanktionen, die, da sie Öl ausschlossen, nicht zwingend genug waren, um Mussolini zum Rückzug zu bewegen. Tania Blixen war besonders angetan von der Redegewandtheit von Sir Samuel Hoare, Salvador de Madariaga und Geneviève Tabouis sowie von der Würde des äthiopischen Delegierten Wolde-Marian. »Wir haben keine Panzer, keine Flugzeuge«, erklärte er ihr, »aber, Madame, wir vertrauen auf Gott.«[13]

Die Versammlung wurde Anfang November geschlossen, und Tania Blixen kehrte für kurze Zeit nach London zurück, wo sie bei Moura Budberg und bei Freunden in Richmond wohnte. Doch Unruhe und Depression folgten ihr. »Beim Völkerbund in Genf«, sagte sie zu Hudson Strode, »inmitten all der illustren Geister, fühlte man sich im Mittelpunkt der Welt. Man war in jedem Augenblick aufgeregt, stimuliert, inspiriert. Und als man bei der Abreise in den Zug stieg, da war es plötzlich, als käme man aus den Bergen – wie in den alten Zaubermärchen – und es wurde einem klar, daß Genf und diese illustren Geister für die *Welt* nicht die geringste Bedeutung hatten.«[14] Falls sie gedachte, sich in England niederzulassen und dort zu leben, überlegte sie es sich anders und kehrte heim nach Dänemark, wo sie »über jede... Meile verlorenen [äthiopischen] Bodens weinte«.[15]

III

Während sie im Ausland war, erschien die dänische Ausgabe von *Sieben phantastische Geschichten*. Mehrere einflußreiche Kritiker verurteilten das Buch, nicht so sehr als literarisches Werk, als aus moralischen und politischen Gründen. Man befand sich mitten in der Depression, es gab mehr als 200000 Arbeitslose – 40% der dänischen Arbeitskräfte – und viele von ihnen lebten auf der Straße. In der Literatur dominierte der soziale Realismus; der realistische Roman schilderte das Leben der Arbeiter. Es gab auch eine radikale Avantgarde, die mit Theater, Kunst und Film experimentierte. Die Frauenbewegung und die Bewegung für sexuelle Freiheit gaben sich neuerdings militant, das Land füllte sich mit Flüchtlingen aus Deutschland und dem spanischen Bürgerkrieg, und die Intellektuellen pflegten einen kargen, zurückhaltenden Stil und sympathisierten mit dem politischen Kampf der Arbeiterklasse. Viele Leser stießen sich an Tania Blixens unverhohlener Sehnsucht nach dem *Ancien régime* und an ihrer Flucht aus der bitteren Realität des dänischen Lebens. Man verübelte ihr, daß sie ursprünglich englisch geschrieben und ihren ersten Erfolg in Amerika hatte. Tania Blixen konnte Dänemark seine kühle skeptische Haltung gegenüber ihrem ersten Buch nie verzeihen, und selbst noch in den 1950er Jahren, als sie als eine der größten zeitgenössischen Autoren ihres Landes anerkannt war, fühlte sie sich mißverstanden und abgelehnt.

Der Kontrast zwischen der amerikanischen und der dänischen Reaktion auf ihr Buch war so kraß, daß sie teilweise Knud Dahl die Schuld gab, da er es versäumt habe, für das Buch zu werben, und als sie nach Hause kam, schrieb sie ihm einen formellen Protestbrief. Sie habe keine »technischen Bedenken«, meine jedoch, er habe sein Versprechen nicht gehalten, sich um Rezensionen und Rundfunkbesprechungen zu kümmern und die dänischen Kritiker und Journalisten »persönlich zu bearbeiten«. Besonders erzürnt war sie über seine Vereinbarungen für eine norwegische Ausgabe. Auf seinen Einwand, daß sie ja im Ausland gewesen sei, als das Buch herauskam, entgegnete sie, sie habe weit mehr als das für einen Autor Übliche getan, und zudem sei sich selbst verkaufen »geschmacklos«. Fortan habe jegliche Korrespondenz über ihren Anwalt zu laufen.[16]

Dahl konnte noch anmaßender und *kali* sein als Tanne selbst, und er teilte ihr mit, sie treibe ihn langsam »zum Wahnsinn« mit ihrer Nörgelei und ihren Vorwürfen, ihrer »Fehlinformation« und ihrer »Herumreiterei auf Bagatellen, die alle vernünftigen Menschen mit wenigen Worten bereinigen«.[17] Die Verbitterung und Entfremdung hielten über die nächsten zehn Jahre an und wurden 1936 wieder aufgefrischt, als Reitzel die Rechte an Bror Blixens Erinnerungen *The African Hunter* erwarb, was augenscheinlich ein reiner Racheakt war. Thomas hatte Knud gebeten, ihm zuliebe auf das Buch zu verzichten, und war wütend, als er ablehnte – »zumal im Lichte Deiner Kenntnis der Beziehung zwischen Tanne und Blixen und seines Verhaltens ihr gegenüber«.[18] Tanne schluckte ihren Stolz hinunter und appellierte selbst »höchst gefühlvoll« an ihren Schwager, worauf dieser entgegnete, daß sie, da sie auf einer rein geschäftlichen Beziehung bestehe und ihre gesamte Korrespondenz an ihren Anwalt delegiert habe, damit rechnen müsse, daß, »soweit es Firmen betrifft, mit denen ich in Verbindung stehe, ich keine Rücksicht auf Deine ehelichen Verstrickungen oder anderen persönlichen Beziehungen nehmen kann«.[19]

Möglicherweise wurde dieser Streit noch aus einer anderen Quelle genährt, auf die in dem Briefwechsel nicht eingegangen wird. In *Tania Blixen. Ihr Leben in Dänemark und Afrika* schreibt Clara Svendsen, zu der Zeit, als die *Sieben phantastischen Geschichten* erschienen, habe Tanne das Gefühl gehabt, »ob zu Recht oder Unrecht... sie müsse ihre Freude aus Rücksicht auf ihre Schwester Elle Dahl dämpfen«.[20] Thomas erzählte mir auch, daß Tanne glaubte, Dahl habe das Buch teils deshalb vernachlässigt, um Elle zuliebe die Auswirkung seines Erfolges abzuschwächen. Elle hatte selbst zwei kleine Bücher veröffentlicht, das erste 1929, das zweite 1932, beide unter dem Pseudonym Paracelsus. Es waren kluge, jedoch oberflächliche Zusammenstellungen von anekdotischen und philosophischen Schriften, und keins erregte besondere Aufmerksamkeit. Es ist möglich, daß die Familie sich Elle gegenüber aufgrund derselben uneingeschränkten Gleichbehandlung, wie sie in der Kinderstube geherrscht hatte, beschützerisch und loyal verhielt. Aber es gibt keinen Beweis dafür, daß Elle selbst Tanne ihren Erfolg mißgönnte. Sie schrieb liebevoll und verständig über die Arbeit ihrer Schwester und gehörte in späteren Jahren zu den ersten, an die Tanne sich wandte, wenn ihr an aufrichtiger Kritik gelegen war.

Kurz nach Neujahr erhielt Tania Blixen einen irgendwo im Busch in Tanganjika mit Bleistift gekritzelten Brief ihres früheren Mannes, der dort auf Elefantenjagd war. Er berichtete ihr und grüßte sie von Farah, der noch bei ihm arbeitete sowie von Rose Cartwright, Flo Martin und anderen gemeinsamen Freunden und unterschrieb mit »Dein alter Bror«. [21]

Es gibt keinen Anhaltspunkt, daß Tania Blixen in den fünf Jahren, die sie in Dänemark lebte, etwas von Bror gehört hatte. Er war in der Zwischenzeit von Cockie geschieden und hatte seine dritte Frau geheiratet, Eva Dixon, eine schöne Schwedin, an die viele der Briefe, die er in seinen Erinnerungen veröffentlichte, gerichtet waren.

Bror hatte schon (mit Hilfe eines Ghostwriters) mit der Arbeit an seinem Buch begonnen, so war es vielleicht ganz natürlich, daß er an Tanne dachte und wieder Verbindung mit ihr aufnehmen wollte. Allerdings hätte es auch zu ihm gepaßt, mit einem freundlichen Brief zu versuchen, ihren Ärger über sein Eindringen in ihr Territorium – die Literatur – zu entschärfen. Zuerst konnte sie gar nicht glauben, daß er ein Buch schrieb, dann wurde sie besorgt. Sie fürchtete, er habe »sein unschmeichelhaftes Portrait als Baron Gyldenstern« in »Die Träumer« [22] erkannt und würde nun aus Rache etwas über sie schreiben. Doch mehr noch fürchtete sie, daß sein Bericht ihrem widersprechen, ihre Verkaufsziffern schmälern oder sie bei den Kritikern in Verruf bringen werde. Es ist rührend, wie wenig Ahnung sie vom Verlagswesen hatte, wie wenig Selbstsicherheit sie besaß, daß sie annehmen konnte, ihr Ruf könne mit Nichtigkeiten stehen oder fallen. Dies vermittelt aber auch eine Vorstellung von dem Bild, das sie von ihrem Publikum hatte: keine anonyme, verstreute Masse, sondern eine kleine Gemeinde, ein »Volk«, eine Familie, die sich stolz ein Bild von ihr machte und anfällig für Desillusionen war. Das war vielleicht ganz natürlich in Anbetracht ihrer eigenen überaus aufgeschlossenen und empfänglichen Familie und der engmaschigen sozialen Welten in Kopenhagen und Nairobi, wo jedes bißchen Klatsch sich verbreitete wie Wolfsmilch.

Tanne hat Bror Blixen jedoch falsch eingeschätzt. Seine einzige, in privatem Kreise geäußerte kritische Bemerkung über ihr Buch lautete, daß »uns vier statt sieben phantastische Geschichten durchaus genügt hätten«.[23] Und in seinen Erinnerungen erwähnt er Tanne nur ein einziges Mal liebevoll am Anfang, wo er von ihrer Verlobung und ihrer Emigration schreibt.

Ihr eigenes Afrikabuch nahm langsam Gestalt an. 1934 wurde sie in einem Interview gefragt: »Wäre es nicht natürlicher für Sie gewesen, Ihr erstes Buch über Afrika zu schreiben?« und sie erwiderte, sich sogleich dieses Themas anzunehmen, das wäre gewesen, als schreibe man »über ein Kind an dem Tag, an dem man es beerdigt hat. Man muß Abstand zu den Dingen haben. In meinen Erzählungen habe ich ein ganzes Jahrhundert zwischen mich und die Geschehnisse gelegt«.[24]

Als sie das neue Buch zu planen begann, hatte sie nichts so Persönliches oder Gefühlvolles im Sinn wie die *Sieben phantastischen Geschichten*. 1926 bat eine dänische Zeitung sie um einige kurze »Reisestücke« über die Afrikaner und die Landschaft, woraus jedoch nichts wurde. Aber sie bewahrte die Notizen auf. Im März 1934 teilte sie Haas mit, sie habe »einige kurze, wahrheitsgetreue Berichte über mein Leben auf der afrikanischen Farm, insbesondere über meine Beziehungen zu den Eingeborenen«, die sie gerne in einer *guten* Zeitschrift veröffentlichen würde. »Ich nehme an«, schrieb sie, »daß dies unseren Vertrag in keiner Weise berührt, da die Geschichten keineswegs als Buch angesehen werden können.«[25]

Aber ein Jahr später erwähnt Thomas »Dein Buch über die Massai«, und am 29. Januar 1935 erzählte Tania Blixen in einem Interview mit *Möns Folkeblad*, sie werde »ein Buch schreiben, in dem alles wahr ist, worin alles, was erzählt wird, wirklich geschehen ist. Es wird die Wahrheit über die Schwarzen sein...«

Was als Sammlung von Tischanekdoten, »kurzen, wahrheitsgetreuen« autobiographischen Skizzen, Reisebeschreibungen, scharfsichtigen, aber romantischen Amateuranthropologien begann, wurde *Afrika, dunkel lockende Welt*.

Sechsunddreißigstes Kapitel

Afrika, dunkel lockende Welt

I

Ich denke, unterdessen dürfte klar sein, daß in *Afrika, dunkel lockende Welt* Tania Blixens Leben auf ihrer afrikanischen Farm nicht geschildert wird, wie es sich im dokumentarischen Sinne abgespielt hatte. Die klare Perfektion des Stils, die Kargheit im Detail, die Präsenz der Götter, das alles weist darauf hin, daß wir der Schwere praktischer Zuständigkeiten entronnen und in ein reineres Element aufgestiegen sind, welches dem Ideal weniger Widerstand leistet. Der Blickwinkel in *Afrika, dunkel lockende Welt* ist jener »Überblick«, den Tania Blixen als »das einzige wirklich bedeutende Ziel im Leben« bezeichnete.[1] Was wir sehen, ist die Luftaufnahme einer Landschaft; Zeit und Handlung sind immens komprimiert. Wenn sie schreibt: »Auf meiner Farm wurde Kaffee angebaut. Die Gegend lag eigentlich etwas zu hoch für Kaffee, man mußte sich mühselig durchschlagen; wir sind nie reich gewesen auf der Farm«[2], dann erfassen wir tatsächlich achtzehn Jahre Trockenheit, Mißwirtschaft und Kampf, die endlosen kleinlichen Streitigkeiten mit den Aktionären und die Auseinandersetzungen mit den Bankleuten, die ungeheuren Schwankungen der internationalen Kaffeepreise und die Launen des Wetters. Und um zu schildern, wie sie durch diese Mißgeschicke zum Schreiben angeregt wurde, beginnt sie schlicht: »Zeitweilig war das Leben auf der Farm sehr einsam ...«[3] Diese Formulierung ist wie ein Samenkorn. Sie enthält einen ganzen Lebensabschnitt mitsamt Ödnis und Einsamkeit sowie den kurzen Besuchen und hastigen Aufbrüchen ihres Geliebten.

Afrika, dunkel lockende Welt ordnet die Begebenheiten auf

Tania Blixens Farm neu, so daß ihnen keine psychologische oder erzählerische Ambivalenz anhaftet – im Gegensatz zu der reichhaltigen romanhaften Ambivalenz der Briefe. Die dramatischste Abänderung ist das Zurückhalten aller Leiden und Tragik bis zum Schluß, so daß sie eine Idylle krönen, sie abrunden durch jenen kühnen, fatalen Streich, der aus den »sich auflösenden Elementen« eine »Einheit« bildet. Die Notizen in ihrem Originalmanuskript vermitteln uns einen Eindruck von dem Prozeß der Auslese und Komprimierung. Sie beginnt zum Beispiel einen Abschnitt über ihre Mutter, streicht ihn jedoch durch – irgendwie ist der Gedanke unpassend, daß die souveräne Erzählerin jemandes kleines Mädchen ist. Sie entfernt eine Anspielung auf die oberflächlichen Gespräche in »Eisen- und Straßenbahnen« in Europa – die industrialisierte Welt darf nicht eindringen. Sie streicht außerdem durch: »Es gibt eine Grenze für das, was der Geist des Menschen aufnehmen kann, ohne zu zerbrechen.« Es gibt keine Grenze. Als sie über ihren Freund Berkeley Cole schreibt, ändert sie seine *Menschlichkeit* in *Ritterlichkeit*, und sie entscheidet, daß die Atmosphäre auf der Veranda ihres Hospitals eher eine *heitere* als eine *glückliche* sei.[4] Ritterlichkeit und Heiterkeit sind Worte der Erzählerin, es sind eher beständige, chevalereske Einstellungen zum Leben als Geisteszustände – dies ist das Gebiet der Romanautoren. Wenn die feudale Welt in *Afrika, dunkel lockende Welt* so gut funktioniert, wenn sie so harmonisch und schön ist, dann liegt das eindeutig an ihrer Beständigkeit. Schicksalsliebe ist ihr Hauptprinzip oder, wie Tania Blixen es ausdrückt, »Stolz ... [ist der Glaube an] die Idee, die Gott vorschwebte, als er den Menschen schuf.«[5] Die Personen nehmen ihre Plätze in der Hierarchie entsprechend dem Grad von Stolz ein, den sie bekunden, die geheimnisvoll mit ihren Ahnen verbundenen, heiteren Afrikaner zuoberst. Die europäischen Aristokraten – die großen Atavisten wie Denys, Berkeley und die Erzählerin – fügen sich ihnen, aber nur ein wenig und in demselben Sinne, wie sich ein Herr einer Dame moralisch unterlegen fühlt. Ihre Schicksalsgläubigkeit ist dogmatisch; sie wird als *Ehre* ausgedrückt, und durch sie genießen sie das Vorrecht, die Tragik zu verstehen. »Wenn ein Mensch eine unverrückbare Vorstellung von Ehre hat«, sagte Tania Blixen zu Curtis Cate, »ist er gegen alle Gefahren gefeit.«[6] Daß er alles verlieren kann, was ihm lieb und wert ist – seine Farm, vielleicht sein Leben –

wird unter diesen Umständen den Wert dessen, was von allergrößter Wichtigkeit ist, nicht beeinträchtigen: den Wert der Erfahrung an sich.

Alle Bücher spielen sich in dem Augenblick ab, in dem sie geschrieben werden, und *Afrika, dunkel lockende Welt* wurde in dem Augenblick geschrieben, als die Verfasserin stark unter dem Gefühl litt, ihrem Leben fehle die Würde des Sinns. Die Parabel vom Storch, die bei den Dinesen-Kindern besonders beliebt war, und die Tania Blixen im vierten Teil des Buches wiedergibt, ist eine Miniaturversion ihrer Gesamtdarstellung. In der kleinen eingefügten Geschichte verläßt ein Mann sein Haus, um einer obskuren Katastrophe nachzugehen. Er verirrt sich, stolpert in einen Graben, klettert heraus, fällt wieder in einen Graben, findet ein Loch in seinem Damm, flickt es, geht wieder zu Bett. Als er am nächsten Morgen aus seinem runden Fenster schaut und den Weg, den er gegangen, und die Spuren, die er hinterließ, überblickt, sieht er zu seiner Verwunderung einen Storch. »Die Enge, in der ich stecke«, reflektiert Tania Blixen – und es ist die schmerzhafte Reflexion des Jahres 1935 – »das dunkle Loch, in dem ich liege – zu welcher Vogelkralle mag das wohl gehören? Wenn die Zeichnung meines Lebens fertig ist, werden dann die anderen einen Storch sehen?«[7]

Tania Blixens Briefe aus Afrika vermitteln uns einen Einblick in die keineswegs obskure Katastrophe ihres Lebens, für welche *Afrika, dunkel lockende Welt* zum Teil ein sublimes Heilmittel ist. Sie gestand Thomas, was sie am meisten fürchte, sei nicht, einen unbeständigen Mann zu lieben, oder kein Geld zu haben, oder nicht das Vertrauen der Gesellschaft zu besitzen, sondern ein weit grundlegenderes, pathologisches Gefühl der Gebrechlichkeit, das viel weiter zurückreiche. Es war die »panische Angst« (*rædsel*), daß man »sein Leben und das Innerste seiner Seele... einsetzte für etwas, was man verlieren könnte.«[8] Und sie erklärte, daß jeder glückliche Augenblick, den sie in zehn Jahren auf der Farm erlebte, von der Angst vor dem Ende begleitet und beeinträchtigt war; daß das Betrauern des vergehenden Augenblicks »bei mir zu einer Art Gewohnheit oder einer fixen Idee geworden ist... und zu berechnen, wieviel von einer Sache noch vor mir liegt, und wenn es nur auf der Fahrt nach Nairobi ist«[9]. Zu dieser Zeit ihres Lebens konnte sie nicht verstehen, woher diese Angst kam, und sie schien ihr »seltsam und unvernünftig«.

Warum, fragte sie, konnte sie sich nicht angewöhnen, sich ohne Schmerz mit dem Zuendegehen abzufinden, da sie doch wußte, daß alles ein Ende haben mußte, und da sie selbst »genug Verstand besaß, es nicht anders zu wünschen«[10].

Die Bedeutung, die dem Verlust in ihrer Schilderung zukommt, wird im ersten Satz deutlich: »Ich hatte eine Farm in Afrika, am Fuße der Ngongberge.« Verlust beherrscht die großartige, stille Schönheit der nachfolgenden Beschreibung, so wie die Landschaft um die Farm selbst von den Bergen beherrscht wird, die sich 2700 Meter darüber erheben. Es ist der psychische Bezugspunkt; alles, was hiernach von Afrika gesagt wird, wird auch von dem Verlust Afrikas gesagt und gleichzeitig von dem ursprünglichen Verlust, der, wie wir wissen, der Tod ihres Vaters war. Robert Langbaum geht sogar noch weiter zurück und vergleicht Tania Blixens Kenia mit dem Verlorenen Paradies des romantischen Mythos, einer Vergangenheit, in welcher weltferne Künstler des 19. Jahrhunderts Natur und Zivilisation miteinander harmonieren sahen. »Weil Afrika ein verlorenes Paradies darstellt – sowohl in Isak Dinesens Leben als auch im Leben Europas – ist *Afrika, dunkel lockende Welt* eine authentische pastorale Erzählung, vielleicht die beste Prosapastorale unserer Zeit.«[11] Langbaums Analyse ist suggestiv und überzeugend; dennoch ist es angebracht zu fragen, warum in einer profanen, postromantischen Zeit ein Mythos des Untergangs solche Gültigkeit besitzt. Darüber hinaus ist es im Hinblick auf die *Briefe aus Afrika* angebracht zu fragen, warum wir von dieser Erinnerung an ein verlorenes Paradies, das in Wirklichkeit gar kein Paradies war, so gerührt sind. Ich denke, eine Antwort darauf ist, daß die Erfahrung, vernachlässigt zu werden, eine bedingungslose Liebe und somit das schlichte Vertrauen und die Einheitlichkeit, die dies einschließt, zu verlieren, eine verbreitete Kindheitstragödie ist. Sie nimmt nicht immer so dramatische Formen an wie bei Tania Blixen, dennoch ist sie ein Untergang, das Ende eines persönlichen »goldenen Zeitalters« – und ein Schock, der imstande ist, den Wert aller nachfolgenden Erfahrungen zu schmälern. Wenn Tania Blixens Stimme eine solche Autorität besitzt, dann zum Teil deswegen, weil sie uns ebenso durch ihre absolute Selbstbesessenheit wie auch durch ihren ausführlichen Rat versichert, daß auch die traumatischsten Verluste überlebt und, mehr noch, transzendiert werden können. In ihren Briefen beschreibt Tania Blixen keine panische Angst wie in *Afrika, dunkel lockende Welt* und auch keine Nostalgie. Langbaum faßt das Werk mit der Feststellung zusammen, es sei ihr gelungen, »in der Vorstellung von dem, was sie in der Außenwelt verlor, zu genesen« – das heißt den Mythos des Untergangs mit ihrer eigenen Erlösung abzurunden.[12]

Tania Blixen schildert *Afrika, dunkel lockende Welt* aus einer göttlichen Perspektive, ja, sie übernimmt sogar eine göttliche Rolle. Sie ist wahrhaftig der Erlöser, der einen beispielhaften »Tod« erleidet, um uns übrigen geistige Freiheit verheißen zu können. Dies mag auf den ersten Blick ironisch oder gar bitter sein; es ist die Freiheit, die Scheherazade dem Sultan zeigt, und auf welche die Götter Tania Blixen verweisen, wenn sie auf ihren sentimentalen Ruf nach einem Zeichen mit der schrecklichen Szene zwischen dem Hahn und dem Chamäleon antworten. Sie hat nichts zu tun mit Freiheit von Schmerzen oder mit Glücksfindung, sondern schlicht mit dem reicheren Empfinden für Dinge, das sich bei denen einstellt, die lernen, Widerspruch zu tolerieren.

Jahre später schrieb Tania Blixen verächtlich über die »menschliche« Kunst des Romans, die um der Charaktere willen »bereit sein [wird], die Geschichte selber zu opfern.«* Dieser stellte sie die »göttliche Kunst«** des Geschichtenerzählens gegenüber, die alles opfert *außer* sich selbst. »Die Geschichte hält sich nicht mit Ausdruck oder Haltung der Personen auf... Sie läßt den einzigen treuen Vasallen des alten wahnsinnig gewordenen Helden schaudernd ausrufen: ›Ist das das verheißene Ende?‹ – und weiter geht sie und läßt uns nach einer Weile ruhig wissen: ›Dies ist das verheißene Ende.‹«

Die Kunst der Geschichte mag durchaus »hart und grausam« scheinen, und doch wird erklärt, daß es für ihre Personen »sonst nirgends im Weltall Erlösung gibt. Denn auf der ganzen Welt hat nur der Geist der Erzählung die Befugnis, daß er den Herzensschrei... beantworten kann... ›*Wer bin ich?*‹«

Afrika, dunkel lockende Welt ist die »Geschichte« von Tania Blixens Leben, erzählt im Einklang mit ihren eigenen strengen

---

* LE, S. 36, 37, 39

** Kardinal Salviati und die beichtende Dame vergleichen Roman und Geschichte in »Die erste Erzählung des Kardinals«, LE, S. 35 ff.

Gesetzen des Geschichtenerzählens und getreu ihrer Vorstellung, was eine Erzählung ist und zu sein hat. Das Werk wurde motiviert durch einen gequälten »menschlichen« Aufschrei – das »Wer bin ich?« des Jahres 1935 – und es klärt diese Frage definitiv, ganzheitlich, auf göttliche Weise. In mancher Hinsicht ist Tania Blixens wirkliches Leben hier zu Ende. Ihre Autobiographie ist eine Feuerprobe wie das Feuer in »Die erste Erzählung des Kardinals«, worin die Identität der Zwillinge Dionysio und Atanasio sowie die der Frau und der Erzählerin ineinanderfließen. Einer von beiden überlebt, aber welcher ist es?

Alle Künstler nehmen in bezug auf ihr Material eine gewisse Allmacht für sich in Anspruch, und wie Tania Blixen es selbst ausdrückt, »ist es die Lebensaufgabe eines Dichters zu erreichen, daß andere Fiktion und Realität verwechseln, um sie für eine Stunde auf geheimnisvolle Weise glücklich zu machen. Er selbst aber muß ... beides auseinanderhalten.«[13] Von dem Zeitpunkt an, als sie *Afrika, dunkel lockende Welt* beendete, fiel ihr dies zunehmend schwerer. Ihre Leser nahmen es sozusagen als ihr Ehrenwort, daß »sie« – die leibhaftige Frau in der Geschichte – tatsächlich ein Ereignis »jenseits der Vorstellung«[14] überlebt hatte. Bewahrte sie angesichts der permanenten Verehrung und Mystifikation durch ihre Bewunderer auch noch so viel Sinn für Humor, es reichte nicht aus, um zu verhindern, daß sie sich ein gewisses Quantum dieses berauschenden Stoffes einverleibte. Von dem Zeitpunkt an, als sie *Afrika, dunkel lockende Welt* beendete, wird in ihren Beziehungen und ihrer Selbstdarstellung eine subtile Veränderung erkennbar. »Nach und nach wurde der Schwerpunkt ihres Wesens von der Individualität auf das Symbol überführt.«[15]

II

Tania Blixen verbrachte das ganze Jahr 1936 mit Schreiben, unterbrochen von zwei kurzen Krankenhausaufenthalten. Das eine Mal, erzählte sie Robert Haas, mußte sie wegen eines entzündeten Kieferknochens ins Krankenhaus, das andere Mal wegen einer Gallensteinoperation, doch scheinen dies Tarnungen für ihre wahre Krankheit, die »grauenhafte Plage«[16], Syphilis im Tertiärstadium, gewesen zu sein.

Sie hatte aber auch angenehmere Ablenkungen. Ende März

wurde *Die Rache der Wahrheit* am Königlichen Theater in Kopenhagen mit Schauspielern statt Marionetten aufgeführt. Auf dieses Ereignis hatte sie seit den frühen zwanziger Jahren gewartet, und sie beteiligte sich aktiv daran; sie war bei den Proben zugegen und machte Vorschläge für Inszenierung und Kostüme. Gleich nach der Aufführung fuhr sie nach England, um an der Hochzeit von Denys' Nichte Lady Diana Finch-Hatton mit Mr. Peter Tiarks teilzunehmen. Diana und ihre Schwester Daphne waren Backfische gewesen, als ihr Onkel starb; sie hatten ihn vergöttert, und seine Geliebte Tania war für sie ein überaus romantisches Wesen. Beide hatten sich ihr anvertraut, als sie zum erstenmal verliebt waren, und Tania war mit großer Herzlichkeit und mädchenhafter Komplizenschaft auf sie eingegangen. Sie war als Familienangehörige beim Probemahl zugegen, und wenn zwischen ihr und Lord Winchilsea Spannungen bestanden, so wurden sie durch die Hochzeit bereinigt. Im Jahr darauf gebar Diana eine Tochter, die sie Tania nannte, und die »Klein-Tania« gerufen wurde. Als die ursprüngliche Tania nach Dänemark heimkehrte und wieder auf die Ewaldshöhe stieg, konnte sie zum erstenmal ohne ein »bitteres Empfinden von Verlust«[17] an Denys denken.

Robert Haas erkundigte sich von Zeit zu Zeit höflich nach ihrem neuen Buch, und Tania Blixen erwiderte etwas trotzig, er dürfe sie nicht drängen, sie tue ihr Bestes. Ingeborg war krank, und die Zustände in Rungstedlund waren der Konzentration nicht so förderlich, wie sie es 1931 und 1932 gewesen waren. Im Herbst packte sie ihre Bücher und Papiere in den Wagen, den sie ihrer Mutter zum 80. Geburtstag gekauft hatte, und fuhr nach Skagen, einer Halbinsel am nördlichsten Zipfel von Jütland, wo sich Nord- und Ostsee treffen. Hier lebte sie, bis das Buch fertig war. An einer Stelle hatte sie das Gefühl, sie käme ohne die Meinung eines Dritten nicht weiter, und sie bat ihren Bruder, zu kommen und den vierten Teil des Manuskripts »Aus dem Notizbuch einer Immigrantin« zu lesen, über den sie sich nicht schlüssig war. Thomas tat ihr den Gefallen und blieb über Weihnachten, worüber sich seine Familie verständlicherweise erregte.

Sobald der englische Text fertig war, nahm sie die dänische Fassung in Angriff, die ihr Verleger Gyldendal mit Spannung erwartete. Wegen des Titels gab es Schwierigkeiten und Unstimmigkeiten zwischen der Verfasserin und ihren verschiedenen Verlegern.

Sie hatte sich für die englische Ausgabe für *Ex Africa* entschieden, aber Haas überzeugte sie, daß *Out of Africa* weniger überspannt klang. In Schweden hieß das Buch *Afrikanische Pastorale*, ein Titel, der ihr mißfiel und den sie als »affektiert« bezeichnete. Für die dänische Ausgabe wählte sie den Titel *Den afrikanske Farm (Die afrikanische Farm)*. Es gab auch eine kleine Auseinandersetzung zwischen Tania Blixen und Haas, als das Manuskript im Spätsommer 1937 fertig war und veröffentlicht werden konnte. Sie bestand darauf, daß das Buch in Amerika an demselben Tag erschien wie in England und Skandinavien, obgleich die Korrekturen sich verzögert hatten und eine solche zeitliche Koordinierung ein schier unmögliches Kunststück war. Haas erklärte geduldig, daß Gleichzeitigkeit nicht wichtig sei und daß ein übereiltes Erscheinen sowohl den Verkaufsziffern als auch der Rezeption des Buches abträglich sei. Aber sie war unerbittlich, und erst nach einem dringlichen Austausch von Telegrammen nahm sie ausführlich Stellung:

> Amerika nahm mich auf, als ich die Verleger in Europa nicht einmal bewegen konnte, einen Blick in mein Buch zu werfen, und das amerikanische Lesepublikum empfing mich mit einer Hochherzigkeit und Aufgeschlossenheit, die ich nie vergessen werde. Ich war von den Besprechungen der amerikanischen Kritiker begeistert. Ich bin ihnen allen sehr dankbar. Es war eine große Enttäuschung für mich, daß ich mich damals nicht wohl genug fühlte, um hinüberzureisen, das Land zu sehen und den Menschen zu begegnen, die so gut zu mir waren... Nach alledem werden Sie vielleicht verstehen, daß es mich wirklich schmerzt, daran zu denken, daß ich durch die Nachlässigkeit meiner hiesigen Agenten (die die Zusendung der Korrekturen verzögerten) womöglich den Kontakt mit dem amerikanischen Publikum verliere – daß es so aussehen könnte, als hätte ich das Interesse am Publikum verloren, und daß infolgedessen das Publikum vielleicht das Interesse an mir verliert. Dies ist mir sehr nahegegangen, es fällt mir sehr schwer, darüber hinwegzukommen. Sie mögen das lächerlich finden, weil ja das amerikanische Publikum womöglich gar nicht merkt, daß ein Buch von mir in Dänemark und England früher erscheint als in Amerika, aber ich habe das Gefühl, daß es sich hier um eine grausame List des Schicksals handelt, an der ich vollkommen unschuldig bin.[18]

Afrika, dunkel lockende Welt erschien nicht gleichzeitig in allen drei Ländern. Es wurde dann aber in Amerika außerordentlich gut aufgenommen und festigte Isak Dinesens Ruf. Wieder wurde es zum »Buch des Monats« gewählt. Auch die dänischen Kritiker waren ausnehmend freundlich und wohlwollend, und *Afrika, dunkel lockende Welt* bewirkte, wie Langbaum bemerkt, in Dänemark die größte Veränderung, »denn es überzeugte die Dänen, denen das Dekadente, Phantastische, Zynische und Perverse der *Sieben phantastischen Geschichten* mißfallen hatte, daß Tania Blixen trotz alldem einen Blick und Verständnis für Realität und Humanität besaß.«[19] Constant Huntington berichtete, daß die »intellektuellen Kreise« in England das Buch mochten, die »große herrschende Klasse« jedoch nicht – »die glauben, ein Löwe ist los«[20]. Das schien die Verfasserin ebenso zu freuen wie überschwengliches Lob, sie kam sich dadurch ausgesprochen gefährlich vor.

Tania Blixen wurde in jenem Frühjahr wieder krank, aber sie erholte sich soweit, daß sie die Fahrt nach London antreten konnte, die sie unterdessen regelmäßig einmal im Jahr unternahm. Sie hoffte, im Herbst eine längere Reise nach Amerika machen zu können, über die sie mit Robert Haas ausführlich korrespondierte. Hauptsächlich wollte sie die Amerikaner kennenlernen und ihnen ihre Dankbarkeit ausdrücken; außerdem verlangte es sie nach den »frischen Eindrücken und Anregungen, die, glaube ich, mir Amerika mehr als jedes andere Land bieten würde. Aber«, zögerte sie, »ich werde nur kommen, wenn die Menschen es wünschen, ich möchte mich ihrem Land nicht aufdrängen!«[21]

Die Amerikareise kam nicht zustande, und Tania Blixen mußte damit noch zwanzig Jahre warten. Sie wurde durch die telegraphische Nachricht, daß ihre Mutter krank sei, gleich wieder aus England zurückgerufen. Frau Dinesen erholte sich wundersamerweise, sobald Tanne bei ihr war, die daraufhin eine Zeitlang den Verdacht hegte, daß ihre Mutter, bewußt oder unbewußt, sich an sie klammerte, um sie zu zwingen, ihre Freiheit zu einem Zeitpunkt aufzugeben, da sie ihr mehr bedeutete als alles andere. Sie teilte ihren Unmut ihrer Tante Lidda mit, welche entgegnete, Tanne solle »uns Alte nicht bemitleiden ... und noch etwas ... ich finde, Du solltest Dich nicht an Rungstedlund gebunden fühlen ... *Mohder* ist die erste, die Deine Freiheit wünscht ... Anders denkt – und Du denkst vielleicht genauso – daß Euer Vater unter dem Angebundensein litt, aber er irrt sich. Ich bin überzeugt, wenn Wilhelm für ein Jahr oder so hätte fortgehen wollen, in den Krieg oder dreimal um die Welt, Deine Mutter hätte ihn friedvollen und frohen Herzens ziehen lassen.«[22]

Ingeborg Dinesen starb am 27. Januar im Alter von 85 Jahren. Einer Verwandten, die Tanne wegen ihrer Einsamkeit im Hause bedauerte, entgegnete sie kühl und stolz, die Anwesenheit ihrer Mutter sei im Gegenteil dermaßen fühlbar, daß sie kein Bedürfnis zu trauern verspüre – das ganze Haus sei von Ingeborg erfüllt. Parmenia Migel aber vertraute sie an, daß sie in Wirklichkeit nicht nur unter ihrem Kummer litt, sondern auch unter dem nachträglichen Schuldgefühl, weil sie im Laufe der Jahre alles von Ingeborg verlangt und genommen und ihr ihre »Unzulänglichkeiten« vorgehalten habe. »Sie hatte gestöhnt... bei den Sonntagsmahlzeiten bei ›Mama‹; sie hatte über die politischen Aktivitäten und den mangelnden gesellschaftlichen Ehrgeiz ihrer Mutter gespottet. Sie hatte nachteilige Vergleiche zwischen den schlichten Vergnügungen ihrer Mutter und dem aristokratischen *train de vie* in Katholm und Frijsenborg gezogen. Sie hatte alle Opfer ihrer Mutter für selbstverständlich gehalten.«[23] Mit 54 Jahren erlebte Tania Blixen den Tod ihrer Mutter, wie sie ihn mit 19 erlebt hätte – mit der ganzen Gewalt der Zwiespältigkeit, die ihre Trauer anfachte, der Zwiespältigkeit einer jungen Rebellin, die daneben auch ein liebendes, furchtsames und sehr anhängliches Kind ist.

Wie gewöhnlich suchte sie Trost bei ihrem Bruder und belastete ihn mit ihren Gefühlen, doch ausnahmsweise wies er sie ab und hielt ihr verbittert ihre ganze Undankbarkeit und Selbstsucht ihrer Mutter gegenüber vor. Vielleicht wollte er sich seiner Trauer hingeben, ohne sich in erster Linie um die Trauer seiner Schwester zu sorgen; oder vielleicht wollte er seine eigenen Schuldgefühle dadurch mildern, daß er Tannes schwerer wiegende Fehler aufzählte. Es war für beide eine schreckliche Zeit. Sie stritten über die Vergangenheit, die Farm, das Vermögen, das Tanne verschwendet hatte. Und dies führte dazu, daß sie sogar über das Erbe von Rungstedlund stritten, das zu gleichen Teilen an Anders, Thomas und Tanne gefallen war. (Elle war durch ihren Mann so wohlversorgt, daß sie keinen Anteil erhalten hatte.) Anders, so betonte Tanne, lebe auf dem Gut in Leerbæk, das er von Tante Lidda erben würde, und Thomas habe Folehave von der Großmutter geerbt. Sie fand, Rungstedlund stehe ihr ganz alleine zu, und sie wollte allein dort leben.

Die Verbitterung verging, und sie versöhnten sich wieder, doch das Problem der Erbschaft lebte in den 1950er Jahren noch einmal auf. Erst als Tania Blixen etwas Abstand vom Tod ihrer Mutter gewann, war sie imstande zu erkennen, was die Erfahrung bedeutete, was ihr im Strudel der Ereignisse entgangen war.

»Wenn ich tot bin«, sagte sie zu einem jungen Freund, der selbst Schwierigkeiten mit seiner Abhängigkeit als Sohn hatte und außerstande war, *sie* als ein ganz und gar menschliches Wesen zu sehen, »wird es leichter sein. Dann wird es für Sie so sein, wie es für mich war, als meine Mutter starb und ich nachts an ihrem Bett wachte. Da sah ich nicht nur die alte Frau, sondern die reizende junge Ehefrau und das Mädchen, und ich begriff vieles, was ich vorher nicht verstanden hatte.«[24]

III

Zum erstenmal in ihrem Leben war Tania Blixen finanziell unabhängig und frei von jeglichen Verpflichtungen, und auch ihr körperliches Leiden ließ vorübergehend nach. In diesem Frühjahr bewarb sie sich erfolgreich um das Tagea Brandt Reisestipendium, das ein reicher Herr im Gedenken an seine Frau eingerichtet hatte und das an Frauen »von liberaler Gesinnung mit einem leicht konservativen Hang«[25] vergeben wurde. Sie wollte sich »einen alten Traum erfüllen«, den sie mit Farah in den schweren Zeiten auf der Farm gehegt hatte: eine Pilgerfahrt nach Mekka.

Aber das Stipendium war zu bescheiden für ein Unternehmen, das, wie Tania Blixen zugab, »töricht« war, »... wenn man es nicht in großem Stil durchführen kann«, deshalb machte sie einem Redakteur von *The Saturday Evening Post* den Vorschlag, sie »gegen gutes Geld« für die Zeitung eine Serie Briefe aus Arabien schreiben zu lassen. »Ich bin nicht auf Abenteuer erpicht«, betonte sie. »Zum einen werde ich keineswegs etwas versuchen, was mir nicht erlaubt ist – es wird durchaus nicht so etwas wie ›Dame der Gesellschaft schleicht sich als Derwisch verkleidet nach Mekka‹ oder dergleichen. Ich möchte mit den Pilgern reisen und mit ihnen reden. Wenn mir nicht erlaubt wird, Mekka zu betreten, was sehr wahrscheinlich ist – vermutlich sind dort keine Ausländerinnen zugelassen – werde ich so nahe herangehen, wie man mich läßt, und dort kampieren und meine Diener hineinschicken. Ich möchte gerne durch Arabien reisen, den Pferdemarkt besichtigen und die Sitten der Araber so weit wie möglich erforschen. Was ich schreiben werde, wird ein *document humain* sein und keine Sensationen ... ich möchte das Alltagsleben der Araber kennenlernen – wenngleich ich natürlich auch hoffe, Gelegenheit zu haben, auf ungewöhnliche Begebenheiten und Menschen zu stoßen – im allgemeinen hatte ich in dieser Hinsicht immer Glück.«[26]

Während sie in jenem Sommer auf Antwort wartete, fuhr sie nach London und setzte sich dort mit der arabischen Botschaft in Verbindung. Sie hoffte, ein Empfehlungsschreiben für König Ibn Saud und von ihm eine Eskorte zur Verfügung gestellt zu bekommen. Unterdessen kehrte sie nach Dänemark zurück, um auf Schloß Kronborg einer Aufführung von *Hamlet* mit John Gielgud beizuwohnen, die ihr als endgültiges Erlebnis des Stückes in Erinnerung bleiben sollte. Ole Wivel, ein junger Dichter, der sie damals noch nicht persönlich kannte, beobachtete sie, wie sie sich vor der Vorstellung unter die Schauspieler mischte, »ihnen ihre Fröhlichkeit und Klugheit mitteilte«, und sah sie später in der ersten Reihe sitzen, »eine dunkeläugige Dame mit Hut ... deren Lippen jede Passage von *Hamlet* so lückenlos mitsprechen konnten wie der Souffleur in seinem Kasten ...«[27]

Am 1. September fiel Hitler in Polen ein, und England und Frankreich erklärten Deutschland den Krieg. Am 3. September fuhr Tania Blixen nach Kopenhagen und suchte den Herausgeber von *Politiken* auf, einen gewissen Herrn Hasager. »Geben Sie mir«, bat sie, »eine Arbeit als Journalistin, welcher Art auch immer, wenn es nur außerhalb Dänemarks ist.« Sie erklärte ihm, wie schon den Herausgebern der *Post*, sie sei nicht an Abenteuern oder Sensationen interessiert und habe wahrhaftig »keinen Einblick in die Politik und auch kein Gespür dafür«. Dies erwies sich als zutreffende Selbsteinschätzung. Aber sie meinte, vielleicht sei »die Ansicht eines Laien zum Krieg in Europa als *document humain* interessant«.[28] Zu ihrer Verwunderung war der Herausgeber einverstanden. Er schlug vor, sie solle die Hauptstädte der kriegführenden Staaten, Berlin, Paris und London, besuchen, und aus jeder Stadt vier Artikel schreiben, die *Politiken* in Zusammenarbeit mit einer schwedischen und einer norwegischen Zeitung veröffentlichen wollte. Sie beschloß, mit dem Bericht aus Deutschland zu beginnen. »Ich hatte Freunde und Bekannte in der Londoner Regierung und meinte, der Auftrag dort ließ sich mühelos erledigen. Ich hatte auch gute Aussichten, die Aufgabe in Paris zu erfüllen. Aber ich sprach nicht deutsch und hatte keinerlei Kontakte zum Dritten Reich. Nach einigem Nachdenken beschloß ich daher, zuerst nach Berlin zu gehen.«[29]

In Wahrheit war sie jedoch nicht ganz so auf sich allein gestellt, wie sie behauptete; sie reiste mit einem Empfehlungsschreiben an Hermann Göring nach Deutschland. Die junge schwedische Verwandte, die es besorgt hatte, versicherte ihr, Göring sei ein reizender Mensch und Humanist.[30] Auch ermahnte sie Tanne, von der sie wußte, daß sie keine Sympathien für die Nazis hegte, fair gegenüber Hitler und dem Nationalsozialismus zu sein.

Das Dritte Reich hieß die Baronin Blixen als wichtigen, einflußreichen Gast willkommen. Man stellte ihr Wagen, Begleiter und Dolmetscher zur Verfügung, und sie erfuhr, daß das Propagandaministerium ihre Reiseroute, die auch die »großen Errungenschaften« des Dritten Reiches einschloß, bereits festgelegt hatte. Dies war eine Enttäuschung für sie; denn sie hatte gehofft, einigermaßen frei durch die Stadt streifen zu können. Aber als ihr Begleiter ihr bei jedem Halt einschärfte, sie möge »in England hierüber berichten«, begriff sie nach und nach den Sinn dieser fürsorglichen Gastfreundschaft der Regierung.[31]

Sie wurde von vielen »großen Persönlichkeiten« des Dritten Reiches eingeladen. Mit einer Ausnahme lehnte sie ab – wobei ihr allerdings bewußt war, daß dies nicht die Art einer guten Berichterstatterin war. Die eine Ausnahme war Hitler, der sie gerne kennenlernen wollte. Als sie aber erfuhr, daß der Führer sich über signierte Exemplare ihrer Bücher freuen würde, zog sie sich »eine Erkältung zu und konnte nicht hingehen ... Etwas an dem Gedanken muß mich abgeschreckt haben.«[32] Ansonsten befolgte Tania Blixen jedoch die Ermahnung ihrer schwedischen Verwandten, »fair« zu sein. Die vier Artikel, die sie aus Berlin schrieb, befaßten sich kritisch, aber höflich mit dem Nationalsozialismus. Sie gaben den poetischen, losgelösten Standpunkt einer Reisenden des 19. Jahrhunderts wieder, die Tagebuch über die fremden Sitten und barbarischen Ideen eines exotischen Königreiches führt, und nicht die Ansicht einer Frau, die nicht weit von der deutschen Grenze lebte und deren Bruder, Vater und Großvater in drei aufeinanderfolgenden Kriegen gegen Deutschland gekämpft hatten. Es war vielleicht der Versuch einer nachträglichen Rechtfertigung, daß sie sich, als die Briefe 1948 in *Heretica* veröffentlicht wurden, fragte, ob ihre Leser denken würden, »ich drückte mich übermäßig gewunden aus, wenn ich geradeheraus hätte sein können. Sie müssen aber bedenken, daß die Briefe vor der Okkupation geschrieben wurden. Damals war Dänemark noch neutral, und es galt, Rücksichten zu nehmen, für die es später keinen Anlaß mehr gab.«[33] Ungeachtet ihrer Rechtfertigung wirkt die heitere Gelöstheit, die in *Afrika, dunkel lockende Welt* angebracht und schön war, im Berlin von 1940 unpassend, ja unbesonnen. Über Hitler bemerkt sie: »Es ist ein merkwürdiger Gedanke, daß das Dasein eines einzelnen Menschen, gleich einem Magneten, der über eine Ansammlung metallischer Bruchstücke fährt, eine Gesellschaft neuordnen und umgestalten kann«[34], und einzelne Abschnitte von *Mein Kampf* erinnerten sie an den Koran. Sie zieht eine Parallele zwischen der Nazibürokratie und dem Priestertum in der Zeit der größten Macht der katholischen Kirche – sie seien von derselben selbstgerechten Inbrunst beseelt. Sie macht während einer Aufführung von Beethovens Fünfter Symphonie einen feinen Unterschied zwischen Gott und Übermensch und bemerkt, daß dieser Abart die Heiligkeit fehle. Im ersten Abschnitt ihres Berichtes schildert sie einen Besuch bei ihrem alten Freund General von Lettow in Bremen, wobei sie in Erinnerungen an Afrika schwelgt, den Kolonialismus mißbilligt und den Unterschied zwischen der Kriegführung des kaiserlichen Deutschland und jener der Nazis als Klassenunterschied definiert. Sie besucht auch die junge Prinzessin Luise von Schaumburg-Lippe in einer mit Meißner Porzellan und altem Kram vollgestopften Villa, und sieht in den UFA-Ateliers bei Dreharbeiten für zwei Filme zu: *Jud Süß* und ein Film über Maria Stuart. Am meisten beeindrucken sie die vulgären Kostüme und die Ironie, daß Zarah Leander, die die Königin Maria spielt, die Szene ihrer Gefangennahme mehrmals wiederholen muß. Vielleicht werden solche delikaten scharfsinnigen Beobachtungen in hundert Jahren mehr Beachtung finden. Aber es gibt historische Fakten, die nicht einfach in eine *Göttliche Komödie*, auch nicht in deren Höllenkapitel, umgesetzt werden können. Tania Blixens Gesichtspunkt in ihren »Briefen aus einem Land im Krieg« ist einfach zu unbekümmert, zu unobjektiv, zu überheblich und zurückhaltend, um die unheilvollen Tatsachen in ihrer eigentlichen Schwere und Bedeutung zu vermitteln.

Wenn man dies bedenkt, kann man sich ein wenig zurückwenden und die dänische Kritik an *Sieben phantastische Geschichten* in ihrem damaligen Kontext betrachten. Die Leute, die über das Buch ehrlich empört waren (im Gegensatz zu den Heuchlern) empfanden damals die Anforderungen und das Leiden der Gegenwart als so bedrückend, daß es anmaßend war, sie zu ignorieren, ihnen auszuweichen oder das System zu verteidigen, das an ihnen festgehalten hatte. Sie fühlten bei den Geschichten dasselbe wie ich bei den »Briefen aus einem Land im Kriegszustand«, als ich sie zum erstenmal las: daß an einem kritischen Abschnitt in der Geschichte einem bestimmten Thema ein bestimmter Stil angemessen ist.*

Tania Blixen kehrte am 2. April von Berlin nach Kopenhagen zurück. Von dort aus gedachte sie am 10. April nach London zur nächsten Etappe ihres Auftrags zu fliegen. Aber am 10. April marschierte Hitler in Dänemark ein.

---

* Man kann natürlich einwenden, daß Tania Blixen von Hitlers Plänen, zwölf Millionen Menschen auszurotten, nichts wußte. Aber sie wußte durchaus von den Gewalttaten, die bereits gegen Juden verübt wurden; in der Familie wurde darüber gesprochen, und kurz nach der Kristallnacht drückte Frau Dinesen, die wie ihre Tochter den Juden große Sympathie und Bewunderung entgegenbrachte, in einem Brief ihren Abscheu über diese Taten aus. Auch Dänemark hatte in den späten dreißiger Jahren seine Nazireden und seinen einheimischen kleinen Führer. Es überrascht jedoch, daß in Berlin Tania Blixens feine Nase für geistige Vulgarität von dem Gestank nicht schlimmer beleidigt war.

Siebenunddreißigstes Kapitel

Wintergeschichten

I

Deutschland stülpte Dänemark eine schwarze Kapuze über, und anfangs saß das Land ruhig, aber bestürzt und erzürnt auf der Hand seines Häschers. Vom übrigen Europa abgeschnitten, wegen Benzinmangels vorwiegend an Rungstedlund und die nähere Umgebung gebunden, von den üblichen Schmerzen geplagt und nicht gewillt, ohne Haushaltshilfe Gäste zu bewirten, führte Tania Blixen ein stilles Leben und schrieb an ihrem dritten Buch, *Wintergeschichten,* mit dem sie fast unmittelbar nach Beendigung von *Afrika, dunkel lockende Welt* begonnen hatte. Den Titel wie auch ein Arbeitsepigramm – »Ein traurig Märchen paßt für den Winter« – hatte sie Shakespeare entlehnt.

In mancher Hinsicht glich Tania Blixens Dasein während der Okkupation ihrem Leben auf der Farm. Sie war arm – oder, genauer gesagt, bankrott. Ihre Auslandstantiemen kamen nicht herein. Sie lebte allein, in relativer Einsamkeit, sagte aber, das störe sie nicht. Ein Freund, der sie nach einer Abendeinladung, während der sie sich krank fühlte, nach Hause begleitete, sah sie in dem riesigen, verdunkelten Haus verschwinden und wollte ihr sein Mitgefühl oder seinen Beistand zukommen lassen, doch sie wies ihn zurück. »Einsam sein ist ein Geisteszustand, etwas ganz anderes als körperliches Alleinsein; wenn moderne Schriftsteller sich lauthals über die unerträgliche Einsamkeit der Seele auslassen, so ist das lediglich ein Beweis für ihre eigene unerträgliche Leere.«[1]

Die ersten zwei Kriegswinter waren außergewöhnlich kalt, und 1940 fror der Sund zu, was innerhalb eines Jahrhunderts nur selten geschah. Tania Blixen verschloß die großen, zugigen Empfangsräume in Rungstedlund und zog in den alten Westflügel mit den niedrigen Decken. Sie hatte ihr Schlafzimmer in einer Mansarde, wo es nicht nur wärmer war, sondern wo sie an den Tagen, wenn ihre Schmerzen und Krämpfe sie ans Bett fesselten, über das niedrige Fenstersims auf den Rasen und dahinter auf den Strandvej und den Sund, an klaren Tagen sogar bis zur schwedischen Küste blicken konnte. Derselbe Freund beschreibt, wie sie über eine schmale Treppe von der Mansarde herabstieg, um in den alten Keramik- und Schmiedeeisenöfen Feuer zu machen. Sie beschickte sie mit Holz aus ihrem eigenen Wäldchen, wie es die Dienstboten getan hatten, als die Familie noch hier lebte, und auch früher schon, als das Haus eine Herberge war. Trotz der Mühsal machte das Ritual ihr Freude, weil sie sich dadurch mit der Vergangenheit verbunden fühlte.

Im Winter hatte sie ihr Arbeitszimmer in einem kleinen Raum im Erdgeschoß, dem sogenannten »Grünen Zimmer«, das in der Farbe einer ausgeblichenen Banknote gestrichen war. Im Sommer arbeitete sie in »Ewalds Stube«; der Raum war von Wilhelm so getauft worden, der hier seine »Jagdbriefe« verfaßt hatte. Der alte hölzerne Wandschirm aus Mbogani sowie die Truhen mit den Sachen aus Afrika standen hier. In einer Ecke befanden sich eine Sammlung von Massaispeeren und der Stoßzahn eines Narwals. Auf dem Schreibtisch, im rechten Winkel zum Fenster aufgestellt, das nach Osten auf den steinigen Strand hinausging, stand in einem grünen Lederrahmen eine Photographie von Denys aus seiner Etonzeit. Im Sommer, wenn sie sich kräftig genug fühlte, nahm sie ein Bad im Sund, bevor sie sich zum Schreiben niedersetzte, wobei sie stets mit dem Überarbeiten und Verbessern der Seiten vom Vortag begann. Ihr Leben lang schrieb sie auf der alten Corona-Maschine, die sie in Afrika gehabt und auf der sie ihre sämtlichen Briefe getippt hatte. »Sie konnte sich nicht an eine andere gewöhnen.«[2]

Wintergeschichten ist das dänischste von Tania Blixens Büchern, das düsterste und introspektivste, das brillanteste, ihr eigenes Lieblingswerk. Die Geschichten sind von einem poetischen Empfinden erfüllt – die dänische Landschaft mit ihrer eigenartigen Stille und ihrem Licht, die Tempi und die Sprechweise des dänischen Landlebens und seiner Mythologie erinnern an Wilhelms

*Jagdbriefe**. Langbaum und andere Kritiker vermuteten, daß sie die *Wintergeschichten* zumindest teilweise schrieb, um sich die gute Meinung ihrer Landsleute zu bewahren, und das mag vielleicht stimmen. Aber es war nicht nur eine Verteidigungsstrategie, nicht nur der Wunsch, ihre frühere Entfremdung wiedergutzumachen; das Buch wuchs aus einem Gefühl dänischer Solidarität. Dies waren die Früchte, die sie mit Pflege und Liebe im eigenen Garten anbauen konnte, und die Monotonie und Kargheit des Lebens unter der Okkupation sind hier in keusche Prosa umgewandelt. Sieben Erzählungen sind in Skandinavien angesiedelt und spiegeln die Entschlossenheit wider, die Tania Blixen im Verein mit ihrem Land fühlte, sich nicht kolonisieren oder unterdrücken zu lassen. »Du sollst Vater und Mutter ehren, auf daß du lange lebest auf der Erde, die Gott der Herr dir gibt.« Dies, sagte sie, war eine der Wahrheiten, welche die Okkupation sie lehrte.**

Ein tiefer Seufzer zieht sich wellenartig durch die *Wintergeschichten*, und wenn ein Thema die elf Erzählungen vereint, dann ist es die Sehnsucht. »Das Innerste seines Wesens war Sehnsucht«***, schreibt Tania Blixen von Jens, dem träumenden Kind. Doch Sehnsucht gehört auch zum Wesen von Peter und Rosa, von Lady Helena, von Charlie Despard. Sie gehört zum Wesen von König Erik und Alkmene. Für sie sind Wunsch und Erfahrung nicht in Einklang – »die zwei Schatullen, deren jede den Schlüssel zur anderen enthält«.

In den meisten Erzählungen ist der Tod der Schlichter, und dies verleiht dem Buch seine »Düsternis«. Doch es wäre falsch, hier – oder in Tania Blixens anderen Werken – den Tod für eine Tragödie

---

* »*Die Geschichte des Schiffsjungen*«, die in der englischen und der dänischen Ausgabe der *Wintergeschichten* an erster Stelle steht, ist einer alten Volkserzählung entnommen, die Wilhelm in seinem Buch *Jagtbreve og Nye Jagtbreve* nacherzählt hat (S. 101).

** Annamarie Cleeman, »Karen Blixen Fortæller«, *Samleren*, S. 35. Die Anspielung in dieser Äußerung erklärt sich durch die Tatsache, daß sie während der Okkupation gemacht wurde, als die Medien genauestens auf ausdrückliche antideutsche Aussagen überprüft wurden. Es ist ein Aufruf zum Patriotismus und eine Erinnerung an die Erbauseinandersetzungen über dänischen Boden, welche die Dänen mit den Deutschen führten.

*** Tania Blixen, *Wintergeschichten*, »Das träumende Kind«, S. 186

zu halten. Er ist ein Augenblick der Hingabe, Offenbarung, Erfüllung, ja sogar Ekstase, und für gewöhnlich behält sie dieses Privileg denen vor, die, wie Anne-Marie in »Leidacker«, ihr Schicksal couragiert annehmen. Die wahre Tragödie besteht darin, in einem faden Paradies zu stranden, in einem gänzlich unbelasteten Schwebezustand ein Dasein zu fristen wie eine Alkmene im mittleren Alter, über das es nichts zu erzählen gäbe.

Die herbe Landschaft in den *Wintergeschichten* ist die Landschaft von Tanne Dinesens Kindheit: das Pfarrhaus, wo sie sich auf das Abendmahl vorbereitete, die Küche in Rungstedlund, die eine Zuflucht vor den tristen Salons war, die Buchenwälder rings um das Haus, die See, die wilden, kargen Moore von Jütland, welche die Moore von Katholm waren. Sie ist zudem bevölkert von träumenden Kindern und jungen Leuten, die, wie Tanne als Mädchen, sich inmitten anderer Menschen vollkommen allein fühlen. Sie finden nicht ihresgleichen und werden von ihren Mitmenschen verkannt; ihre Gatten, Freier oder Pflegeeltern verstehen sie nicht, oder aber sie werden aus den falschen Gründen sklavisch verehrt. Sie fühlen sich *verlassen* – jedoch gleichzeitig *auserwählt*. Gott ist ihr eigentlicher – königlicher, allmächtiger, verlorener – Vater, und auf irgendeine Weise müssen sie sich wieder mit ihm vereinen, ihr Geburtsrecht wiedererlangen. »Wenn er kein großer Künstler war«, fragt sich Charlie Despard, »wer war er dann, daß Gott ihn lieben sollte?«[3] Jeder, der als Kind ein frühreifer Außenseiter war, wird diese Frage verstehen. Empfindungen von Erhabenheit und Wertlosigkeit wetteifern um seine Seele.

Tania Blixen hat die Sehnsucht ihrer Kindheit nie gestillt, und darauf war sie stolz. Ihrem Freund Bjørnvig erzählte sie, daß sie ihre Sehnsucht als etwas Kostbares betrachte, als den Instinkt eines wilden Zugvogels, der ihre Imagination in Bewegung hielt. Auch ihre Einsamkeit hat sie nie wirklich überwunden. Manchmal konnte sie darüber lachen, manchmal sie sogar begrüßen. Doch auch dies war eine Frage des »Empfindens einer exzessiven Kraft«[4] oder überhaupt keiner. In den Perioden, in denen sie, wie Charlie Despard, weder arbeitete noch verliebt war, gewann das Empfinden von Nutzlosigkeit die Oberhand. Man könnte sagen, sie war entweder leidenschaftlich mit ihrem Vater und mit dem, was er in ihrem Leben verkörperte vereint, oder sie war verloren

– es war ein anderer Aspekt des Entweder–Oder. Und sie hatte im hohen Alter viel mit Depressionen zu kämpfen.

Robert Langbaum spricht im Zusammenhang mit den *Wintergeschichten* von Tania Blixens »unauslotbarer Weisheit«. Das ist ein trefflich gewählter Ausdruck, zumal das Buch so viele Seeschilderungen enthält. Vor allem ein Bild kehrt ständig wieder: ein umhüllendes Blau, in welchem der Horizont sich auflöst und Meer und Himmel ein und dasselbe Element scheinen. Diese Vision hat König Erik, als er die Dünen hinab zum Ufer blickt, wo Granze fischt, und dies ist Lady Helenas Erinnerung an ihre neun Tage mit dem jungen Matrosen: »... daß es im Meer weder Oben noch Unten gibt.« Sie findet keine Ruhe, bis sie nicht dieses Blau findet: »Denn dann wird alles wieder sein, wie es damals war. Alles um mich herum wird blau sein, und inmitten dieser blauen Welt wird mein Herz unschuldig und frei sein ...«[5] Das Herz kann nur dann unschuldig und frei sein, sagt Tania Blixen hier und an anderen Stellen in den *Wintergeschichten*, wenn es nicht gegen seine eigene Natur künstlich geteilt wird – wenn Himmel und Erde, Leib und Seele eins sein können. Im Falle Lady Helenas nimmt die Konvention die Teilung vor: Die Vorstellung ihres Vaters, es müsse seiner Tochter unangenehm sein, neun Tage mit einem gewöhnlichen Matrosen verbracht zu haben. In »Alkmene« sind es die Angst vor Empfindungen, puritanische Moral, Kleinlichkeit. In »Der Fisch« ist es das aus einer umfassenderen Perspektive gesehene Christentum: »Sage mir, Sune«, sagt König Erik zu dem Freund seiner Kindheit, »geschieht es nach dem Willen des Herrn, daß die Menschheit niemals glücklich sein kann, sondern ewig nach Dingen sich sehnen muß, die sie nicht hat, und die vielleicht nirgendwo zu finden sind? ... Kann der Mensch denn nicht – kann denn nicht wenigstens ein einziger von all den Menschen – mit dem Herrn in solches Einvernehmen kommen, daß er sagte: ›Ich habe das Rätsel dieses Lebens gelöst. Ich habe mir die Erde zu eigen gemacht, und ich bin glücklich auf ihr.‹?«[6]

Sune gibt die einzige Antwort, die ihm als christlichem Priester möglich ist. Christus, sagt er, habe dem Menschen gezeigt, daß die Lösung des Rätsels in der Annahme seines irdischen Elends liegt, im Tausch gegen das Paradies. Doch der Hörige Granze, der alte Wende, weiß eine andere Antwort. Er bietet dem König einen Fisch an, den er gefangen hat. In dessen Eingeweiden ist ein Ring.

Der Ring gehört einer Dame, die der König lieben wird. Ihr Mann wird ihren Ehebruch mit der Ermordung des Königs rächen. »Nun ist der Fisch geschwommen und ist gefangen worden... Du brauchst ihn nur noch zu essen; dein Mahl erwartet dich«, sagt Granze.[7] Zunächst erscheint dies verhängnisvoll, ja tragisch, denn indem er den Fisch und den Ring annimmt, besiegelt der König sein Schicksal. Doch gleichzeitig betritt er den entscheidenden Weg hin zu seinem Begehren.

Der Wende Granze begreift, daß »das Rätsel unseres Lebens« – das Wesen der Erfahrung – weder gut noch böse ist, weder heilig noch profan, sondern ironisch. Die heidnischen Afrikaner verstanden diese Ironie, und deswegen scheinen sie in *Afrika, dunkel lockende Welt* um soviel weltlicher als ihre christlichen Herren und diesen so unergründlich. Die Eingeborenen amüsieren sich über das Leben, sie tolerieren Widerspruch, sie sind »in ihrem Element«, wie es die zivilisierteren, jedoch ängstlichen und steifen Europäer niemals sein können.

Allen Helden und Heldinnen in Tania Blixens Erzählungen ist diese ironische, mit dem Widerspruch aussöhnende Sicht eigen. Sie gestattet der exotischen Tänzerin Héloise, unerschrocken keusche Entrüstung vorzutäuschen. Sie gestattet Kasparson, dem Perversen und Mörder, den frommen Kardinal zu spielen. Sie gestattet Kardinal Salviati, sowohl Dionyso als auch Atanasio zu sein. Diese Ironie war Tania Blixens eigene, schwer errungene Lebenseinstellung. Sie konnte den Spalt in ihrem Wesen nie »heilen«, aber sie konnte ihn in ihren Erzählungen überschreiten, wo es ihr freistand, ihre eigenen Grenzen und Paradoxa zu erforschen. Daher wird soviel Wert auf Verwandlungen gelegt, daher die sexuellen Wechselspiele, das schrille Gelächter, die Selbstverspottung – und die Heiterkeit.

Tania Blixen amüsierte sich darüber, daß ihre alten Tanten Sexualität dermaßen abstoßend fanden und dennoch von sexuellen Fehltritten so gefesselt waren, und diese Ironie bestimmt auch ihren eigenen Fall. Ihr dekadentes, überspanntes Gemüt ist von Moral besessen. Während sie sich auf dem Gebiet der psychologischen Analyse zurückhält, moralisiert sie unerschrocken, wenn auch freilich, wie Scheherazade, auf äußerst unterhaltsame Weise. Doch schon allein die Tatsache, daß Tania Blixen Geschichtenerzählerin wurde statt, sagen wir, Romanschriftstellerin, war eine moralische Entscheidung. Sie hielt sich an die »heroische« Vergangenheit und die Fabeldichter einer älteren Zeit und stellte sich gegen ihre Zeitgenossen. Die alten Märchen vertreten denselben Standpunkt wie ihre Erzählungen, worauf Walter Benjamin mit seiner üblichen Treffsicherheit hinweist: »Das Ratsamste – so hat das Märchen vor zeiten die Menschheit gelehrt, und so lehrt es noch heute die Kinder, ist, den Gewalten der mythischen Welt mit List und mit Übermut zu begegnen. (So polarisiert das Märchen den *Mut*, nämlich dialektisch: in *Untermut* [das ist List] und in Übermut.)«[8]

Tania Blixens Erzählungen treffen dieselbe – dialektische – Unterscheidung. Sie stellen die christliche Moral mitsamt ihrer Schuld und Demut – die sie passiv machen – in Gegensatz zu einer, wie man sagen könnte, heroischen Moral, die auf Ehre fußt: Heimsuchung durch schwere Prüfung, Risiken eingehen und die Konsequenzen auf sich nehmen. Das Motto der Familie Finch-Hatton drückt dieses aristokratische Prinzip kurz und bündig aus: *Je responderay*. All diesem wohnt ein gewisser Machismo inne; Tania Blixens moralische Entscheidungen sind klar und grundsätzlich und schließen eine ganze Reihe von reifen Verhaltensweisen aus, die auf Kompromissen gründen; auch lassen sie weder Unglück, Irrtum, Größenwahn, Schurkerei aus – noch den Tod. Doch sie stellen es dem einzelnen anheim zu *handeln*, seine Bestimmung zu erfüllen, »er selbst« zu werden. Dies ist die Moral von »Die Heldin« und wird dort mit wunderbarer Leichtigkeit verkündet. Und es ist auch das Grundmotiv von »Leidacker«. Grausamkeit, ja, Barbarei liegen dem Urteil des alten Barons gegen Anne-Marie zugrunde, doch es läßt ihr einen Spielraum für geistige Größe, welche die aufgeklärtere Philosophie seines Neffen außer acht läßt. Die Fortsetzung von »Leidacker«, welche die Geschichte der romantischen Streifzüge des jungen Adam sein wird, seiner Menschenliebe zu den Bauern, seiner Gewissenskämpfe, seiner Liebe zur Frau seines Onkels, gehört in das Genre der Romanschriftstellerei.

Thomas radelte oft von Hillerød herüber, um zu Abend zu essen, das Manuskript zu lesen und Kritik zu üben. Sie saßen bis spät in die Nacht auf und redeten, wie sie es in Afrika getan hatten, sich nahe in ihren Gefühlen, weit auseinander in ihren Ansichten.

Durch den Krieg wurde etwas von ihrer alten Verständnisinnigkeit wiederbelebt: »Tanne zeigte mir«, schrieb ihr Bruder, »... in diesem absurden Krieg eine Welt, erhaben über Raum und Zeit. Sicher stimmten unsere Ansichten nicht immer überein, doch nach jedem Gespräch mit ihr kehrte ich ... mit frischer Inspiration zu unseren seltsamen Kriegsverpflichtungen zurück.«[9] Als das Manuskript Anfang 1942 fertig war, legte sie Gyldendal die dänische Fassung vor und brachte die englische Fassung nach Stockholm. Durch Berufung auf »mächtige« Freunde in London – Eden, Duff Cooper, sogar Churchill * – gelang es ihr, die dortige britische Botschaft zu überreden, das Manuskript mit dem diplomatischen Kurierdienst zum Putnam Verlag zu befördern, und Constant Huntington schickte es weiter an Random House in New York. »Ich kann keinen Vertrag unterschreiben und keine Korrekturen lesen«, schrieb sie ihren Verlegern. »Ich lege das Schicksal meines Buchs in Ihre Hände.«[10]

II

Im Frühjahr 1939 hatte Tania Blixen mit Hudson Strode, einem amerikanischen Schriftsteller aus Alabama, einen Spaziergang durch ihren Wald und Garten gemacht. An der Hintertür streifte sie ihre Schuhe ab und zog ein Paar Holzpantinen an. Er hatte sie erst in der Woche zuvor kennengelernt, als sie beide im Yachtclub an der Langelinie zu Mittag aßen – sie im eleganten Kostüm mit Fuchsboa und Pariser Hut – und hatte sie in ihrer ländlichen Aufmachung zunächst nicht erkannt. Ihr Haar war zu einem Zopf geflochten und mit einem Seidenripsband zusammengehalten; sie trug eine alte Flanellhose und zwei schwarze Pullover, und um den Hals einen schwarzen Wollschal. Alle Spuren von Rouge und Augen-make-up waren aus ihrem Gesicht getilgt, und Clara Svendsen bemerkte, daß sie in diesem Aufzug dem Dichter Ewald ähnelte.

Die Baronin und Strode spazierten auf Kieswegen, die mit Ringelblumen, Rainfarn und Rittersporn gesäumt und mit Wildblu-

---

* Eden und Duff Cooper waren gute Freunde von Lord und Lady Winchilsea; ich weiß nicht sicher, wie die Verbindung zu Churchill zustandekam, aber vielleicht geschah es über dieselben Kanäle.

men überwuchert waren. Sie überquerten die kleine, weißgestrichene Holzbrücke, die einen Teich überspannte und zur Ewaldshöhe führte. Hier begann der Wald mit uralten Buchen, Eschen, Ahornbäumen und Erlen, und im Mai war er wie ein großes Gewölbe unter dem Laubwerk, erfüllt von wässrig grünem Licht. Vögel aller Arten nisteten hier, und in den Nesseln wohnten Nachtigallen. Doch die Blätter hatten sich noch nicht entfaltet, und unter ihnen blühten wilde Anemonen. Auf dem Rückweg wies sie stolz auf ihren Küchengarten. Während des Krieges ergänzte dieser die streng rationierten Nahrungsmittel, die im Lebensmittelgeschäft zu haben waren, und die seltenen Male, da Tania Blixen Gäste bewirtete, geschah es zwangsläufig in schlichtem Küchengarten-Stil. Ein Freund erinnert sich an ein winterliches Abendmahl mit Gans und Pfannkuchen bei Lampenschein; das »so *hyggelig* und dänisch«[11] war – und so untypisch. In diesem Sinne suchte sie auch Ablenkungen und Freundschaften in erreichbarer Nähe. Oft fuhr sie auf ihrem Fahrrad, mit Tweedsachen und Kappe bekleidet, Seite an Seite mit den anderen Radfahrern auf dem *Strandvej* und freute sich an ihren Gesprächen. »Bei Automobilen gibt es snobistische Klassenunterschiede«, erkärte sie Strode, »aber bei Fahrrädern zählt das Modell nicht, auch nicht das Alter, ja nicht einmal das Geschlecht.«[12]

Dr. Vibeke Funch erinnerte sich, wie Tania Blixen auf ihrem Fahrrad den steilen Hügel nach Hillerød hinaufstrampelte, mit ihren »komischen alten Sachen« bekleidet, und wie sie einmal mit dem Rad in einem mit Wäscheklammern hochgesteckten langen schwarzen Rock auf ein Gartenfest kam. Dr. Funch behandelt immer noch viele Familien, die ihr Vater zu der Zeit, als er der Hausarzt der Dinesens war, betreute. Sie erinnerte sich an Rungsted, bevor es eine Vorstadt wurde, als das alte, aus Holz erbaute Hotel und sein Badepavillon noch an dem langgestreckten Strand standen und der Dampfer nach Kopenhagen auf dem Sund verkehrte. Sie erinnerte sich auch an Hausbesuche in Rungstedlund, um Tania Blixen Spritzen zu verabreichen, wenn ihre Schmerzen besonders schlimm waren. »Das war äußerst merkwürdig an ihrer Krankheit. Sie konnte an einem Tag daniederliegen, kaum fähig zu atmen, und am nächsten Tag über die Energie eines jungen Mädchens verfügen.«[13]

Hartvig Frisch, ein humanistisch gebildeter Sozialist, einer der führenden Sozialdemokraten, war ein weiterer Nachbar und guter Freund, der Tanne stets mit »Frau Blixen« anredete. Er stellte sie dem Literaturkritiker Aage Marcus und dem großen dänischen Schriftsteller Johannes V. Jensen vor, der 1944 den Nobelpreis bekommen sollte. Tania Blixen schrieb über diese Begegnung an Christian Elling: »Bei der erstbesten Gelegenheit unterhielten wir uns über die Sagas... und waren augenblicklich in einer großen gemeinsamen Begeisterung vereint. J. V. J. war stets freundlich und liebenswürdig zu mir, und Hartvig Frisch sagte einmal: ›Selten habe ich J. V. J.s rares Lächeln so spontan zum Vorschein kommen sehen wie im Gespräch mit Ihnen.‹«[14]

Clara Svendsen zufolge waren die Gespräche mit Frisch für Tania Blixen von großer Bedeutung. Gab es wirklich, hatte sie ihn 1941 skeptisch gefragt, eine echte Arbeiterklasse-Kultur, eine *arbejderkultur*? Sie selbst hatte geschrieben, »die Kunst des Volkes ist satirisch oder wird es sein – eine Art tragische Satire, welche das ganze Elend und Grauen des Lebens als ihr Genre beansprucht und... sarkastisch darüber lacht.«[15] Aber sie spürte auch, daß das Proletariat im heutigen Dänemark sich nicht mehr von der Mittelschicht unterschied.

»Und was ist dann die Lehnsherrenkultur, die *herregaardskultur*?« hatte Frisch zurückgefragt. Sie gab sich große Mühe mit der Antwort und kleidete sie in eine Geschichte. In diesem Frühjahr schrieb sie im Schloß ihres Cousins Graf Bernstorff-Gyldensteen * »Leidacker«. ** Die Geschichte gibt ihre erhabene Auffassung von den Beziehungen zwischen den Klassen in der vorindustriellen Gesellschaft wieder, als ihre gemeinsamen Voraussetzungen sie in gegenseitiger Abhängigkeit aneinander banden, ebenso wie die krassen Gegensätze ihrer Schicksale sie voneinander abhoben. Sie glaubte, daß diese klaren, förmlichen, unveränderlichen Rollen jedem Mitglied der Gesellschaft seine Würde und seinen sittlichen Halt verliehen – eine Rolle, zu spielen in einer göttlichen Anordnung der Dinge. In »Leidacker« kommt auch ihre Meinung am deutlichsten zum Ausdruck, daß die Komödie das Privileg Gottes und des Aristokraten in seiner gottgleichen Stellung ist, während

* Der Graf hatte die Gräfin Sophie Frijs, Daisys Cousine, geehelicht.

** Die Geschichte basiert auf einer mittelalterlichen Fabel, nacherzählt von dem dänischen Schriftsteller Paul La Cour.

die Tragödie das Privileg des gewöhnlichen Sterblichen ist. Leider ist uns nicht bekannt, was Hartvig Frisch über die Erzählung dachte oder sagte.

Steen Eiler Rasmussen, ein bekannter dänischer Architekt, lebte mit seiner Familie in Rungsted und lernte Tania Blixen 1939 kennen. Nach einer förmlichen Vorstellung verkehrten sie auf eher nachbarliche Art. Sie erschien etwa einmal in der Woche zur Teestunde, »in alte Fetzen gekleidet wie eine Märchenerzählerin«, und verkündete, sie wolle sich »nur für fünf Minuten hinsetzen«. Diese Visiten, die sich durchaus bis in den Abend hinein ziehen konnten, waren so »ungekünstelt und spontan wie ihre Redeweise«. In ihren Gesprächen mieden sie den Krieg, sie klatschten lieber oder machten Gesellschaftsspiele, die Tania Blixen sehr liebte. Eins war eine Variation eines alten viktorianischen Fragespiels, des Spiels der Vorlieben, das eine Passion von Tante Bess gewesen war. »Mit wem«, lautete eine Frage der modernen Version, »möchten Sie am liebsten die Nacht verbringen?« »Mit Stalin«, sagte Tania Blixen. »Man würde nie wissen, zu was er imstande wäre.«[16]

Professor Rasmussen erinnerte sich auch, daß sie bei bestimmten Nachbarn die Runde machte. Sie besuchte regelmäßig einen Blinden. Dann saß sie in seinem düsteren Salon, erzählte ihm Geschichten oder las ihm die Nachrichten vor. Er war gebildet und von schulmeisterlichem Wesen und diskutierte gern mit ihr über die dänischen Klassiker. Sie besuchte auch häufig ihre Tante Bess. Bess war damals um die Achtzig, nach wie vor launisch und vital, und Tannes Bücher – Bess war eine Verehrerin von ihnen – hatten den Themenkreis ihrer Debatten stark bereichert. Bess war vermutlich nicht im geringsten beleidigt über ihre Ähnlichkeit mit Tante Maren in »Die Perlen«. Diese Erzählung offenbart Tannes Seite in einem alten Streit – über Sigrid Undsets *Kristin Lavranstochter*. Undset ergreift Partei für die unterdrückte, tugendhafte, schwer arbeitende Frau gegen deren leichtfertigen, adligen Ehemann, und so sah Bess beharrlich die Ehe ihrer Nichte mit Bror Blixen. Tania Blixen interpretiert den Konflikt als eine Sache der Einstellung statt als simple Unterdrückung. In der Erzählung geht es um Jensine, die Tochter wohlhabender, besonnener Bürger, die sich mit einem jungen Edelmann und Gardeoffizier verlobt. Tante Maren, das selbsternannte »Gewissen« der Familie, warnt sie, daß

Aristokraten ein eigener, nicht zu ihr passender Menschenschlag seien, aber Jensine will nichts davon hören. Während ihrer Flitterwochen in Norwegen entdeckt sie jedoch, daß ihre Tante recht hatte. Alexander, ihr Mann, ist ein Mensch ohne jede Furcht und, wie es Jensine scheint, auch gänzlich ohne Neigungen oder irgendwelche moralischen Skrupel. Sie versucht, seine Besorgnis zu wecken, indem sie sich an Klippenränder stellt und bei Gewitter Kahnfahren geht, doch das steigert nur seine Bewunderung für sie. Das einzige, was ihn nervös macht, ist die Art und Weise, wie sie die Perlenkette verdreht, die er ihr geschenkt hat, ein Erbstück, das sich seit Generationen in seiner Familie befindet. Schließlich reißt die Schnur, und Jensine bringt sie zu einem alten Schuhmacher in den Bergen. Sorgfältig zählt sie die Perlen, als sie sie ihm übergibt. Das amüsiert den Alten. Wir erfahren sodann, daß der Schuhmacher ein großer Volkskundler ist und ein Dichter hätte sein können, und die Märchen, die er sammelt, werden mit Perlen verglichen. Als er Jensine ihre Kette zurückgibt, hat sie das Gefühl, daß sie sich leichter anfühlt als vorher, aber aus Trotz gegen ihren Mann zählt sie die Perlen nicht. Als sie nach Kopenhagen zurückkehren, steht der dänisch-preußische Krieg bevor. Alexander glaubt mit heiterer Zuversicht an Dänemarks Unbesiegbarkeit; Jensine hat ein realistischeres Gespür für die Gefahr und ist über die Arroganz ihres Mannes entrüstet. In diesem Moment beschließt sie, die Perlen doch noch zu zählen, möglicherweise, um auf diese Weise Mitgefühl vom Himmel zu erflehen. An der Schnur ist jedoch eine Perle zuviel, statt daß eine fehlte – und diese eine ist mehr wert als die ganze Kette. Sie schreibt dem alten Schuhmacher, und er erklärt in einem reizenden Brief, daß er sich einen kleinen Scherz mit ihr erlaubt habe; die Perle gehörte einer Engländerin, deren Kette er einst neu aufgezogen, und die nie mehr nach der Perle gefragt habe. Jetzt weiß Jensine, daß sie »diese Menschen niemals bezwingen«[17] wird: weder ihren adligen Ehemann, noch den alten Schuhmacher – der, als Handwerker und Poet, mehr mit der aristokratischen Lebenseinstellung gemeinsam hat als mit ihrer eigenen – noch die Engländerin, deren Perlen so kostbar waren, und die sich nie die Mühe machte, sie nachzuzählen. »Diese sorglosen Menschen«, erklärt Langbaum elegant, »sind jene, die durch Symbole leben. Es ist ein Symbol für Beständigkeit, daß die Perlen Alexander etwas bedeuten. Und es war im

Sinne des künstlerischen Spiels, daß der alte Schuhmacher die Perle hinzufügte und so die Geschichte schuf, die mit der Kette weitergegeben werden würde. Doch genau wie in »Der alte, wandernde Ritter«, »Die Sintflut von Norderney« und »Leidacker« beendet Tania Blixen die Geschichte mit der »ironischen Erkenntnis, daß der aristokratische Standpunkt, den sie verteidigt, in jedem Fall besiegt worden war.«[18]

III

1934 war das Jahr des 200. Geburtstages von Johannes Ewald, Dänemarks großem lyrischen Dichter, der in Rungstedlund, vermutlich in Tania Blixens jetzigem Arbeitszimmer, gelebt und gearbeitet hatte. Eine Gruppe seiner Verehrer wollte eine Feier veranstalten, und sie beteiligte sich daran; sie erbot sich, Haus und Garten zur Verfügung zu stellen und bei der Gelegenheit eine Ansprache zu halten. Die Feier fand am 11. Juni statt. Eine große Menschenmenge erklomm die Ewaldshöhe, wo auf der Lichtung ein Podium errichtet worden war, und hörte Reden und Lesungen. Anschließend gab es im Haus einen Empfang mit leichten Erfrischungen. Der nackte alte Dielenboden des Salons war gebohnert und duftete schwach nach Bienenwachs. Die Sommergardinen waren aufgehängt, lange Bahnen aus alter Spitze, die über den Boden wehten. An den blaßblau gestrichenen Wänden hingen Familienporträts in runden vergoldeten Rahmen. Der Raum enthielt einen Kübel mit erlesen arrangierten Rosen auf einer messingbeschlagenen Truhe, einen großen Strauß Wildblumen auf einer hohen Schubladenkommode, Sessel im Louis XVI.-Stil, ein chintzbezogenes Sofa und eine Schnupftabaksdosensammlung auf einer Konsole. Die Fenstertüren zum Garten standen offen, so daß die Gäste hinausspazieren und dabei vielleicht, wie einst Ewald, über »Rungsteds Glückseligkeiten« (»Rungsteds Lyksaligheder«) nachsinnen konnten.

In solchen Augenblicken konnte man die Anwesenheit der Deutschen beinahe vergessen, die bis dahin relativ zurückhaltend gewesen waren. Als Hitler 1940 sein Ultimatum stellte, begriffen die Dänen, daß Widerstand zwecklos war; sie hatten so viele Menschenleben und so viel von ihrer Freiheit gerettet, wie es ihnen möglich war, und die Welt wissen lassen, daß sie nicht für die

Nazis waren. Es war von Anfang an die Politik der Deutschen gewesen, das dänische Leben »normal« weitergehen zu lassen, etwa die Erzeugung lebenswichtiger Nahrungsmittel – Rindfleisch und Butter – zu fördern. Sie wollten Dänemark zudem als Schaukasten für ihr administratives Wohlwollen herausstellen. Die Schulen blieben geöffnet, der Regierung wurde die Ausübung ihrer Gewalt gestattet, wenn auch mit dem Außenminister Erik Scavenius, der sich zur Kooperation mit den Nazis bereit zeigte. Gerichte und Polizei behielten einen Teil ihrer Zuständigkeit, und die – offiziell zensierte – Presse durfte nach Belieben über innere Angelegenheiten berichten, eine Freiheit, von der sie Gebrauch machte, um die dänische Nazipartei anzugreifen. Als Scavenius 1940 den Antikominternpakt unterzeichnete, kam es in den Straßen von Kopenhagen zu Demonstrationen, und aufgebrachte Bürger störten eine Kundgebung der dänischen Nazis, ohne daß die Gestapo eingriff. Der König weigerte sich, Nazis in die Regierung aufzunehmen, und bei den – von den Deutschen befürworteten – Parlamentswahlen 1943 errangen die Nazis weniger als drei Prozent der Stimmen. Es existierte eine Widerstandsbewegung, und die Opposition gegen die Deutschen war weitverbreitet und tiefgreifend. Doch in den ersten zwei Jahren wirkte diese größtenteils dadurch, daß sie *den kolde skulder* – die kalte Schulter – zeigte. König Christian hatte seine Untertanen aufgerufen, Würde und Ruhe zu bewahren, und um ein Beispiel zu geben, ritt er jeden Morgen ohne Eskorte auf seinem Pferd durch Kopenhagen, eine Geste, welche die Dänen sehr rührte und die »die alten Tage des Friedens und der Demokratie symbolisierte«.*

Um 1942 gab es in Dänemark eine aktive Untergrundpresse. Drei Zeitungen erschienen täglich, und couragierte Drucker druckten hohe Auflagen von anti-deutschen Büchern, bevor ihre Pressen zerstört wurden. Eine kleine, von Kommunisten angeführte Kommandogruppe begann mit Sabotageakten, und im ganzen Land wurden heimlich weitere Kämpfer ausgebildet, darunter eine Truppe jütländischer Pfadfinder. Die »V«-Kampagne der BBC wurde von den Dänen mit großem Enthusiasmus aufgegrif-

---

* Richard Petrow, *The Bitter Years: The Invasion and Occupation of Denmark and Norway, April 1940–May 1945*, S. 178. Er trug jedoch niemals eine gelbe Armbinde und versprach auch nie, eine zu tragen.

fen. »Der Brief tauchte überall auf, wo ein freier Platz an einer Mauer war... und Beethovens Fünfte Symphonie wurde im Radio bevorzugt gespielt... denn die Anfangstakte gaben musikalisch ausgedrückt den Morsecode für den Buchstaben V wieder – Punkt-Punkt-Strich.«[19] Als Hitler dem König 1942 einen überschwenglichen Geburtstagsglückwunsch sandte, erwiderte dieser mit einem knappen Telegramm: »Besten Dank, Christian Rex.« Das erzürnte den Führer so sehr, daß er seinen Botschafter zurückberief, von Dänemark die Bereitstellung von 30000 Soldaten für die deutsche Armee forderte, die Ablösung der dänischen Regierung durch dänische Nazis oder Pro-Deutsche verlangte und einen Reichskommissar einsetzte, Werner Best, dem aufgetragen war, »mit eiserner Hand zu herrschen«. Spannungen und Sabotageakte nahmen ständig zu, doch Best erwies sich tatsächlich als ein Gemäßigter, der eine »Politik der Verständigung« mit den Dänen anstrebte.

Dies war der Stand der Dinge im Sommer 1943. Die Deutschen waren an allen Fronten auf dem Rückzug, und am 8. September ergab sich Italien den Alliierten. Der dänische Untergrund erhielt nun erhebliche Hilfe von England, und eine Reihe von Streiks und Demonstrationen hatte die Produktion von Kriegsmaterial lahmgelegt. Best wurde angewiesen, entschieden schärfer gegen die dänischen Freiheiten vorzugehen. Er präsentierte dem Kabinett, dem nun Scavenius vorstand, eine Reihe Forderungen, darunter die Todesstrafe für Sabotage, die Ablieferung sämtlicher Waffen sowie ein striktes Streikverbot. Doch Scavenius verweigerte seine Einwilligung. Die dänische Armee wurde unverzüglich aufgelöst; ihre Offiziere kamen ins Gefängnis, die Schiffe der Marine wurden beschlagnahmt, doch einigen Kapitänen gelang es im letzten Moment, sich mit ihren Schiffen abzusetzen; eine Anzahl prominenter Bürger wurde ins Gefängnis geworfen, darunter zwei Vorsitzende der dänischen jüdischen Gemeinde. Hitler hatte nämlich beschlossen, die dänischen Juden zusammenzutreiben und in das Konzentrationslager Theresienstadt zu deportieren, wenn auch einige Tage später dem Oberrabbiner versichert wurde, daß sie nicht belästigt würden. Unterdessen organisierten die Anführer des Widerstands einen Freiheitsrat, um die Bemühungen und Verbindungen der zahlreichen Gruppen zu koordinieren. Er wurde gerade rechtzeitig gegründet, um eine der außergewöhnlichsten und heroischsten Rettungsoperationen des Krieges durchzuführen: 8000 dänische Juden zu warnen, zu verstecken und in Sicherheit zu bringen.

Die Aushebung der Juden sollte am 1. Oktober erfolgen. Zwei deutsche Truppentransporter waren schon in aller Stille im Hafen von Kopenhagen vor Anker gegangen. Doch am 27. September verriet G. F. Duckwitz, ein für Schiffsangelegenheiten zuständiger Angestellter der deutschen Botschaft, der gegen die Nazis war, die Pläne an die Führer der Sozialdemokratischen Partei.* Sie ließen sofort die zwei jüdischen Vorstände kommen, welche die Nazis eben erst entlassen hatten, den Bankier C. B. Henriques und den Oberrabbiner Feininger. Beide Männer weigerten sich rundheraus, der Warnung Glauben zu schenken, und sagten, nicht nur Werner Best, sondern auch der Bischof von Kopenhagen habe ihnen versichert, daß sie nichts zu befürchten hätten. Verzweifelt wandten sich die sozialistischen Führer an die jüdische Gemeinde, die sich anläßlich des Gottesdienstes vor dem Rosch Ha-Schana Fest versammelt hatte, und baten alle Anwesenden, die Warnung weiterzugeben. »Verwandte warnten Verwandte, Freund warnte Freund, Jude warnte Jude, nicht jüdische Dänen warnten ihre jüdischen Bekannten.«[20] Ortsansässige Anführer des Widerstandes erhielten Namenslisten von Personen, die es aufzusuchen galt. Viele Menschen handelten aus eigenem Antrieb. Der Fahrer eines Ambulanzwagens suchte im Kopenhagener Telephonbuch nach Leuten mit jüdisch klingenden Namen, fuhr mit seinem Ambulanzwagen zu ihnen und erbot sich, sie in ein Versteck zu bringen. Er brachte viele von ihnen ins Bispebjerg Hospital, wo die Ärzte und Krankenschwestern sie mit falschen Krankenblättern auf den Stationen verteilten. Achthundert wurden auf diesem Wege versteckt und gerettet. Mitglieder der Widerstandsbewegung hielten Juden auf der Straße an – sie waren auffällig »wie Raben«, wie jemand es formulierte – und boten ihnen ihre Wohnungsschlüssel

---

* Eine Anzahl Historiker glaubt, daß Best den Verrat »genehmigte«. Er verübelte dem Oberkommando der Nazis, wie sie ihn behandelten. Petrow vermutet, daß die Rettungsoperation niemals so erfolgreich hätte sein können, wenn die Nazis mehr Anstrengungen unternommen hätten, der Juden habhaft zu werden und diejenigen zu verfolgen, die ihnen halfen.

an. Der Schaffner eines Vorortzuges sah einen seiner regelmäßigen Passagiere, einen Fabrikarbeiter, mittags von der Arbeit kommen und erbot sich augenblicklich, ihn und seine Familie zu verstecken. Der Oberrabbiner, die Rebbetzin und ihre fünf Kinder fanden Zuflucht bei einem lutherischen Pastor, der nicht zulassen wollte, daß sie getrennt würden. »So verbreitet war die Hilfsbereitschaft der Durchschnittsdänen, daß bis zum Vorabend des 1. Oktober die meisten Juden irgendwo Unterschlupf gefunden hatten.« Ein Däne schilderte seine Gefühle: »Inmitten dieser Tragödie wurde uns eine große Erfahrung zuteil, denn wir sahen, wie dieselbe Bevölkerung, die sich bislang aus Ehrfurcht vor der deutschen Macht gesagt hatte, ›was können wir machen?‹, wie diese nämliche Bevölkerung sich plötzlich wie ein Mann gegen die Deutschen erhob und ihren unschuldigen Brüdern tatkräftig beistand.«[21]

Als die Razzia begann, legten die Deutschen den gesamten dänischen Fernmeldeverkehr still und schwärmten mit den Namen von achttausend dänischen Juden aus. Sie fanden nur gut zweihundert. Die ärmsten Juden – die bedürftigen, diejenigen ohne Familie oder Kontakte – hatte man nicht erreicht. Ein orthodoxes Altersheim war übersehen worden, und die Insassen, alle zwischen siebzig und neunzig Jahre alt, wurden in die Synagoge gebracht, brutal geschlagen und gezwungen, der Entweihung des Gotteshauses durch die Gestapo beizuwohnen. Einige Familien hatten sich geweigert, den »dummen Gerüchten« zu glauben und wurden festgenommen. Aber mehr als siebentausend Juden waren in Verstecke gebracht worden. Am Sonntag, dem 3. Oktober, verlasen der Bischof von Kopenhagen und sämtliche lutherischen Pastoren im Lande gleichzeitig eine Proklamation auf ihren Kanzeln, in der sie die Judenverfolgung verabscheuten und ihre Pflicht als Christen bekräftigten, dagegen anzugehen. Arbeitergewerkschaften, Lehrer, Rechtsanwälte, die Polizei, das oberste Gericht Dänemarks und zahlreiche gesellschaftliche Gruppen protestierten gegen die Deutschen, und die Universitäten stellten für eine Woche den Betrieb ein. Der Freiheitsrat verurteilte die »Pogrome« und verkündete, daß jeder Däne, der den Nazis half, als Verräter gelten werde, wenn Deutschland besiegt würde. Das Schicksal der Juden war mit dem Schicksal Dänemarks verknüpft, und es aktivierte den Widerstand und den Kampfgeist der gesamten Nation.

Tania Blixen sollte an jenem Sonntag, dem 3. Oktober, eine Ansprache vor einem Bibliothekarstreffen in Hørsholm halten. Unter den Bibliothekaren war eine junge Frau namens Birthe Andrup, die Tania Blixen fortan für den Rest ihres Lebens besuchen und mit ihr korrespondieren sollte. Die geplante literarische Tagesordnung wurde sogleich über Bord geworfen, und das Treffen verwandelte sich statt dessen in einen Kriegsrat. »Für Tania«, schrieb Birthe Andrup, »erhielt es noch eine zusätzliche Dimension, diese betraf ihren Vater und die Schlacht, in der er mit achtzehn bei Dybbøl gegen die Deutschen gekämpft hatte. Derselbe Kampf war nun der unsere.«[22]

Sie besprachen die Strategie, die von der Widerstandsbewegung in ganz Dänemark koordiniert wurde, wie man die Juden aus ihren verschiedenen Verstecken über den Sund ins neutrale Schweden schaffen könne, welches unter beträchtlichem Druck zugesagt hatte, sie aufzunehmen. Die Entfernung betrug knapp 25 Kilometer, doch die Gewässer wurden von deutschen Kanonenbooten bewacht, und die Kapitäne der Fischereiflotte, die sich bereiterklärt hatte, die Juden zu befördern, wußten, daß sie womöglich mit ihnen exekutiert oder deportiert würden, falls man sie erwischte. Die Aktion wurde mit enormem Heroismus und Wagemut in Etappen durchgeführt. Viele Häuser am *Strandvej* dienten als Stationen auf der Fluchtroute, und Tania Blixen hatte zwei Freunden in der Widerstandsbewegung, Johannes Rosendahl und ihrem Arzt Mogens Fog, der auch dem Freiheitsrat angehörte, die Schlüssel zu ihrer Küchentür gegeben. »Juden waren in der Küche und Nazis im Garten«, erzählte sie Parmenia Migel. Abends ging sie in ihren Kleidern zu Bett, sie blickte aus ihrem Mansardenfenster und betete um Dunkelheit. Als die Deutschen kamen, um das Haus zu durchsuchen, hielt sie sie an der Tür auf, »sie griff sie mit Sarkasmus und rüdem Spott an ... Es war eine Wohltat und eine Befriedigung, sie zu beleidigen, und falls sie damit überhaupt etwas riskierte, dann war dieses Risiko sehr gering.«[23]

Eine Gruppe Juden wurde von einem Fischer verraten und eine andere von einer pronationalsozialistisch eingestellten Dänin, und zusätzlich zu den 200 am ersten Abend Festgenommenen wurden noch einmal 275 ergriffen und deportiert. Doch bis Anfang November waren 7200 dänische Juden nach Schweden in Sicherheit gebracht worden. Die Rettung hätte nicht so erfolgreich verlaufen können, wenn nicht viele Deutsche ein Auge zugedrückt hätten. Ein Arbeiter der Widerstandsbewegung hielt mit einem Wagen voll jüdischer Kinder an einer Straßensperre, sah dem deutschen Soldaten in die Augen und sagte einfach: »Seien Sie ein Mensch.«[24] Der Soldat ließ sie passieren. Es gab jedoch auch Verbitterung wegen des Geldes, das seine Besitzer gewechselt hatte; einige Kapitäne verlangten enorme Summen, und einige Juden weigerten sich, für ihre ärmeren Brüder zu bezahlen. Für die Juden war es gewiß eine »Zeit finsterster Verzweiflung«. Doch für die nichtjüdischen Dänen war es ein Augenblick des Triumphes – und der Wendepunkt der Okkupation. »Der Oktober 1943 bezeichnete die Wiedergeburt von Hoffnung und Würde durch Handeln... Seine Anstrengungen zur Rettung der Juden verliehen dem dänischen Untergrund einen Auftrieb, der bis zum Endsieg anhielt.«[25]

Es ist erwähnenswert, daß das dänische Volk, als es mobilmachte, um die Juden zu retten, im Einklang mit einem von Tania Blixens meistgeschätzten und meistwiederholten Grundsätzen handelte. Beim Lesen der Berichte über die Okkupation hat man das Gefühl, daß der Mut der Dänen nicht einfach ihrem tiefen humanitären Engagement, ihrem Mitgefühl für die Verfolgten oder gar ihrem Haß auf die Deutschen entsprang, wenngleich dieser daran teilhatte. Es war der Begriff der Ehrenhaftigkeit, ein Stolz, der einem ganzen Volk in seiner Menschlichkeit eigen war. Sie wollten nicht beiseitestehen und diesen Stolz verletzt sehen.

Leben im Käfig

I

Als die *Wintergeschichten* 1942 in Dänemark erschienen, gab Tania Blixen Annamarie Cleeman ein Interview, das in *Samleren* erschien. »Ich glaube nicht, daß ich je dazu kommen werde, einen Roman zu schreiben«, sagte sie, »obgleich man nie etwas abschwören sollte – denn es ist nicht die Länge, die den Ausschlag gibt... Es ist ein qualitativer Unterschied zwischen einem Roman und einer Kurzgeschichte, einer Erzählung.«*

Doch da ihr sehr langweilig war und sie das »Leben im Käfig« zu zahm fand, schrieb sie einen Roman, eine Art Thriller, den sie *Die Rache der Engel* nannte. Gyldendal gab ihr einen Vorschuß und stellte ihr eine Stenotypistin zur Verfügung, und sie spann, wie sie offen zugab, die Geschichte während des Schreibens weiter. Sie hatte nicht die Absicht, ein literarisches Werk zu schaffen, sondern die Arbeit sollte ihr »ein wenig Spaß« machen. Auch schrieb sie nicht unter einem ihrer eingeführten Namen. Das Buch erschien 1944 unter dem französischen Pseudonym Pierre Andrézel.**

---

* Annamarie Cleeman, »Karen Blixen Fortæller«, *Samleren*, S. 33. Ein Roman, sagte sie, skizziert und beschreibt, liefert psychologische Motivation und kann sich durchaus solcher Ausdrucksformen bedienen, die man nicht gesprochen hört. Eine Geschichte hingegen »behandelt, was geschieht und *wie* es geschieht. Die Geschichte ist die Ursprungsform der Literatur... Geschichten sind so geschrieben, wie man spricht. Ich hoffe auch, daß man meine Geschichten erzählen kann, denn so sind sie konzipiert, und so ist meine natürliche Ausdrucksform, wenn ich schreibe.«

** »Übersetzungen« aus dem Englischen waren untersagt.

Der Presse fiel es indes nicht schwer, sie zu enttarnen, und von *Politiken* gebeten, ihre Urheberschaft zuzugeben, lehnte sie ab mit der Begründung, Andrézel würde sich vielleicht nicht dazu bekennen wollen.

Die Geschichte von *Die Rache der Engel* ist erfrischend simpel. Zwei schöne arme Mädchen werden infolge unglücklicher Umstände die Mündel eines puritanischen schottischen Pastors und seiner Frau, die sie zur »Ausbildung« in eine Villa nach Südfrankreich bringen. Die Mädchen entdecken, daß die Penhallows in Wirklichkeit weiße Sklavenhändler sind und sie nur gut behandeln, um die Obrigkeit von der Spur der Abscheulichkeiten des Paares abzulenken. Sie bemühen sich vergebens, vor ihren Bewachern geheimzuhalten, daß sie die Wahrheit wissen, und Penhallow versucht sie zu beseitigen. Doch am Ende erhängt er sich, und die Mädchen heiraten stattliche Edelmänner. Das Buch wurde sehr beliebt und verkaufte sich zügig, genau wie es die Verfasserin sich erhofft hatte. Einige Kritiker erwiesen ihr die Ehre, eine politische Allegorie darin zu entdecken – die zwei unschuldigen Jungfrauen waren Dänemark, und Penhallow war Hitler – und das steigerte Verkauf und Ansehen, da es mutig war, die Nazis zu verspotten. Doch bei einigen von Tania Blixens glühenden Anhängern, den Hütern ihrer Autorschaft, sowie einer Anzahl Rezensenten rief das Buch einen Schrei der Entrüstung hervor, fanden sie doch, sie habe ihren Ruf durch das Schreiben von »Schund« besudelt. Birthe Andrup, die Bibliothekarin aus Hørsholm, gehörte ursprünglich zu ihnen. »Nein, Sie werden weder meine Berliner Chronik noch sonst etwas bekommen«, schalt Tania Blixen sie, »solange Sie Ihre germanische Einstellung zu Pierre Andrézel nicht ändern oder zumindest davon Abstand nehmen, sie mir aufzutischen.«[1] Später bekannte Tania Blixen Birthe Andrup ihren Ärger über die Angelegenheit: »Es gibt etwas in der dänischen Mentalität, das ich nicht ›erfassen‹ kann, und ich habe mich einsam gefühlt, seit ich aus Afrika heimgekehrt bin. Die Dänen sprechen die ganze Zeit von ihrem Sinn für Humor, ›*det danske Lune*‹, aber... sie haben so oft darauf *bestanden*, mich ernst zu nehmen, sie waren nicht fähig oder willens, mit mir zu ›spielen‹... Es ist ein schrecklich beunruhigendes Gefühl, die einzige Berauschte in einer Gesellschaft von vollkommen nüchternen Menschen zu sein, man kommt sich unterdrückt vor... Dabei trifft einen keine

Schuld, denn man sollte das Recht haben, ein wenig trunken zu werden (›das Beste am Leben ist doch der Rausch‹). Und man kann sich doch so wohlfühlen, wenn man in einer mißlichen Lage ein Gläschen Champagner in der Hand hält.«[2]

Das versöhnlichste und klügste Wort zu der Affäre kam von dem Kulturkritiker Christian Elling. In einem Artikel in *Politiken* spielte er auf die venezianische Sitte im achtzehnten Jahrhundert an, sich eine kleine Maske ans Revers zu stecken, wenn man inkognito gehen wollte, ohne sich die Mühe zu machen, sich zu verkleiden, und er bemerkte, daß dieses Symbol respektiert wurde. Ein Pseudonym verleiht einem Schriftsteller dasselbe Privileg. »*Die Rache der Engel* muß von Pierre Andrézel geschrieben sein«, schloß er. »Sein Name steht auf der Titelseite.«[3]

II

Ebenfalls auf der Titelseite stand der Name der angeblichen Übersetzerin von *Die Rache der Engel*: Clara Svendsen. Dieser Name sollte in den kommenden zwanzig Jahren mit dem von Tania Blixen aufs engste verbunden sein. Anfangs war Clara ihre Hausgehilfin und Köchin; später wurde sie ihre Sekretärin und Gesellschafterin, ihre Krankenschwester und Übersetzerin und schließlich ihre Nachlaßverwalterin.

Clara Svendsen * hat alle die Jahre diskrete Zurückhaltung geübt, wie sie es auch tat, als sie für die Baronin arbeitete. Ihre Erinnerung an diese Dienste sind schlicht *Notater om Karen Blixen* (Anmerkungen zu Karen Blixen) betitelt, allerdings kann man »notater« auch mit »Minuten« übersetzen, und genau das sind sie: ein unausgeschmückter, ausgesprochen sachlicher Bericht über das Alltagsleben mit seinen kleinen Freuden und Ärgernissen. Parmenia Migel schildert Claras Schlichtheit, ihre Jugend – stetes Erröten und Augenniederschlagen – als sie ihre Arbeit in Rungstedlund antrat. Doch in Wahrheit war sie damals 28, hatte einen aussichtsreichen akademischen Beruf, sprach mehrere Sprachen gut genug, um aus ihnen zu übersetzen (einschließlich La-

* 1980 änderte Clara Svendsen ihren Namen in Clara Selborn, doch zur Vermeidung von Verwechslungen verwende ich den Namen, unter dem sie als Angestellte von Tania Blixen bekannt wurde.

tein), und war ausgebildete Pianistin. Ihre Briefe aus jener Zeit zeigen Stil, einen ausgeprägten Sinn für Ironie sowie einen starken geistigen Ehrgeiz – ähnlich dem von Tania Blixen, jedoch gleichsam eine Negativversion desselben. Während Tania danach strebte, Priester zu sein, war es Claras Bestreben, Jüngerin und Mittlerin zu sein. Ihr Vorbild war der heilige Adauktus, der Märtyrer der Märtyrer, der »Außergewöhnliche«, der den heiligen Felix mit einer Gruppe Christen in den Tod gehen sah, auf die Idee verfiel, mit ihnen zu gehen, dieses tat, starb und seliggesprochen wurde. »Ich denke«, schrieb Clara an Tania Blixen, »wenn ich wirklich zu existieren hoffe... dann muß es als eine Adaukta sein. Sollte ich Gelegenheit haben, *Ihnen* ein- oder zweimal einen Dienst zu erweisen... dürfte ich mich gewiß nicht so auffällig verhalten wie der gute Adauktus.«[4]

Als Clara Tania Blixen näher kennenlernte, aber noch nicht bei ihr wohnte – das war in der zweiten Hälfte des Jahres 1943 – saß sie in Rungstedlund am Kamin und beschrieb jene Vorkommnisse und Stationen in ihrem Leben, die sie, wie Tania Blixen wohl deutlich sehen könne, zu einem Menschen gemacht hatten, für den »Existenz im wörtlichen Sinne eine Frage von Leben oder Tod bedeutete«.[5] Ihre Mutter war gestorben, als Clara fünf Jahre alt war. Mit sieben oder acht hatte ihr Vater sie ins Museum in Kopenhagen mitgenommen, wo sie eine Darstellung Christi unter den Toten gesehen hatte. Das Bild machte einen überwältigenden Eindruck auf sie, vielleicht jenem Eindruck vergleichbar, den die erotische Pastorale des 18. Jahrhunderts in »Die Sintflut von Norderney« auf Calypso oder in »Die Heldin« auf Frederick Lamond gemacht hatte. Einer einsamen Person, die einen schmerzlichen Verlust erlitt, wird suggeriert, daß es ein kraftvolles Potential gebe, von dem sie nichts geahnt hatte, eine Welt der Liebe, Freunde und Anerkennung. Clara beschloß, trotz des heftigen Widerstands ihres Vaters und dessen zweiter Frau, katholisch zu werden. Sie studierte Theologie und Kirchengeschichte, und als sie ein Stipendium für die Universität erhielt, zog sie in eine kleine Wohnung, um unabhängiger zu sein, hielt sich in den Sommerferien mit verschiedenen Arbeiten über Wasser und blieb bei ihrem Plan zu konvertieren.

Mit siebzehn, in dem Alter, in dem Tanne Dinesen sich »vollendet« dünkte, und in welchem die hochgeborenen Jungfrauen in ihren Erzählungen das Kloster verlassen und verheiratet werden, entdeckte Clara, daß ihr Leben für eine weitere Leidenschaft Platz hatte, allerdings von anderer Art. Sie verliebte sich in Byron und bekannte Tania Blixen, daß dieser Mann, »der vor hundert Jahren starb, mich mehr faszinierte als irgendein Lebender«.[6]

Die Baronin war nicht gewillt, sich von Byron überstrahlen zu lassen, ja, nicht einmal von Gott. Wenn sie auch gewiß von Claras Vertrauen gerührt war, mit welchem diese sich für das ihre erkenntlich zeigte, so war sie doch vielleicht auch von einem kleinen Funken der Rivalität angestachelt. Sie sah Clara in die Augen und erzählte ihr, was bis dahin ein innerhalb der Familie gehütetes Geheimnis war: daß ihr Mann sie in ihrem ersten Jahr in Afrika mit Syphilis angesteckt hatte. Noch nie hatte Clara einen lebenden Menschen mit einer so »gemarterten Miene«[7] gesehen.

Die Würfel waren gefallen, und Clara wußte es. Sie war außerhalb der Kirche einer »heimlichen Märtyrerin«[8] begegnet. Im November 1943 erklärte sie der Baronin in einem Schreiben aus Risskov, wo sie als Lehrerin arbeitete, wie die Erzählungen ihr die Bedeutung des echten religiösen Glaubens offenbart und ihr Erleben der Kommunion verändert hatten. Sie schilderte die Geschichte des heiligen Adauktus und erbot sich zu jedem, wenn auch noch so geringfügigen Dienst, zu dem sie imstande sei. Sie wies Tania Blixen auch darauf hin, daß sie eine dem Märtyrer der Märtyrer sehr ähnliche Figur geschaffen habe, nämlich in Marcus Cocoza, der sich darauf freute, sich an der Pforte des Paradieses als »Freund von Pellegrina Leoni« vorzustellen. Dies, so ließ sie durchblicken, sei auch ihr Bestreben. Clara Svendsen diente Tania Blixen mit bemerkenswerter Selbstlosigkeit bis zu deren Tod und widmete später einen großen Teil ihres Lebens der Verwaltung der Blixen-Archive und des literarischen Nachlasses. In jedem wahren Glauben sind Zweifel und Leugnen enthalten, ohne welche er nicht wahr wäre. Und trotz der Demut, die Clara bewies, und der Demütigungen, die sie zuweilen erlitt, sah sie vielleicht, wie Tania Blixen, ihre Existenz in den simplen, erhabenen, absoluten Gleichungen einer Parabel.

III

Nach ihren ersten Begegnungen – bei einem kirchlichen Wohltätigkeitsbasar, wo Tania Blixen eine Ansprache hielt, beim Tee in Rungstedlund, sowie an einem Sommernachmittag, als Clara eingeladen war, im Garten Erdbeeren und Pfingstrosen zu pflücken – weihte Tania Blixen sie in den ausgeklügelten Plan zur Wahrung der Identität von Pierre Andrézel ein. Sie schlug vor – und Clara war natürlich dazu bereit – daß ihr Name als »Übersetzerin« auf der Titelseite stehen sollte.

1944 hatte Clara Gelegenheit, der Baronin einen weiteren Dienst zu erweisen. Eine Zeitlang hatte sie in Rungstedlund ein ausgezeichnetes, wenn auch exzentrisches Hausmädchen gehabt, Karen Hansen, die in einem Waisenhaus aufgewachsen war, klassische Musik liebte und sich von ihrer Arbeitgeberin nicht einschüchtern ließ. Sie hatte jedoch Asthma, und das wurde durch die feuchte Seeluft verschlimmert, so daß der Arzt ihr riet, ins Landesinnere zu ziehen.

Clara wurde nun beauftragt, Ersatz zu finden, und als auf Umfragen und Anzeigen keine Reaktion erfolgte, entschloß sie sich zu einem »unkonventionellen Abstieg auf der Karriereleiter«[9] und bot sich selbst als Köchin und Hausgehilfin an. Die Baronin, schrieb Clara, hatte gewisse Bedenken, daß jemand »sich opferte«; sie befürchtete außerdem, schrieb Parmenia Migel, daß Clara, »indem sie ihr zur Hand ging, ihr höchstwahrscheinlich auf die Nerven gehen würde«.[10] Aber es war nicht ihre Art, sich dem Schicksal eines anderen Menschen in den Weg zu stellen, und sie hatte um diese Zeit einen Traum, in dem Denys, Farah und Clara zusammen erschienen. So wurde Clara mit einer Uniform ausgestattet und alsbald gebeten, Tania Blixen in der dritten Person und mit *Baronessen** statt schlicht mit der Höflichkeitsform des »Sie«

---

* Mitte der fünfziger Jahre bat Tania Blixen Clara, sie *Tania* zu nennen, und 1961, ein Jahr vor ihrem Tod, bat sie sie, *Tanne* zu sagen. Was die Titulierung *Baronessen* betrifft, so ist es im Dänischen (wie im Deutschen) möglich, jemanden in der dritten Person anzureden und den Titel statt des Pronomens *Sie* zu benutzen. »Möchten Herr Professor noch ein Törtchen?« »Ja, danke. Die Baronin sind zu gütig.« Es ist eine sehr förmliche Anredeform.

Mit einem kleinen Kreis von Freunden und Freundinnen aus ihrer Kindheit war Tania Blixen auf du, aber für das übrige Dänemark war sie die Baronin. Die Förmlichkeit war natürlich nicht einseitig. Wo es möglich war, redete sie die Leute mit ihrem Titel an. Der junge Dichter Thorkild Bjørnvig war stets der Magister, ihr Nachbar Steen Eiler Rasmussen war der Professor. Die strenge Förmlichkeit enthielt stets ein spielerisches, ironisches Element, ganz so wie in aristokratischen süd-

(De) anzusprechen. Das kränkte Clara keineswegs, sie fand es vielmehr ganz normal.

Clara erwies sich als guter Zauberlehrling. Sie hatte keine Ahnung vom Kochen; Tania Blixen warf munter eine Ladung Wildpilze auf den Tisch und bat, sie zum Tee auf Toast zu servieren, oder in Pastetchen zum Abendessen, wie Kamante sie zuzubereiten pflegte, oder sie wies sie auf ein einfaches Rezept in Frau Beetons Kochbuch für pochierten Steinbutt mit Sauce Hollandaise hin. Clara betrachtete die sonderbaren Pilze oder den toten Fisch mit unkatholischer Verzweiflung und machte gewöhnlich etwas Ungenießbares daraus.

Später erzählte Tania Blixen die Geschichte Truman Capote – mit erheblicher dichterischer Freiheit: »Nach drei abscheulichen Mahlzeiten beschuldigte ich sie, ›Meine Liebe, Sie sind eine Hochstaplerin. Sagen Sie die Wahrheit!‹ Sie weinte und erklärte mir, sie sei eine Lehrerin aus dem Norden Dänemarks und liebe meine Bücher... Da sie nicht kochen konnte, kamen wir überein, daß sie meine Sekretärin sein sollte. Ich bereue den Entschluß unendlich, Clara ist eine schreckliche Tyrannin.«[11]

Doch Clara wurde nicht gleich Tania Blixens Sekretärin. Als offensichtlich war, daß sie als Köchin keine Zukunft hatte, befand sie, sie könne ihre zukünftige Beschäftigung in Rungstedlund am besten damit rechtfertigen, daß sie Erfahrungen als Hausgehilfin sammelte, und sie bewarb sich bei einer reichen Familie auf dem Lande, deren Tochter sie einst in Englisch unterrichtet hatte. »Ich weiß«, sagte sie zu den Leuten, »daß meine Stellung nicht dieselbe

---

amerikanischen Familien das jüngste Kind von allen anderen oft mit *usted* (hintangestellte spanische Höflichkeitsformel, entspricht etwa dem österreichischen Euer Ehren) angeredet wird. Doch die Leute lachten die Baronin deswegen aus. Sie verteidigte sich ziemlich lahm mit der Behauptung, daß es alter schwedischer Brauch und ihrem schwedischen Titel angemessen sei; sie sei jedenfalls daran gewöhnt. Manche Leute, auch Familienangehörige, bezweifelten, daß es für eine geschiedene Frau rechtmäßig und schicklich sei, den Titel ihres früheren Mannes beizubehalten, und als sie aus Afrika zurückkehrte, hatte sie für kurze Zeit erwogen, sich »Frau Dinesen« zu nennen. Aber das war aus vielerlei Gründen schwierig, und sie entschied sich schließlich gegen eine Namensänderung mit der Begründung, daß ihre früheren Bediensteten sie dann nie erreichen könnten.

sein kann wie früher...«[12] Im November 1944 kehrte sie als Hausgehilfin nach Rungstedlund zurück.

Clara Svendsen war und ist, auch mit über sechzig Jahren, eine überaus jugendlich wirkende Frau mit mädchenhaften Haaren. Sie hat ein breites Gesicht, weiche Wangen, sanfte Augen und einen großen Mund. Sie trägt eine schlichte Frisur, und ihre Kleidung ist ausnahmslos bescheiden. Clara ist nicht besonders groß, wirkte aber so neben der zarten, winzigen Tania Blixen. Als Paar gaben sie ein recht pikantes Bild ab – Sancho Pansa und Don Quijote, wie sie selbst sagten. Im Laufe der Jahre wurden über die Natur dieser Beziehung alle möglichen zynischen und phantastischen Mutmaßungen angestellt, wie es sie auch im Fall der Baronin und Farah Adens gegeben hatte. Tania Blixens Familie war entsetzt über die Art und Weise, wie sie Clara »beschimpfen« konnte und wie Clara sich behandeln ließ. Aber Tanne hatte ihnen einst zu verstehen gegeben, daß Intimität etwas Geheimnisvolles ist, daß kein Außenstehender sich anmaßen sollte, eine Ehe zu beurteilen, und daß dieselbe zweifelnde Unwissenheit auch anderen intimen Bündnissen zustehe. Die Tiefe von Tania Blixens Empfindungen in ihren Beziehungen wurde aufgrund ihres heftigen Temperaments und beißenden Witzes gewöhnlich von den Leuten falsch eingeschätzt oder gedeutet. Ihre Beschimpfungen waren zumeist belanglos, und sie bedauerte sie hinterher. Es war ein intensives Erlebnis, ihre Freundin zu sein, und der weitaus größte Bestandteil dieser Intensität war die außergewöhnliche Kraft ihrer Liebe. Clara gibt uns in einem Satz aus einem Brief von 1944 einen kurzen Einblick in den wahren Gehalt dieser Beziehung: »Nie habe ich mich«, schrieb sie an Tania Blixen, »so überwältigt, vernichtet und beseligt gefühlt wie jüngst bei Ihnen.«[13]

IV

Während des Krieges strebten weitere junge Menschen zu Tania Blixen. Erling Schroeder, ein Theaterdirektor, kam, um die eventuelle Dramatisierung einer ihrer Erzählungen mit ihr zu besprechen, und blieb lebenslang ihr Freund. Er besaß das Aussehen und den Charme des Matinee-Idols, das er einmal war, eine silberhelle Stimme, galante Manieren, und Tania war, wie Parmenia Migel schreibt, »so anfällig wie nur irgend jemand, doch am Ende war es

Schroeder, der unterlag.«[14] Er wurde ihr Vertrauter, war unendlich geduldig mit ihren düsteren Stimmungen, und wenn sie das Bedürfnis hatte, gesagt zu bekommen, sie sei schön, dann rief sie ihn zu sich, und er tat ihr den Gefallen. Er war zudem ein Mensch, mit dem sie »tändeln« konnte: tagträumen, klatschen, flirten, eine zutrauliche, hemmungslose Koketterie an den Tag legen.

Auch Johannes Rosendahl lernte Tania Blixen 1943 kennen. Er war Literaturkritiker und Schriftsteller, unterrichtete damals an der Oberschule und hatte einen Aufsatz über Tania Blixen geschrieben, der ihr gefallen hatte. Sie lernten sich kennen; sie war, ebenso wie Ole Wivel, hingerissen von der heroischen Größe seines Charakters, und mit dem für sie »typischen Instinkt« für die wahren Fähigkeiten ihrer Freunde schickte sie ihm ein kleines Dankgeschenk für den Aufsatz, eine leere Streichholzschachtel mit dem Abbild von »Tordenskjold« * und einem Zettel: »Solche wie er müßte es viele geben!«[15]

Rosendahl war damals Pazifist, wurde jedoch später in der Widerstandsbewegung aktiv und war einer der couragiertesten Saboteure in Südjütland. Er war den Nazis verhaßt, die ihn schließlich gefangennahmen, folterten und zum Tode verurteilten. Er überlebte jedoch und hielt es nach dem Krieg Tania Blixen zugute, ihn zum Handeln inspiriert zu haben.

Ole Wivel, der in seinen Erinnerungen die Geschichte von Rosendahls Heldentum erzählt, lernte Tania Blixen ebenfalls 1943 kennen. Er war ein schmächtiger, eleganter, sehr blonder junger Mann aus einer reichen Kaufmannsfamilie, die etwas südlich von Rungstedlund ein Gut an der Küste besaß. Er war erst Anfang zwanzig, wurde als Kaufmann ausgebildet, schrieb aber Gedichte. Er besaß große literarische und geistige Ambitionen, war jedoch gleichzeitig von »Gewissensbissen und Selbstverachtung«[16] erfüllt. *Sieben phantastische Geschichten* hatte ihn nicht sehr angesprochen, doch er und sein bester Freund, Knud W. Jensen, hatten die *Wintergeschichten* laut gelesen, die sie dermaßen bewegten und mit ungestümer Bewunderung erfüllten, daß sie anschließend keinen Schlaf finden konnten. Daraufhin hatte er an Tania Blixen

---

* »Tordenskjold«, dessen Kopf auf dänischen Streichholzschachteln abgebildet ist, war der Deckname von Admiral Wessel (1690–1720), einem großen dänischen Marinehelden.

geschrieben und ihr sein Manuskript mit Gedichten geschickt, und sie hatte mit einer Einladung, sie zu besuchen, geantwortet.

»Tania Blixen stand im Wohnzimmer und empfing mich mit einer Freundlichkeit und einer Ruhe, die augenblicklich befreiend wirkten. Ein Feuer brannte im Kamin, wir setzten uns und tranken Tee, sie rauchte eine Zigarette nach der anderen und sprach ohne Unterbrechung, langsam und mit der ihr eigenen Ausdrucksweise, die gleichzeitig von althergebrachter Kultur und Ernsthaftigkeit geprägt war und ... von einem Nuancenreichtum erwärmt wurde.«[17] Sie sprachen von der Nachbarschaft, dem *Strandvej*streifen, der ihnen beiden so vertraut war, und währenddessen nahm Wivel ihre Gegenwart in sich auf, ihre »großen, dunklen, strahlenden Augen und das lange, zu einem Zopf geflochtene Haar ... Sie hatte eine graue Strähne im Haar, doch sie wirkte jugendlich, als sie aufstand und die Verandatüre zum Garten öffnete und davon sprach, wie ihr Vater und ihre Mutter diesen Ort geliebt hatten. Es war einer der mildesten Winter, deren ich mich erinnern kann, der Januar hatte etwas Frühlinghaftes, und der Sund lag eisfrei und färbte sich blau im Sonnenschein.«[18]

Von da an besuchten und schrieben sie sich. Wivel schickte ihr seinen Aufsatz über ihre Arbeit als Schriftstellerin, den sie als »originell und gedankenreich« lobte. Er vernahm stolz, daß sie »meine Schriftstellerei genau so verstanden haben wollte«. Doch als er ihr ein Prosastück schickte, war sie aufrichtig zu ihm. »Ich glaube, Sie haben Talent, aber es fehlt Ihnen gewissermaßen an Courage ... es erfordert schrecklich viel Courage, schöpferisch zu sein! Ein französischer Offizier, der im *Concours hippique* ritt, sagte mir einmal, zuerst müsse man *jeter le cœur* über den Zaun (das Herz über den Zaun werfen), danach sei es leicht, das Pferd folgen zu lassen. Mit dem Schreiben verhält es sich genauso.«[19]

Neununddreißigstes Kapitel

Heretica

I

Die Deutschen waren natürlich erzürnt, daß siebentausend Juden vor ihren Augen verschwunden waren, und griffen zu Vergeltungsmaßnahmen. Sie unternahmen Razzien in den Häusern verdächtiger Anführer der Widerstandsbewegung. Verdächtige wurden fortgeschleppt, gefoltert und getötet. Daraufhin schritt der Widerstand zu Sabotageakten, sprengte Nachschubdepots und sogar Fabriken und exekutierte jeden Dänen, von dem bekannt war, daß er seine Mitarbeiter verraten hatte. Die Deutschen schlugen mit der Ermordung des Schriftstellers Kaj Munk und anderer elitärer Kulturgrößen zurück. Sie brannten den Tivolipark nieder und organisierten Verbrecherbanden zur Begehung von Terrorakten auf Kopenhagens Straßen – Vergewaltigungen, Überfälle und die willkürliche Ermordung von Passanten. Die Spannung in der Hauptstadt war so groß, daß im Sommer 1944 eine Ausgangssperre verhängt und Versammlungen von mehr als fünf Personen verboten wurden. Einen Tag später legten die Beschäftigten der beiden größten Werften des Landes die Arbeit nieder; andere Arbeiter folgten ihrem Beispiel, was in Kopenhagen zu einem spontanen Generalstreik führte. Die Bürger gingen auf die Straße und demonstrierten gegen den Gestapo-Terror. Reichskommissar Best rief daraufhin das Kriegsrecht aus und sperrte Strom-, Gas- und Wasserversorgung der Stadt, doch diese Taktik nützte nichts; die Demonstrationen nahmen nur noch zu.

Als sich im September erwies, daß die Polizisten mit der Widerstandsbewegung zusammenarbeiteten, beschlossen die Deutschen, sie auszuheben und in Konzentrationslager zu schicken.

Vor der Razzia begaben sich die Polizeibeamten in Verstecke wie zuvor die Juden, doch zweitausend wurden festgenommen und deportiert. Von da an bis zum Ende des Krieges war Dänemark ohne Polizei, und die Bevölkerung organisierte unbewaffnete Freiwilligenpatrouillen, die sich, so gut sie konnten, des Problems der allgemeinen Kriminalität annahmen. In den letzten Monaten der Okkupation stiegen Gewalt und Blutvergießen dramatisch an: Eisenbahnstrecken wurden gesprengt, die Gestapohauptquartiere in Jütland, Kopenhagen und Fünen wurden bombardiert und ihre Archive vernichtet, und »Vergeltungsmaßnahmen erfolgten mit zunehmender Gewalt und Brutalität.«[1]

Am 17. April feierte Tania Blixen ihren 60. Geburtstag in aller Stille mit einer Kakao-Party für ihr Personal. Dieses bestand unterdessen aus Clara als Sekretärin und Hausgehilfin, Helene Lundgren, der Gärtnerswitwe, die vorübergehend als Haushälterin diente, Alfred Pedersen, dem alten Chauffeur und früheren Kutscher der Familie, und Herrn Nielsen, dem neuen Gärtner, der Tania Blixen einen jungen Schäferhund schenkte. Sie nannte ihn Pasop * nach dem Hund des Bauern in »Die Sintflut von Norderney«, der die Nacht mit den Aristokraten auf dem Heuboden verbringt. Von all ihren Hunden – einschließlich Dusk und Banja, den schottischen Hirschhunden – wurde er ihr meistgeliebter. Der Geburtstag jedoch war ein besonders schmerzlicher Einschnitt. »Der Gedanke, alt zu werden, ist ihr verhaßt.«[2]

Zwei Wochen später marschierten die Alliierten in Berlin ein. Ole Wivel war an dem Abend allein in seinem Haus in Vedbæk. Er radelte nach Rungstedlund, umarmte Tania Blixen und trank ein Glas Wein mit ihr. »Sie war wie ein junges Mädchen, das endlich auf den Ball geht, auf den sie sich so lange gefreut hatte«, erinnerte er sich.

Sie erzählte Wivel eine rührende Geschichte. Sie hatte zuvor mit ihrem Bruder Thomas telephoniert, um sich mit ihm über den Sieg zu freuen. Er hatte eine Gruppe Freunde eingeladen, ihnen Champagner eingeschenkt und eine Rede gehalten, nach der er sein Glas hob und sagte: »Auf unseren besiegten Widersacher.« Es war, nach

---

* In der deutschen Übersetzung heißt der Hund Passup

Wivels Worten, der Ausdruck der »rauhen Ritterlichkeit seiner Jugendzeit.« Im Zimmer breitete sich Schweigen aus. Niemand wollte sich ihm anschließen, und Thomas leerte das Glas allein.[3]

Im Sommer jenes Jahres ging Tania Blixen ins Krankenhaus. Sie hatte mehrfach unter Magenkrämpfen gelitten, eine neue Variante der bekannten Schmerzen. Die Ärzte diagnostizierten ein Zwölffingerdarmgeschwür und sagten, es käme von »geistiger Überarbeitung«. Sie beschlossen, das Geschwür nicht zu operieren, sondern verordneten Bettruhe und Untätigkeit. Wenn sie etwas zugenommen habe und kräftiger geworden sei, wollten sie eine Rückgratoperation durchführen, die, wenn es gutging, sie bis zu einem gewissen Grade von den syphilisbedingten Schmerzen befreien würde. Unterdessen war Tania Blixen ans Bett gefesselt, und in dieser Zeit arbeitete sie an der englischen Übersetzung von *Die Rache der Engel*. Sie diktierte sie Clara, die Überstunden ohne zusätzliche Bezahlung machte, den Text neu tippte und faßte. Die Operation, bei der einige »vegetative Nerven«[4] durchtrennt werden mußten, wurde Mitte Februar 1946 durchgeführt und brachte augenblicklich Erleichterung von ihren schlimmsten Schmerzen. Aber sie ließ ihrem Körper nicht genügend Zeit zu heilen, sondern unternahm lange Fahrradtouren, arbeitete im Garten, und – obwohl die Ärzte eine Rippe durchgesägt hatten – trug an einem alten Joch schwere Wassereimer vom Brunnen zum Spalier. Sie mußte wieder ins Krankenhaus eingeliefert werden, um unter Aufsicht zu genesen.

Während ihres Aufenthaltes dort brachte Thomas Tanne eine traurig-ironische Nachricht: Bror Blixen war in Schweden an den bei einem Autounfall erlittenen Verletzungen gestorben. Nach der Scheidung von seiner dritten Frau, Eva Dixon, hatte er Afrika Ende der dreißiger Jahre verlassen und kurzzeitig als eine Art Jagdaufseher für den Millionär und Sportsmann Winston Guest auf dessen Gut auf Long Island gearbeitet. Guest mochte kaum glauben, daß »Blicky« an tertiärer Syphilis litt und beschrieb den Fünfzigjährigen als einen Mann, dessen Appetit, Vitalität und Extravaganz ungeschmälert waren.[5] Bei einer Fasanenjagd auf Gardiner's Island hatte Bror versucht, den Rekord – 3200 Vögel – zu brechen, und hätte es um ein Haar geschafft. Am Ende war der Zusammenarbeit jedoch kein Erfolg beschieden; Bror kehrte nach Schweden zurück und ließ sich in Borringe Kloster nieder, einem kleinen Familienanwesen im Besitz seines Cousins, des Grafen Bech-Frijs, der den Wagen lenkte, in dem Bror den Tod fand. Es war genau die Art kleiner Bauernhof und bescheidenes Leben, denen er entflohen war, als er Tanne heiratete.

Zur Zeit von Brors Tod schrieb Elle Dahl ihrer Schwester, und in ihrem Brief schlug auch sie einen melancholisch-ironischen Ton an. Tanne hatte sich Weihnachten auf eigenen Wunsch mit den Dahls versöhnt, und Knud war kurz darauf gestorben. Elle war untröstlich. Indem sie ihre Schwester wegen der Operation bedauerte, erinnerte sie Tanne, »Du selbst sagst immer, daß Du Dich am besten fühlst, wenn Du Dich nicht bewegst.« Doch für sich sah sie in der Zukunft keinen Trost. »Du hattest immer das Glück«, schrieb sie Tanne, »daß Du mitten in Deinem Unglück gegen das Schicksal aufbegehren konntest – jammern und klagen – aber das kann ich nicht. Anders als Du kann ich auch nicht im Fortbestand eines vergangenen Glückes leben, weil zwischen mir und dem Glück eine Tür geschlossen wurde. Knud war mein Leben, und mit ihm habe ich nicht nur mein Ruder verloren, sondern auch mein Segel und meinen Ballast, und ein Schiff, das nichts mehr von seinen Bestandteilen hat, ist schlecht gerüstet, insbesondere, da *navigare necesse est.*«[6]

II

Sobald der Postverkehr nach Amerika wieder aufgenommen wurde, schrieb Robert Haas an Tania Blixen, daß die *Wintergeschichten* ein großer Kritiker- und finanzieller Erfolg gewesen und an den Buch-des-Monats-Club verkauft worden seien, und daß sie über 30000 Dollar an Tantiemen auf dem Konto habe. Er schickte die Wehrmachtsausgabe der *Wintergeschichten* mit, die in die Tasche von Kriegsmüden paßte und auf Florpostpapier gedruckt war. »Nur wenige Dinge«, antwortete Tania Blixen, »haben mir in den letzten Jahren so viel Freude gemacht. Es ist eine große Ehre für mich, auf solche Art publiziert zu werden und zu fühlen, daß mein Buch einige unserer heldenhaften Verbündeten unterhalten und erfreut hat!... Ich war gestern bei unserer Königin zum Tee und schenkte ihr eins von den Exemplaren, die Sie mir geschickt haben; sie hat sich sehr darüber gefreut. Zu meiner Freude erhielt ich zudem einen Brief von einem amerikanischen Soldaten, der mir erzählte, daß er und seine Kameraden mein Buch in Deutschland und auf den Philippinen gelesen haben.«[7]

Haas war natürlich nicht erbaut davon, daß Tania Blixen unter keinen Umständen zulassen wollte, daß ihr Name als Verfasserin von *Die Rache der Engel* genannt wurde. »Ich finde«, schmeichelte er ihr, »daß die Art und Weise, wie Sie eine authentische Jane-Austen-Atmosphäre geschaffen haben, eine wahre *tour de force* ist«[8], und er lockte sie auch, indem er ihr enorme Tantiemen in Aussicht stellte. Doch so empfänglich die Frau Tania Blixen für Komplimente und der Geizhals Tania Blixen für Geld war, die Schriftstellerin blieb standhaft, wo es um das ging, was sie als Ehrensache bezeichnete: Dieser Bastard ohne literarischen Wert durfte nicht als legitimer Abkömmling behandelt werden. Voll Bedauern, daß es ihr an Überzeugungskraft mangelte, schrieb sie Haas vom Krankenbett aus, »welch großes Vergnügen es mir bereitet, daß mein Name unterdessen auf dem amerikanischen Markt beinahe Wunder wirkt. Doch je mehr dem so ist, desto mehr werde ich diesen Namen hüten, desto mehr werde ich mir meiner künstlerischen Verantwortung und den Anforderungen des *Noblesse oblige* bewußt sein. Sie sagen, so weit Ihnen bekannt ist, bin ich bislang der einzige Schriftsteller, der erst drei Bücher geschrieben hat, die alle zum Buch des Monats gewählt wurden. Ich möchte meinen Namen als Autorin jetzt nicht für ein Buch hergeben, das für eine solche Wahl unmöglich in Betracht kommen kann. (Oder, falls der Buch-des-Monats-Club dieses Buch *par impossibile* in Erwägung ziehen sollte, würde ich mich der Wahl widersetzen und lieber das ganze Manuskript zurückziehen als zuzulassen, daß es in dieselbe Kategorie wie meine anderen Bücher gerückt würde.)«[9]

Der Buch-des-Monats-Club wählte *Die Rache der Engel* tatsächlich; Tania Blixen reagierte wie verkündet, Haas stimmte sie geduldig um, und als sie begriffen hatte, wie die Auswahl vor sich ging, schämte sie sich ein wenig ihres früheren Hochmuts und Stolzes.

Im Laufe der nächsten zwei Jahre kam Tania Blixen mit makabrer Regelmäßigkeit für weitere Operationen und Genesungsperioden ins Krankenhaus. 1947 sagte sie zu einer alten Freundin (ihrer früheren Stenotypistin Ulla Pedersen), man habe so gründlich in »all meinen Seiten und Kanten«[10] herumgeschnippelt, daß es genug sein sollte. Es fiel ihr sehr schwer, zuzunehmen, zumal schmackhafte Lebensmittel nach dem Kriege knapp waren *, und gewöhnlich war sie so schwach, daß sie dazu überging, etwas einzunehmen, das sie »morgens in Gang brachte«[11], ein Medikament, das Amphetamine enthielt, was ihr zur zwanghaften Gewohnheit wurde und ihren Verfall nur noch verstärkte. Doch das Bedrückendste war, daß sie seit Kriegsende so stark gealtert war. Ole Wivel hatte 1943 ihre »mädchenhafte« Art beschrieben, und Hudson Strode hatte ihre »knabenhaft« schlanke Figur bewundert. Doch nun wirkte ihr Gesicht eingefallen, aus den feinen Fältchen waren tiefe Furchen geworden.

Unter diesen Bedingungen war das Schreiben für sie eine äußerst mühsame Arbeit, und sie strengte sich an, den Standard ihrer ersten drei Bücher zu halten – ohne ihn zu erreichen. Obgleich sie in den nächsten zehn Jahren kein neues Buch veröffentlichte, arbeitete sie, wenn ihre Kräfte es zuließen, an zwei umfangreichen Projekten: einem enormen, verwickelten »Roman«, bestehend aus selbständigen, doch miteinander verwobenen Erzählungen, ähnlich wie *Tausendundeine Nacht*, den sie *Albondocani* betitelte **, sowie einen Band *Neue Wintergeschichten*, die vorwiegend in Dänemark spielten. Sie war jedoch auch der festen Überzeugung, daß sie die »leichtere« Seite ihrer Schriftstellerei beibehalten sollte, die ihr solch unerwarteten Wohlstand beschert hatte. Sie teilte Haas mit, sie wolle Erzählungen schreiben, die »nicht ohne literarischen Reiz«, jedoch mit ihren »richtigen« Arbeiten nicht vergleichbar seien, und sie nannte sie in ihrer Korrespondenz *Schicksalsanekdoten*.[12] Sie schrieb schließlich eine Handvoll Zeitschriftenartikel,

---

* Haas und andere amerikanische Bewunderer schickten ihr Carepakete mit Reis, Oliven, Bananen, Kaffee, Trockenfrüchten und Nüssen, Weizenmehl und Virginia-Zigaretten, aber einiges davon wurde von unehrlichem Personal veruntreut. »Es ist stets betrüblich, in seinem Glauben an die Menschen enttäuscht zu werden, doch ohne allzu materialistisch zu sein, darf ich wohl sagen, es ist doppelt betrüblich, wenn das Vertrauen in der Größenordnung von 12 Pfund Kaffee und einem Sack Reis enttäuscht wird, die man für festliche Gelegenheiten auf Vorrat zu haben hoffte.« (KT an Ulla Pedersen, 20. November 1947, KBA 67)

** vgl. 44. Kapitel, Fußnote S. 523. Sie erwähnt »Albondocanis Reichtümer« auch in ihren Briefen aus Afrika, S. 409

die in *The Ladies' Home Journal* erschienen und im dänischen Rundfunk zitiert wurden. Der Titel *Schicksalsanekdoten* fand jedoch für den letzten zu ihren Lebzeiten veröffentlichten Band mit Erzählungen Verwendung, der einige ihrer großartigsten Arbeiten enthält.

1946, zur Zeit ihrer Operationen, sprach Tania Blixen mit Birthe Andrup über die drei Formen vollkommenen Glücks in ihrem Leben. Die erste war das Nachlassen von Schmerzen, die zweite, ein Übermaß an Kraft zu fühlen, und die dritte, überzeugt zu sein, daß man seine Bestimmung erfülle.[13] Sie sollte nie mehr ein Übermaß an Kraft fühlen, doch sobald diese über das »Existenzminimum« hinausreichte, machte sie Reisepläne. Sie schrieb Haas, sie werde nach Amerika kommen, und erklärte ihm zweimal, sie wolle nach Paris und Rom – und ob er ihr wohl von ihren Tantiemen ein kleines Taschengeld, ein paar hundert Dollar, sozusagen unter dem Tisch, zukommen lassen könne, indem er sie an ihre *poste restante* Adresse bei der dänischen Botschaft schickte?[14] Doch die Amerikareise wurde abgesagt, als ihr Gesundheitszustand sich verschlechterte, und die Italienreise mußte wegen des plötzlichen Todes von Bess Westenholz ausfallen, die am 8. Mai 1947 im Alter von 89 Jahren starb. Tanne hatte am Totenbett ihrer Tante gewacht und ehrlich um sie getrauert, doch es war ja kein frühzeitiger Tod. Nach dem Begräbnis war es »zu spät, um gen Süden zu reisen«, und sie tröstete sich mit »drei herrlichen Wochen in London«.[15]

Ihre aufwendigen Reisepläne wurden ihr durch ihre Nachkriegstantiemen ermöglicht, die, zumindest vor der Versteuerung, beträchtlich waren. Allein von *Die Rache der Engel* wurden in Amerika 90000 Exemplare verkauft. Sie konnte sich nun erstklassiges Personal leisten, und als Frau Lundgren in den Ruhestand ging, stellte sie eine professionelle Köchin und ein richtiges Hausmädchen ein. Clara erhielt nun einen geringeren Lohn und suchte sich woanders Arbeit als Übersetzerin. An den Wochenenden kam sie nach Rungstedlund, um Tania Blixen bei ihrer Korrespondenz zur Hand zu gehen.

Ein Gutteil dieser Korrespondenz, zumindest die mit Robert Haas, drehte sich um finanzielle Probleme, insbesondere um die Besteuerung. Bis zur Unterzeichnung eines neuen internationalen Abkommens wurden Autorentantiemen doppelt besteuert, einmal in ihrem Heimatland und einmal in dem Land, wo ihre Bücher verkauft wurden. Tania Blixen behauptete, auf diese Weise 90 % ihrer Gewinne einzubüßen, allerdings ist es schwer zu verstehen, wovon sie dann hat leben können. Doch das Problem wurde dadurch verschlimmert, daß ihrem Konto in einem einzigen Jahr enorme Beträge gutgeschrieben wurden, nachdem sie fünf Jahre überhaupt kein Einkommen hatte. Es wurde darüber hinaus dadurch erschwert, daß ihre Geschäfte von einer Reihe Agenten und Anwälten geführt wurden, die in solchen Angelegenheiten so unfähig und weltfremd schienen wie Tania Blixen selbst. Entweder antworteten sie nicht auf Telegramme, stellten ausgefallene Forderungen und ließen dann nichts mehr von sich hören, oder sie hatten nur verschwommene Vorstellungen von den amerikanischen Steuergesetzen. Es ist aber auch denkbar, daß ihre Beratung von Tania Blixen mißverstanden wurde, oder daß ihre eigene Untätigkeit die Früchte ihrer Arbeit zunichte machte. Sie jedoch beschuldigte am Ende Dänemark und die Demokratie, sie ruinieren zu wollen; sie klagte Ole Wivel, sie müsse Rungstedlund verkaufen und auswandern; ihre Empörung über die Überbesteuerung vereinigte sich mit ihrer Empörung darüber, wie die dänischen Kritiker ihre Werke mißverstanden.

III

Während des Krieges besuchte Tania Blixen Ole und Kil Wivel oft in deren Villa in Vedbæk. Sie fuhr mit ihrem kleinen Zweisitzer den *Strandvej* entlang, in ihrer ausgebeulten Hose und dem alten Pullover, und platzte gewöhnlich unangemeldet herein. Sie versicherte freilich höflich, nur fünf Minuten bleiben zu können, doch dann saß sie stundenlang, trank Tee, schlug etwas zu essen aus, rauchte wie der Teufel, »sprach mit ihrer tiefen Stimme über alles Heitere und Wunderbare auf der Welt, über ihre Erwartungen und Hoffnungen und ihre Zuversicht, daß eine neue Dichtkunst sich wie ein Phoenix aus der schwelenden Asche des Krieges erheben werde.« Oftmals kauerte sich das junge Paar auf den Boden unterhalb der Fensterbank, wenn sie Tania Blixens Auto sahen. Zuweilen war Oles Freund Knud W. Jensen bei ihnen, und die drei mußten den Atem anhalten, um nicht zu lachen. Dreißig Jahre später sprach Ole Wivel lächelnd darüber, aber auch mit einer gewissen Scham. »Sie war einsam«, sagte er. »Sie wollte sich mit uns amüsieren. Jetzt ist es zu spät.«[16]

Nach dem Krieg stellte Wivel Tania Blixen eine neue Generation dänischer Schriftsteller und Dichter vor; er präsentierte ihr die gutaussehenden jungen Männer in Hemdsärmeln, so wie er ihnen das verwitterte alte Genie in Schwarz präsentierte. Viele von ihnen waren Wivels Autoren, denn er hatte mit Jensen ein kleines Verlagsunternehmen gegründet. Wie Wivel war Jensen der Sproß reicher Kopenhagener Kaufleute, doch anders als Wivel war er von seiner Familie gezwungen worden, auf eine akademische Laufbahn als Kunsthistoriker zu verzichten und das Geschäft zu übernehmen. Er war ein energischer Unternehmer und sehr reich, wollte jedoch auch die Verbindung zur Welt der Kunst aufrechterhalten. Später sollte er das herrliche Dänische Museum für moderne Kunst in Louisiana erbauen, einrichten und mit Geldern ausstatten.

Zu Beginn war Wivels Verlag kaum ein Verlags»haus« zu nennen; der gesamte Betrieb war in Jensens Kopenhagener Zweitwohnung untergebracht; Wivel und ein weiterer Freund, Helge Bertram, ein sozialistischer Maler, machten die verlegerische Arbeit, und Jensen bezahlte die Rechnungen. Ihr erstes Verzeichnis enthielt vier Bücher, alles Übersetzungen, die sich mit der Theorie und den Problemen der modernen Kunst auseinandersetzten. Die Ästhetik sollte ihre verlegerische Spezialität sein, und sie waren vor allem auf der Suche nach Büchern, in denen, wie Wivel es ausdrückte, »das Problem des Modernismus versus Tradition« untersucht wurde. Sie suchten nach neuen Ideen und neuen Beispielen in Literatur und Malerei, die sie und Dänemark aus einer, wie sie es sahen, sterilen Beengtheit des »menschlichen Geistes« befreien sollte. Insbesondere waren sie auf Werke aus, die sowohl eine marxistische als auch eine orthodox-christliche Moral mieden. Ihnen war verhaßt, was sie als unermeßliche ideologische »Mobilisierung« bei der Linken wie bei der Rechten ansahen, welche das »Recht des einzelnen auf ein freies Selbstverständnis« mit Füßen zu treten drohte. Die Kunst, glaubten sie, war nicht nur der reinste und edelste Ausdruck dieses Selbstverständnisses, sondern womöglich auch das Mittel dazu, sofern es das öffentliche Interesse zu steigern vermochte. Dies sollte im kommenden Jahrzehnt ihre Mission sein.[17]

Andere gleichgesinnte junge Idealisten gesellten sich zu ihnen. Unter den ersten war Bjørn Poulsen, der die Essays von T. S. Eliot ins Dänische übersetzt hatte. Poulsen war so etwas wie eine Herausforderung für den kleinen, höflichen Wivel. Er war Jütländer, ein gleichzeitig »herzlicher und sarkastischer« Mensch, dessen Sprache eine Mischung aus »bäurischer Originalität und intellektueller Präzision« war.[18] Poulsen wiederum holte Thorkild Bjørnvig in die Gruppe. Bjørnvig, heute einer der führenden Dichter Dänemarks, promovierte damals an der Universität von Aarhus und schrieb eine Dissertation über Rilke, dessen Empfindsamkeit und Erotik einen großen Einfluß auf seine Werke ausübten. Er hatte ein Manuskript mit Gedichten zusammengestellt, aber noch nicht veröffentlicht, und in den nächsten Jahren war er hin- und hergerissen zwischen dem überwältigenden Wunsch, nichts zu tun als zu schreiben, und anderen Erfordernissen: eine akademische Laufbahn, Heirat und ein Kind, Herausgabe der Literaturzeitschrift *Heretica** und, was die aufreibendste Ablenkung von allem werden sollte, seine Beziehung zu Tania Blixen.

Bjørnvig war wie Poulsen eine kuriose Mischung aus Wildheit und Feinheit, wobei in seinem Fall die Feinheit überwog. Er war von ziemlich kompakter Statur, ein kleiner Bär mit der Sturheit, Lebensgier und dem Charme eines Bären. Er war von offener Herzlichkeit und von leichter Unbeholfenheit in seinen Bewegungen, wodurch er trotz seiner Robustheit recht verletzlich wirken konnte. Seine Augen waren erstaunlich blau, seine dunklen Haare dicht und zerzaust. Heute sind sie schneeweiß.

Als er sich viel später (ironisch) nach einer von Tania Blixen für ihn aufgestellten Prüfliste definierte, schrieb Bjørnvig: »Ich war nicht demütig und unkompliziert wie Rosa, nicht unabdingbar treu wie Pasop, besaß nicht Farahs Standhaftigkeit und *Grandezza*, sondern war, trotz periodisch ekstatischer, beflügelter Sicherheit, von leidenschaftlichem und unbeholfenem, unentschlossenem und widersprüchlichem Wesen, ein Mensch, der leicht übermütig wie deprimiert wurde und am liebsten in Humor und Ergebenheit verweilte.«[19] Ole Wivel, der zurückhalten-

---

* Bjørnvig gab *Heretica* von 1947 bis 1949 heraus.

der und von Natur aus vorsichtiger war als Bjørnvig, fand ihn »so mysteriös wie ein Hexenmeister.«[20]

So verstärkte sich diese Gruppe, der »Vedbæk Parnaß«. Für ihre Mitglieder besaß sie den Glanz eines erlesenen Zirkels. Die jungen Männer fühlten sich einer revolutionären Avantgarde zugehörig, und die künstlerischen und kritischen Arbeiten, die sie schufen oder veröffentlichten, waren die »Werkzeuge«, die »Waffen« dieser Revolution. Wivel hatte die Erhebung »der emotionalen und intellektuellen Kräfte« in Dänemark zu einer »Kulturkrise« ins Auge gefaßt. Sprache und Stimmung waren apokalyptisch.

Es gab gewisse bemerkenswerte Züge an dieser kleinen Gruppe, die ihr Hauptquartier in den Villen Jensens und Wivels in Vedbæk aufschlug. Sie war ausnahmslos jung und männlich und begierig, etwas zu bewegen. Ihre Mitglieder waren die Produkte des dänischen Universitätssystems, und obwohl sie aus unterschiedlichen sozialen Schichten stammten, bildeten sie eine Klasse, ja beinahe einen Stamm von »Studenten« im traditionellen europäischen Sinn. Ihr Umgang miteinander spielte sich mittels intellektueller Diskussionen ab, nächtelang stritten sie über die Details der Sprache und die Bedeutung von Symbolen. Kritik war für sie, was Ringen für Freunde einer anderen Klasse und einer anderen Welt war: eine Form der nahezu körperlichen Berührung und Verständigung. Natürlich gab es in diesem abgeschlossenen Zirkel unter dem Druck der vielfältigen Bestrebungen außerordentliche Rivalitäten und Konflikte. Doch auch diese nahmen intellektuelle Formen an; sie wurden im Hinblick auf Kunst und Ideologie, auf *Weltanschauung** und Gott ausgetragen. »Was habe ich nur für einen dummen Mann«, scherzte Bjørn Poulsens Frau. »Er lebt ausschließlich, um Briefe zu schreiben.«[21]

Poulsen und Wivel hatten über eine Literaturzeitschrift gesprochen, ein »Manifest«, das die verlegerischen Ideale des Verlages und des Vedbæk-Parnasses verkörpern sollte. Sie sahen die Zeitschrift als ein Forum für radikale Arbeiten und Theorien »jeglicher Richtung«, solange sie nicht von einer Ideologie gefärbt oder ihr untergeordnet waren. Die versteckte reaktionäre Haltung in dieser Idee wurde ihnen nicht sogleich bewußt; anderen blieb

---

* im Original deutsch

sie allerdings nicht verborgen. Als die Zeitschrift Gestalt annahm, verließ Helge Bertram Wivels Verlag. Er konnte seine sozialistischen Prinzipien nicht mit dem Ästhetizismus in Einklang bringen, der von Tag zu Tag militanter wurde.

Eines war Wivel und Poulsen klar: Wenn ihre Zeitschrift irgendeine Art von Einfluß haben sollte, benötigte sie zweierlei Unterstützung – das Prestige der Qualität und das Prestige der Größe. Sie waren zuversichtlich, daß ihre Schar junger Kritiker und Dichter die Qualität liefern würde. Sie gedachten auch, sich an bestimmte ältere bekannte dänische Schriftsteller zu wenden, bei denen sie das Gefühl hatten, daß sie ihre Ansichten teilen würden. Wenn sie sie nicht überreden konnten, dem Verlegerausschuß beizutreten, so hofften sie sie wenigstens zu überreden, Arbeiten beizusteuern. Der erste Schriftsteller, an den sie herantraten, war Martin A. Hansen. Der zweite war Vilhelm Grønbech.* Der dritte – obwohl sie natürlich nichts über die Reihenfolge verlauten ließen – war Tania Blixen.

IV

Tania Blixens Stellung im damaligen Dänemark und der Einfluß anderer dänischer Schriftsteller auf ihre Werke gehören leider nicht in den Rahmen dieser Biographie oder meiner Zuständigkeit als Kritikerin. Es ist ein komplexes, vielfältiges Thema, aber ich kann es lediglich in groben Zügen abhandeln – und laufe damit Gefahr, dem Dänentum Tania Blixens nicht umfassend gerecht zu werden.

In mancher Hinsicht ist jedoch ihre Beziehung zu Martin A.

---

* Vilhelm Grønbech (1873-1948). Dänischer Philosoph und Historiker, Professor für Religionsgeschichte und »der größte Synthetiker im Dänemark des 20. Jahrhunderts, so wie Grundtvig und Kierkegaard die Synthetiker, Seher und Propheten im Dänemark des 19. Jahrhunderts gewesen waren. Seine erste große Arbeit war eine Studie über den heidnischen Glauben bei den germanischen Völkern. Er rief zur Rückkehr zur Metaphysik auf; der moderne Mensch, äußerte er wiederholt, bedürfe verzweifelt eines neuen Mythos. Insbesondere Wivel nahm diese Herausforderung in seiner eigenen Dichtung auf und glaubte, nur durch den Mythos könne das Erlebnis des Krieges verstanden werden.« (P. M. Mitchell, *A History of Danish Literature*, S. 20)

Hansen ein kleiner Spiegel (mit dunklem Glas), der das größere Bild reflektiert. Hansen gilt allgemein als der größte Schriftsteller seiner Generation und als einer der größten dänischen Schriftsteller dieses Jahrhunderts. Thorkild Bjørnvig schrieb ein Buch über Hansen als Autor; Ole Wivel, der Hansens Freund war, war stark von dessen religiösem Gedankengut beeinflußt; es wäre in der Tat schwierig, einen Dichter oder Romanschriftsteller im Nachkriegsdänemark zu finden, der nicht in irgendeiner Weise von ihm beeinflußt war. Er war nicht nur den Intellektuellen wichtig; seine Werke waren anspruchsvoll, trotzdem verkauften sie sich in großer Zahl und tun es noch immer. Das liegt daran, daß er die Dänen ganz offen auf ihre Lebensbedingungen und ihre allgemeine geistige Situation anspricht. Es liegt ferner daran, daß, wie Wayne Schow, sein englischer Übersetzer, schrieb, »nur wenige Schriftsteller mit einem Instinkt begabt sind, Symbole zu finden ... und sie mit Sinn zu füllen. Die Worte ›Instinkt‹ und ›begabt‹ sind vorsätzlich verwendet, denn es steht zu bezweifeln, daß eine so geartete mythische Vision sich mit Absicht erwerben läßt.«[22] Diese und bestimmte andere Dinge hat Hansen mit Tania Blixen gemein. Sie aber bekannte sich in dem Anagramm, das sie aus seinem Namen bildete, nur versteckt und ironisch zu ihrer Beziehung: *Han Er Min Satan.* *

Hansen wurde 1909 als Sohn eines Kleinbauern auf Stevns** geboren, einer Halbinsel südlich von Kopenhagen, und von Kindheit an war er »der letzten Phase der untergehenden *almue kultur* ausgesetzt, d. i. die Kultur des ländlichen Bürgertums, die sich von alter bäuerlicher Tradition herleitet«[23], von welcher seine Werke tief durchtränkt sind. Wie Tania Blixen und Thomas Mann sah er seine Eltern als Zweiheit. Sein Vater war der beständige, vernünftige, »blauäugige« Elternteil aus einer in der Nachbarschaft sehr geachteten Familie. Seine Mutter jedoch, die Tochter eines armen

---

* »Er ist mein Satan« (Bjørnvig, *Pagten*, S. 36). Das Bilden von Anagrammen war mit ihr liebster Zeitvertreib, ein Gesellschaftsspiel, das sie manchmal mit ihren Freunden spielte. Sie entwickelte die Anagramme auf Karopapier, oft auf der Rückseite von Erzählungen, an denen sie arbeitete.

** Knaurs Lexikon der Weltliteratur gibt als Geburtsort Strøby auf Seeland an. (Anm. d. Übers.)

Holzfällers, stammte von leidenschaftlichen, unbeständigen Leuten, deren Leben »von Exzeß, Unvernunft und Tragödie gekennzeichnet« war. »Zwei Sorten Blut strömen durch meine Adern«, sagte Hansen.[24]

Mit siebzehn verließ er den Bauernhof, um Pädagogik zu studieren, und wurde Volksschullehrer in Kopenhagen. In den dreißiger Jahren lehnte er sich gegen die tief verwurzelte Religiosität seiner Kindheit auf und sympathisierte mit den Kommunisten. Seine ersten zwei Romane schildern die verzweifelte Not der Kleinbauern vom Schlage seines Vaters während der Depression. Die bitteren, beredten Beschreibungen des Landlebens mit einem lebhaften Empfinden für die dänische Natur sind ganz im Sinne der literarischen Hauptströmung jenes Jahrzehnts. Hansen leitete sein soziales Bewußtsein von seinem Vater her, doch von seiner Mutter meinte er das bekommen zu haben, was Schow »seine – gleichzeitig zögernde und bereitwillige – Hingabe an die dichterische Berufung, einschließlich ihrer asozialen und dämonischen Dimensionen« nennt. Der Zweite Weltkrieg und die Okkupation erschütterten seinen Glauben an die rationale, materialistische und grundlegend hoffnungsvolle Philosophie, die er sich zu eigen gemacht hatte, und »in das daraus entstehende intellektuelle Vakuum strömte der Nihilismus mit all seinen schrecklichen Verlokkungen.«[25] Seine zwei Hauptromane der vierziger Jahre sind phantastische folkloristische Allegorien. *Jonatans Rejse* (1941) ist die Geschichte eines Schmiedes, der den Teufel in einer Flasche fängt und, da er nichts mit ihm anzufangen weiß, beschließt, ihn zum König zu bringen. *Lykkelige Kristoffer* (1945) ist ein »Suchroman«, angesiedelt im Dänemark der Reformation. Ein verarmter junger Adliger sucht etwas, »um dafür zu leben und zu sterben, da alles in Auflösung begriffen scheint.«[26] Hansen veröffentlichte in dieser Zeit außerdem zwei Bände mit Kurzgeschichten und schrieb ungeheuer viel für die Untergrundpresse. Er hatte einen »dämonischen« Arbeitstrieb; er kam von seinem Unterrichtstag nach Hause und schrieb die Nacht durch, litt unter Migräne und Schlaflosigkeit und wurde von Aufputschmitteln abhängig, um sich seine Kraft zu erhalten. Er war überzeugt und fürchtete gleichzeitig, jung zu sterben, und er starb tatsächlich mit sechsundvierzig Jahren.

Nach dem Krieg schloß Hansen allmählich Frieden mit seiner

Seelenqual, seinem Gespür für die Absurdität des Lebens und tat, wie Schow es ausdrückt, »einen Kierkegaardschen« Sprung zum Glauben.[27] Ende der vierziger und Anfang der fünfziger Jahre begann er eine Philosophie zu umreißen, die er als »Ethischer Pessimismus« bezeichnete. Sie behauptete, daß die Menschen zuerst verzweifeln müssen, bevor sie einen Sinn finden können, daß es für ein moralisches Leben einen Preis zu zahlen gilt, und daß, wer immer gegenüber der Realität aufrichtig ist, dem Unglück nicht ausweichen kann. Sie behauptet aber auch, daß man seine geistige Natur regenerieren – daß man »auf dem Wege der Vernunft zum Metaphysischen zurückkehren«[28] kann. Hansen wandte sich wieder der christlichen Tradition zu, die ein so großer Bestandteil seines frühen Lebens war, nicht aber der etablierten Kirche. Er predigte ein ironisches, existentielles Christentum. Mit Ole Wivel unternahm er eine Rundreise zu Dänemarks romanischen Kirchen und erforschte das vorgotische Christentum Dänemarks, und aus dieser Arbeit ging *Orm og Tyr* hervor, eine bemerkenswerte Geschichte der skandinavischen religiösen Literatur und der Beziehungen zwischen heidnischen und christlichen Kulturen.

Tania Blixen hatte eine strikte Abneigung gegen Hansens Einfluß auf ihre jungen Freunde und war wohl auch ein wenig eifersüchtig. Für sie war seine Religiosität unaufrichtig, eine Heuchelei. Und als ein Kritiker in *Heretica* Hansens lyrische Naturdichtung mit der magischen Naturdichtung primitiver Völker verglich, wurde sie wütend. Sie sei »erstaunt«, erklärte sie Bjørnvig, daß Martin A. Hansen und seine Jünger glaubten, sie könnten »Wunder wirken ... nach den Vorschriften eines Lehrbuchs der Ästhetik oder eines Katechismus«, und sie sagte weiter, sie befinde sich im Einklang mit Gott und der Natur, wie es Hansen und seine Freunde sich nie erhoffen könnten. »Ich kann vergessen ... wie [sie] gewiß nicht – welcher Wochentag ist, aber nicht, wo die vier Ecken der Welt sind, oder aus welcher Richtung der Wind weht, oder in welcher Phase der Mond sich befindet ... Diese modernen poetischen Geister – Martin A. Hansen, Paul la Cour, Ole Wivel – sie reden so viel über das Mystische, aber sie sind ohne Glauben und, wie ich meine, ohne Ehre.«[29]

Ole Wivel beschreibt seine erste Begegnung mit Martin A. Hansen im Sommer 1947. Hansen und seine Frau Vera hatten die Wivels in Vedbæk besucht, und die zwei Paare saßen einen ganzen

Juninachmittag in dem üppigen Garten am Sund. Die Sonne schien gleichmäßig heiß, und Hansen »gab von seinem Sein Wärme ab wie ein großer Stein... Ich empfand seine magnetische Kraft nicht – wie oft bei anderen Künstlern – als Berauschung und Verführung, sondern als Frieden.«[30] Zu jener Zeit muß Wivel mit Tania Blixen über Hansen diskutiert haben und umgekehrt, denn er schreibt über ihre gegenseitigen Reaktionen. »Vielleicht«, mutmaßt er, »schätzten sie einander so hoch ein, daß sie ihre Beurteilung nur in Form von Kritik ausdrücken konnten. Auf jeden Fall bemerkte Martin, in Tania Blixens Erzählungen sei der Geruch muffiger Winteräpfel auf dem Heuboden eines Bauern. Sie hingegen fand es schwierig, in seiner plebejischen Luft zu atmen.« Doch waren beide von den Augen des anderen fasziniert. »Tania Blixen sprach von Martins energischen, klaren blauen Augen, während er es bewunderte, daß sie mit ihren großen dunklen kein bißchen blinzelte, wenn Blitzlichter vor ihnen aufflammten.«[31] Ihrer beider Behutsamkeit erinnerte Wivel schließlich an eine alte Karikatur im Schlafzimmer seiner Großmutter. Sie stellte die Begegnung König Christians IV. mit einem Bauern auf der Brücke vor dem Fredriksborg Palast dar. »Der König bleibt stehen, stützt sich auf seinen Spazierstock und fragt den Bauern: ›Wer glaubst du, ist König in diesem Land?‹ Der Bauer erwidert: ›Nun, das mußt entweder du oder ich sein.‹«[32]

V

Ole Wivel, Bjørn Poulsen und Thorkild Bjørnvig waren an einem schönen Junimorgen des Jahres 1947 nach Rungstedlund gefahren, um sich Tania Blixens Unterstützung in ihrem großen Kreuzzug zu versichern, aber sie war nicht zu Hause; sie weilte bei den Bernstorff-Gyldensteens auf dem Land zu Besuch. Ihre Abwesenheit gab ihnen Zeit, gewisse Bedenken aufkommen zu lassen, sich in dieser Sache an sie zu wenden. Sie wußten, es würde ihr nicht behagen, die Rolle des Bannerträgers mit Martin Hansen zu teilen. Vielleicht mutmaßten sie auch, daß ihre humanitären und religiösen Ziele ihr zum Teil fremd sein würden. So ließen sie den Sommer vergehen.

Als Tania Blixen von ihrem Besuch nach Hause zurückkehrte, rief sie Wivel an und bat ihn zu sich. Wivel beriet sich nunmehr mit Poulsen über die beste Taktik, und Poulsen empfahl unverfrorene Schmeichelei. Sag ihr, riet er, daß wir »ihre Lebensweisheit als das edelste Gebräu schätzen, das wir haben...«[33] Gesagt, getan. Als Einleitung legte Wivel des langen und breiten dar, wie anders die Bedingungen für seine Generation und welches ihre Aufgaben seien, und dann erklärte er, wie ungeheuer tief sie in ihrer, Tania Blixens, geistiger Schuld stünden. »Das Metaphysische existiert in unserer Zeit lediglich abstrakt, aber in Ihnen... besitzt es physisches Leben. Stil, pflegte man zu sagen, ist die Manifestation des Geistes, und Lebensstil ist genau das. Er findet sich in höchster Form, wo Ihr Dasein seine Magie ausübt.«[34]

Diese Ansprache kam gerade rechtzeitig, um Tania Blixen vor einem Depressionsanfall zu bewahren. Sie war schwach, außerstande zu arbeiten oder eine Beziehung zu ihrer Arbeit zu finden; sie fühlte sich als eine vollkommen »Fremde« im dänischen Literaturmilieu, von ihren Landsleuten mißverstanden; ihre Steuern bedrückten sie dermaßen, daß es in Rungstedlund »hinten und vorne« nicht reichte – sie hatte wieder einmal erwogen auszuwandern. Nun legte Ole Wivel seinen Fall so dringlich dar – und ihre Ohren nahmen seine Worte so begierig auf – daß sie glaubte, diese Zeitschrift würde als Tribut an ihre Kunst und ihre Werte geschaffen, und ihr ihre Unterstützung zusagte.

Nach langem Suchen, in dessen Verlauf Namen wie Orpheus, Phoenix, Thermopylae und Atlantis vorgeschlagen wurden – von den drei letzteren riet Tania Blixen mit der Begründung, sie seien zu mystisch, »glühend ab«[35], beschlossen die Herausgeber, ihr Manifest *Heretica* zu nennen. Sie waren – in einem Zeitalter der Orthodoxien – Häretiker, Ketzer. Der Name läßt auf die Intensität ihrer Überzeugungen und auf ihre Auffassung von ihrer eigenen Bedeutung schließen – und weist darauf hin, daß es möglich war, die Treibhausatmosphäre des intellektuellen Lebens in Dänemark zu erfassen. Die erste Ausgabe von *Heretica* erschien, herausgegeben von Poulsen und Bjørnvig, im Januar 1947.*

---

* *Heretica* erschien bis 1953. Die Zeitschrift hatte eine erstaunlich hohe Anzahl von Abonnenten, was, wie P. M. Mitchell vermerkt, »die Aktualität der dargestellten Thesen und der in der Zeitschrift diskutierten Fragen beweist... Die Schriftsteller, die ursprünglich an *Heretica* mitwirkten... waren Repräsentanten der ersten konzentrierten Bemühun-

Knud W. Jensen kaufte ein Haus in Hørsholm, das nicht weit von Vedbæk entfernt und nahe bei Rungstedlund lag; er baute auf dem Grundstück eine Gästehütte, wo Thorkild Bjørnvig und Bjørn Poulsen, die beide in Aarhus lebten, mit ihren Familien wohnen konnten, wenn sie nach Kopenhagen kamen. Somit war der Kern von *Heretica* im Umkreis weniger Kilometer vereint. Tania Blixen hatte ihre Geschichte »Der Dichter« in dieser reizenden kleinen Stadt angesiedelt. In Hørsholm (Hirschholm) war es, wo der Kammerrat Mathiesen und sein Freund, Graf Schimmelmann, ihre Wanderungen unternahmen, sich an Weimar erinnerten und über das Schicksal sprachen, und hier war es auch, wo der Kammerrat dem jungen Dichter bäuerlicher Herkunft, Anders Kube, begegnete, dem er ein tragisches Geschick zugedachte, indem er ihn mit seiner eigenen jungen Frau verkuppeln wollte. Leiden und unerwiderte Leidenschaft, dachte er, würden Anders zu einem großen Künstler und zu einem Gewinn für seinen Schöpfer machen.

Bjørnvig lernte Tania Blixen in Jensens Haus in Hørsholm kennen, behauptete jedoch, sich nicht an ihre erste Begegnung zu erinnern. Sie fand im März 1948 statt. Tania Blixen war von der Gesellschaft bei Jensens nach Hause gekommen und hatte Clara erzählt, sie habe dort einen jungen Dichter kennengelernt, »der etwas Besonderes an sich hatte«.[36] Am 9. März schrieb Bjørnvig der Baronin einen kurzen Brief: »Ich höre Sie so gerne sprechen ... Ich kann genau Ihre geduldig-ungeduldige Miene heraufbeschwören, wenn das Gespräch dorthin gleitet, wo es keinen fruchtbaren Boden mehr gibt. Wenn Sie zu sprechen beginnen, ist keine Realität im Raum.«[37]

Sie lud ihn, mit mehr als ihrer üblichen lässigen Großzügigkeit, stehenden Fußes ein, sie zu besuchen, und er nahm an. Anfangs sprachen sie vorwiegend von ihrer Arbeit, und es war unvermeid-

---

gen um eine identifizierbare literarische Schule in Dänemark seit der Zeit Johan Ludvig Heibergs vor einem Jahrhundert. Und wie die Heiberg-Schule betonte die *Heretica*-Gruppe den ästhetischen Charakter der Literatur. Literatur sollte wieder Kunst sein und nicht Propaganda.

»In Erwiderung auf die Kritik, daß Heretica zu sehr dem Metaphysischen zuneige, schrieb Martin A. Hansen, die Zeitschrift sei durch den Gebrauch der Vernunft zum Metaphysischen gelangt, womit er andeutete, daß die neue Schule progressiv und transzendental sei statt reaktionär« (Mitchell, *A History of Danish Literature*, S. 293).

bar, daß sie ihm Schybergs Besprechung der *Sieben phantastischen Geschichten* zeigte, ein Ritual, das sie bei allen jungen Schriftstellern vollzog, die sie besuchen kamen. Sie bat Bjørnvig, dazu Stellung zu nehmen, was er auf charmante Art tat – aber ebenso charmant lehnte er es ab, die Gegendarstellung zu schreiben, die sie wünschte, oder das Buch über sie als Schriftstellerin, das auf der Stelle in Angriff zu nehmen sie ihn bedrängte, um einer kritischen Studie des Kritikers Hans Brix zuvorzukommen. Bjørnvig gab ihr deutlich zu verstehen, er sei nicht ihr literarischer Page.

Sobald dies geklärt war, begann ihre Beziehung sich zu festigen. Tania Blixen eröffnete Bjørnvig, sie sehe in ihrem Verhältnis eine »andere Bedeutung« und werde ihm »eines baldigen Tages« sagen, was für eine.[38]

Vierzigstes Kapitel

Tod eines Zentauren

I

Im Laufe der vierziger Jahre sah Rungstedlund eine ganze Reihe Dienstboten kommen und gehen. Es gab bis 1960 kein Badezimmer im Haus, und die Mädchen mußten das heiße Wasser für Tania Blixens Bad eine schmale Stiege hinaufschleppen und in den alten Bottich in ihrem Ankleidezimmer gießen. Das Gefäß, das sie benutzten, hieß aus ersichtlichen Gründen »Kündigungseimer«. In der Küche mühten sich Köchinnen und Haushälterinnen mit dem alten, mit Holz befeuerten Herd ab und quälten sich mit Frau Beetles wunderlicher Haushaltsbuchtyrannei. Einige machten sich mit Reis- oder Kaffeesäcken davon, andere gingen mit Geschichten hausieren, daß sie mißhandelt wurden oder darben mußten. Für Tania Blixen zu arbeiten, brachte gewisse spirituelle Vorteile und eine große Zahl praktischer Nachteile mit sich. Sie ließ ihre Angestellten nach eigenem Ermessen schalten und walten, lud sie und deren Freunde ein, ihre Erdbeeren und Pfingstrosen zu pflücken, feierte ihre Geburtstage mit ihnen, »nahm großen Anteil an ihrem Leben«.[1] Sie neigte jedoch auch zur Knauserigkeit bei ihrem Lohn.

Im Frühjahr 1949 stieß eine neue Haushälterin, Caroline Carlsen, zum Personal, das damals aus einem Haus- und einem Stubenmädchen, einem Gärtner sowie Clara und Alfred Pedersen bestand. Frau Carlsen hatte einen Sohn namens Nils, der damals vier war, flachshaarig und engelgleich, und der in Tania Blixens häuslichem Leben eine geringe, jedoch charakteristische Rolle spielen sollte: Er wurde ihr *toto*.

Daß die Baronin Nils Carlsen bei ihrer ersten Begegnung nicht ganz geheuer war, ist nur natürlich. Mager, schrumpelig, seltsam, mit tiefer Stimme und bohrendem Blick konnte sie einem Vierjährigen nicht ganz menschlich erschienen sein, zumal seine Mutter eine dralle, blonde junge Frau in den Dreißigern war. Doch nach und nach ließ er sich bezwingen. Die Baronin setzte sich mit ihm auf den Teppich und spielte Safari mit ihm, sie holte ihre Sammlung schöner alter Holztiere hervor oder schnitzte ihm Spielzeug aus rohen Kartoffeln. Geduldig wartete sie, bis seine Neugier über seine Scheu siegte, und forderte ihn auf, wann immer er Lust habe, zu ihr zu kommen – sie aufzuspüren. Wenn seine Mutter ihn abends zu Bett gebracht hatte und mit ihren Freundinnen ausging, begab sich Tania Blixen in sein Zimmer und erzählte ihm Geschichten. Als sie es einmal vergaß, kam er brüllend in den Salon und sagte, er habe schlimme Träume gehabt. »Eine richtige Freundschaft erwuchs zwischen ihnen«, schrieb Frau Carlsen in ihren Erinnerungen an Tania Blixen, »und er hatte grenzenloses Vertrauen zu ihr, das sie nie enttäuschte. Er durfte jederzeit zu ihr kommen, einerlei, ob sie Gäste hatte oder arbeitete, die Tür war nie abgeschlossen.«[2]

Tania Blixen bemühte sich, Nils Carlsen »Furchtlosigkeit« und andere aristokratische Tugenden beizubringen, und als er ein Jahr bei ihr war, ließ sie ihm eine kleine Militäruniform mit Tressen und Epauletten schneidern und weihte ihn als ihren Pagen in die althergebrachten Riten ihres Salons ein. Da sie sein vollkommenes Vertrauen gewann, weil sie es nie unterließ, auf ihn einzugehen, vermittelte sie ihm vielleicht auch ein Gespür für den großen Wert dessen, was ihm zuteil wurde, indem sie auch etwas von ihm verlangte: eine imaginative Reaktion auf *ihr* Sein. Ihre Beziehung hatte etwas von Titania und ihrem Wechselkind, das gleichzeitig ein Sklaven- und ein Gottkind, ihr Spielzeug und Idol war, Gegenstand der Verehrung und doch Besitz, verwöhnt, aber auch zu ihrem Vergnügen ausgenutzt. Tania Blixens Interesse für Nils wie für die Kinder ihres Bruders oder ihrer alten Freunde, der Reventlows, war leidenschaftlich, aber nicht auf herkömmliche Art mütterlich. Sie gehörte nicht zu denen, die »Kinder lieben« oder ein gütiges, überlegenes Interesse für junge Menschen bekunden. Sie faßte sie eher ins Auge wie eine Zigeunerin, um zu prüfen, was sich mit ein wenig Mühe aus ihnen machen ließe. Viele ihrer jungen Freunde begehrten auf, wenn sie sie wie lebendige Puppen behandeln und für ihren großen Schicksals-Überseekoffer herausputzen wollte, auch wenn sie aus Spaß eine kleine Weile mitmachten. Ihre heranwachsenden Nichten rebellierten ebenso wie Thorkild Bjørnvig. Aber Nils brauchte nicht aufzubegehren, teils, weil weniger Druck auf ihn ausgeübt wurde, und teils, weil er so viel jünger war. Es ist ein Kindertraum, auf diese Weise – geschickt, aufmerksam – »ausgenutzt«, von einem imaginativen Erwachsenen »zu etwas gemacht« zu werden. Kleine Kinder waren im allgemeinen ein empfängliches Publikum für Tania Blixens besondere menschliche Eigenschaften und Bedürfnisse: ihre Verspieltheit und ihre Kaprizen, ihre Liebe zu Ritualen und ihren Wunderglauben, ihren Erfindungsreichtum für Worte und Dinge. Bei ihnen gewann sie etwas von jener Identität wieder, die ihr die Afrikaner zuerkannt hatten. Bjørnvig benutzt das Wort *urmoder*, um sie zu beschreiben: Urmutter.

Frau Carlsen war nach Rungstedlund gekommen, ohne sich recht bewußt zu sein, »in wessen Haus ich war«. Als sie allmählich die Situation erfaßte, »war ich etwas schockiert«. Sie wußte vage, wer Tania Blixen war und hatte *Die Rache der Engel* gelesen, aber jetzt kaufte sie sich *Afrika, dunkel lockende Welt*. Nach der harmonischen Anfangszeit ihres Arbeitsverhältnisses erkannte sie allmählich die Schwierigkeiten. Da waren die althergebrachten Vorschriften für die Haushaltsführung sowie die sturen und zuweilen kollidierenden Persönlichkeiten, die ihre Geduld und Geschicklichkeit gleichermaßen herausforderten. Die Baronin war schlecht gelaunt, vor allem, wenn sie krank war. Wenn etwas nicht klappte, nahm sie es persönlich, genau wie in Afrika. Anfangs kam es zu einem subtilen Machtkampf wegen Nils, und als Frau Carlsen erklärte, sie müsse bestimmte Dinge alleine besorgen, erwiderte Tania Blixen etwas wehmütig: »Ja, aber jetzt gehört er ein wenig auch mir.«[3] Doch Frau Carlsen war durchaus stark genug, um sowohl als Mutter wie auch als Angestellte Grenzen zu setzen; sie besaß einen feinen dänischen Sinn für Humor und bekam allmählich ein Gespür für den Charme von Rungstedlund sowie seiner Herrin. »Ich habe nie gefunden, daß sie stets nett und liebenswürdig war, oder daß es immer angenehm war, unter ihrem Dach zu leben. Sie war jedoch eine Persönlichkeit mit stärkeren Gefühlen als viele andere. Daher gab es Dinge, die sie schmerzten, und wenn einen etwas schmerzt, kann man durchaus unvernünftig sein. Das kann man niemandem zum Vorwurf machen. Manche

Leute kritisierten sie, weil sie aristokratisch distanziert und unnahbar war, doch war sie in so vieler Hinsicht viel menschlicher als gewöhnliche Menschen zu sein es sich je erträumen könnten.«[4]

II

Nach dem Krieg lud Tania Blixen viel öfter Gäste zu sich ein. Stolz schreibt sie, daß sie einmal Besuch von Königin Alexandrine und ein andermal von Niels Bohr bekam. Ole Wivel führte ihr weiterhin seine Neuentdeckungen zu, so auch den begabten jungen »Adonis« Frank Jæger*. Ihre Türe stand jedem offen, der ernsthaft über ihre Werke diskutieren wollte, und Bent Mohn, Literaturkritiker bei *Politiken*, lernte sie auf diesem Wege kennen. Er wiederum stellte sie seinem Freund Eugene Haynes vor, einem schwarzen amerikanischen Pianisten, den Tania Blixen mit besonderer Herzlichkeit willkommen hieß, und der seither oft als Hausgast wiederkehrte. Bent und Eugene waren Anfang Zwanzig: Bent schlaksig und hellhäutig, Eugene rundwangig und mahagonibraun, beide sanft, kultiviert und aufgeschlossen.

Tania Blixens Diners und Mittagessen fanden stets in kleiner Runde statt, es waren nie mehr als sechs bis acht Personen, so daß sie mit jedem Gast sprechen und auf ihn eingehen konnte. Sie war eine hervorragende Gastgeberin; sie konnte sich einem Gast mit solchem Strahlen widmen, daß er das Gefühl hatte, noch nie so gut verstanden worden zu sein. Das erlesene Ambiente spielte dabei ebenso eine Rolle wie das Essen. Die Baronin selbst aß bescheiden und scheute »kunstvolle [kulinarische] Raffinessen«, doch machte es ihr, genau wie in Afrika, große Freude, ihre Gäste zu verwöhnen. Steinbutt vom Sund, Spargel und Erdbeeren aus dem Garten, Austern, in ihrem Wald gesammelte Wildpilze, Soufflés, die perfekte Consommé – dies alles waren Spezialitäten ihres Hauses. Es gab ausschließlich Hausgemachtes, und weder sie noch Frau Carlsen hätten auch nur im Traum daran gedacht, einem Gast Teegebäck aus der Bäckerei anzubieten. Mittag- und Abendessen bestanden stets aus drei Gängen, die mit ausgesuchten Weinen serviert wurden.

---

* Frank Jæger (1926-1977). Lyrischer Dichter, jedoch besser bekannt für seine geistreiche Prosa, insbesondere *Die Leiden des jungen Jæger*, 1953.

Das war natürlich nicht billig. Ebensowenig der Unterhalt von Rungstedlund, wo unentwegt irgendwelche Reparaturen anfielen. Und auch nicht die, wenn auch noch so spärlichen, Löhne ihres umfangreichen Personals. Geld war und blieb für Tania Blixen ein Angelpunkt, und sich am Rande des Bankrotts zu fühlen, war eine Gewohnheit, die sie nie ablegen konnte. Zuweilen behandelte sie ihre Verleger und Agenten mit derselben anmaßenden Gerissenheit, die sie den Aktionären der Karen Coffee Company entgegengebracht hatte, und ungeachtet eines guten Arbeitsverhältnisses, wie etwa mit Robert Haas, sowie des Umstandes, daß sie eine 20 %ige Tantieme erhielt, drohte sie regelmäßig, ihre Bücher anderswo herauszubringen. Ihre Verwandten und guten Bekannten, insbesondere Clara, wurden, wie in alten Zeiten, aufgefordert, »Opfer« zu bringen. Sie hatte Clara für ihre Mitarbeit an *Die Rache der Engel* einen prozentuellen Anteil an den Tantiemen versprochen, aber als die Zeit kam, ihr das Geld auszuhändigen, stellte Tania Blixen sich arm.

Im Frühsommer 1949 fuhr sie zu einem kurzen Urlaub nach Venedig, begleitet von einem ihrer ältesten Freunde, Graf Julius Wedell, dem Gatten von Inger Frijs, der bei mehreren zukünftigen Auslandsreisen als *cavalier servente* dienen sollte. Er war ein großer, verbindlicher, gutaussehender Herr Ende Sechzig, ein Kenner von Kunst und Antiquitäten, und sein Geschmack war so exquisit, daß sie ihm den Spitznamen »Petronius« nach Petronius Arbiter gab. Sie besuchten adelige Freunde, speisten im Cipriani, spielten am Lido, machten Gondelfahrten, hörten Musik und besichtigten natürlich Kunstwerke. Tania Blixen kam belebt, jedoch abgebrannt nach Hause und beschloß, es mit dem Schreiben für den lukrativen amerikanischen Zeitschriftenmarkt zu versuchen. »Leidacker« war ursprünglich in *The Ladies' Home Journal* erschienen, und im August wettete Geoffrey Gorer, ein englischer Freund, der bei ihr zu Besuch weilte, mit ihr, sie könne nichts für *The Saturday Evening Post* Akzeptables schreiben. Sie nahm die Wette an, nicht aber Gorers Rat, es »with tongue in cheek« zu tun, da sie dies für unter ihrer Würde hielt. Sie wolle sich jedoch bemühen, sich nach den Erfordernissen des »Marktes« zu richten. Und wie lauteten diese? »Schreiben Sie übers Essen«, riet Gorer ihr. »Die Amerikaner sind versessen aufs Essen.«[5]

Das Resultat dieser Wette war »Babettes Gastmahl«, eine von

Tania Blixens gewandtesten, ausgefeiltesten Komödien. Wie bei gewissen Festmählern straft die Leichtigkeit des fertigen Produktes die Schwere der Zutaten Lüge; denn die Erzählung befaßt sich mit der Vorstellung eines Entweder/Oder, einer unvereinbaren Dualität des Erlebens, und zeigt, wie im Leben eines großen Künstlers »Seligkeit« und »Aufrichtigkeit« versöhnt werden können. Jene »Epiphanie«, die mystische Höhe, welche die Gäste an Babettes Tafel erfahren, ist wohl auch der Nachklang von Tanias Soupers mit Denys in Ngong. Mit denselben Worten, die sie gegenüber Thomas benutzte, beschreibt General Galliflet das Erlebnis, wenn er zu dem jungen Lorens Löwenhjelm sagt: »Diese Frau verwandelt ein Diner im Café Anglais in eine Art Liebesaffäre – eine Liebesaffäre von der edlen, romantischen Sorte, wo man nicht mehr unterscheidet, was körperliche und was geistige Begierde und Sättigung ist.«[6]

Tania Blixen war Pellegrina Leoni nie ähnlicher als da, als sie sich aufmachte, unter Auferbietung des ganzen Glanzes ihres Talents den amerikanischen Zeitschriftenmarkt zu erobern, und »sich unversehens in einem gemütlichen Familienkränzchen bei Beamtenleuten, wo jedermann im Straßenanzug erscheint«[7] fand. *The Saturday Evening Post* lehnte »Babettes Gastmahl« ab, nahm jedoch eine weit minderwertigere Geschichte, die sie selbst »idiotisch« * nannte, an. Daraufhin schickte sie Babette an *Good Housekeeping*, nach wie vor voller Hoffnung, daß das Thema – Essen – Anklang finde. Man schrieb ihr, das Manuskript habe in den Büros großes Aufsehen erregt, aber leider könne die Ge-

* »Onkel Seneca« erschien im Dezember 1949. Die Heldin der Erzählung ist die Tochter eines armen, aber stolzen und selbstherrlichen Shakespeare-Schauspielers, die ihre reichen Verwandten auf dem Lande besucht in der Absicht, sie wegen der Art, wie sie ihren Vater behandelt haben, und wegen ihrer philisterhaften Lebensweise zu beschämen. Ihr Cousin Albert verliebt sich in sie und verspricht ihr das Geld für das Denkmal ihres Vaters. Aber sie weist ihn zurück. »Onkel Seneca«, ein gütiger alter Herr, der bei seinen reichen Verwandten lebt, ist das einzige Mitglied der Familie, an dem sie Gefallen findet, und dies beruht auf Gegenseitigkeit. Bevor sie abreist, gesteht er, daß er Jack the Ripper ist. Kurz darauf stirbt er und hinterläßt ihr sein großes Vermögen, verpflichtet sie jedoch, wenn sie das Denkmal zu Ehren des Genies ihres Vaters aufstellt, im Grund eine Inschrift einzumeißeln: »Zur Erinnerung an J. T. R.«

schichte nur für »die oberen Einkommensklassen« von Interesse sein, und sie mußten sie ablehnen. Von Mal zu Mal mehr entmutigt, schickte sie das Manuskript an *The Ladies' Home Journal* und hörte lange Zeit nichts. Aber schließlich nahmen sie die Geschichte und eine weitere an. Sie wurden 1950 bzw. 1951 veröffentlicht.*

Die Rückkehr aus Venedig nach Rungstedlund, die intensive Sommerarbeit und ihr spärlicher Lohn, das alles deprimierte Tania Blixen. Ihre tiefe Depression nahm bekannte Formen an – ein nahezu paranoides Gefühl der Entfremdung von den Dänen. So hatte sie in den unglücklichsten Momenten ihrer Kindheit für ihre Familie und in den finstersten Zeiten auf der Farm für die Engländer empfunden. Eines Tages, Ende Oktober, fuhr sie in ihrem kleinen Wagen am *Strandvej* entlang und machte einen unangemeldeten Besuch bei Ole und Kil Wivel, die sich diesmal nicht unter der Fensterbank verkrochen. Sie sagte ihnen geradeheraus, daß sie nicht »weitermachen« könne, daß sie nun wahrhaftig stürbe und sie ihr versprechen müßten – da sie einst davon gesprochen hatten, mit ihr eine Reise nach Nairobi zu unternehmen – mit ihrer Asche nach Afrika zu fliegen und sie in den Ngongbergen auszustreuen. Sie waren so bestürzt, daß ihnen nichts anderes einfiel, als ja zu sagen.

III

1949 war Tania Blixen bereits ein Jahr länger wieder in Dänemark, als sie Jahre in Afrika gelebt hatte. Sie hatte den Kontakt mit ihren dortigen Freunden und Dienstboten verloren. Als sie nach dem Krieg ihren früheren Anwälten in Nairobi schrieb, um sich nach ihren Leuten zu erkundigen, erfuhr sie von den Herren W. C. Hunter & Co., daß Farah gestorben und es ohne ihn unmöglich sei, Verbindung zu den anderen aufzunehmen. Sie sprach jetzt nur noch selten Englisch. Dänemark hatte sie eingeschlossen, so

---

* »Gespensterpferde.« Die Geschichte wurde zusammen mit »Onkel Seneca« und anderen kleineren ungesammelten oder unveröffentlichten Arbeiten von der University of Chicago Press in *Carnival, Entertainments and Posthumous Tales* herausgebracht (1975).

wie die höfliche aristokratische Welt Lady Helena (in »Der junge Mann mit der Nelke«) nach ihrer »Tortur« mit dem jungen Matrosen vereinnahmt hatte, und sie hatte keinen Kontakt mehr mit den Kräften, die ihr in Afrika geistige Stärke verliehen hatten.

Sie hatte sich bemüht, ein Gefühl des Verbundenseins aufrechtzuerhalten, indem sie im Nachkriegsdänemark selbst zu ihrer »ehernen Schlange«* wurde. Sie nahm es auf sich, der modernen Welt die Werte der verlorenen aristokratischen Welt mit beispielhafter Klarheit – der Klarheit einer Parabel oder eines Mythos – zu präsentieren. Und sie hatte begonnen, eine Gestalt zu formen, in welcher diese Werte auf dramatische Weise verkörpert und stilisiert waren: die Grande Dame, die Sybille, die Geschichtenerzählerin, »dreitausend Jahre alt, die mit Sokrates gespeist hatte«.** Aber es gab auch Zeiten – in denen sie mit ihrer Arbeit schlecht vorankam, in denen sie krank war, wenn ein Kritiker sie mißverstand oder wenn ein minder gutes Buch hochgelobt wurde – und sie mit der Bitterkeit eines König Lear von ihrem Gipfel herabsah. Auch sie hatte zusehen müssen, wie die Macht, die einst in ihrer Person (ihrer Klasse, ihren Idealen) konzentriert gewesen war, sich in widerstreitenden Splittergruppen auflöste. Sie sympathisierte nicht mit den Linken, ihrer »Hoffnungslosigkeit und ihrem *Ressentiment*«, und erst recht nicht mit der metaphysischen Rechten, die sich unter der Führung von Christian Hansen zu einer modernen Version von Grundtvigs christlichem Idealismus wandelte. Ole Wivel und viele seiner Freunde waren von dieser Richtung beeinflußt, und das schlug sich im Inhalt von *Heretica* nieder. Dies war ausgesprochen desillusionierend für Tania Blixen, die gehofft hatte, die Zeitschrift werde zum Manifest ihrer eigenen Ansichten. Sie hätten *keine Ehre*, sagte sie wiederholt zu Bjørnvig. Der Christus, von dem sie sprachen und schrieben, erlöse seine Anhänger »unter Narkose«. Sie seien nicht gewillt, »in direkter Beziehung mit Gott zu ste-

---

* vgl. *Afrika, dunkel lockende Welt*, S. 135. Die Afrikaner erhoben Tania Blixen zum Symbol, und um dies zu beschreiben, benutzt sie die Formulierung »Aufrichtung der ehernen Schlange«.

** Die jungen Männer von *Heretica* hatten sie so beschrieben. Vgl. Thorkild Bjørnvig, *Pagten*, S. 131; Isak Dinesen, *Daguerrotypes*, S. 18

hen«. Was die Religion in alten Zeiten interessant machte, sagte sie zu ihm, sei das Risiko, demman seine Seele aussetzte. Damals sei das Drama nicht herabgewürdigt worden, wie es ihrer Meinung nach durch die liberalen modernen Religionen mit ihren »symbolischen« Christussen und ihrer Erlösung »unter Narkose« geschah. Die Ehre, fuhr sie fort – womit sie den Mut zum Risiko meinte – werde nicht mehr von der Erfahrung herausgefordert, und das moderne Leben neige auch dazu zu verhüllen, was nach wie vor eine Wahrheit sei: daß die Gefahr (der ewigen Verdammnis) wirklich bestehe. Sie bedrängte Bjørnvig, nicht für »*Heretica* oder irgendeine Bewegung oder kulturelle Richtung [zu schreiben]... sondern zu schreiben, weil Sie Gott eine Antwort schulden«.[8]

Wie Nietzsche höhnte Tania Blixen gern über das *Gesundheitsbewußtsein* ihrer Zeitgenossen, was diese stets aufs neue zu empören schien. Wivel schilderte, wie sie die Leute mit ihren reaktionären Äußerungen »befremdete«. »Ich bin bereit, die Demokratie zu akzeptieren«, sagte sie gerne, »wenn alle Frauen schön und intelligent sind. Aber wenn ich interessanter bin als sieben andere, sollten sie dankbar sein, sich nach einem solch hohen Standard richten zu können.«[9] Das war eine berechnete Provokation; sie hatte ja den Zorn der Liberalen provoziert, seit sie zehn war, und wußte, wie man das anstellte. Aber sie beklagte sich auch bei Wivel, Birthe Andrup und anderen, daß sie »immer so *ernst* genommen« wurde, wenn sie doch nur hatte spielen, ein bißchen Unterhaltung, ein bißchen Spaß haben wollen – ein Hündchen, das einen metaphysischen Knochen anknurrt in der Hoffnung, jemand werde ihn weit genug werfen, daß beim Apportieren für etwas Bewegung gesorgt sei. *Sie* sei befremdet, seufzte sie, über die vielen ernsthaften Äußerungen über Gott, Magie und Dichtung, an die man gar nicht wirklich glaube. Sie hörte sich das Gerede über die politischen und gesellschaftlichen Konsequenzen der Kunst an und lachte darüber, wie ein von obskuren religiösen Dogmen strotzendes Gedicht als ein historisches Ereignis begrüßt wurde, vergleichbar mit der Bombardierung von Hiroshima, oder wie ein provinzieller akademischer Theologe zum intellektuellen Heroen erhoben wurde.

Im Winter 1949 erschien ein Roman, der ihre ganze Verstimmtheit und Gekränktheit kristallisierte. Dieser Roman, *Rytteren*

*(Der Reiter)** wurde vom dänischen Publikum allgemein mit Entzücken aufgenommen und erlangte fast sogleich den Status eines modernen Klassikers. Tania Blixen nahm die Geschichte sehr persönlich und identifizierte sich mit dem Schicksal des zentralen Charakters, eines Zentauren. Sie setzte sich auch hin und schrieb eine in aufrichtigem, persönlichem Ton gehaltene Kritik direkt an den Verfasser, Hans Christian Branner. In der Geschichte geht es, kurz gesagt, um vier Charaktere, die alle einen Rittmeister namens Hubert gekannt hatten und auf verschiedene Weise in seinen Bann geraten waren. Er ist von einem Pferd totgetrampelt worden, und das war entweder ein Unfall oder ein Mord, denn von den Charakteren behaupten mehrere, ihn getötet zu haben. Doch keiner kann ihn vergessen, und der Roman besteht tatsächlich aus einer Reihe von Gesprächen, worin sie mit der Erinnerung an ihn rechten, über sie lamentieren, fluchen, ihr Ehrfurcht bezeugen und darüber streiten.

Die zwei zentralen Charaktere sind Suzanne, die Geliebte des Zentauren, und ihr augenblicklicher Liebhaber, ein Arzt namens Clemens. Er ist ein kleiner, linkischer Mann in einem abgetragenen Anzug, mit einer Veranlagung zur Korpulenz und zum Schwitzen, der in einer mit französischen Möbeln vollgestopften Wohnung lebt. Trotz des ziemlich pathetischen Lichtes, in welchem er anfangs porträtiert ist, wird er in der Geschichte zu einer heroischen, mit Christus identifizierten Figur. Er streckt den Geist des Zentauren nieder; er entwindet Suzannes Seele ihrer Bindung an Huberts Andenken – und hier weist Tania Blixen darauf hin, daß Branner die Handlung einer alten dänischen Ballade aufnahm, in welcher ein Ritter seine Geliebte in Gestalt eines Falken erlöst. Aber sie macht ihm Vorhaltungen wegen seiner »Unredlichkeit« mit der Geschichte, erstens, weil er deren innere Logik verletzt, Geschehnisse und Gefühle um der Wirkung wegen und ohne Rücksicht auf ihre Aktualität manipuliert: »Wo bewußt eine lange, sorgsam geistige Abrechnung ausgeführt wird, ist es nicht gestattet, eine einzige Ziffer aus der ersten Zahlenkolonne zurück- oder geheimzuhalten.«[10] Doch mit größerem Ernst beklagt sie den Umstand, daß Clemens als Erlöser so abstoßend ist. »Im neuen

---

* dt. 1951

Evangelium von *Der Reiter* ist Clemens der Erlöser, die Personifizierung des Guten, und er erlöst durch Nächstenliebe. Solange er in dem Buch diese automatische Erlösung ohne Kooperation seitens derer, die er erlöst, praktiziert, erlöst er sie weniger, als daß er sie erniedrigt. Wir fragen uns und den Verfasser: ›Wie konnte Suzanne diese Entwürdigung zulassen? Sie hat Hubert geliebt. Sie hat mit ihm im Stall bei den Pferden gelegen – und sie hatten kein Bett, nur eine ausgebreitete Pferdedecke, und um sich herum die großen schlafenden Pferde. Sie hat von einer Zeit vor der Zeit geträumt, und von weiten nebligen Ebenen, wo die Pferde frei herumstreiften. Sie hat sich gewünscht, ihrem Geliebten ein Pferdkind, einen Pferdgott zu gebären. Wie gelangte sie in Clemens' Bett inmitten seiner ererbten Möbel?‹«[11]

Der Aufsatz schließt mit einem leidenschaftlichen Aufruf oder Aufschrei, der auch das Hinwerfen des Fehdehandschuhs des Dämonen ist: »Dänische Dichter des Jahres des Herrn 1949! Drückt die Traube des Mythos oder Abenteuers in den leeren Kelch der Dürstenden! Gebt ihnen nicht Brot, wenn sie Steine verlangen – einen Runenstein oder den alten schwarzen Stein aus der Kaaba; gebt ihnen keinen Fisch oder fünf kleine Fische oder irgend etwas im Zeichen des Fisches, wenn sie nach einer Schlange verlangen.«*

---

* Karen Blixen, *Daguerrotypes*, S. 191. Dies ist ein Hieb Tania Blixens gegen Ole Wivel, der 1948 ein langes theologisches Gedicht mit dem Titel »Im Zeichen des Fisches« veröffentlicht hatte.

Einundvierzigstes Kapitel

Folie à Deux

I

Im Frühjahr 1949 zog Thorkild Bjørnvig mit seiner Frau Grete und seinem Sohn Bo in Knud W. Jensens Gästehaus in Hørsholm, um in der Nähe der anderen Mitglieder von *Heretica* zu sein, die Bjørnvig zusammen mit Bjørn Poulsen herausgab. Jetzt konnte Bjørnvig Tania Blixen oft besuchen. Manchmal kam er mit Wivel und Jensen, und an einem Nachmittag photographierte Jensen die Baronin und den Magister zusammen mit einem kleinen Hündchen im Garten. Tania Blixen trug eine weite Samthose und eine komische spitze Kapuze wie eine Hexe in einem alten Märchenbuch; ihre Augen waren dunkel geschminkt und glänzend, und ihr Lächeln war nicht vieldeutig wie auf fast all ihren anderen Bildern, sondern ohne jede Ironie. Sie sah strahlend schön aus. Bjørnvig dagegen wirkte ein wenig nachdenklich und abwesend. Bis er zu *Heretica* stieß, hatte er geglaubt, Tania Blixen sei tot, und er hatte sich noch nicht ganz von seiner Überraschung erholt, sie noch unter den Lebenden zu finden. Er sah sie als »einen Menschen jener Sorte, von denen ich nur in Mythen und Geschichten gehört hatte.« Besonders an jenem Nachmittag entsprach sie in Aussehen und Gebaren dieser Rolle, und er schrieb ihr anschließend: »Ihre Gegenwart macht mich sehr nervös und sehr rein. Mir ist, als sei ein großes Treiben in der Luft, eine Macht, und kann man sich mehr ersehnen?«[1] Briefe wie dieser gingen in den folgenden Monaten zwischen ihnen hin und her. Kein Mann hatte sich Tania Blixen jemals so rückhaltlos und unbekümmert ausgeliefert, und man kann es ihr nicht verdenken, daß sie davon ein wenig berauscht war.

Die Baronin hatte Bjørnvig eingeladen, sie zu besuchen, wann es ihm beliebte, und zwar auf eine Weise, die deutlich machte, daß dies nicht bloße Höflichkeit war. Sie speisten gemeinsam im grünen Zimmer, und anfangs drehte sich ihre Unterhaltung um die Politik und die Persönlichkeiten von *Heretica*. Doch nach und nach entdeckten sie »größere und allgemeinere Themen, wie Eros und Christenheit, Tiere und Kosmos, Krieg und Vivisektion, und die oftmals unerwartete, spontane Übereinstimmung ließ den Redefluß nicht anhalten, wie es geschehen kann, sondern entführte ihn... in eine beseligte, schöpferische Dimension«.[2] Wenn Bjørnvig in sein Häuschen heimkehrte, war er erfüllt von »einer machtvolleren Lebenserwartung«[3], als er sie je gekannt hatte.
In Tania Blixens Dasein war dies eine Periode der großen Flaute. Es war die Zeit ihrer fruchtlosen, enttäuschenden Bemühungen, mit dem Schreiben für Zeitschriften Geld zu verdienen, die Zeit, als ihre weniger guten Geschichten angenommen und die guten abgelehnt wurden, als sie Briefe von Haas erhielt, der sich mit geduldiger Beharrlichkeit erkundigte, ob sie keine neuen Erzählungen habe, und sie antworten mußte, daß ihre »leichteren« Werke nicht geeignet seien, zu denselben Bedingungen angeboten zu werden wie ihre ernsten Schriften. Je mehr eine »beseligte, schöpferische Dimension« ihren eigenen Arbeiten entwich, umso mehr sah sie in Bjørnvig, in seinem großen, jedoch ungeschliffenen Talent ein alternatives Ziel: Sie wollte ihn unter ihre Fittiche nehmen und zu dem großen Dichter machen, zu dem er das Zeug hatte. Jeder für sich unvollkommen, würden sie zusammen eine Einheit sein.

In den folgenden Monaten bekundete Tania Blixen gegenüber Bjørnvig mit zunehmender Eindringlichkeit und Ernsthaftigkeit ihren außerordentlichen Glauben an und ihr großes Vertrauen in ihn. Er bekannte, daß er eigentlich nicht verstünde, was sie meinte, ließ sie aber auch wissen, daß er es, was immer es sei, ohne Vorbehalt erwidere. Es war genau, was sie hören wollte. In einem Brief vom Januar 1950 schrieb sie ihm: »Es ist sehr gut zu wissen, daß es einen Menschen gibt, auf den ich zählen kann, wie ich auf Farah zählte. Darum werde ich Sie nun in meinen Mantel hüllen, wie es Elias mit Elisa tat, zum Zeichen, daß ich dreiviertel meines Geistes in Ihnen ruhen lassen werde.«[4]

Dieser Brief war die erste formale Dokumentation dessen, was sie ihren »Pakt« nannten, und was Tania Blixen als eine mystische Vereinigung betrachtete, ein Gelöbnis ewiger Liebe, ein Bündnis ähnlich den Bündnissen, die sie zwischen sich und Wilhelm, Farah und den Afrikanern gefühlt hatte. Doch dieses besaß eine weit beruhigendere, grandiosere Dimension: Bjørnvig vertraute, wie Tania Blixen es sah, ihr seine Seele an im Tausch gegen ihre immerwährende Wachsamkeit und Protektion. So wie sie behauptete, ihre Seele einst dem Teufel versprochen zu haben im Tausch gegen die Begabung zum Geschichtenerzählen, so übernahm nun sie die dämonische Rolle und versprach dieselbe geniale Gabe einem anderen.

II

Tania Blixens Beziehung zu Thorkild Bjørnvig währte vier Jahre. Man könnte auch sagen, sie »lief«, wie ein Spiel läuft, oder sie tobte, wie ein Zorn tobt. Sie war eines der großen Dramen ihres Lebens, theatralisch in mehr als einem Sinne, nicht zuletzt deshalb, weil sie die einzelnen Akte höchstpersönlich peinlich genau in Szene setzte. Sie sprach und agierte durchweg wie nach einem archaischen Manuskript, das sie vor langer Zeit auswendig gelernt hatte, einem Manuskript wie *Die Rache der Wahrheit*, das sie als Mädchen geschrieben und von Dänemark nach Afrika und wieder zurückgebracht und fortwährend bearbeitet hatte. Von Zeit zu Zeit hatte sie mit dem einen oder anderen Freund eine kleine Szene daraus geprobt: mit Eduard Reventlow in Paris, der bestürzt gewesen war, mit Denys, der Mühe hatte, ernst zu bleiben, mit Casparsson oder Erling Schroeder, ritterlichen Könnern, aber mehr auch nicht. Sie hatte natürlich einige der besten Stellen für ihre Erzählungen verwendet, und das Szenarium war, bis Bjørnvig 1949 den Schauplatz betrat, gründlich geplündert worden. Aber bis dahin hatte sie es nie genauso gespielt sehen können, wie es geschrieben war.

Was die Aufführung am Ende ermöglichte, war die Tatsache, daß Bjørnvig – der natürlich keine Kopie des Manuskriptes hatte – sich dennoch darauf stürzte, als hätte er die Aussagen schon lange aus einem anderen Leben gekannt, und daß ihm die Fähigkeit gegeben war, in derselben rätselhaften, archaischen Poesie zu sprechen und zu improvisieren. Er versprach sich stellenweise und ließ sie im Stich; er lachte überheblich, beinahe kichernd, was sie nicht ausstehen konnte; sein Zeitmaß war zu langsam, seine Bewegungen waren zu zögernd und unbeholfen; er war »zu sanft«. Doch Tania Blixen fühlte, dies waren die Spuren seiner bäuerlichen Herkunft und provinziellen Erziehung, und hier tat sie sich als Lehrmeisterin hervor. Mit großem Vergnügen machte sie sich daran, ihn zu vervollkommnen, ihn – wie sie selbst es ausdrückte – zu »härten«.

Tania Blixen erzählt die Geschichte ihrer Leidenschaft für Bjørnvig in »Widerhall«, geschrieben, nachdem der Pakt gebrochen war –, an gegebener Stelle werden wir uns damit befassen. Thorkild Bjørnvigs Bericht ist es, der uns über ihre intime Beziehung aufklärt. Er ist *Pagten* (Der Pakt) überschrieben. Reich an Details, Gesprächen und Briefen, gibt er wortgewandt über Bjørnvigs eigene Gefühle Auskunft. Der Entschluß, diese Erinnerungen 25 Jahre später niederzuschreiben, fiel ihm schwer. Er tat es schließlich, teils auf Drängen von Frans Lasson* und teils, weil er der Baronin versprochen hatte, nach ihrem Tod über sie zu schreiben. *Pagten* ist ein meisterhaftes Werk der Selbstenthüllung, zum Teil, weil Bjørnvig nicht versucht, seinen Geisteszustand zu der Zeit, als die Ereignisse stattfanden, zu zensieren oder abzuschwächen, oder die von dem jungen Thorkild Bjørnvig umrissene Gestalt zu revidieren. Diese gibt er mitsamt ihrer Unschuld und ihrem Stolz, ihrem Pathos und ihrer Absurdität wieder, mit all ihrer Qual, Verrücktheit und Poesie.

Bjørnvig zitiert einen Aphorismus, der fortan für ihn als Ausdruck dieses seltsamen Paktes stehen sollte. Eines Tages stieß er bei der Lektüre von Franz Werfels *Theologumena* auf eine Passage, die er der Baronin vorlas. »Nur zu der ältesten und durchlittensten Seele spricht Gott«, hieß es da: ›Du sollst niemandem und nichts angehören, keiner Parteiung, keiner Mehrheit, keiner Minderheit, keiner Gemeinschaft, und diene sie selbst mir an meinem Altar. Du sollst nicht angehören deinen Eltern, nicht deinem Weib und deinen Kindern, und so auch nicht deinen Brüdern und Schwestern, nicht denen, welche deine Sprache sprechen und

---

* Herausgeber ihrer *Briefe aus Afrika* sowie, zusammen mit Clara Svendsen, der Bildbiographie »Tania Blixen. Ihr Leben in Dänemark und Afrika«, und Vorsitzender der Karen Blixen Gesellschaft.

ebenso wenig denen, welche eine andere sprechen – und am allerwenigsten dir selbst. Du sollst nur *mein* sein in deiner Welt.‹« An dieser Stelle nahm ihm Tania Blixen das Buch weg, strich mit energischer Hand das Wort »Gott« auf der Seite aus und schrieb das Wort »Ich« darüber. Unter die Textstelle setzte sie ihren Namen. »Dies wurde zum Rezept für unseren Pakt«, schrieb Bjørnvig, »und... zum Ausdruck eines extremen Falles von *folie à deux*.«[5]

Eines Nachmittags, kurz nachdem der Pakt geschlossen worden war, fuhr Tania Blixen nach Vedbæk, wo die Bjørnvigs ein kleines Haus gefunden hatten. Als sie in ihrem Wohnzimmer stand, umarmte und küßte sie plötzlich Bjørnvigs Sohn Bo, der damals zwei war. Thorkild war verblüfft über »einen so uncharakteristischen Anfall von Zärtlichkeit«, und er war es nicht weniger, als er am nächsten Abend nach Rungstedlund gerufen wurde. Tania Blixen empfing ihn im Salon und schickte sich mit großer Würde an, ihn von einer Sorge zu befreien, an die er nicht einmal im Traum gedacht hatte: daß Bo sich mit Syphilis angesteckt haben könnte. Sie habe angenommen, sagte sie, daß Bjørnvig »das bittere Geheimnis« ihres Lebens kannte, und erklärte sodann, daß es sie nicht nur »vom Leben, nicht nur von der Erotik« abgeschnitten habe, »sondern jeglicher körperlicher Kontakt für sie tabu sei«.[6] Die Krankheit sei nicht mehr ansteckend, versicherte sie ihm, und könne nur noch ihr selbst schaden. Darauf bat sie Bjørnvig, sich vorzustellen, welch schreckliches Opfer es für eine junge Frau sei, allen Fleischesfreuden zu entsagen. In diesem Augenblick habe sie dem Teufel im Tausch für die Gabe des Geschichtenerzählens ihre Seele versprochen.

Diese kleine Szene ist von vielfältiger Bedeutung. Sie dramatisierte die dämonische Quelle von Tania Blixens Autorität und Talent; sie drückte Tania Blixens Angst aus, ansteckend zu sein, eine Angst, die sie laut Dr. Fog trotz seiner Versicherungen ständig empfand.[7] Aber die Szene gestattete ihr auch, einer anderen Sorge Ausdruck zu verleihen und diesbezüglich Beruhigung zu suchen. Ihr Gespräch wandte sich im Zusammenhang mit Syphilis Nietzsche zu, und Tania Blixen erzählte Bjørnvig, daß sie Zarathustra von Jugend an geliebt habe. Dann sagte sie zu ihm: »Aber da Sie Nietzsche so gut verstehen, müssen Sie mir auch sagen können, ob Sie in mir irgendein Anzeichen derselben Art von Größenwahn sehen oder gesehen haben. Und wenn ja, müssen Sie mich augenblicklich warnen – das sind Sie mir wahrlich schuldig, denn das ist ein Teil unseres Paktes: Sie sollen meine Ehre beschützen.«[8]

Im April jenes Jahres erhielt Bjørnvig ein Stipendium und ging mit seiner Familie nach Paris. Tania Blixen hatte ihm zugeredet, die Reise zu machen und Französisch zu studieren, was sie als eine »Erfahrung« für ihn betrachtete, einen Schritt hin zur Vervollkommnung. Als er seine Schwierigkeiten mit der Sprache schilderte, machte sie ihm in einem langen, ermahnenden Brief Vorhaltungen. Wenn seine Frau nicht wäre, schrieb sie ihm, würde sie ihm den Rat erteilen, der ihren Vater mit den Lesern der *Jagdbriefe* verbunden hatte: *»Il faut coucher avec son dictionnaire.«** Thorkild faßte es so auf wie »das Wörterbuch unters Kopfkissen legen« und verstand nicht, wieso das seine Frau stören sollte.

Tania Blixen hatte schon mit ihrem Programm begonnen, seinen Geist durch Erleben und Leiden zu stärken, seine Manieren und seinen Stil durch Vergnügen und Reisen zu verfeinern und ihn nach dem Vorbild von Wilhelm oder Denys zu einem Mann von Welt zu formen. Und er hatte schon begonnen, ihr eine Art unterschwelligen Widerstand zu leisten. Seine ersten Briefe aus Paris waren erfüllt von einer Art »Dementia praecox und Hybris«. In Rungstedlund verlor Tania Blixen die Geduld und schlug auf ihren Schreibtisch: »Ich wünschte, dieser Hieb träfe den Magister in den Kopf.« Und siehe, erzählt uns Bjørnvig, am nämlichen Tag, zur selben Stunde, stieß er sich den Kopf an einer scharfen Tischkante und hatte eine Gehirnerschütterung, die er entgegen dem Rat seiner Ärzte ignorierte, bis er einen Monat später endgültig zusammenbrach. Die Baronin schrieb seiner Frau einen lieben Trostbrief. Insgeheim warf sie sich vor, sie habe »zu hart zugeschlagen«.[9]

Am 17. April 1950, Tania Blixens 65. Geburtstag, lud sie Ole Wivel allein zum Essen im grünen Zimmer ein. Der Tisch war festlich gedeckt, sie prosteten sich zu und plauderten heiter wie schon so oft zuvor. Doch während das Dessert aufgetragen wurde, ent-

---

* »Man muß mit seinem Wörterbuch schlafen« (Thorkild Bjørnvig, *Pagten*, S. 17; vgl. Wilhelm Dinesen, *Jagtbreve og Nye Jagtbreve*, S. 50).

schuldigte sich die Gastgeberin und kehrte mit zwei Heften zurück. Das eine war die letzte Ausgabe von *Heretica*, und sie hatte eine Seite darin markiert, aus der sie nun mit ernster, trockener Stimme vorzulesen begann. Es war Oles Leitartikel, worin er des Endes der Bjørnvig-Poulsen Herrschaft gedachte und einen Wechsel in der Herausgeber-Politik ankündigte. Die neuen Herausgeber, Wivel und Martin A. Hansen, dankten ihren Vorgängern für die Schaffung eines Journals, dessen hoher Standard begründet war auf dem Prinzip künstlerischer »Verantwortung... Wir sind der Überzeugung, daß diese Verantwortung nicht nur eine ästhetische, sondern auch eine moralische ist«, hieß es weiter.

Tania Blixen legte das Heft hin und sah sich um, mit »abwesenden, leuchtenden Augen, aber sie leuchteten nicht vor Begeisterung, sondern im Gegenteil, vor Wut oder Verachtung«. Sie schlug den anderen Band auf. »Phaedros«, begann sie, »merke dir... nur die Schönheit ist göttlich und sinnlich zugleich.«

Als sie Sokrates' Rede beendet hatte, trank sie einen Schluck Wein, und dann erzählte sie Wivel eine Geschichte aus ihrer Jugend, die Geschichte, wie Tante Bess sie mit zur Volkshochschule genommen hatte, um den Vortrag eines berühmten Moralisten zu hören, und wie »angewidert« sie gewesen war. Ohne es damals zu verstehen, sagte sie, sei sie hin- und hergerissen gewesen zwischen der ethischen Philosophie der Familie ihrer Mutter und der sinnlichen Ästhetik der Familie ihres Vaters. Es sei eine Quelle unsäglichen Glücks gewesen zu entdecken, daß in Afrika der Konflikt zwischen beiden gelöst worden sei. »Himmlische und irdische Liebe standen da draußen nicht in Opposition zueinander wie unter den christlichen Europäern, und wie es offensichtlich bei Martin A. Hansen und nun bei *Heretica* der Fall ist – eine Krankheit, die sie sich von der Tradition des Dualismus zuzogen«, und welche sie, wie sie meine, couragiert zu bekämpfen sich anschickten. »Ich muß Sie warnen«, sagte sie ernst zu ihrem alten Freund, »bei Ihrer Hinwendung zur Moral und Ihrer Neigung zur Ethik. Hat nicht gerade diese Hinwendung in unseren protestantischen Kulturen uns gegen unseren Willen geradewegs in den Abgrund geführt? Hat nicht das Christentum die Ekstase ausgeschlossen, uns unsere Sinnlichkeit verwehrt und ausgetrieben? Und hat es nicht auch den Weg zur Welt des Geistes mittels der grundlegenden Daseinsverhältnisse, welche die einzigen sind, die wir haben, versperrt? ... Ich glaube«, schloß sie, »daß Sie und Martin A. Hansen in gefährliche Fußstapfen treten.«

Als Wivel sich zum Gehen erhob, sagte Tania Blixen, sie wolle ihn segnen, ehe sie ihn ziehen lasse, und ihr Segen bestand in einem kleinen Gedicht, das der Moralist Johannes Jørgensen für den symbolistischen Dichter Sophus Claussen geschrieben hatte, dessen Werke lange Zeit ihre »Bibel« gewesen waren:

Ich vergaß Griechisch für Latein,
du bliebst bei Homeros.
Ich sage dir, CARITAS ist Gott,
Antworte du EROS.*

IV

Ende Juni unternahm Tania Blixen eine Reise nach Paris. Sie wohnte in einem prächtigen alten Hotel, dem St. James und Albany auf der Rue de Rivoli, wo sie in den zwanziger Jahren auf dem Weg von oder nach Afrika oft abgestiegen war. Eine seiner Annehmlichkeiten war für sie der dänische Hausdiener, der einmal der Butler »eines alten Onkels von mir«[10] war.

In Paris wurde sie von einer reichen, kultivierten amerikanischen Bewunderin namens Parmenia Migel betreut, die sie zwei Jahre zuvor kennengelernt hatte. Mrs. Migel besaß ein Haus auf der Ile St. Louis; ihr Mann, Arne Ekström, war im diplomatischen Dienst tätig, und das Ehepaar verfügte über die Mittel, der Baronin ein sehr vergnügliches Unterhaltungsprogramm zu bieten. Dazu gehörten Diners, von ihrem Küchenchef zubereitet und von ihrem Butler serviert, Gesellschaften mit adligen Damen und jungen Malern, Einkaufsbummel, die besten Plätze in der Comédie Française – kurz, etwas für »jede Stunde des Tages«. Tania Blixen sah sich auch nach einem Künstler um, der ihr Porträt für die dänische Ruhmeshalle malen sollte, und Mrs. Migel machte sie mit Pavel Tschelitschew bekannt. Es war für beide eine Begegnung

* *Jeg glemte mit Græsk for Latin*
du blev hos Homeros
jeg nævner dig CARITAS *Gud*
saa svarer du EROS.
Aus: Ole Wivel, *Romance for Valdhorn*, S. 213ff.

voller Bitterkeit. Tschelitschew war am Ende. Er war nach mehrjähriger Abwesenheit, während der er sich in Amerika einen Ruf erworben hatte, nach Paris zurückgekehrt, und war nun niedergeschlagen, weil ihm hier die Anerkennung versagt blieb. Er hatte Tania Blixens Bücher geliebt, und sie gehörte zu den Menschen, die kennenzulernen er sich am meisten gewünscht hatte, allerdings ohne wirklich damit zu rechnen, daß es einmal dazu kommen würde. Obwohl er es ablehnte, ihr Porträt zu malen – »Damit bin ich ein für allemal fertig« – sprach er »drei Stunden lang aufgeregt und ununterbrochen... Tania, die es gewöhnt war, die Unterhaltung allein zu bestreiten, hatte den ganzen Nachmittag kaum ein Wort gesagt, und Tschelitschew hatte das Gefühl, die vollkommene Zuhörerin gefunden zu haben... Zuerst war Tania ziemlich brüskiert über seine kategorische Ablehnung, ihr Porträt zu malen, aber als sie erfuhr, wie begierig er darauf war, sie kennenzulernen, war sie besänftigt.«[11]

Der Hauptzweck ihrer Parisreise war jedoch, sich mit Bjørnvig zu treffen. Er und seine Frau kamen in ihr Hotel, und sie führte sie zum Essen in ein Restaurant, das sie nie »zu betreten gewagt hätten«.[12] Am nächsten Tag besuchte sie die zwei in ihrem Quartier in der Cité Universitaire, begutachtete die bezaubernde Aussicht und trank Tee. Als Grete Bjørnvig sich taktvoll zurückzog, zeigte Tania Blixen Thorkild ein Gedicht, das, wie sie sagte, ihr Neffe Tore Dinesen geschrieben hatte, und bat ihn um seine Meinung. »Konventioneller Mischmasch«, sagte er. »Sie nahm es gelassen, dabei stellte sich später heraus, daß sie es selbst geschrieben hatte.«[13]

Als Gegenleistung las Bjørnvig ihr sein lyrisches erotisches Werk »Der Rabe« vor. Sie hörte still zu und sagte dann sichtlich stolz und bewegt, er habe sowohl die feststehenden als auch die ungeschriebenen Gesetze des Gedichteverfassens beachtet und ein »großes, mächtiges Kunstwerk, nicht schlicht Pornographie« geschaffen. Sie wiederholte, was sie ihm früher in bezug auf *Heretica* gesagt hatte, daß er nicht für einen einzelnen Menschen oder mit Rücksicht auf eine Bewegung oder kulturelle Gruppe schreiben dürfe, sondern weil er Gott eine Antwort schulde: *Je responderay.*[14]

Für ihre letzte Zusammenkunft mietete Tania Blixen einen offenen Wagen und machte mit Bjørnvig allein eine Fahrt durch den

Bois de Boulogne. Der Wald stand in Blüte, die Luft war süß und schwer. Mit ausdruckslosem Gesicht und meisterhafter, grotesker Komik gab die Baronin eine Geschichte nach der anderen zum besten. Bjørnvig war euphorisch.

Doch als sie nach Dänemark zurückkehrte, ging er in die Bretagne in ein Hotel am Meer. Und dort erlitt er nach einer Reihe Enttäuschungen und Mißgeschicke, die durch seine Gehirnerschütterung noch erschwert wurden, einen Nervenzusammenbruch. Ein Teil dieses Zusammenbruchs ging auf ein »telepathisches« Erlebnis mit Tania Blixen zurück, die, ohne daß er davon wußte, sich zu einer weiteren, sehr schmerzhaften Behandlung ins Krankenhaus begeben hatte. Während er im Bett lag und auf das Meer lauschte, hatte er von Frau und Kind geträumt, und dann träumte er, daß Tania ihn rufe, als brauche sie ihn und wünsche, daß er käme. Als er nach Dänemark zurückkehrte, erfuhr er, daß sie in der Nacht, als er von ihr träumte, tatsächlich »ganz fest« an ihn gedacht hatte.

Ihr Pakt schien darauf »eine Last für sie und eine Gefahr für mich, wofür sie die Verantwortung nicht zu übernehmen wagte«, und sie versuchte »mit ganzer Kraft, mich von sich zu schleudern, mich aus dem Pakt und ihrem Leben hinauszuwerfen«. Dann aber sah sie, daß Bjørnvig »sozusagen abgeprallt war, und ich Sie, statt Sie unwiderruflich von mir zu schleudern... an mich gezogen hatte. Ich beschloß, wenn der Pakt... aufgekündigt werden sollte, dann müßten Sie, Sie selbst es tun«.[15]

Dies war ein emotionales Abkommen, ganz ähnlich der kleinen Szene mit dem zwei Jahre alten Bo in Vedbæk. Tania Blixen sah die Gefahr der Situation, konnte sich aber nicht allein damit auseinandersetzen und machte deswegen Bjørnvig dafür verantwortlich. Gleichzeitig konnte sie sich ohne weitere Hemmungen damit abfinden.

Als Bjørnvig aus dem Krankenhaus kam, lud Tania Blixen ihn ein, sich in aller Ruhe und Behaglichkeit in Rungstedlund zu erholen, und er nahm dankbar an. Sie brachte ihn im grünen Zimmer unter und verordnete strengste Abgeschiedenheit und Ruhe. Seine »Schlafenszeit« wurde auf 21 Uhr festgesetzt, und sie achtete persönlich darauf, daß sie eingehalten wurde. Sie limitierte strikt den Besuch seiner Freunde, sogar seiner Frau, und sie wurden zeitig hinauskomplimentiert. Anfangs ließ sie ihn allein essen und erschien um 20 Uhr auf seiner Türschwelle, um mit dem Ritual des Zubettbringens zu beginnen. Sie erzählte ihm Geschichten, bis die Uhr neun schlug, dann stand sie auf und sagte ihm Gutenacht. An einem der ersten Abende legte sie, nachdem sie gegangen war, das »Adagio« aus dem ersten Streichquartett von Tschaikowski auf ihrem alten Grammophon auf, das im Nebenzimmer stand. So hatte sie es mit Denys gemacht, wenn er sich am Abend vor einer Jagd früh zurückgezogen hatte. Die Musik, sagte sie, werde sein »Herz in Frieden wiegen, so daß Sie diese Abende im späteren Leben nie vergessen werden ... und das erste Mal, als Sie sie hörten«.[16]

Bjørnvig war bis Weihnachten Gast in Rungstedlund, der verirrte Reisende, reif für eine mystische Romanze, der in ein verzaubertes Schloß kommt und in den Bann der einsamen Schloßherrin gerät. Zwischen Strenge und Nachsicht wechselnd, schickte Tania Blixen sich an, aus ihm einen Ritter der Imagination zu machen, hart und reich im Geiste und vertrauensvoll einem Ideal verpfändet, das in ihrer eigenen Persönlichkeit und Kunst verkörpert war. »Vieles, was Karen Blixen zu mir sagte«, schrieb Bjørnvig, »hatte für mich eine mehr oder weniger versteckte Absicht. Sie ... verheimlichte nicht, daß sie, sowohl was menschliche als auch dichterische Qualität betraf, Außergewöhnliches von mir erwartete.«[17] Diese Erwartung war natürlich mit einem starken Zug von Tyrannei verknüpft. Tania Blixen machte Bjørnvig oft lächerlich, sie nannte ihn einen Dummkopf oder Feigling, oder sie hielt ihm vor, er sei von seinem Milieu durchtränkt wie ein Löffelbiskuit in einer Tasse Kaffee; oder sie bekam wegen Banalitäten plötzliche, unerklärliche Wutanfälle, ein Verhalten, das alle ihre guten Freunde beobachtet hatten und über das keiner sprechen wollte. Von ihrem Einfluß auf Bjørnvig berauscht, vergaß sie die komplexe Wahrheit, die sie in »Der alte, wandernde Ritter« dargestellt hatte: daß der Repräsentant einer alten Ordnung, der mit voller Wucht in das moderne Zeitalter reitet, dazu verdammt ist, eine komische und kompromittierte Figur zu machen, und sei sie noch so edel. Sie vergaß außerdem die eher unheimliche Lektion, die sie in »Der Dichter« erteilt hatte: daß es anmaßend und unbekömmlich ist, sich in eines anderen Schicksal einzumischen.

Bjørnvigs Sehnsüchte und Phantasien entsprachen denen von Tania Blixen dermaßen, daß ihr jeglicher Widerstand, den sie ihm anfangs entgegengesetzt haben mochte, unmöglich wurde, und sie ließ sich einfach gehen und ergab sich der Ekstase belohnter Liebe, die ihr so lange verwehrt wurde. Bjørnvig hielt ihr einen Spiegel vor, in dem sie sich nicht nur als die alte Geschichtenerzählerin mit der Weisheit von dreitausend Jahren sah, sondern auch als das junge Mädchen von siebzehn (»Wie schön die Baronin aussehen kann, wie unendlich jung, wenn sie von diesen Dingen spricht«)[18], und mit der erotischen Vitalität einer erfahrenen Frau in der Blüte ihres Lebens. Es war eine hermetische Beziehung, vollkommen, mit Ausnahme der tatsächlichen Berührung; sie verwandelten sich voreinander, spielten sämtliche Rollen ihres jeweiligen psychischen Repertoires. Je intensiver die Beziehung wurde, um so mehr schien – zumindest von außen her – eine Tragödie unvermeidlich. Tania Blixen erzählte einem Freund – vermutlich Ole Wivel, denn es kam Grete Bjørnvig zu Ohren – daß sie, wenn Thorkild nicht für immer zu ihr nach Rungstedlund zöge, Dänemark endgültig verlassen oder sterben würde.

V

Die anderen Bewohner von Rungstedlund betrachteten Bjørnvig mit nicht geringer Eifersucht und Skepsis. Frau Carlsen erklärte, er werde »es nie zu etwas bringen«. Alfred Pedersen hatte seine Abneigung sprachlos gemacht, und er mochte Bjørnvig nicht einmal beim Namen nennen, sondern zeigte nur mit dem Finger, zog eine Grimasse und knurrte: »*Ham derinde*« – der da drinnen. Bjørnvig erinnerte sich an Pedersens »heftiges Mißtrauen« an dem Tag, als dieser ihn die Initialen »T. B. und K. B.« in einen alten Baum hinter dem Haus schnitzen sah. Pedersen stand nur da und »machte ein finsteres Gesicht«, während Bjørnvig sein Werk verrichtete, und Thorkild, der sich genauso lächerlich fühlte, wie Pedersen fand, daß er aussähe, war zu höflich, um zu erklären, daß die Baronin ihn zu seinem Tun veranlaßt hatte.[19]

Mit Clara jedoch schloß Bjørnvig Freundschaft. Sie waren fast gleich alt, und während Tania Blixen ihn Magister nannte und immer mit dem förmlichen *De* (Sie) anredete, stand er mit Clara auf du. Sofern sie Neid empfand, wurden diese Gefühle in beschützerische, dennoch ehrerbietige Komplizenschaft und Zuneigung verwandelt. So würde sie vielleicht für einen Sohn Tania

Blixens oder, wäre sie Hofdame bei der älteren Elisabeth I. gewesen, für den jungen, zum Unglück verdammten Essex empfunden haben. Als Bjørnvig abermals ins Ausland ging und Tania Blixen eine lange Zeit zwischen ihren Briefen verstreichen ließ, ergriff Clara die Initiative und schrieb an Thorkild, um ihm zu versichern, die »Baronin denkt die ganze Zeit an Dich. Ich weiß nicht, warum sie nicht geschrieben hat«.[20]

Der Oktober jenes Jahres war ungewöhnlich mild. Bjørnvig hatte das Gefühl, daß er »genas«. Er unternahm lange Spaziergänge im Herbstlicht, durch den Wald oder am Strand entlang, und er hatte insgeheim mit der Arbeit an einem langen Gedicht, »Das Haus der Kindheit«, begonnen, das den Zustand der Dankbarkeit und Freude ausdrückte, den er in Rungstedlund kennengelernt hatte. Tania Blixen ließ ihn arbeiten und begab sich zu einem Besuch nach Wedellsborg auf Fünen, dem Gut von Inger und Julius Wedell. Sie war in den Schlössern und Villen ihrer alten Freunde natürlich immer ein willkommener Gast. Sie nahmen ihre Berühmtheit ebenso leicht hin wie ihre Exzentrik und waren von ihrer »Aura« weder übermäßig beeindruckt wie Bjørnvig, noch von ihr abgestoßen wie gewisse Familienmitglieder und Kritiker. Man hat das Gefühl, daß ihr Verhalten gegenüber Tanne kaum anders war als zu der Zeit, da sie als eine »*raffinée*, eine scharfzüngige junge Dame« aus Paris zurückgekehrt war, die ein in ihren Kreisen seltenes Talent für Phantasie besaß. Sie waren stolz auf ihre Leistungen, und sie war stolz auf ihre Freunde, einfach weil sie existierten und weiterhin Lebensart bewiesen. Ihre eigene Auffassung von dieser Lebensart war, wie von jeher, überspannter als die der Leute selbst, und sie hatte sowohl Bjørnvig als auch Ole Wivel erklärt, daß sie sich nur auf den großen Landgütern in Dänemark wirklich wohlfühlen könne, denn nur dort treffe sie noch Menschen an, welche die Bedeutung von »ehrenhaft« in demselben Sinne verstünden wie sie.[21]

Aber es war noch etwas Schlichteres zwischen ihr und diesen Freunden aus der Kindheit, eine wesentlich menschliche Bindung, die auf der ununterbrochenen Verbundenheit mit der Vergangenheit fußte. »Wir tragen Masken, wenn wir alt werden«, sagte sie zu Bjørnvig, »die Masken unseres Alters, aber die jungen Leute wissen es nicht, oder sie glauben nicht, daß es Masken sind... Daher ist es oftmals eine große Erleichterung und Befreiung für mich, mit meinen Zeigenossen beisammen zu sein und mich mit ihnen zu vergnügen und zu lachen... denn wir wissen, daß wir Masken tragen und können sie vergessen.«[22] Die Wedells, die Bernstorffs, die Reventlows, die Folsachs – dies waren die Menschen, mit denen Tania Blixen sich duzte und immer geduzt hatte. »Sie sind«, schrieb sie in jenem Oktober an Clara, »beinahe wie Eingeborene.«[23]

Bjørnvig erzählt eine reizende Geschichte, die seine – und damit Tania Blixens Einstellung – zu dieser *herregaardskultur* deutlich macht. Während seines Aufenthaltes in Rungstedlund schickte sie ihn, einen Gast abzuholen, den sie zum Mittagessen eingeladen hatte, die junge Gräfin Caritas Bernstorff-Gyldensteen, Tochter des Grafen Erich und der Gräfin Sophie. Als er in ihrem kleinen Wagen aufbrach, wand sie einen Bund Fresien in sein dichtes Haar und befahl ihm unter Androhung ihres Unmuts, die Blumen nicht zu entfernen. Er kam sich idiotisch vor, vor allem, als er sich verfuhr und anhalten, das Fenster herunterkurbeln, seinen geschmückten Caravaggio-Kopf herausstecken und einen Fremden nach dem Weg fragen mußte.

Weder Caritas noch ihre Mutter machten irgendeine Bemerkung über Bjørnvigs Aufzug, als sie ihm höflich ihre Villa und ihren Garten zeigten. Doch am Ende konnte er die Spannung nicht mehr ertragen und spielte auf den kuriosen Umstand an, daß er Fresien im Haar hatte. Darauf lachten sie; für sie sei es selbstverständlich gewesen, sagten sie, daß dies wieder »eine von Tannes Kaprizen« war.[24]

VI

Tania Blixens Beziehung zu ihren Angehörigen, besonders zu Thomas, war nach dem Krieg etwas gespannt. Sie schickte ihm und Elle nach wie vor ihre unfertigen Werke und legte großen Wert auf ihre Meinung. Doch ihr Bruder schenkte ihr nicht die kritiklose Bewunderung, die ihr die jungen Männer von *Heretica* entgegenbrachten, oder die heitere Akzeptanz, die sie auf Wedellsborg fand, wo sie, wie sie zu Clara sagte, »keiner Kritik ausgesetzt und nicht auf der Hut vor Täuschung war«.[25] Thomas kannte sie eben zu gut und hatte zu lange mit ihr zusammengelebt. Hatte er belächelt, wie sie auf der heiteren Linie ihrer Schriftstellerei »die

Dinge verzerrte«, so war er über ihre Entwicklung mythologischer Gestalten nachgerade bestürzt. »Manchmal«, erinnerte sich Jonna Dinesen, »besuchten wir sie in Rungstedlund, wir saßen und unterhielten uns, und dann trat ein Gast ein. Plötzlich belebte sich Tanne ungemein und begann vollkommen anders zu sprechen, mit verstellter Stimme. Erst ganz zum Schluß wurde sie wieder eine ›Privatperson‹.«[26]

Mit dem Älterwerden verschärfte sich Tannes alter Wettstreit mit Thomas, und ihre Auseinandersetzungen über Kunst, Religion, Wilhelm, Politik und die Familie wurden kämpferischer. »Gestern meintest Du wie schon so oft«, schrieb er ihr im Juni 1950, »daß Du und ich in so gut wie allem ganz verschiedener Ansicht sind.«[27] Sie stritten über das ästhetische Verständnis, das laut Thomas Geschmacksache war, während Tanne behauptete, es gebe absolute Bewertungsmaßstäbe für Schönheit. Und dann schrieb er mit gemäßigtem, jedoch merklichem Zorn über ihre Einmischung in das Leben seiner Kinder.

Thomas und Jonna hatten zwei Söhne und zwei Töchter, alle besaßen Schönheit und Vitalität im Überfluß. Ihre Tante Tanne meinte Besitzansprüche an sie zu haben. »Obgleich ich selbst keine Kinder habe und keine Verbindung mit der Zukunft haben kann, würde ich gern etwas für Euch *tun*«, sagte sie.[28] Aber sie hatte nicht die üblichen tantenhaften Ausflüge, Vermächtnisse oder Ratschläge im Sinn. Sie hätte es zum Beispiel nett gefunden, ihren Neffen Tore tätowieren und einen Tätowierkurs absolvieren zu lassen, so daß er, wenn er, wie vorgeschlagen, eine Schiffsreise um die Welt machte, sich seinen Lebensunterhalt verdienen und mit den anderen Seeleuten auf gutem Fuße stehen könne. Einmal ließ sie einen Mann vom Zirkus nach Rungstedlund kommen, um die Kinder im Lassoschwingen zu unterweisen. Daran erinnerten sie sich mit großem Vergnügen.

Für ihre Nichten hatte sie konventionellere Bestrebungen: eine tragische Romanze, eine glänzende Partie oder beides zugleich. Da sie eine große Anzahl akzeptabler junger Männer zur Verfügung hatte, wurden *»die Töchter«* * wie sie die Mädchen nannte, mit Ole Wivel und Knud W. Jensen zum Reiten oder zum Diner zu Bjørn-

---

* im Original deutsch *»die Töchter«*.

vig geschickt, oder sie nahm sie zu den Schlössern ihrer alten Freunde mit, wo Tania Blixen sie alsbald gezielt mit den adligen Söhnen der Männer zusammenbrachte, auf die sie vielleicht selbst einst ein Auge geworfen hatte.

Thomas hatte nichts dagegen, außer wenn seine Kinder protestierten. Anne hatte sich dagegen gesträubt, nach Wedellsborg geschleppt und dort wie eine junge Kuh zur Schau gestellt zu werden. Am Ende ging ihre jüngere Schwester Ingeborg hin. Sie erinnerte sich, daß sie sich jeden Abend eine halbe Stunde vor dem Essen zur Begutachtung präsentieren mußte. Wenn ihre Toilette Tante Tanne nicht gefiel, mußte sie sich umziehen. »Ihre Rituale waren wunderbar, aber lästig.«[29]

Die Kinder waren in bezug auf ihre Tante zwischen Faszination, Dankbarkeit, Liebe und Entsetzen hin und her gerissen. Sie machte ihnen wundervolle Geschenke – ein Pelzhut, ein Schmuckstück, ein Kostüm – und erschien dann Monate, ja Jahre später, um sie zurückzunehmen. Ihr Egoismus war ihnen unerklärlich. Doch wie alle jungen Menschen, die sich zu ihr hingezogen fühlten, forderte sie sie auf eine Art heraus, die sie unwiderstehlich fanden; sie hörte ihnen auf eine Weise zu, die ihnen das Gefühl gab, außergewöhnlich und einmalig zu sein. »Sie redete gerne und konnte es nahezu ununterbrochen tun, doch war sie auch eine wunderbare Zuhörerin. Die eigenen Erlebnisse wurden in der Nacherzählung zu etwas Glänzendem, Bewundernswertem. Wenn sie zuhörte, gab sie einem das Gefühl, *brillant* zu sein, und man glaubte, sie habe es sehr genossen. Und weil sie Genuß so hoch bewertete, fühlte man sich doppelt belohnt. Man konnte mit jemand anderem stunden-, ja jahrelang reden und hatte dabei niemals das Empfinden, sich selbst in einem so wahren, klaren Licht offenbart zu haben.«[30]

Die Spannung in ihrer Beziehung zu den heranwachsenden Kindern entstand teils aus Eifersucht. Sie hänselte sie wegen ihrer Liebe und Loyalität zu ihren Eltern, und so sehr sie sich auch bemühte, sie konnte sie nicht auf ihre Seite »locken«. »Könnt ihr denn nicht einmal etwas *Schlechtes* über sie sagen?« neckte sie. Oder: »Familienleben, du liebe Güte! Wie könnt ihr das ertragen?« So wie sie Bjørnvig wegen seiner »Sanftheit« tadelte, so tadelte sie die Kinder wegen ihrer Weigerung, gegen die »Harmlosigkeit« ihres häuslichen Lebens aufzubegehren. »Wir hatten eine herzliche, natürliche Kindheit«, erinnerte sich ihre Nichte Ingeborg. »Sie wollte, daß wir uns ihr ergaben, in ihren Bann gerieten. Wenn wir es hin und wieder taten, so konnten wir es nicht so, wie sie es sich wünschte. Das enttäuschte sie, und schließlich gab sie den Versuch einfach auf, unsere Persönlichkeiten zu verändern.«[31]

Tania Blixen hatte noch eine dritte Nichte, Eas Tochter Karen – Mitten – die damals geschieden und Anfang Dreißig war. Sie hatte zwei Töchter und arbeitete in der Immunisierungsklinik in Kopenhagen. Im November jenes Jahres erkrankte sie infolge ihrer Arbeit an Meningitis. Tania Blixen besuchte sie fast täglich im Krankenhaus, und wenn sie zurückkam, schilderte sie Bjørnvig ihr Elend und ihr Leiden und ließ dabei durchblicken, er könne ein Gedicht über sie schreiben. »Ich habe es versucht«, sagte er, »aber da ich das Mädchen nie gesehen hatte, war es für mich etwas Abstraktes.«[32]

Karen de Neergaard Sveinbjørnsson starb am 26. November 1949, und ihre Tante schmückte eigenhändig den Sarg und arrangierte die Blumen für das Begräbnis. Am Abend saßen Clara, Bjørnvig und die trauernde Baronin im grünen Zimmer und hörten »Der Tod und das Mädchen« von Schubert.

VII

Bjørnvig hatte den Herbst hindurch eifrig, aber heimlich geschrieben. Im November konnte er Tania Blixen endlich das lange Gedicht vorlesen, das die Frucht ihrer Mühen als Muse, Krankenschwester und Gastgeberin war. Sie sagte ihm, es sei alles, was sie erhofft habe; sie küßte ihn und verlor sich in Träumereien. Etwas später machte sie einige kritische Bemerkungen. Eines schockierte sie: Bjørnvig hatte den Neumond mit dem Morgenmond verwechselt, und sie belehrte ihn des langen und breiten über seine Verantwortung gegenüber der Natur, die durch kein Ausmaß an Phantasie geschmälert werden könne. Schließlich machte sie ihm ein »schelmisches« Kompliment, das die Quintessenz ihrer Beziehung der vorangegangenen Monate vollendet wiedergab: »Sie haben mich zum Narren gehalten. Es ist wie in *Hänsel und Gretel*. Ich habe Sie hier in einem Käfig gehalten, und jedesmal, wenn ich komme, um zu sehen, ob Sie fett genug sind, um Sie zu verspeisen, stecken Sie, wie Hänsel, einen Knochen statt eines Fingers heraus. Jetzt sehe ich zum erstenmal, wie Ihr Fleisch gereift ist und wie delikat Sie geworden sind.«[33]

Weihnachten nahte, doch Bjørnvig war nicht gewillt, Tania Blixens Festtagsbraten zu sein – er wollte zu seiner Frau und seinem Sohn. Daher verabschiedete er sich am ersten Weihnachtsfeiertag von ihr.

Zweiundvierzigstes Kapitel

Göttin und Gesellschaftslöwin

I

Schon 1945 hatte Tania Blixen im dänischen Rundfunk gesprochen und anläßlich des 100. Geburtstags ihres Vaters einen Vortrag gehalten. Anfang der fünfziger Jahre war sie häufiger im Radio zu hören, und ihre Vorträge waren sehr populär. Ihre leichteren Arbeiten wurden von prominenten dänischen Schauspielern und Schauspielerinnen gelesen, und sie selbst sprach über Themen, die für sie eine zutiefst persönliche Bedeutung hatten. Der erste dieser Vorträge, an zwei aufeinanderfolgenden Abenden im Januar 1951 von Rungstedlund aus gesendet, wurde »Daguerrotypien« genannt. Darin versuchte sie der jüngeren Generation ein Gefühl für die Ideale und Werte zu vermitteln, mit denen sie selbst aufgewachsen war, die sie hochgeschätzt hatte, und welche die Demokratie großenteils verworfen hatte: die Bedeutung von Klassenunterschieden innerhalb des geordneten, hierarchischen Kosmos des Herrenhauses sowie den Begriff Prestige, der Ruhm und Schönheit über Bequemlichkeit und Bedarf stellte. Wie in *Sieben phantastische Geschichten* räumte sie ein, daß diese Ideale ihrem modernen Publikum wunderlich, vielleicht gar unheimlich erscheinen mußten. Sie trat nicht als ihre Verteidigerin oder Fürsprecherin auf, sondern als ihre Interpretin. Sie hielt es auch für wichtig, einen Sinn für den Fortbestand der Vergangenheit zu bewahren – nicht nur objektiv als Geschichte, sondern durch Fühlungnahme, Gespräche und Erinnerung – das Weitergeben von etwas Lebendigem. Sie konnte auf zweifache Weise dazu beitragen: als Frau von 66 Jahren, die durch die alten Menschen in ihrer Familie eine persönliche, verbale Verbindung mit dem vergangenen Jahrhundert hatte, und als Geschichtenerzählerin. »Eine Gruppe meiner jungen Freunde hat festgestellt, daß ich dreitausend Jahre alt bin«, sagte sie.[1] Somit hatte sie Zugang zur mythischen Vergangenheit und konnte den Weg dorthin weisen.

1952 hielt Tania Blixen einen überzeugenden und bewegenden Vortrag gegen Vivisektion, vor allem gegen die Verwendung von Hunden für schmerzhafte Laborversuche. Sie machte diesen Appell nicht aus humanitären Gründen oder als Liberale, sondern aus Gründen der Ehre: Einem hilflosen, zutraulichen Tier unnötig Schmerzen zuzufügen entehre das Menschengeschlecht. Im Jahr darauf hielt sie in einem Lehrerseminar eine Rede, um die man sie vierzehn Jahre vorher auf einem Kongreß für Frauenrechte gebeten, die sie aber nicht gehalten hatte. In dieser verspäteten »Freudenfeuerrede«* entwickelte sie ihre eigenen Ansichten zum Feminismus, zu Frauen in der Gesellschaft und zur Natur der Weiblichkeit. Diese Ansichten waren entschieden konservativer als in ihren Briefen zu diesem Thema an Tante Bess, in denen sie den Feminismus als das revolutionärste Thema des 19. Jahrhunderts bezeichnet und Männlichkeit als wünschenswerte, noble *menschliche* statt ausschließlich maskuline Vielfalt von Eigenschaften definiert hatte. Jetzt aber sprach sie von Mann und Frau als »zweckmäßiger« Vereinigung von Gegensätzen, größer als, jedoch ähnlich wie Herr und Diener, alt und jung. Sie ortete die Substanz der Frau, ihr Schwerpunktzentrum, in dem, »was sie ist«, in ihrem Sein, und die Substanz des Mannes in dem, »was er geleistet hat«, in seinen Taten. Sie war nicht »gegen den Feminismus« und hatte nichts gegen Ärztinnen und Rechtsanwältinnen, und sie war dankbar für die erste Generation von »gerechten, couragierten, loyalen, schlauen« Feministinnen – die Zeitgenossinnen ihrer Tante und ihrer Mutter – welche die Zitadelle der Berufe heimlich gestürmt hatten, »in einer Kostümierung, die intellektuell oder psychologisch einen Mann darstellte«, und auf Kosten ihrer »femininen Würde« und Natur ging. Jetzt ermutigte Tania Blixen die jungen Frauen in ihrer Zuhörerschaft, wieder auf ihre Femininität zurückzugreifen und »ihre Visiere vertrauensvoll zu öffnen«.[2]

---

* Eine *baaltale*, eine Freudenfeuerrede, ist eine feierliche Ansprache bei einer Kundgebung, einer Beerdigung, einem Sieg usw.

1954 sprach sich Tania Blixen gegen einen Plan aus, die dänische Rechtschreibung zu vereinfachen und zu modernisieren, und im Jahr darauf, am 17. April, erklärte sie ihrem Publikum in einer Ansprache anläßlich ihres 70. Geburtstags, welch ungeheure Freude es sei, »eine Stimme zu sein und nicht eine Drucksache«. Ihre öffentlichen Vorträge befriedigten ein Bedürfnis, das sie schon 1935 formuliert hatte: »in Beziehung zu einem Volk zu stehen«, wie es ihr in Afrika gegeben war. Sie war in literarischen Kreisen berühmt und bei gebildeten Dänen wohlbekannt, doch der Rundfunk bescherte ihr ein Publikum über eine reine Leserschaft hinaus und bestätigte ihre Identität als *Geschichtenerzählerin*: als Angehörige eines »uralten, müßigen, wilden und sinnlosen Stammes«, mit ihren Wurzeln in der Vergangenheit und ihrer Kraft aus einer berechneten Komplizenschaft mit denen, die zuhörten.*

II

Als Geschichtenerzählerin, als lebhafte Persönlichkeit, trat sie auch in ihrem eigenen Salon am liebsten in Erscheinung. Sie hatte eine außergewöhnlich tiefe und heisere Stimme, die Glenway Wescott als »gespenstisch, kräftig, jedoch wesenlos« beschreibt.[3] Ihr Dänisch war nahezu archaisch, mit den breiten, gezogenen Vokabeln von »Alt Kopenhagen«. Es war ein Akzent, den man nicht oft hörte, auch nicht unter alten Aristokraten, und er hatte etwas von

---

* Merete Klenow With, »Om Karen Blixen og hendes Forfatterskab«, *Karen Blixen: Et Udvalg*, S. 216.

In diesem Zusammenhang ist es angebracht, eine Bemerkung von John Berger in »The Primitive and the Professional« (gesammelt in *About Looking*, Pantheon Books, New York 1980) zu zitieren: »Die Kategorie des professionellen Künstlers im Unterschied zum Handwerksmeister war bis zum 17. Jahrhundert nicht klar. (Und mancherorts... nicht bis zum 19. Jahrhundert) ... Der Handwerker überlebt, solange verschiedene Klassen für seine Arbeit dieselben Bewertungsmaßstäbe haben. Der Berufskünstler erscheint, wenn es für den Handwerker notwendig wird, seine Klasse zu verlassen und in die herrschende Klasse zu emigrieren, die andere Bewertungsmaßstäbe hat.« Tania Blixens Verständnis von ihrer Rolle als Künstlerin paßt in eine Gußform von vor dem 19. Jahrhundert. Sie hoffte, daß ihre Werke den »verschiedenen Klassen« zugänglich seien – und bis zu einem gewissen Grade – in Dänemark vielleicht mehr als in Amerika – waren sie es auch.

einem Dialekt, der sich infolge einer geschichtlichen oder geographischen Entwicklung vom linguistischen Festland erhalten hatte. Sie betonte dieselbe Wunderlichkeit in ihrer äußeren Erscheinung, und Ende der sechziger Jahre war Tania Blixen eine pittoreske alte Persönlichkeit, die erbarmungslos interviewt und photographiert wurde.

»Sie hatte«, sagte ihr Freund Professor Rasmussen, »eine fixe Idee, was eine Tania Blixen-Erzählung sein sollte, ebenso ein Tania Blixen-Gespräch, Interview, Ausspruch etc. Es wurde auf komische Art ein Markenname, ein Standardformular, das sie nur einem vorgeschriebenen Wortlaut entsprechend ausfüllte.«[4] In der Rolle der Tania Blixen oder der *Baronesse* war sie außerordentlich konsequent und wahrhaft professionell, wie die Massen von Interviews und die Berichte derer, die ihr im späten Leben begegneten, bezeugen. Es ist erstaunlich, wie sie fast wortwörtlich dieselben Anekdoten und *Bonmots* wiedergeben. Diese Übereinstimmung war ihrem legendären Ruf natürlich förderlich, ließ er sich so doch leichter verbreiten. Allerdings war damit auch eine grobe Vereinfachung ihrer Humanität verbunden.

Ole Wivel bemerkte, daß Tania Blixen innerhalb eines kleinen Kreises von Bewunderern der »Alte Seemann« wurde, und daß zu ihren Anforderungen an einen guten Freund »die Bereitschaft gehörte, eine Münze in ihren Automaten zu stecken und zuzuhören«.[5] Bent Mohn, der oft nach Rungstedlund eingeladen wurde, um »ihr die Stichworte zu liefern«, sprach von ihrem »Grande-Dame-Repertoire« und bemerkte, daß sie imstande war, »pausenlos zu reden und zu reden und über die Köpfe der Leute hinweg zu sprechen«.[6] Bjørnvig beschreibt auch eine Sprechweise, die sie sich zulegte, wenn Fremde zugegen waren und sie eine teilweise neue Zuhörerschaft hatte. Es war »eine Zirkusvorstellung mit erprobten, witzigen Bemerkungen und Paradoxa, Anekdoten und alten Geschichten... Die Leute mußten es aushalten, wenn sie die Leute aushalten sollte«, und sie legte eine »totale Mißachtung« der Tatsache an den Tag, daß einige von ihnen etwas schon »hundertmal gehört« hatten.[7] Wie konnte eine dermaßen sensible Frau sich so rüde verhalten? Die Antwort könnte lauten, daß Tania Blixens zwanghaftes Reden eine Art übersteigerter, traumähnlicher und vielleicht erotischer Zustand war, tatsächlich eine Trance, und es ihr nicht voll bewußt war, wenn sie in diesen Zustand verfiel.* Nancy Wilson Ross beschreibt das sehr gut: »In ihren Augen sah ich eine dermaßen totale Konzentration, daß es fast beängstigend war: das abstrakte, tranceartige Starren einer Wahrsagerin, die gänzlich in einem anderen Raum und in einer anderen Zeit lebt.«[8] Tania Blixen bejahte ihre eigene Zwanghaftigkeit keineswegs; sie fand sie beunruhigend, ja häßlich. Und sie gibt selbst die beste Beschreibung davon in einem Brief an einen schwedischen Journalisten, der sie nach Erscheinen der *Schicksalsanekdoten* interviewte. Er legte ihr seine Interviewfassung zur Billigung vor, die sie ihm mit den Worten verweigerte: »Ich glaube, das ganze Interview zeigt das äußerst unliebenswürdige Bild einer verzerrten, egozentrischen – in Wahrheit senilen – Person, die mit Genuß prätentiöse Banalitäten von sich gibt...«[9]

Daß so viele von ihren Freunden bereit waren, dieses Verhalten zu ertragen, ja, sogar zu unterstützen, ist ein Tribut an den Lohn der Freundschaft mit Tania Blixen, an die Freuden »ihrer anderen Formen des Gesprächs«. Eine solche fußte, wie Bjørnvig beschreibt, auf Platons Symposion, seinem Ideal von Gespräch und Erleben. Tania Blixen hatte gelegentlich Symposien in Rungstedlund veranstaltet, wozu sie Gäste mit großer und höchst verschiedener Lebenserfahrung einlud, um über ein bestimmtes Thema zu diskutieren: über Sozialismus zum Beispiel oder das Christentum. Sie versuchte mit Speisen, Wein und unter ihrer persönlichen Anleitung dieselbe »gesteigerte, erotisch aufgeladene Atmosphäre«[10] zu schaffen, in der nach ihrer Vorstellung die ersten Symposien stattgefunden hatten, und ihre Freunde in eine Dimension des erleuchteten Gesprächs zu führen. Sie war von ihren eigenen Bemühungen jedesmal enttäuscht und ging deshalb zu Abenden mit imaginären Gästen über – Shelley, Stalin, der Kaiserin von China oder dem heiligen Franz. »Wir wollen keine Propheten«, sagte sie eines Abends zu Bjørnvig, als sie eine Gästeliste aufstellten, »denn die kann man nicht ansprechen, die wollen bloß reden.«[11]

Wenn sie bei öffentlichen Anlässen und unter Fremden auch darauf bestand, selbst zu reden, so konnte sie sich privat einem

* Die Aufputschmittel, die sie zur Kräftigung nahm, können diesen Zustand durchaus intensiviert haben.

Gast mit fast beseligender Aufmerksamkeit, mit dem ganzen Ernst ihres Seins widmen. »Wenn sie geistig präsent war«, schrieb der Kritiker Aage Henriksen, »war sie eine unermüdliche, allgegenwärtige, phantasievolle Beschützerin. Sie war dann so realistisch, aufopferungsvoll und einfallsreich wie Kuan-Yin, die chinesische Göttin der Barmherzigkeit und weiblichen List. Es kann kein Zweifel bestehen, daß sie von ihren Bediensteten in ungefähr dieser Maske gesehen wurde. ›Diese unsere getreue Mutter‹ nennt Muhammed Juma sie.«[12] Bjørnvig schilderte Tania Blixen in Anspielung auf dieselbe Verkörperung bei diesen Gelegenheiten als »klüger als alles, was sie geschrieben hatte – und sie sprach auch, als ob sie nie etwas geschrieben hätte«.[13] Die Freunde, die Münzen in ihren Automaten steckten, fügten sich, weil sie auch auf die andere Art Vertrautheit mit ihr zählen konnten. Sie konnten darauf bauen, daß sie sich ihrer Kümmernisse sachlich annahm und ihre Eingebungen und Verfehlungen guthieß. Es war nicht unbedingt so, daß sie ihr mehr Kompetenz in menschlichen Beziehungen beimaßen als sich selbst; Aage Henriksen bezichtigte sie einmal der Naivität, und sie pflichtete ihm bei. Aber in dem Augenblick, da sie versuchten, ein wenig Mitleid aus ihr zu quetschen, ein wenig wohlfeiles Bedauern – ein einfaches Placebo – lachte sie sie aus. »Es gibt drei Lösungen für ein Unglück wie das Ihre«, sagte sie zu dem liebeskranken Bent Mohn. »Selbstmord, Amerika oder die Fremdenlegion.«[14] Eigentlich kamen die jungen Dänen mit ihren Problemen zu ihr, wie die Afrikaner mit ihren Bauchschmerzen zu ihr kamen – in der Hoffnung auf eine eher imaginative denn fühlbare Heilung. So versammelte sich in den frühen fünfziger Jahren um Tania Blixen ein Kreis junger Männer, die sich ihr unterwarfen wie einer sehr mächtigen, reizbaren, kapriziösen alten Königin. Sie taten dies, weil sie sie mit Einblicken in ihre eigenen Möglichkeiten belohnte. Sie nutzte ihre Loyalität zeitweise aus, aber sie hielt sie auch zu einem hohen Maß an Selbstachtung und Disziplin in ihrer Arbeit und ihrem Privatleben an. Ihre Liebesfähigkeit war die Macht zu verlangen, daß das Beste in ihnen dem königlichen Vertrauen huldigte, das sie in sie setzte.

Wenn Bjørnvig der Favorit und Erling Schroeder der Zeremonienmeister dieses Hofes war, so fand Tania Blixen einen Kammerherrn in Erik Kopp, dem Mann, der 1950 ihre Nichte Anne heiratete. Erik war gutaussehend, robust, rauhbeinig und eigenwillig. Er hatte dämonische Brauen über stechenden blauen Augen, und er machte auf die Baronin sogleich einen guten Eindruck, indem er erklärte, er hasse Shakespeare und habe nicht eines ihrer Bücher gelesen. Er besaß, bekannte sie später, viele von jenen Eigenschaften, um derentwillen sie sich zu dem jungen Bror Blixen hingezogen gefühlt hatte; er war »dieselbe Art guter Mensch«.[15] Unter anderem besaß er Brors Wirkung auf Frauen und seinen Rassismus, den sie bis zu einem gewissen Grade tolerierte. Als er aber beleidigend zu Eugene Haynes war, sprach sie ein Machtwort. »Du gehst zu weit, Erik«, sagte sie kühl zu ihm. Und danach wurde das Wort »Nigger« in ihrem Haus nie wieder ausgesprochen.[16]

Ende der fünfziger Jahre übertrug Tania Blixen Kopp die Aufsicht über die Pflege von Rungstedlund und seinen Ländereien. »Ein Mann sollte eine ständige Arbeit haben«, sagte sie ihm, und meinte damit den Kontakt zu Land und Tieren. Er wurde oft ohne seine Frau eingeladen, um bei Tania Blixens Gesellschaft als Gastgeber zu fungieren – und wurde sogar gebeten, mit ihren weiblichen Gästen zu »flirten«. »Du solltest ein Mädchen zur linken Hand haben«, sagte sie, »und sie zum Tee mit nach Rungstedlund bringen, um sie mir vorzustellen.« Erik Kopp gehörte zu den wenigen Menschen, die begriffen, daß Tania Blixens Provokationen eine Art Auf-die-Probe-Stellen waren, und sie in Wirklichkeit hoffte, jemand würde sie in die Schranken weisen und auslachen, wie Denys es getan hatte. »Sie wollte zurechtgewiesen werden«, formulierte er es schlicht.[17] Und er gehörte auch zu den wenigen, die das in bescheidenem Maße konnten.

III

Im Winter 1951 wohnte Thorkild Bjørnvig mit seiner Familie in Sletten und arbeitete dort unter Bedingungen, die seine Frau sich so ideal wie möglich zu gestalten bemüht hatte. Seine Vertrautheit mit Tania Blixen und seine lange »Rekonvaleszenz« in Rungstedlund hatten Grete Bjørnvig so eifersüchtig und unglücklich gemacht, als seien ihr Mann und die große alte Schriftstellerin ein Liebespaar gewesen, was sie in jeder Beziehung, mit Ausnahme des »körperlichen« Aspektes, auch waren. Tania Blixen hatte zudem klargemacht, wenngleich sie es der jungen Frau gegenüber nicht direkt aussprach, daß ein konventionelles häusliches Leben – Weib und Kind – nur eine Fessel für Bjørnvigs Genius sein konnte. Vielleicht war Frau Bjørnvig für diesen Gedanken empfänglich; wie dem auch sei, sie ertrug es und bemühte sich tapfer, ihrem Mann den Raum und die Ruhe zu bieten, die er in Rungstedlund hatte, auf daß ihr Heim mit dort konkurrieren könne. Das war natürlich mit ihren bescheidenen Mitteln, mit einem kleinen Kind, um das sie sich kümmern mußte, und gegen den ungeheuren Sog der Faszination, die Tania Blixen auf Thorkild Bjørnvig ausübte, unmöglich. Er kam nun einmal die Woche zum Abendessen nach Rungstedlund und blieb über Nacht.

Wenn er über diese Abendmahlzeiten im Spätwinter und Vorfrühling schreibt, verwendet Bjørnvig wiederholt das Wort *rus*: berauscht, ekstatisch. Sie tranken Wein, zitierten Gedichte, spielten Schubert (sie hatten eine Leidenschaft für die »Winterreise«), machten imaginäre Reisen und legten sich imaginäre Geliebte zu. Tania Blixen nahm sehr wenig zu sich, aber sie füllte Bjørnvigs Glas stets nach und hielt wundersamerweise Schritt mit seiner wachsenden Hochstimmung, sie lachte, zog ihn an den Haaren, »verwarf sich« auf Phantastereien. Die waren »schockierend«; warum, verrät er uns nicht.* Doch will es scheinen, daß Tania Blixen die furchtlose junge Scheherazade wurde, die vor dreißig Jahren ihren Geliebten in einem anderen kleinen Wohnzimmer bei Kerzenschein unterhalten hatte. Auch damals hatte sie auf dem Grammophon wieder und wieder Schubert gespielt, und sie erzählte Bjørnvig, es sei »wie ein Echo aus jener Zeit, leiser, aber genauso, genauso«.[18]

---

* Aber ein Spiel, das sie oft mit Freunden spielte, bestand darin, daß sie sich abwechselnd ihre »schlimmste Sünde« beichteten. Ihre, behauptete sie, war die, 1915 auf der Schiffsreise nach Dänemark einen jungen Kabinensteward verführt zu haben, als sie wußte, daß sie Syphilis hatte. Er war zu schön, um ihm zu widerstehen, sagte sie gerne – sie behauptete allerdings auch, dafür gesorgt zu haben, daß er in Paris behandelt wurde. Wägt man diese »Berichte« gegen alles ab, was man über ihren damaligen Geisteszustand, ihr körperliches Leiden, ihren Charakter und ihre Einstellung zum Sex weiß, so handelt es sich so gut wie sicher um reine Erfindung: die phantastische Reminiszenz von Fräulein Malin Nat-og-Dag. (Aus Interviews mit Suzanne Brøgger, Kopenhagen 1976 und New York 1978)

Ende April kam er für mehrere Tage. Im Mai reiste er nach einem anhaltenden Streit mit Tania Blixen, wobei sie sich durchsetzte, nach Bonn, um dort den Sommer zu verbringen. Er wollte eigentlich nicht fahren. Doch als die Universität von Kopenhagen ihn aufforderte, sich um ein Reisestipendium zu bewerben, drängte Tania Blixen ihn zur Teilnahme. Und als er gewann, behauptete sie, es handele sich um eine Angelegenheit, die seine Ehre und Integrität einschließe, und es sei »Gottes Wille«. Als das Geld dann kam, schwankte er wieder; noch war es möglich abzusagen.

Doch nun legte Tania Blixen ihm ein sonderbares Dokument zur Unterschrift vor, das sie »Das Ritual der Wahl« nannte. Darin ließ sie ihn auf jeglichen Zweifel oder jegliches Bereuen hinsichtlich seiner Entscheidung verzichten und sie aus freiem Willen treffen, »So wahr mir Goethe, Rilke und Hölderlin helfen.«[19] Es genügte nicht, daß er *ihr* zuliebe nach Bonn ging, er mußte es *wollen*. Es war dieselbe kuriose Bedingung, die sie an die zweite Afrikareise ihrer Mutter geknüpft hatte – und es ist auch ein ganz eindeutiger Widerhall von Kierkegaards Verführer, der verlangt, daß das junge Mädchen, das er manipuliert und getäuscht hat, seine Liebe aus *freiem Willen* annimmt:

> Mir darf sie nichts zu verdanken haben; denn frei muß sie sein, nur in Freiheit ist Liebe, nur in Freiheit ist Zeitvertreib und ewiges Ergötzen. Obwohl ich es nämlich darauf anlege, daß sie mir gleichsam mit Naturnotwendigkeit in die Arme sinken muß, es dahin zu bringen trachte, daß sie nach mir gravitiert, so kommt es doch zugleich darauf an, daß sie nicht wie ein schwerer Körper fällt, sondern so, wie Geist gegen Geist hin gravitiert.[20]

Bjørnvig verwendet beinahe dieselben Worte:

> Wieder einmal rührte sie an den Nerv des Ideals in unserer Beziehung: Ich *selbst* mußte spontan wünschen, was sie wünschte... »Tun Sie, wozu Ihr Geist sie anleitet.« Ich hatte keinen Zweifel, daß es der Geist von Tania Blixen war.[21]

Bjørnvig reiste nach Aarhus ab und bald darauf nach Bonn. Tania Blixen, die krank gewesen war, kam einigermaßen wieder zu Kräften und trat am 3. Mai als Gast von Knud W. Jensen und seiner reizenden Frau Benedicte eine Reise nach Griechenland an. Frau Jensen hatte Tania Blixen ein Jahr zuvor kennengelernt und war von ihr fasziniert. Ihre Reaktion auf sie war nichts Ungewöhnliches: eine tiefempfundene Dankbarkeit, daß sie existierte, und der Wunsch, ihrerseits etwas Wunderbares für sie zu tun.

Die Einladung der Jensens sollte vielleicht dieses Etwas sein. Tania Blixen phantasierte ständig über Reisen, die sie als eine der größten Freuden des Lebens empfand. Sie war nie in Griechenland gewesen, und die Jensens arrangierten drei außergewöhnlich bezaubernde, luxuriöse Wochen. Von Athen aus flogen sie nach Rom und wohnten im Hassler oberhalb der Spanischen Treppe. Tania Blixen wurde vom Papst Pius XII. in Audienz empfangen, der »einen großen Eindruck« auf sie machte. Clara Svendsen berichtet in ihren Erinnerungen von der Unterredung. Der Papst, schreibt sie, sagte zu Tania Blixen, daß »jede große Kunst zu Gottes Ehre ist«. Tania Blixen hatte ein altes Medaillon mit einem Bild der heiligen Jungfrau mitgebracht, das ihre Mutter in Rom »unter seinem Vorgänger« erhalten hatte, der zu ihr über das Dogma der unbefleckten Empfängnis sprach. »Und nun«, sagte Tania Blixen, »wenn Seine Heiligkeit, der kürzlich das Dogma von Marias Himmelfahrt erläutert hat, seinen Segen geben würde, so würde das Medaillon für seine Besitzerin einen noch größeren Wert erhalten.«[22]

IV

Bevor er nach Bonn aufbrach, hatte Bjørnvig Tania Blixen einen jungen Mann vorgestellt, von dem er dachte, er werde sie amüsieren und vielleicht gewissermaßen als sein Stellvertreter fungieren; Jørgen Gustava Brandt. Brandt war damals neunzehn, er schrieb selbst Gedichte und war ein Kenner der alten dänischen Schriftsteller, die Tania Blixen liebte. Er hatte sogar einen kleinen Aufsatz verfaßt, worin er sie mit Goldschmidt verglich. Seine Kleidung ähnelte jener der Stutzer englischer Art und erinnerte vielleicht – wenngleich als gewissermaßen dunkle Version – an Berkeley Cole. In der Rede war er ein Zyniker von finsterster Couleur, ein Spaßvogel und Desperado. Aber eine noch größere Geistesverwandtschaft verband ihn mit der Baronin: Er war ein unverbesserliches Klatschmaul. Sie entdeckten ihre gegenseitige »Schamlosigkeit« und verbreiteten sich schonungslos über die Fehler und Verrücktheiten ihrer Freunde. Brandt hatte begonnen, seine Werke in *Heretica* zu veröffentlichen, aber die Absichten der neuen Redaktion, ihr »ethischer Pessimismus« stießen ihn ab, und dies war für die zwei ein großes Thema, an dem sie sich die Zähne ausbissen. Nichts war vor Brandts Spott sicher – nicht einmal Tania Blixen selbst. »Siehst du es nicht?« fragte er Bjørnvig einmal. »Sie ist eine Gesellschaftslöwin aus den zwanziger Jahren!« Bjørnvig lachte unbehaglich. Er war auch etwas entsetzt über die Freiheiten, die Brandt sich mit der geheiligten Person herausnahm. »Für mich«, dachte er, »war sie immer Pellegrina.«[23]

Aber Brandt war kein erfolgreicher Stellvertreter seines Freundes. Nachdem sie Bjørnvig gegen seinen Willen nach Bonn geschickt hatte, vermißte Tania Blixen ihn nun und war deswegen unruhig, unglücklich und schlechtgelaunt. Auch er war ganz unglücklich; er bewohnte mit vier anderen ausländischen Studenten ein kleines Zimmer und gab sich dem Biertrinken und Selbstmitleid hin. Er bat regelmäßig um die Erlaubnis, nach Hause zu kommen, doch statt die Gelegenheit zu ergreifen, hielt Tania Blixen ihn hin. Ihre Briefe waren wie diejenigen, die ein General an einen kampfmüden Leutnant oder ein Bischof an einen jungen Priester schreiben mochte, der an seiner Berufung zweifelt: Geben Sie auf, wenn es sein muß, aber ich dachte, Sie hätten die Courage durchzuhalten! Sie berief sich auf Gott, den heiligen Franz, gute Manieren, ihren Glauben an ihn, die Stigmata und die Verwaltung der Universität. Sogar Clara griff ein und ließ Thorkild wissen, wie viele Gebete um seine Seele, wie viele Wünsche über vierblättrigem Klee gesprochen und wie viele Kerzen der Jungfrau angezündet worden waren. Am Ende kehrte er heim nach Dänemark und verbrachte den Herbst in Rungstedlund. Aber nicht, bevor nicht eine dramatische und unter diesen Umständen revolutionäre Tat vollbracht worden war: Er verliebte sich. Vor Jahren hatte Tania Blixen ihn neckisch und etwas verderbt bedrängt, eben dies zu tun, sich eine Schlangenbeschwörerin oder eine Schwertschluckerin zu suchen und ihr seinen »Leib« zu schenken. Sie hatte ihm auch das Versprechen abgenommen, ihr alles darüber zu erzählen. Aber ganz so kam es nicht. Bjørnvigs Liebe war schuldbeladen und romantisch. Ihr Gegenstand war eine junge Dänin, die Tania Blixen gut kannte, die bezaubernde Frau eines engen, gemeinsamen Freundes. Und zumindest eine Weile lang sagte keiner von beiden ein Wort darüber.

Im Sommer jenes Jahres wurde Clara Svendsen vor eine schwierige Entscheidung gestellt. Sie hatte nur halbtags bei Tania Blixen gearbeitet und Kurse in Bibliothekswissenschaft belegt. Jetzt hätte sie eine Stelle als Bibliothekarin antreten können, wenn sie sich darum bemüht hätte. Ihre Angehörigen und Freunde bedrängten sie, einen eigenständigen Beruf zu ergreifen; sie sei, betonten sie, 35, und habe schon beträchtliche Opfer an Zeit und Energie gebracht, von Geld gar nicht zu reden. Ihr Vater hatte für ihre Arbeit bei Tania Blixen von Anfang an nur Verachtung übrig: »Damit machst du dir keinen Namen.«[24] Aber die Baronin hatte kürzlich wieder zu schreiben begonnen; sie war zu schwach, um stundenlang an der Schreibmaschine zu sitzen und diktierte ihre Geschichten Clara, die sie nun für unentbehrlich erklärte. In ihren Erinnerungen schreibt Clara:

> Meine Berufung triumphierte. Ich hatte ein für allemal beschlossen, Tania Blixen zur Verfügung zu stehen. Es gab jedoch eine schwierige kleine Diskussion zwischen uns. Ich sei, sagte ich, vollkommen überzeugt, daß es richtig sei, auf meinen Beruf als Bibliothekarin zu verzichten, wenn es Arbeit an einem neuen Buch gebe, aber nicht, wenn nur Geschichten zu schreiben seien... zur Veröffentlichung in Zeitschriften. Tania Blixen glaubte nicht, daß ich mir das Recht herausnehmen dürfte, dies zu sagen.[25]

Somit erweist sich Clara als eine ebenso echte Legitimistin wie irgendeine in Tania Blixens Erzählungen. Sie war der Person des Monarchen weniger treu als der Vorstellung von Monarchie, welche diese repräsentierte.

Dreiundvierzigstes Kapitel

»Die unsterbliche Geschichte«

I

Die Erzählung, die Tania Blixen Clara in jenem Sommer diktierte, war »Die unsterbliche Geschichte«. Es war eine von drei Erzählungen Tania Blixens, die sich mit dem kosmischen Einmischer befaßten, der, in bezug auf seine Allmacht naiv oder irregeleitet, versucht, sich die Rolle der Götter im Leben eines anderen Menschen anzumaßen, seinen eigenen Plan für dessen Entwicklung durchzusetzen und nach eigenem Gutdünken in dessen Schicksal einzugreifen. Die erste dieser Erzählungen war »Der Dichter«, in den frühen dreißiger Jahren geschrieben, in der mit unheimlicher Übereinstimmung Tania Blixens Freundschaft mit Thorkild Bjørnvig vorweggenommen wurde. Die dritte Erzählung, »Widerhall«, in den späten fünfziger Jahren geschrieben, war das Epitaph dieser Freundschaft.

»Die unsterbliche Geschichte« entstand zu einer Zeit, als Tania Blixens Einmischung fehlschlug; sie litt darunter, und die Lächerlichkeit und möglicherweise Gefahr dieses Einmischens können ihr nie lebhafter bewußt geworden sein als zu dieser Zeit. Sie war imstande, diese Bewußtheit in eine bestimmte Form der Einsamkeit zu lenken. In ihrer Struktur, im Aufbau von Ironie und Detail ist »Die unsterbliche Geschichte« unter die besten Erzählungen einzureihen, die Tania Blixen geschrieben hat, und sie ist vielleicht die exemplarischste von allen. Von ihren späteren Werken war es ihre Lieblingserzählung.

In »Die unsterbliche Geschichte« macht sich ein reicher alter Mann auf, um »seine Allmacht« über zwei junge Menschenleben zu »beweisen«. Er tut dies mit Hilfe eines jungen Schreibers in seinen Diensten, eines Juden namens Elischama. In der Beziehung dieser beiden können wir etwas von der Freundschaft erkennen, die sich in Rungstedlund zwischen Tania Blixen und dem jungen Dichter Brandt angebahnt hatte. Auch ihnen war eine negative Erkenntnis gemein, eine Komplizenschaft in ihrer stolzen, doch schmerzlichen Loslösung von der Menschlichkeit. Der Schreiber ist, wie Brandt, frühreif und welterfahren, jemand, dessen ganzes Begehren ausgelöscht und begraben wurde. Tania Blixen nannte ihren Freund Elischama, und er trug den Namen stolz. Auch er »wollte keine Freunde haben«, so wie sie, umgeben von ihrem Gefolge, eigentlich keine wollte. Denn Freunde waren »Menschen, die leiden mußten und umkamen – das Wort selber bedeutete Trennung und Verlust«.[1]

Die »unsterbliche Geschichte«, die der Erzählung den Namen gab, ist allen Seeleuten bekannt. Sie berichtet, wie ein reicher alter Herr einen jungen Matrosen in der Nähe des Hafens anspricht, ihn zu einem üppigen Mahl zu sich nach Hause einlädt und ihm fünf Guineen anbietet dafür, daß er mit seiner schönen jungen Frau schläft und sie schwängert. Die Geschichte ist deswegen unsterblich, weil sie, wie Elischama Herrn Clay erklärt, in Wirklichkeit unmöglich vorkommen kann. Die reale Welt, die Welt außerhalb der Geschichte, ist ein Ort, wo Wunsch und Erleben auf ewig uneins sind und wo das Gesetz von »Angebot und Nachfrage« regiert. In der Welt der Geschichte – und das ist ihr Daseinszweck – dürfen Wunsch und Erleben für kurze Zeit eins sein. In diesem Sinne ist die Geschichte ein Ersatz für und eine Erinnerung an den Garten Eden.

Herr Clay, der alte Einmischer, ist unermeßlich reich geworden, weil er die Gesetze von Angebot und Nachfrage mit zielstrebiger Besessenheit versteht und nie von irgendeinem anderen Bedürfnis, Begehren oder Verständnis abgelenkt wurde. Er hat sich sein Leben lang mit Fakten und Handelswaren befaßt, hat nur Kontobücher gelesen, sich nur Geld gewünscht und es durch Geld zu höchster Macht über viele andere gebracht. Er hat für die Welt der Geschichte nur Verachtung übrig, als er im Alter von siebzig Jahren durch seinen Schreiber Elischama zu der Erkenntnis gelangt, daß diese Welt existiert.

Elischama hat dem alten Herrn Kontobücher vorgelesen, um ihm in seinen schlaflosen Nächten (auch er selbst leidet an Schlaflosigkeit) Gesellschaft zu leisten. Herr Clay mutmaßt – und das offenbart, daß er einen noch nicht erloschenen Funken Sehnsucht, Begehren besitzt – daß es »auch Bücher anderer Art« geben muß, aber er weiß nicht genau, was er damit meint. Elischama weiß es auch nicht so recht. Er besitzt jedoch selbst ein Beispiel für ein solches Schrifttum anderer Art: einen Talisman, den er als Kind von einem alten Juden geschenkt bekam und auf all seinen Wanderungen bei sich trug. Jetzt liest er es Herrn Clay vor: Es ist ein Teil der Prophezeiung des Jesaja vom Kommen des Messias. Wenn Herr Clay auch erbost ist, daß jemand über etwas sprechen und es niederschreiben kann, das noch nach tausend Jahren nicht eingetroffen ist, so fällt ihm dabei doch ein, daß auch er einmal eine Geschichte gehört hat, auf dem Schiff nach China, als er ein junger Mann war. Es ist die Geschichte von einem alten Herrn, der einen jungen Matrosen in der Nähe des Hafens anspricht... Elischama unterbricht ihn, erzählt die Geschichte zu Ende und enthüllt, daß es nicht, wie Herr Clay glaubte, ein Tatsachenbericht, sondern lediglich Ausdruck eines Wunsches ist, den alle Seeleute spüren und der für keinen wahr wird. Herr Clay beschließt, die Geschichte, zumindest für einen einzigen Matrosen auf der Welt, wahr werden zu lassen. Aber er tut dies nicht in einer großzügigen, spielerischen Geste, sondern im Gegenteil, weil er eine tiefe Verachtung für Ausgedachtes hegt und unwillkürlich den Wunsch verspürt, es sich anzueignen, es sozusagen zu kaufen. Er will eine junge Frau bezahlen, damit sie sich in sein Bett legt, und er will einen Matrosen finden, der dort mit ihr schläft. Er will dies nicht nur tun, um sich stellvertretend ihre sexuelle Lebenskraft anzueignen, sondern, damit sie wie »Hampelmänner« tanzen, wenn er an ihren Schnüren zieht. Dies ist in der Tat eine Analogie dazu, wie er zu seinem Vermögen gekommen ist, und zum Kapitalismus an sich, der das Gegenteil und Gegenstück zum Geschichtenerzählen ist.

Der alte Kapitalist berichtet uns:

> Es sind ja nicht meine Glieder gewesen, die sich auf den Teepflanzungen abgemüht haben, im Morgennebel und in der Mittagshitze. Es sind nicht meine Hände gewesen, die versengt wurden auf den heißen Eisenplatten, auf denen man die Teeblätter trocknet. Auch nicht meine Hände, von denen die Haut abging, wenn die Brassen straff angeholt wurden, damit der Klipper seine schnellste Fahrt lief. Die ausgehungerten Kulis auf den Teeplantagen, die todmüden Seeleute von der mittle-

ren Wache hatten keine Ahnung, daß sie dazu beitrugen, daß eine Million Pfund entstand. Für sie hatten nur die Augenblicke Wirklichkeit, der Schmerz in den Händen, die Hagelkörner im Gesicht, und die armseligen Kupfermünzen ihres Lohns. In meinem Hirn und durch meinen Willen ist es geschehen, daß diese Unzahl von kleinen Dingen zusammenkam und sich zusammenschloß und daß dies eine Ding daraus wurde: eine Million Pfund. Habe also nicht ich dieses Ding geschaffen, wahrhaftig und von Rechts wegen?[2]

Der Kapitalist beutet die »reale Existenz« anderer Menschen mitsamt den ihr innewohnenden Gefühlen und Empfindungen aus und verwandelt diese in eine Abstraktion, in »eine Million Pfund«, die er für sich behält. Der Geschichtenerzähler, der ebenfalls eine Idee hat, beutet die »reale Existenz« anderer Menschen aus, gibt sie ihnen aber in Form von etwas Wiederholbarem, Zugänglichem zurück, das niemandes Eigentum ist. In Tania Blixens Erzählungen werden diese zwei Kräfte gegeneinander ausgespielt. Herr Clay glaubt zuversichtlich, daß er die unsterbliche Geschichte kaufen, korrumpieren, »materialisieren« kann, erkennt jedoch auch, daß er sehr teuer dafür bezahlen muß. Doch die unsterbliche Geschichte erweist sich als mächtiger als der sterbliche Herr Clay – und ist viel teurer, als er sich vorzustellen vermag. Er selbst wird durch sie verwandelt werden, wird in die Hände einer höheren Macht fallen, wird ein Charakter, will sagen ein Instrument statt ein Schicksalsmacher werden. Die Götter überlisten ihn mit einer viel komplexeren Ironie, als er sie jemals hätte gestalten können.

Herr Clay, der Geizhals, der in seinem Leben nie eine Geschichte erzählt und nur eine einzige gehört hat, dessen Element der schwere, unfruchtbare Lehm (engl. clay) ist, ist kein erkennbares Selbstporträt von Tania Blixen, deren Element die Luft war und die in ihrem Leben die tiefste Verachtung für die Gesetze von Angebot und Nachfrage hegte. Doch als Eingreifer sind Tania Blixen und Clay Pendants. Er mischt sich in Ausgedachtes ein. Sie mischt sich in das reale Leben ein.

Vor langer Zeit hatte sie erfahren, daß zumindest in ihrem Fall Wunsch und Erleben unvereinbar waren, ausgenommen innerhalb der sehr präzise abgesteckten Grenzen einer Erzählung. Das war vielleicht der eigentliche Sinn der kleinen Szene, die sie in den Anfangstagen ihres Paktes für Bjørnvig aufführte, als sie ihm eröffnete, wie die Syphilis sie vom erotischen Leben abgetrennt, es ihr jedoch ermöglicht hatte, Geschichten zu erzählen. Es war in ihrem Zusammenhang – Afrika – eine Unwahrheit, aber es war die Wahrheit ihres Erlebens in Dänemark, ihres mittleren und hohen Alters dort. Die Krankheit hatte sie vom erotischen Leben abgetrennt, und »im Tausch« dafür war sie imstande, alles in Geschichten zu verwandeln. Der Handel war befriedigend oder akzeptabel, bis sie sich verliebte. Dies ist auch der Wendepunkt für Herrn Clay – seine Begierde wird geweckt. Da entdeckte sie, daß sie mit ihrer alten Abmachung nicht leben und menschliches Sehnen und das Bedürfnis nach Intimität nicht mit der priesterlichen Distanz der Geschichtenerzählerin vereinbaren konnte. Ihr Versuch, sich in Bjørnvigs Leben einzudrängen, ihn zu ihrem Ideal zu machen, entsprach Herrn Clays Versuch, in die unsterbliche Geschichte einzudringen und von ihr Besitz zu ergreifen. Er versagt, oder vielmehr, sein Erfolg ist ein anderer als beabsichtigt, und sein Versuch verkehrt sich in etwas anderes.

Als Tania Blixen »Die unsterbliche Geschichte« schrieb, hatte sie bei Bjørnvig noch nicht versagt, das stand noch bevor. Wie »Der Dichter«, war die Erzählung prophetisch. Wenige Jahre später sollte Bjørnvig sie mit großer Bitterkeit und tiefem Groll zurückweisen. Danach wurde ihre Einsamkeit wieder absolut, selbst wenn sie ein immer hektischeres Leben unter vielen Leuten führte. Es folgten noch einige Flirts, eine Reihe junger männlicher »Hoffnungen«, aber Bjørnvig war ihre letzte Liebe. Und als kurz nach ihrer Trennung ein neuer junger Schriftsteller kam und zu ihren Füßen saß, ebenso brillant wie Thorkild und ähnlich – vielleicht sogar mehr – bereit, seine Seele ihren Diensten zu weihen, so sagte sie ihm, er sei zu spät gekommen. »Ich kann Ihnen jetzt keinen Platz in meinem Dasein geben. Es ist schade für Sie, aber Sie hätten früher kommen sollen... mir bleibt nichts mehr, als mein Schicksal zu Ende zu bringen.«[3]

II

Bjørnvig verbrachte den Herbst, sehr zum Entsetzen seiner Frau, in Rungstedlund. Er hatte nicht die Ausrede einer Gehirnerschütterung oder die, daß er einen ruhigen Platz zum Arbeiten brauchte, denn den hatte er zu Hause. Doch er wie Tania Blixen wünschten sich Nähe aus leidenschaftlichen Beweggründen. Sie war krank und wollte ihn bei sich haben. Sie hoffte auch, ihn zu überreden, für immer nach Rungstedlund zu ziehen, und sprach davon, ihm ihr Haus testamentarisch zu vermachen, was ihn erschütterte. Er wiederum wollte frei von seiner Familie und imstande sein, sich mit seiner Geliebten zu treffen. Vertieft in seine Dichtung und seine Affäre, war er in sich gekehrter, als Tania Blixen ihn je erlebt hatte. Zum erstenmal hatte er ein Geheimnis vor ihr. Und obwohl sie nicht wissen konnte, daß sie »nicht miteinander allein waren wie einst«, spürte sie es. Es war der Beginn ihres Absinkens in einen alten Strudel, und sie reagierte wie bei Denys, indem sie sich verzweifelt an Thorkild klammerte »und ihre Einmischung in mein Leben verstärkte«. Fortan, beschloß sie, wollten sie der Öffentlichkeit als literarisches »Paar« begegnen und gemeinsam in die Literaturgeschichte eingehen.[4] Sie wollte ihn aus seinem provinziellen Milieu führen und ihm *den store verden* (die große Welt) zeigen. Sie wollten zusammen nach England, wollten mit Huxley und Gielgud dinieren.[5] Ihre Abneigung gegen seine Ehe wurde nun offenkundig, und hatte sie ihn einst geneckt, er sei, verglichen mit seiner zarten, kultivierten Frau »wie jemand, der eine Geige benutze, um Nägel einzuschlagen«[6], so erklärte sie jetzt, die Ehe sei eine Peinlichkeit.

Als Tania Blixen Bjørnvig bedrängte, Abenteuer zu haben und sich zu verlieben, als sie für ihn die »Kupplerin«, wie sie es ausdrückte, spielen wollte, hatte sie mit ihren eigenen Gefühlen ein falsches Spiel getrieben. Sie hatte nicht mit ihrer Fähigkeit zu eifersüchtiger Raserei und Qual gerechnet. Bjørnvig und seine Geliebte hatten ebensowenig damit gerechnet. Kurz nach Neujahr gestanden beide unabhängig voneinander Tania Blixen ihr Geheimnis. Die junge Frau tat es, weil sie glaubte, die Baronin wisse es, oder ahne es zumindest. Sie hatte beide mehrmals ohne ihre Ehepartner nach Rungstedlund eingeladen, um ihnen, so wollte es scheinen, Gelegenheit zu bieten, sich zu treffen, und dies unter ihrem Dach und mit ihrem Segen. Doch wenn sie tatsächlich etwas vermutet hatte, so war es nicht das, was, wie ihr zu verstehen gegeben wurde, aus der Affäre geworden war. Mit dem Ernst der Angelegenheit konfrontiert, fühlte sie sich doppelt betrogen: als Gott und als Frau. Zu der jungen Frau war sie »schrecklich« in ihrer Mißbilligung; sie belehrte sie ausgerechnet über die moralische Verwerflichkeit des Ehebruchs. Zu Bjørnvig war sie »milder«, und in ihren Schmerz und Zorn mischte sich ein seltsames Mitgefühl für sein Leiden. »Können Sie sehen«, sagte sie zu ihm, »daß es ist, als hätten sich Klauen in Ihr Herz gegraben, als habe eine wilde Bestie auf Sie eingetrommelt? Oh, wie ich mich daran erinnere, oh, wie gut ich das kenne. Es ist der größte Schmerz, den es auf der Welt gibt. Nein, ich bemitleide Sie nicht. Ich beneide Sie darum. Nein, ich wünsche es Ihnen von ganzem Herzen.«[7]

Während der langen, intensiven Beziehung zu Bjørnvig war Tania Blixens Arbeit natürlich stark von dieser Beziehung und von ihm beeinflußt, und etliche Privatwitze und intime Einzelheiten fanden Eingang in ihre späteren Erzählungen. Im Herbst jenes Jahres arbeitete sie an einer Geschichte in dänischer Sprache, die sie »Nächtliches Gespräch in Kopenhagen« nannte und Clara vom Bett aus diktierte. Bjørnvig wohnte am anderen Ende des Hauses und schrieb Gedichte, und am Spätnachmittag, wenn das Licht durch die Fenster strömte, tauschten sie Notizen und Manuskripte aus. Er sah, daß ihre Erzählung ein vortrefflich in historische Phantasie verwandeltes Porträt ihrer *rus* Diners des letzten Winters enthielt.

Das »Gespräch« findet Ende des 18. Jahrhunderts an einem dunklen Abend in den Seitengäßchen der Hauptstadt statt. Der wahnsinnige junge König Christian VII. ist auf einer seiner berüchtigten wüsten Touren unterwegs, verfolgt von seinen Ratgebern und Wächtern. Es gelingt ihm aber, ihnen zu entkommen, und er stößt eine unvermutete Tür zu einem anheimelnden, vom Feuerschein erhellten Zimmer auf, wo der Dichter Ewald, volltrunken, den Abend mit seiner Geliebten Lise, einer Hure, verbringt.*

Ewald läßt sich ohne Umschweife auf das Abenteuer eines Gesprächs ein. Er spricht seinen unerwarteten Gast mit »König Orosman« an und stellt sich als »Yorick« vor. Das Zwiegespräch, das sich daraufhin ergibt, entspricht Tania Blixens Idealvorstellung von einem Symposion – es ist ein musikalisches, wahrlich

---

* Lise sagt in der Erzählung nichts, aber sie spielt eine wichtige Rolle. Sie ist die Gastgeberin, welche diese »hochgestimmte, erotisch gefärbte Atmosphäre« schafft, die das Gespräch ermöglicht. Beide, der König und der Dichter, sind sich über Lises Unschuld und über die Heiligkeit des erotischen Lebens einig.

choreographisches, formales Intermezzo.* Dies ist die Redeweise, zu der sich die Charaktere in ihren Geschichten in Augenblicken größter Dramatik und tiefster Gefühle aufschwingen, den Augenblicken, wenn sie aus ihren individuellen in ihre mythischen Rollen schlüpfen.

Es ist leicht zu erkennen, daß der junge *rus* Ewald der Erzählung Thorkild Bjørnvig ist, und es ist außerdem leicht festzustellen, daß der »amouröse Seelenaustausch«, wie Langbaum es nennt[8], der Modus seines »Gesprächs« mit Tania Blixen war. Aber weniger offensichtlich ist, daß König Christian eine ihrer ältesten Sehnsüchte verkörpert und erfüllt: den Klauen von Pedanten zu entkommen, die sie daran gehindert haben, sich »auszutoben«, eine unvermutete Tür aufzustoßen, um sich in einer Atmosphäre wiederzufinden, die sowohl erotisch wie poetisch aufgeladen ist: »Ja, hier war er unter Freunden, unter solchen, von denen er gehört und wie er sie gesucht, aber nie gefunden hatte, unter Menschen, die begriffen, wer er wirklich war.«[9]

III

Bjørnvigs Liebesaffäre erschütterte Tania Blixen mehr, als sie sich damals eingestehen konnte, auch wenn sie sich einer kurzen Periode der Arbeit und Harmonie erfreuten. Im November fuhr er zu Lesungen nach Norwegen und kehrte danach zu seiner Familie nach Sletten zurück. Nach Ablauf einiger Wochen rief die Baronin ihn dort an und bat um ein Treffen; sie gab ihm zu verstehen, sie habe etwas Dringendes mit ihm zu besprechen. Sie trafen sich in einem alten Gasthaus zum Tee. Sie legte Bjørnvig einen Brief vor, den sie im grünen Zimmer gefunden hatte. Er war nicht von seiner Geliebten, sondern von einer Freundin von Grete Bjørnvig, und der Inhalt war recht harmlos. Die Freundin hatte eine Kopie des Bildes gefunden, das in Rungstedlund über Bjørnvigs Bett hing und bot es Grete an, um es über sein Bett in Sletten zu hängen. Es war ein Scherz, und Thorkild erklärte, er und seine Frau hätten sich darüber amüsiert.

---

* In Tania Blixens Arbeitsnotizen zu »Nächtliches Gespräch in Kopenhagen« ist die Erzählung entworfen wie eine Sonate mit vier Sätzen.

Doch aus irgendeinem Grunde erzürnte der Anschein eines Komplotts zwischen Frau Bjørnvig und ihrer Freundin die Baronin, und sie bezichtigte alle drei der krassesten Gemeinheit in dieser Affäre. Thorkild besaß die Geistesgegenwart, sie darauf hinzuweisen, daß es nicht sehr anständig sei, anderer Leute Post zu lesen, aber seine Logik ließ Tania Blixen unbeeindruckt. Nicht nur, daß sie das Eindringen in sein Privatleben nicht bereute; Bjørnvig glaubte, wenn sie in einem anderen Zeitalter gelebt hätte, würde sie nicht gezögert haben, Grete Bjørnvig zu beseitigen.

Wenn man bedenkt, daß der Brief ein rührendes Minderwertigkeitsgefühl auf seiten von Frau Bjørnvig verrät, so ist es schwierig, Tania Blixens Wut als etwas anderes denn als bewußte oder unbewußte Maskierung zu begreifen; denn was sie wirklich fühlte, waren Bjørnvigs Betrug und Ehrlosigkeit: die Affäre, die er ihr nicht gestanden, die Tatsache, daß er sie ausgeschlossen hatte, nicht von dem »Amüsement« mit seiner Frau über den Brief, sondern von seinem Amüsement mit der Geliebten, mit der ihn eine schuldbewußte Leidenschaft verband, unter ihrem, Tania Blixens, Dach. Es mag sein, daß sie in erster Linie die Truhe nach Liebesbriefen durchwühlte, und als sie keinen fand, nach irgend etwas, und war es noch so harmlos, gegriffen hatte, um ihren Standpunkt und ihre Gefühle klarzumachen.

Die Baronin sprach mit solcher Verbitterung und Verachtung von dieser Kränkung durch Bjørnvig und Grete – und ihrem Mangel an Ehre – daß sie sogar andeutete, es sei vielleicht nicht möglich, daß sie sich wiedersähen. Doch als Bjørnvig den Brief zusammenzufalten begann, riß sie ihn ihm aus der Hand und sagte mit einem Ausdruck »grenzenloser Wut«, daß sie ihn behalten werde. Sie machten sich schweigend nach Sletten auf, und er hatte das Gefühl, das Schlimmste sei überstanden. Doch dann hielt Tania Blixen ihren Wagen an einer einsamen Stelle an, kam mit ihrem Gesicht dem seinen ganz nahe und flüsterte kläglich: »Geben Sie mich frei, geben Sie mich frei.«[10]

Vierundvierzigstes Kapitel

Der Pakt ist gebrochen

I

Tania Blixen verbrachte Weihnachten, wie es ihr zur Gewohnheit geworden war, in Wedellsborg, nachdem sie zuvor in Leerbæk in Jütland ihren schwerkranken Bruder Anders besucht hatte. Nach Neujahr hatte sie eine ruhige Schaffensperiode, sie arbeitete an »Die dritte Erzählung des Kardinals«, die im selben Jahr als Bildband mit Illustrationen des Künstlers Erik Clemmensen erschien. Die Erzählung war das erste Kapitel eines von Tania Blixen geplanten, außerordentlich umfangreichen Romans mit dem Titel *Albondocani**, im Stil von Jules Romains *Les hommes de bonne volonté*. Er sollte tausendundeine einzelne, jedoch miteinander verknüpfte Erzählungen enthalten, die alle in den 1830er Jahren im Königreich Neapel spielten.** Als es Ende der fünfziger Jahre mit

* Ein italienischer Prinz namens Albondocani sollte durch die Erzählungen wandern. Langbaum vermutet, daß Tania Blixen den Namen für diesen Charakter von Sultan Al-Bundukari in *Ergänzende Nächte* (zu *Tausendundeine Nacht*) ableitete. Sie mag auch an Prinz Florizel in Stevensons *New Arabian Nights* gedacht haben, das sie in Afrika bei sich hatte und sehr schätzte.

** Unter Tania Blixens unveröffentlichten Papieren befinden sich Arbeitsnotizen zu *Albondocani*, die einen Einblick in die Methoden vermitteln, mit denen sie den Reichtum an Vorgängen und Details sammelte und ordnete, die in eine Erzählung eingingen. Auf großformatigem Papier mit Rand, wie es die Juristen benutzen, machte sie Listen mit Zitaten, Verweisen, Erinnerungen und dramatischen Situationen, gewöhnlich ironischer Art, die sich möglicherweise in Erzählungen verwandeln ließen. Zum Beispiel: »Der alte Lord, der das Glück hat, in Sevilla zu leben, dreißig Jahre nachdem Don Juan die Frauen der Stadt verführte.

ihrer Gesundheit bergab ging, sprach sie noch davon, das Werk vor ihrem Tode zu beenden, »allerdings erst knapp davor«. [1] Mehrere Kapitel wurden schließlich in *Letzte Erzählungen* aufgenommen.

In »Die dritte Erzählung des Kardinals« wird Kardinal Salviati eingeführt, der noch mehrmals in Tania Blixens Werken erscheinen wird. Salviati ist Blixens exemplarischster Künstler-Priester. In seiner »ersten« Erzählung, die später geschrieben wurde, erfahren wir, daß er einer von zwei adligen Zwillingen namens Dionysio und Atanasio ist. Im Säuglingsalter kam einer von ihnen bei einem Brand um, wobei auch ihre Identität durcheinandergeriet. Welcher hat überlebt? Ihre Mutter glaubt, es ist Dionysio, und ihr Vater, es ist Atanasio, aber uns wird zu verstehen gegeben, daß der Überlebende beides in sich hat, das Sinnliche und das Göttliche, was die Quelle seiner Weisheit und der »Erlösung« ist, die zu gewähren er imstande ist. Als Charakter strahlt der Kardinal eine verführerische Vereinigung von weltlicher und geistlicher Autorität aus.

In der Person Kardinal Salviatis und in der Geschichte, die er erzählt, sprach Tania Blixen direkt zu ihren jungen Freunden von *Heretica*, die nach ihrer Ansicht die »giftige« Tradition des Dualismus so gefährlich verinnerlicht hatten. Mogens Fog, ihr Freund und Arzt, erzählte mir, daß sie »Die dritte Erzählung des Kardinals« teils als Warnung und freundschaftliche Verspottung ihrer Freunde beabsichtigte, und daß sie deren Glauben an eine ethische christliche Erlösung als »Flucht vor der Realität« ansah. [2]

Das unglückliche Mädchen, das nicht von Don Juan verführt wurde.« Oder: »Judas, der stolz darauf hinwies, daß er der einzige Jünger war, der im Garten Gethsemane *nicht* einschlief.« Oder: »Das Mädchen (in Tante Bess' Geschichte von Dories), die jüngste von neun Schwestern, alle geboren (Henriette Danneskjold), weil die Familie sich einen Sohn und Erben wünschte, die das Gefühl hatte, daß ihr von Anfang an großes Unrecht geschehen sei, und daß sie die Macht hatte, selbständig zu existieren.«

Einige der gewöhnlich numerierten Einträge waren einfach ein Zitat oder eine Gedichtstrophe oder der Vermerk zu einem Ereignis aus dem Werk eines anderen Schriftstellers. Zum Beispiel: »Die vornehme Familie, die einen Rat einberuft, wenn ihr Sohn seine Frau mit einer Krankheit angesteckt hat (Fru Gyllemborg).«

Ähnliche thematische Listen existieren für »Schatten wandern übers Gras«, »Nächtliches Gespräch in Kopenhagen« sowie Tania Blixens Essays (KBA 146).

Die Heldin der Geschichte, Lady Flora Gordon, ist eine unermeßlich reiche schottische Adelige, die in den 1830er Jahren durch Italien reist. Sie ist eine von Tania Blixens großen *solitaires*, die von Jugend an ihren Instinkten und jedweder menschlichen Berührung mißtrauen und infolgedessen vor der Realität ihrer Bedürfnisse und Gefühle auf der Flucht sind. Sie ist eine Atheistin, die von der Erlösung sagt: »Was ich aber weder bestellt noch bezahlt habe, nehme ich auch nicht ab.«[3] Und sie ist eine Riesin von ungeheurem statuenhaften Ausmaß, die für ihren Körper dieselbe Abneigung empfindet, wie sie Gulliver für die Leute von Brobdignag hegte. Wie wir erfahren, gehört Jonathan Swift zu ihren Lieblingsschriftstellern, und sie bedient sich seines Buches, um »die Schöpfung des Allmächtigen *in toto* zu verspotten.«[4]

In Italien begegnet sie einem katholischen Priester einfacher Herkunft namens Pater Jacopo, der sie zu bekehren sucht und auf dessen Veranlassung sie reiche Almosen spendet. Er erfüllt einen Aspekt der Priesterrolle, nämlich Lady Floras unmenschliche Einsamkeit zu durchbrechen. Sie pflegen eine recht rührende, widersprüchliche Freundschaft, und ihre Gespräche über Theologie sind, wie Langbaum es ausdrückt, voller »Tiefsinn und Süße«.[5] Ich möchte die Vermutung wagen, daß Pater Jacopo zum Teil für Martin A. Hansen steht. Er hat etliches von Hansens geistigem Charme und – wie Tania Blixen es sah – seiner geistigen Beschränktheit. Wie Hansen steht er in enger Verbindung zur Natur und kann Ehrfurcht vor der Schöpfung empfinden. Aber in seiner ethischen Gewißheit ist nichts von dem dämonischen, dem dionysischen Erleben, das sie für so wesentlich hielt. Pater Jacopo ist ein Plebejer, ein Bauernsohn (wie Hansen). Er kann nicht erkennen, wie es der aristokratische Kardinal Salviati tut, daß Lady Flora »eine Edelfrau [ist] und ... die Dinge, die sie berühren oder treffen, verwandeln – und sich nicht von ihnen verwandeln lassen [wird].«[6] Jacopos Unterwürfigkeit und Demut sind eine unzureichende Lösung für sie.

Das endgültige Heilmittel für Lady Floras Frigidität, ihre Einsamkeit, ihren zu hohen Idealismus ist nicht die Theologie, sondern die Syphilis, und hier zeigt Tania Blixen auf ziemlich gewagte Weise und vollkommen ernst ihren eigenen »Weg« auf. Lady Flora zieht sich die Krankheit zu, indem sie St. Peters bronzenen Fuß im Vatikan küßt, unmittelbar nachdem ein junger Arbeiter seine feuchten Lippen an dieselbe Stelle gepreßt hat. Aber erst, als sie Italien verlassen hatte und nach Griechenland – nach Missolonghi – gegangen war, entdeckt sie die kleine, rote, wunde Stelle an ihrem Mund, die beidem ähnlich sieht, einer »Rose« und einem »Siegel«.

Die Syphilis ist das »Siegel« jener Vitalität, die sich als Begehren ausdrückt. Begehren, glaubte Tania Blixen, vereint alle Menschen, und die Leugnung des Begehrens trennt sie von der »wahre[n] Menschlichkeit, die... stets ein Geschenk [bleibt] und vom einen Menschen so angenommen werden [muß], wie es ihm vom anderen Menschen gegeben wird. Der es gibt, ist selbst einmal der Empfänger gewesen. So bildet sich, Glied für Glied, eine Kette von Land zu Land, von Geschlecht zu Geschlecht. Rang, Reichtum, Nationalität gelten da nichts. Arme und Getretene können dies Geschenk Königen weitergeben, diese wieder den Günstlingen an ihren Höfen oder einer durch ihre Hauptstadt reisenden Tänzerin. Der Negersklave kann es dem Sklavenhändler machen oder der Sklavenhalter dem Sklaven. Seltsam und wundervoll ist es, zu betrachten, wie wir in dieser Gemeinschaft mit Fremden verknüpft werden, die wir nie gesehen, und mit Toten, deren Namen wir nie gehört haben und nie hören werden, und zwar enger, als wenn wir uns alle an den Händen hielten.«[7]

Am Ende der Erzählung trifft Kardinal Salviati Lady Flora in einem Bad in den Bergen, wo die Infektionen vornehmer Damen und Herren diskret behandelt werden. Psychologisch ist sie fast nicht wiederzuerkennen: eine liebenswerte, bezaubernde Frau von Welt, die bei den anderen Patienten sehr beliebt ist. Sie hat, mit den Begriffen aus Jørgensens Gedicht gesprochen, ihr Latein für Griechisch, ihre Caritas für Eros vergessen und dabei ihre Menschlichkeit zurückgewonnen.

II

Im Mai kam es in Rungstedlund zu einer kleinen häuslichen Krise, woraufhin Clara – nicht zum letztenmal in diesem Jahr – vorübergehend in die Verbannung geschickt wurde. Tania Blixen hatte an einer neuen Erzählung gearbeitet, einer frühen Fassung von »Ehrengard«, die sie einer Gruppe Geschichten zuordnete, die in Ton, Umfang und Absicht ganz anders waren als die Kapitel von *Albon-*

docani. Dies waren ihre *Schicksalsanekdoten*, welche die leichteste Seite ihrer Schriftstellerei repräsentieren sollten.* Clara befand »Ehrengard« für zu leicht, und sie sagte es. Es war vielleicht ihr einziger kleiner Luxus, in bestimmten Fragen zu dem, was sie als Ehre ansah, stur zu bleiben, und die Konsequenzen dafür auf sich zu nehmen. Die Baronin bekam einen Wutanfall, und Clara zog nach Kopenhagen.

Unterdessen war Bjørnvig mit seiner Frau zurückgekehrt. Sie war hinter die Affäre gekommen und wurde dermaßen deprimiert, daß sie mit Selbstmord drohte, eine Drohung, die jahrelang über ihrer Ehe hing. Auch seine Geliebte litt stark unter Schuldgefühlen, sie verließ ihren Mann und ging ins Ausland. Je mehr Bjørnvig über seine Situation nachdachte, um so mehr schien ihm, daß der Ursprung seiner Tragödie – und die Schuldige – Tania Blixen war. Er hatte ihr auf ihr Verlangen im Tausch gegen das Versprechen göttlicher Protektion seinen Willen unterworfen. Sie hatte ihm zugeredet, sich zu versündigen, Leidenschaft und Spontaneität den Vorzug vor der Pflicht zu geben, und er hatte es getan. Als er dann die versprochene Protektion forderte – die Sanktion, die seine Schuld gesühnt hätte – verweigerte sie sie ihm. Sie hatte wahrhaftig viel mehr versprochen, als sie halten konnte. Er bat sie, wie ein Gott zu handeln, ihre Einsamkeit und ihr Liebesbedürfnis zu transzendieren, und sie reagierte wie eine sitzengelassene Geliebte. Er war nun mehr als wütend oder enttäuscht; mit derselben Exzessivität, die seine Unterwerfung gekennzeichnet hatte, wies er Tania zurück. Er schrieb ihr einen Brief, in dem er den Pakt auflöste und ihr ihre »Freiheit« gab.

Aber Thorkild hätte Tania Blixen besser kennen sollen; es war nicht so einfach, sie loszuwerden. Sie schrieb zurück, sie versichere ihn nochmals ihres Glaubens an ihn, und er habe ihr mit seinem Brief »unrecht« getan. Zu viel sei noch ungesagt; er müsse

---

* In frühen Briefen an Robert Haas bezeichnet sie diese als »Scherze im literarischen Sinne« und rechnet zu dieser Kategorie die Geschichten, die sie für die amerikanischen Massenblätter geschrieben hatte. Doch im Laufe der fünfziger Jahre veränderte sich der Inhalt des Bandes; die ursprünglichen, ziemlich trivialen Arbeiten wurden entfernt, und an ihre Stelle traten drei von Tania Blixens besten reifen Erzählungen: »Stürme«, »Die unsterbliche Geschichte« und »Babettes Gastmahl«.

nach Rungstedlund kommen, um es zu bereden. Und er kam. Da erklärte sie ihm, als sie ihn gebeten habe, »sie freizugeben«, sei sie schrecklich aufgeregt gewesen, und sie habe es nicht so gemeint. Sie wolle den Pakt nun erneuern und ihn als Zeichen seiner Unauflösbarkeit mit Blut unterschreiben. »Blut ist dicker als Worte«, sagte sie.[8] Bjørnvig hörte zu, insgeheim entmutigt, und fühlte seinen Widerstand schwinden. Er konnte ihr nicht sagen, daß er keine Pakte mehr wollte, daß er mit dem satanischen Wahnsinn, der dahintersteckte, aufhören wollte. Aber er konnte auch nicht so etwas Verrücktem zustimmen, sein Blut mit ihrem zu vermischen. Er war in der Klammer der Abhängigkeit von ihrer Liebe, der Angst vor ihrem Zorn, vor dem Aufstand gegen ihre Autorität gefangen – wie ein Heranwachsender, der versucht, sich von einem Elternteil zu lösen, aber nicht gewillt ist, die Geborgenheit der Kindheit hinter sich zu lassen. So sagte er nichts. Tania Blixen spürte seine Verwirrung und wechselte das Thema. Ihre Sehnsüchte und Phantasien brachen aus wie ihre Wutanfälle und flauten dann ab, ohne daß es ihr möglich war, viel dagegen zu tun oder den Eindruck zu korrigieren, den sie auf andere machte. Und dies war ihr bewußt.

Nach der Krise mit Bjørnvig verfiel Tania Blixen in eine finstere Depression. Brandt bemühte sich, diese zu lindern und Tania Blixen zu trösten. Er schrieb ihr einen ungestümen Liebesbrief, in welchem er sie duzte; er schickte ihr eine lebende, mit einer Blumengirlande geschmückte junge Kuh, versuchte frohgemut, seinen alten Freund schlechtzumachen und riet ihr, nicht auf Bjørnvigs Provokationen einzugehen und die Verbindung nicht wieder aufzunehmen. Im Laufe des Sommers wurde sie jedoch immer trübsinniger und verwirrter, und ihr Geisteszustand untergrub ihre Gesundheit. »Ich bin so unglücklich«, sagte sie zu Clara, die aus der Verbannung zurückgekehrt war. Clara hielt sich etwas auf ihren Mangel an Neugier zugute und stellte keine Fragen. Als aber die Baronin eine Treppe hinunterfiel und sich schwer verletzte, begriff Clara, daß der Sturz »einer allgemeinen Entkräftung infolge ihres Grams zuzuschreiben war«.[9]

Zu einem früheren Zeitpunkt hatte Tania Blixen zwanglos mit Brandt über Bjørnvigs Affäre gesprochen, und Brandt hatte Bjørnvig gegenüber hämisch durchblicken lassen, wieviel sie wußte, und das ganze als Scherz abgetan. Jetzt vertraute die Baronin Clara einige persönliche Einzelheiten der Situation an. Clara war um Thorkilds wegen erschüttert und befand seine Verzweiflung für ernst genug, um ihr freundschaftliches Eingreifen zu rechtfertigen. Indem sie ihm aber ihren Trost anbot, verriet sie auch, daß die Baronin sich ihr anvertraut hatte. Bjørnvig faßte dies als weiteren Diebstahl, als weiteres Sakrileg auf. Er beschimpfte Tania Blixen, diese zahlte es Clara heim, die wieder für einige Monate ohne Lohn von Rungstedlund fortgeschickt wurde, obgleich sie die Aufgabe bekam, »Die unsterbliche Geschichte« ins Dänische zu übersetzen. Wenn Clara auch nicht protestierte, so ging ihr doch vorübergehend die Begeisterung für »hilfreiches Eingreifen« verloren.[10]

III

Bjørnvig beschreibt das Brechen des Paktes als einen »sehr langen Schwanengesang oder eines von Beethovens endlosen Finalen«.[11] Während Clara in der Verbannung war, schrieb Tania Blixen ihm und lud ihn, Einsamkeit vorschützend, zum Essen ein. Er kam. Sie umarmte ihn und zitierte mit »ungewöhnlicher, zurückgehaltener Bewegung in der Stimme« die ersten Zeilen eines Schubertliedes: *Sei mir gegrüßt, sei mir geküßt.* Sie speisten im grünen Zimmer, die Baronin füllte das Glas des Magisters nach, und sie gaben sich ihrer alten Seligkeit hin. Ihre »Kümmernisse waren uralt, und mein jüngster Kummer war so entfernt wie ihr ältester«. Bjørnvig betrank sich, und wir dürfen annehmen, daß Tania Blixen, wie in alten Zeiten, durch Osmose ebenfalls betrunken wurde. Am Ende des Abends war ihm vollkommen gleichgültig, was geschehen mochte. Sie verließ kurz das Zimmer und kehrte mit einem Revolver zurück. Sie stützte sich mit einer Hand ab, zielte mit der anderen. Bjørnvig machte nichts mehr etwas aus, »nichts vermochte mein vollkommenes Glück zu stören. Ich hielt alles für unauflöslich... warum dann nicht lieber jetzt als später?« Sie sahen sich mit »wahnsinnigem gegenseitigem Verständnis« an, und sie ließ die Hand sinken. Später schlief Bjørnvig in seinem alten Bett, und Tania Blixen spielte ihm Tschaikowskis Streichquartett vor.[12]

Aber auch dies war ein falscher Schluß. Tania Blixen verfuhr von da an, als sei eine neue Verständigung erreicht worden. Bjørnvig zog sich abermals zurück. Weihnachten schickte sie Alfred Pedersen mit Geschenken für ihn und Bo nach Sletten, und er sandte ihr einen trockenen, formellen Dankesbrief, an dessen Rand sie mit Bleistift »Idiot« kritzelte. Ein Jahr verging, in dem sie sehr wenig Kontakt hatten. Bjørnvig arbeitete an einer Reihe Hölderlin-Übersetzungen, und Tania Blixen schrieb eine auf ihrer Beziehung fußende »Trilogie« von Geschichten für den Roman *Albondocani*. Sie schickte ihm die fertigen Manuskripte. Im Januar 1954, am Dreikönigstag, kam er dann wieder nach Rungstedlund. Sie war nicht, wie sonst, in Abendkleidung, um ihn zu empfangen, sondern trug ein altes Pierrotkostüm aus Satin mit einer Halskrause aus Tüll. Es war für eine Kindertheateraufführung der Dinesens angefertigt worden, und sie hatte es auf dem Dachboden in einer Truhe gefunden. Sie hatte es schon zweimal getragen: einmal bei einem Ausflug nach Kopenhagen mit Knud W. Jensen, um sich von Rie Nissen darin photographieren zu lassen; und einmal auf einem *Heretica*-Fest, wo es, wie sie Schroeder klagte, nicht den geringsten Eindruck gemacht hatte.[13] Jetzt empfing sie Bjørnvig in dieser ältesten ihrer dramatischen Rollen.

Der Besuch in Rungstedlund, der für viele Jahre Bjørnvigs letzter sein sollte, begann durchaus heiter. Die Baronin berichtete ihm, sie habe seine frühere Geliebte in Jütland besucht, aber die junge Frau, die vor kurzem aus dem Ausland zurückgekehrt sei, habe sie nicht sehen wollen und ihr später geschrieben, sie wünsche weiter nichts, als in Ruhe gelassen zu werden. Dann schien es plötzlich, als sei ein Dämon in Tania Blixen gefahren. Sie zog vor Bjørnvig über das Mädchen her und machte sich lustig darüber, was für ein Paar sie abgegeben hatten; sie verzerrte ihre Mimik und ihre Redeweise mit ihrem großen Nachahmungstalent, bis sie zu zwei mitleiderregenden, absurden Gestalten wurden. »Sehen Sie denn nicht, daß ihre Seele nicht größer ist als eine Linse?« fragte sie Bjørnvig. »Und Sie neben ihr, Sie mit Ihrer dummen Gehässigkeit und Feigheit, Sie, der Sie es nicht wagen, Ihr Blut mit meinem zu vermischen, einfach weil sie Angst haben, Blut zu sehen.«[14]

Bjørnvig lachte mit ihr. Er lachte, weil er sich von ihrer Ironie gelähmt fühlte. Er lachte über sich, seine Geliebte und seine eigene Erfahrung und spürte die ganze Zeit, daß Tania Blixen ihn verfluchte. Je trivialer ihn seine Erfahrung dünkte, um so größer wurde seine Wut auf Tania Blixen, die zuerst seine Liebe sabotiert und ihn dann seiner Bewußtheit um die Tragik beraubt hatte. Als er zu lachen aufhörte, verfluchte er sie seinerseits und ging.

Sie trafen sich wieder. Auf der Ewaldshöhe. Auf einer Bank an der frischen Luft. Tania Blixen erwartete ihn mit Pasop im stillen, hellen Herbstsonnenlicht. Aber sie konnten nicht ohne gegenseitige Vorwürfe und Kleinlichkeit miteinander reden, und nach einer Weile verfielen beide in Schweigen. Bjørnvig glaubte, es sei ihre allerletzte Begegnung. Doch Tania Blixen konnte ihn nicht gehenlassen ohne einen letzten Versuch, ihm ihren Segen zu geben und den seinen zu bekommen. Einige Monate später hielt er sich in einem fernen Flecken im Norden Jütlands an der See auf, um zu schreiben und allein zu sein. Eines Morgens blickte er von der Arbeit hoch und sah Tania Blixen draußen am Fenster stehen. Als er die Tür öffnete, reichte sie ihm ihre Hand und erklärte, sie sei gekommen, um zu sehen, wo er lebe und wie es ihm gehe.

Er kochte ihr Tee, und sie schwelgte in Erinnerungen an die Zeit, als sie in Skagen lebte und *Afrika, dunkel lockende Welt* schrieb. Ihr Gespräch drehte sich um literarische Belange, unter anderem um den Unterschied zwischen dem lyrischen Dichter und dem Geschichtenerzähler. Tania Blixen konnte sich eine kleine sarkastische Bemerkung nicht verkneifen: Sie behauptete, der Unterschied entspreche demjenigen zwischen dem Übermenschen und Gott. Doch für sie war es eine Begegnung voll Freude und Verheißung: »Ich meine, wir haben so viel zu besprechen«, sagte sie zu ihm, »und ich möchte Sie so vieles fragen und Ihnen so viel sagen. Sie fehlen mir.«[15]

Gegen Mittag erhob sie sich zum Gehen, sie sagte, sie sei zum Essen verabredet, und bat Bjørnvig, sie in die Stadt zu begleiten. Sie nahmen einen Weg am Strand entlang, er ging ein wenig voraus, weil es ein schmaler Pfad war, und sah am sandigen Ufer eine zusammengeringelte Schlange in der Sonne liegen, die sich bei ihrem Näherkommen nicht rührte.

In der Stadt mietete er einen Wagen und fuhr sie bis vor die Haustür ihrer Freunde. Dort sagten sie sich Lebewohl.

Kaum war Tania Blixen wieder in Rungstedlund, schrieb sie dem Magister in einem fröhlichen Brief, ihr Treffen habe die schrecklichen Verlustgefühle aufgelöst, die ihre vorangegangene Begegnung erzeugt hatte. Die Schlange, schrieb sie, sei für sie ein Zeichen gewesen – ein Zeichen, das ihr diese alte Landschaft gegeben habe. Sie fühle, daß es ihre Freundschaft vor Schaden oder Übel bewahren werde.[16]

In der Zwischenzeit hatte Bjørnvig *ihr* geschrieben. Als sie fort war, war er unfähig zu arbeiten. Er war von Zorn übermannt. Gerade als er nach so viel Aufgewühltheit und Krisen wieder Frieden gefunden hatte, sei sie erschienen, um diesen Frieden zu zerstören. Nirgendwo sei man »sicher« vor ihr, und diese Bedrohung erlange in seiner erregten Imagination solche Ausmaße, daß er in diesem Moment glaube, sie werde ihn über das Grab hinaus verfolgen.

Die Schlange auf dem Weg sei auch für ihn ein Symbol gewesen, aber kein wohlwollender Wink der jütländischen Landschaft. Es sei eine schreckliche Bekundung von Tania Blixens unvergänglicher satanischer Macht über ihn.

Der Brief, den er ihr schickte, und in welchem er ein für allemal jedwede Hoffnung auf Versöhnung verwarf, war nicht grausam oder hysterisch. Er war voll sorgsam formulierter explosiver Gefühle, aber auch voll Dankbarkeit. Er bat sie, ihm das Geschenk der »inneren Freiheit«, das sie ihm einst gemacht hatte, nicht wieder fortzunehmen.

Er schrieb ihr auch, habe er einst gefühlt, er werde scheitern, wenn er sie aufgeben müßte, so fühle er nun, er werde scheitern, wenn er zu ihr zurückkehren würde. »Welchen Sinn hat es, unsere Freundschaft zu erneuern und abermals nach Rungstedlund zurückzukehren, wenn die reine, mächtige Wildnis rings um mich mir mit all ihren Stimmen bedeutet nein, nein, nein... Es ist kein konventionelles Gewissen, das sich auflehnt, sondern mein Dämon...«[17]

Als sie den Brief erhielt, schickte Tania Blixen Bjørnvig ein Telegramm: »Habe Ihren Brief erhalten verbrennen Sie meinen.« Der Pakt war gebrochen.

IV

Tania Blixens Furcht zu Beginn ihrer Freundschaft mit Bjørnvig, daß sie dem Größenwahn erliegen könne, war, wie wir gesehen haben, durchaus begründet. Doch ihn zu bitten, sich einzuschalten und sie zu warnen, wäre dasselbe, wie einen Mystiker zu bitten, keine Visionen zu haben. Er hatte zu sehr Teil an ihrer Göttlichkeit, um sich deren geistige Vorzüge zu versagen. Wenn der Teufel ihn angrinste, hatte er nicht die Geistesgegenwart oder die Erfahrung oder den Wunsch gehabt, zurückzugrinsen.

Sie übernahm die Verantwortung für das Debakel, dafür, daß sie Bjørnvig zu weit getrieben, zu viel erwartet, ihn falsch beurteilt hatte. Aber sie verachtete auch Bjørnvigs Passivität. Als sie Ole Wivel die Geschichte jenes Nachmittags erzählte, als sie ihren Jünger mit Fresien im Haar geschickt hatte, um die *Komtesse* Caritas abzuholen, jammerte sie: »Der Tölpel hat getan, um was ich ihn bat. Damit hat er mich lächerlich gemacht.«[18]

Ole Wivel, der in dieser Zeit eng mit Bjørnvig befreundet blieb, hörte mit der ironischen Distanz zu, die er im Umgang mit Tania Blixen zu wahren gelernt hatte. Er gehörte zu denen, die die unlösbaren Widersprüche ihres Charakters, die Art und Weise, wie der schärfste Einblick in die Natur des Menschen mit der blindesten Eitelkeit hinsichtlich ihrer eigenen Paradoxien Hand in Hand ging, am besten einzuschätzen vermochten. Vor Jahren hatte er den Entschluß gefaßt, sich in sicherer Distanz von ihr zu halten, ohne jedoch ihre gegenseitige Achtung zu opfern. Er konnte zuweilen, was er als ihre Grausamkeiten oder Absurditäten empfand, lächerlich machen, aber nie verlor er ihre Größe aus den Augen und mußte sich daher auch nicht, wie Bjørnvig und später Aage Henriksen, desillusioniert fühlen und sie zurückweisen.

»Ich liebe und bewundere Ihren wohlgeordneten Kosmos, aber ich kann nicht darin leben«, hatte er ihr zu der Zeit gesagt, als sie über die moralische Neuausrichtung von *Heretica* stritten. Und bei dieser Gelegenheit hatte er, indem er sich eingestand, wie zutiefst gerecht ihre Empfindungen waren und wieviel Liebe sie in ihren Einwänden bewies, gedacht:

> Sie weiß alles über die Läuterung durch Verlust, über das Leiden als Nahrung des Genies, über die Resonanz des Schmerzes als Harmonie in einem Kunstwerk – und dennoch gab sie den banalsten menschlichen Launen und Impulsen nach: Kleinlichkeit, Ungeduld, Kaprizen, Geiz. Sie litt trotz ihrer Großzügigkeit an der Sehnsucht nach Macht; sie spielte mit menschlichen Schicksalen trotz ihrer Verachtung für solches Spiel; sie litt an Selbstverachtung trotz ihres mächtigen, berechtigten Selbstvertrauens und Stolzes. Sie war ein Paradoxon jenseits jeglicher moralischer Kategorie – und auch eine schlechte Richterin.[19]

Viele ihrer Freunde spürten, daß sie hinter ihren Provokationen und Zurschaustellungen von Egoismus sie und die Realität auf die Probe stellte, daß sie versuchte, jemanden zu finden, der ihr Einhalt gebot, Grenzen setzte, sie auslachte. Aber dies geschah nicht, wie Wivel vermutet, weil sie sich jenseits jeglicher moralischen Kategorie fühlte, und es war auch nicht die Folge von Ruhm, Krankheit oder hohem Alter. Tanne Dinesen hatte als Zwanzigjährige so empfunden und dieselbe stolze Verzweiflung in »Der Pflüger« geäußert.

Einige wenige Leute kamen tatsächlich, sie auf diese Weise zu retten. Dazu gehörten Erik Kopp sowie eine entfernte Verwandte, Tove Hvass, eine korpulente, erdverbundene Frau in ihrem Alter, die sich ungestraft über Tanias Ambitionen und sogar über ihre Kleidung lustig machten. Tania hatte beide dafür um so lieber. Der Glaube an ihre Allmacht war für sie etwas Trauriges und ein schwacher Trost für das Nichtvorhandensein eines Menschen, der ihr »ebenbürtig« war. Es bestätigte sie in ihrer Einsamkeit, daß ihr Tun so ernst genommen wurde, daß man ihr mit solcher Naivität zuhörte, ihr solche Ehrfurcht entgegenbrachte.

Bjørnvig kannte dieses Paradoxon in ihrer Natur, diese Art, wie ihre Charaktergröße unvermittelt erschien »wie ein seltenes wildes Tier« und dann wieder verschwand. Plötzlich war sie vollkommen präsent, und plötzlich war sie fort. Was sie sagte, begriff er Jahre später, klang wie Weisheit, aber ihm fehlte, »was Weisheit kennzeichnet – Unverletzlichkeit und Unbeirrbarkeit...«[20] Sie konnte sich »von ganzem Herzen« nach einer verantwortlichen, stetigen Beziehung sehnen, fand es aber praktisch unmöglich, sie zu erreichen, »außer mit ihren Dienstboten und ihren Tieren«.

Das letzte Wort zu diesem Thema sollte sie haben. »Wenn mich doch«, klagte sie, »die Menschen wie eine Wahnsinnige behandeln würden. Es wäre eine solche Erleichterung.«[21]

Fünfundvierzigstes Kapitel

Verrat

Wäre ich du, ich ließe keinen Mann
mir ebenbürtig sein.

Osceola[1]

I

Clara Svendsen kehrte im November 1952 aus ihrer zweiten Verbannung zurück, etwas bedachtsamer vielleicht, aber im Hinblick auf ihre »Berufung« nichtsdestoweniger engagiert oder enthusiastisch. Die erste Versöhnung mit Bjørnvig war ebenfalls erfolgt, und Tania Blixen konnte sich auf eine lange, produktive Schaffensperiode einrichten. Sie begann eine Trilogie mit Erzählungen, die als Kapitel für *Albondocani* geplant waren. »Die dritte Erzählung des Kardinals«, die zuvor in diesem Jahr erschienen war, bestimmte den Ton der neuen Arbeiten, die, wie sie einem Freund erzählte, »prägnanter und stilistisch weniger ausgefeilt sein werden als *Sieben phantastische Geschichten* oder *Wintergeschichten*«.[2] Robert Langbaum bezeichnete sie später als Tania Blixens »Geistesdiagramme«. »Die Handlungen sind diagrammatischer geworden, mit weniger Disparität zwischen den Mechanismen der Geschichte und ihrer symbolischen Bedeutung... die besten Geschichten reichen sehr dicht an perfekte Fabeln, Mythen oder Parabeln heran. Bestimmte andere Eigenschaften wurden dieser Wirkung geopfert, aber dies ist die Wirkung, auf die sie in ihrem ganzen Werdegang hingearbeitet hat«.[3]

Es waren im wesentlichen religiöse Parabeln, die sich mit den Beziehungen zwischen Gottheiten und Sterblichen befaßten. Aus Clara Svendsens *Notater* wissen wir, daß, ganz abgesehen von ihrem »Pakt«, theologische Fragen Tania Blixen zu dieser Zeit ungeheuer interessierten. Sie veranstaltete zwei »theologische Diners«, das eine 1952, das andere Anfang 1953, vorgeblich, um »ihrem Bruder Thomas Gelegenheit zur religiösen Diskussion mit

Leuten verschiedener Auffassung zu geben«[4], aber natürlich auch als ein Forum für ihre eigenen Ansichten zu dem Thema. Zu den Gästen zählten ein lutheranischer Pastor, ein katholischer Priester, Graf Wedell, der Kritiker Aage Henriksen, Thomas, Johannes Rosendahl, Clara und andere. Tania Blixen hatte ferner gehofft, mit einem »gewöhnlichen Christen« aufzuwarten, doch ein solcher erwies sich als schwer aufzutreiben. »Ich ging von Haus zu Haus«, berichtet Clara, »und fragte: ›Ist hier ein Christ? Kennt ihr einen Christen?‹«[5]

Tania Blixen und Johannes Rosendahl waren seit dem Krieg, aus dem er als Held des Widerstands hervorging, befreundet. 1947 hatte er die Baronin um einen Vers für die Inschrift eines Denkmals für den Widerstand in Gestalt einer Glocke gebeten; Tania Blixen habe ihn während des Krieges beflügelt, und deswegen schreibe er ihr. Doch der Auftrag machte sie nervös, sie wagte es nicht, ein Gedicht zu schreiben. Und im Herbst bat sie eines Tages Ole Wivel zu sich, damit er sich anhöre, was sie zustande gebracht hatte.

»Eines Nachts kam ihr ein Traum zu Hilfe«, schrieb Wivel. »Sie hatte geträumt, ein kleiner Elf sei in ihr Schlafzimmer gekommen und an ihr Bett getreten. Dort habe der Elf einen Vers rezitiert, den sie sodann als Vorschlag für die Inschrift der Glocke verstand. Er lautete:

Jeg er Genlyd her fra dengang
Da i deres Faerd Skræp klang.*

Als sie Wivel um seine Meinung zu diesen Zeilen bat, zündete er sich eine Zigarette an, »setzte dasselbe Pokergesicht auf wie sie« und sagte ihr, »daß es ein kluger Elf und sein Vorschlag gut sei. Rhythmus und Bewegung in den Zeilen sei wie der Schlag eines Glockenklöppels. Tania Blixen leugnete später, für das Gedicht des Elfen verantwortlich zu sein, schickte es aber Johannes Rosendahl. Ich habe ihm nie verziehen, daß er es verwarf, und ich habe später oft betont, daß wir trotz meines ersten Eindrucks – bevor wir uns begegneten – und dieser Eindruck war, er sei ein unmusikalischer Idiot, gute Freunde geworden sind.«[6]

---

* *Ich bin ein Echo aus jener Zeit, als Skræp von ihren Taten tönten.* (Skræp ist ein mythisches Wort.)

Tania Blixen blieb mit Rosendahl befreundet, und sie führten weiterhin eine höfliche, förmliche, aber intellektuell sprühende Korrespondenz. Viele Briefe betrafen die Religion*, und in einem Brief vom Januar 1952 schilderte Tania Blixen ihre Enttäuschung über eines ihrer »theologischen Diners«. Die Gäste hatten ihr keine Antwort auf die Frage gegeben, die sie ihnen gestellt hatte: »Warum [um alles in der Welt] glauben Sie dies?« Den ganzen Abend war das Wort »Glaube« ausschließlich im Sinne des christlichen Glaubens verwendet worden, und das empfand sie als enorme Kurzsichtigkeit. »Wenn ich meinen Standpunkt klarstellen sollte, nämlich den des unvoreingenommenen Betrachters, so würde ich etwa folgendes sagen:

> Christentum ist der Glaube, daß in einem historisch belegten Jahr eine der drei Personen einer dreifaltigen Gottheit ein Mensch wurde; daß er die menschliche Natur voll und ganz in seine göttliche Natur aufnahm und somit auf mystische Weise eine gefallene oder abtrünnige Menschheit mit seiner Bestimmung vereinte. Daß er, in einer historisch belegten Zeit, in einem geographisch bestimmten irdischen Gebiet, die Lebensbedingungen der Menschheit teilte, daß er lehrte, Wunder wirkte und schließlich von einem mitleidslosen Menschengeschlecht gekreuzigt wurde und einen wahrhaft menschlichen Tod erlitt. Daß er aus dem Grabe auferstand, noch in seiner menschlichen Hülle, aber in einer einmalig verklärten Gestalt, und somit jedem einzelnen Menschen die Hoffnung auf Auferstehung gab. Daß er, nach einer bestimmten Zeit, in seiner menschlichen, verklärten Gestalt, in den Himmel auffuhr. Und daß Gott selbst durch diese historischen Ereignisse mit der Beleidigung Gottes durch die Menschheit versöhnt wurde. Alle Menschen können von einem bestimmten Tage an damit rechnen, daß ihnen vollständig vergeben wird und sie vollkommen mit ihrem göttlichen Ursprung versöhnt werden, vorausgesetzt, daß sie von der Überzeugung von der historischen Unverwandelbarkeit der obengenannten Ereignisse durchdrungen sind und sie in ihrem Erdenleben Gebrauch von bestimmten Mitteln zur Erlösung machen, welche Gott sie bei seinem menschlichen Ausflug auf die Erde gelehrt und ihnen zur Verfügung gestellt hat – Taufe, Kommunion und, in der ursprünglichen christlichen Kirche, andere sogenannte Sakramente – und daß sie auch nach bestem Vermögen die ethischen Lehren befolgen, die er ihnen zur selben Zeit vermittelt hat.
> Nun frage ich den Christen, auch von meiner Position außerhalb des Christentums, warum glauben Sie dies?

---

* Johannes Rosendahl veröffentlichte eine interessante Studie über den Einfluß des Unitarismus auf die Arbeit von Tania Blixen, *Karen Blixen: Fire Foredag* (Gyldendal, Kopenhagen 1957)

Ich habe das schon früher gefragt und oft zur Antwort bekommen: ›Weil es in der Bibel steht.‹ Hier muß ich auch fragen: ›Warum beliebt es Ihnen in so hohem Maße, Ihren Glauben in einer etwas befremdlichen und uns fernen Volkssammlung von mythologischen Begriffen und Erzählungen anzusiedeln? Es wurden auf der Welt im Laufe der Zeiten deren viele niedergeschrieben, ohne Ihnen einen Sinn oder Glauben in Form der Erleuchtung der vorherrschenden Wahrheit des gesamten Universums zu geben ...

Sie betrachtete sich nicht als Christin und erklärte: »Ich wurde von Unitaristen erzogen und erhielt den stärksten Eindruck eines religiösen Glaubens von Mohammedanern. Das heißt ich muß mich dem Christentum als Außenseiter nähern. Ich denke, ich habe mich wirklich aufrichtig bemüht zu verstehen, was es damit auf sich hatte ... aber zu einem echten Verständnis in einem logischen Zusammenhang bin ich nie gelangt.«[7]

II

Ende 1952 war Tania Blixen vom dänischen Buchhändlerverein für die zwei Bücher geehrt worden, die sie in diesem Jahr veröffentlicht hatte: die Prachtausgabe von »Die dritte Erzählung des Kardinals« sowie eine extrem preiswerte Taschenbuchausgabe von »Babettes Gastmahl«, von der sie hoffte, daß die Leute sie kaufen und statt Weihnachtskarten verschicken würden. Die Buchhändler schenkten Tania Blixen einen Lorbeerkranz, mit dem sie sich, in ein griechisches Gewand gehüllt, photographieren ließ. Das Bild regte ihre Phantasie an, und sie schickte Robert Haas einen Abzug. Sie wählte auch den Namen »Allori« – Lorbeerblätter – für den Helden ihrer Trilogie.

Die drei Erzählungen – »Der Mantel«, »Nächtliche Wanderung« und »Von verborgenen Gedanken und vom Himmel« schildern die Beziehung zwischen Leonidas Allori, einem großen alten Bildhauer, den man den »Löwen der Berge« nannte, und seinem Schüler und erwählten Erben Angelo Santasilia. Angelo verehrt den alten Mann wie einen Vater und einen Gott, aber er liebt auch dessen schöne junge Frau Lucrezia. Leonidas ist nicht ganz unschuldig am Zustandekommen dieses Dreiecksverhältnisses; er hat seine Frau nackt vor seinem Schüler Modell stehen lassen und ihre Schönheit enthusiastisch gepriesen.

Leonidas ist auch der Führer und Inspirator einer Gruppe von Revolutionären. Seine Taten werden aufgedeckt; er wird von der Obrigkeit verhaftet und zum Tode verurteilt. Kardinal Salviati schaltet sich ein, und aufgrund des großen Rufes des alten Mannes als Künstler wird ihm eine Nacht lang die Freiheit gewährt, um von seiner Frau Abschied zu nehmen – unter der Bedingung, daß sein Schüler Angelo an seiner Statt als Bürge fungiert. Unterdessen hat Angelo nach einem großen Gewissenskampf für dieselbe Nacht ein Rendezvous mit Lucrezia verabredet. Er sagte ihr, er werde ein Steinchen an ihr Fenster werfen, und sie werde ihn im Dunkeln an seinem kostbaren Mantel erkennen. Zu der Zeit, als sie diese Verabredung treffen, weiß sie noch nichts von der Verhaftung ihres Mannes, und Angelo weiß noch nichts von dem Plan, daß er als Bürge fungieren soll – dem er dann aber bereitwillig zustimmt. Bevor er zu seiner letzten Nacht mit Lucrezia aufbricht, bittet Leonidas Angelo, ihm den Mantel zu leihen. Wir werden in bezug auf das, was sich zwischen den Eheleuten abspielt, in der Schwebe gehalten; die Miene des alten Bildhauers am nächsten Morgen ist rätselhaft, und er wird hingerichtet.

Man kann »Der Mantel« natürlich lesen ohne Kenntnis der Ereignisse, die dahinterstehen, und Robert Langbaum faßt die Moral der Erzählung mit seiner bekannten Feinheit und Intelligenz zusammen: »Leonidas' Credo ist nicht nur dem Künstler angemessen; es legt auch das Paradoxe des moralischen Lebens offen, das zwischen gegensätzlichen Erfordernissen gelebt wird. Wir müssen anderen und uns selbst treu sein. Der Sohn muß dem Vater gehorchen und ihn ehren, aber er muß ihn psychologisch besiegen und biologisch ersetzen. Es ist Gottes Plan, daß wir uns im Laufe unserer moralischen Entwicklung gegen IHN auflehnen. In dem Rätsel, welches für Angelo die Absicht hinter Leonidas' Worten und Taten ist, sehen wir das Rätsel des moralischen Lebens, das ohne genaue Kenntnis von Gottes Absicht und Ratschluß gelebt werden muß.«[8]

Aber Thorkild Bjørnvig erklärt in *Pagten*, daß die Erzählung und die gesamte Trilogie als Kommentar zu seiner »Untreue«

---

* Der »Mantel« ist eine Anspielung auf den Mantel, den Elisa dem Elias als Kennzeichen des Paktes umlegt.

Tania Blixen gegenüber beabsichtigt waren.* Diesbezüglich ist es ein ziemlich selbst-idealisierendes Porträt, denn der heitere alte Meister läßt in der Angelegenheit keinerlei Eifersucht erkennen. Die Last der Gefühle liegt vollständig auf dem jungen Schüler, der in der nächsten Erzählung der Trilogie, »Nächtliche Wanderung«, eine Zeit des Umherwanderns und der Schlaflosigkeit beginnt, die endet, als er Judas begegnet, der besessen immer wieder die dreißig Silberlinge zählt. (In der Zeit, als Tania Blixen die Erzählung schrieb, litt auch Bjørnvig, von seinen verschiedenen Schuldgefühlen zerrissen, unter Schlaflosigkeit.)

Bjørnvig beschreibt die dritte Erzählung der Trilogie, »Von verborgenen Gedanken und vom Himmel«, als ein *andrigt efterspil*, ein unerwartetes Happy-End. Angelo ist ein großer Bildhauer; er hat Lucrezia geheiratet; sie haben drei Kinder, und sie erwartet das vierte. Die Symbolik von »drei« und »vier«, die sich durch die Trilogie zieht, wird schließlich als Verweis auf die Proportionen des Goldenen Schnitts erklärt. Die ersten drei Figuren bilden die Winkel eines Rechtecks, in dem sich die Breite zur Länge verhält wie die Länge zur Summe von beiden. Sie stehen auch für Angelo, da er in jeder der drei Erzählungen der Trilogie auftritt. Der junge Schüler der ersten Erzählung, berichtet er seinem Freunde Pino Pizzuti, wird nicht in den Himmel kommen – seine Seele wurde nicht versucht. Der erfolgreiche, glückliche Angelo der dritten Erzählung wird auch nicht in den Himmel kommen – er will es nicht. Aber der durch den schmerzlichen Verlust beraubte, gequälte Angelo aus »Nächtliche Wanderung« wird in den Himmel kommen. Er wurde nicht durch »Narkose« erlöst, sondern durch das einzige Mittel, durch das man in Tania Blixens Augen erlöst werden kann: durch Transgression, dadurch, daß man für sein Begehren seine unsterbliche Seele riskiert.

Der Schluß der Trilogie, schreibt Bjørnvig, war »eine erdenmütterliche Geste, charakteristisch für Tania Blixens generöse, fanatische, grandiose, leidenschaftliche Natur«. Er enthält Elemente des Größenwahns, der zur Gründung des Paktes angeregt hatte; er enthält ferner den Beweis für die tiefe Liebe Tania Blixens zu Bjørnvig. Sie gab ihm die fertigen Erzählungen zu lesen und gab ihm zu verstehen, daß er den Schluß der Trilogie als eine »Prophezeiung« sehen solle… »So, wie sie sich meine Geschichte wünschte.«[9]

III

Im Frühjahr 1953 fühlte Tania Blixen sich zunächst relativ wohl. Ihre Arbeit ging gut voran, und sie war einigermaßen bei Kräften. Im April machte sie Pläne für eine Reise nach Paris und bat Robert Haas, wie immer, wenn sie ins Ausland ging, ihr etwas Geld an die Adresse der dänischen Botschaft zu schicken. Doch im letzten Augenblick traf sie »ein absurdes Mißgeschick«[10]; sie steckte sich bei Nils Carlsen mit Keuchhusten an. Die Krankheit erschöpfte ihre geringen Energiereserven rapide – geistig und körperlich – und die hohen Dosen Penicillin trugen mit bei zu einer Depression, welche die Symptome überdauerte. Bjørnvig traf sich inzwischen mit einer neuen »Anderen«, und als Tania Blixen in diesem anfälligen Zustand davon erfuhr, brachte es sie fast zur Verzweiflung. Sie bat Brandt, ihr von Bjørnvigs neuer Geliebten zu erzählen, und in seinem Bemühen, ihr Trost zu spenden, sagte Brandt, Bjørnvig habe kein Talent für Liebesaffären, er sehe die Liebe im allgemeinen aus tragischer Sicht, und wenn seine Freundin zu ihm passe, dann nur, weil sie schwer herumzukriegen sei.[11]

Clara Svendsen berichtet in ihrem Tagebuch von Tania Blixens Anstrengungen, ihre »kohlschwarzen« Stimmungen abzuschütteln. Gern jätete sie ein Gartenbeet, sie buk Pfannkuchen, strickte und nähte, und das war, schreibt Clara, »eine Art Therapie, wenngleich sie diesen Ausdruck nicht benutzt haben würde.«[12]

Zu diesen praktischen Beschäftigungen gehörte auch die Säuberung ihres literarischen Gartens. Sie machte eine Liste der Erzählungen, die sie fertig hatte, und solcher, an denen sie arbeitete, und schrieb Haas einen langen Brief, anscheinend zu dem Zweck, für sich selbst und für ihn Ordnung in eine verwirrende Vielfalt von literarischen Projekten zu bringen.

Da war einmal der Roman *Albondocani.* Er sollte 600 bis 900 Seiten umfassen und 100 Charaktere enthalten. Er sollte so geschrieben sein, daß »jedes Kapitel als einzelne Geschichte gelesen werden kann ... wobei die verschiedenen Charaktere im Laufe der Geschichte immer wieder auftauchen.«

Sie arbeitete außerdem an einem Band *Neue Wintergeschichten.* Diese, schrieb sie Haas, würden »in der Art sehr ähnlich wie die ersten *Wintergeschichten* – vielleicht etwas trauriger, vielleicht auch in einem etwas größeren Maßstab.« Sie hoffe, die erste davon, »Eine Geschichte vom Lande«, bis Ende Oktober fertig zu haben und ihm zu schicken.*

Als nächstes waren da die *Schicksalsanekdoten*, die »leichteren Arbeiten«, die sie für amerikanische Zeitschriften geschrieben hatte. »Das sind die Geschichten«, schrieb sie Haas, »von denen Mr. Huntington so wenig gehalten hat! Ich selbst sehe sie als Musikstücke, die auf verschiedenen Instrumenten aus meinen anderen Geschichten gespielt werden – sagen wir, Klarinetten und Fagotte – und solche Kompositionen sind in ihrer Art nicht allzu ernst zu nehmen. Aber diese Definition berührt meiner Meinung nach nicht unbedingt die Frage ihrer *Qualität* als Kunstwerke. Auch ein ganz ernster Komponist darf so frei sein, sich von Zeit zu Zeit an leichteren Spielen zu ergötzen!« Sie sollten keinen eigenen Band ergeben, sondern die Besten könnten in *Letzte Erzählungen* aufgenommen werden, einen Sammelband, in dem sie die in Arbeit befindlichen Werke aus den anderen Büchern vereinte. Tania Blixen sah ein – und sah voraus, daß auch Haas so denken würde – daß es besser wäre, jeweils ein Buch fertigzustellen, statt Fragmente aus zwei Bänden in einem dritten zu sammeln. Aber sie habe, schrieb sie ihm, »jahrelang mit diesen zwei Büchern gerungen, und es war ein ganz absurdes und verstörendes Dilemma für mich, daß in dem Augenblick, als ich mich auf eins konzentrieren wollte, das andere sich zwangsläufig in den Vordergrund schob, was bei der Verfasserin eine vollkommene Betrübnis und Lähmung bewirkte ... Es ist«, schloß sie, »für mich lebenswichtig geworden, in nicht allzu ferner Zukunft ein Buch herauszubringen, nicht nur aus finanzieller Sicht, sondern um meinen geistigen Blutkreislauf wieder in Schwung zu bringen.«[13]

Es traf sich, daß die Veröffentlichung von *Letzte Erzählungen* um vier Jahre verschoben wurde. Kurz nachdem Tania Blixen den Brief an Haas abgeschickt hatte, ereignete sich etwas, das sie für ihre nachfolgende Unfähigkeit zu schreiben und einen neuen Anfall von Depression verantwortlich machte. Es war ein betrüblicher Fall von Opportunismus, den Tania Blixen sich sehr zu Herzen nahm, und von dem sie für den Rest ihres Lebens mit großer Verbitterung sprach.

---

* Sie wurde erst 1956 fertig.

IV

Anfang November erhielten die Buchhändler das Vorausexemplar eines neuen Romans von einem unbekannten Autor mit dem Pseudonym »Alexis Hareng«. Der Roman hatte den Titel *Ein Abend im Jahr der Cholera*, und der Stoff enthielt deutliche Hinweise darauf, daß Hareng ein weiteres Pseudonym Tania Blixens war. Ihr Buchhändler in Rungsted rief sie an, um es sich bestätigen zu lassen, aber sie wies es ganz entschieden und entrüstet von sich. Doch sie hatte ja auch geleugnet, die Verfasserin von *Die Rache der Engel* zu sein. Sogar ihre engsten Freunde mutmaßten, daß sie tatsächlich ein neues Buch herausgebracht hatte.

Ein Abend im Jahr der Cholera erschien und wurde trotz ihres unablässigen Leugnens in verschiedenen Zeitungen als Werk von Tania Blixen rezensiert. Sie selbst beurteilte es als »eine ganz unverschämte Imitation meiner Bücher«[14] und war wütend auf die Kritiker, die nicht in der Lage waren, eine Tania Blixen-Imitation von den echten Werken zu unterscheiden – ihr Zorn war so vernichtend, daß sie gegen das gesamte dänische Lesepublikum giftete. *Heretica* war im Begriff, ihre Erzählung *Nächtliches Gespräch in Kopenhagen* herauszubringen, und sie verlangte sie zurück und sagte, daß »fortan kein einziges Werk von ihr mehr auf Dänisch erscheinen werde.«[15] Die Herausgeber baten Bjørnvig, sich einzuschalten, und er ging nach Rungstedlund und wappnete sich für eine Auseinandersetzung. Mozart, begann er, sei einmal gefragt worden, ob er seine Kritiker widerlegen wolle, und habe erwidert: »Ich werde sie mit neuen Werken widerlegen.«[16] Ob sie es nicht ebenso machen sollte? Nein, antwortete sie schmollend. Mit seinen munteren, geduldigen spitzen Bemerkungen entlockte er ihr schließlich die Erzählung, aber an ihren Gefühlen änderte er damit nichts Wesentliches.

Als der Verfasser des Buches schließlich entlarvt war, entpuppte er sich als ein junger Mann namens Kelvin Lindemann, der in Rungstedlund ein häufiger Gast gewesen war. In einem seiner schmeichelnden Briefe an die Baronin hatte er bezüglich der Mantel-Trilogie geschrieben: ». . . Aus den Romanen von Henry James gewinnt man den Eindruck, daß es auf der Welt zwei Sorten Menschen gibt, diejenigen, die verraten, und diejenigen, die verraten werden.«[17] Tania Blixen hatte diese Zeilen rot unterstrichen. Sie fand natürlich, daß er ihre Freundschaft und ihre Gastlichkeit mißbraucht hatte, doch seltsamerweise nahm sie den glücklosen Betrüger selbst nicht ganz so ernst. Bjørnvig beschrieb sie ihn als »einen großen, gutmütigen Hund, der gerne an einem hochsprang und einem die Pfoten auf die Schultern legte.«[18] Sie gab den Kritikern die Verantwortung – und natürlich den Herausgebern. Sie erhob Klage und verfolgte den Fall in Schweden und Norwegen. Im Jahr darauf bat sie Robert Haas, seinen Einfluß geltend zu machen, um eine amerikanische Ausgabe zu verhindern. Der Rechtsstreit zog sich mehrere Jahre hin, und schließlich verlor Tania Blixen. Aber sie hat die »Lindemann-Affäre« nie ganz verwunden. Sie wurde zusammen mit Schybergs Besprechung der *Sieben phantastischen Geschichten* in dem Fach abgelegt, in dem sie ihren tiefsten Groll gegen Dänemark und die dänische »Mentalität« verwahrte.

Selbst Tania Blixens unkritischsten Bewunderern fiel es schwer, den »absurden Fall« von *Ein Abend im Jahr der Cholera* zu verstehen.* Parmenia Migel fragt sich, »wie es Tania solchen Kummer machen konnte, die doch so viele echte Tragödien ruhig und couragiert überstanden hatte.«[19] Aber aus einer Aufzeichnung von Clara Svendsen geht hervor, was die wahre Bedeutung dieser Angelegenheit gewesen sein könnte. »Tania Blixen erzählte mir«, schreibt sie, »wie es ihr fast unmöglich wurde, zu arbeiten. ›Wenn ich mich an *Die erste Erzählung des Kardinals* begebe, sehe ich eine Karikatur meiner selbst. Wenn ich zu einer Gruppe Leute komme und jemanden treffe, der sich verkleidet hat und angibt, er sei ich, wie kann ich dann dort sein?‹«[20] Diese Frage hat einen hysterischen Klang, und es scheint, daß Tania Blixen in Kelvin Lindemann nicht nur einen unverschämten Emporkömmling oder literarischen Opportunisten sah, sondern eine Art Doppelgänger.

---

* Die englische Übersetzung erschien als *The Red Umbrella* 1955 in New York.

Sollte nicht auch mein Gedächtnis die Schwielen zurückbehalten haben?*

I

Zu Beginn der Lindemann-Affäre hatte Bjørnvig Tania Blixen unverblümt gesagt, er sehe keinen Grund, weshalb sie *Ein Abend im Jahr der Cholera* nicht geschrieben haben könne, sozusagen als literarischen Scherz, wie sie auch *Die Rache der Engel* geschrieben habe. Auch Aage Henriksen hatte sie anfangs für die Verfasserin gehalten und darüber eine Theorie entwickelt, die so genial und poetisch wie verdreht war. Tania Blixen, behauptete er kühn, habe sich in ihm widergespiegelt gesehen, sei amüsiert gewesen, habe die Diskrepanzen genau betrachtet und eine Parodie daraus gemacht, und so sei das Hareng-Buch entstanden. Weder sie noch er, sondern das Spiegelbild sei der eigentliche Autor. Er las die Initialen A. H. als seine eigenen.[1]

Henriksen war ein lebhafter junger Mann mit energischen Gesichtszügen und blassem Teint. Er war damals dreißig Jahre alt, dozierte an der Universität von Lund, war Kierkegaard-Spezialist und galt bei seinen Zeitgenossen als die kommende intellektuelle Größe. 1951 hatte er »Die zeitgenössische dänische Kurzgeschichte« als Thema für seine Vorlesung gewählt, hatte infolgedessen Tania Blixen entdeckt und ihre Werke »ungeheuer aufregend«[2] gefunden. Ole Wivel, der mit Henriksen zur Schule gegangen war, gab die ausgezeichnet fundierten und formulierten Vorlesungen als Büchlein heraus, *Tania Blixen und die Marionetten (Karen Blixen og Marionetterne)*. »Tania Blixen«, so beginnt es, »ist in

---

* Wintergeschichten, S. 255 f.

»ist in unserer Literatur die große Aristokratin und Sybille, der große Anachronismus, in welchem sich die alte Kultur und die althergebrachte *ukultur* vereinigen. Aber dieses Portrait enthält nur die halbe Wahrheit und entbehrt nicht einer kleinen Banalität. Tania Blixens Kunst enthält viel Geist, aber nicht so viel Zauberkraft, wie man es ihr wünschen würde; sie zaubert, aber sie hext nicht. Und ihre Erhabenheit ist nicht so groß wie ihre Religiosität.«[3]

Henriksen entdeckte in Tania Blixens Werken einen zentralen Mythos und ein zentrales Symbol. Der Mythos ist der biblische Sündenfall, und das Symbol ist die Marionette. Um aufzuzeigen, wie sie zusammenkommen, erinnerte er an eine Anekdote in Heinrich von Kleists Aufsatz »über das Marionettentheater«, in dem ein Ballettmeister einen lebendigen Tänzer unvorteilhaft mit einer Marionette vergleicht. Die Marionette, sagt er zu dem Erzähler, kann den Tänzer gerade deswegen göttliche Grazie lehren, weil sie keine Seele hat. Der Erzähler fragt den Puppenspieler, wie es ihm gelinge, der Unzahl von Schnüren Herr zu werden, worauf dieser entgegnet, es bedürfe lediglich einer gutgemachten Marionette und der Beherrschung ihres Rumpfes. Dann gehorchen die Gliedmaßen absolut den Gesetzen der Schwerkraft und fallen, wie sie sollen. Aber beim lebendigen Tänzer ist die Seele das Zentrum der Schwerkraft, und diese stimmt seit dem Sündenfall nicht mit seinem Zentrum der Intention überein. Wille und Wunsch befanden sich im Garten Eden in vollkommener Harmonie, sowohl miteinander als auch mit dem Willen Gottes. Es war das Selbstbewußtsein, das der Mensch anstrebte, aber nicht wiedererlangen konnte, die absolute Herrschaft, die von der absoluten Unterwerfung nicht zu unterscheiden war. Nur die Marionette mit ihrer seelenlosen Materie, oder Gott, welcher reiner Geist ist, kann göttliche Grazie erlangen.

Henriksen ließ diesem Essay drei weitere über Tania Blixen als Frau und Künstlerin sowie die Wiedergabe einer Diskussion über »Thomas Manns *Amor Fati*« folgen. Wie Langbaum, und unabhängig von ihm, entdeckte er viele Parallelen zwischen Tania Blixens und Thomas Manns Werken. In »Portrait« berichtet er uns, daß sie sich selbst mit Adrian Leverkühn verglich, dem Komponisten in Manns Roman *Doktor Fau-*

*stus** (der wiederum zumindest zum Teil Nietzsche zum Vorbild hatte). Die Joseph-Romane gehörten zu ihren Lieblingswerken, und ihre Exemplare waren, so berichtet Clara, vor lauter Herumblättern fast zerfetzt. Henriksen verglich Tania Blixens Intentionen als Künstlerin mit denen von Mann in seinen Spätwerken, als er sich von der Beschreibung eines Individuums und seiner Psychologie – dem Roman des Bürgertums – abgekehrt und der Darstellung des »Mythisch-Typischen« zugewandt hatte. Manns schöne Beschreibung dieses Prozesses in seinem Essay »Freud und die Zukunft« läßt sich mit Tania Blixens weitaus skizzenhafterer Anspielung auf Nemesis vergleichen, die sie gegenüber Rosendahl machte. (»Nemesis ist jener Faden im Verlauf der Ereignisse, der durch die psychischen Voraussetzungen einer Person bestimmt wird. Alle meine Erzählungen handeln von Nemesis.«)[4] Die Psychoanalyse hatte Mann gelehrt, daß nicht nur der einzelne, sondern auch die Kultur die ältesten und primitivsten Erfahrungsmuster in sich trägt und zu wiederholen gezwungen ist; daß in den Mythen wie in den Träumen Wille und Wunsch ohne unser Wissen handeln, daß wir in alte Rollen schlüpfen und durch ihre Wiederholung unser innerstes Wesen ausdrücken. Die Mythen, glaubte er – und es ist derselbe Glaube, der Tania Blixens Erzählungen innewohnt –, geben eine Antwort auf »das Geheimnis der Einheit von Ich und Welt.«[5]

Tania Blixens bündigster Ausdruck dieses Mysteriums steht in »Der Fisch« und kommt von Granze, König Eriks wendischem Leibeigenen. Der heidnische Leibeigene hat wie die Geschichtenerzählerin selbst Zugang zum kollektiven Unbewußten. Seine Erinnerung reicht zurück bis zum harmonischen Fatalismus eines primitiven Zeitalters und bis zu einem Volk, das keinen Unterschied machte zwischen sich selbst und der übrigen Natur – die auch die Unschuld der frühen Kindheit ist. Es ist eben diese Unschuld, deren uns in Tania Blixens Augen das Christentum, »die giftige Tradition des Dualismus«, beraubt hat. In der Landschaft, in der Granze wohnt, sind Meer und Himmel, Himmel und Erde, Bewußtsein und Unbewußtsein, Vergangenheit und Gegenwart

* Auch er war 1885 geboren, in der »Zeit der Blüte«, bekam Syphilis, gab dem Teufel seine Seele im Tausch für seine Kunst.

eins, ohne Unterschied. Dies ist auch das Resümee der Visionskraft der Geschichtenerzählerin: ». . . bei uns Wenden ist das eine andere Sache«, erklärt Granze dem christlichen König. »Was unseres Vaters Vater geschehen ist und jenen alten Männern, die Moder waren, als seine Mutter ihn säugte, das haben wir immer noch in uns; wir rufen es zurück, wann immer wir wollen. Auch du hast die Lüste und die Ängste deiner Väter in deinem Blut, aber ihr Wissen hast du nicht... Das ist der Grund, weshalb jeder von euch von neuem beginnen muß, von Anfang an, wie eine neugeborene Maus im Dunkeln tappend... Meine zwei Hände hier taten die Arbeit [der vergangenen Generationen] nicht, und doch sind sie schwielig davon; sollte da nicht auch mein Gedächtnis die Schwielen zurückbehalten haben?«[6]

»Der Fisch«, der der Erzählung den Namen gibt, ist eines von Tania Blixens reichhaltigsten und anspielungsreichsten Bildern. Er ist ein Symbol für den kontinuierlichen Zusammenhang zwischen Christ, Heide und animalischen Mysterien, und er erinnert uns daran, daß sie, wenn sie von »Gott« schreibt, dies immer als Pantheistin tut. Die Erzählung war denn auch eine ihrer ältesten Arbeiten. Frühe Entwürfe stammen aus ihrer Jugendzeit.

Ein weiterer, sehr kurzer Essay, »Der Bote« (»Budbringersken«), erregte Tania Blixens weniger kritische Bewunderer, als er 1962 als Henriksens Beitrag zu einer dänischen Gedenkanthologie erschien. Er verstörte insbesondere Parmenia Migel, die Henriksen in *Titania* vorwarf, er habe eine »abnorme« Bindung an Tania Blixen und habe fälschlich »behauptet, daß sie normale Erwachsenenbeziehungen ablehnte... und [er habe] mir nichts, dir nichts den ganzen Reichtum ihres Lebens an empfangener und gegebener Zuneigung abgetan.«[7] Dies war wiederum eine Verzerrung von Henriksens sorgsam gewählten Worten und ein Abtun seines tiefen und vielschichtigen Empfindens für Tania Blixen, das zumindest teilweise erwidert wurde. Er war der erste, der öffentlich über ihre Reserviertheit, ihre Künstlichkeit, ihre extreme Düsterkeit schrieb, die so viele andere im Privaten beobachtet hatten; er beschrieb sie als eine Frau, deren Größe nicht aus ihrer Seltsamkeit gelöst werden könne, und die sich im Reich der Phantasie »das Unerlaubbare erlaube.« In ihrer Gegenwart, schrieb er, löste sich die Grenze zwischen »innen und außen« auf, und sie »fuhr« aus beiden Richtungen »dazwischen«.[8] Sein »Porträt« (1965) ist eine brillante Beschreibung, wie derselbe Inzest zwischen »innen und außen« in ihren Erzählungen stattfindet:

> Tania Blixen läßt die zufälligen Begebenheiten der Außenwelt verschwinden, indem sie sie auf Auslöser von latenten Kräften in den Personen, die sie berühren, reduziert... Sie verwendete eine besondere Projektionstechnik, die sie bei Goethe und Shakespeare gelernt hatte, die aber in ihrer einfachsten Form zur alltäglichen Psychologie gehört: »Zeige mir, wer deine Freunde sind«, sagt das Sprichwort, »und ich sage dir, wer du bist.« ... Nach dieser Regel reduziert sie die Zahl der aktiven Charaktere in einer Erzählung entsprechend der Zahl der Kräfte, die auf der psychologischen Ebene miteinander ringen, und die Charaktere werden nach den Leidenschaften, die sie auslösen, geformt.*

II

Aage Henriksen kam erstmals im Sommer 1952 nach Rungstedlund, als Clara in der Verbannung war. Clara erinnert sich, ihn erst sehr viel später kennengelernt zu haben. Am Anfang ihrer Beziehung scheint Tania Blixen seine Fähigkeit als »Spielgefährte« auf die Probe gestellt zu haben: Sie forderte ihn zu »Abenteuern« mit ihr auf, was vermutlich hieß, er möge in ihre Phantasien eintreten, und er ließ sich darauf ein. Nachfolgende Vorkommnisse und seine eigenen versteckten Andeutungen lassen den Schluß zu, daß diese Abenteuer kein voller Erfolg waren. Sie hatten ein zwiespältiges Verhältnis. Sie zog ihn an, schreckte ihn aber auch ab. Er betrachtete sie mit Ehrfurcht, aber auch mit psychologischem Scharfsinn, den sie nicht gewöhnt war. Seine Interpretation ihrer Werke war tiefsinnig und subtil, aber auch ein wenig überzogen. Sie bewunderte seinen Intellekt und sein Talent, fand jedoch einige seiner Ansichten – etwa die, daß seine Phantasie der ihren *semblable* sei – anmaßend. Der erotische Beigeschmack der »Abenteuer« mag ihn verwirrt haben, wenngleich er gequält zugab, daß Tania Blixen die Menschen nie in die Falle *ihrer* Spiele

---

* Aage Henriksen, »Portræt«, S. 97. Diese Essays wurden gesammelt in *Das göttliche Kind und andere Essays über Karen Blixen (Det Guddommelige Barn og Andre Essays om Karen Blixen)* (Kopenhagen: Gyldendal, 1965) und gehören zu den besten und plastischsten Studien über Tania Blixen.

locke; sie locke sie in ihre eigenen Fallen.[9] Aber das vielleicht größte Hemmnis für eine intime Beziehung war das zeitliche Zusammentreffen. Ähnlich Viola am Hofe Orsinos war Henriksen nach Rungstedlund gekommen, als Tania Blixens Liebeskummer um Bjørnvig auf dem Höhepunkt war. Die tiefe spirituelle Anerkennung, die er sich wünschte, konnte sie ihm nicht geben. Es gab Momente, da sie ihn zu ermutigen und ihm Beweise von Gunst, ja Liebe zu geben schien, aber ihnen folgten unerklärliche Rückzüge, brüske Zurückweisungen, die Rückkehr zu einer kühlen, herablassenden Förmlichkeit. Tania Blixen quälte Henriksen, ob bewußt oder unbewußt, und er sagte von ihr, daß, »in bezug auf Illusionen... Verführerin und Erlöserin schwer zu unterscheiden sind...«[10] Er bekannte auch, »in den Jahren, als ich Rungstedlund besuchte, hatte ich mehr als einmal Gelegenheit, brüderliche Gedanken für Shakespeares Malvolio zu hegen.«[11]

Aus Tania Blixens Sicht fehlte Henriksen die Erdverbundenheit, die sie vielleicht mehr schätzte als intellektuelle Übereinstimmung. In dieser späten Freundschaft steckte ein Widerhall einer viel früheren – mit Mario Krohn. Auch er war eine brillante Persönlichkeit mit einem untadeligen künstlerischen Geschmack, der besser als sonst irgend jemand in ihrem Kreis geeignet war, ihr Anerkennung zu schenken. Aber er schien ihr zu weich, zu ätherisch. Infolge ihrer eigenen Hemmungen verlangte sie offensichtlich von einem Partner Furchtlosigkeit, und Tanne Dinesen wies Krohn aus nahezu denselben (paradoxen) Gründen zurück, aus denen Tania Blixen schließlich Aage Henriksen zurückwies. Sie wollte als Frau geliebt werden und nicht als Künstlerin oder Priesterin der Kunst. »Für ihre jungen Freunde«, schrieb Henriksen, »die unweigerlich zwei Generationen jünger waren als sie, wäre es zunächst umgekehrt einfacher gewesen, aber allmählich begriffen sie, daß die Welt des Sex umfassender ist, als sich irgend jemand vorzustellen vermag.«[12]

Ihre anderen »jungen Freunde« beobachteten Henriksens Kämpfe, mitfühlend die einen, amüsiert die anderen. Sie erinnerten sich seiner als eines anspruchsvollen, reservierten jungen Mannes, der Tania Blixens Zirkel nicht angehören wollte und auf andere oft den Eindruck machte, er verurteile sie. Clara fand ihn furchterregend, und er selbst hatte die Baronin einmal gequält gebeten, ihm verstehen zu helfen, warum die Leute sich von ihm distanzierten. Einige glaubten, daß sein Besitzanspruch sowie seine »spirituelle Jungfräulichkeit« Tania Blixen abschreckten.[13]

Trotz der Schärfe seines Verstandes und der Strenge seiner Prosa hatte Aage Henriksen eine qualvolle, mystische Ader, und aus dem Briefwechsel zwischen ihm und Tania Blixen geht hervor, daß diese Ader ihr mißfiel; sie machte sich ein etwas boshaftes Vergnügen daraus, ihn auf die Erde herunterzuholen. Als er sie zum Beispiel mit Kierkegaard verglich und sagte, daß ihre Wege sich im Dämonischen träfen und dann wieder trennten und in entgegengesetzten Richtungen verliefen, »um ganz verschiedenen Arten von Religiosität zu folgen«[14], entgegnete sie, das Problem mit Kierkegaard sei, daß er einen unangenehmen Körper hatte, dessen er sich zugleich bewußt und nicht bewußt gewesen sei.

Trotz alledem spielte Aage Henriksen 1954 in Tania Blixens Leben, besonders, als sie Bjørnvig verlor, eine zunehmend wichtige Rolle. Sie führten eine umfangreiche Korrespondenz; manchmal wohnte er in Rungstedlund. Er wußte sehr genau, daß er Bjørnvig nicht aus ihrer Zuneigung verdrängen oder ihn ersetzen konnte und daß sie keine leidenschaftliche Empfindung mit ihm verband. Aber er tröstete sich mit der Rolle des vertrauten, intellektuellen Kammerherrn und erklärte koboldhaft, er habe um eine Schlange gebeten und einen Fisch bekommen. Im Sommer lud Tania Blixen ihn ein, eine Woche in Rungstedlund zu verbringen, und sie besprachen sein geplantes Buch über ihre Werke. In ihrer Qual und Depression war sie oft böse mit ihm, wurde aber dann von Unsicherheit und Reue übermannt. Er war gerührt und nahm es mit stoischer Ruhe hin; er versicherte ihr, ein Abend schlechter Laune könne seine Liebe nicht erschüttern und nichts an seinen literarischen Plänen ändern. Er wagte es auch, sich milde über sie lustig zu machen. Als Bjørnvig im Dezember den Bruch vollzog, verglich Henriksen Tania Blixens Mißgeschick mit dem Titanias.

III

Im November jenes Jahres wurde Ernest Hemingway der Nobelpreis für Literatur zuerkannt. Hemingway bedankte sich für die Ehre und würdigte drei andere, die seiner Meinung nach vor ihm hätten berücksichtigt werden sollen. Eine davon war »diese großartige Schriftstellerin Isak Dinesen.«* Hemingway war ein guter Freund von Bror gewesen, der das Vorbild für den Jäger Robert Wilson in »The Short, Happy Life of Francis Macomber« war.[15] Tania Blixen dankte ihm für seine »freundlichen Worte« und versicherte ihm, sie hätten ihr »so viel himmlische Freude – wenn auch nicht ebensoviel irdischen Gewinn – [gebracht], wie es der Nobelpreis selbst getan haben würde ... Es ist traurig, daß wir uns nie leibhaftig begegnet sind. Ich habe mir manchmal vorgestellt, wie es gewesen wäre, mit Ihnen in den afrikanischen Steppen auf Safari zu sein.«[16]

Tania Blixens Gesundheitszustand verschlechterte sich mit Anbruch des Jahres 1955 rapide, und Anfang April war sie kränker und schwächer als seit Jahren. Zu dieser Zeit nahm sie eine Rede und eine Erzählung für den dänischen Rundfunk auf, die am 17. April, ihrem 70. Geburtstag, gesendet werden sollten. Die Rede war ein Gruß und Dank an ihre Hörer, und die Erzählung war »Der Mantel« – passenderweise eine Geschichte vom Tod eines alten Meisters.

Am Nachmittag ihres Geburtstages gab es in Rungstedlund die traditionelle Kakao-Party für die gegenwärtigen und ehemaligen Hausangestellten und ihre Freunde. Aber Tania Blixen war zu krank, um dabeizusein, sie ließ sich von Anne und Erik Kopp vertreten und zog sich in Elles ruhige Wohnung am Sølvgade zurück. Am Abend fand sich eine Gruppe ihrer Freunde bei Ole Wivel zu Hause ein, um zu feiern und auf das Wohl der abwesenden Baronin zu trinken. Jeder Gast hatte einen Gruß an sie vorbereitet, und beim Essen mag eine Atmosphäre geherrscht haben – konkurrierend und inzestuös zugleich – wie unter den jungen

---

* Die anderen zwei waren Carl Sandburg und Bernard Berenson. Später erklärte Hemingway seinem Freund General Charles T. (Buck) Lanham: »... Unter uns, ich dachte so: Sandburg ist ein alter Mann, und es wird ihm gefallen. [So war es.] Blickies Frau [Tania Blixen] ist zehnmal besser als irgendein Schwede, dem sie ihn [den Preis] je gegeben haben, und Blickie [Baron Bror von Blixen-Finecke] ist in der Hölle und dürfte sich freuen, wenn ich gut von seiner Frau spreche. Ich fand, Berenson hätte ihn verdient (nicht mehr als ich), und es hätte mich gefreut, wenn er ihn bekommen hätte. Oder einer von den dreien. Das ist die Art, wie unser Hirn funktioniert.« (Ernest Hemingway, Selected Letters, 1917–1961, hrsg. v. Carlos Baker, (Charles Scribner), New York 1980, S. 839.

Männern in »Die Träumer«, die sich in gemeinsamen Erinnerungen an Olalla ergehen. Neben den Wivels waren anwesend Knud W. Jensen, den die Baronin »mein Kapitän« nannte, Bjørn Poulsen, den sie so »freimütig und amüsant« gefunden hatte und dem die Schwärmerei seiner Freunde für sie vollkommen unbegreiflich war, Jørgen Gustava (Elishama) Brandt, Johannes Rosendahl, »der zu Tania Blixens Erleichterung kein Dichter war«, Tage Skouhansen, der letzte Herausgeber von *Heretica*, mit dem sie über Dualismus korrespondiert hatte, Thorkild Bjørnvig und schließlich Aage Henriksen, der, wie Bjørnvig bemerkte, »seine leidvolle Erzählung noch durchleben mußte.« Sie aßen zu Abend, hörten die Radiosendung, und dann las jeder seine Huldigung vor.[17]

Im Juli kam Tania Blixen zur Beobachtung ins Krankenhaus. Sie sollte den größten Teil ihres siebzigsten Lebensjahres in Krankenhausbetten verbringen und um ihr Leben kämpfen. Ihre alten Schmerzen waren wiedergekehrt, unerträglicher als vor ihrer ersten Operation, und sie war körperlich in einer viel schlechteren Verfassung als damals. Die Ärzte beschlossen, eine Chordotomie vorzunehmen, eine schwierige und möglicherweise gefährliche operative Durchtrennung einiger Nervenbahnen des Rückenmarks. Sie spielten die Risiken nicht herunter, und Dr. Busch fragte sie im letzten Moment, ob sie das Ganze lieber vergessen und mit den Schmerzen leben wolle. Aber sie hatte ihre Entscheidung getroffen und wollte sie nicht zurücknehmen.

Die Operation wurde im August durchgeführt und brachte ihr zunächst keine große Erleichterung. Sie kam Ende des Monats nach Hause, und ihr Zustand verschlechterte sich weiter. Frau Carlsen, die als Krankenschwester ausgebildet war, glaubte, sie werde sterben, und ihre Brüder und ihre Schwester Elle wurden gerufen. Aber unterdessen diagnostizierten die Ärzte ein sekundäres Problem, nämlich ein blutendes Magengeschwür. Das heiterte alle ungemein auf, denn das konnte behandelt werden. Clara erinnert sich lebhaft an den Nachmittag, als die Familie eintraf. Trotz ihrer heftigen Schmerzen war Tania Blixen imstande, Frau Carlsen beim Rühren des Teiges für Teegebäck zu helfen.

Sie wurde zu einem präoperativen Aufenthalt wieder ins Krankenhaus eingeliefert, um mit gezielter Ernährung zuzunehmen, und Clara kam zum Diktat. Am 20. Dezember schickte Tania Blixen ihrem Freund aus der Kindheit, Graf Eduard Reventlow, einen Brief:

> Ich liege hier wie eine Gans, die für die Schlachtung gemästet werden muß, und der Doktor will mich noch einmal operieren, aber er meint, ich bin ihm zu dünn und zu elend, so daß er die Operation zur Zeit nicht durchführen kann. Die letzten acht Monate sind schrecklicher gewesen, als ich es irgendwem beschreiben kann – diese ständigen unerträglichen Schmerzen, die mich heulen machten wie ein Wolf, das ist einfach unvorstellbar. Mir ist, als wäre ich in einer Unterwelt gewesen. Erinnerst Du Dich an die herrliche Stelle in Glucks Orpheus, wo er in den Hades kommt, und die furchtbaren bösen Geister ihn anbrüllen... dann kommt Orpheus' herrliches Motiv: »Ach, erbarmt, erbarmt euch mein, / Larven! / Furchtbare Schatten! / Erbarmt euch meiner Qualen, Unaussprechlich ist mein Schmerz! / Todesgötter, erweichen mögen endlich euch meine herben Klagen; / Heget Mitleid mit meinen Leiden / Furien: Nein! Nein! Nein!« So war mir schon einmal im Leben zumute, als ich sah, daß ich meine Farm nicht halten konnte, und als Denys abstürzte – da war es, als sei es einfach nicht mehr anständig, »noch am Leben zu sein.« ... Und doch ist es eine Art Privileg oder Gnade, daß die fürchterlichsten Abgründe des Daseins auch in der Musik ausgedrückt werden. Mein Problem ist nun, wie ich es anstelle, in die Welt der Lebenden zurückzukehren. Es scheint mir manchmal einfach unlösbar, allerdings glaube ich, wenn ich etwas finde, worauf ich mich freuen kann, dann könnte es möglich sein. Magst Du im April mit mir nach Madrid und Granada reisen? Viel Spaß in Amalienborg. Ob Du wohl Gelegenheit findest, den Majestäten mein tiefstes Bedauern auszudrükken, daß ich meinen Ingenio et Arti * auf dem Weg vom Foyer des Angleterre zu Deinem Wagen verloren habe? Das ist nicht wahr, ich habe einfach vergessen, daß ich ihn hatte, aber wenn ich das zugäbe, würde es bestimmt einen Skandal geben. Ich glaube aber, daß ich beide etwas besorgt auf meine Brust starren sah, konnte mir aber nicht denken warum, denn ich bin ja keineswegs eine Lollobrigida.
>
> Dies ist wohl der einzige Weihnachtsbrief, den ich schreibe oder vielmehr Clara diktiere, denn ich kann nichts anderes tun als flach auf dem

---

* Dies ist eine Anspielung auf ein Fest im Königspalast und auf einen Orden, den Tania Blixen erhalten, aber zu tragen vergessen hatte. Clara Svendsen erklärt die Begleitumstände in *Notater*, S. 101: »Sie liebte Feste, zumal im großen Stil, und der Abend wäre normalerweise ein großes Vergnügen gewesen, aber sie war so elend und krank, daß sie nur mühsam durchhalten konnte... In dem eleganten cremeweißen Kleid, mit dem mit Perlen bestickten Oberteil und einem langen plissierten Rock aus schwerem Satin, war sie gepeinigt von Schmerzen und von der Angst, einen Skandal zu verursachen.«

Rücken liegen. Umarme die ganze Familie von mir. Ich hoffe, daß wir uns sehen, wenn ich diese neue Runde überlebe. Und dann wollen wir endlich wirklich einmal von alten Zeiten sprechen. Deine Tanne.[18]

Heiligabend machte ein Männerchor auf den Krankenstationen die Runde und sang für die Patienten Hymnen und Weihnachtslieder. Für Tania Blixen sangen die jungen Männer »Wenn die Fjorde sich blau färben«, und sie begann zu weinen. Clara hatte sie noch nie weinen sehen. Es machte sie ganz bestürzt, zumal sie nicht bleiben konnte – sie mußte Tania Blixen »im Stich lassen«, um eine vor langer Zeit getroffene Verabredung mit ihrer Stiefmutter einzuhalten.

Mitte Januar wurde Tania Blixen zusammen mit den Magengeschwüren ein großer Teil des Magens entfernt. Sie konnte danach nicht mehr normal essen und keine normalen Mengen mehr zu sich nehmen und wog nie wieder mehr als 77 Pfund. Ihr Leiden und vor allem ihre Abmagerung ließen sie drastisch altern. Im Gesicht hing ihr das Fleisch von den Knochen wie ein griechischer Faltenwurf, von den Muskeln ihres Mienenspiels gehalten. Das verlieh ihr eine antike, edle Schönheit, die Schönheit eines Relikts. Es gefiel ihr durchaus nicht, so alt auszusehen, auch wenn sie oft selbst darauf anspielte. Aber indem sie den Heroismus hervorkehrte, den sie als *chic* bezeichnete, machte sie das Beste daraus und nahm es als Scherz. Sie umhüllte sich mit Bärenfellen und ihren Kopf mit Turbanen, betonte ihre gespenstische Blässe mit weißem Puder und ihre enormen, klaren Augen mit Kajal. Sie freute sich an der Schockwirkung, die ihre Erscheinung bei den Leuten auslöste und an dem Kontrast, den sie zu der robusten, pausbäckigen Clara bildete. Sie genoß außerdem das Privileg, wie eine düstere Gestalt aus Boccaccio in einen Salon zu rauschen. Sie war froh, endlich »die dünnste Person auf der Welt« geworden zu sein und mit über Siebzig etwas erlangt zu haben, das als große Schönheit erkannt wurde.*

---

* Photographen fanden Tania Blixen als alte Frau unwiderstehlich. Cecil Beaton, ein alter Freund, machte mehrere Aufnahmen von ihr, darunter das berühmte Porträt: im Profil, auf einem Stuhl sitzend, mit einem schwarzen Glockenhut. Richard Avedon photographierte sie für sein Buch *Observations*, zu dem Truman Capote den Text schrieb. Avedon unterstrich die Strenge, aber auch das Gekrümmte ihrer knotigen Hände und die gespenstische Blässe ihres faltigen Gesichts mit den un-

Wenn eine Frau altern mußte, dann geschah es am würdevollsten so, wie sie es einer dicken alternden Frau in *Letzte Erzählungen* in den Mund legte: »Wenn ein Knochengerüst, ein Totenschädel, ein memento mori aus mir geworden wäre ... Dann würde doch noch Inspiration von mir ausgehen! ... Ich würde ihnen wenigstens die Inspiration des Schreckens einflößen.«[19]

In den letzten sieben Jahren ihres Lebens wirkte Tania Blixen zu leicht, zu zerbrechlich, um lebendig zu sein, und diese Zerbrechlichkeit im Kontrast zu ihrer Erlebnisgier war es, was die Menschen, die ihr zum erstenmal begegneten, am meisten beeindruckte. Der sichtbare Effekt ihres Leidens bestand darin, insbesondere bei Fremden das Empfinden einer unüberbrückbaren Kluft zwischen ihnen und ihr zu dramatisieren – es war der Eindruck, daß ihr Alter, ihre Weisheit, ihre Courage, ihr ganzes Sein ein Mysterium seien. Und so vollendete der körperliche Verfall den imaginären Prozeß, durch den Tania Blixen sich praktisch seit Afrika als ein Symbol definierte, als jemand, der »den Tod erlebt hat: ein Ereignis jenseits der Vorstellung, aber diesseits der Erfahrung.«[20]

---

natürlich geweiteten Augen. Sie fand die Bilder boshaft und grausam und war sehr gekränkt. Peter Beard war einer der letzten, der sie photographierte: rauchend, nachdenklich, in einem alten Pullover. Er fing eine Tiefe und Traurigkeit ein, die sie selten zeigte, außer in ihrer Prosa. Sie wurde in New York mit Marilyn Monroe photographiert, und dieses Bild war »typischer« für die alte Isak Dinesen: ironisches Lächeln, elegantes graues Kostüm, den Kopf in einen Turban gehüllt, den Körper in einen Pelz eingemummelt.

Viertes Buch

Pellegrina

... das »Werk«, das des Künstlers, des Philosophen, erfindet erst den, welcher es geschaffen hat, geschaffen haben soll; die »großen Männer«, wie sie verehrt werden, sind kleine schlechte Dichtungen hinterdrein.

Friedrich Nietzsche

So spiegelt sich das eigene Ich, unser Sein und Wesen, in allen den Köpfen von Menschen, die einem begegnen und mit denen man zusammenlebt, wider: Als Ebenbild und Zerrbild von uns selbst lebt es noch eine Zeitlang fort und will als Wahrheit über uns gelten. Auch ein schmeichelhaftes Bild ist nur Schein und Lüge.

Tania Blixen

Bakschisch

I

Tania Blixen sah, was ihr von ihrem Leben noch blieb, als geborgte Zeit – *Bakschisch** – die sie unbedingt mit neuen Erfahrungen und Eindrücken füllen wollte. Der Schmerz, den sie in Afrika gespürt hatte, das Empfinden, daß der Augenblick ihr entglitt, während sie ihn erlebte, wurde durch die reale, beständige Erinnerung an ihre Sterblichkeit verstärkt: ihr dahinsiechender Körper, die dramatische Veränderung ihres Aussehens, die Schwierigkeit zu gehen und zu stehen, eine neue Gebrechlichkeit, der sie sich fügen mußte, aber – *frei lebt, wer sterben kann* – nie unterwarf.

Sie hatte 1955 »geplant zu sterben«, erzählte sie einer Freundin, und Vorkehrungen dafür getroffen. Sie änderte ihr Testament und wollte einen letzten Rundfunkvortrag darüber halten, »wie leicht es sei zu sterben. Keine morbide Botschaft... sondern eine aufmunternde Botschaft... daß Sterben ein großes, herrliches Erlebnis ist.«[1]

Nach den Operationen dauerte es eine Weile, bis sie überzeugt war, daß sie tatsächlich noch lebte, und sie beschrieb ihren Zustand als »das Schweben einer Möwe« über der Oberfläche des Lebens.[2] Ihre Freunde reagierten ritterlich und phantasievoll. Im Frühling, als sie noch zu Bett lag, kam Birthe Andrup zu Besuch und brachte eine Truppe Marionetten mit, die sie selbst angefertigt hatte: die Besetzung von *Die Rache der Wahrheit*. »Amiane sah natürlich wie Tania Blixen aus.«[3] Aage Henriksen kam auch. Er sprach von

---

* Suaheli für ein Geschenk, eine Überraschung, ein Trinkgeld.

seinem Wunsch, etwas über Wilhelm Dinesen zu schreiben. Das freute sie ungemein, sie sah die Arbeiten ihres Vaters selbst durch und schickte Henriksen Notizen, von denen sie annahm, daß sie ihm vielleicht nützen konnten.

Wie sie schon Graf Reventlow geschrieben hatte, meinte sie auch, daß »etwas, worauf ich mich freuen kann«, es ihr erleichtern könnte, auf der Welt wieder Fuß zu fassen. Ihr dänischer Verleger bot ihr eine Auslandsreise an, und sie entschied sich für Rom. Parmenia Migel bemerkt, daß diese Wahl durch den Anblick zweier Männer zustande kam, die von einem kleinen Boot aus fischten. Dieses von ihrem Schlafzimmerfenster eingerahmte Seestück erinnerte sie an ein Gemälde von Guardi.

Der Rom-Urlaub war für Mai geplant, drei Monate nach ihrer Operation und nach fast einem Jahr Entkräftung und Krankheit. Es machte ihr nichts aus, daß sie noch nicht wieder voll bei Kräften war, aber sie wagte nicht mehr, allein zu reisen. Clara, die sie einlud mitzukommen, war schrecklich aufgeregt und vermerkte ernsthaft in ihrem Tagebuch, daß sie »die beste Uhr der Welt« und »eine neue Brille« gekauft hatte, um ihren »praktischen« Verantwortungen besser nachkommen zu können.[4]

Als die Reise langsam Gestalt annahm, erhielten sie einen Brief von Eugene Walter, einem jungen amerikanischen Schriftsteller, der in Rom lebte und Prinzessin Caetanis Literaturzeitschrift *Botteghe Oscure* herausgab. Er bat Tania Blixen um eine Erzählung und erhielt zur Antwort, daß sie selbst nach Rom komme, um zu »versuchen, auf der Welt wieder Fuß zu fassen.«[5] Walter, ein Südstaaten-Gentleman, erbot sich sogleich als Fremdenführer, und sie nahm seine Dienste an. Er erwies sich als ein blonder, korpulenter, ritterlicher, respektierlicher Mensch, und Tania Blixen verstand sich mit ihm, als hätten sie sich schon jahrelang gekannt. Sie war von seinem vorausschauenden Scharfsinn beeindruckt; er wartete mit genau den Genüssen auf, die sie sich erhofft hatte: Dichtung, Theater, interessante kleine Diners und einem Gefolge von römischen *bel esprits*, die ihr huldigten. Walter hatte für die Serie der *Paris Review*, »Schriftsteller über ihre Werke«, ein Interview mit Tania Blixen arrangiert. An einem herrlichen Nachmittag saß sie auf der Piazza Navona an einem Tisch und erzählte so bereitwillig und freimütig von ihrer Schriftstellerei wie schon seit Jahren nicht mehr.

Die Reise war ein solcher Erfolg, daß sie wiederkommen wollte, und sie schrieb Walter aus Dänemark, was es für sie bedeutet hatte:

> Ich brauche Ihren Arm, um Treppen hinauf und hinab zu steigen, Ihre Schulter, um meinen Kopf daran zu lehnen, Ihre köstliche Gabe der Imagination, die so mit meinen Phantasien harmoniert. Ich werde Sie nicht vergessen, und ich bitte Sie, behalten auch Sie in Erinnerung, daß wir alles in allem süße Stunden gewürzt, die Jahre zurückgespult, das reife Herz des Lebens verzehrt und aus der Schwarte ein köstliches Gepökeltes bereitet haben.[6]

II

Bei der Heimkehr befiel sie in Rungstedlund die übliche Depression. Sie beschrieb sie in einem Brief an ihren Cousin Philip Ingerslev, in welchem sie bemerkte, daß sie in Rom all ihre Probleme vergessen, eine Quelle »wunderbarer Vitalität« entdeckt und mit Clara bestens Schritt gehalten habe. Doch sobald sie nach Hause kam, verließen sie die Kräfte, und sie wurde von Schmerzen, Krankheit und Ängsten überfallen.

Es waren die alten Ängste: daß die Steuern sie arm machen würden, so daß sie Rungstedlund verlöre. Als sie im Sommer zuvor ihr Testament gemacht hatte, hatte ihr Anwalt Jonas Bruun alle ihre Verträge durchgesehen und war beunruhigt über die – nach dänischem Gesetz – potentielle Gesetzwidrigkeit ihrer privaten Abmachung mit Random House, die ihre jährlichen Tantiemen auf 10000 $ begrenzte. Bruun wünschte eine Bestätigung von Random House, daß diese Übereinkunft in den Vereinigten Staaten rechtmäßig war, und Tania Blixen war plötzlich von panischer Angst ergriffen bei der Aussicht, daß ihre sämtlichen Einkünfte aus *Die Rache der Engel* von der dänischen Steuerprüfung rückwirkend festgesetzt würden für das fiskalische Jahr, in dem sie verdient worden waren, und sie das bequeme Einkommen verlieren würde, das sie noch immer aus den verspäteten Tantiemen bezog. Obgleich Haas sie persönlich so gut beruhigte, wie es irgend ging, konnte er keine Versprechungen machen, die die dänischen Steuergesetze betrafen. Die folgende Korrespondenz befreite sie nicht von ihrer Angst, und wenngleich in Dänemark nichts unternommen wurde, nahm das Gespenst des Bankrotts beunruhigende Formen an. Sie fuhr im Juli zu einem kurzen Urlaub nach

Wedellsborg und schrieb sichtlich verstört an Clara, daß das Thema Steuern schrecklich auf ihrem Gemüt laste, daß es ihr die Ruhe nehme, und »wie, wie« solle sie da »schreiben können?«[7] Es steht nicht fest, ob diese Ängste real begründet waren. Clara bemerkt in *Notater*, daß das Thema Geld unweigerlich das Trauma des Verlustes der Farm wachrief, und Tania Blixen gab selbst zu, daß das Problem zum Teil »psychosomatisch« war.[8]

III

Am 1. August 1956 erhielt Tania Blixen einen Brief von ihrer Pariser Freundin Parmenia Migel. Sie wollte über ein Projekt diskutieren, das sie seit einigen Monaten im Sinn hatte – eine Biographie. Vielleicht habe Tania ja daran gedacht, ihre Memoiren zu schreiben, aber es müsse Dinge geben, die zu äußern die Bescheidenheit ihr verbieten würde. Dies seien exakt die Dinge, die Frau Migel sagen könne und wolle. Sie bat ihre Freundin, darüber nachzudenken und ihr Bescheid zu geben.

Tania Blixen dachte darüber nach, und drei Wochen später bat sie Aage Henriksen, das Projekt durchzuführen. Er war gekommen und hatte allein mit ihr im grünen Zimmer gegessen, und sie hatten über die Schwierigkeiten – vielmehr die Unmöglichkeit – gesprochen, über ein Leben zu schreiben, dessen wichtigste Verhältnisse und Begebenheiten so beschaffen waren, daß man nicht darüber sprechen konnte. Sie erzählte Henriksen, daß sie die Briefe aufbewahrt habe, die sie ihrer Mutter aus Afrika geschrieben hatte, aber nun daran denke, sie zu verbrennen. An diesem Punkt endete das Gespräch, aber als er aufbrach, müde, nicht ganz klar im Kopf – er hatte eine Erkältung – da erkannte er, daß sie ihn trotz alledem gebeten hatte, ihr Leben aufzuschreiben.

Das war eine totale Umkehrung ihrer Gepflogenheiten, denn Tania Blixen war jeder Art von biographischer Befragung immer ausgesprochen scheu begegnet. Ende der 1940er Jahre hatte sie schlimme Befürchtungen gehabt, daß der dänische Literaturkritiker Hans Brix seine Studie über ihre Arbeit nur aufgrund seines gewohnheitsmäßigen Interesses am Leben der Autorin betrieb. Als Aage Kabell ihr während seiner Recherchen für *Karen Blixen debuterer* biographische Fragen stellte, entgegnete sie leichthin, sie habe das Gefühl, er sei ein Jäger, der »ihre Spur verfolgte«[9], und das mache sie nervös. Doch offensichtlich hatten ihre schwache Gesundheit und ihre Berührung mit dem Tod sie auch bewogen, dafür zu sorgen, daß ihre Reputation – ihr »Mythos«, wie sie es nannte – sie überlebe. Sie hatte Bjørnvig schon gebeten, über ihre Beziehung zu schreiben, wenn sie tot sei, wenn alles klarer und er von der Verpflichtung befreit sei, sie zufriedenzustellen. Vielleicht spürte sie auch, daß es an der Zeit war, einer ganzheitlichen Studie zuzustimmen und ihr ihren Stempel aufzudrücken. Sie bewies großen Scharfsinn, als sie sich für Henriksen entschied, wenngleich ihm später klar wurde, daß er ihr nicht genügen konnte. Parmenia Migel hörte unterdessen ein Jahr lang nichts von ihr und schrieb noch einmal, mit so viel Groll wie ihre Achtung zuließ, um Tania an ihr Angebot zu erinnern. Im Herbst 1957 erklärte sich die Baronin zur Zusammenarbeit bereit und erhielt dafür eine Darstellung der geplanten Methodik ihrer Biographin. Tania solle ihr bei ihrem nächsten Treffen so viel erzählen, wie sie wolle. Unterdessen solle sie ihre Erinnerungen aufschreiben oder Clara diktieren. Das Buch solle Tania Blixens eigenen Instruktionen folgen, und Frau Migel verglich sich mit einer Pianistin, die den Fingersatz des Komponisten studiert.[10]

Im Laufe der nächsten fünf Jahre traf sich Tania Blixen mehrmals mit Parmenia Migel, die sich Notizen machte, aber anscheinend kein Tonbandgerät benutzte. Nach Tania Blixens Tod interviewte Frau Migel eine Anzahl Freunde und Familienmitglieder, sie besuchte Katholm und Frijsenborg und wohnte bei Graf und Gräfin Wedell. Obwohl sie Zugang zu Tania Blixens sämtlichen persönlichen Papieren und ihren afrikanischen Briefen hatte, ließ sie sie nicht übersetzen. Sie fuhr auch nicht nach Afrika, was Tania Blixen gewünscht hatte, sondern erklärte, daß es sich zu sehr verändert habe und daß Tania gewünscht habe, sie möge es sich in ihrer Phantasie vorstellen. Die größte Betonung legte sie auf den Teil des Lebens von Tania Blixen, den sie am besten kannte – die letzten Jahre, die Fünfziger und frühen Sechziger – auf Tania Blixens Ehrungen und Preise und ihren gesellschaftlichen Verkehr mit berühmten, begabten und adeligen Leuten. Sie verteidigte das Bild der großen Aristokratin und Sybille oft mit einer »naiven Unverfrorenheit«, wie Hannah Arendt es in ihrer Besprechung von *Titania* ausdrückte. Leider führte dies auch dazu, daß Frau Migel ungewollt die Eitelkeit und den Snobismus übertrieb, die zwar gewisse Elemente von Tania Blixens Charakter ausmachten, aber bestimmt nicht so herausragend und bestimmend waren. »Es wäre besser, *Titania* schweigend zu übergehen«, schrieb Hannah Arendt, »wäre da nicht der unglückliche Umstand, daß Tania Blixen selbst . . . den Auftrag dazu gab . . . Stunden und Tage mit Frau Migel verbrachte, um ihr Anweisungen zu geben und sie kurz vor ihrem Tode noch einmal an ›mein Buch‹ erinnerte und ihr das Versprechen abnahm, daß es fertig sei, ›sobald ich sterbe‹«.[11]

W. Jackson Bate bietet in seiner ausgezeichneten Biographie von Dr. Johnson einen Einblick, der uns vielleicht hilft, Tania Blixens, »Zusammenarbeit« ins rechte Licht zu rücken. »Die Versuchung, eine Rolle zu spielen«, heißt es da, »und damit die selbstgefälligen Mitmenschen zu schockieren, ist teils der schlichte Wille der meisten Menschen, dem Bild zu entsprechen, das andere von uns haben – vorausgesetzt, es erfordert nicht zu viel Mühe – und ihnen sogar zeitweise, wenn wir in Schwung sind, eine Selbstkarikatur zu liefern.«[12]

Tania Blixen war offensichtlich von Parmenia Migels Bewunderung geschmeichelt, und sie entsprach ihren Erwartungen, indem sie ihr genau die schwungvolle Selbstkarikatur bot, wie sie Bate beschreibt. Und die hat Frau Migel in aller Unschuld, dazu aus der verzerrten Sicht der zweiten Generation, in *Titania* übertragen.

Achtundvierzigstes Kapitel

Widerhall

I

Trotz der Endgültigkeit, mit der sie den Pakt gebrochen hatten, nahmen Tania Blixen und Thorkild Bjørnvig behutsam wieder Verbindung auf. Er machte den Anfang und schickte ihr ein Sonett, das er zu ihrem 70. Geburtstag verfaßt hatte. Sie antwortete:

> Sie haben es mir schwergemacht, Ihnen zu danken, denn ich muß jedes Wort, das ich an Sie richte, mündlich oder schriftlich, als Bruch eines Wortes empfinden, das ich Ihnen – vor nun fast einem Jahr – gab und aufrichtig halten wollte. Trotzdem möchte ich Ihnen gerne danke sagen, und wenn Sie ein Dankeschön annehmen können, dann können wir uns gerne sehen. Nicht um viel zu reden, dabei ist die letzten paar Male nicht viel Gutes herausgekommen – aber ich möchte, daß Sie mir die Hand geben. Was soll ich sonst auf die Dauer mit der Reverenz an eine Freundschaft anfangen, die... durch einen Fluch vernichtet wurde?[1]

Bjørnvig nahm ihre Einladung an. Tania Blixen frohlockte bei der Aussicht auf seine Heimkehr, die sie Clara gegenüber als »Rückkehr des verlorenen Sohnes« bezeichnete. Sie muß aber sehr nervös gewesen sein, denn sie bat Clara, mit ihnen Tee zu trinken, was Clara taktvoll mit der Begründung ablehnte, sie habe zu arbeiten.* Die Baronin murrte daraufhin etwas, das heißen sollte, sie sei nicht besser als der »älteste Sohn«. Doch statt »ältester Sohn« kam

* Clara besserte ihren Lohn mit Übersetzungen aus dem Italienischen (Lampedusa, Alberto Denti di Pirajno) und Englischen (Graham Greene, Rosamond Lehmann und Paul Bowles) sowie mit Arbeiten für die Bibliothek von Kopenhagen auf und schrieb außerdem für verschiedene Zeitschriften kurze Artikel und Besprechungen.

»gemästetes Kalb« heraus; sie sei nicht besser als das »gemästete Kalb«. Dabei mußten sie beide lachen, und *Fedekalven* wurde Claras Spitzname.[2]

Während des Sommers und bis in den Herbst 1956 hinein arbeitete Tania Blixen an der Erzählung, die ihre Version eines Epitaphs auf den Pakt war und, wie Bjørnvig es ausdrückte, »ihre Antwort auf mich«. »Widerhall« ist eine Art Postskriptum oder vielmehr Ergänzung einer früheren Erzählung, »Die Träumer«. Sie vervollständigt die Geschichte von Pellegrina Leoni in der Zeit, als sie aus Angst, er werde ihre wahre Identität erfahren, vor Lincoln Forsner flieht. Im Verlauf ihrer Flucht gelangt sie in ein kleines Gebirgsnest. Sie verhält einen Augenblick in der Kirche, wo sie einen Knaben das Magnificat singen hört. Er hat eine unirdisch reine, wunderbare Sopranstimme, in der sie die Stimme der jungen Pellegrina Leoni wiedererkennt. Sie erkennt auch, daß sie höchstens noch drei Jahre vor sich hat, bis die Stimme des Jungen bricht, aber sie ist entschlossen, in dieser Zeit einen großen Sänger aus ihm zu machen, so daß die Stimme, die Pellegrina beim Brand in der Mailänder Oper verloren hatte, wiederaufersteht, und sei es nur für kurze Zeit. Pellegrina quartiert sich in dem Städtchen ein und gibt sich als Witwe eines berühmten Gesangsmeisters aus. Sie erbietet sich, diesen Emanuele auszubilden, einen verwaisten Bauernjungen, der vom Gutsherrn des Städtchens aufgezogen wird. Dieser erklärt sich einverstanden, und der Junge wird ihr Schüler. Ihre Beziehung hat von Anfang an etwas Mysteriöses, und Pellegrina denkt sich auch, daß er am Ende der drei Jahre ihr Geliebter sein wird. Eines Tages bekennt Emanuele, daß ihre Begegnung vom Schicksal bestimmt gewesen sei. Er sagt ihr, daß er weiß, wer sie wirklich ist – »nicht Signora Oreste aus Rom«, sondern die große Diva Pellegrina Leoni. Er ist außer ihrem alten Freund Markus Cocoza der einzige lebende Mensch, der dieses Geheimnis kennt, da die Welt sie für tot hält.*

Dies entsprach genau der mystischen Anerkennung, die Tania Blixen von Bjørnvig erhalten zu haben meinte. Doch wie Bjørnvig

---

* Emanueles Onkel Luigi war Pellegrinas Diener gewesen. Er wußte, daß sie noch lebte, und da er ahnte, daß Emanuele ihr begegnen würde, hatte er ihm ihr Aussehen und ihre heiligmäßigen Eigenschaften beschrieben, damit er sie erkenne.

hat Emanuele etliche Mängel, die seine Lehrerin stören. Da sind seine Sanftheit, seine Empfindlichkeit und seine Feigheit. Sie sagt ihm wiederholt, »daß nur harte Metalle einen Klang geben.« Und um ihn zu härten, ihn zu lehren, Schmerzen zu ertragen, sticht sie ihm mit einer Nadel in drei Fingerspitzen und wischt das Blut mit ihrem Taschentuch ab, das sie dann an ihre Lippen hebt.

Am Tag nach dieser erschreckenden Demonstration erscheint Emanuele nicht zur Gesangsstunde. Pellegrina wartet und macht sich dann auf die Suche nach ihm, und sie erkennt, daß er vor ihr davonläuft. Der Junge scheint begriffen zu haben, was im Text nicht ausgesprochen wird, aber in Pellegrinas Besessenheit von seiner herrlichen Stimme zum Ausdruck kommt – daß sie ihn kastrieren lassen könnte, um die Stimme zu erhalten. Als sie ihn einholt, schleudert er einen Stein nach ihr und beschuldigt sie der schwarzen Magie. Sie sei eine Hexe, ein Blutsauger, sie wolle sein Blut trinken, er habe gesehen, wie sie es trank. »Bauernlümmel«, schreit sie zurück. Und sie reibt den Stein gegen die Schramme, die er auf ihrer Stirn hinterlassen hat und beschmiert ihn mit ihrem Blut, bevor sie ihn zurückwirft. Später denkt sie über Emanueles Naivität nach. Er konnte nicht wissen, daß Blut vermischen nicht Blut trinken heißt. »O du mein Kind, mein lieber Bruder und Liebster«, denkt sie. »Sei nicht betrübt und fürchte dich nicht. Es ist alles vorüber zwischen dir und mir... Ich bin zu verwegen gewesen, habe geglaubt, ich darf mit meinen Menschenhänden auf einer Äolsharfe spielen.«[3]

Am Ende der Erzählung geht Pellegrina wieder in die Kirche, wo sie Emanuele zum erstenmal hatte singen hören. Eine Messe wird gelesen; eine alte Frau, die gerade die Kommunion empfangen hat, kehrt auf ihren Platz zurück; Pellegrina sieht sie vom Genuß der Hostie noch kauen und denkt, »mit Gott kann man sich manche Freiheiten herausnehmen, die man sich mit Menschen nicht leisten könnte... Und noch dazu, weil er Gott ist, erweist man ihm auf solche Weise Ehre.«[4] Mit anderen Worten, man kann das Fleisch des Herrn essen und sein Blut trinken und betet ihn auf diese Weise an. Aber das Fleisch eines Menschen zu verzehren und sein Blut zu trinken, wenn auch nur symbolisch – das ist Kannibalismus.

Robert Langbaum, der durchaus Vorbehalte gegen »Widerhall« hatte, glaubte dennoch, daß »Tania Blixen bei ihrer Seelensuche mit dem Finger auf sich selbst zeigte«.[5] Bjørnvig allerdings glaubte, sie wollte die Welt wissen lassen, wie tief ihre Enttäuschung und wie tief auch ihre Einsamkeit sei. Sie selbst erklärte Viggo Kjær Petersen, daß die Erzählung auf dem Begriff der Eucharistie als gegenseitigem Opfer und gegenseitiger Ehrung aufbaue, und sie fühlte deutlich, daß Bjørnvig nicht gewillt war, das Opfer zu bringen oder zu verstehen, wie selbstlos ihre Ehrung war. Zu einem anderen Kritiker, Aage Kabell, bemerkte sie, es gebe in jeder intimen Beziehung immer ein gegenseitiges Verschlingen von Fleisch und Blut, »und man kann nicht immer feststellen, wer wen verzehrt.«[6]

Pellegrina wirft Emanuele seine Abtrünnigkeit nicht direkt vor, aber sie verachtet das Milieu, das ihn so gehemmt gemacht hat. Dies war die Natur von Tania Blixens Verachtung für Dänemark, *Heretica* und die Beschränktheit von Bjørnvigs Anschauungen, die zu verfeinern sie sich so sehr bemüht hatte. Es ist allerdings schwierig zu sehen, wo sie wirklich »mit dem Finger auf sich selbst zeigt«. Sie verzeiht Emanuele, daß er sie enttäuscht hat und belohnt ihn sogar mit ihrem Segen. Aber sie läßt auch durchblicken, daß die Beziehung zwischen Lehrerin und Schüler scheiterte, weil Pellegrina zuviel Geistesgröße besitzt.

Dies ist nicht die Pellegrina Leoni aus »Die Träumer«, eine Frau, die durch ihre Erfahrung von Verlust davon überzeugt ist, daß es gefährlich ist, ihr Leben an »eine einzige Frau zu binden, die dann so schrecklich leiden muß.«* Diese Pellegrina ist eine weltliche Heilige, die in Gleichnissen spricht und Seelen mit ihrer Großmut und Weisheit aufrichtet. Ihre Einsamkeit ist göttlich: Es ist diejenige eines Menschen, dessen »Element die Freude« unter den Leidenden ist. Ihre Furchtlosigkeit ist göttlich: Sie hat sich nicht gefürchtet, ihre Seele hinzugeben. Tania Blixen scheint Thorkild Bjørnvig mit göttlicher Vergebung für sein menschliches Versagen geantwortet zu haben – und mit dem Schreiben einer Erzählung, die dieselbe großartige Verblendung fortbestehen läßt, deren Torheit sie schildert, nämlich die Auflösung ihrer Beziehung.

Bjørnvig versucht Tania Blixens Größe in *seinem* Resümee der Erzählung und des Paktes zu erklären. Er schreibt diese Größe

---

* SphG. S. 313

ihrem persönlichen Einssein mit der Natur zu; es war »wunderbar und tief... intensiv und seltsam... weise... unromantisch... präzise.« Dieses Verwurzeltsein machte ihre »Beziehungen mit Gott so persönlich, so anthropomorph, daß sie wieder und wieder in Selbstanbetung hinübergleiten und zu einer Zurschaustellung von Kraft verleiten mußten – mit den göttlichen Insignien des Kampfes. Mit diesem brillanten Wahnsinn konfrontiert, konnte man sich durchaus von Ehrfurcht, aber auch von Entsetzen ergriffen fühlen. Man mußte kapitulieren, sich unterwerfen oder abwenden. Daher, trotz Freunden und Familie, trotz Publizität und Ruhm [Tania Blixens] unmenschliche Einsamkeit.«[7]

»Widerhall« ist eine Erzählung, eine Metapher, und auch wenn Tania Blixen sich stark mit Pellegrina identifizierte, stellt sich die Frage: Glaubte sie wirklich, daß sie magische oder göttliche Kräfte besaß? Anzeichen lassen vermuten, daß sie sich nicht sicher war. Zwei Jahre später fragte sie ihren Bruder im Laufe einer ausführlichen Diskussion über Religion, ob *er* nicht glaube, daß die Gläubigen ihre Macht von Gott erhielten, so wie die Hexen ihre Macht von Satan. Er antwortete ihr, vernünftig wie immer: »Daß religiöse Menschen ihre Kräfte mit ungewöhnlichen, bemerkenswerten Mitteln entwickeln, kann ich nicht leugnen. Aber die Frage ist: Erhalten sie Hilfe und Macht von etwas, das nicht in ihnen selbst ist, sondern von außen kommt?«[8]

II

Tania Blixens Beziehung zu Thomas war im Laufe der Jahre abgekühlt. Sie sahen sich noch, mißbilligten aber einer des anderen Lebensweise. Er lachte über ihre Rolle in der Öffentlichkeit, ihre sybillinische Aura, lachte darüber, wie sie sich vor einem Zirkel von jungen Männern aufspielte, die ihre Enkel hätten sein können. Obgleich er an ihr hing, wollte Thomas ihr nicht die überschwengliche, unkritische Bewunderung entgegenbringen, nach der sie sich sehnte, da dies seinem aufrichtigen Wesen fremd war. Sie wiederum warf ihm vor, seine Klasse »verraten«, »sich selbst aus der Oberschicht ausgestoßen« zu haben. Sie hänselte seine Kinder wegen ihrer »widerwärtigen« Liebe zu ihren Eltern und machte sich auch ziemlich boshaft mit Jonnas Schwiegersohn Erik Kopp über Jonna Dinesen lustig.

Ihre Rivalität konzentrierte sich Mitte der fünfziger Jahre auf ein Thema, das für Tania Blixen von grundlegender Bedeutung war: die Verfügung über Rungstedlund. In ihrer panischen Sorge wegen der »Überbesteuerung« hatte sie sich erkundigt, wie sie sich am besten eine Bleibe bis zu ihrem Tod sichern könne, und man riet ihr, das Anwesen einer wohltätigen Einrichtung oder Stiftung zu vermachen und sich einen lebenslangen Anteil daran vorzubehalten. Aber dazu müßte sie der einzige Verkäufer sein, deshalb bat sie ihre Brüder, ihr ihre Anteile entweder zu vermachen oder zu verkaufen. Anders war dazu bereit, Thomas ebenso, aber er wollte Bargeld. Sie bot ihm 46000 Kronen, aber er wollte nicht unter 100000 verkaufen, er mußte an das Erbe seiner Kinder denken. Offenbar hätte Tania seine Forderungen erfüllen können, aber sie wollte nicht. Sie meinte, ihr Bruder schulde ihr ein Entgegenkommen, weil er und seine Familie keine finanziellen Sorgen hatten und in »ausgesprochen behaglichen, luxuriösen Verhältnissen« lebten, während sie ihren Lebensunterhalt »über viele Jahre« nur durch harte Arbeit hatte bestreiten können.[9] Sie könne über diesen Aspekt der Ungerechtigkeit der Situation nicht hinwegkommen, so sehr sie sich auch bemüht habe, sagte sie zu einem anderen Familienmitglied.

Das Tauziehen um Rungstedlund scheint wie der Widerhall eines viel älteren und schmerzlicheren zweifachen Kampfes in Tania Blixens Leben. Da war einmal das Gefühl, das sie als Kind hatte, daß sie besonders begabt und einmalig sei, was sie nicht beweisen konnte, und das durch das Beharren der Familie auf unbedingte Gleichheit unter den Geschwistern unterdrückt wurde. Später war es ihr Gefühl von Tragik und Verlust in bezug auf Wilhelm, was alles für sie viel schwerer machte, und wofür ihre Familie ebenfalls weder Mitgefühl noch Verständnis hatte. Wenn sie vom »Luxus« und der »Behaglichkeit« ihres Bruders spricht, dann muß sie sich benachteiligt gefühlt haben, nicht nur hinsichtlich seiner finanziellen, sondern auch seiner emotionalen Sicherheit – seiner glücklichen Familie und anhänglichen Kinder – über die sie sich auf so unnatürliche Weise lustig machte. Sie hatte gelitten, sie war einsam und verdiente eine Entschädigung. Die Tiefe dieser Gefühle erklärt vielleicht, warum sie nicht »darüber hinwegkommen« konnte.

Der Streit zog sich mehrere Jahre hin und führte auf beiden

Seiten zu Gekränktsein und Verbitterung. Er wurde ein für allemal beigelegt, als Elle Dahl sich erbot, Thomas' Anteil zu kaufen und der Rungstedlund-Stiftung zu vermachen.

III

Tania Blixen verbrachte Weihnachten in Wedellsborg, kehrte dann zurück und arbeitete konzentriert an *Letzte Erzählungen*, die im folgenden November erscheinen sollten. Der Titel war ihr eingefallen, als sie sich von ihren Operationen erholte, und das hatte sie beträchtlich aufgeheitert. Die *Schicksalsanekdoten* waren auch fast fertig, und sie hatte Haas mitgeteilt, sie wünsche, daß beide Bücher gleichzeitig erschienen – »Hand in Hand«. Sie fürchtete, daß nach einer Pause von fünfzehn Jahren keins von beiden für sich stark genug war, um die Erwartungen ihrer Leser zu erfüllen, und daß »ihr Come back... so etwas wie eine Sensation sein müßte, wenn es keine Enttäuschung werden sollte.«[10] Haas war nicht einverstanden, und die *Schicksalsanekdoten* erschienen ein Jahr später. Er hatte die Reihenfolge des Erscheinens der beiden Bücher ursprünglich umgekehrt geplant, aber Tania Blixen bestand darauf, daß *Letzte Erzählungen* zuerst erschien: Die *Schicksalsanekdoten*, meinte sie, seien nicht von geringerer Qualität, aber von »geringerem Gewicht«.[11]

Eine *Letzte Erzählung* stand noch aus – »Saison in Kopenhagen« – die sie Haas versprochen hatte und unbedingt in den Band aufnehmen wollte. Aber jede Art von Arbeit bereitete ihr außerordentliche Mühe. Sie hatte wieder starke Rückenschmerzen, die ihr das Sitzen erschwerten, und war zeitweise extrem schwach. Ihre Ärzte rieten zu mehreren Bluttransfusionen, wozu sie sich im März ins Krankenhaus begab. Unterdessen diktierte sie weiter, manchmal flach auf dem Rücken auf dem Fußboden liegend. Daß sie ihre Prosa sprechen mußte, war ungeheuer entmutigend, aber, erzählte sie Marianne Moore einige Jahre später, »es war mir auch eine Lehre. Wenn man eine große, schwierige Aufgabe hat, etwas vielleicht fast Unmögliches, wenn man immer nur wenig auf einmal arbeitet, jeden Tag ein bißchen, *ohne Glauben und ohne Hoffnung*... dann findet die Arbeit sich plötzlich von selbst.«[12]

Seit den dreißiger Jahren hatte Tania Blixen versuchen wollen, über die Liebe ihres Vaters zu Agnes Frijs und über das Milieu zu schreiben, in dem er gelebt hatte, bevor er Ingeborg heiratete. Dieses Milieu schildert sie in »Saison in Kopenhagen« zärtlich und sehr detailliert. »Es war amüsant für mich«, erklärte sie Haas, »aufzuschreiben, was mir als Kind über die Zustände, Persönlichkeiten und Ereignisse der Generation meines Vaters berichtet wurde, bevor das Wissen über diese Dinge vollständig verloren ging. Und auch irgendwie im Stil dieser vergangenen Zeit zu schreiben.«[13]

Die Erzählung spielt Anfang 1870 in den Salons von Kopenhagen, als die große Wintersaison in vollem Gange ist. Damen und Sofas sind üppig gepolstert; es ist eine Zeit, die beispielhaft ist für Tania Blixen. Sie nennt sie »die elfte Stunde des dänischen Adels«. Eine große historische Wandlung findet statt, die all die Ideale und Ansichten berührt, die das Leben der Menschen bestimmen, aber sie merken es noch nicht. Es ist dieselbe Revolution, wie sie im Frankreich des Second Empire stattfindet: Reichtum und Macht verschieben sich vom Land und der alten herrschenden Klasse in die Städte, die Banken, die Bourgeoisie. Der Adel mag sich einer beispiellosen Blütezeit erfreuen, aber dieselben ökonomischen Bedingungen, die diese ermöglichten, haben auch sein Schicksal – und das der ganzen ländlichen Welt – besiegelt. Ein Zeitalter der Wissenschaft und des Geldes – ein mobiles, parvenühaftes Zeitalter – dämmert herauf, und für Tania Blixen bedeutet dies, wie der alte Maler Professor Sivertsen zu einer Gruppe von älteren Damen sagt, daß die Ehre – die Treue gegenüber einem System feststehender Werte und Beziehungen – überholt ist. Ihre Enkelkinder werden auf den Mond fliegen, aber sie werden keine Duelle ausfechten und nicht Harakiri begehen. Sie werden sich auch nicht auf eine Tragödie verstehen.

Im klassischen Sinne ist der einzelne Mensch nur dann zur Tragödie fähig, wenn seine Treue gegenüber einem Ideal – seiner Ehre – für seine Natur so fundamental ist, daß er lieber auf das, was ihm am kostbarsten ist, verzichtet, als daß er es verrät. Die meisten Tragödien enthalten eine Form der Leidenschaft, die den Helden versucht oder antreibt, von seinem Ideal abzuweichen. In den Erzählungen von Tania Blixen ist das Ideal oft selbst Leidenschaft. Tania Blixen klärte ihre jungen Freunde über dieses Thema auf, sie klagte über die Seichtheit ihrer Affären und die moralische Oberflächlichkeit ihrer Zeit und meinte, nur auf den großen Gütern, den *herregaardene*, könne sie noch Menschen finden, die wie sie den Begriff Ehre »in einem mystischen Grade verstanden«.[14]

Zur Zeit der »Saison in Kopenhagen« sind selbst die Grafen von Galen, eine der ersten dänischen Adelsfamilien (nach dem Vorbild der Familie Frijs), heimtückische Kompromisse eingegangen und verweichlicht. Leopold (Mogens) hat, wie sich herausstellt, die Seele eines gemeinen Schurken, und Adelaide (Agnes) ist die Krone in ihrem Taschentuch wichtiger als ihre Leidenschaft. Sie mögen Künstler sein wie Professor Sivertsen, der »die Idee der Ehre nicht für eine Flugkarte nach dem Mond« hingibt, oder Schauspieler wie Heloise und Kasparson aus anderen Erzählungen, die keine eigene Ehre haben, sondern eine Heldenrolle annehmen und darin den Heroismus anderer heraufbeschwören. Sie mögen auch adelige Atavismen sein wie Fräulein Malin oder Baron von Brackel oder die Erzählerin von *Afrika, dunkel lockende Welt* – klassische Gestalten in einer sachlichen Zeit und wie die Angels »von vornherein dem Untergang geweiht.«[15] Was sie am besten konnten, war, wie Zentauren auf ihren Pferden zu sitzen und über Theologie und die Oper zu diskutieren; sie sind geschmeidig und reichen mit ihren Wurzeln »tief in die Erde«, und sie befinden sich in Harmonie mit den Elementen und Instinkten. Vor allem aber tragen sie noch die »Ehre im Herzen«. Die Ehre der Angels in »Saison in Kopenhagen« ist zweischneidig: Leidenschaft und Strenge, und diese waren Tania Blixens Ideale bei einem Geliebten oder einem Kunstwerk und ihre wichtigsten Lektionen als Lehrerin. Es sind dies auch die Eigenschaften, die sie bei den modernen Dänen am meisten vermißte.

Im Mai, eine Woche nach dem Termin, den Tania Blixen sich für die Beendigung der Geschichte gesetzt hatte, konnte sie sie Haas schicken. »Endlich!« schrieb sie triumphierend. »Sie ist anders als meine anderen Erzählungen, und ich weiß nicht, ob sie Ihnen gefällt.«[16] Es war die Geschichte in *Letzte Erzählungen*, auf die sie am meisten stolz war, denn »hier fühlte sie, daß sie endlich den Roman geschaffen hatte.«[17] Die »romanhaften« Elemente der Erzählung sind die gemächlich beschreibende Prosa, in der die Szenerie aufgebaut wird, ohne die Handlung vorwärts zu bringen, und das subtile Verstehen des *embourgeoisement*, das alle Beziehungen in der Gesellschaft verwandelte. Aber sie »schuf« ihre

Charaktere nicht wirklich wie eine Romanschriftstellerin. Sie sind, wie in ihren anderen Erzählungen, als symmetrisch ausbalancierte und motivierte kontrapunktische Kräfte angelegt. Auch sind die Angels keine »romanhafte« Familie, es sind Gestalten aus einem Märchen oder einer Sage. Jede mögliche Vollkommenheit von Seele und Körper ist in ihnen komprimiert: vollkommene Eingeweide und Nasen, exquisite Träume und Gefühle, unermüdliche Ritterlichkeit, Humor und Begierde – alles unter dem Lack des Verderbens. Sie lassen an diese merkwürdigen, traumhaften Rokoko-Gemälde denken, auf denen die Nymphen und Satyre ganz aus Früchten komponiert sind. Tania Blixen scheint das Portrait jedoch ernst, ja naturalistisch gemeint zu haben, und an anderer Stelle behauptete sie, viele von diesen Eigenschaften selbst zu besitzen.* Man könnte darüber mit ihr rechten oder wenigstens auf das Porträt als weiteres Beispiel für ihre Überheblichkeit verweisen. Aber es bietet auch einen wichtigen Hinweis auf ihr Charisma. »Von einer verborgenen Energiequelle des Lebens gespeist«, schreibt sie von den Angels / Dinesens, »inspirierten sie ihrerseits ihre Umgebung... Die stumpferen ihrer adligen Freunde ließen sich mit Vergnügen bestätigen, daß es ein Vorrecht sei, zu existieren.«[18]

Als »Saison in Kopenhagen« fertig war, schickte sie es ihrem Bruder Thomas und bat ihn um seine Meinung. Sie hätte damit rechnen können, daß die Erzählung an einen in ihrer Beziehung stets empfindlichen Nerv rührte: ihren »Besitzanspruch« ihrem Vater gegenüber. »In dem Maße, wie Ib meinen Vater verkörpert«, schrieb Thomas ihr, »kann ich kaum zustimmen, daß [sein] Verhalten in einer solchen Situation sich so vollständig auf Klassenbewußtsein gegründet hätte und so traditionsgebunden gewesen wäre – ich glaube, dem widerspricht sein ganzes Leben.«[19] Er

---

* In einem in der *New York Times* vom 3. November 1957 (49,1) veröffentlichten »Interview« mit Bent Mohn erklärte Tania Blixen, »zeitweise bin ich so glücklich gewesen, daß es überwältigend, beinahe übernatürlich für mich war... Ich war dafür außerordentlich prädestiniert. Ich hatte außerordentlich feine, scharfe Sinne... Ich bin nie irgend jemandem begegnet, der so gut sehen konnte wie ich.« Mohn erzählte mir 1975, daß er mit dem »Interview« überhaupt nichts zu tun hatte – Tania Blixen hatte Fragen und Antworten selbst geschrieben.

lachte auch über die kühne Selbst-Idealisierung seiner Schwester und wies taktvoll darauf hin, daß eine »inspirierte« Version der Realität zwar sehr schön sei, daß sie aber, da man nun einmal die Wahrheit kenne, nicht genüge. Er lieferte ihr eine Analogie. Angenommen, schrieb er, man flöge in einem Flugzeug über den Nordpol. Durchs Fenster gesehen scheint das Eis brillant gefärbt. Angenommen, man verfasse ein Gedicht über die Brillanz. Und weiter angenommen, schrieb er, es werde darauf hingewiesen, daß das Glas getönt war. Tanne würde argumentieren, das spiele keine Rolle, und er würde erwidern, wenngleich er das Gedicht bewundere, würde die Eiskappe beim nächsten Flug nicht aufregend für ihn sein.[20]

Die Differenzen in der Diskussion über Wilhelms Charakter waren in den kommenden Jahren für beide ein wunder Punkt. Nach einem besonders bitteren Streit, bei dem Anders zugegen war, bat ihn Thomas um seine Meinung. »Hast du eine Vorstellung vom Charakter und Wesen deines Vaters?« Anders überlegte eine Weile. »Ja, doch – warte mal – ein großer Bauer.«[21]

IV

Roger Lubbock, der Nachfolger von Constant Huntington als Verleger bei Putnam (England), besuchte Tania Blixen im Juni vor der Veröffentlichung von *Letzte Erzählungen*. Er verbarg kaum seine Vorbehalte gegen das Buch und seine Bedenken, welche Aufnahme es in England erwarten könne. Es scheine, sagte er, »zu frivol«, um von der englischen Buchgemeinschaft gewählt zu werden, und »sogar sein eigenes Personal war über bestimmte Passagen schockiert.«[22] Die schockierendsten Passagen waren diejenigen in »Die dritte Erzählung des Kardinals«, die schildern, wie Lady Flora Gordon, eine stolze, fanatische Jungfrau, sich Syphilis zuzieht, indem sie den Fuß der Statue des heiligen Petrus im Vatikan küßt, nachdem ihn zuvor ein junger römischer Arbeiter geküßt hat und die Bronze noch feucht von seinem Speichel ist. Tania Blixen hatte diesen Moment als ironisch, aber auch bewegend beabsichtigt, und sie erklärte Lubbock gekränkt, sie sei frei von Frivolität. Natürlich sagte sie nicht, daß sie selbst an Syphilis litt, ein Umstand, der einen bei der Lektüre erheblich berührt, und die Erzählung wurde weiterhin kritisiert und mißdeutet, vor allem in

Dänemark. Aber auch die amerikanischen Juroren des Buch-des-Monats-Clubs mögen dadurch beeinflußt gewesen sein; denn im August teilte Haas Tania Blixen mit, daß der Club *Letzte Erzählungen* abgelehnt habe. Es war das erste ihrer Werke, das von dem Club übergangen wurde. Ein Grund wurde nicht genannt, aber Tania Blixen war erschrocken und befürchtete, ihre amerikanischen Leser »befremdet« zu haben, »für die ich stets eine besondere Dankbarkeit empfunden habe.« Dies – und der Schlag für Random House – waren für sie wichtigere Umstände als Geld oder Ehre. »Ich spüre, daß es für Sie eine große Enttäuschung war«, schrieb sie Haas, »und nachdem wir dieses hübsche Hindernis viermal zusammen genommen haben, wäre es wirklich ein Spaß gewesen, es ein fünftes Mal zu tun! Was mich betrifft, so habe ich die letzten zwölf Monate an *Letzte Erzählungen* gearbeitet, während ich mit anderthalb Fuß im Grabe stand. Die meiste Zeit dachte ich, daß ich die Arbeit niemals fertigbekommen würde. Ich kann in diesem Augenblick wenig mehr empfinden als tiefe Dankbarkeit für das Wunder, daß es mir gelungen ist, die Aufgabe zu beenden, und ein festes Vertrauen, daß das Schicksal des Buches nun in stärkeren Händen als meinen ruht. Dieses Buch wird uns noch eine Menge Spaß bringen!«[23] Und mit ihrer typischen Verbindlichkeit schilderte sie Haas, wie schön die Rosen in ihrem Garten diesen Sommer waren und wie sehr sie wünschte, sie hätte ihm welche schicken können.

Doch das allgemeine Gefühl, daß *Letzte Erzählungen* schwächer war als Tania Blixens erste drei Bücher, hat, denke ich, einige Berechtigung. Das war zum Teil nicht die Schuld der Autorin. Ihre früheren Werke waren in anhaltenden Schüben kreativer Energie entstanden, während *Letzte Erzählungen* in jahrelanger Arbeit entstand, die oft von Krankheit und Depression unterbrochen wurde. Es ist jedoch auch das didaktischste ihrer Bücher, das von ihrem Ideal des Geschichtenerzählens als »Unterhaltung« am weitesten entfernte. Sie belehrt ihre Leser, wie sie Bjørnvig und die Leute von *Heretica* belehrt hatte, mit mehr als nur ein wenig moralischer Überlegenheit. Und indem sie sich den »Mantel« des Meisters zulegt, indem sie mit der erhabenen, irreführenden und exaltierten Stimme des Meisters spricht, verliert sie den Kontakt zu einer wichtigen Quelle ihrer Macht: der Bescheidenheit der Geschichtenerzählerin als Handwerkerin.

Den Sommer und Frühherbst hindurch hatte Tania Blixen ständig Gäste. Der russische Schriftsteller Michail Scholochow besuchte sie Ende Juni; die Kopps, die Wivels, die Reventlows und Bent Mohn halfen ihr, Roger Lubbock und seine Frau zu bewirten; Eugene Haynes bereitete sich auf eine Konzerttournee in Europa vor und benutzte Dänemark als Etappenheim. Seine Musik, seine muntere Gesellschaft, seine Schönheit und offene Bewunderung machten Tania Blixen viel Freude. Als er im Oktober sein erstes großes Konzert in Kopenhagen gab, behauptete er, der Erfolg sei nur ihrer Anwesenheit zu verdanken, und sie rief ihrerseits den 1. Oktober zum »Eugenestag aus, hielt eine reizende Rede, rezitierte ein Gedicht für mich und gab mir einen Kuß. Es war ein magischer Augenblick.«[24]

Um diese Zeit kam ein bekannter schwedischer Journalist namens Anders Lundebeck wegen eines Interviews nach Rungstedlund und verriet Tania Blixen eine interessante Neuigkeit: Die schwedische Akademie habe sie für den Nobelpreis nominiert, und er »wisse ganz sicher«, daß sie die Favoritin sei. Niemand war darüber aufgeregter als Clara, die ihre Jahre der Geduld und Aufopferung endlich, öffentlich und auf großartige Weise, vor denen gerechtfertigt sah, die ihr immer die Vernachlässigung ihres eigenen Berufswegs vorwarfen. Sie freute sich auf die finanzielle Sicherheit, die der Preis ihrer Arbeitgeberin verschaffen würde, besonders aber auf die neuen Arbeiten, die dann in Ruhe in Angriff genommen werden konnten. Tania Blixen selbst sprach nicht über den Preis, »aber sie hatte etwas von dieser strahlenden Erwartung, die sich selbst noch in den allerletzten Tagen ihres Lebens ab und zu bei ihr bemerkbar machte.«[25] Am Morgen des 17. Oktober, als die Entscheidung bekanntgegeben werden sollte, radelte Clara nach Mikkelborg zur Messe, um zu beten, aber der Tag verging ohne einen Anruf aus Stockholm. Um halb sieben hörten sie im grünen Zimmer die Nachrichten im Radio und erfuhren, daß Camus den Preis erhalten hatte. Ausdrückliche Versicherungen, daß sie nominiert sei, Fragen von Reportern, geweckte Hoffnungen und dann die böse Enttäuschung sollten sich im nächsten Jahr wiederholen. Sie war, schreibt Robert Langbaum, bis zu ihrem Tod »eine führende Anwärterin« auf den Preis.

V

Tania Blixen wollte die Öffentlichkeit meiden und auch die Spannung, die dem Erscheinen eines neuen Buches vorausging, und sie nahm sich vor, den 4. November, den Tag, an dem *Letzte Erzählungen* in Dänemark herauskommen sollte, in Rom zu verbringen. Sie hatte sich mit Eugene Walter, ihrem »übermütigen Premierminister«, in Verbindung gesetzt und ihm eine kleine Liste der Genüsse geschickt, die er ihr hoffentlich verschaffen könne. Gebe es wohl, fragte sie, »Menschen in Rom, die bereit sind, mir diese drei, vier Tage, wirklich so schön zu machen, daß ich später mit Tränen in den Augen daran zurückdenken kann?... Wird mich jemand in der finstersten Höhle von Travestere, wo sich Diebe und Mörder herumtreiben, zum Abendessen einladen? Oder könnten Sie für mich vielleicht ein Rendezvous mit einem Kardinal im Mondenschein auf der Piazza Navona arrangieren?«[27] Walter wartete tatsächlich mit einem Kardinal auf – in einer Marionettenkomödie, die ihr zu Ehren geschrieben worden war und im Haus des amerikanischen Schriftstellers John Becker aufgeführt wurde. Es gab auch ein Diner in dem mittelalterlichen Palast der Gräfin Mitti Risi, mit Aussicht auf den Tiber, ferner einen musikalischen Abend in der Wohnung der Prinzessin Brianna Carafa, mit Aussicht auf die Piazza del Popolo. Doch seinen größten Coup landete Walter im Taxi vom Flughafen, als er das Manuskript von Kelvin Lindemanns verhaßtem Roman hervorzog und vorschlug, es in den Tiber zu werfen. Sie ließen den Wagen auf einer schmalen, von Menschen wimmelnden Brücke, die in die Stadt führte, anhalten und stiegen aus – Tania Blixen in einem Bärenfellmantel und Turban. Der Verkehr staute sich hinter ihnen mindestens zwei Häuserblocks weit, und die anderen Fahrer standen auf der Straße und stießen wütende Beschimpfungen aus. »Es ist immer ein Vergnügen, die Geschäfte der Welt aufzuhalten«, bemerkte Walter, »und je ungeduldiger und erzürnter diese Welt ist, um so größer das Vergnügen.« Er hatte eine kleine Verwünschung geschrieben, die sie aufsagten, während sie das Buch feierlich über das schlammbedeckte Wasser hielten:

Ratzenschiß
Katzenschiß
Dreizehenfaultierschiß
Tiber und Vergessenheit
Empfangt dies Buch und seinen Schreiber.[28]

Tania Blixen und Clara Svendsen verbrachten einen Monat auf Auslandsreisen. Von Rom aus ging es nach Paris, dann nach London. Sie waren mit viel Pomp und Gepäck unterwegs, ganz wie auf einer königlichen Rundreise, denn zum Spaß einer solchen Fahrt gehörte die Aufmachung. Die Baronin führte über ihre Kleider Buch wie die Königin von England, indem sie jedem Stück einen beschreibenden – in ihrem Fall drolligen – Namen gab.* In Paris hatte Parmenia Migel wieder für allerlei Kurzweil gesorgt; sie nutzte die Gelegenheit, sich Notizen für ihre Biographie zu machen. Die Zeit war buchstäblich bis auf die Stunde genau eingeteilt, und Tania Blixen ging von einem Ereignis zum anderen, unersättlich nach Vergnügen; sie redete unentwegt, aß kaum, hüllte sich in Rauch und wurde, mit den Worten eines Beobachters, »mit jedem Tag durchsichtiger, wie eine verblühende Narzisse.«[29] Es war, als hätte sie mit der Kursivschrift ihrer Gebrechlichkeit quer über die Seiten ihres Tagebuches gekritzelt: *Navigare necesse est vivere non necesse.* Es war ihr jetzt wichtiger, sich in Gang zu halten, als zu leben.

Sie brach mehr als einmal zusammen, und Parmenia Migel beschreibt, wie Tania eines Nachmittags zu Fuß von einem Mittagessen, das ihr zu Ehren im Vert Galant stattfand, zu einer Besprechung über ihr Buch zu ihr kam. Es war »eine beschwerliche, ermüdende Aufgabe, dieses Herausfischen von Erinnerungen an die Vergangenheit, dieses Bemühen um Genauigkeit, der Versuch, hundert einzelne Fakten und Daten zu bestimmen. Betrübliche

---

* Folgende Liste ist in den Karen Blixen Archiven erhalten (158, III B 5 b):
Abendkleider: Bergère Braun, Sappho, Tate Gallery, Eminenz Grau, Libelle, Hortensie.
Lunch-Cocktail: Beau Brummel, Petit Diable, Claudine, Poilue, Bohème.
Kostüme: Petit Favori, Tschui, Schwarzes Waldhuhn, Nüchterne Wahrheit, Atta Troll.

Ereignisse und Kränkungen, vor langer Zeit aus dem Gedächtnis verdrängt, wurden wieder hervorgezerrt, flüchtige Gesichter und Orte in den Brennpunkt gelockt...«[30] Nach einer Weile konnte Tania Blixen nicht mehr weiter. Ihr war übel, sie wurde ohnmächtig, sie übergab sich und verbrachte den Rest des Nachmittags »halb im Koma« auf einer Bettcouch. Aber es war typisch für sie, daß sie am selben Abend zu einer »glänzenden Soiree« ausging.

Zu ihren Pariser Freunden, schreibt Parmenia Migel, zählte Tania Blixen die Prinzessin de Polignac, Violet Trefusis, Edmée de la Rochefoucault, Prinzessin Dolly Radziwill (die mit einem dänischen Maler verheiratet war) und den weltgewandten, belesenen Philippe de Rothschild. Es gab noch andere vom gleichen Schlag: Leute mit klingenden alten Namen, die es sich noch leisten konnten, die angestammten Häuser zu halten, die Künste zu fördern und Gäste zu bewirten, »ohne Rücksicht auf die Kosten« – ein Schlagwort, das Tania Blixen liebte und mit vergnügtem *frisson* (Schauder) verwendete. Sie erläuterte diesen Gedanken in »Saison in Kopenhagen«, wo Ib Angel über die Anziehungskraft nachdenkt, die das Milieu der von Galens auf ihn ausübt. »Unwiderstehlich wie Motten vom Licht sind wir von der glänzenden Welt angezogen worden, nicht weil sie reich, sondern weil ihr Reichtum grenzenlos war. In jeder Sphäre hätte das Grenzenlose uns ebenso angezogen.«[31]

In dem Grenzenlosen, von dem er spricht, ist auch eine emotionale Freiheit enthalten – das Mittel, seinen Herzenswünschen freie Hand zu lassen. Die Welt des Adels hatte für Tania Blixen immer diese Verheißung gehabt; dies war der eigentliche Reiz für sie, was viele ihrer Freunde, die ihren »idiotischen Snobismus« nicht verstanden, nicht sehen konnten. Dies hilft auch, einen kuriosen Umstand zu erklären. Im Ausland behauptete sie, aus einer nahezu »grenzenlosen« Energiereserve schöpfen zu können, die in dem Augenblick schwand, wenn sie heim nach Dänemark kam. Es war, als sei die Schwerkraft der Heimat stärker als die Frankreichs oder Italiens – und im psychologischen Sinne war sie es tatsächlich. Der in der Dichtung und von Psychologen beschriebene »Wanderer« ist oft jemand, der vor einer offenbar unerträglichen äußeren Situation flieht, jedoch einen inneren Spannungszustand reflektiert, eine innere Gefahr. Die Vitalität, die in Rungstedlund durch Depressionen, Abneigung und Ängste gebunden war, wurde freigesetzt, wenn Tania Blixen fortging. Dies war die wundersame »Leichtigkeit des Herzens«, die sie im Hochland erlebt hatte, und jetzt berichtete sie ihrem Freund Professor Rasmussen mit fast denselben Worten: »Die echte europäische Luft ist Befreiung zum Atmen, man fühlt, daß man hier ist, wo man sein sollte ... Neuerdings habe ich in Dänemark das Gefühl, unter Verdacht zu stehen, beinahe so, als wäre ich auf Hafturlaub. Aber hier haben mir alle großartige Nachsicht gezeigt.«[32]

Wieviel diese Nachsicht Tania Blixen bedeutete, läßt sich daran ermessen, daß so viele von ihren neuen Freunden nach relativ kurzer Bekanntschaft aufgefordert wurden, zu ihrer Gedenkanthologie beizutragen. Ihre Erinnerungen sind je nach Schreiber manchmal köstlich und heiter, manchmal trivial oder sentimental, aber in ihren Einzelheiten sind sie verblüffend übereinstimmend – so übereinstimmend wie die Interviews, die Tania Blixen im letzten Jahrzehnt ihres Lebens gab, als sie ihre Rolle vollendet hatte und fast nie davon abwich. Mme. de la Rochefoucault gibt den Geist wieder, in dem diese Welt sich erhob, um Tania Blixen zu begrüßen, wenn sie von ihr schreibt: *celle qui a tué un lion, et dont on parle pour le Prix Nobel.**

VI

Eines Nachmittags hörten Tania Blixen und Clara Svendsen auf der Rue St. Honoré eine volltönende, englisch klingende Stimme »Tania« rufen. Sie drehten sich um und sahen John Gielgud, der darauf Tania in seine Arme schloß. Er war in Paris, um im Théâtre des Ambassadeurs Shakespeare zu lesen, und er lud sie beide dazu ein. Er forderte sie außerdem auf, in zehn Tagen nach Stratford zu kommen, um ihn den Prospero in einer Aufführung des *Sturms* spielen zu sehen, die er auch inszeniert hatte. Sie verbrachten zuvor eine Woche in London und wohnten im Connaught. Tania besuchte Denys' zwei Nichten, Lady Daphne Straight und Lady Diana Tiarks, obwohl sie sich äußerst schwach fühlte und einen großen Teil der Zeit in ihrem Hotelzimmer verbrachte. Clara ging in die Bond Street, um sich eine Kamee auszusuchen, die Tania ihr

---

* »Sie, die einen Löwen getötet hat und von der man im Zusammenhang mit dem Nobelpreis spricht.« Edmée de la Rochefoucault, »Karen Blixen«, in *Isak Dinesen: A Memorial*, S. 83.

als Belohnung für die viele zusätzliche Arbeit, die die Reise mit sich brachte, versprochen hatte. Sie fand eine sehr schöne alte, mit dem Kopf eines Mannes, der wie Byron aussah und, wie die Verkäuferin glaubte, es vermutlich auch war.

Bis zu dem Tag, als sie sich den *Sturm* ansahen, hatte sich Tania erholt. Sie nahmen den Zug nach Stratford und aßen mit Gielgud und einigen Freunden zu Mittag, und hinterher, erinnert sich Clara, stand Tania lange Zeit auf der Avonbrücke und blickte »mit einem glücklichen Ausdruck, den ich selten gesehen habe«[33], ins Wasser hinunter. Es scheint, daß dieses Stück, das sie nie aufgeführt gesehen hatte und das so eng mit Denys verknüpft war, die Erinnerung an ihn aufgerührt hatte. Sie hatte an ihn immer als eine Shakespeare-Figur gedacht, anfangs als eine Art Hamlet, und so beschreibt sie ihn in *Afrika, dunkel lockende Welt*. Doch am Ende ihres Lebens in Afrika, als er anfing, sich von ihr zurückzuziehen, glich er Ariel.

Tania Blixen kehrte nach Dänemark zurück und schrieb eine Erzählung, die sie Gielgud zum Dank für sein Spiel schicken wollte, und die »Stürme« heißen sollte. Sie war das letzte große Werk ihrer Verfasserin, ihr Resümee.

»Stürme«

I

Ein starker Schneesturm deckte im Februar 1958 den Sund zu und brachte den Verkehr auf dem *Strandvej* zum Erliegen. Tania Blixen lag reglos in ihrem Mansardenzimmer und diktierte Clara. Sie war aus England heimgekehrt und hatte sich nach einer verkürzten Weihnachtsfeier in Wedellsborg mit Symptomen von Unterernährung und Erschöpfung ins Bett gelegt, die so schlimm waren wie jene, die ihre Ärzte bei KZ-Gefangenen gesehen hatten. Seitdem quälte sie sich mit dem Schreiben von »Stürme«, nicht nur im Hinblick auf ihre eigene Schwäche, sondern auch im Kampf gegen eine »überwältigende Sorge« wegen ihrer Vermögenslage und ihrer Zukunft. Diese Sorge war Teil der vorhersehbaren Depression, die sie in Rungstedlund jedesmal befiel, wenn sie von ihren Reisen zurückkehrte. Der drastische Kontrast zwischen der Vitalität, die sie im Ausland aufbringen konnte, und ihrem physischen Zusammenbruch in Dänemark machte ihr vielleicht zum erstenmal auf dramatische Weise bewußt, in welchem Maße »meine Krankheit als psychosomatisch bezeichnet werden könnte«, wie sie es gegenüber ihrem Cousin Philip Ingerslev ausdrückte.[1] Aber sie konnte wenig mehr tun, als im Bett zu bleiben und zu versuchen, ihr Gewicht auf über 70 Pfund zu bringen. Sie habe schreckliche Angst, teilte sie Hugh Pooley, einem englischen Freund mit, den sie bat, einen Auszug von »Stürme« zu lesen, »daß meine Schwäche in meiner Arbeit zum Ausdruck kommt.«[2] Daß dies nicht der Fall war, ist ein Maßstab für ihre Wachheit und die Kraft, die sie noch besaß.

»Stürme« gehört zu den wenigen Erzählungen, die Tania Blixen im Original auf Dänisch schrieb. Sie spielt in Norwegen vor dem Hintergrund der Fjorde und in den kleinen Fischerdörfern an der Küste – eine romantische Landschaft, die Denys Finch-Hattons Mutter in seiner Kindheit jeden Sommer mit ihm besucht hatte. Herr Sörensen, der alte Schauspieler, hatte ebenfalls »bei Verwandten seiner Mutter in Norwegen gelebt und sich von daher eine tiefe, unerschütterliche Neigung für das Fjell-Land bewahrt«*, das er mit Shakespeare, Ossian, den Sagas und dem Heroischen in der Kunst im allgemeinen verband.

Herr Sörensen hat eine glanzvolle Karriere am Königlichen Theater in Kopenhagen aufgegeben, um mit seiner kleinen Repertoiretruppe die norwegischen Küstenstädte zu bereisen. Seine Freunde können diesen »betrüblichen Abstieg« nicht begreifen, er aber »freute sich seiner Freiheit«. Diese welterfahrenen Personen bilden in der Geschichte mit den Bewohnern des Dorfes der Heldin einen bourgeoisen Chor, der in Augenblicken von Verlust, Leidenschaft und Risikofreudigkeit auftritt, um seiner Skepsis und Mißbilligung Ausdruck zu verleihen.

Aber wenn Herr Sörensen auch ein Phantast ist, so ist er doch auch ein Mann von Welt, und er illustriert eine von Tania Blixens bevorzugten, allerdings selten praktizierten Maximen: daß man die Realität nicht vernachlässigen kann, wenn man sich seinen Träumen hingibt. Er führt sorgfältig Buch über seine Einnahmen und entwickelt gleichzeitig die Theorie, »wir sollten unsere Gefühle und unseren Gedankenaustausch im Blankvers von uns geben.« ** Dies ist die hehre Redeweise, deren Tania Blixens Charaktere sich in Augenblicken echter Gefühle bedienen, und auf die er und Malli am Ende der Erzählung zurückgreifen. Der »uralte Traum« dieses Schauspielers war es, den *Sturm* zu inszenieren und selbst die Rolle des Prospero zu spielen. Zu Beginn der Erzählung hat er alle Rollen des Stückes besetzen können, außer der des Ariel, »als eines Tages sein Auge auf ein junges Mädchen fiel, das kürzlich der Truppe beigetreten war« *** und noch nicht viel Theatererfahrung hatte. Den Uneingeweihten scheint sie eine unpassende Wahl, nicht nur wegen ihres Geschlechts, sondern auch

---

* SchA, S. 55.
** SchA, S. 57.
*** SchA, S. 58.

weil sie groß ist und langsam in ihren Bewegungen. Aber das ficht Herrn Sörensen nicht an – im Gegenteil. Er erklärt, daß ein glaubhafter Ariel ja die Poesie nicht bräuchte, um zu zeigen, daß er fliegen kann. Die wahre Huldigung an Shakespeare werde es sein, dem Publikum durch die Dichtung und nicht durch eine realistische Rollenbesetzung Ariels Zauberkräfte glaubhaft zu machen.

Dieser Ariel ist ein Mädchen namens Malli Ross, die Tochter einer Putzmacherin in einem kleinen norwegischen Fjordstädtchen. Als junge Frau war die Mutter, Madame Ross, von einem schottischen Schiffskapitän gefreit und geheiratet worden, dessen Schiff zur Reparatur in dem kleinen Hafen lag. Er war ein »großgewachsener, schöner Mann, der die Welt umsegelt« und das Mädchen »hastig und eigenwillig, wie er alles zu tun pflegte«, geheiratet hatte. Er ist eine elementare Gestalt, eine unwiderstehliche Kraft, die Kraft der Natur selbst. »Das Meer hat mich gebracht, Herzchen mein«, sagt er zu seiner Frau, und am Ende des Sommers segelt er davon und läßt sie schwanger und mit einem »Häuflein Goldstücke« zurück – es ist das »pure Gold« des Märchens, das auch ein Hinweis auf seine mythische Natur ist.

Kapitän Ross hat versprochen, Weihnachten wieder da zu sein, aber Weihnachten und noch viele weitere Weihnachten vergehen. Seine Frau glaubt, daß er mit seinem Schiff untergegangen ist, aber die Leute im Städtchen, der bourgeoise Chor, behaupten, daß er sie hintergangen hat, daß er wahrscheinlich anderswo noch eine Frau hatte, daß er nie wirklich vorgehabt habe, zurückzukommen. Madame Ross benimmt sich ganz so wie Tania Blixen in einer ähnlichen mißlichen Lage. Sie trotzt ihnen still, spricht wenig, aber hält an ihrem Glauben fest. Und sie gebiert eine Tochter; »sie sollte ihr, dachte sie, in späteren Jahren bei der Arbeit helfen.« *

Malli und Madame Ross verbindet, wie Tanne und Ingeborg, ein leidenschaftliches, aber stilles Einvernehmen, um ihr Traumbild von dem Kapitän, ja, ihre Besessenheit von ihm zu schützen. Die Tochter nimmt die Partei ihrer Mutter »wider alle Welt«, gibt sich aber insgeheim auch glücklich dem Gedanken an ihren Vater hin. Sie fühlt, daß etwas Eigenes sie mit ihm verbindet – ein Erbteil, das sie nicht ganz versteht, das sie aber absondert und stolz

---

* SchA, S. 62.

macht: »Unter ihrer äußerlich so ruhigen Art lag eine urwüchsige Fröhlichkeit und fordernde Lebenszuversicht verborgen.« * Bei einer alten Gouvernante in der Stadt lernt sie Englisch, »die Sprache ihres Vaters«, und entdeckt Shakespeare. Als Herr Sörensen und seine Truppe in dem kleinen Theater ein Stück aufführen, ist sie unter den Zuschauern, und das Erleben der Dichtung setzt »alle Lebenskraft und Lebenssehnsucht in ihr, jahrelang mit Gewalt niedergehalten«**, frei. Diese Lebenskraft und Lebenssehnsucht, erkennen wir, gelten einem weitgefaßten Fühlen und Begehren, einer heroischen Lebensdimension, wie sie ihr Vater und Shakespeare symbolisieren.

Malli beschließt impulsiv, Schauspielerin zu werden. Sie geht zu Herrn Sörensen und bittet ihn um Aufnahme in seine Truppe. Er ist beeindruckt und nimmt sie als Schülerin an. Aber als sie ihrer Mutter ihren Entschluß mitteilt, gerät Madame Ross »vor Schrecken und Kummer ganz außer sich.«*** Wenngleich es nicht ausgesprochen wird, läßt die Erzählung vermuten, daß Madame Ross erkennt, daß sie ihre Tochter an dieselben Mächte verlieren wird, die ihren Mann gefordert haben. (Das Meer ist in Tania Blixens Ikonographie eine luziferische Lebensmacht.) In dem Streit über Mallis Entschluß erlebt ihre Mutter »rätselhafterweise ihr kurzes Eheleben noch einmal. Von Tag zu Tag waren es wieder dieselben Überraschungen und seelischen Schwankungen: eine fremde, reiche und hinreißende Macht, die sie schon einmal überwältigt hatte... Sie verliebte sich in ihre Tochter, so wie sie sich einst in ihren Vater verliebt hatte.«[3]

Indem sie ihre Bestimmung erkennt, erkennt Malli dieselbe erotische Macht, die ihr Vater besaß und die ihre Mutter verführt hatte – es ist aber eine maskuline Erotik. Sie kann sich von der fruchtlosen, passiven Sehnsucht nach dem Vater lösen, indem sie diese Sehnsucht in eine aktive Identifikation mit ihm verwandelt. Dieser Geschlechtertausch wird zweifache Wirkung haben: Er wird sie eines normalen Gefühlslebens, des glücklichen Endes des Märchens, berauben: der wahren Liebe eines Mannes. Aber er wird sie auch zur Künstlerin machen: zu dem Zwitterwesen Ariel,

---

* SchA, S. 63.
** SchA, S. 65.
*** SchA, S. 66.

weder männlich noch weiblich, aber, wie Tania einst von Denys gesagt hatte, fähig, sich in drei Dimensionen zu bewegen. Tatsächlich wird Malli im Laufe der Erzählung »von Tag zu Tag mehr zum Ariel« und immer geisterhafter, indem sie sichtlich männlicher wird, bis Herr Sörensen, der mit Prosperos liebevoller Rauhheit mit ihr geprobt hat, sich mit der Hand an die Stirn schlägt und ruft: »Und ich habe vorgehabt, eine Person wie die in französischen Seidenpantoffeln auftreten zu lassen! Ich Esel! Ich Narr, daß ich nicht gewußt habe, was zu deinen Beinen gehört: Ein Paar Siebenmeilenstiefel!«[4]

Auf dem Weg zur Premiere des *Sturm* in der Stadt Kristiansand gerät die Truppe auf See in ein schlimmes Unwetter. Ihre Mitglieder und einige Leute von der Mannschaft gehen in die Rettungsboote, nur Malli erklärt sich bereit, an Bord zu bleiben. Durch ihre Courage und Initiative gelingt es der Mannschaft, insbesondere einem jungen Matrosen namens Ferdinand, das Schiff zu retten. Ungehemmt, ja arrogant, ist sie in Ariels Rolle geschlüpft.

Am nächsten Morgen empfängt die Stadt sie als Heldin; der Schiffseigner, der alte Jochum Hosewinckel, holt sie in sein Haus; sein hübscher Sohn Arndt trägt sie auf seinen Armen vom Hafen, und während die Menge jubelt, gibt er ihr einen Kuß. Er ist der Märchenprinz, und dies ist der Märchenkuß, der das Begehren in der Heldin weckt. Sie und Arndt verloben sich später; sie erwärmt sich für das Familienleben, selbst ihr Körper verändert sich allmählich. Herr Sörensen sieht erstaunt, daß sie »auf einmal so viel Busen bekommen hat.« *

In Arndt Hosewinckel verschmelzen alle nordischen Halbgötter, die Tania Blixen verehrt hatte, und Malli entdeckt im Hause des alten Schiffseigners die Freuden männlicher Gesellschaft, wie Tanne sie in Katholm und Frijsenborg entdeckt hatte. »Deswegen wohl, dachte sie, weil sie sich so lang einen Vater gewünscht hatte, war sie gern mit Männern zusammen und spürte selbst, daß sie für sie in Blick, Gestalt und Stimme viel Ausstrahlung hatte.«[5] Während er diesen Prozeß beobachtet, wird Herrn Sörensen klar, daß er seinen Ariel verloren hat – der sich statt dessen entschieden hat, die Miranda zu spielen. In seinen Träumen folgt er ihr ins Ehele-

---

* SchA, S. 82.

ben und entwirft sogar ein Nachspiel zum *Sturm*, in dem er als Prospero eine »schwiegerväterliche Reise zum jungen Königspaar von Neapel« * macht. Doch noch während er sich die Szene ausdenkt, erkennt er, wie absurd sie ist: Was folgt, wenn der *Sturm* endet – das Alltagsleben des jungen Paares – kann unmöglich in Kunst verwandelt werden. »Der Vorsatz, das Alltagsleben auf die Bühne zu heben, [mußte] etwas Widersinniges haben, seinem Wesen nach etwas Gotteslästerliches. Denn viel wahrscheinlicher war, daß das Alltagsleben die Bühne auf sein Niveau herunterzog.« ** Als er versucht, die Rolle des Vaters zu spielen, der die Braut zum Altar führt, kann er es nicht. Als er Malli, nachdem er Lebewohl gesagt hat, verläßt, benimmt er sich seltsam, er wirft ihr eine Kußhand zu und rezitiert einen sexuell-aggressiven, ja bedrohlichen kleinen Vers:

»Mein Pegasus ist faul:
Was das für ein Gesperr ist!
Wart nur, du dummer Gaul,
Ich zeig dir, wer hier Herr ist!«[6]

Damit schwört der Zaubervater, seine Tochter dem Bräutigam zu entreißen und sie auf der Zauberinsel bei sich zu behalten.

Psychologisch wie dramatisch ist die moralische Krise, die Malli in Herrn Sörensens Arme zurückbringt, etwas gekünstelt. Malli erfährt, daß Ferdinand, der junge Matrose, der in der Sturmnacht mit ihr Wache gehalten hat, an inneren Verletzungen gestorben ist. Sie hatte nicht einmal an ihn gedacht, seit beide im Triumph auf den Schultern der Stadtbewohner an Land getragen worden waren, aber jetzt ist sie von Gram und schuldbewußter Verzweiflung übermannt. Wie Robert Langbaum erläutert, glaubt Malli, daß sie den Sturm selbst mit ihrem Willen herbeigeführt hat, denn er »erfüllte ihr Begehren – er ermöglichte ihr, den Ariel zu spielen, ihr Vater zu werden, ein männliches Wesen und ein Geist, und sie fühlt sich für den Sturm verantwortlich, wie die Menschen sich verantwortlich fühlen, wenn ihre unterbewußten Wünsche wahr werden.«[7] In dem Glauben, daß sie einen Menschen getötet hat,

---

* SchA, S. 83.
** SchA, S. 83.

daß sie alle unglücklich macht, die sie lieben, daß sie tatsächlich Ariel ist und nicht Miranda (fähig zu lieben und geliebt zu werden), entsagt sie Arndt und geht zu Herrn Sörensen zurück. Die Rolle des Ariel ist es, Begehren und Erleben in Einklang zu bringen – es ist die Rolle aller Zauberer – aber er kann es nur innerhalb der Grenzen eines Traums, eines Spiels, einer Zauberinsel. Was die Menschen zu ihm hinzieht – seine Zauberkraft – ist ihnen im wirklichen Leben nichts nütze, und sie können es nicht besitzen. Denys besaß dieselbe Anziehungskraft und war auf dieselbe Weise unberührbar, wie es auch Tania Blixen als alte Frau war. Aber was diese Erklärung vielleicht verdeckt, und was die Tendenz der Erzählung wirklich vermuten läßt, ist, daß Malli eine berechnete Wahl trifft. Sie ist nicht moralisch gezwungen, Arndt aufzugeben, für ihren sterblichen Liebsten auf ihren mythischen Vater und ihre magischen Kräfte zu verzichten. Sie *will nicht* Miranda bleiben. Sie schreckt vor echter menschlicher Liebe zurück, weil sie Angst vor ihr hat, Angst, sich darin zu verfangen. Geliebt zu werden, zu lieben, eine Frau zu sein, bedeutet jemand wie ihre Mutter zu sein, jemand, der verlassen wurde.

Nach Ferdinands Tod verfällt Malli in tiefe Melancholie. Sie will von der »gegenwärtigen« Welt nichts wissen, sondern hört lieber »Schnack aus alter Zeit, sogar ganz einfältige Kindermärchen.« Es entwickelt sich ein Einvernehmen zwischen ihr und dem alten Schiffseigner Hosewinckel, der, leicht senil geworden, »nicht mehr richtig zwischen Vergangenheit und Gegenwart« unterscheiden kann. Er erzählt Malli Geschichten aus dem Norden, und in seiner Vorstellung sieht es so aus, als liefe er mit ihr »in eine Dunkelheit hinaus, die nur ihnen beiden gehörte.« Diese alte Märchenwelt bietet ihnen eine »Fluchtburg des Lebens, zu der ein schlechtes Gewissen keinen Zugang hatte.« *

Eines Abends aber erzählt der alte Mann Malli eine andere Geschichte, die vom schlechten (und guten) Gewissen handelt. Es ist die Geschichte seines Vorfahren Jens Aabel, eines aufrechten Bürgers, der, als sein Haus von Flammen bedroht war, die Elemente anrief, seine Rechtschaffenheit zu belohnen. Sie erhörten ihn:

---

* SchA, S. 99.

Der Wind drehte, und sein Haus wurde verschont. Es ist in der Familie Tradition, erzählt Hosewinckel Malli, Jens Aabels Bibel um moralischen Rat zu fragen, und sie habe nie versagt, wenn er sie in einer Frage über Recht oder Unrecht angegangen sei. Malli beschließt nun, dieses Orakel in ihrem eigenen moralischen Dilemma zu Rate zu ziehen. Sie nimmt sich beklommen die alte Schrift vor, schlägt sie willkürlich auf, und als sie das Urteil liest, wird sie ohnmächtig. Es ist das 29. Kapitel des Buches Jesaja, das beginnt: »Weh Ariel, Ariel!... Alsdann sollst du erniedrigt werden und aus dem Staube mit deiner Rede murmeln, daß deine Stimme sei wie eines Zauberers aus der Erde und deine Rede aus dem Staube wispele!« Doch erst, als sie zum achten Vers gelangt, versteht sie, welche Bedeutung sich für sie daraus ergibt: »Und gleichwie einem Hungrigen träumt, daß er esse – wenn er aber aufwacht, so ist seine Seele noch leer; und wie einem Durstigen träumt, daß er trinke – wenn er aber aufwacht, ist er matt und durstig.«[8] Dies ist die Offenbarung über Begehren und Erleben, die, wie die Erzählung andeutet, Kapitän Ross erfuhr, als er seine Frau verließ und nie zurückkehrte: daß er, als mythisches Wesen, als Schutzgeist, seiner sterblichen Liebsten niemals geben konnte, was sie in Wirklichkeit brauchte oder wünschte. Seine Macht war ein Ideal und eine Vision. Und in diesem Geiste wird Malli an Arndt schreiben:

Arm wirst du durch mich, mein liebster Freund,
Ich bin dir fern, wenn wir vereint sind.
Und reich bist du doch, das glaub mir, ja:
Wenn wir weit getrennt sind, bin ich dir nah. *

Und so geht Malli zu Herrn Sörensen zurück und sagt ihm, sie habe Arndt und Ferdinand verraten, »ich verrate sie auch alle, so wie ich Vater und Mutter verriet.« ** Er versteht sie, denn er war selbst einmal mit »einer guten, liebenswerten Frau« verheiratet. Er hat sie verlassen, wie Kapitän Ross seine Frau, »heimlich, ohne ein Wort zu sagen.« *** An ihrem letzten Abend hat sie zu ihm gesagt: »Alles, was du auch tust, Valdemar, tust du immer nur, damit ich

---

* SchA, S. 113.
** SchA, S. 106.
*** SchA, S. 107.

glücklich bin. Das ist so lieb von dir.« »Ja, ja, ja«, ruft Malli. »So reden sie mit uns, das glauben sie von uns.«[9]

Prospero kann Ariel nun aus der Knechtschaft entlassen, und Herr Sörensen plant, mit Malli heimlich aus Kristiansand fortzugehen. Aber im letzten Augenblick, einem der traurigsten in sämtlichen Erzählungen von Tania Blixen, widersetzt sich das Mädchen und ruft mit der Stimme eines kleinen Kindes: »Aber warum muß es so mit uns zu Ende gehen?« Und der alte Mann antwortet ihr mit Tania Blixens eigener Geschichtenerzählerinnenstimme und erzählt ihr, was Tania Blixen über das priesterliche Opfer des Lebens für die Kunst und von dem Preis dafür erfahren hat:

»Zum Ersatz bekommen wir, daß die Welt uns mißtraut – dies und unsere schreckliche Einsamkeit. Und weiter nichts.«[10]

II

Dies ist Tania Blixens wunderbar reiche Zusammenfassung ihres eigenen Lebens und der Stationen, die dazu geführt haben, daß sie eine Künstlerin wurde – jemand, der, wie sie von Jens, dem träumenden Kind, schrieb, andere Menschen dazu brachte, »sich selbst mit den Augen des Träumers zu sehen«, und sie zwang, »einem Ideal nachzuleben.«[11] In dieser Erzählung untersucht sie ihre Ähnlichkeit mit und ihre Sehnsucht nach dem dämonischen Vater, der das Geheimnis ihrer Vitalität und ihres Talentes – ihrer »magischen Kräfte« – erschlossen hat, und die inzestuöse, schuldbewußte Natur ihrer Beziehung zu ihm, die sie von wahrer menschlicher Liebe ausschloß und sie am Ende vereinsamen ließ. Hier wird ihre Überzeugung, daß die Kunst das Opfer der Sexualität fordert – ihr oft geäußertes Gefühl, daß sie eine große Missetäterin sei – in einen schärferen Brennpunkt gerückt. Sie hatte dem Teufel * ihre Seele versprochen, und er hatte ihr versprochen, daß ihr Leben in Geschichten verwandelt würde, und so ist es buchstäblich geschehen.

»Stürme« ist in den psychologischen Details so vielschichtig und dicht wie ein Traum. Die Geschichte enthüllt die bemerkens-

---

* Søren ist ein dänischer Spitzname für den Teufel, daher Herr Sörensen.

werte Klarheit, mit der Tania Blixen sich selbst erkannte. In einem Gespräch über Freud und seine Bedeutung für die moderne Literatur hatte sie einmal bemerkt, »es ist nicht nötig, die Wurzeln auszugraben, um zu wissen, daß sie da sind.« * Ihre Macht als Geschichtenerzählerin rührt daher, daß diese Wurzeln vergraben, die zu ihnen hinabführenden Gänge jedoch offen bleiben.

---

* *New York Times*, 3. November 1957, 49: I. Das Bild von den vergrabenen Wurzeln klingt in einer Anekdote in Wilhelms *Jagtbreve*, S. 99 an. Ein Anthropologe bat ihn einmal um die Erlaubnis, einige Grabhügel auf seinem Besitz zu öffnen, was er mit überaus heftigen Worten verweigerte. »Und so«, schrieb er, »liegen meine Hügel heute da und verstecken, was sie bewahren.«

Fünfzigstes Kapitel

Tania Blixen in Amerika

I

Pasop, Tania Blixens geliebter Schäferhund, auch Rommy genannt, wurde am 25. März dreizehn Jahre alt, und wie gewöhnlich wurde der Tag mit einer Party gefeiert. Das »Geburtstagskind« saß von Geschenken umgeben am Tisch, und die »zweibeinigen« Gäste, wie Clara es vornehm ausdrückte, tranken Kakao. Einige Wochen später machten Pasop, Clara und die Baronin einen Spaziergang zum Damm – weiter konnte der alte Hund nicht mehr gehen.[1] Er starb Ende des Monats an einem Herzleiden und an Altersschwäche. Als der Tierarzt nichts mehr für ihn tun konnte, schnitt Tania Blixen ihm eine Haarlocke ab, dann ließ sie ihn einschläfern und begrub ihn auf der Ewaldshöhe neben der für sie selbst vorgesehenen Grabstätte. Er war, sagte sie einmal, das liebenswerteste und treueste Tier, das sie je besaß.

Nach einem Winter nahezu vollkommener Unbeweglichkeit kam sie allmählich wieder zu Kräften, und im März schrieb sie Eugene Walter, da sie nun wieder auf den Beinen sei, brauche sie ein Paar der elegantesten römischen Sandalen, um ihre Füße hineinzustecken. Er solle sich auf den Trottoirs umschauen und zusehen, daß sie »nicht weniger gut *chaussée* sei als die elegantesten Drogenfreunde und schwarzen Schwäne.«[2] Sogleich bemächtigte sie sich dieses kleinen Schusses Vitalität und verausgabte ihn. Von Thomas begleitet, unternahm sie eine Reise nach Deutschland, um General von Lettow-Vorbeck zu besuchen, der 88 Jahre alt war und in der Nähe einer verheirateten Tochter in Altona ein zurückgezogenes Leben führte. Tania Blixen hatte ihn zuletzt in Bremen gesehen, eine Woche, bevor die Nazis in Dänemark einrückten, und davor in Mombasa an dem Tag, als sie Bror Blixen heiratete. Die aufrechte Gestalt des jungen Oberstleutnants, der sich leicht vorbeugte, wenn er auf dem Deck der *Admiral* mit ihr sprach, und die des alten Generals, der sich an seiner Wohnungstür über ihre Hand neigte, waren die zwei Klammern, in denen Tania Blixens Erwachsenenleben enthalten war.

Überall in ihren Erzählungen finden sich in der Ritterlichkeit, Kampfeslust und Ehre diverser alter Soldaten Pendants zu von Lettow, und man empfindet noch stärker, daß Tania Blixens stolze teutonische Jungfrauen wie Ehrengard und Athena seine Tanten sein müssen. Er selbst war für sie eine onkelhafte Figur: Parmenia Migel bemerkt, daß Tania diesem Besuch mit »kindlicher Vorfreude« entgegensah, und daß sie in Gegenwart des Generals ihr eigenes Alter vergaß, wenn sie sein runzliges Gesicht betrachtete und hoffte, daß ihres ihm niemals gleichen werde. Sie sprachen von Afrika und vom Krieg, womit beide, Thomas wie von Lettow, den Ersten Weltkrieg meinten, und als sie sich verabschiedeten, erinnerte Tanne ihn an den Kuß, den sie ihm am Kai von Mombasa nicht gegeben hatte, weil sie zu schamhaft gewesen war. Zwei Jahre später, als er 90 war und sie 75, schrieb er ihr ritterlich, er könne immer noch kommen und »ihn sich selbst holen.«[3]

Es waren nur noch sehr wenige Menschen am Leben, die sich an die junge Tanne erinnerten, und mit denen sie von Afrika sprechen konnte. Zu ihnen gehörte Ingrid Lindström. Sie lebte immer noch mit ihrem alten Diener Kemosa im Hochland. Ihre Haare waren weiß, ihre Kinder erwachsen, und sie war mehrfache Großmutter. Ingrid hatte Tania nicht wiedergesehen und keine Verbindung mit ihr gehabt, und als *Afrika, dunkel lockende Welt* erschien, war sie über ihr Portrait gekränkt gewesen. Aber im Mai schrieb sie, um ihr mitzuteilen, daß Gillis, ihr Mann, gestorben war. »Liebste Freundin Ingrid«, antwortete Tania sogleich, »so viele Erinnerungen an die Jugendzeit, fröhliche und ernste, überströmten mich, als ich Deinen Brief erhielt...«

> Ich mußte mich im Zimmer umsehen, um mir klarzumachen, daß ich so weit von meinem schönen, unvergeßlichen alten Besitz entfernt war. Bei der Erinnerung an einige meiner Besuche in Njoro habe ich wieder laut lachen müssen... als wir einmal, alle nach tüchtigem Alkoholgenuß in Hochstimmung, von Birkbecks Farm nach Hause gingen, und Gillis erklärte, daß wir den Weg durch die Felder im Dunkeln immer

finden könnten, weil er die Beine so hoch hob... Und so viele Gespräche über unsere Abenteuer in sechstausend Fuß Höhe, wo ich meinen Fuß vielleicht nie wieder hinsetzen oder trinkend am Feuer sitzen werde.

Ich selbst empfinde es als einen persönlichen, unvermutet schmerzlichen Verlust und... ich verstehe Deinen großen Schmerz und die tiefe Leere, die Du fühlen mußt. Ich habe Gillis als tüchtigen, bewunderungswürdigen und in außerordentlichem Maße selbstlosen Menschen in Erinnerung, aber mit einer ungewöhnlichen Fähigkeit, den Phänomenen des Lebens zu begegnen. Ich glaube auch... daß er ein ungewöhnlich glücklicher Mensch war, und daß dies in hohem Maße Dir zu verdanken ist. Denn was immer Du ihm sonst gabst, vor allem hast Du ihm das Leben zu einem Fest gemacht...

Wie gern würde ich wirkliche Neuigkeiten von Euch allen hören. Es ist praktisch unmöglich, sich vorzustellen, daß Calle jetzt fast eine ältere Frau ist! Wie viele Enkelkinder hast Du, und in wie vielen Gegenden der Welt? Ich kann es kaum glauben, daß du Kemosa noch hast, der für mich so unzertrennlich von Dir ist wie die Kinder. Ich höre noch von einigen meiner alten Leute, Kamante, Tumbo, Abdullai. Ich habe auch manchmal daran gedacht, Kenia zu besuchen, aber es hat sich bestimmt zu stark verändert, und ich käme mir dort sicher wie ein Gespenst vor.

Leider war ich in den letzten vier Jahren im Krankenhaus oder zu Hause ans Bett gefesselt, und ich glaube nicht, daß sich mein Zustand sehr viel bessern wird. Ich kann mein Gewicht nicht über 35 Kilo bringen, und ich habe eine Art Lähmung in den Beinen, so daß ich nicht richtig stehen oder gehen kann. Es ist jedoch ein großes Glück, daß ich nach übermenschlicher Sklavenarbeit, die kriminell gewesen wäre, wenn man sie einem anderen auferlegt hätte, voriges Jahr ein Buch herausgebracht habe und kommenden Herbst wieder eins herausbringen werde...

Wie gerne würde ich eine Stunde mit Dir zusammensitzen und von alten Zeiten sprechen, und von Gillis. Seit ich Deinen Brief erhielt, waren meine Gedanken stets bei Dir. Du bist so strahlend, Ingrid, daß sogar ein Glanz um Dich ist, wenn man im Kummer an Dich denkt. Es war auch ein Licht um Gillis' Gesicht und Gestalt, von anderer Art, aber unmöglich zu vergessen... Nun mußt Du alle grüßen, die sich noch an mich erinnern, und die Landschaft um Dich herum, den Wald hinter dem Haus, wo die Ndorobos gelebt haben, und die weißblühenden alten verkrüppelten Bäume in der Ebene. Und solltest Du welche von den alten Tieren sehen, die man zu meiner Zeit dort noch antraf, die das Land wirklich besaßen, so grüße auch sie.

Nun, liebste Ingrid, schicke ich Dir eine feste, innige Umarmung. Dank Dir für alles Gute im Leben. Gott segne Dich.

Deine Tanne[4]

II

Als Tania Blixen und ihr Bruder nach Deutschland fuhren, war ihr Streit um die Verfügung über Rungstedlund beigelegt. Sie hatte mit ihren Anwälten und Beratern einen Plan ausgearbeitet, der es ihr ermöglichte, bis zu ihrem Tode in dem Haus zu wohnen und Haus und Grundstück danach vor dem Schicksal der afrikanischen Farm zu bewahren: dem Verkauf an Grundstückserschließer. Elle Dahl zahlte Thomas mit 100 000 Kronen aus, und sie, Anders und Tanne vermachten darauf den Besitz der gemeinnützigen Rungstedlund-Stiftung, die verpflichtet war, das Haus »für kulturelle und wissenschaftliche Zwecke«[5] zu nutzen und auf dem Grundstück ein der Öffentlichkeit zugängliches Vogelreservat zu unterhalten. Tania Blixen stiftete die Tantiemen ihrer Bücher für den Unterhalt des Reservats, und im Hinblick auf den Tag, wenn die Copyrights erlöschen würden, appellierte sie an das dänische Volk, einen »Reservefonds« aufzubringen, der fortbestehen würde, wenn ihre eigene Stiftung auslief. Im Juli berichtete sie im Rundfunk von der Geschichte des Hauses und von den Tieren und Vögeln, die in den Wäldern des Anwesens lebten, und bat jeden Dänen, der sich je an ihren Büchern erfreut hatte, um eine Krone für den Fonds. Sie wollte nicht, daß jemand mehr als eine Krone schickte, weil sie hoffte, genau zählen zu können, wie viele geneigte Leser sie hatte.[6] Mehr als 80 000 Dänen folgten dem Aufruf. Die Leute hielten sie in Kopenhagen auf der Straße an, in Aufzügen, in Hotelfoyers, so daß die Münzen beim Gehen in ihren Taschen klimperten. Kellner, Portiers und Taxifahrer gaben ihr mit dem Wechselgeld eine Krone mehr heraus oder von ihrem Trinkgeld eine Krone zurück, und eines Tages überreichten ihr ein Fleischer und seine Familie, die im Gasthof Rungsted am Nebentisch ausgelassen feierten, einen Umschlag mit 500 Kronen – über dem Limit, aber dankbar angenommen. Wenige Minuten zuvor hatte die Baronin sich über die »Vulgarität« dieser Leute beklagt, und sie wurde nachdenklich: »Da siehst du, wie man sich bei Menschen irren kann«, sagte sie zu ihrem Neffen.[7]

Ihre Ansprache wurde am 6. Juli gesendet, und sie machte einmal eine Ausnahme von der Regel, niemals ihrer eigenen Stimme zuzuhören. Hinterher bemerkte sie zu Erik Kopp, daß es »das beste Bettelwerk [war], von dem ich je gehört habe.«[8]

III

Die *Schicksalsanekdoten* erschienen im Oktober und wurden auf beiden Seiten des Atlantiks hoch gelobt. Bei aller Kürze und trotz Tania Blixens Gefühl, daß das Buch »leichter« sei als *Letzte Erzählungen*, enthält es drei ihrer besten Geschichten, und es ist keineswegs der Abstieg, den sie befürchtet hatte. Diese Furcht, seicht oder fade zu werden, schnöde zurückzufallen, quälte sie immerzu, und sie trotzte ihr mit der verwegenen Courage einer Siebzehnjährigen oder dem Optimismus eines Glücksspielers, dem ein neuer Kredit eingeräumt wurde. Sie faßte ehrgeizige Arbeitspläne: neue Erzählungen skizzieren, ältere überarbeiten; sie hoffte, ihren Roman der hundert Charaktere, *Albondocani*, zu vollenden. Und zu Beginn des neuen Jahres ließ sie sich auf ein Vorhaben ein, das noch strapaziöser war als die »übermenschliche Sklavenarbeit« beim Schreiben der *Schicksalsanekdoten*. Sie unternahm eine dreieinhalbmonatige Amerikareise.

Tania Blixen hatte diese Reise seit 1934 ins Auge gefaßt. Zuerst hatte die Krankheit ihrer Mutter sie gezwungen, sie zu verschieben. Dann verschlechterte sich ihr eigener Gesundheitszustand, der Krieg kam dazwischen, und danach schreckten die Kosten sie ab. Aber nach ihrer Operation 1955 wurde ihr klar, daß sie nicht viel länger würde warten können, und 1957 traf sie ernsthafte Vorbereitungen. Ursprünglich hatte sie einen recht gemächlichen privaten Besuch geplant. Sie wollte in New York landen, ihre amerikanischen Freunde besuchen, in die Oper gehen und Jazz hören, und sie wollte Frydenlund finden, die Hütte ihres Vaters in Wisconsin, die sie auf einer alten Landkarte ausgemacht zu haben glaubte. Aber es kam ganz anders. Ihre Reise wurde der stürmische Triumph ihrer schriftstellerischen Laufbahn.

Im Mai 1958, während sie die englische Fassung von *Stürme* beendete, erhielt Tania Blixen einen Brief von Dr. Alvin Eurich vom »Fund for the Advancement of Knowledge« der »Ford Foundation«, in dem er sie bat, in einem Film der Serie über die »größten lebenden Schriftsteller der Welt« aus ihren Arbeiten zu lesen und darüber zu diskutieren. »Die Aufnahmen könnten in Dänemark gemacht werden«, schrieb Eurich, »oder, wenn Ihnen das lieber ist, wären wir gerne bereit, die notwendigen Vorkehrungen zu treffen, damit Sie dieses Land besuchen. Wir würden selbstverständlich sämtliche Kosten einer solchen Reise übernehmen.«[9] Neben diesen Satz machte Tania Blixen ein dickes schwarzes Ausrufezeichen.

Reservierungen wurden gemacht, und Clara wurde aufgefordert mitzukommen. Tania Blixens großgewachsene, erdverbundene, respektlose Verwandte Tove Hvass äußerte den Wunsch, Amerika zu sehen, und auch sie kam mit. Der Troß flog bei schlechtem Wetter am 2. Januar ab, obwohl Tania Blixen dringend eine zahnärztliche Behandlung benötigte. Ihr war von einem »nicht zahnmedizinisch ausgebildeten Assistenten«[10] eine provisorische Brücke eingesetzt worden. Clara fand dies äußerst bedenklich, denn zusätzlich zu ihren anderen Gebrechlichkeiten mußte sich die Baronin jetzt auch noch sorgen, ob ihr wohl die Zähne ausfallen würden.

Wenn man ihr Alter und ihren Gesundheitszustand bedenkt, bewältigte Tania Blixen wahrhaftig eine ungeheure Reihe von Verpflichtungen. Damit sich der Besuch lohne, hatte sie um weitere Tätigkeiten ersucht, und das »Institute of Contemporary Arts« hatte für sie Vorträge in Boston, New York und Washington arrangiert. Die »American Academy of Arts and Letters«, die sie im Februar 1957 zum Ehrenmitglied ernannt hatte, lud sie ein, als Ehrengast an ihrem Jahresessen teilzunehmen und die Festrede zu halten. Random House hatte Pressekonferenzen und eine Reihe Interviews anberaumt. Als sie in Amerika ankam, wurde sie mit weiteren Einladungen überhäuft, und sie nahm die interessantesten oder einträglichsten an. Darunter waren eine Talk Show mit Alex King, Vorträge am Radcliff College und an der Brandeis University, ein Shakespeare-Symposium an der Folger Library und Filmaufnahmen für die Encyclopedia Britannica. Sie ließ sich auch von René Bouché porträtieren und posierte für die Photographen Richard Avedon, Eduardo Brofferio, Carl van Vechten und Cecil Beaton. Sie hielt Vorträge im Cosmopolitan Club, wo sie wohnte, sowie auf mehreren Feiern, die ihr zu Ehren veranstaltet wurden, und empfing einen Strom von Besuchern – Schriftsteller, Agenten, Filmproduzenten und Wissenschaftler (darunter Robert Langbaum) – in ihrem Hotel. Clara bemerkte mit einiger Bitterkeit, daß von Tania Blixen erwartet wurde, sich ihr »Brot durch harte Arbeit zu verdienen«[11]; allerdings schien es Tania selbst nichts auszumachen. Sie paßte sich dem Tempo New Yorks an – seinem »Dämon«, wie sie es nannte – und war überwältigt von der Offenheit und »Großzügigkeit«, die Amerika ihr entgegenbrachte.* Mit derselben kühnen Neugierde und Schwärmerei hatten die Afrikaner sie auf der Farm willkommen geheißen.

Die berühmtesten Auftritte von Tania Blixen in Amerika sind die drei Abende, an denen sie im »Poetry Center« der Y. M. H. A.** in der 93. Straße in New York sprach. Nach ihrem ersten Vortrag erhielt sie so stürmische Dacapos, daß sie noch zweimal dorthin gerufen wurde. Die *New York Times Book Review* hielt die Stimmung der Stadt in einem Cartoon fest: In einem Café in Greenwich Village fragt ein Beatnik den anderen: »Hast du Tania Blixen im ›Y‹ mitgekriegt?«[12] Es herrschte eine erstaunliche Verbindung zwischen Tania Blixen und ihrem Publikum. Für diejenigen, die sie zum erstenmal sahen, und das waren praktisch alle, bestätigte der Kontrast zwischen ihrer extremen Gebrechlichkeit und ihrer bemerkenswerten Präsenz den Eindruck, den sie aus ihren Büchern gewonnen hatten. Dies war die weise, adlige, heroische Überlebende der Vergangenheit – die meisterhafte Künstlerin – die sie erwartet hatten. Dieser Kontrast dramatisierte auch die Distanz zwischen ihr und ihnen. Als sich die Leute später an sie erinnerten, fanden sie sie uralt, und sie waren erstaunt, als sie erfuhren, daß sie erst 74 war.

---

* Im Gegensatz zu der Ambivalenz und Zurückhaltung der Dänen. In New York wurde sie von einem dänischen Reporter interviewt, dem sie erklärte: »Ich bin nicht nach Amerika gekommen, um über mein Vaterland herzuziehen [einige ihrer Bemerkungen waren so interpretiert worden] ... aber wenn ich die amerikanischen und dänischen Rezensionen meines ersten Buches vergleiche, muß ich unwillkürlich denken, daß man mich in Amerika viel besser verstanden und akzeptiert hat als in Dänemark. Ja, endlich habe ich auch in Dänemark einen Namen, aber lange Zeit wurde mein Name immer in Klammern gesprochen und geschrieben, wenn man sich über dänische Schriftsteller ausließ. In Dänemark ist man heutzutage nicht wie in Amerika an phantastischen Geschichten interessiert, dort begeistert man sich mehr für die realistische Schule. In meinem letzten Buch, *Schicksalsanekdoten*, ist eine Geschichte, die ein dänischer Kritiker als Pornographie abgestempelt hat. In Amerika hat man offensichtlich eine freiere Einstellung zur Literatur.« (*Berlingske Tidende* [Kopenhagen], 1. Februar 1959.)

** Young Men's Hebrew Association.

Als Dr. Eurich Tania Blixen erstmals gebeten hatte, eine Erzählung zu lesen, erwiderte sie, sie sei keine Vorleserin, ja nicht einmal eine Schriftstellerin, sondern eine Geschichtenerzählerin, und wenn er einverstanden sei, wolle sie eine ihrer Geschichten aus dem Gedächtnis erzählen. Sie kam mit drei verschiedenen Repertoires nach Amerika: »Barua a Soldani«, »Die blauen Augen« und »Der Wein des Vierfürsten«.* Diejenigen, die eine Erzählung zum zweiten oder dritten Mal hörten, stellten erstaunt fest, daß sie wortwörtlich gleich vorgetragen wurde. Sie hatte ein sagenhaftes Gedächtnis**, und Glenway Wescott bemerkte, daß ihre Vorträge im »Y«, die fast eine Stunde dauerten, so strapaziös waren wie die Hauptpartien bei Wagner. »Sie hat eine ideale Stimme«, fuhr er fort, »kräftig, wenn auch mit einer Art geisterhaften Transparenz, die sie mit Emotionen, jedoch ausschließlich erzählerischen Emotionen, zu erfüllen vermag. Sie schwelgt selten in Süßigkeit, wie es die Dichter sonst tun, auch nicht in Theatralik... Was Tania Blixens Stimme besonders färbt, was ihr Zwischentöne und Dringlichkeit verleiht, ist Erinnerung. Mit leisem, strengem Tonfall, der sich seinen Weg zu suchen scheint, zuweilen fast zaudernd, mit dem Schwanken der Darstellungskraft die Richtung wechselnd, nicht gestört von ihren Zuhörern, vielleicht von ihnen unterstützt, scheint sie nachzuerleben, was sie zu erzählen hat oder, wenn es Fabel oder Phantasie ist, es nachzuträumen.«[13]

IV

Das Jahresessen der American Academy fand am 28. Januar während eines Schneesturms statt. Tania Blixen hatte viel Zeit und Gedanken auf ihre Rede verwendet, und es war eine der wenigen

---

* »Barua a Soldani« war ursprünglich für den dänischen Rundfunk verfaßt worden und wurde in *Schatten wandern übers Gras* veröffentlicht, »Die blauen Augen« war eine eingeschobene Erzählung in »Peter und Rosa«, und »Der Wein des Vierfürsten« war eine eingeschobene Erzählung in »Die Sintflut von Norderney«.

** Nicht nur für ihre eigenen Werke. Sie konnte lange Passagen von allen großen Dichtern, die sie liebte, rezitieren – Shakespeare oder Oehlenschläger, Sophus Claussen oder Heine –, und diese Eigenschaft schätzte sie auch bei anderen Menschen besonders.

Gelegenheiten, bei denen Clara sie »richtig nervös« werden sah.[14] Glenway Wescott, damals Präsident der Academy, geleitete sie zum Rednerpult, assistiert von E. E. Cummings, einem der Schriftsteller, die zu treffen sie eigens gebeten hatte. Das Publikum stand auf und applaudierte, wie überall, wo sie auftrat.

Das Thema ihrer Rede lautete »Über die Mottos meines Lebens«, und wie die ganze Amerikareise war sie ein Aussichtspunkt, von dem aus sie mit tiefer Dankbarkeit und einiger Verwunderung ihr Leben betrachtete. Sie konnte es jetzt buchstäblich in seiner Gänze überblicken, und sie unterteilte es in fünf Perioden. Die erste war die Zeit des »kleinen Mädchens im Elternhaus«, das nach der Form suchte, die ihr Leben annehmen, der Richtung, die es einschlagen sollte, und das voll Ehrfurcht vor den vielen Möglichkeiten eine Schatzkammer mit den Mottos der Welt durchstöberte. Mit zwölf Jahren entschied sie sich schließlich für eines, das einen hübschen Klang hatte, über dessen Bedeutung sie sich jedoch nicht ganz klar war: *Sicut aquila juvenescum.**

Die zweite Periode war die Zeit der jungen Kunststudentin: Die Romantikerin in Auflehnung gegen das bürgerliche Leben, verliebt in Heldentum und Maskulinität, mit persönlicher Tapferkeit und Größe. Ihr neues Motto, ihr erstes richtiges, stammte aus Pompeji: *Navigare necesse est vivere non necesse.* Unter diesem Motto fuhr sie mit der Eisenbahn zur dänischen Akademie und warf ihr Mittagessen aus dem Fenster, und unter seinem Schutz war sie auch nach Afrika gefahren, »in meine *Vita Nuova* hinein, die mein wahres Leben wurde.«

Die dritte Periode war die Zeit der Farmerin, der Kolonistin, der Gattin und liebenden Frau, die das Motto ihres Geliebten übernahm: *Je responderay.*

In Afrika, erklärte sie schlicht, fand sie endlich die Antwort auf ihren Aufschrei, die sich ihr so lange entzogen hatte. »Mein Alltagsleben dort war von antwortenden Stimmen erfüllt; nie sprach ich, ohne Antwort zu erhalten, ich sprach frei und ungezwungen, selbst wenn ich schwieg.« Sie liebte das Motto der Finch-Hattons auch »wegen seines ethischen Gehalts. Ich verantworte, was ich

---

* Dem Adler gleich werde ich heranwachsen.

sage oder tue; ich bin verantwortlich für den Eindruck, den ich mache.« *[15]

Die vierte Periode war die Zeit der verzweifelten, verlassenen Frau, die, nicht mehr jung, in ihre Heimat zurückkehrte, wo ihr nichts und niemand antwortete, und die »in großer Unsicherheit wegen des ganzen Unternehmens, dennoch in den Händen eines mächtigen wie fröhlichen Geistes« zu schreiben begann. Und für diese Periode wählte sie das Motto *Pourquoi pas?* Pourquoi, erklärte sie, sei ein Jammern, eine Klage oder ein Schrei aus dem Herzen, aber wenn man die Negation, *pas*, hinzufüge, so verwandele sich eine pathetische Frage in eine Antwort, eine Weisung und ein Signal, die eine wilde Hoffnung ausdrückten. Unter diesem Motto habe sie ihre sämtlichen Bücher geschrieben. **

Die fünfte Periode, schloß sie, sei die Gegenwart: die Zeit einer Frau, die sich »der Ewigkeit hinter ihr und vor ihr voll bewußt« ist. Und ihr fünftes Motto, unter dessen Vorzeichen sie nach Amerika gekommen war, war den Inschriften über den drei Toren einer englischen Stadt entnommen. *Be Bold* (Sei tapfer) stand über dem ersten Tor. *Be Bold* stand über dem zweiten Tor. *Be Not Too Bold* (Sei nicht zu tapfer) stand über dem dritten Tor. Dieses Motto wiederspreche *Pourquois pas?* nicht, sondern sei seine natürliche Konsequenz, genau wie die Zeit der Vorsicht und des Nachdenkens die natürliche Konsequenz der Zeit des Handelns und der Courage gewesen sei. Erstere habe das Fundament für letztere gelegt.

Bei dem anschließenden Essen saß Tania Blixen neben einer ihrer berühmtesten Verehrerinnen, Carson McCullers. Es war für beide Frauen so etwas wie eine Epiphanie, denn Tania Blixen bewunderte *Das Herz ist ein einsamer Jäger* und hatte es oft gelesen, während McCullers »sich vor zwanzig Jahren nach der Lektüre von *Afrika, dunkel lockende Welt* in Tania Blixen verliebt hatte.« Trotz ihrer

---

* Das Wortspiel, das sie hier durch answer *for* und answer *to* mit dem französischen *responderay* im Sinne von antworten und *ver*antworten treibt, läßt sich im Deutschen leider kaum wiedergeben.

** *Pourquoi-Pas* war der Name des Schiffes, auf dem der Polarforscher Dr. Jean Baptiste Charcot (1867–1936) in einem Hurrikan im Winter 1936 nahe bei Island Schiffbruch erlitt. Zur selben Zeit schrieb Tania Blixen in Skagen *Afrika, dunkel lockende Welt.*

Gebrechlichkeit war die McCullers zu dem Essen gekommen, weil sie hoffte, ihrer »afrikanischen Heldin« vorgestellt zu werden.*

Als McCullers erfuhr, daß Tania Blixen schrecklich gerne Marilyn Monroe kennenlernen wollte, erbot sie sich, das zu arrangieren. Arthur Miller, ein alter Freund, saß am Nebentisch, er kam herüber, und für den 5. Februar wurde ein Mittagessen verabredet. Die Millers** sollten die Baronin und Clara mit dem Auto abholen, und sie kamen mit der Unpünktlichkeit, für die Marilyn berühmt war. Sie hatte gerade *Manche mögen's heiß* abgedreht, und ihre Schönheit war voll erblüht. In einem tief ausgeschnittenen schwarzen Etuikleid mit Pelzkragen, unglaublich hellhäutig, strahlend und ziemlich schüchtern, sah sie, fand Clara, »wie fünfzehn aus.«[16] Tania Blixen, die das graue Ensemble trug, das sie »Sober Truth« nannte, hatte ein anderes Strahlen; »ihr Gesicht leuchtete wie eine Kerze in einer alten Kirche.«[17]

Auf Carson McCullers weißem Marmortisch war eine Mahlzeit angerichtet, die unter anderem aus Austern, weißen Trauben, Champagner und einem Soufflé bestand. Marilyn erzählte der Gesellschaft eine amüsante Geschichte über ihre Abenteuer als Köchin. Sie hatte für ihren Mann und einige Gäste ein Nudelgericht nach einem Rezept ihrer Schwiegermutter kochen wollen. Aber es wurde etwas spät, die Gäste trafen ein, und die Nudeln waren noch nicht soweit, deshalb hatte sie versucht, sie mit einem Haartrockner fertig zu garen. Alle lachten, aber Clara war etwas

---

* »Schon 1937«, schreibt Margaret McDowell, »hatte Carson McCullers eine Verwandtschaft mit Tania Blixen festgestellt... Bis ans Ende ihres Lebens las sie Tania Blixen ritualistisch jedes Jahr wieder, und Tanias erzählerisches Werk übte auf sie den stärksten Einfluß zum Experimentieren mit der Phantastik aus.« Clara Svendsen hat darauf hingewiesen, daß Carson und Tania beide leidend und entkräftet waren, und daß beide fähig waren, sich mit ungewöhnlicher Courage darüber hinwegzusetzen. McCullers hatte als junges Mädchen an Gelenkrheumatismus gelitten, und als sie Anfang Dreißig war, hatten mehrere Schlaganfälle zu (vorübergehender) Erblindung und Sprachunfähigkeit geführt. Seit 1958 hatte sie eine Reihe »schwerer Krankheiten und Operationen« hinter sich, und sie war wegen einer »depressiven Krankheit« bei einem Psychiater in Behandlung. Vgl. Margaret B. McDowell, *Carson McCullers* (Twayne, Boston 1980), S. 51 sowie unpaginierte Chronologie.

** Marilyn Monroe war damals mit Arthur Miller verheiratet.

schockiert.[18] Sie fand es abwegig, daß eine Göttin ihre Zeit mit Makkaronikochen verbrachte. Arthur Miller fragte die Baronin unterdessen nach ihren Eßgewohnheiten. Ob es für jemand so zarten klug sei, nichts als Trauben, Austern und Champagner zu sich zu nehmen? Sie beschied ihn mit den Worten: »Ich bin eine alte Frau, und ich esse, was mir bekommt.«[19]

»Carson«, schreibt ihre Biographin, »fühlte sich am wohlsten in kleinen Gruppen, wo sie sicher sein konnte, im Mittelpunkt der Aufmerksamkeit zu stehen. Doch an diesem Tag überließ sie die Bühne gerne ihrem Gast.«[20] Tania Blixen trug »Barua a Soldani« vor und sprach dann von ihrem Leben, »mit solcher Wärme, daß ihre Zuhörer ihren wunderbaren Vortrag nicht zu unterbrechen suchten.«[21] Später ging sie zu Ida Reeder, dem schwarzen Hausmädchen ihrer Gastgeberin, und unterhielt sich lange mit ihr. Sie erklärte, daß sie »ihre schwarzen Freunde vermißte.« Gegen Ende des Nachmittags, so wird erzählt, legte McCullers eine Schallplatte auf und forderte Marilyn und die Baronin auf, mit ihr auf dem Marmortisch zu tanzen, und sie nahmen sich in die Arme und wagten ein paar Schritte. Andere Teilnehmer an dieser Gesellschaft (darunter Miller) »bezweifeln«, daß es so war, aber die Gastgeberin erzählte es gerne immer wieder. Dies sei »die beste« und »frivolste« Gesellschaft gewesen, die sie je gegeben habe, und sie bekundete »kindliches Vergnügen und Erstaunen über die Liebe, die ihre Gäste ... füreinander zu empfinden schienen.«[22]

Ob sie miteinander tanzten oder nicht, ein ergreifenderes oder phantastischeres Paar als Blixen und Monroe läßt sich kaum denken. Sie starben beide im selben Jahr, und Glenway Wescott stellte sich vor, daß »dasselbe Boot sie über den Styx trug.«[23] Tania Blixen »liebte« Carson McCullers und freute sich, Arthur Miller kennengelernt zu haben, aber es war Marilyn, die wirklich Eindruck auf sie machte. »Es liegt nicht daran, daß sie hübsch ist«, erklärte sie Fleur Cowles, »obwohl sie natürlich unglaublich hübsch ist – sondern daß sie gleichzeitig eine unbegrenzte Vitalität und eine unfaßbare Unschuld ausstrahlt. Ich habe dergleichen in einem weiblichen Löwenbaby angetroffen, das meine eingeborenen Diener in Afrika mir brachten. Ich wollte es nicht behalten.«[24]

V

Tania Blixen war der gefragteste Gast in New York, und viele berühmte Gastgeberinnen bewirteten sie. Barbara Paley gab ihr zu Ehren ein Mittagessen im St. Regis, bei dem auch Truman Capote und Cecil Beaton Gäste waren. Gloria Vanderbilt und Sidney Lumet hatten sie zum Abendessen in ihrem Penthouse zu Gast, und Mr. Lumet trug sie auf seinen Armen auf der Terrasse herum, um ihr die Lichter zu zeigen; Mrs. Vanderbilt schenkte ihr ein Mainbocher-Kostüm. Ruth Ford und Zachary Scott gaben im Dakota eine große Party für Tania Blixen, die später vom Chronisten des Hauses stolz als eines der glanzvollsten gesellschaftlichen Ereignisse angeführt wurde. Leo Lerman begleitete sie in die Met; sie hörte Maria Callas *Il Pirata* singen und wurde auf der 57. Straße von Anhängern belagert. Tania Blixen war von der Callas »hingerissen«, und sie sagte von dem Abend: »Es ist nicht immer möglich, daß man über den Schatten der eigenen Erfindung blickt, und hier ist jemand so nahe verwandt [mit Pellegrina].«[25]

Sie hatte viele vornehme Kavaliere. In Carl van Vechtens Begleitung hörte sie (Verdis) *Macbeth*; Samuel Barber lud sie zur Premiere seiner Oper *Vanessa* ein und brachte Carlo Menotti zur Gesellschaft für Tove Hvass mit. John Steinbeck gab eine Cocktail-Party für sie und der dänische Botschafter einen Empfang. Sie wurde von Robert Haas festlich bewirtet, den sie nach zwanzigjähriger Korrespondenz zum erstenmal traf, und von Bruce und Beatrice Gould, die ihre Arbeiten in *The Ladies' Home Journal* herausgebracht hatten. Graf Rasponi führte sie zum Mittagessen aus, ebenso Gian Giacomo Feltrinelli, ihr italienischer Verleger, der aus Turin gerade in New York war. Tania Blixen wurde vorgezeigt, begafft, ins Rampenlicht gestellt und weitergereicht wie eine außergewöhnliche, kostbare Reliquie, die aus einem Grabmal geborgen wurde und zum ersten- und letztenmal als Leihgabe in Amerika war. Clara nannte sie neuerdings *Khamar*. Dieser Kosename fußte auf einem internen Scherz und bezog sich auf ein arabisches Schlachtroß in einer alten dänischen Ballade. Vollblüter, sagte Tania Blixen gerne, liefen solange, bis sie umfielen, und »so«, versicherte Clara, »trieb sie es selbst.«[26]

Clara aber, die 24 Stunden am Tag bereitstand, fiel die bittere Rolle der Madam Knudsen zu: Sie mußte die Neinsagerin werden.

Sie war entsetzt, wie die Leute Tania ausbeuteten und besorgt, wie sie sich verausgabte. Dies war ein bekanntes Syndrom: manische Hyperaktivität, die Weigerung, genug zu essen oder zu ruhen, und ein Zustand der Exaltiertheit, der noch mehr manische Hyperaktivität auslöste. Manchmal redete sich Tania Blixen tatsächlich in Trance. Dies fiel der jungen Schriftstellerin Nancy Wilson Ross auf, einer Freundin der Familie Finch-Hatton, die sie im Februar im Cosmopolitan Club erlebte. Die Baronin hatte sich bereit erklärt, den Damen des Clubs eine Geschichte zu erzählen, und von ihrer Freude angespornt, erzählte sie noch eine. Als der anschließende Empfang abgesagt wurde, um ihre Kräfte zu schonen, wurde sie nervös und verlangte frische Zuhörer, die hastig versammelt wurden. Der Tag zog sich dahin, die zweite Damenriege ging, aber die Geschichtenerzählerin fuhr fort wie besessen. »Sie wollte den Zauber nicht entschlüpfen lassen und sich nicht plötzlich allein finden, geladen mit dieser ganzen kreativen Kraft, doch ohne lauschende Ohren. Sie bat mich zu bleiben und mit ihr zu Abend zu essen... und ich ging mit dem unbehaglichen Gefühl, daß ich irgendwie bei ihr versagt hatte.«[27]

Parmenia Migel erinnert sich an einen noch alarmierenderen Vorfall. Sie war mit ihrem Mann Arne Ekström von Paris wieder nach New York gezogen. Sie wohnten in einem Haus, das sie im östlichen Bereich der 80. Straße gebaut hatten, und hatten sich sehr um Tania und Clara bemüht. Tania hatte gebeten, Pearl S. Buck vorgestellt zu werden, und Parmenia Migel, die sie seit etlichen Jahren kannte, konnte ziemlich kurzfristig ein Mittagessen arrangieren. Pearl S. Buck kam vom Land in die Stadt, und es war noch ein Gast dabei, der Dichter Arthur Gregor. Tania Blixen kam zu spät, hochelegant angezogen, mit mehr dunklem Augen-Make-up als sonst, »und strahlte ihren berechnendsten Charme aus.« Sie redete die ganze Mahlzeit hindurch, ohne ihre Weintrauben oder Austern anzurühren, sie rauchte nicht einmal die Zigaretten, die sie sich pausenlos anzündete, und beachtete weder Pearl S. Buck, noch ihre Gastgeber oder deren anderen Gast. Als sie schließlich zu ihrer nächsten Verabredung aufbrach, herrschte schockierte, betretene Stille.[28]

Einen Tag nach ihrem Auftritt im Cosmopolitan Club wurde Tania Blixen an der Schwelle des Todes in die Harkness-Klinik eingeliefert. Dabei entdeckten die Ärzte, daß sie zum Ausgleich des Defizits zwischen der Energie, die sie besaß, und der, die sie benötigte, Amphetamine genommen hatte.[29] Ihr Zustand war durch ihre Anorexie noch verschlimmert worden, und die Ärzte warnten sie, wenn sie am Leben bleiben wolle, müsse sie sich vernünftig ernähren und sich eine Weile ganz ruhig halten. Das tat sie, und sie ließ sich ergeben Blut und Glucose (Traubenzucker) in die Venen tropfen. Aber als sie nach einigen Wochen entlassen wurde, nahm sie ihr fatales Tempo wieder auf. Clara – verzweifelt, erschöpft und wohl auch ziemlich wütend – verlor in dieser Zeit ihre Byron-Kamee. Am 17. April wurde das Schlachtroß »Khamar« fast gewaltsam nach Dänemark zurückgeschleppt.

Einundfünfzigstes Kapitel

Heimatlos

I

Seit ihrer Operation im Jahre 1955 war Tania Blixen immer mehr auf Clara Svendsen angewiesen. Ihre sämtlichen Erzählungen und Briefe diktierte sie jetzt Clara, die auch an den dänischen Übersetzungen arbeitete. Sie waren den größten Teil des Tages miteinander allein, und abends spielten sie oft Bézigue oder hörten Musik. Auf Reisen war Clara nicht nur Tania Blixens Sekretärin und Gesellschafterin, sondern auch Zahlmeisterin, Krankenschwester und Garderobenfrau; Parmenia Migel schildert, wie sie zu einem Phototermin mit geröteten Wangen und mit Hutschachteln beladen erschien. Am Tiefpunkt der Amerikareise war Tania Blixen zu schwach, um sich allein anzuziehen, und Clara mußte sie die kurzen Strecken tragen, die sie nicht gehen konnte.

Niemand kannte Tania Blixen besser oder war über längere Zeit so viel mit ihr zusammen wie Clara Svendsen, und es ist nicht zu bezweifeln, daß Tania Blixen ihre Sekretärin innig liebte und achtete; sie machte Clara zu ihrer Nachlaßverwalterin. Aber die Blixen war nicht gutmütig, wenn sie körperlich oder seelisch litt. Ihre Kränkungen konnten sarkastisch, ja vulgär sein, und während sie Claras Zeit oft unzumutbar beanspruchte (und ihren Tag »in Schnipselchen«[1] zerriß), konnte sie sich bei anderen verächtlich über die »ständige unerwünschte Gegenwart«[2] ihrer Sekretärin beklagen. Clara hatte längst gelernt, derartige Äußerungen achselzuckend abzutun. »Ich lernte allmählich bestimmte irrationale Reaktionen Tania Blixens kennen, eine gewisse Angst vor der Bindung in einer menschlichen Beziehung.«[3] Dagegen empfand sie es als Kränkung, wie ein Kind behandelt zu werden. Die Baronin tat gerne so, als könne Clara keine ernstzunehmende Meinung vertreten, oder sie verspottete sie, wenn sie eine äußerte. Und das war für einen Menschen, der sich seiner Berufung mit solchem Eifer widmete, schwer zu ertragen.

Gute Freunde schrieben die Reibungen zwischen den beiden Frauen ihren ganz verschiedenen Temperamenten zu, womit sie sicher nicht ganz unrecht hatten. Aber Clara war klug genug, die Beleidigungen meist nicht persönlich zu nehmen. Körperliche Hilflosigkeit machte Tania Blixen wütend, und sie ließ diese Wut am erstbesten Menschen aus, der zugleich die Person war, die am ehesten verstand und verzieh. Die Wut darüber, auf Hilfe angewiesen und jemandem verpflichtet zu sein, war ein fundamentaler Zug ihres Charakters; sie hatte im selben Geiste gegen ihre Familie gewütet, und zwar genau dann, wenn sie die größten Ansprüche an sie stellte.

Die Gebrechlichkeit und Invalidität ihres hohen Alters waren eine Erneuerung der Abhängigkeit ihrer Jugendzeit, und Clara erinnerte sie mit ihrer orthodoxen Moral und ihrer Bereitschaft, für andere zu leben, an Tante Bess. (»Du bist genau so schlimm [*slem*] wie Tante Bess«, hatte sie einmal zu ihr gesagt.[4]) War sie besser gelaunt, verglich sie ihre Sekretärin auch mit Farah. Aber Farah war ihr in der afrikanischen Nacht mit einem Schal und einem geladenen Gewehr gefolgt; er hatte sie nie mit Besorgnis eingeengt, und er hatte sie nie davon abgehalten, ein Risiko einzugehen. Clara versuchte aus ersichtlichen Gründen, und weil sie von anderem Wesen war, Tania Blixens Exzesse und die Todesgefahr, mit der sie dabei spielte, zu mäßigen. Und auch dies konnte nicht so leicht verziehen werden.

Die Amerikareise, dreieinhalb Monate einer unentrinnbaren »Bindung in einer menschlichen Beziehung«, hatte die Spannungen verschärft. Im Sommer nach ihrer Rückkehr besuchte Tania Blixen mehrere Landsitze, begleitet von Frau Carlsens junger Nichte, während Clara auf eigene Kosten lebte und Lampedusas *Il Gattopardo (Der Leopard)* ins Dänische übersetzte. Sie genoß diese produktive Zeit und das Alleinsein, und als Tania zurückkam, reizbar und fordernd, fiel es Clara schwer, für sie zu schuften wie zuvor. Ende des Jahres hatten sie einen Streit, der Tania Blixen zu einem schockierenden Schritt trieb; trotz dreizehn aufopfernder Jahre wurde Clara brüsk entlassen. Clara hielt, wie schon früher, den Weg zur Versöhnung offen, aber sie sagte auch zu Tania Blixens Cousin Philip Ingerslev, daß sie, falls sie in der Zwischenzeit eine andere Arbeit annähme, nicht kündigen würde, um zurückzukehren.

II

Zwei Wochen nach der Heimkehr von New York litt Tania Blixen an ihrer üblichen Lethargie und Depression, und sie rief ihren ergebenen *cavaliere* Erling Schroeder an. In Parmenia Migels Wiedergabe ihres Gesprächs beklagte sich Tania, daß Dänemark so langweilig sei, im Gegensatz zu dem aufregenden New York. »In New York haben mich alle geliebt. Sagen Sie mir, daß Sie mich lieben. Ich muß es hören. Ich brauche das.«[5] Erling versicherte sie seiner Liebe, und er veranlaßte außerdem, daß ihr eine einzelne, vollkommene Rose überbracht wurde. Die kam nun jeden Tag für den Rest ihres Lebens, und wenn sie Rungstedlund verließ, folgte sie ihr überallhin in die Häuser ihrer Freunde. Der Auftraggeber blieb anonym, und Tania Blixen hat nie versucht, ihn zu enttarnen.

Erling Schroeder war einer der letzten von Tania Blixens alten *Knaben*, wie Parmenia Migel sie treffend nannte; jahrelang nahmen sie in ihrer Zuneigung den Platz ein, den Tumbo, Abdullai, Juma und Kamante geräumt hatten. *Heretica* hatte ihr Erscheinen eingestellt, und die jungen Schriftsteller waren getrennte Wege gegangen. »Alle haben mich verlassen«, klagte die Baronin mehreren Freunden, die sie besuchten. Aage Henriksen war einer der letzten, die von ihr gingen. Es ist nicht bekannt, was geschah, aber während Tania Blixen an »Saison in Kopenhagen« arbeitete, hatte sie ihn wissen lassen, daß er nicht von ihrer »*Art*« sei, und das hatte ihn tief verletzt. Als sie ihm »Widerhall« zur Beurteilung schickte, hatte er ihr mit einer eigenen Erzählung geantwortet, in der er die Ereignisse einen imaginären Schritt weiterführte, und auch dies hatte sie anmaßend gefunden. Eine Erzählung, ermahnte sie ihn streng, ende immer da, wo sie enden müsse, und sie fortzusetzen sei ein Sakrileg. Er wiederum weigerte sich, bei einer inszenierten Teegesellschaft mitzuspielen, die im Dezember 1958 für die Photographen von *Life* arrangiert wurde, oder 1959 eine Lesung von ihr zu hören – letzteres mit der Begründung, die Spannung zwischen ihnen sei zu groß, und es sei ihm unangenehm, ihr so förmlich zu begegnen. Ende 1958 wurden seine Briefe schroffer und kürzer, nicht oberflächlich, aber unglaublich vorsichtig. Schließlich verkündete er, ihre Beziehung sei in eine Sackgasse geraten, und statt sie mit zunehmender Bitterkeit fortzusetzen, sollten sie lieber als Freunde scheiden. Er gebe ihr seinen Segen und lasse sie gehen. In dem Interview, das er *Politiken* 1967 gab, faßte Henriksen sein Verständnis für Tania Blixen mit der intellektuellen Knappheit zusammen, die er und seine Mentorin gemeinsam hatten. »Ihre Schriftstellerei«, sagte er, »beruht auf dem Wissen, wie Menschen zusammenhängen, und wie sie gespalten werden können.«[6]

Im Frühjahr 1959, nach ihrer Rückkehr aus Amerika, erhielt Tania Blixen Besuch von einem jungen dänischen Studenten namens Viggo Kjær Petersen. Er hatte sich den Gepflogenheiten seiner Fakultät widersetzt, um seine Dissertation über Tania Blixen zu schreiben; die Fakultät war der Auffassung, es sei unangemessen, über eine lebende Schriftstellerin zu arbeiten, und er behauptete, die Fakultät sei aufgrund ihrer »marxistischen Tendenzen« voreingenommen gegen Tania Blixen.[7] Doch die fertige Dissertation, in drei Wochen mit »fieberhaftem Eifer« geschrieben, erzielte die höchsten Noten der Universität, und Petersen, der Tania Blixen nicht begegnen wollte, solange er daran schrieb, schickte ihr eine Kopie.

Nach ihrer ersten Begegnung forderte Tania Blixen ihn auf wiederzukommen, und er tat es, erfüllt von der ehrerbietigen Inbrunst eines jungen Priesters und mit derselben Bereitschaft zu dienen.

Er konnte Bjørnvig niemals ersetzen, aber er war offenbar imstande, Tania Blixen zu trösten, ihr unerhörte Komplimente zu machen, sie aus ihren Depressionen aufzurütteln und ihren Sinn für Spaß und Koketterie zu wecken. Sie konnte mit ihm auch eingehend über ihre Arbeit sprechen, und laut Parmenia Migel glaubte sie, daß er darin »bestimmte Elemente erfaßte ... von denen sie selbst nur im Unterbewußtsein Kenntnis hatte.«[8] Aufgrund dieser sich vertiefenden Zuneigung und des wachsenden Vertrauens bat sie Petersen vor ihrem Tod, eine autorisierte kritische Biographie zu verfassen, die, wie sie hoffte, nach der von Parmenia Migel erscheinen und ihr Leben und ihre Werke als organische Einheit in den Brennpunkt rücken würde.* Sie könne ihr Siechtum leichter ertragen, sagte sie zu ihm, da sie ihren »Mythos« in so guten Händen wisse.[9]

Durch Vermittlung von Philip Ingerslev kehrte Clara Svendsen schließlich nach Rungstedlund zurück. Sie traf mit Tania eine Vereinbarung über ihre Freizeit: Sie wollte die Sonntage für sich haben, »wie die Ochsen auf der Farm«[10] und den Rest der Woche Tania Blixen zur Verfügung stehen. Anfang 1960 machten sie sich an ein neues Projekt: Sie sammelten und feilten die Kapitel von *Schatten wandern übers Gras*, einem Epilog zu *Afrika, dunkel lockende Welt*.** Drei von den vier Kapiteln waren schon in den fünfziger Jahren verfaßt worden. »Farah« wurde erstmals 1950 als Rundfunklesung gesendet, dann von Ole Wivel als Büchlein herausgegeben. »Barua a Soldani« war ursprünglich für den dänischen Rundfunk geschrieben worden und gehörte zu den Erzählungen, die Tania Blixen in Amerika vortrug. Eine kürzere Fassung von »Die große Geste« wurde 1957 in der dänischen Frauenzeitschrift *Alt for Damerne* publiziert. Einige der Anekdoten und Bilder in diesen drei Kapiteln waren ursprünglich für *Afrika, dunkel lockende Welt* verfaßt, dann aber ausgelassen worden. Nur »Echo von den Bergen« war ganz neu. Es macht den Leser mit dem Schicksal von Tania Blixens ehemaligen Dienern bekannt, doch es verletzt auch eine ihrer strengsten Maximen des Geschichtenerzählens: daß die einmal geknüpften Fäden einer Geschichte nicht gelöst und weiter ausgeführt werden sollten. Robert Langbaum fand dies das schwächste Kapitel des Buches, denn

---

* Die Biographie ist offenbar noch in Arbeit.

** *Schatten wandern übers Gras* entstand zum Teil, weil Tania Blixen ihr Gefühl der Verbundenheit mit ihrer amerikanischen Leserschaft aufrechterhalten wollte. »Ich habe«, erklärte sie Robert Haas, »das Gefühl, daß die Gelegenheit, ein Werk von mir zu veröffentlichen, solange ich sozusagen noch in persönlichem Kontakt mit meinem amerikanischen Publikum bin, nicht vertan werden sollte.« Sie plante *Schatten wandern übers Gras* ursprünglich als Bilderbuch, was gut zu dem leichten, anekdotischen Ton paßte, und sie wollte auch unbedingt, daß es billig sei. In diesem Zusammenhang berichtete sie, daß Fremad in Kopenhagen eine Volksausgabe von »Babettes Gastmahl« zu einem so niedrigen Preis herausgebracht hatte, daß die Leute die Büchlein als »Weihnachtskarten« verschicken konnten, und daß 100000 Exemplare verkauft worden seien.

»seine Fakten sind irgendwie bloß Fakten, wie in irgendeiner Erinnerung oder einem Aufsatz. Es fehlen die Nachklänge, die *Afrika, dunkel lockende Welt* und den Rest von *Schatten* zu Literatur machen.«[11] Tania Blixen war sich der Schwächen dieses Teils des Buches durchaus bewußt und schrieb sie ihrer stetig nachlassenden Gesundheit zu, den Schmerzen, die sie beim Schreiben hatte, und den chaotischen Zuständen – Rungstedlund wurde renoviert – unter denen das Buch vollendet wurde. Sie schrieb Haas, daß die anderen Kapitel des Buches, die sie geschrieben hatte, als sie nicht so schwach war, »es mittragen« würden.[12]

III

Elle Dahl war im Februar 1959 gestorben, als Tania in Amerika war. Ein Brief von Thomas mit der Nachricht war ihr nicht in ihr Hotel in Cambridge nachgeschickt worden, und als sie wieder nach New York kam, erwartete sie das Telegramm.

Elle und Tania hatten sich über viele Themen leidenschaftlich gestritten. Elle war als junge Frau Sozialistin gewesen, neigte aber nach ihrer Heirat dazu, die ultrakonservativen Ansichten ihres Mannes zu verteidigen, die dem Rest der Familie ein Greuel waren. Ihre Ehe und ihr Patriotismus waren vielleicht ihre zwei stärksten Leidenschaften. Elle besaß wenig Heiterkeit, dafür viel Würde, Gerechtigkeitssinn und Großmut. Sie wurde im Alter eine imponierende Frau mit eckiger Figur, markantem Kinn und einem sympathischen Pferdegesicht. Ihr großer Reichtum ermöglichte es ihr, eine Mäzenin zu werden, nicht der Kunst oder Literatur, sondern der Sozialwissenschaftler und Historiker, und auch sie hatte, wie ihre Schwester, einen »Hof«. Ihre Nichte Ingeborg beschrieb sie als streng in Geschmack und Gewohnheiten und ziemlich spröde; sie ließ sich nicht gerne anfassen und erklärte dies ihrer Nichte mit den Worten: »Die Männer lieben einen auf einem Podest.«[13]

Elle gehörte zu Tanias zuverlässigsten und scharfsinnigsten Kritikern. Trotz aller Differenzen diskutierten sie gerne miteinander und taten es ohne Zorn. Sie versuchten wirklich ernsthaft und energisch, die jeweils andere zu *überzeugen*, obwohl sie beide ziemlich unflexibel waren. Aber sie hörten zu. Sie brachten dem Standpunkt des anderen große Anerkennung und Achtung entgegen. »Sie waren«, sagte ihre Nichte, »Künstlerinnen der Meinungsverschiedenheiten, und wie Künstlerinnen wendeten sie ihr Material hin und her und spielten mit seiner Form.«[14]

Zum Besitz der Dahls gehörte eine Wohnung am Sølvgade in Kopenhagen, wo Tania oft abgestiegen war, wenn sie Rungstedlund entfliehen wollte. Elle gehörte auch das winzige, schmale Holzhaus aus dem 18. Jahrhundert nebenan, angeblich das schmalste Haus in der Hauptstadt, das sie ihrer Schwester als »Winterquartier« versprochen hatte. Tania war davon bezaubert und schrieb ihren Freunden von *ma maison à moi* – »ein Häuschen, das ich geschenkt bekommen habe« – und Professor Rasmussen hatte Pläne für die Renovierung gezeichnet. Aber als sich nach Elles Tod keine entsprechende Bestimmung in ihrem Testament fand, widerriefen ihre Erben das Geschenk.

Tania Blixen entschied nun, wenn sie einen weiteren Winter in Rungstedlund überleben wolle, müsse sie eine Zentralheizung und ein modernes Bad installieren lassen. Wieder wandte sie sich an Professor Rasmussen, und er arbeitete einen Plan für eine Modernisierung des alten Hauses ohne radikale Veränderung seines Erscheinungsbildes aus. Das hieß jedoch, daß es eine Zeitlang unbewohnbar sein würde. Mit den Arbeiten wurde im Herbst begonnen, und bis zum Winter mußte Tania Blixen ausziehen. Sie quartierte sich mit Clara im Bellevue Strand Hotel in Klampenborg ein und später im Angleterre. Sie dachten, es würde ein kurzer Aufenthalt, aber die Renovierungsarbeiten gingen langsamer vonstatten als erwartet, und das Hotelleben war umständlich und wurde unerschwinglich. Die Kranke sah sich ihren 75. Geburtstag schon »auf der Straße« verbringen, dabei drängte ihre Arbeit, und ihre Kräfte und ihr Arbeitseifer ließen ständig nach. Zu dieser Zeit schlug Clara eine Fahrt nach Dragør vor, wo sie in den frühen fünfziger Jahren ein Häuschen gekauft hatte. Dragør ist ein kleines Fischerdorf südlich von Kopenhagen in der Nähe des Flughafens. Die Straßen haben Kopfsteinpflaster, die Hütten sind strohgedeckt, und die Stockrosen wachsen fast bis zu den Dächern hinauf. Claras Haus hatte zwei kleine Zimmer im Erdgeschoß und zwei winzige Mansardenschlafzimmer. Tania Blixen bekam eins mit Blick auf die See, und sie war dankbar, »in einem richtigen Heim« zu sein.[15] Ihre Freunde waren wie immer besorgt. Ole Wivel schickte seine Sekretärin, um bei der dänischen Übersetzung von *Schatten wandern übers Gras* behilflich zu sein. Erling Schroeder kam mit Kaviar und *gelée royale* vorbei, und Clara, die nicht gerne kochte, ließ sich ihr Essen von einer ansässigen Lieferfirma für Speisen und Getränke kommen. Was Tania Blixen betraf, »war es... eine unerfreulich einfache Sache... da sie nichts essen konnte.«[16]

Um den Platzmangel auszugleichen, unternahmen Tania Blixen und Clara Spaziergänge am Hafen und kurze Ausflüge. Sie besuchten die Lindenbäume bei Store Magleby als Ersatz für den traditionellen alljährlichen Ausflug zu dem blühenden Weißdorn im Wildpark. An einem Morgen fuhren sie in Begleitung von Nils Carlsen und den Kopps mit dem kleinen Boot von Claras Anstreicher zur Insel Saltholm, die im Sund jenseits des Hafens liegt und bis auf große Scharen Seevögel und Dragørgänse unbewohnt war. Im Dorf war es Sitte, daß die Leute ihre Gänse nach Saltholm schafften, damit sie bis Weihnachten fett wurden, und jedes Frühjahr legte ein Boot mit der Gänseschar des Dorfes ab. Autos waren auf der Insel nicht erlaubt; das einzige Fahrzeug war der Traktor des Gänsehirten, und auf ihm fuhr Tania Blixen voll Begeisterung durch die flache, golden schimmernde Landschaft.

Um diese Zeit hatte sie ein mystisches Erlebnis – sie erhielt eine Art Zeichen – dessen Natur jedoch ein Geheimnis bleibt. Eines Tages im Mai schrieb sie eine Gedichtzeile aus einem Psalm nieder: *»Gud skal alting mage«* *, und darunter schrieb sie: »In diesem Haus erfuhr ich im Mai 1960 ein großes Glück.« Ohne ein Wort reichte sie das Geschriebene Clara, die nicht um eine Erklärung bat. »Aber«, schrieb Clara, »etwas später fügte Tania

---

* Tania Blixen hatte Bjørnvig diesen Vers zitiert, als er nach seinem Nervenzusammenbruch in der Bretagne ins Krankenhaus kam. Sie sagte ihn »mit tiefer Inbrunst in ihrem alten Kopenhagener Dialekt« auf (Bjørnvig, *Pagten*, S. 30): Gud skal alting mage / Dig ved Hannden tage / naar du synke skal. / Naar du vil fortvivle, / finder ingen Hvile, / udi Modgangs Dal. / Gud da vil / selv træde til.
Tania Blixen hat das Gedicht vermutlich aus folgenden Psalmen zusammengesetzt: 103,6 »Der Herr schafft Gerechtigkeit«, 37,24 »Der Herr hält ihn bei der Hand«, 34,19 »Der Herr hilft denen, die ein zerschlagenes Gemüt haben«, 138,7 »Du... streckst deine Hand über den Zorn meiner Feinde und hilfst mir mit deiner Rechten.« (Anm. d. Üb.)

die vertrauliche Bemerkung hinzu, sie glaube, nun genesen zu sein, und könne wieder schreiben.«[17]

Dies war ein kurzlebiger Augenblick glücklicher Zuversicht. Die Renovierungsarbeiten zogen sich den Sommer über hin, und im Mai und Juni beteiligten sich Tania Blixen und Clara Svendsen an der lokalen Feier des Internationalen Jahres der Flüchtlinge. Tania Blixen stellte eines ihrer afrikanischen Porträts als Leihgabe für eine Ausstellung zur Verfügung und las »Der Wein des Vierfürsten« im Fernsehen. Ihr Honorar schenkte sie dem eingerichteten Hilfsfonds. Trotz der Warnung des Arztes nahm sie an einer Kundgebung am Hafen teil. Zu dem Anlaß war eine Sonderbriefmarke herausgebracht worden, und Tania Blixen adressierte die ersten drei Briefe, die diese Marke trugen. Sie hielt eine Rede und erzählte noch eine – dem Anlaß angemessene – Geschichte, »Die blauen Augen«. Dies waren, wie Clara bemerkte, »zwei kleine Handlungen, klein in bezug auf die Probleme, aber groß in bezug auf ihre Kräfte«, und im Hinblick auf die Umstände wurde es ihr mit einer Kränkung und einer Ungerechtigkeit vergolten. In der Antwort auf einen Brief vom Hørsholmer Flüchtlingskomitee hatte sie geschrieben, daß sie im Augenblick selbst »eine Art Flüchtling« sei. Der Brief fiel einer Kopenhagener Zeitung in die Hände, und obwohl es sich um einen inoffiziellen Privatbrief handelte, druckte sie ihn. Die Zeitung erhielt daraufhin eine Anzahl wütender Zuschriften, in denen darauf hingewiesen wurde, daß jemand, der von einem erstklassigen Hotel ins andere ziehe, sich kaum als Flüchtling bezeichnen könne. Am späten Abend versammelte sich eine Menschenmenge unter den Fenstern von Claras Hütte und intonierte: »Karen Blixen, Karen Blixen, geh nach Haus nach Rungsted.« Am nächsten Morgen war sie »erstaunt und bekümmert.«[18]

Im Laufe des Juli verschlechterte sich Tania Blixens Gesundheitszustand. Tove Hvass fuhr sie und Clara zur Besichtigung der Arbeiten nach Rungstedlund, und als sie bei Store Magleby anhielten, um die Lindenblüten zu riechen, konnte Tania Blixen nicht allein aufstehen. Im strahlenden Sonnenschein wurde Clara plötzlich klar, wie todesschwach sie geworden war.

Anfang August war *Schatten wandern übers Gras* fertig, aber Clara teilte Robert Haas mit, daß Tanias Kräfte fast täglich versagt hatten. Am sechsten August wurde ein Krankenwagen gerufen.

Während sie auf ihn warteten, rief Tania Blixen plötzlich aus: »Und dies war meine letzte gütige, blumenbedeckte Zuflucht. Jetzt ist es das Krankenhaus!«[19] Die Melodramatik dieses Ausbruchs erschreckte Clara: Er war so untypisch. Sie faßte es als Anzeichen auf, daß Tania Blixen glaubte, sie werde sterben.

Zweiundfünfzigstes Kapitel

Schwingen

I

Im Oktober 1960 kehrte Tania Blixen nach einem Jahr in gemieteten oder zur Verfügung gestellten Unterkünften und drei Monaten in einem Krankenhausbett nach Hause zurück. Das Eigentum ihres Heims war nun endgültig sichergestellt. Die Räume waren geheizt und isoliert, es gab jetzt mehrere Badezimmer mit fließendem warmem Wasser. Sie hatte den Verführungen des *comfort moderne* 75 Jahre widerstanden, lange genug, um nunmehr keine geistigen, finanziellen oder ästhetischen Bedenken zu haben, diesen Komfort zu genießen.

Tania Blixens finanzielles Haus war jetzt ebenfalls bestellt. Ihren Anwälten war es gelungen, ihre Vereinbarungen mit den Verlegern zu vereinfachen und zu rationalisieren, und sie konnte sichergehen, daß ihre Tantiemen nicht mehr doppelt besteuert wurden. Da ihre letzten zwei Bücher sich nach wie vor bestens verkauften und sie die Nachricht erhielt, daß *Schatten wandern übers Gras* zum Buch des Monats gewählt worden war, freute sie sich darauf, im Herbst das Leben eine Zeitlang »*regardless of expense*« (ohne Rücksicht auf die Kosten) zu genießen. Allein schon das Aussprechen dieser gern benutzten englischen Formulierung, dieser Beschwörung der Unmäßigkeit, heiterte sie auf. Praktisch gesehen gab sie sich aber keiner regelrechten Orgie der Verschwendungssucht hin. Sie servierte ihren Gästen Trüffel, bestellte einige neue Kleider bei einem erstklassigen dänischen Couturier, stellte einen Hausverwalter ein (den das Personal ablehnte, und der nicht lange blieb), und plante für das kommende Frühjahr eine Reise nach Paris.

Die Rache der Wahrheit wurde im Oktober im dänischen Fernsehen gesendet. Es war die dritte Inszenierung des kleinen Theaterstückes, seit die Dinesen-Kinder es 1904 erstmals in Rungstedlund aufgeführt hatten. Tania Blixen hatte den Fatalismus nie aufgegeben, den sie als neunzehnjähriges Mädchen mit solch frühreifer Bestimmtheit verfochten hatte. »Als wir anfingen, wußte keiner, wie seine Rolle sein würde«, sagt Sabine, die Naive, am Schluß, »wir wußten es tatsächlich selber nicht, denn wer kann wissen, wie ein Charakter auf der Bühne aussieht? Jetzt aber haben wir die Zeilen gesprochen, die wir in uns hatten, wir haben keine einzige zurückbehalten, und wenn der Vorhang fällt, kann niemand den geringsten Zweifel haben, was wir wirklich waren.«[1] Die Äußerung enthielt nun die ganze Autorität einer alten Geschichtenerzählerin und ihr ganzes langes Leben, das dahinter steckte.

Tania Blixen wußte, daß die Jahre, die ihr noch blieben, »an einer Hand abzuzählen waren«, und sie hielt es für dringend geboten, »die Klammer« ihrer Existenz mit einem kühnen, einzigartigen Streich »zu schließen.« Sie äußerte auch, die Geschichte erfordere, daß sie nach Afrika zurückkehre. Das wollte sie schon seit den dreißiger Jahren, und sie hatte es sich zweimal vorgenommen: gleich nach der Veröffentlichung von *Sieben phantastische Geschichten* und kurz vor dem Zweiten Weltkrieg. Jetzt wollte *Life* sie hinschicken.* Aber sie zögerte, da sie fürchtete, daß es nach so vielen Jahren eine Enttäuschung sein würde. Um diese Gefahr besser abzuwägen, schrieb sie an ihren Neffen Gustaf Blixen-Finecke, der in der Nähe von Nairobi eine Farm betrieb:

> Kenia und meine Beziehung zu den Eingeborenen haben mir so viel bedeutet, daß ich meine, es würde mein ganzes Dasein wunderbar und harmonisch abrunden, wenn ich noch einmal, wenn auch nur für kurze Zeit, das alles von Angesicht zu Angesicht sehen könnte. Aber das wahrhaft *Große* des Erlebnisses hängt davon ab, daß die Eingeborenen

---

* Die Herausgeber der Zeitschrift wünschten, daß Tania Blixen über den Unabhängigkeitskampf der Kolonie Kenia berichtete, und zunächst war sie von dem Gedanken begeistert. Aber sie erkannte auch rasch, daß der Auftrag sowohl ihre physischen Kräfte als auch ihr Vermögen als Reporterin überstieg – er war zu anstrengend. Sie wünschte sich eine persönlichere Heimkehr.

> sich an mich erinnern. Das ist nach dreißigjähriger Trennung sehr viel verlangt. So glücklich es mich machen würde, wenn die Afrikaner auf eigenen Wunsch kämen, um mich zu begrüßen, ich finde es doch einfach anmaßend und sinnlos, geknickt in Nairobi zu sitzen, ohne rechte Verbindung mit der Erde ringsum oder dem Leben in der Stadt.[2]

Sie bat ihren Neffen, diese Ansicht für sich zu behalten, bis sie sich entschieden habe. Aber *Life* war an einem persönlicheren Artikel nicht interessiert, und ihr entsetzter Arzt schwor ihr, sie werde unterwegs sterben. Die afrikanische Klammer wurde nie geschlossen.

II

War eine Reise nach Paris auch kein Ersatz für eine Reise nach Kenia, so war es doch immerhin etwas. Tania Blixen schickte dem Dichter Charles Henri Ford eine Liste der Leute, die sie treffen wollte, und schrieb an Philippe de Rothschild, daß sie sich darauf freue, *Le Faux Jour* mit ihm zu lesen, »wobei ich die Rolle der Gräfin Rosmarine übernehme.«[3] Dies bestimmte den Stil der Reise, welche der eleganten Welt und einer Orgie von Theaterbesuchen gewidmet sein sollte.

Aber Tania Blixen war den Winter hindurch so hinfällig und krank, daß es nicht sicher war, ob sie überhaupt nach Paris kommen würde. Als sie nach Weihnachten aus Wedellsborg zurückkehrte, fiel sie im Badezimmer hin und brach sich eine Rippe – »aus purer Erschöpfung«, glaubte Clara. Als der Frühling nahte, belebte sie die Aussicht auf die Reise; sie bestellte ein Kostüm und mehrere Kleider, und am Tag ihrer Verabredung mit ihrem Schneider folgte ihr Clara voll staunender Ehrfurcht. Sie besuchte ihren Schneider am Gammelstrand und stieg die steile Treppe zu seinem Atelier hinauf, danach ging sie ins Thorvaldsen Museum, um Byrons Büste zu betrachten, anschließend zum Friseur und dann zur Königlichen Akademie, um eine Ausstellung mit dänischer Landschaftsmalerei zu sehen. Nach dem Abendessen in Rungstedlund stand ihr Haus für eine Gruppe »literarischer Pilger« offen, und bevor sie zu Bett ging, arrangierte sie noch Blumen.[4]

Mitte Juni wurde Eugene Haynes in Dänemark erwartet, kurz bevor Tania Blixen und Clara nach Frankreich abreisen wollten, und Clara bot ihm ihr Häuschen in Dragør an, wo ein vorzügliches Klavier stand, und wo er schon einmal gewohnt hatte. Aber Tania lud ihn ein, mit nach Paris zu kommen, und Erling Schroeder, der eine »Vorahnung« hatte, daß diese Reise ihre letzte sein würde, fand, er müsse auch mitkommen. (Tania nahm ihm das Versprechen ab, mit ihr auf einem Motorroller am linken Seineufer entlangzufahren.)* Das Personal des Hotels, in dem sie wohnten, konnte diese Gruppe Ausländer nicht einordnen, obgleich sie zweifellos ein malerischer Haufen waren: Eugene mit seinem dunklen, gepflegten Gesicht und der jungenhaften Redeweise, der vornehme, knorrige nordische Erling, Clara, kräftig und zurückhaltend, und die alte Baronin mit einem roten Turban, den sie »Prinz Calendar« nannte, »die dünnste Person auf der Welt«, die unaufhörlich redete, mit ihrer Zigarettenspitze gestikulierte und strahlte. An einem Frühlingsmorgen, früh um drei Uhr vor einem Restaurant bei den Hallen, stellten die Kellner die Stühle hoch, forderten sie aber nicht zum Gehen auf. »Vielleicht«, schrieb Clara, »war es für jedermann klar ersichtlich, daß diese Besucherin, die so glücklich war, in Paris zu sein... zum letzten Mal hier war.«[5]

Tania Blixen besuchte viele alte Freunde und gewann mehrere neue, darunter zwei Frauen, die sie seit Jahren verehrten, Monica Stirling und Solita Solano. Sie wurde für das französische Fernsehen interviewt und von ihrem Verleger Gallimard eingeladen; sie besuchte jeden Abend ein Schauspiel oder eine Ballettaufführung. Einmal sah sie Nurejew, der soeben seine Truppe verlassen hatte, ein andermal sah sie *The Connection* von Jack Gelber, das einen prahlerischen Ausspruch enthielt, den sie selbst einmal in aller Unschuld gegenüber *Life* geäußert hatte: »Ich bin der einzige weiße Mensch, den die Eingeborenen wirklich geliebt haben.«** Er wurde sarkastischerweise von einem Schwarzen geäußert.

Die Reise sollte mit einem kleinen Abstecher nach Madrid abschließen, aber nach vier Wochen war sie so erschöpft, daß sie

---

* Erling Schroeder gehörte zu den zwei befreundeten Personen, die sie »Karen« nannten. Die andere war Ingeborg Andersen in Gyldendal.

** Offenbar war es Hugh Martin, der diese Bemerkung als erster machte: »Tania Blixen war der einzige weiße Mensch, den die Eingeborenen wirklich geliebt haben.« Das Hugh zugeschriebene Zitat befindet sich unter ihren Notizen zu *Afrika, dunkel lockende Welt*.

nicht mehr konnte und nach Dänemark zurückkehrte. Am 26. Juli wollte sie in Wedellsborg sein, um mit Julius und Inger Wedell den 80. Geburtstag des Grafen zu feiern. Parmenia Migel schildert ihre strahlende Laune und außergewöhnliche Fröhlichkeit an diesem Abend, der einer der letzten mit ihrem alten Freund sein sollte; er starb im selben Monat bei einem Unfall. Nach dem Essen erhob sie sich, um eine Rede zu halten. Sie schloß:

> Il faut dans ce bas monde aimer beaucoup de choses
> Pour savoir après tout, ce qu'on aime le mieux...*

Der Rest des Sommers war mit Besuchen gefüllt. Robert Langbaum kam, um sein Buch zu besprechen, der Künstler René Bouché kam, um sein Porträt von Tania Blixen einer dänischen Sammlung zu schenken, John Gielgud kam, und beim Mittagessen sagte ihm Tania Blixen, daß sie von allen Shakespeare-Rollen am liebsten den Horatio gespielt hätte, »den perfekten Freund, der schweigt und so gut versteht.« »Sie sind mein Horatio«, erwiderte er.[6]

Im August kam Aldous Huxley nach Dänemark und fuhr mit einem Freund, Timothy Leary, der in Harvard lehrte und gekommen war, um an einer Konferenz teilzunehmen, nach Rungstedlund. Tania Blixen hatte Huxley in den dreißiger Jahren durch Freunde in London kennengelernt, und sie sagte ihm, daß seine Romane zu denen gehörten, die ihr in Afrika am meisten bedeutet hatten.

Die zwei Männer diskutierten mit großem Enthusiasmus über ihre Experimente mit bewußtseinsverändernden Drogen, und Huxley, dessen Sehkraft nachließ, beschrieb das Glück, das die Visionen ihm bescherten. Tania Blixen hatte selbst in Afrika mit Denys *miraa* gekaut und dessen leicht halluzinogene Wirkung genossen. Vielleicht hatte sie auch Opium geraucht. Jetzt hörte sie ihnen mit Interesse zu und nahm eine Rose entgegen, die man Leary auf einer Séance geschenkt hatte, und die, wie er sagte, »aus der Welt der Geister kam.« Aber ihre Einladung, Meskalin zu versuchen, lehnte sie, wie Parmenia Migel behauptet, mit der Be-

---

* Man muß auf dieser Erde viele Dinge lieben,
Um am Ende zu wissen, was man am meisten liebt...

gründung ab, »daß sie genug Phantasien in sich habe... ohne äußeres Stimulans.«[7]

Im September kaufte Tania Blixen einen neuen Hund, einen Dandie Dinmont. Nach Pasops Tod hatten weder Tania noch Clara an einen Ersatz auch nur denken wollen, und sie hatten, wie Tania Blixen es ausdrückte, »für eine Weile *shivva* über Pasop verhängt.« Doch nachdem sie aus dem Krankenhaus nach Rungstedlund zurückgekehrt war, beklagte sie »das Elend eines hundelosen Lebens«[8], und während sie im Juli in Wedellsborg war, besuchte sie das Gut von alten Freunden, die Dandie Dinmonts züchteten. Diese Hunderasse hatte ihr schon immer gefallen, sie kamen in den Romanen von Walter Scott vor, wo sie unabänderlich Mustard oder Pepper hießen. Ihre alten Freunde, Baron und Baronin Bille Brahe Selby, schenkten ihr ein »unwiderstehliches graues Hündchen«, das sie zwei Monate später persönlich ablieferten. Es wurde prompt Pepper getauft, und man trank »mit Champagner auf seine Gesundheit.«[9]

III

In New York hatte Tania Blixen zu Nancy Wilson Ross gesagt, sie fühle sich »so voll von nicht erzählten Geschichten, daß sie herausfließen, wenn man mich ansticht.« Als die Sommerreisesaison vorüber war, machte sie sich wieder ans Schreiben.

Sie hatte ihr Vorhaben, *Albondocani* vor ihrem Tod zu vollenden, nicht aufgegeben, und ein Entwurf für neue Kapitel harrte der Ausarbeitung: eine Erzählung über den Kardinal und eine über Byron. Aber sie hatte auch weiter von den Familien Angel und Galen phantasiert und eine Fortsetzung von »Saison in Kopenhagen« ins Auge gefaßt, geschrieben im »romanhaften« Stil des Originals. Darin sollte das Leben von Drude Angel verfolgt werden, und der vorläufige Titel lautete zu Ehren von Dumas »Dreißig Jahre danach«.

Sie arbeitete in diesem Herbst mit einer gewissen Hektik, denn sie fürchtete, daß sie vielleicht noch eine lange Zeit lebe, ohne arbeiten und neue Tantiemen zum Unterhalt ihres Hauswesens heranschaffen zu können. Die Rungstedlund-Stiftung hatte vor einigen Monaten Geld aufgenommen, um die laufenden Kosten bestreiten zu können, und das bekannte Gespenst, daß die Banken ihr Eigentum zwangsvollstrecken ließen – wenngleich die Gefahr gering war – suchte sie immer noch heim. Clara erkannte ein altes Dilemma: Zu viele widerstreitende Projekte, die um ihre Energie wetteiferten und voneinander ablenkten, und das zunehmende Gefühl der Hilflosigkeit und Verzweiflung erschwerten ihr das Schreiben. Aber als sie Tania Blixen diese Beobachtungen mitteilte, wurde sie getadelt. »Ich hatte nichts weiter zu sein als ein menschliches Diktiergerät, hatte stillzusitzen und zu schreiben, und mich nicht in die Arbeit einzumischen, außer Interesse dafür zu zeigen.«[10]

Zum »Aufwärmen« für ihre neue Arbeit begann Tania Blixen einige Erzählungen zu überarbeiten, die sie aus den früheren Sammlungen ausgelassen hatte. Sie nahm sich »Karneval« und »Der letzte Tag« wieder vor. Diese Erzählung war für *Wintergeschichten* geplant, wurde aber nie vollendet. Sie ist in ihrer Struktur fast das Paradigma einer Blixen-Geschichte: symmetrische Paare, ein erotisches Erlebnis, verhüllt und erhöht durch Mythos und Poesie. »Der Bär und der Kuß«, 1958 geschrieben, aber für *Schicksalsanekdoten* nicht rechtzeitig fertig geworden, wurde auch nie zu ihrer Zufriedenheit umgeschrieben, aber sie überarbeitete schließlich »Ehrengard«, das 1962 nach ihrem Tod als Einzelausgabe erschien. Die ursprünglich in *The Ladies' Home Journal* als »Das Geheimnis von Rosenbad« veröffentlichte Erzählung ist eine elegante, aber, am Blixen-Standard gemessen, schwache romantische Komödie, die Robert Langbaum großmütig als Blixens Antwort auf Kierkegaards »Tagebuch des Verführers« interpretiert.

»Dreißig Jahre danach« wurde nie geschrieben, aber das letzte Kapitel von *Albondocani*, »Die zweite Begegnung«, ist eine schön aufgebaute Geschichte, die ihren Wunsch, »mein Dasein harmonisch abzurunden«, »die Klammer schwungvoll zu schließen«, zum Thema hat.

Es ist die Erzählung einer zweiten Begegnung zwischen Pino Pizzuti (Pipistrello), dem Direktor eines berühmten Marionettentheaters, dem wir in der »Manteltrilogie« begegnen, und Lord Byron, und sie spielt während der letzten Tage des Dichters in Italien, ehe er nach Missolonghi in den Tod segelt. Pizzuti ist Byrons Doppelgänger, und ihm wurden das Glück und die Ehre (denn so sieht er es) zuteil, Byron vierzehn Jahre zuvor das Leben gerettet zu haben. Jetzt ist er in die Casa Saluzzo gekommen, um zu sehen, was diese vierzehn Jahre und seine Tat seinem Doppelgänger beschert haben, und nun erzählt er Byron auch die wahre Geschichte seiner Rettung. Damals hatte der Dichter, auf der Höhe seiner Schaffenskraft und seines Ruhms, kurze Zeit auf Malta gelebt. Pizzuti, der Sohn einer auf der Insel beheimateten sehr armen, aber frommen Witwe, hatte erfahren, daß drei Brüder – Raufbolde oder Piraten – den Dichter entführen und töten wollten, weil er ihre Schwester verführt hatte. Er dachte bei sich, daß jemand, der von Gott so wunderbar begünstigt war, zu leben verdiente, und daß er wirklich nach Gottes Plan handle, wenn er an seiner Stelle stürbe. So lieh er sich vom Hausdiener Byrons Pferd und Kleider aus und ritt zum Ort des Rendezvous' des Dichters mit seinem Mädchen, wo ihm ihre Brüder auflauerten. Sie ließen sich nicht täuschen, fanden aber, es sei ein gelungener Scherz, und forderten Byron auf, das Leben dieses Schwindlers mit einer Summe, die ihm dafür angemessen erscheine, freizukaufen. Byron hatte ihnen durch seinen Diener einen goldenen Souvereign geschickt, und die Räuber hatten ihn Pizzuti gegeben. Er verwendete das Geld zur Gründung des Marionettentheaters, das ihm Ruhm und Reichtum brachte, aber gleichzeitig erkannte er, daß er mit der Annahme des Geldes »meinen Anspruch auf ein richtiges menschliches Leben verwirkt« hatte. Alles, was ihm seither widerfuhr, hat er »in Geschichten verwandelt.«

Nun sei er gekommen, erzählt er Byron, um Inventur zu machen, die Bestände des Dichters abzurunden und »zu einer Einheit zu versammeln... ich werde sie in eine Geschichte verwandeln.« Er erklärt auch freimütig, der einzige Geniestreich, der die »sich auflösenden Elemente« von Byrons Leben – die kleinen, selbst beigebrachten Niederlagen – vereinigen könne, sei »eine große, tödliche Niederlage, die sie wiedergutmachen wird.« Das erzürnt den Dichter. Sieht er es schon als ein schlimmes Omen, seinem Doppelgänger zu begegnen, so findet er es noch viel schlimmer, daß dieser Doppelgänger ihm seinen Untergang prophezeit, und er sagt zu Pizzuti, daß er ihn eigentlich hinauswerfen sollte. Darauf erwidert Pizzuti, daß ihm die Niederlage in der Zukunft eine große Belohnung bringen werde – allerdings nicht, wie Byron zuerst annimmt, in der Form, daß seine Werke unsterblich werden, denn in hundert Jahren »werden sie nicht mehr aus den Regalen genommen.« Ein Buch aber werde es geben, versichert er ihm, »das neu geschrieben und wiedergelesen und jedes Jahr in einer Neuausgabe ins Regal gestellt wird... *Das Leben Lord Byrons.*«[11]

Man kann Pizzuti und Byron – wie so viele Paare, Zwillinge und *semblables* in Tania Blixens Erzählungen – als einen in zwei gespaltenen Charakter betrachten, von denen jeder die fehlenden Eigenschaften des anderen verkörpert, und die zusammen eine Einheit bilden »wie Haken und Öse«. Byron vertraut auf Leidenschaft und Lebenskraft, Pizzuti auf Imagination. Byron stirbt einen Heldentod, damit sein Leben unsterblich wird, und Pizzuti »verwirkt« seinen Anspruch auf ein richtiges Leben, damit seine Kunst unsterblich wird. Man kann sie zusammen auch als die zwei Phasen von Tania Blixens eigenem Leben sehen, ihre »*Vita Nuova*«, ihr »richtiges Leben« in Afrika, und die Periode danach, die freigekauft wurde, damit sie leben konnte, um darüber zu schreiben. Pizzutis Prahlen und Klagen, daß er alle seine Erlebnisse in Geschichten verwandelt habe, war ihr eigenes. Und als Clara 1961 eines Nachmittags Tanias Schreibtisch aufräumte, fand sie einen Notizblock mit einem einzigen Satz in der bekannten feinen Handschrift: »verwirkte meinen Anspruch auf ein richtiges menschliches Leben.«[12]

IV

Tania Blixen verfiel buchstäblich mehr und mehr. Fortgeschrittene Rückgratsyphilis machte ihr das Gehen, sogar das Stehen immer schwerer, und es erforderte Courage, jeden Abend die steile Treppe zu ihrem Schlafzimmer hinaufzusteigen. Sie war unterdessen auch so abgemagert, daß ihre Haut bei bloßer Berührung blau anlief; als ein junger Gärtner, der auf einem Weg hinzugekommen war, wo sie sich abmühte, die Strecke zurück zum Haus zu schaffen, sie auf die Arme hob, wurde sie schwarz und blau, als sei sie geschlagen worden.

Mit dieser Schwäche wollte sie nicht weiterleben. Sie schrieb an Monica Stirling, die englische Schriftstellerin, die sie in Paris kennengelernt hatte: »Ich wünschte, ich könnte sterben, ich möchte sterben, es ist wie bei Shakespeare, erinnern Sie sich: ›*Thou thy worldly task hast done*‹?«[13] Als Eugene Haynes sie im Sommer 1962 besuchte und sie erinnerte, daß sie ihr Leben nicht lassen wolle, ehe es sie gesegnet habe, erwiderte sie: »Es hat mich gesegnet.«

Ihre Angehörigen merkten, daß sie bald sterben würde, und auch die meisten ihrer Freunde fanden sich damit ab, nur Clara hoffte beharrlich, daß ihr »ein neues Leben« gegeben werde, wie einst; und Viggo Kjær Petersen schimpfte mit der begierigen Liebe eines Zuspätgekommenen, sie sei »zu hart mit sich selbst...« »zu hart mit Pellegrina.« Seine energische Bewunderung entzündete Fünkchen von Lebenskraft in ihr, aber sie konnten nicht genährt werden.

Tania Blixen hatte durchaus keine Scheu vor ihrem Tod. Sie ging, um die Lindenblüten zu riechen und die Nachtigallen zu hören, und wußte, es war zum letzten Mal, aber dieses Gefühl von Endgültigkeit war nicht morbid: Es machte den Augenblick erhaben für sie und diejenigen, die ihn miterlebten. Auch ließ sie nicht davon ab, »Spaß« zu suchen und dazu anzustiften. Als Daniel Gillès sie fürs belgische Fernsehen interviewte, gab sie eine ihrer köstlichsten komischen Vorstellungen. *»Je déteste la littérature«*, behauptete sie, *»et en particulier celle d'aujourd'hui.«* Und im selben Atemzug: *»Je lis avec un appétit de jeune fille, qui croit qu'elle va trouver le Prince Charmant dans les livres.«* Und mit dem nächsten Atemzug, im Hinblick auf Giraudoux, dessen *Undine* sie bewunderte: *»Je crois qu'il est un décadent, n'est-ce pas? Tout comme moi!«* *

Im Frühjahr und Sommer hielt sie Hof; sie saß in einem Sessel auf ihrer Veranda, in alte Pullover gehüllt, schnitt Grimassen für die Kamera und ließ Clara jeden neuen Gast den Hügel hinaufführen, um ihm die Stelle zu zeigen, die sie für ihr Grab ausgesucht hatte. Viele alte Freunde kamen sie besuchen: Bent, Eugene, Erling, Else und Eduard Reventlow, Ellen Wanscher und viele Freunde von ihren kürzlichen Auslandsreisen. Im Mai erhielt sie Besuch von zwei Kikujus, die mit einem Stipendium in Dänemark studierten, und die junge Frau, Emma Wamboi, überbrachte Grüße von

---

* »Ich verachte die Literatur, und ganz besonders die heutige... Ich lese mit dem Appetit eines jungen Mädchens, das glaubt, den Märchenprinzen in einem Buch zu finden... Ich glaube, er ist dekadent, nicht wahr? Genau wie ich!«

Aus Gillès, »La Pharoanne de Rungstedlund«, in *Isak Dinesen: A Memorial*, S. 177.

ihrem Vater, einem Neffen von Kinanjui. Tania Blixen hatte das Jahr hindurch den Unabhängigkeitskampf der Kenianer verfolgt, und zu Clara hatte sie bemerkt, wie traurig es sei, daß sie »ausgerechnet jetzt« nicht bei ihnen sein könne.[14]

In diesem Frühjahr warnte Tania Blixen ihre Freundin Parmenia Migel in einem Brief, sie werde sie so viel schwächer antreffen, als sie selbst am Tiefpunkt ihrer Amerikareise gewesen sei, und vollkommen gebrechlich. An Violet Trefusis, die sie in ihrer glanzvollen Villa außerhalb von Paris besucht hatte, schrieb sie, sie hätte liebend gerne bei ihr in Florenz gewohnt, wo sie ebenfalls ein Haus besaß, und »noch einmal erlebt, wieviel Schönes es auf der Welt gibt. Doch leider, meine Liebe, kommt es zur Zeit für mich nicht in Frage. Ich bin so viel schwächer als bei unserer Begegnung in Paris ... Ich kann ohne Hilfe keine zwei Schritte gehen, auch nicht stehen und mein Gleichgewicht halten ... und ich kann nicht essen und deshalb mein Gewicht nicht über siebzig Pfund bringen. Ich muß vielleicht für mehrere Bluttransfusionen ins Krankenhaus. Der Arzt sagt, ich habe alle Symptome einer Gefangenen in einem Konzentrationslager; eines davon ist, daß meine Beine so anschwellen, daß sie wie dicke Pfosten aussehen und sich anfühlen wie Kanonenkugeln. Letzteres ist sehr unkleidsam und aus irgendeinem Grunde sehr vulgär. Alles in allem sehe ich wie eine garstige alte Hexe aus, ein rechtes Memento Mori. Wenn dies kein fortgesetzter Verfall bleiben soll, muß ich versuchen, in den Sommermonaten etwas von meiner Kraft zurückzugewinnen.«[15]

Doch die Photographien von Peter Beard, der Tania Blixen im Juni 1962 kennenlernte, halten das seltsame Strahlen ihrer letzten Monate fest, über das sich auch Thomas und Jonna Dinesen äußerten. Sie ging aus sich heraus, zeigte entspannt ihr schiefes Lächeln, und ihre Augen, die sie immer noch sorgfältig mit Kajal schminkte, schienen von Licht durchflutet. Ihre Gebrechlichkeit hatte etwas fast Unmenschliches oder Überleitendes: Sie schien in einen Vogel verwandelt.

Sie starb tatsächlich an Unterernährung. Als die Spargelsaison vorüber war, lebte sie ausschließlich von Obst- und Gemüsesäften, *Gelée royale*-Ampullen, Austern und trockenen Biskuits. Am Abend des 5. September spielte sie mit Clara Bézigue und hörte Musik auf einem neuen Grammophon, einem Geschenk von Solita Solano. Sie spielten Auszüge aus *Die Hochzeit des Figaro* und eine Arie von Händel, die Denys manchmal gesungen hatte. »Ich wäre nie auf den Gedanken gekommen«, erzählte Clara Robert Langbaum, »daß sie, nachdem ich ihr nach oben in ihr Schlafzimmer geholfen hatte, nicht lebend wieder herunterkommen würde. Aber so war es.«

Am 6. September wirkte Tania Blixen sehr schläfrig. Als Clara am frühen Nachmittag nach ihr sah, fiel ihr das Sprechen schwer. Clara dachte, sie sei einfach müde, aber Frau Carlsen, die ihr etwas Brühe und Zitronensaft brachte, merkte, daß es zu Ende ging. Thomas und Jonna Dinesen wurden gerufen und »kamen rechtzeitig, so daß sie sie erkannte.«[16]

Als ihr Arzt kam, gab er ihr eine Spritze, und kurz danach fiel sie in ein Koma, aus dem sie nicht mehr erwachte. Sie starb am nächsten Abend, Freitag, dem 7. September – Todesursache: Auszehrung.[17]

»Als die Zeit kam,
da ich nichts mehr besaß,
erwies sich's,
daß ich für das Schicksal,
das sich seiner Last entledigte,
die leichteste Bürde war.«[18]

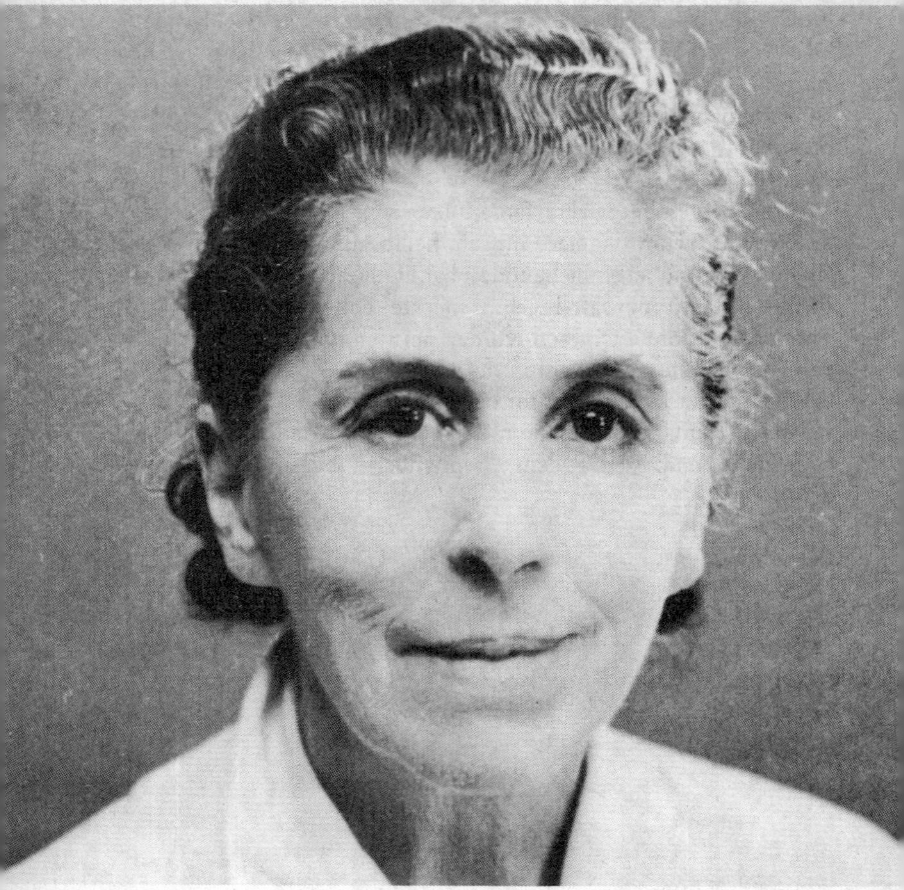

Anhang

Hinweis zu den Quellenangaben

Tania Blixen hat unter verschiedenen Namen geschrieben. In Deutschland ist sie unter dem Namen Tania Blixen bekannt. In englischsprachigen Ländern hat sie unter dem Pseudonym Isak Dinesen veröffentlicht. Ihr dänischer Geburtsname ist Karen Dinesen.

Wir halten in dieser Biographie an dem in Deutschland bekannten Namen »Tania Blixen« fest, Ausnahmen sind feststehende Namen, wie z. B. das »Karen Blixen Archiv« in Kopenhagen; ausgenommen ist auch der Kosename »Tanne«, mit dem Tania Blixen in ihrer Jugend gerufen wurde, und den Verwandte und Bekannte auch in späteren Jahren beibehielten.

Auf das Karen Blixen Archiv, wo Manuskripte, Korrespondenz und andere persönliche Schriftstücke der Dichterin aufbewahrt sind, wird in den Quellenangaben durchgehend mit der Abkürzung KBA verwiesen. Es ist in der Königlichen Bibliothek von Kopenhagen untergebracht und nur mit Genehmigung der Rungstedlund Stiftung zugänglich. Für Verweise auf Quellen aus dem Archiv habe ich mich an die Kennziffern des dortigen Hauptverzeichnisses gehalten. Es existieren 105 Ordner mit Briefen von, an und über Karen Blixen. Ihre Manuskripte begannen mit Notizbüchern aus der Jungmädchenzeit in Ordner 106. Das Archiv verfügt über 52 Mappen mit Manuskripten und Notizheften, fortlaufend von 106–157 nummeriert, und über 40 weitere Mappen mit Typoskripten, Rezensionen, Artikeln, Interviews, Zeichnungen, Tagebucheintragungen, Vortragsmanuskripten und einschlägigen Schriften von anderen Autoren und Familienangehörigen, *Dubia* und diversen Materialien. Sie tragen die Nummern 158–197.

Die einzige bedeutende Schriftensammlung, die nicht dem Archiv gehört, ist Karen Blixens Briefwechsel mit Robert Haas, der bei Random House, ihrem amerikanischen Verlagshaus, archiviert ist, und von dem Morris Philipson, der Verlagsleiter der University of Chicago Press, mir liebenswürdigerweise eine Kopie überließ.

Für Tania Blixens veröffentlichte Hauptwerke habe ich die untenstehenden Abkürzungen verwendet.

SphG *Sieben phantastische Geschichten*
AW *Afrika, dunkel lockende Welt*
WG *Wintergeschichten*
LE *Letzte Erzählungen*
SchA *Schicksalsanekdoten*
SchG *Schatten wandern übers Gras*
BA *Briefe aus Afrika*

Für Quellenangaben zu Zitaten aus noch unveröffentlichten Briefen und aus Interviews habe ich die folgenden Abkürzungen verwendet:

Für Familienmitglieder:
TB Tania Blixen
Ea Ea Neergaard
ED Ellen Dahl
ID Ingeborg Dinesen
TD Thomas Dinesen
WD Wilhelm Dinesen
IM Ingeborg Michelsen (Thomas Dinesens jüngste Tochter)
MW Mary Westenholz (»Mama«)
MBW Mary Bess Westenholz (»Tante Bess«)

Andere:
TB Thorkild Bjørnvig
RH Robert Haas
DFH Denys Finch-Hatton
IL Ingrid Lindström
SER Steen Eiler Rasmussen
CS Clara Svendsen
OW Ole Wivel

Einige meiner Gesprächspartner haben mich um Wahrung ihrer Anonymität gebeten. In diesen seltenen Fällen habe ich Datum und Ort des Gesprächs angegeben.

Anmerkungen

1. Entweder – Oder

1 Matthew Arnold zugeschrieben, tatsächlich aber die Paraphrasierung eines gleichlautenden Ausspruchs in: Matthew Arnold, *Literature and Dogma*, S. 16–18.
2 Interview mit TD, Leerbæk, Vejle, Juli 1975.
3 Tania Blixen, *Letzte Erzählungen*, Zürich 1985, S. 368 (im weiteren als *LE* zitiert).
4 Ebd., S. 380.
5 Robert Langbaum, *The Gayety of Vision*, New York 1965, S. 39. (Im weiteren als »Gayety« zitiert).
6 *LE*, S. 367.
7 Mary Bess Westenholz, »Erindringer om Mama og hendes Slægt«, (Erinnerungen an Mama und ihre Familie), *Blixeniana* 1979, S. 82 (im weiteren als »Om Mama« zitiert).
8 Thomas Dinesen, *My Sister, Isak Dinesen*, trans. Joan Tate, S. 15 (im weiteren als *My Sister* zitiert).
9 Westenholz, »Om Mama«, S. 200.
10 Tania Blixen, *Briefe aus Afrika* 1914–1931, hrsg. von Frans Lasson, Stuttgart 1988 (DVA), S. 437 (im weiteren als *BA* zitiert).
11 Interview mit CS, Dragør, Juli 1976.
12 »Autobiography of Ingeborg Dinesen«, für ihre Kinder geschrieben, KBA 99/D.
13 Westenholz, »Om Mama«, S. 117.
14 T. Dinesen, *Boganis: Min Fader, Hans Slægt, Hans Liv og Hans Tid*, S. 96 (im weiteren als *Boganis* zitiert).
15 Ebd., S. 97.
16 T. Dinesen, *My Sister*, S. 12.
17 T. Dinesen, *Boganis*, S. 17.
18 Frans Lasson und Clara Svendsen (Hrsg.), *The Life and Destiny of Karen Blixen*, S. 18 (im weiteren als *Life and Destiny* zitiert).
19 T. Dinesen, *Boganis*, S. 18.
20 Ebd.

21 *BA*, S. 438.
22 Tania Blixen (Isak Dinesen), *Daguerreotypes and Other Essays*, S. 23 (im weiteren zitiert als *Daguerreotypes*).
23 Tania Blixen, *Schatten wandern übers Gras*, Stuttgart 1986, S. 26 (im weiteren zitiert als *SchG*).
24 TB zu Aage Henriksen, 1. April 1956, KBA 66.

2. Der Hauptmann

1 Friedrich Nietzsche, *Nietzsche contra Wagner*, in: Ders., Werke in 3 Bdn., München, 2., durchgesehene Auflage 1960, Bd. 2, S. 1058.
2 Georg Brandes, »Wilhelm Dinesen«, *Samlede Skrifter*, S. 196.
3 Ebd., S. 195.
4 Ebd., S. 189.
5 Wilhelm Dinesen (Boganis), *Jagtbreve og Nye Jagtbreve* (Jagdbriefe und Neue Jagdbriefe), S. 48 (im weiteren zitiert als *Jagtbreve*).
6 T. Dinesen, *Boganis*, S. 47/48.
7 Bent Rying (Hrsg.), *Denmark: An Official Handbook*, S. 92 (im weiteren zitiert als *Denmark*).
8 Brandes, »Wilhelm Dinesen«, S. 197.
9 Ebd., S. 196.
10 T. Dinesen, *Boganis*, S. 50.
11 Tania Blixen, *Sieben phantastische Geschichten*, S. 116 (im weiteren als *SphG* zitiert).
12 W. Dinesen, »Fra et Ophold i de Forenede Stater« (Von einem Aufenthalt in den Vereinigten Staaten), *Tilskueren*, S. 779 (im weiteren zitiert als »Fra et Ophold«).
13 T. Dinesen, *Boganis*, S. 70.
14 Brandes, *Main Currents in Nineteenth Century Literature*, London 1901, Bd. 1, S. 31 (im weiteren als *Main Currents* zitiert).
15 Arnold Hauser, Sozialgeschichte der Kunst und Literatur, München 1953, Bd. 2.
16 Richard B. Vowles, »Boganis, Father of Osceola; or Wilhelm Dinesen in America, 1872–1874«, *Scandinavian Studies*, Bd. 48, Herbst 1976, S. 370.
17 W. Dinesen, »Fra et Ophold«, S. 783.
18 Thomas Dinesen übersetzt »hasselnød«. Richard B. Vowles zitiert Donald Watkins, der sagt, daß es im »southwestern Chippewa« »kleine Nuß« heißt. (Vowles, S. 381).
19 W. Dinesen, »Fra et Ophold«, S. 785.
20 Parmenia Migel, *Titania. The Biography of Isak Dinesen*, S. 10 (im weiteren als *Titania* zitiert).
21 *Morgenbladet* (Kopenhagen), 24. Januar 1887.
22 T. Dinesen, *Boganis*, S. 113.
23 W. Dinesen, *Jagtbreve*, S. 280.
24 Ebd., S. 90.
25 Brandes, »Wilhelm Dinesen«, S. 187.

26 T. Dinesen, *Boganis*, S. 113.
27 Hauser, *Sozialgeschichte der Kunst u. Lit.*, München 1953, Bd. 4, S. 35.
28 W. Dinesen, *Jagtbreve*, S. 136.
29 *SphG*, S. 89.
30 *BA*, S. 486.
31 »Autobiography of Ingeborg Dinesen«, KBA 99/D.
32 Ebd.
33 ID an WD, 5. August 1880, KBA 61/D.
34 Ebd.
35 T. Dinesen, *Boganis*, S. 100.
36 MW an WD, 4. Mai 1880, KBA 61.
37 WD an ID, 3. April 1880, KBA 61.
38 MW an WD, 4. Mai 1880, KBA 61.
39 WD an ID, 3. April 1880, KBA 61.
40 ID an WD, 5. August 1880, KBA 61.
41 MW an WD, 3. April 1880, KBA 61.
42 ID an WD, 5. August 1880. KBA 61.
43 »Autobiography of Ingeborg Dinesen«, KBA 99/D.
44 ID an WD, 31. Juli 1880, KBA 61.
45 T. Dinesen, *Boganis*, S. 101.
46 *BA*, S. 485/486.
47 W. Dinesen, *Jagtbreve*, S. 112.

3. Eine Familienromanze

1 Aus den Anmerkungen zum Manuskript *Afrika, dunkel lockende Welt*, KBA 159.
2 Westenholz, »Om Mama«, S. 104.
3 Ebd., S. 201.
4 Ebd., S. 201.
5 Ebd., S. 198.
6 Tania Blixen, *Wintergeschichten*, S. 114 (im weiteren zitiert als *WG*).
7 Westenholz, »Om Mama«, S. 207.
8 Migel, *Titania*, S. 8.
9 ID für ihre Kinder. »Hausregeln«, kopiert von Tania Blixen, unveröffentlichte frühe Manuskripte, KBA 105, III a, 3–4.
10 Lasson und Svendsen, *Life and Destiny*, S. 144.
11 *BA*, S. 148.
12 *WG*, S. 221.
13 Ebd., S. 213/214.
14 Langbaum, *Gayety*, S. 39.
15 Steen Eiler Rasmussen, »Karen Blixens Rungstedlund«, *Det Danske Akademi, 1960–1967*, S. 251.
16 Langbaum, *Gayety*, S. 45.
17 *SphG*. »Frei lebt, wer sterben kann«, Motto der *SphG*.
18 Nietzsche, *Die Geburt der Tragödie*, in: Werke in 3 Bdn., München 1962, Bd. 1, S. 14.

19 T. Dinesen, *Boganis*, S. 120.
20 Migel, *Titania*, S. 13.
21 Lasson und Svendsen, *Life and Destiny*, S. 40.
22 T. Dinesen, *Boganis*, S. 135.
23 Ebd., S. 136.
24 TB an Aage Henriksen, 1. April 1956, KBA 66.

4. »Alkmene«

1 *BA*, S. 487.
2 Lasson und Svendsen, *Life and Destiny*, S. 43.
3 Migel, *Titania*, S. 14.
4 *BA*, S. 298.
5 Lasson und Svendsen, *Life and Destiny*, S. 43.
6 TB an Aage Henriksen, 1. April 1966, KBA 66.
7 T. Dinesen, *My Sister*, passim.
8 Tania Blixen, »Stürme«, in: *Schicksalsanekdoten* (im weiteren zitiert als *SchA*).
9 *WG*, S. 205.
10 Ebd., S. 206.
11 Ebd., S. 212.
12 Ebd., S. 214.
13 Ebd., S. 217.
14 Ebd., S. 231.
15 Ebd., S. 234.
16 *BA*, S. 437.
17 T. Blixen, (Isak Dinesen) *Out of Africa*, S. 20 (Text in die deutsche Fassung nicht aufgenommen).

5. Drei Schwestern

1 T. Dinesen, *My Sister*, S. 30.
2 Interview mit TD, Leerbæk, Vejle, Juli 1975.
3 T. Dinesen, *My Sister*, S. 30.
4 *BA*, S. 402.
5 Interview, Kopenhagen, Juli 1975.
6 *BA*, S. 238/239.
7 T. Blixen (Isak Dinesen), *Letters from Africa*: 1914–1931. Chicago 1981. (Die deutsche Ausgabe enthält nur eine Auswahl der Briefe. Dort nicht aufgenommene Briefe werden aus der amerikanischen Ausgabe zitiert, im weiteren als *Letters*).
8 Interview mit CS, Dragør, Juli 1976.
9 ED an TB, Mai 1946, KBA 57.
10 *BA*, S. 463/464.
11 Georg Brandes, Aristokratischer Radicalismus. Eine Abhandlung über Friedrich Nietzsche, in: *Der Essay als kritischer Spiegel, Georg Brandes und die deutsche Literatur*, ausgew. von Klaus Bohnen, 1980, S. 116 (im weiteren als »Bohnen« zitiert).

12 Brandes an Nietzsche, Appendix zu »Aristokratischer Radicalismus ...«, in Bohnen, a. a. O., S. 94–136.
13 T. Blixen (Isak Dinesen), *Daguerreotypes*, S. 4.
14 *BA*, S. 357.
15 Ebd., S. 99.
16 Interview mit TD, Leerbæk, Vejle, Juli 1975.
17 Tania Blixens unveröffentlichte frühe Manuskripte, KBA 106, III a, 3–4.
18 Ebd.
19 Ebd.
20 Ebd.
21 ID, »Hausregeln«, unveröffentlichte frühe Manuskripte, KBA 105, III a, 3–4.
22 Ebd.
23 Meine Darstellung stützt sich hauptsächlich auf Alfred Gnudtzmann, »Tivoli«, *Copenhagen, The Capital of Denmark* (Copenhagen: Danish Tourist Society, 1898), S. 88–94.
24 T. Blixen (Isak Dinesen) *Out of Africa*, S. 16.
25 Tania Blixens unveröffentlichte frühe dramatische Dichtung, KBA 107, III.
26 Ebd., A_2 a_1.
27 Clara Svendsen, *Notater om Karen Blixen*, S. 188 (im weiteren zitiert als *Notater*). Clara Svendsen vermerkt, daß sie »Arabella« mit »Annabella« verwechselten.
28 Arnold Hauser, *Sozialgeschichte der Kunst und Literatur*, München 1953, Bd. 2, S. 222 u. 224.
29 T. Dinesen, *My Sister*, S. 32.
30 *WG*, S. 265.

6. Der Weg nach Katholm

1 *WG*, S. 186.
2 *WG*, S. 268.
3 Ebd., S. 263.
4 Brandes, *Main Currents*, Bd. 1.
5 *WG*, S. 267.
6 T. Dinesen, *Tanne, Min Søster Karen Blixen*, S. 19.
7 TB an Birthe Andrup, undatiert, aus dem Privatarchiv B. Andrups.
8 *WG*, S. 267.
9 T. Blixen (Isak Dinesen) *Out of Africa*, S. 72
10 *BA*, S. 235.
11 Thorkild Bjørnvig, *Pagten*, S. 15.
12 Bohnen, S. 94–136.
13 Migel, *Titania*, S. 16.
14 Nietzsche, Friedrich: *Ecce homo*, in: Ders.: Werke in 3 Bdn., München, 2., durchgesehene Auflage 1960, Bd. 2, S. 1088 f.
15 Aus den blauen Notizheften Tania Blixens, die ihre Liebesgedichte, Serenaden, Balladen, Sonette, Wiegenlieder, Erntelieder, Mittsommernachts-

lieder und verstreute Anreden an die Elemente und Planeten enthalten, KBA 106, III A_1.
16 T. Blixen (Isak Dinesen), *Letters*, S. 393.
17 Laurie Magnus, *A Dictionary of European Literature*, London 1927, S. 203.
18 Ebd.
19 Rying, *Denmark*, S. 677.
20 T. Blixen (Isak Dinesen), *Letters*, S. 395.
21 T. Blixen, »Carnival«, in: *Entertainments and Posthumous Tales*, S. 338 (im weiteren zitiert als »Carnival«).
22 Lasson und Svendsen, *Life and Destiny*, S. 32.
23 KBA 106, III A_1.
24 Migel, *Titania*, S. 18.
25 Ebd., S. 21.
26 Interview mit TD, Leerbæk, Vejle, Juli 1976.
27 T. Blixen (Isak Dinesen), *Daguerreotypes*, S. 23.
28 *SphG*, S. 73.
29 Aus Tania Blixens Notizen zu einer Rede vor der *Dansk Kvindesamfund* (der dänischen Vereinigung weiblicher Bürger) über das Thema »Frauen in Afrika«, gehalten am 9. November 1938, KBA 152, III B_4; siehe auch *Daguerreotypes*, S. 72.
30 Migel, *Titania*, S. 28.
31 Ebd.
32 T. Blixen, *BA*, S. 226–237.

7. Tante Bess

1 Nietzsche an Brandes, in: Bohnen, a. a. O., S. 94–136.
2 Interview mit CS, Dragør, Juli 1976.
3 Migel, *Titania*, S. 16.
4 T. Blixen (Isak Dinesen), *Letters*, S. 199.
5 Ebd., S. 265.
6 *SchG*, S. 6.
7 Interview mit TD, Leerbæk, Vejle, Juli 1976.
8 *SphG*, S. 253.
9 T. Dinesen, *My Sister*, S. 10.
10 Bohnen, a. a. O., S. 94–136.
11 Ebd.
12 Meyer, Michael, *Ibsen*, New York 1971, Doubleday, S. 357.
13 Henning Fenger, *Georg Brandes et la France*, Paris 1963, S. 39.
14 Meyer, *Ibsen*, a. a. O., S. 346.
15 Rying, *Denmark*, S. 220.
16 Elias Bredsdorff, *Den Store Nordiske krig om Sexualmoralen*: En dokumentarisk fremstilling af sædelighedsdebatten in nordisk literattur i 1880 'erne (Der große skandinavische Krieg über sexuelle Moral), S. 7.
17 Ebd., S. 41.
18 Ebd., S. 73.

19 Brandes an Nietzsche, Januar 1880, Appendix, siehe Bohnen, a. a. O., S. 94–136.
20 T. Blixen (Isak Dinesen), *Letters*, S. 299.
21 Ole Wivel, *Romance for Valdhorn*, S. 215 (im weiteren zitiert als *Romance*).
22 T. Blixen (Isak Dinesen), *Letters*, S. 163.
23 *BA*, S. 439.

8. Kunst und Leben

1 Interview mit TD, Leerbæk, Vejle, Juli 1975.
2 Ebd.
3 *BA*, S. 438.
5 *BA*, S. 276.
5 Frans Lasson (Hrsg.), *Karen Blixens Tegninger, Med to Essays of Karen Blixen* (Tania Blixens Zeichnungen und zwei ihrer Essays), S. 20 (im weiteren zitiert als *Tegninger*).
6 Ebd.
7 Ebd., S. 19.
8 Interview mit Ida Palludan, New York 1980.
9 Lasson, *Tegninger*, S. 23.
10 Ebd.
11 Ebd.
12 Unveröffentlichte frühe Werke, KBA 113, III A_3, 1.
13 Lasson, *Tegninger*, S. 23.
14 Ebd.
15 Ebd., S. 27/28.
16 *WG*, S. 77.
17 *SphG*, S. 45.
18 Ebd.
19 Ebd., S. 46.
20 Ebd.
21 Ebd., S. 45.
22 *BA*, S. 235.
23 *BA*, S. 236.
24 Langbaum, *Gayety*, S. 2.

9. Komtesse Daisy

1 *BA*, S. 276.
2 Alle Zitate in »1« stammen aus unveröffentlichten frühen Manuskripten, KBA 111, III A 3 a, 1.
3 Alle Zitate in »2« stammen aus Tania Blixens Tagebuch vom 11. Februar – 17. März 1906 (Dagbog, Kopenhagen, Sct. Annæ Plads 15), KBA 118.
4 Ebd.
5 Lasson und Svendsen, *Life and Destiny*, S. 64.
6 KBA 111, III A 3.

7 Ebd.
8 Interview mit CS, Rungstedlund, Juli 1975.
9 *SphG*, S. 201.
10 T. Dinesen, *My Sister*, S. 23.
11 Migel, *Titania*, S. 209.
12 Interview, Kopenhagen 1975.
13 Migel, *Titania*, S. 210.
14 *SchG*, S. 16.
15 *BA*, S. 395.
16 Ebd., S. 437.
17 Siehe im folgenden, S. 92; »Paris-Tagebuch«, KBA 118.
18 KBA 113, III A 3, 1.
19 Ebd.
20 T. Dinesen, *My Sister*, S. 23.

10. Erste Erzählungen

1 *SchA*, S. 12.
2 T. Dinesen, *My Sister*, S. 37.
3 Lasson, *Tegninger*, S. 22.
4 KBA 111, 111 a, 3 a 1.
5 KBA 112, 111 A 3, 1.
6 Ebd., S. 159.
7 Lasson, *Tegninger*, S. 23.
8 Valdemar Vedel an TB, 17. Oktober 1906, KBA 52.
9 Tania Blixen, *Osceola*, hrsg. von Clara Svendsen.
10 *Politiken* (Kopenhagen), 1. Mai 1934, S. 12.
11 T. Blixen, *Osceola*, S. 37.
12 Langbaum, *Gayety*, S. 2.
13 Walter Benjamin, »Der Erzähler«, in: Ders.: *Illuminationen. Ausgewählte Schriften*, Frankfurt a. M. 1977, S. 406.
14 T. Blixen, *Osceola*, S. 82.
15 Ebd., S. 90/91.
16 Ebd., S. 51.
17 Ebd., S. 52.
18 Ebd., S. 46.
19 Ebd., S. 57.
20 Migel, *Titania*, S. 13.

11. Liebe, demütig und kühn

1 *SphG*, S. 75.
2 T. Dinesen, *My Sister*, S. 48.
3 Undatierter Tagebucheintrag, KBA 115, III a 3 e, Notizbücher 7–10.
4 Interview mit TD, Leerbæk, Vejle, Juli 1976.
5 T. Dinesen, *My Sister*, S. 24.
6 Errol Trzebinski, *Silence will Speak*, London 1977, S. 16.

7 T. Dinesen, *My Sister*, S. 40.
8 Migel, *Titania*, S. 23.
9 Lasson und Svendsen, *Life and Destiny*, S. 54.
10 W. Dinesen, *Jagtbreve*, S. 308.
11 Unveröffentlichte Memoiren von Bror und Hans Blixen, mit freundlicher Genehmigung von Christopher Aschan.
12 Ebd.
13 Ebd.
14 Interview mit IL, London, Juni 1976.
15 Lasson und Svendsen, *Life and Destiny*, S. 65.
16 *SphG*, S. 74/75.
17 *BA*, S. 312.
18 »Paris-Tagebuch«, KBA 118, III A 4, 24. März–22. Mai 1910.
19 KBA 116, III A; a 7 I.

12. Rue Boccador

1 »Paris-Tagebuch«, 24. März–22. Mai 1910, KBA 118, III a 4. Alle Zitate in diesem Kapitel stammen aus dem hier zitierten »Paris-Tagebuch«, außer wenn anderweitig belegt.
2 Aage Kabell, *Karen Blixen debuterer* (Karen Blixens Debüt), München 1968, S. 29.
3 Ebd.
4 Ebd.
5 KBA 112, III A 3 6.
6 Migel, *Titania*, S. 31.
7 Graf Eduard Reventlow an Tania Blixen, 1955. Aus den Archiven des Grafen Christian Reventlow, mit dessen freundlicher Genehmigung.

13. »La Valse Mauve«

1 KBA 116, III B f 9, »kærlighedsklokkerne«.
2 Ebd.
3 KBA 116, III B f 11, »Rosa«.
4 KBA 112, III A_3 7, »La Valse Mauve«.
5 Interview, Kopenhagen 1975.
6 Friedrich Nietzsche, *Also sprach Zarathustra*. Goldmann, Insel Tb, S. 68.
7 »Paris-Tagebuch«, KBA 118.
8 KBA 116, III A_2 9.
9 T. Dinesen, *My Sister*, S. 49.
10 KBA 116, A III f, »Susanna«.
11 KBA 113, III A_3 2.
12 Eugene Walter, »Isak Dinesen«, *Paris Review*, Herbst 1956, S. 43–59.
13 Migel, *Titania*, S. 38.
14 *BA*, S. 76.
15 Interview mit CS, Dragør, Juli 1976.
16 Ebd.

17 *BA*, S. 76.
18 Kabell, *Karen Blixen debuterer*, a. a. O., S. 30.
19 Ebd.
20 Ebd.

14. Vielversprechende Aussichten

1 T. Dinesen, *My Sister*, S. 50.
2 KBA 114, A III.
3 TB an Christian Elling, undatiert, KBA 66.
4 Trzebinski, a. a. O., S. 92.
5 Interview mit CS, Rungstedlund 1975.
6 T. Dinesen, *My Sister*, S. 53.
7 *BA*, S. 321.
8 Migel, *Titania*, S. 39.
9 T. Dinesen, *My Sister*, S. 53.
10 *SchA*, S. 66.
11 Lasson und Svendsen, *Life and Destiny*, S. 66.
12 *BA*, S. 216/217.
13 Ebd., S. 216.
14 Bror von Blixen-Finecke, *The African Hunter*, S. 10.
15 T. Dinesen, *My Sister*, S. 52.
16 B. Blixen, *The African Hunter*, London 1937, S. 9–10.
17 T. Dinesen, *My Sister*, S. 52.
18 B. Blixen, *The African Hunter*, a. a. O., S. 12.
19 TB an Christian Elling, undatiert, KBA 66.
20 *BA*, S. 160.
21 T. Dinesen, *My Sister*, S. 53.
22 B. Blixen, *The African Hunter*, a. a. O., S. 12.
23 Ebd.
24 Interview mit Remy Martin, Nairobi, September 1975.
25 Graf Gustav Lewenhaupt an TB, 17. März 1938, KBA 31.
26 Migel, *Titania*, S. 42.

15. Ein anderes Meer

1 KBA 119, III A 5, 5–8.
2 Charles Miller, *Battle for the Bundu*, New York 1974, S. 38.
3 *Ba*, S. 37.
4 T. Blixen (Karen Blixen), »Breve fra et Land i Krig«, *Essays*, S. 122; (Isak Dinesen) *Daguerreotypes*, S. 92.
5 *BA*, S. 36.
6 T. Blixen (Isak Dinesen) *Daguerreotypes*, S. 6.
7 *SchG*, S. 16f.
8 Ebd., S. 7.
9 *AW*, S. 359.
10 *BA*, S. 38.

11 Prinz Wilhelm von Schweden, »Afrikanskt Intermezzo«, *Episoder*, Stockholm 1951, S. 150f.
12 Ebd., S. 152f.

16. Ein stilles Land

1 *AW*, S. 9.
2 C. G. Jung, *Erinnerungen, Träume, Gedanken*. Hrsg. von Aniela Jaffé, Olten, Freiburg i. Br., Sonderausgabe 1984, S. 259.
3 T. Blixen (Isak Dinesen) *Out of Africa*, Penguin Modern Classics. Die Passage, aus der das Zitat stammt, fehlt in der deutschen Ausgabe.
4 Miller, *Battle for the Bundu*, a. a. O., S. 26.
5 Basil Davidson, *Let Freedom Come: Africa in Modern History*, Boston 1978, S. 118.
6 Neal Acheson, »Longing for Darkness«, *The New York Review of Books*, 18. September 1975.
7 *AW*, S. 170.
8 Basil Davidson, *A History of East and Central Africa: To the Late Nineteenth Century*, Garden City, N. Y. 1969, S. 168.
9 Ebd., S. 294.

17. Die klare Dunkelheit

1 Trzebinski, *Silence Will Speak*, a. a. O., S. 84.
2 *AW*, S. 20.
3 Interview mit Rose Cartwright, Nairobi, September 1975.
4 Trzebinski, a. a. O., S. 99.
5 *BA*, S. 38.
6 *AW*, S. 10.
7 Ebd., S. 27.
8 T. Blixen, (Isak Dinesen) *Daguerreotypes*, S. 8.
9 Bjørnvig, *Pagten*, Kopenhagen 1974, S. 21.
10 Bror Blixen an Frau D., undatiert, KBA 61.
11 *BA*, S. 37.
12 Ebd., S. 40.
13 TB an Ea, unveröffentlichter Entwurf, KBA 65.
14 Interview mit Sir Charles Markham, Nairobi, September 1975.
15 Interview mit Beryl Markham, Nairobi, September 1975.
16 T. Blixen (Isak Dinesen), *Letters*, S. 10.
17 Interview mit Nathaniel Livoi, Karen, September 1975.
18 Interview mit Kamau, Karen, September 1975.
19 *AW*, S. 325.
20 Ebd., S. 17.
21 *BA*, S. 50.
22 *AW*, S. 10.
23 *BA*, S. 43.

18. Safarileben

1 *AW*, S. 14.
2 T. Dinesen, *My Sister*, S. 55.
3 Ebd., S. 56f.
4 *AW*, S. 283.
5 T. Blixen, »Ex Africa«, *Osceola*, S. 157.
6 Interview mit SER, Rungsted, August 1975.
7 B. Blixen, *The African Hunter*, a. a. O., S. 231.
8 Miller, *Battle for the Bundu*, a. a. O., S. 51.
9 *AW*, S. 331.
10 Ebd., S. 31.
11 *BA*, S. 60.
12 Miller, a. a. O., S. 322.
13 *BA*, S. 51.
14 Ebd., S. 63.

19. Luzifers Kind

1 Bror Blixen an Frau D., 3. März 1915, KBA 61.
2 *BA*, S. 65.
3 Interview mit CS, Dragør, Juli 1976.
4 Migel, *Titania*, S. 55.
5 Interview mit Dr. Mogens Fog, Kopenhagen, August 1976.
6 Interviews, OW, Kopenhagen, und Sir Charles Markham, Nairobi, August/September 1975.
7 Bjørnvig, *Pagten*, S. 104.
8 Interview mit CS, a. a. O.
9 T. Blixen (Isak Dinesen), *Letters*, S. 281 ff.
10 T. Blixen, *BA*, S. 51.
11 Ebd., S. 66.
12 Migel, a. a. O., S. 55.
13 R. D. Catterall, *A Short Textbook of Venereology: The Sexually Transmitted Diseases*, London 1974, S. 152.
14 Mogens Fog, »Karen Blixens Sygdomshistorie«, Blixeniana 1978, S. 142.
15 Westenholz, »Om Mama«, S. 215.
16 T. Dinesen, *My Sister*, S. 58.
17 *BA*, S. 312.
18 Bjørnvig, a. a. O., S. 50.
19 T. Blixen, *Osceola*, S. 8.
20 Ebd., S. 157.
21 T. Dinesen, *My Sister*, S. 58.
22 Interview mit TD, Leerbæk, Vejle, Juli 1976.
23 T. Dinesen, a. a. O., S. 60.
24 *BA*, S. 71.
25 T. Blixen (Isak Dinesen), *Letters*, S. 35.
26 Ebd.

27 *BA*, S. 73.
28 T. Blixen (Isak Dinesen), *Letters*, S. 37.
29 T. Blixen, *BA*, S. 74.

20. Schwinge des Todes

1 *BA*, S. 41 und Interview mit IL, London, Juni 1976.
2 *BA*, S. 75 f.
3 Ebd., S. 76.
4 Svendsen, *Notater*, S. 206.
5 *BA*, S. 409.
6 Ebd., S. 79.
7 T. Blixen (Isak Dinesen), *Letters*, S. 51.
8 Interview mit IL, Philadelphia, Dezember 1976.
9 *AW*, S. 414.
10 T. Blixen (Isak Dinesen), *Letters*, S. 51.
11 *BA*, S. 82.
12 Ebd., S. 110.
13 »Sang til Harpe«, KBA 118, III A I 12.
14 T. Blixen (Isak Dinesen), *Letters*, S. 55.

21. Personen der Handlung

1 *AW*, S. 259.
2 *SphG*, S. 73.
3 Noel Anthony Scawen Lytton (4. Earl), *The Stolen Desert*, London 1966, S. 162.
4 Ebd., S. 116.
5 *BA*, S. 94.
6 Ebd., S. 90.
7 Lytton, a. a. O., S. 167.
8 Migel, *Titania*, S. 61.
9 *BA*, S. 397.
10 Ebd., S. 93.
11 Ebd., S. 96.
12 TB an ED, 10. Dez. 1918, KBA 62.
13 *BA*, S. 99.
14 *AW*, S. 436.
15 Interview mit Rose Cartwright, Limuru, Sept. 1975.
16 Trzebinski, *Silence will Speak*, a. a. O., S. 37.
17 Interview mit Cockie Hoogterp (Jaqueline Alexander Birkbeck. Blixen Hoogterp), Bror Blixens zweiter Frau, England, Juni 1975.
18 *SphG*, S. 73.
19 T. Dinesen, *My Sister*, S. 62.
20 *SchG*, S. 45.
21 *BA*, S. 112.
22 *AW*, S. 263.

23 Trzebinski, a. a. O., S. 73.
24 *AW*, S. 254.
25 Miller, *Battle for the Bundu*, a. a. O., S. 29.
26 Trzebinski, a. a. O., S. 112.
27 Ebd., S. 114.
28 Ebd., S. 121.
29 *AW*, S. 291.
30 Interviews, Cockie Hoogterp, England 1975, und IL, Philadelphia 1977.
31 *BA*, S. 363.
32 Interview mit TD, Leerbæk, Vejle, Juli 1975.
33 Interview mit Ulf Aschan, Nairobi 1975.
34 Friedrich Nietzsche, *Die Geburt der Tragödie*, in: Werke in 3 Bdn., 3. durchgesehene Auflage, München 1962, Bd. 1, S. 13.
35 *AW*, S. 59.
36 *BA*, S. 111.
37 Interview mit Rose Cartwright, Limuru, Sept. 1975.
38 *BA*, S. 102.
39 Ebd., S. 104.
40 Ebd., S. 115.
41 Ebd., S. 117.
42 Ebd., S. 119.
43 T. Dinesen, a. a. O., S. 61.
44 Trzebinski, a. a. O., S. 146.
45 *BA*, S. 125.
46 Ebd., S. 133.
47 Unter ihren Notizen für *Afrika, dunkel lockende Welt* befand sich in Tania Blixens Handschrift eine flüchtige Chronologie ihres Lebens in Kenia; dies ist ein Auszug daraus. Die Chronologie war nicht mehr in den Archiven, als ich dort nachforschte, aber man zeigte Mrs. Trzebinski eine Kopie, die sie mich dankenswerterweise einsehen ließ.

22. Intermezzo

1 Bjørnvig, *Pagten*, S. 63.
2 Trzebinski, a. a. O., S. 130.
3 Interview mit Cockie Hoogterp, England, Juni 1975.
4 *AW*, S. 34.
5 *BA*, S. 138.
6 Interview mit Sir Charles Markham, Nairobi 1975.
7 Interview mit Kamante Gatura, Karen, September 1975.
8 T. Blixen (Isak Dinesen), *Letters*, S. 377.
9 Trzebinski, a. a. O., S. 179f.
10 Interview mit Cockie Hoogterp, England, Juni 1975.

23. Thomas

1 Interview mit Cockie Hoogterp, England, Juni 1975.
2 Interview mit Lady Altrincham (ehemals Joan Grigg), England 1976.
3 T. Dinesen, *My Sister*, S. 92.
4 *AW*, S. 274.
5 Interview mit TD, Leerbæk, Juli 1975.
6 Ebd.
7 T. Dinesen, a. a. O., S. 64.
8 Interview mit TD, Leerbæk, Juli 1975.
9 Interview mit IM, Kopenhagen, Juli 1975.
10 T. Dinesen, *My Sister*, S. 72.
11 Interview mit Beryl Markham, Nairobi, September 1975.
12 KBA 75.
13 *BA*, S. 148.
14 Ebd.
15 Ebd., S. 155.
16 Migel, *Titania*, S. 75 f.

24. Kamante und Lulu

1 *BA*, S. 161.
2 Ebd., S. 166.
3 Huxley, *White Man's Country: Lord Delamere and the Making of Kenya*, New York 1968, Bd. 2, S. 62.
4 Ebd., S. 67.
5 *BA*, S. 315.
6 Bjørnvig, *Pagten*, S. 66.
7 *AW*, S. 371.
8 *BA*, S. 251.
9 T. Blixen (Isak Dinesen), *Letters*, S. 171.
10 Ebd., S. 139.
11 *BA*, S. 130.
12 Hudson Strode, »Isak Dinesen at Home«, in: *Isak Dinesen: A Memorial*, hrsg. v. Clara Svendsen, New York 1965, S. 102.
13 »On Nationality«, KBA 113, III A 3,3.
14 *BA*, S. 135.
15 T. Blixen (Isak Dinesen), *Letters*, S. 259.
16 T. Blixen (Isak Dinesen), *Daguerreotypes*, S. 65.
17 T. Blixen (Isak Dinesen), *Letters*, S. 5.
18 Wivel, *Romance*, S. 215.
19 Bjørnvig, *Pagten*, S. 25.
20 Interview mit OW, Kopenhagen 1975.
21 *BA*, S. 167 f.
22 Peter Beard (Hrsg.), *Longing for Darkness: Kamantes Tales from Out of Africa*, New York 1975, o. S.

23 *AW*, S. 33.
24 Beard, a. a. O.
25 *AW*, S. 43.
26 Beard, a. a. O.
27 *AW*, S. 49.
28 Beard, a. a. O.
29 *AW*, S. 50.
30 T. Blixen (Isak Dinesen), *Letters*, S. 40.
31 Ebd.
32 Beard, a. a. O.
33 *BA*, S. 171.
34 Ebd.
35 *AW*, S. 46.
36 *SphG*, S. 253.
37 Interview, Kopenhagen, Juli 1975.
38 Interview mit IL, London 1976.
39 Interview mit Remy Martin, Nairobi 1975.
40 *AW*, S. 87.
41 Ebd., S. 93.
42 *BA*, S. 416.
43 *SchG*, S. 95.
44 Ebd., S. 95 f.
45 Trzebinski, *Silence Will Speak*, S. 58.
46 *BA*, S. 181.
47 Huxley, *Lord Delamere and the Making of Kenya*, Bd. 2, S. 282.
48 *AW*, S. 198 f.
49 Ebd., S. 255.
50 Ebd., S. 427.
51 Vgl. T. Blixen (Isak Dinesen), *Letters*, S. 221. Meine Informationen über Syphilis und Tania Blixens Fall stammen hauptsächlich aus Interviews mit Dr. Mogens Fog in Kopenhagen, Dr. Duncan MacDonald in London, aus Dr. Fogs Aufsatz über Tania Blixens Krankengeschichte (»Karen Blixens Sygdomshistorie«, Blixeniana 1978; s. Kap. 19, Anm. 12) und aus R. D. Catterall, *A Short Textbook of Venereology*, a. a. O. (s. Kap. 19, Anm. 13), S. 87 f.
52 T. Blixen (Isak Dinesen), *Letters*, S. 160.

25. Parallelen der Liebe

1 *AW*, S. 225.
2 *SphG*, S. 352.
3 Otto Fenichel, *The Psychoanalytic Theory of Neurosis*, S. 44.
4 *AW*, S. 197.
5 Interview mit IL, London 1975.
6 T. Dinesen, *My Sister*, S. 102.
7 *Die Erzählungen aus den tausendundein Nächten*, übertragen von Enno Littmann, Wiesbaden 1954, Bd. 1.

8 *BA*, S. 244.
9 Ebd., S. 179f.
10 Ebd., S. 205f.

26. Moderne Ehe und andere Betrachtungen

1 T. Dinesen, *My Sister*, S. 84.
2 Ebd., S. 85.
3 T. Blixen (Isak Dinesen), *Letters*, S. 174.
4 Interview mit Rose Cartwright, Limuru 1975.
5 *AW*, S. 263.
6 *BA*, S. 249.
7 Tania Blixen, »Om Natur og Ideal«. Ich entdeckte diesen Essay im *Dubia*-Ordner der Karen Blixen Archive und lieferte den notwendigen Beweis, um ihn ihr definitiv zuzuschreiben. Er erschien 1977 in *Blixeniana* unter dem Titel »Moderne Aegteskab og Andre Betragtninger« (deutsch: Moderne Ehe und andere Betrachtungen, Frankfurt a. M. 1987).
8 T. Dinesen, *My Sister*, S. 86.
9 *SchG*, S. 114.
10 *AW*, S. 257f.
11 T. Blixen (Isak Dinesen), *Letters*, S. 202.
12 *BA*, S. 213.
13 Ebd., S. 218.
14 Interview mit Rose Cartwright, Limuru 1975.
15 Interviews mit Ulf Aschan, Sir Charles Markham und Beryl Markham, Nairobi 1975.
16 *SphG*, S. 73.
17 T. Blixen (Isak Dinesen), *Letters*, S. 193.
18 T. Blixen (Isak Dinesen), *Carnival*, S. 62.
19 *SphG*, S. 86.
20 Interview mit IL, Philadelphia 1976.
21 Interview mit IL, England 1976.
22 Interview mit Sir Charles Markham, Nairobi 1975.
23 Interview mit IL, England 1976.
24 T. Blixen (Isak Dinesen), *Letters*, S. 274.
25 DFH an TB, 19. März (1924?), KBA 15/F.
26 T. Blixen (Isak Dinesen), *Letters*, S. 218.
27 »Udenfor Tiden«. KBA 117 III A 5, Notizbücher 1–4, 5–8. Hierin ist ein kurzer Entwurf für Kapitel über Geschichte der Massai, Moral der Massai, Beziehungen zu den Weißen und »Epos« enthalten.
28 KBA 121, III B_{2a}.
29 W. Benjamin, »Der Erzähler«, a. a. O., S. 395f.
30 *BA*, S. 239.
31 Ebd., S. 487.
32 Ebd., S. 237.
33 Migel, *Titania*, S. 77.
34 KBA 117, III A_{38}, 15.

27. Aushalten

1 *SphG*, S. 93.
2 Interview mit TD, Leerbæk, Vejle 1976.
3 T. Blixen (Isak Dinesen), *Letters*, S. 279.
4 *BA*, S. 310.
5 Kabell, *Karen Blixen debuterer*, a. a. O., S. 86.
6 Sven Møller Kristensen, »Karen Blixen og Georg Brandes«, *Politiken* (Kopenhagen), 17. Juni 1981.
7 Kabell, a. a. O., S. 87.
8 T. Blixen (Karen Blixen), *The Revenge of Truth*, übers. v. Donald Hannah, Anhang zu: Donald Hannah, *»Isak Dinesen« and Karen Blixen: The Mask and the Reality*, New York 1971, S. 201.
9 T. Dinesen, *My Sister*, S. 92.
10 Ebd., S. 93.
11 T. Blixen (Isak Dinesen), *Letters*, S. 242.
12 *BA*, S. 269.
13 Ebd., S. 288.
14 *AW*, S. 275.
15 T. Blixen (Isak Dinesen), *Letters*, S. 223.
16 Ebd., S. 249.
17 T. Dinesen, *My Sister*, S. 98.
18 DFH an TB, 21. Mai 1926, KBA 15/F.
19 TB an DFH (handschriftlich auf der Rückseite seines Telegramms), KBA 15/F.
20 DFH an TB, 15. Juni 1926.
21 DFH an TB, 12. September 1926.
22 *BA*, S. 315.
23 T. Blixen (Isak Dinesen), *Letters*, S. 259f.
24 T. Dinesen, *My Sister*, S. 104.

28. Erlösung vom Ich

1 T. Dinesen, *My Sister*, S. 108.
2 W. Benjamin, »Der Erzähler«, a. a. O., S. 410.
3 T. Blixen (Isak Dinesen), *Carnival*, a. a. O., S. 67f.
4 Ebd., S. 67.
5 Ebd., S. 65.
6 Ebd., S. 95.
7 Ebd., S. 77.
8 Ebd., S. 60.
9 *BA*, S. 312.
10 Ebd., S. 294.
11 *AW*, S. 83.
12 TB an MBW, KBA 67.
13 DFH an TB, 12. September 1926, KBA 15/F.
14 *AW*, S. 410f.
15 T. Dinesen, *My Sister*, S. 111.

29. Löwenjagd

1 Trzebinski, a. a. O., S. 230.
2 *AW*, S. 257 f.
3 Interview mit IL, England 1976.
4 *AW*, S. 13.
5 *BA*, S. 354.
6 Trzebinski, a. a. O., S. 248.
7 *SchG*, S. 46.
8 Ebd.
9 T. Blixen (Isak Dinesen), *Letters*, S. 304 f.
10 *BA*, S. 401 f.
11 T. Blixen (Isak Dinesen), *Letters*, S. 326.
12 *AW*, S. 279 f.
13 *BA*, S. 376.
14 *AW*, S. 283.
15 *AW*, S. 282.
16 *SchG*, S. 48.

30. Gäste auf der Farm

1 *BA*, S. 378.
2 *AW*, S. 358.
3 *BA*, S. 377.
4 Berichte über den Fall Janzé-Trafford in der *New York Times*, 26. bis 30. März 1927, 5., 9., 19., 20. April 1927, 15. Dezember 1927.
5 *BA*, S. 385.
6 *AW*, S. 256.
7 *BA*, S. 304.
8 Interview mit TD, Leerbæk, Vejle 1975.
9 *AW*, S. 256.
10 Ebd., S. 250.
11 *SphG*, S. 68.
12 *BA*, S. 388.
13 *AW*, S. 214.
14 Ebd., S. 217.
15 *BA*, S. 411.
16 Ebd., S. 412.
17 Ebd., S. 419.
18 Ebd., S. 418.
19 *AW*, S. 285.
20 *BA*, S. 423.
21 Ebd., S. 406.
22 Ebd., S. 423.
23 *AW*, S. 317.
24 *BA*, S. 391.
25 Ebd., S. 382.

26 Bror Blixen an TB, 5. Juli 1928, KBA 57/B.
27 Migel, *Titania*, S. 40.
28 *LE*, S. 367 f.
29 Trzebinski, a. a. O., S. 182.
30 *SchG*, S. 32.
31 *BA*, S. 445.
32 Ebd., S. 446.
33 Trzebinski, a. a. O., S. 262.
34 Ebd., S. 266.
35 B. Blixen, *The African Hunter*, a. a. O., S. 160.
36 Trzebinski, a. a. O., S. 270.

31. Luftgeister

1 T. Dinesen, *My Sister*, S. 117.
2 KBA 76, C/149, Brief datiert 21. Oktober 1929.
3 Trzebinski, a. a. O., S. 280.
4 Ebd., S. 281.
5 T. Dinesen, *My Sister*, S. 120.
6 *BA*, S. 461.
7 Ebd., S. 467 f.
8 DFH an TB, ohne Datum, KBA 15/F.
9 DFH an TB, 11. Mai 1930, Trent, New Barnet, KBA 15/F.
10 Interview mit Merwyn Cowie, Nairobi, September 1975.
11 Lasson und Svendsen, *Life and Destiny*, S. 130.
12 *AW*, S. 291.
13 Ebd., S. 330.

32. Die Klammer wird geschlossen

1 T. Blixen (Isak Dinesen), *Carnival*, S. 337.
2 DFH an TB, ohne Datum, KBA 15/F.
3 Interview mit Remy Martin, Nairobi 1975.
4 *AW*, S. 391 f.
5 Ebd., S. 402.
6 Percy Bysshe Shelley, aus »Song«: »Rarely, rarely comest thou, spirit of delight« (4. Strophe).
7 *AW*, S. 45.
8 Ebd., S. 430.
9 DFH an TB, ohne Datum, KBA 15/F.
10 DFH an TB, ohne Datum.
11 T. Dinesen, *My Sister*, S. 122.
12 *BA*, S. 474.
13 *BA*, S. 26.
14 Beryl Markham, *West with the Night*, London 1943, S. 165.
15 Trzebinski, a. a. O., S. 309.
16 Ebd., S. 310.

17 *AW*, S. 416.
18 Ebd., S. 417.
19 Interview mit IL, England 1976.
20 *AW*, S. 438 f.
21 Evangeline, Lady Northey, an TB, ohne Datum, KBA 37.
22 Bror Blixen an TB, ohne Datum, KBA 57.
23 *AW*, S. 461.

33. Amor Fati

1 T. Dinesen, *My Sister*, S. 120.
2 Frans Lasson und Clara Selborn, *Tania Blixen. Ihr Leben in Dänemark und Afrika*, Stuttgart 1987.
3 Joan, Lady Grigg, an TB, ohne Datum, 1931 (mit freundlicher Genehmigung von Lady Altrincham).
4 T. Dinesen, *My Sister*, S. 126.
5 Ebd., S. 338.
6 Ebd.
7 Gespräch mit Dr. Mogens Fog, Kopenhagen, Juli 1976.
8 Gespräch mit IM, Kopenhagen, August 1976.
9 Migel, *Titania*, S. 137.
10 KBA 71 (Tania Blixens Krankengeschichte).
11 Bjørnvig, *Pagten*, S. 50.
12 Ebd.
13 Friedrich Nietzsche: *Nietzsche contra Wagner*, in: Ders.: Werke in 3 Bdn., München, 2., durchgesehene Auflage 1960, Bd. 2, S. 1059.
14 Migel, *Titania*, S. 91.
15 *SchG*, S. 87 f.
16 Ebd., S. 88.
17 *SphG*, S. 63.
18 Gespräche mit TD, Leerbæk, Vejle, 1975–1976.
19 T. Blixen (Isak Dinesen), *Daguerreotypes*, S. 77.
20 Strode, »Isak Dinesen at Home«, *Isak Dinesen: A Memorial*, hrsg. v. C. Svendsen, a. a. O., S. 102.
21 Ebd.
22 Gespräch mit IM, Kopenhagen 1975.
23 *SphG*, S. 73.
24 Hauser, a. a. O., Bd. 1, S. 428.

34. Sieben phantastische Geschichten

1 *SphG*, S. 90.
2 T. Blixen (Isak Dinesen), *Carnival*, S. 103.
3 Walter Benjamin, »Der Erzähler«, in: *Illuminationen*. Ausgewählte Schriften, Frankfurt a. M. 1977, S. 408.
4 Annemarie Cleeman, »Karen Blixen Fortæller«, *Samleren*, Aargang 19, Nr. 2, Oktober 1942, S. 33 f.

5 Daniel Gillès, »La Pharoanne de Rungstedlund«, *Isak Dinesen: A Memorial*, hrsg. v. C. Svendsen, a. a. O., S. 179.
6 W. Benjamin, »Der Erzähler«, a. a. O., S. 393.
7 *Politiken* (Kopenhagen), 1. Mai 1934, S. 11.
8 Gillès, »La Pharoanne de Rungstedlund«, a. a. O., S. 179.
9 *SphG*, S. 254, 251.
10 Gillès, »La Pharoanne de Rungstedlund«, a. a. O., S. 178.
11 TB an Johannes Rosendahl, 11. Oktober 1944, KBA 43.
12 Langbaum, *Gayety*, S. 3.
13 1. Mose 21,6.
14 *Politiken* (Kopenhagen), 1. Mai 1934, S. 12.
15 Langbaum, *Gayety*, S. 44.
16 *SphG*, S. 26.
17 *SphG*, S. 253.
18 Ebd.
19 Charles Baudelaire, »Le Voyage«, 1. und 8. Str., *Les Fleurs du Mal*.
20 Hauser, a. a. O., Bd. 2, S. 436/437.
21 Frederick Schyberg, »Syv Fantastiske Fortællinger«, *Berlingske Tidende*, 25. September 1935, S. 11 f.
22 Interview mit Lady Altrincham, England, Juni 1976.
23 T. Dinesen, *My Sister*, S. 127.
24 Christian Elling, »Karen Blixen«, in: *Danske i den Tyvende Aarhundrede*, Kopenhagen 1951, S. 527. »Das Buch des Monats«, schreibt Elling, ist Amerikas literarischer *aerestitel* (Ehrentitel). Sein Artikel über Tania Blixen basierte sowohl auf Korrespondenz und persönlicher Bekanntschaft mit der Autorin als auch auf Literaturstudien. Sie hat ihm offensichtlich diese Information gegeben.
25 TB an Jesper Ewald, 22. Februar 1935, KBA 66.
26 Karen Blixen, *Syv Fantastiske Fortællinger*.
27 Kabell, *Karen Blixen debuterer*, a. a. O., S. 95.
28 Ebd.
29 TB an Lady Daphne Finch-Hatton, 14. Januar 1935, KBA 67.

35. Im dunklen Wald

1 *Politiken* (Kopenhagen), 10. September 1934.
2 *WG*, S. 6/7.
3 *SphG*, S. 25.
4 Notizen für eine Rede vor der »dänischen Vereinigung weiblicher Bürger (*Dansk Kvindesamfund*), datiert 9. November 1938, KBA 152, III B4.
5 ID an TB, 23. April 1935, KBA 58.
6 ID an TB, 24. September 1935, KBA 58.
7 TD an TB, 16. Mai 1935, KBA 58.
8 Alexander Rudhart, *Twentieth Century Europe*, Philadelphia 1975, S. 506.
9 Ebd., S. 508.

10 Migel, *Titania*, S. 103.
11 Meine Informationen über Moura Budberg stammen hauptsächlich aus: Lovat Dickson, *H. G. Wells: His Turbulent Life and Times*, New York 1969, S. 283 f.
12 Migel, *Titania*, S. 104.
13 Ebd.
14 Strode, »A Visit with Isak Dinesen«, in: *Isak Dinesen: A Memorial*, hrsg. v. C. Svendsen, a. a. O., S. 106.
15 Migel, *Titania*, S. 105.
16 TB an Knud Dahl, 1. Dezember 1935, KBA 70.
17 Knud Dahl an TB, 22. Dezember 1935, KBA 70.
18 TB an Knud Dahl, 26. April 1937, KBA 70.
19 Knud Dahl an TB, 3. Mai 1937, KBA 70.
20 Lasson und Selborn, *Tania Blixen. Ihr Leben in Dänemark und Afrika*, a. a. O., S. 140.
21 Bror Blixen an TB, 23. Januar 1936, KBA 57.
22 Migel, *Titania*, S. 107.
23 Interview mit Cockie Hoogterp, England, Juni 1975.
24 *Politiken* (Kopenhagen), 10. September 1934.
25 Langbaum, *Gayety*, S. 120.

36. Afrika, dunkel lockende Welt

1 *BA*, S. 472.
2 *AW*, S. 13.
3 Ebd., S. 31.
4 Manuskriptnotizen für *Afrika, dunkel lockende Welt*, KBA 171.
5 *AW*, S. 17.
6 Curtis Cate, »A Talk with Isak Dinesen«, in: *Isak Dinesen: A Memorial*, hrsg. v. C. Svendsen, a. a. O., S. 144.
7 *AW*, S. 307.
8 *BA*, S. 298.
9 Ebd., S. 310.
10 T. Blixen (Isak Dinesen), *Letters*, S. 242.
11 Langbaum, *Gayety*, S. 119.
12 Ebd., S. 125.
13 T. Blixen (Isak Dinesen), *Carnival*, S. 175.
14 *AW*, S. 458.
15 *SphG*, S. 285.
16 TB an Ulla Pedersen (ihre Stenographin), 2. April 1938, KBA 67.
17 Migel, *Titania*, S. 113.
18 TB an RH, 23. August 1937.
19 Langbaum, *Gayety*, S. 155.
20 TB an RH, 6. Februar 1938.
21 Ebd.
22 Karen Sass (Tante Lidda), an T B, 14. Juni 1938, KBA 59.
23 Migel, *Titania*, S. 115.

24 Aage Henriksen, *Det Guddommelige Barn og Andre essays om Karen Blixen*, Kopenhagen 1965, S. 104.
25 T. Blixen (Isak Dinesen), *Daguerreotypes*, S. 89.
26 TB an Mr. Bryan, 21. Juli 1939. Aus der Korrespondenz von Robert Haas.
27 Wivel, *Romance*, S. 75.
28 T. Blixen (K. Blixen), *Essays*, S. 119; T. Blixen (Isak Dinesen), *Daguerreotypes*, S. 89.
29 Ebd.
30 Lilian von Rosen an TB, 20. September 1938, KBA 59.
31 T. Blixen (Isak Dinesen), *Daguerreotypes*, S. 90.
32 Ebd., S. 91.
33 Ebd., S. 92.
34 T. Blixen (K. Blixen), *Essays*, S. 134; T. Blixen (Isak Dinesen), *Daguerreotypes*, S. 105.

37. Wintergeschichten

1 Steen Eiler Rasmussen, »Karen Blixens Rungstedlund«, *Det Danske Akademi 1960–1967*, Kopenhagen 1967, S. 83.
2 Lasson und Selborn, *Tania Blixen. Ihr Leben in Dänemark und Afrika*, S. 120.
3 *WG*, S. 7.
4 Vgl. S. 312.
5 *WG*, S. 24.
6 Ebd., S. 248.
7 Ebd., S. 261.
8 Benjamin, a. a. O., S. 102.
9 Migel, *Titania*, S. 122.
10 *SphG*, S. 104.
11 Interview mit Steen Eiler Rasmussen, Rungsted, Juli 1975.
12 Strode, »Isak Dinesen at Home«, *Isak Dinesen: A Memorial*, hrsg. v. Clara Svendsen, a. a. O., S. 110.
13 Interview mit Dr. Vibeke Funch, Rungsted, August 1976.
14 TB an Christian Elling, o. D., KBA 66.
15 T. Blixen (Isak Dinesen), *Essays*, S. 254; *Daguerreotypes*, S. 125.
16 Interview mit Steen Eiler Rasmussen, Rungsted, Juli 1975.
17 *WG*, S. 131.
18 Langbaum, *Gayety*, S. 163.
19 Richard Petrow, *The Bitter Years: The Invasion and Occupation of Denmark and Norway, April 1940–May 1945*, New York 1974, S. 170. Meine Schilderung der Besetzung ist hauptsächlich, wenngleich nicht ausschließlich, dieser Quelle entnommen.
20 Ebd., S. 208.
21 Ebd., S. 212.
22 Migel, *Titania*, S. 129.
23 Ebd., S. 130.

24 Petrow, a. a. O., S. 178.
25 Ebd., S. 220.

38. Leben im Käfig

1 Migel, *Titania*, S. 132.
2 TB an Birthe Andrup, 30. November 1944. Aus den Archiven und mit freundlicher Genehmigung von Birthe Andrup.
3 Migel, *Titania*, S. 132.
4 CS an TB, 1. November 1943, KBA 48.
5 Svendsen, *Notater*, a. a. O., S. 18.
6 Ebd., S. 19.
7 Ebd.
8 Ebd., S. 20.
9 Ebd., S. 23.
10 Migel, *Titania*, S. 136.
11 Truman Capote, *Observations*, New York 1959, S. 143.
12 Svendsen, *Notater*, a. a. O., S. 25.
13 CS an TB, 18. Dezember 1944, KBA 48.
14 Migel, *Titania*, S. 140.
15 Wivel, *Romance*, S. 194.
16 Ebd., S. 117.
17 Ebd.
18 Ebd., S. 118.
19 Ebd., S. 119.

39. Heretica

1 W. Glynn Jones, *Denmark*, a. a. O., S. 180.
2 Migel, *Titania*, S. 141.
3 Wivel, *Romance*, S. 143.
4 Fog, »Karen Blixens Sygdomshistorie«, *Blixeniana 1978*, a. a. O., S. 145.
5 Interview mit Winston Guest, New York City 1975.
6 ED an TB, Mai 1946, KBA 57.
7 TB an RH, 16. Februar 1946.
8 RH an TB, 20. Februar 1946.
9 TB an RH, 9. März 1946.
10 TB an Ulla Pedersen, 20. November 1946, KBA 67.
11 Interview mit Dr. Vibeke Funch, Rungsted, August 1976.
12 TB an RH, 23. Juli 1947.
13 Migel, *Titania*, S. 137.
14 TB an RH, 23. Juli 1947.
15 Wivel, *Romance*, S. 143.
16 Interview mit OW, Kopenhagen, August 1975.
17 Wivel, *Romance*, S. 153 f.
18 Ebd., S. 154.
19 Bjørnvig, *Pagten*, S. 89.

20 Wivel, *Romance*, S. 155.
21 Ebd., S. 157.
22 Martin A. Hansen, »Introduction«, *Against the Wind*, übers. und hrsg. v. Wayne Schow, New York 1979, S. 1.
23 Ebd., S. 3.
24 Ebd., S. 5.
25 Ebd.
26 Jørgen Claudi, *Contemporary Danish Authors*, übers. v. Jørgen Andersen und Aubrey Rush, S. 138.
27 Hansen, »Introduction«, *Against the Wind*, a. a. O., S. 7.
28 Vgl. 39. Kapitel, Anm. 4.
29 Bjørnvig, *Pagten*, S. 77f.
30 Wivel, *Romance*, S. 165.
31 Ebd., S. 164.
32 Ebd.
33 Ebd., S. 163.
34 OW an TB, November 1947, KBA 60.
35 Wivel, *Romance*, S. 170.
36 Svendsen, *Notater*, S. 39.
37 Thorkild Bjørnvig an TB, 9. März 1948, KBA 61.
38 Bjørnvig, *Pagten*, S. 12.

40. Tod eines Zentauren

1 Interview mit CS, Dragør, Juli 1976.
2 Caroline Carlsen, »Erindringer om Karen Blixen, fortalt til Frans Lasson«, *Blixeniana 1976*, hrsg. v. Hans Andersen und Frans Lasson, Kopenhagen 1976, S. 15.
3 Ebd., S. 16.
4 Ebd., S. 33.
5 Svendsen, *Notater*, S. 45.
6 *SchA*, S. 45.
7 *SphG*, S. 306.
8 Bjørnvig, *Pagten*, S. 25.
9 Interview mit OW, Kopenhagen, August 1975.
10 T. Blixen (Isak Dinesen), *Daguerreotypes*, S. 188.
11 Ebd., S. 177.

41. Folie à Deux

1 TD an TB, 2. März 1949.
2 Bjørnvig, *Pagten*, S. 12.
3 Ebd., S. 13.
4 Ebd.
5 Ebd., S. 94.
6 Ebd., S. 14.
7 Interview mit Dr. Fog, Kopenhagen, Juli 1976.

8 Bjørnvig, *Pagten*, S. 15.
9 Ebd., S. 19.
10 Migel, *Titania*, S. 198.
11 Ebd., S. 185 f.
12 Bjørnvig, *Pagten*, S. 24.
13 Ebd.
14 Ebd., S. 25.
15 Ebd., S. 29.
16 Ebd., S. 32.
17 Ebd., S. 36.
18 Ebd., S. 39.
19 Ebd., S. 40.
20 Ebd., S. 86.
21 Interview mit OW, Kopenhagen, August 1975; Bjørnvig, *Pagten*, S. 78.
22 Bjørnvig, *Pagten*, S. 114.
23 TB an CS, 25. Oktober 1950, KBA 67.
24 Bjørnvig, *Pagten*, S. 100 f.
25 Svendsen, *Notater*, S. 70.
26 Interview mit Jonna Dinesen (Thomas Dinesens Frau), Leerbæk, Juli 1976.
27 TD an TB, 18. Juni 1950, KBA 61.
28 Interview mit IM, Kopenhagen 1976.
29 Ebd.
30 Ebd.
31 Ebd.
32 Bjørnvig, *Pagten*, S. 46.
33 Ebd., S. 47.

42. Göttin und Gesellschaftslöwin

1 T. Blixen (Isak Dinesen), *Daguerreotypes*, S. 18.
2 Ebd., S. 80.
3 Glenway Wescott, »Isak Dinesen, the Storyteller«, *Images of Truth*, New York 1962, S. 162.
4 Interview mit SER, Kopenhagen 1975.
5 Interview mit OW, Kopenhagen 1975.
6 Interview mit Bent Mohn, Kopenhagen, Juli 1975.
7 Bjørnvig, *Pagten*, S. 52.
8 Nancy Wilson Ross, »A Remembrance of Karen Blixen«, *Isak Dinesen: A Memorial*, hrsg. v. C. Svendsen, a. a. O., S. 42.
9 TB an Christian Banck, 12. September 1958, KBA 66.
10 Bjørnvig, *Pagten*, S. 59.
11 Ebd., S. 56.
12 Aage Henriksen, »Portræt«, *Guddommelige Barn*, a. a. O., S. 79.
13 Bjørnvig, *Pagten*, S. 54.
14 Interview mit Bent Mohn, 1975.
15 Interview mit Erik Kopp, Kopenhagen, Juli 1975.

16 Ebd.
17 Ebd.
18 Bjørnvig, *Pagten*, S. 66.
19 Ebd., S. 67.
20 Søren Kierkegaard, »Das Tagebuch des Verführers«, in: Ders.: *Entweder – Oder*, 2. Auflage, München 1978, S. 420
21 Bjørnvig, *Pagten*, S. 71.
22 Svendsen, *Notater*, S. 65.
23 Bjørnvig, *Pagten*, S. 124.
24 Svendsen, *Notater*, S. 96.
25 Ebd., S. 61.

43. »Die unsterbliche Geschichte«

1 *SchA*, S. 124.
2 Ebd., S. 202 f.
3 Henriksen, »Portræt«, *Guddommelige Barn*, a. a. O., S. 72.
4 Bjørnvig, *Pagten*, S. 94.
5 Ebd., S. 97.
6 Ebd., S. 90.
7 Ebd., S. 104 f.
8 Langbaum, *Gayety*, S. 125.
9 *LE*, S. 470.
10 Bjørnvig, *Pagten*, S. 109.

44. Der Pakt ist gebrochen

1 Gillès, »La Pharoanne de Rungstedlund«, *Isak Dinesen: A Memorial*, hrsg. v. C. Svendsen, a. a. O., S. 180.
2 Interview mit Dr. Fog, 1976.
3 *LE*, S. 128.
4 Ebd., S. 115.
5 Langbaum, *Gayety*, S. 215.
6 *LE*, S. 137.
7 Ebd., S. 87 f.
8 Bjørnvig, *Pagten*, S. 122.
9 Svendsen, *Notater*, S. 79.
10 Ebd., S. 80.
11 Bjørnvig, *Pagten*, S. 127.
12 Ebd., S. 128 f.
13 Migel, *Titania*, S. 155.
14 Bjørnvig, *Pagten*, S. 135.
15 Ebd., S. 141.
16 Ebd., S. 147.
17 Ebd., S. 146.
18 Interview mit OW, 1975.

19 Wivel, *Romance*, S. 216.
20 Bjørnvig, *Pagten*, S. 52.
21 Ebd.

45. Verrat

1 T. Blixen, *Osceola*, S. 22.
2 TB an John Gosning, 8. Mai 1954.
3 Langbaum, *Gayety*, S. 210.
4 Svendsen, *Notater*, a. a. O., S. 88.
5 Ebd., S. 89.
6 Wivel, *Romance*, S. 93.
7 TB an Johannes Rosendahl, 15. Januar 1952, KBA 67.
8 Langbaum, *Gayety*, S. 208.
9 Bjørnvig, *Pagten*, S. 134.
10 TB an RH, 29. Mai 1953.
11 Briefwechsel Jørgen Gustava Brandt und TB, Mai bis Juli 1953, KBA 160.
12 Svendsen, *Notater*, a. a. O., S. 90.
13 TB an RH, 25. Oktober 1953.
14 TB an RH, 9. November 1953.
15 Bjørnvig, *Pagten*, S. 62.
16 Ebd., S. 61.
17 Kelvin Lindemann an TB, o. D., KBA 31.
18 Bjørnvig, *Pagten*, S. 61.
19 Migel, *Titania*, S. 176.
20 Svendsen, *Notater*, a. a. O., S. 91.

46. Sollte nicht auch mein Gedächtnis die Schwielen zurückbehalten haben?

1 Korrespondenz Aage Henriksen und TB, Juli bis Oktober 1954, KBA 22.
2 *Politiken* (Kopenhagen), 24. September 1967, S. 41.
3 Henriksen, »Karen Blixen og Marionetterne«, *Guddommelige Barn*, a. a. O., S. 9.
4 TB an Johannes Rosendahl, 10. November 1944, KBA 43.
5 Thomas Mann, Freud und die Zukunft. In: Ders.: *Adel des Geistes. Sechzehn Versuche zum Problem der Humanität*, (S. Fischer) Stockholm 1955, S. 509.
6 *WG*, S. 255 f.
7 Migel, *Titania*, S. 174.
8 Henriksen, »Budbringersken«, *Guddommelige Barn*, a. a. O., S. 66.
9 *Politiken* (Kopenhagen), 24. September 1967.
10 Henriksen, »Budbringersken«, *Guddommelige Barn*, a. a. O., S. 69.
11 Ebd., S. 67.
12 Henriksen, »Portræt«, *Guddommelige Barn*, a. a. O., S. 101 f.
13 Interview mit OW, Kopenhagen 1975.
14 Henriksen, »Karen Blixen og Marionetterne«, *Guddommelige Barn*, a. a. O., S. 32.

15 Gillès, »La Pharoanne de Rungstedlund«, *Isak Dinesen: A Memorial*, hrsg. von C. Svendsen, a. a. O., S. 174.
16 TB an Ernest Hemingway, 1. November 1954, KBA 66.
17 Bjørnvig, *Pagten*, S. 149.
18 TB an Graf Eduard Reventlow, 20. Dezember 1955. Aus den Archiven und mit freundlicher Genehmigung von Graf Christian Reventlow.
19 *LE*, S. 312 f.
20 *AW*, S. 458.

47. Bakschisch

1 Migel, *Titania*, S. 192.
2 Ebd.
3 Svendsen, *Notater*, S. 110.
4 Ebd., S. 111.
5 Migel, *Titania*, S. 192.
6 TB an Eugene Walter, 8. Juni 1956, KBA 67.
7 Svendsen, *Notater*, S. 114.
8 TB an Philip Ingerslev, 13. Januar 1958, KBA 66.
9 TB zu Aage Kabell, 29. April 1958, KBA 66.
10 Korrespondenz TB und Parmenia Migel, August 1956 bis Oktober 1957, KBA 14, 66.
11 Hannah Arendt, »Isak Dinesen, 1885–1962«, *Men in Dark Times*, New York 1968, S. 99.
12 W. Jackson Bate, *Samuel Johnson*, New York 1975, S. 198.

48. Widerhall

1 TB an TD, 7. Juni 1955, KBA 66.
2 Svendsen, *Notater*, S. 116.
3 *LE*, S. 275.
4 Ebd., S. 277.
5 Langbaum, *Gayety*, S. 225.
6 TB zu Aage Kabell, 9. April 1958, KBA 66.
7 Bjørnvig, *Pagten*, S. 160.
8 TD an TB, 28. November 1959, KBA 61.
9 TB an Philip Ingerslev, 5. Januar 1958, KBA 66.
10 Langbaum, *Gayety*, S. 202.
11 TB an RH, 25. September 1956.
12 Wescott, *Images of Truth*, New York 1962, S. 162.
13 TB an RH, 8. Mai 1957.
14 Bjørnvig, *Pagten*, S. 78.
15 *LE*, S. 383.
16 TB an RH, 8. Mai 1957.
17 Langbaum, *Gayety*, S. 236.
18 *LE*, S. 381.
19 TD an TB, 30. Juni 1957, KBA 61.

20 TD an TB, 21. März 1957, KBA 61.
21 TD an TB, 29. Juni 1960, KBA 61.
22 TB an RH, 23. August 1957.
23 Ebd.
24 Migel, *Titania*, S. 199.
25 Svendsen, *Notater*, S. 125.
26 Langbaum, *Gayety*, S. 203.
27 Migel, *Titania*, S. 197.
28 Ebd., S. 179.
29 Interview mit Nieves de Madariaga, Cortona 1978.
30 Migel, *Titania*, S. 200.
31 *LE*, S. 432.
32 Rasmussen, *Det Danske Akademi*, Kopenhagen 1967, S. 254.
33 Svendsen, *Notater*, S. 128.

49. »Stürme«

1 TB an Philip Ingerslev, 13. Januar 1958, KBA 66.
2 TB an Hugh Pooley, KBA 66.
3 *SchA*, S. 66.
4 Ebd., S. 68.
5 Ebd., S. 76.
6 Ebd., S. 84.
7 Langbaum, *Gayety*, S. 258.
8 *SchA*, S. 113.
9 Ebd., S. 106f.
10 Ebd., S. 111.
11 *WG*, S. 182.

50. Tania Blixen in Amerika

1 Svendsen, *Notater*, S. 130.
2 TB an Eugene Walter, 22. März 1958, KBA 31.
3 Paul von Lettow Vorbeck an TB, 27. November 1960, KBA 31.
4 TB an IL, 18. Juni 1958. Aus den Archiven und mit freundlicher Genehmigung von Mrs. Lindström.
5 Lasson und Selborn, *Tania Blixen. Ihr Leben in Dänemark und Afrika*, Stuttgart 1987, S. 191.
6 Migel, *Titania*, S. 215.
7 Interview mit Erik Kopp, Kopenhagen 1975.
8 Ebd.
9 Dr. Alvin C. Eurich an TB, 2. Mai 1958. Aus der Haas-Korrespondenz.
10 Svendsen, *Notater*, S. 143.
11 Ebd., S. 145.
12 Langbaum, *Gayety*, S. 203.
13 Wescott, *Images of Truth*, a. a. O., S. 151.
14 Svendsen, *Notater*, S. 150.

15 T. Blixen (Isak Dinesen), *Daguerreotypes*, S. 4f.
16 Svendsen, *Notater*, S. 153.
17 Carson Mc Cullers, »In Praise of Radiance«, S. 37, *Isak Dinesen: A Memorial*, hrsg. von C. Svendsen, a. a. O., S. 36.
18 Svendsen, *Notater*, S. 153.
19 Carson Mc Cullers, »Isak Dinesen: In Praise of Radiance«, a. a. O., S. 37.
20 Virginia Spencer Carr, *The Lonely Hunter: A biography of Carson Mc Cullers* (Doubleday), Garden City, N. Y., 1975, S. 479.
21 Ebd.
22 Ebd., S. 480.
23 Svendsen, *Notater*, S. 154.
24 TB an Fleur Cowles, 21. Februar 1961, KBA 66.
25 Leo Lerman, »A Little Album, Tania«, *Isak Dinesen: A Memorial*, hrsg. von C. Svendsen, a. a. O., S. 50.
26 Svendsen, *Notater*, S. 131.
27 Nancy Wilson Ross, »A Remembrance of Karen Blixen«, *Isak Dinesen: A Memorial*, hrsg. von C. Svendsen, a. a. O., S. 40.
28 Migel, *Titania*, S. 231.
29 Korrespondenz von Dr. Henry Aranow und Samuel Standard, KBA 71.

51. Heimatlos

1 Svendsen, *Notater*, S. 81f.
2 Ebd.
3 Ebd.
4 Ebd., S. 83.
5 Migel, *Titania*, S. 233.
6 *Politiken* (Kopenhagen), 24. September 1967, S. 41.
7 Migel, *Titania*, S. 261.
8 Ebd., S. 263.
9 Korrespondenz TB und Viggo Kjaer Petersen, Januar 1961–August 1962.
10 Svendsen, *Notater*, S. 166.
11 Langbaum, *Gayety*, S. 154.
12 TB an RH, 2. August 1960.
13 Interview mit IM, Kopenhagen 1976.
14 Ebd.
15 Svendsen, *Notater*, S. 168.
16 Ebd., S. 173.
17 Ebd., S. 171.
18 Ebd., S. 173.
19 Ebd., S. 174.

52. Schwingen

1 T. Blixen (Karen Blixen), *The Revenge of the Truth*, Anhang in: Donald Hannah, *»Isak Dinesen« and Karen Blixen*, New York 1971, S. 201.
2 TB an Gustaf Blixen-Finecke, 3. März 1961, KBA 67.

3 TB an Baron Philippe de Rothschild, 17. November 1960, KBA 67.
4 Migel, *Titania*, S. 269.
5 Svendsen, *Notater*, S. 183.
6 John Gielgud, »Karen Blixen«, *Isak Dinesen: A Memorial*, hrsg. von C. Svendsen, a. a. O., S. 23.
7 Migel, *Titania*, S. 256.
8 Svendsen, *Notater*, S. 185.
9 Ebd.
10 Ebd., S. 191.
11 T. Blixen (Isak Dinesen), *Carnival*, S. 338.
12 Svendsen, *Notater*, S. 191.
13 Monica Stirling, »Lions and Hearts«, *Isak Dinesen: A Memorial*, hrsg. v. C. Svendsen, a. a. O., S. 190.
14 Svendsen, *Notater*, S. 194.
15 TB an Violet Trefusis, KBA 67/T.
16 Langbaum, *Gayety*, S. 204.
17 Interview mit Dr. Mogens Fog, Kopenhagen, Juli 1976.
18 *AW*, S. 450.

Werke Tania Blixens

Dänische und amerikanische Originalausgaben

Eine vollständige Auflistung aller ausländischen Ausgaben findet sich im Katalog der Königlichen Bibliothek in Kopenhagen.

Bücher

Dinesen, Isak. *Seven Gothic Tales*. New York: Harrison Smith and Robert Haas, 1934. London: Putnam, 1934.

Dinesen, Isak. *Syv fantastiske Fortællinger*. Kopenhagen: Reitzels, 1935.

Dinesen, Isak. *Out of Africa*. London: Putnam, 1937; New York: Random House, 1938.

Blixen, Karen. *Den afrikanske Farm*. Kopenhagen: Gyldendal, 1937.

Dinesen, Isak. *Winter's Tales*. New York: Random House; London: Putnam, 1942.

Blixen, Karen. *Vinter Eventyr*. Kopenhagen: Gyldendal, 1942.

Blixen, Karen, (Pierre Andrézel) *Gengældelsens Veje*. Ins Dänische übertragen von Clara Svendsen [sic]. Kopenhagen: Gyldendal, 1944.

Dinesen, Isak. *Last Tales*. New York: Random House; London: Putnam, 1957.

Blixen, Karen. *Sidste Fortællinger*. Kopenhagen: Gyldendal, 1957.

Dinesen, Isak. *Anecdotes of Destiny*. New York: Random House; London: Michael Joseph, 1958.

Blixen, Karen. *Skæbne Anekdoter*. Kopenhagen: Gyldendal, 1958.

Blixen, Karen. *Skygger paa Græsset*. Kopenhagen: Gyldendal, 1960.

Dinesen, Isak. *Shadows on the Grass*. New York: Random House; London: Michael Joseph, 1961.

Blixen, Karen (Osceola). *Osceola*. Hrsg. von Clara Svendsen. Kopenhagen: Gyldendal, Julebog-Ausgabe, 1962.

Dinesen, Isak. *Ehrengard*. New York: Random House; London: Michael Joseph, 1963.

Blixen, Karen. *Ehrengard*. Ins Dänische übertragen von Clara Svendsen. Kopenhagen: Gyldendal, 1963.

Blixen, Karen. *Essays*. Kopenhagen: Gyldendahl, 1965.
Blixen, Karen. *Karen Blixens Tegninger: Med to Essays af Karen Blixen*. Hrsg. von Frans Lasson. Kopenhagen: Forening for Boghaandværk, 1969.
Blixen, Karen. *Efterladte Fortællinger*. Hrsg. von Frans Lasson. Kopenhagen: Gyldendal, 1975.
Dinesen, Isak. *Carnival: Entertainments and Posthumous Tales*. Chicago: University of Chicago Press, 1977.
Blixen, Karen. *Breve fra Africa: 1914–1931*. Hrsg. von Frans Lasson. Kopenhagen: Gyldendal, 1978.
Dinesen, Isak. *Daguerreotypes and Other Essays*. Übertr. von P. M. Mitchell und W. D. Paden. Chicago: University of Chicago Press, 1979.
Dinesen, Isak. *Letters from Africa: 1914–1931*. Hrsg. von Frans Lasson. übertr. von Anne Born. Chicago: University of Chicago Press, 1981.

Essays, kleinere Veröffentlichungen, Veröffentlichungen in Zeitschriften

Blixen, Karen (Osceola). »Eneboerne.« *Tilskueren*, August 1907, S. 609–635.
(Osceola). »Pløjeren.« *Gads Danske Magasin*, Oktober 1907, S. 50–59.
(Osceola). »Familien de Cats.« *Tilskueren*, Januar 1909, S. 1–19.
Blixen-Finecke, Karen. »Ex Africa« (Gedichte). *Tilskueren*, April 1925, S. 244–246. *Berlingske Sondags Magasin*, 6. Dezember 1942, S. 1–2.
Blixen-Finecke, Karen. »Sandhedens Hævn: En Marionetkomedie.« *Tilskueren*, Mai 1926, S. 329–344; als Buch, Kopenhagen: Gyldendal, 1960.
Blixen-Finecke, Karen. *The Revenge of Truth*. Übertr. v. Donald Hannah im Anhang zu seinem Buch, *»Isak Dinesen« and Karen Blixen: The Mask and the Reality*. New York: Random House, 1971.
Dinesen, Isak. »Karyatiderne: En ufuldendt fantastisk Fortælling.« *Tilskueren*, April 1938; »The Caryatids: An Unfinished Gothic Tale.« *Ladies' Home Journal*, November 1957.
Blixen, Karen. »Om Retskrivning.« Kopenhagen: *Politiken*, 23./24. März 1938; als Buch, Kopenhagen: Gyldendal, 1949.
Dinesen, Isak. »Sorrow Acre.« *Ladies' Home Journal*, Mai 1943.
Blixen, Karen. »Breve fra et Land i Krig.« *Heretica 1* (1948): S. 264–287; S. 332–355.
Dinesen, Isak. »The Uncertain Heiress.« *Saturday Evening Post*, 10. Dezember 1949.
Blixen, Karen. *Farah*. Kopenhagen: Wivel, 1950.
Dinesen, Isak. »Babette's Feast.« *Ladies' Home Journal*, Juni 1950.
Dinesen, Isak. »The Ring.« *Ladies' Home Journal*, Juli 1950; *Harper's Bazaar*, Oktober 1958.
Blixen, Karen. »Hartvig Frisch som Nabo.« *Hartvig Frisch*. Kopenhagen: Fremad, 1950.
Blixen, Karen. *Daguerreotypier*. Kopenhagen: Gyldendal, 1951.
Dinesen, Isak. »The Ghost Horses.« *Ladies' Home Journal*. Oktober 1951.
Blixen, Karen. *Kardinalens Tredie Historie*. Illustriert v. Erik Clemmesen. Kopenhagen: Gyldendal, 1952.

Blixen, Karen. »Omkring den nye Lov om Dyteforsøg.« Kopenhagen: *Politiken*, 1952.
Blixen, Karen. »Samtale om Natten i København.« *Heretica 6* (1953): S. 465–494.
Dinesen, Isak. »The Immortal Story.« *Ladies' Home Journal*, Februar 1953.
Blixen, Karen. »En Baaltale med 14 Aars Forsinkelse.« Kopenhagen: Berlingske Forlag, 1953; *Det danske Magasin 1* (1953): S. 65–82.
Blixen, Karen. »Dykkeren.« *Vindrosen 1* (1954): S. 400–414.
Dinesen, Isak. »The Cloak.« *Ladies' Home Journal*, Mai 1955.
Blixen, Karen. *Spøgelseshestene*. Kopenhagen: Fremad, 1955.
Blixen, Karen. *Babettes Gæstebud*. Kopenhagen: Fremad, 1955.
Blixen, Karen. Rezension v. *Denmark*, von Sacheverell Sitwell. *Sunday Times*, London, 6. Mai 1956.
Dinesen, Isak. »A Country Tale.« *Botteghe Oscure 19* (1957), S. 367–417; *Ladies' Home Journal*, März 1960.
Dinesen, Isak. »Echoes.« *Atlantic Monthly*, November 1957.
Dinesen, Isak. »The Noblemans's Wife.« *Harper's Bazaar*, November 1957.
Blixen, Karen. »Den store Gestus.« *Alt for Damerne*, Nr. 51 (1957), S. 10–14.
Blixen, Karen. »H. C. Branner: Rytteren.« *Bazar*, April 1958: S. 50–63; Mai: S. 71–94.
Dinesen, Isak. »The Wine of the Tetrarch.« *Atlantic Monthly*, Dezember 1959.
Dinesen, Isak. »The Blue Eyes.« *Ladies' Home Journal*, Januar 1960.
Dinesen, Isak. »Alexander and the Sybil«, in: »Isak Dinesen Tells a Tale«, von Glenway Wescott. *Harper's Bazaar*, März 1960.
Dinesen, Isak. »On Mottoes of My Life.« *Proceedings of the American Academy of Arts and Letters and the National Institute of Arts and Letters*, Second Series, Nr. 10 (1960), New York.
Blixen, Karen. Einleitung zu *Holly* von Truman Capote. Kopenhagen: Gyldendal, 1960.
Dinesen, Isak. Einleitung zu *The Story of an African Farm* von Olive Schreiner, New York: Limited Editions Club, 1961.
Blixen, Karen. Einleitung zu *Det genfundne Afrika* von Basil Davidson. Kopenhagen: Gyldendal, 1962.
Dinesen, Isak. Einleitung zu *Thumbelina and Other Fairy Tales* von Hans Christian Andersen. New York und London: Macmillan, 1962.
Blixen, Karen. »Rungstedlund: En radiotale.« *Hilsen til Otto Gelsted*. Aarhus: Sirius, 1958; »Tale of Rungstedlund.« *Vogue*, November 1962.
Dinesen, Isak. »The Secret of Rosenbad.« *Ladies' Home Journal*, Dezember 1962.
Blixen, Karen; Salomonsen, Finn; und Larsen, Carl Syrach. *Karen Blixen og Fuglene*. Kopenhagen: Rhodos, 1964.
Blixen, Karen. »Rungstedlunds Lyksalighed.« *Det Danske Akademi 1960–1967*. Kopenhagen: Gads, 1967.
Blixen, Karen. »Det sidste Dag.« Kopenhagen: *Politiken*, 26. u. 30. März; 2. April 1972.

Blixen, Karen. »Moderne Ægteskab og Andre Betragtninger.« *Blixeniana 1977*. Hrsg. v. Hans Andersen und Frans Lasson. Kopenhagen: Karen Blixen Selskabet, 1977.

Blixen, Karen. »Sorte og Hvide i Africa«, und »Foredrag ved den katolske Bazar i Moltkes Palae.« 8. November 1942. *Blixeniana 1979*. Hrsg. v. Hans Andersen und Frans Lasson. Kopenhagen: Karen Blixen Selskabet, 1979.

Werke Tania Blixens in deutschen Ausgaben

(die Liste beschränkt sich auf lieferbare Werke)

Sieben phantastische Geschichten, Deutsch von Thyra Dohrenburg, Martin Lang und W. E. Süskind, Stuttgart 1980.

Schicksalsanekdoten, Deutsch von W. E. Süskind, Stuttgart 1982.

Gespensterpferde, Nachgelassene Erzählungen, Deutsch von Ursula Gunsilius, Stuttgart 19

Letzte Erzählungen, Deutsch von W. v. d. Mülbe, Barbara Henninges und W. E. Süskind, Zürich 1985.

Moderne Ehe, Essay, Deutsch von Walter Boehlich, Frankfurt a. M. 1985.

Afrika, dunkel lockende Welt, Deutsch von Rudolf von Scholtz, Zürich 1986.

Wintergeschichten, Deutsch von Jürgen Schweier, Stuttgart 1986.

Ehrengard, Erzählung, mit einem Nachwort von Brigitte Kronauer, Deutsch von Fritz Loch, Frankfurt a. M. 1986.

Schatten wandern übers Gras, Deutsch von W. E. Süskind, Stuttgart 1987.

Briefe aus Afrika, herausgegeben und mit einem Vorwort von Frans Lasson, Deutsch von Sigrid Daub, Stuttgart 1988.

Auswahlbibliographie

Eine vollständige, annotierte Bibliographie der Werke über Tania Blixen findet sich in: *Isak Dinesen: A Bibliography*, von Liselotte Henriksen, Chicago: University of Chicago Press, 1977.

Andersen, Hans. »Om Mama og Moster Bess.« *Blixeniana 1979*. Hrsg. von Hans Andersen und Frans Lasson, S. 59–69. Kopenhagen: Karen Blixen Selskabet, 1979.

Arendt, Hannah. »Isak Dinesen, 1885–1962.« *Men in Dark Times*. New York: Harcourt Brace Jovanovich, 1968.

Arnold, Matthew, *Literature and Dogma*. New York: Macmillan Co., 1873.

Beard, Peter (Hrsg.) *Longing for Darkness: Kamante's Tales from Out of Africa*. New York: Harcourt Brace Jovanovich, 1975.

Benjamin, Walter. »Der Erzähler«, in: Ders.: *Illuminationen*, Ausgewählte Schriften, Frankfurt a. M. 1977.

Bjørnvig,.Thorkild. *Pagten*. Kopenhagen: Gyldendal, 1974.

Udvalgte digte. Kopenhagen: Gyldendal, 1970.

Blixen-Finecke, Bror von. *The African Hunter*. London: Cassell & Co., 1937.

Bogan, Louise, »Isak Dinesen.« *Selected Criticism*. New York: Noonday, 1955.

Brandes, Georg. Aristokratischer Radicalismus. Eine Abhandlung über Friedrich Nietzsche, in: *Der Essay als kritischer Spiegel, Georg Brandes und die deutsche Literatur*, ausgew. von Klaus Bohnen, 1980.

Main Currents in Nineteenth Century Literature. Übers. von Diana White und Mary Morison. London: William Heinemann, 1901.

»Wilhelm Dinesen.« *Samlede Skrifter*, Bd. 3 (1919), S. 189–196.

Uimodstaaelige Attende Aarhundrede i Frankrig. Kopenhagen: Gyldendal, 1924.

Brandt, Jørgen Gustava. »Et Essay om Karen Blixen.« *Heretica 6* (1953): S. 300–320.

Bredsdorff, Elias. *Den Store Nordisk Krig om Sexualmoralen*. Kopenhagen: Gyldendal, 1973.

Brix, Hans. *Karen Blixens Eventyr*. Kopenhagen: Gyldendal, 1949.

»Sandhedens Hævn Til Isak Dinesen: ›Vejene Omkring Pisa‹«, »Et Eventyr af Karen Blixen.« *Analyser og Problemer 6*, S. 286–306. Kopenhagen: Gyldendal, 1950.

Capote, Truman. *Observations*. New York: Simon & Schuster, 1959.

Carlsen, Caroline. »Erindringer om Karen Blixen, fortalt til Frans Lasson.« *Blixeniana 1976*. Hrsg. von Hans Andersen und Frans Lasson. Kopenhagen: Karen Blixen Selskabet, 1976.

Cate, Curtis. »Isak Dinesen: The Scheherezade of Our Times.« *Cornhill*, Winter 1959/60, S. 120–137.

»Isak Dinesen.« *Atlantic Monthly*, Dezember 1959, S. 151–155.

Catterall, R. D. *A Short Textbook of Venereology: The Sexually Transmitted Diseases*. London: English Universities Press, 1974.

Claudi, Jørgen. *Contemporary Danish Authors*. Übers. v. Jørgen Andersen und Aubrey Rush. Kopenhagen: Det Danske Selskab, 1952.

Claussen, Sophus. *Udvalgte digte*. Kopenhagen: Gyldendal, 1952.

Cleeman, Annamarie. »Karen Blixen Fortæller.« *Samleren* 19 (1942): S. 33–35.

Dahl, Ellen (Paracelsus). *Introductioner*. Kopenhagen: Reitzels, 1932.

Parabler. Kopenhagen: Gyldendal, 1929.

Davenport, John. »A Noble Pride: The Art of Karen Blixen.« *The Twentieth Century*, März 1956, S. 264–274.

Davidson, Basil. *A History of East and Central Africa: To the Late Nineteenth Century*. Garden City, N. Y.: Doubleday, Anchor Books, überarb. Ausg., 1969.

Let Freedom Come: Africa in Modern History. Boston: Little Brown, 1978.

Dickson, Lovat. *H. G. Wells: His Turbulent Life and Times*. New York: Atheneum, 1969.

Die Erzählungen aus den tausendundein Nächten. Übertr. v. Enno Littmann, Wiesbaden 1954.

Dinesen, Thomas. *Boganis: Min Fader, Hans Slægt, Hans Liv og Hans Tid*. Kopenhagen: Gyldendal, 1972.

My Sister, Isak Dinesen. Übers. von Joan Tate. London: Michael Joseph, 1975.

Tanne, Min Søster Karen Blixen. Kopenhagen: Gyldendal, 1974.

Dinesen, Wilhelm. »Fra et Ophold i de Forenede Stater.« *Tilskueren* (1887): S. 778–796.

Dinesen, Wilhelm (Boganis). *Jagtbreve og Nye Jagtbreve*. Kopenhagen: P. G. Philipsens, 1889; Spektrum, 1966.

Elling, Christian. »Karen Blixen.« *Danske Digtere i det Tyvende Aarhundrede*. Hrsg. von Ernst Frandsen und Niels Kaas Johansen, S. 521–559. Kopenhagen: Gads, 1951.

Fenichel, Otto. *The Psychoanalytic Theory of Neurosis*. New York: W. W. Norton, 1945.

Fog, Mogens. »Karen Blixens Sygdomshistorie.« *Blixeniana 1978*. Hrsg. von Hans Andersen und Frans Lasson. Kopenhagen: Karen Blixen Selskabet, 1978.

Freud, Sigmund. »Das Unheimliche«, GW, Bd. XII, S. Fischer, Frankf. a. M.

Hannah, Donald. *»Isak Dinesen« and Karen Blixen: The Mask and the Reality*. New York: Random House, 1971.

Hansen, Martin A. *Against the Wind*. Übers. u. hrsg. von H. Wayne Schow. New York: Frederich Unger, 1979.

Heine, Heinrich. Sämtliche Schriften in neun Bänden, hrsg. v. K. Briegleb, Wiss. Buchges., Darmstadt 1968–1975.

Hemingway, Ernest. *The Snows of Kilimanjaro and Other Stories*. New York: Charles Scribner & Sons, Scribner Library, 1955.

Henriksen, Aage. *Det Guddommelige Barn og Andre Essays om Karen Blixen*. Kopenhagen: Gyldendal, 1965.

Henriksen, Liselotte. *Isak Dinesen: A Bibliography*. Chicago: University of Chicago Press, 1977.

Karen Blixen: en bibliografi. Kopenhagen: Gyldendal, 1975.

»Supplement 1978.« *Blixeniana 1979*, S. 220–230. Hrsg. von Hans Andersen und Frans Lasson. Kopenhagen: Karen Blixen Selskabet, 1979.

Huxley, Elspeth. *White Man's Country: Lord Delamere and the Making of Kenya*. 2 Bde. New York: Praeger, 1968.

Jaspers, Karl. *Spinoza*. München, Piper, 1978.

Johannesson, Eric O. *The World of Isak Dinesen*. Seattle: University of Washington Press, 1961.

Jones, W. Glynn. *Denmark*. New York: Praeger, 1970.

Juhl, Marianne, und Jørgensen, Bo Hakon. *Dianas Hævn*. Odense: Odense Universitetsforlag, 1981

Jung, C. G., Erinnerungen, Träume, Gedanken. Hrsg. von Aniela Jaffé, Olten, Freiburg i. Br., Sonderausgabe 1984.

Kabell, Aage. *Karen Blixen debuterer*. München: Wilhelm Fink, 1968.

Kierkegaard, Sören. Das Tagebuch des Verführers, in: Ders.: *Entweder – Oder*, München 1978 (2. Aufl.).

Kleist, Heinrich von. »Über das Marionettentheater« Reclam Universal-Bibliothek 8004, Stuttgart 1988.

Kristensen, Sven Møller. »Karen Blixen og Georg Brandes.« Kopenhagen: *Politiken*, 17. Juni 1981.

Langbaum, Robert. *The Gayety of Vision: Isak Dinesen's Art*. New York: Random House, 1965.

Lasson, Frans (Hrsg.), *Karen Blixens Tegninger: Med To Essays af Karen Blixen*. Kopenhagen: Forening for Boghaandværk, 1969.

Lasson, Frans und Selborn, Clara (Hrsg.) *Tania Blixen. Ihr Leben in Dänemark und Afrika*, Stuttgart 1987.

Lindemann, Kelvin. *The Red Umbrellas*. New York 1955.

Lytton, Noel Anthony Scawen (4. Earl). *The Stolen Desert*. London: Macdonald, 1966.

Mann, Thomas. Freud und die Zukunft. In: Ders.: *Adel des Geistes. Sechzehn Versuche zum Problem der Humanität*, S. Fischer, Stockholm 1955, S. 509.

Markham, Beryl. West with the Night, George Harrap, London 1943.

Meyer, Michael. *Ibsen*. New York: Doubleday, 1971.

Migel, Parmenia. *Titania: The Biography of Isak Dinesen*. New York: Random House, 1967.

Miller, Charles. *Battle for the Bundu*. New York: Macmillan, 1974.
Mitchell, P. M. *A History of Danish Literature*. Kopenhagen: Gyldendal, 1957.
Nietzsche, Friedrich Wilhelm. *Nietzsche contra Wagner*, in: Ders.: Werke in 3 Bdn., 2. durchgesehene Auflage, München 1960, Bd. 2, S. 1058.
Ecce homo, ebd., S. 1088 f.
Die Geburt der Tragödie, in: Ders.: Werke in 3 Bdn., 3. durchgesehene Auflage, München 1962, Bd. 1, S. 13.
Petersen, Viggo Kjær. »Karen Blixen.« *Danske Digtere i det Tyvende Aarhundrede*. Hrsg. von Frederik Nielsen und Ole Restrup. Bd. 2, S. 699–734. Kopenhagen: Gads, 1966.
Petrow, Richard. *The Bitter Years: The Invasion and Occupation of Denmark and Norway, April 1940–May 1945*. New York: William Morrow, 1974.
Propp, V. *Morphology of the Folktale*. 2. rev. Ausg., übersetzt v. Laurence Scott. Hrsg. v. Louis A. Wagner. Austin und London: University of Texas Press, 1968.
Rasmussen, Steen Eiler. »Karen Blixens Rungstedlund.« *Det Danske Akademi 1960–1967*. Kopenhagen: Gads, 1967.
Rosendahl, Johannes. *Karen Blixen: Fire Foredrag*. Kopenhagen: Gyldendal, 1957.
Rudhart, Alexander. *Twentieth Century Europe*. Philadelphia: J. B. Lippincott, 1975.
Rying, Bent (Hrsg.). *Denmark: An Official Handbook*. Übers. von Reginald Spink. Kopenhagen: Ministry of Foreign Affairs, 1974.
Schyberg, Frederik. »Syv Fantastiske Fortællinger.« Kopenhagen: *Berlingske Tidende*. 25. September 1935. S. 11–12.
Stafford, Jean. »Isak Dinesen: Master Teller of Tales.« *Horizon*, September 1959, S. 111–112.
Svendsen, Clara (Hrsg.). *Isak Dinesen: A Memorial*. New York: Random House, 1965.
(Hrsg. u. übers.) *Karen Blixen* (Gedenkanthologie). Kopenhagen: Gyldendal, 1962.
Notater om Karen Blixen. Kopenhagen: Gyldendal, 1974.
Trzebinski, Errol. *Silence Will Speak*. London: Heinemann, 1977.
Vowles, Richard B. »Boganis, Father of Osceola; or Wilhelm Dinesen in America, 1872–1874.« *Scandinavian Studies* 48 (1976): S. 369–383.
Walter, Eugene. »Isak Dinesen.« *Paris Review*, Herbst 1956, S. 43–59.
Wescott, Glenway. »Isak Dinesen, the Storyteller.« *Images of Truth*. New York: Harper & Row, 1962.
Westenholz, Mary Bess. »Erindringer om Mama og hendes Slægt«. *Blixeniana 1979*. Hrsg. von Hans Andersen und Frans Lasson, S. 71–217. Kopenhagen: Karen Blixen Selskabet, 1979.
Wilhelm, Prinz von Schweden. »Afrikanskt Intermezzo.« *Episoder*. Stockholm: Norstedt, 1951.
With, Merete Klenow. *Karen Blixen: Et Udvalg*. Kopenhagen: Gyldendal, 1964.
Wivel, Ole. *Romance for Valdhorn*. Kopenhagen: Gyldendal, 1972.

Register

E

F

H

K

N

R

S

T

U

V

W

Y

Z

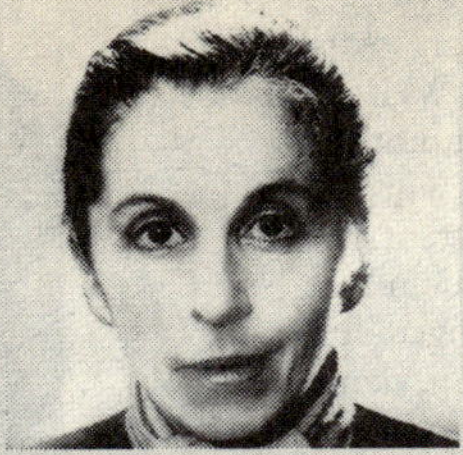

Tania Blixen

«Jenseits von Afrika», der Film nach ihrem 1940 erschienenen Roman «Afrika – dunkel lockende Welt», hat **Tania Blixen** weltberühmt gemacht. Geboren wurde die Dänin Karen Christentze Dinesen 1885 auf dem Familienbesitz Rungstedlund. Mit ihrem Ehemann, dem schwedischen Baron Bror Blixen, ging sie 1914 nach Kenia. Dort verliebte sich in den gutaussehenden Denys Finch-Hatton – ihre große Liebe, die tragisch endete. In Afrika entdeckte sie auch ihr literarisches Talent und begann zu schreiben. Tania Blixen starb im September 1962.

Gespensterpferde *Nachgelassene Erzählungen*
(rororo 5711)
«Gleichnishaft und voller Geheimnisse verbindet sich in diesen zehn Geschichten Märchenhaftes und Mystisches, Psychologisches und Phantastisches.» *Hamburger Abendblatt*

Schicksalsanekdoten
Erzählungen
(rororo 5421)
«Es ist eine kleine Kostbarkeit, die dem Leser da an die Hand gegeben wird. Es ist eine Lektüre, wie man sie selten findet...» *Stuttgarter Zeitung*

Schatten wandern übers Gras
(rororo 13029)

Die Rache der Engel *Roman*
(rororo 12630)
«Ein mit hoher Könnerschaft komponierter Reißer voller Spannung.»
Süddeutsche Zeitung

rororo Literatur

Wintergeschichten
(rororo 5951)
«Jeder dieser Menschen – und das ist überhaupt das zentrale Thema dieser Dichterin – lebt mit einer tiefen Sehnsucht im Herzen, die sich fast nie erfüllt; sie sind auf der Suche nach ihrem Schicksal, nach ihrer Bestimmung, sie haben den Wunsch, sich selbst zu leben...» *Frankfurter Allgemeine Zeitung*

Sieben phantastische Geschichten
(rororo 5006)

Judith Thurman
Tania Blixen *Ihr Leben und Werk*
(rororo 13007)
«Eines der besten Bücher der letzten Jahre.» *Time*

«Tania Blixen ist eine verdammt viel bessere Schriftstellerin als sämtliche Schweden, die den Nobelpreis je bekommen haben.» Ernest Hemingway anläßlich seiner eigenen Verleihung des Nobelpreises für Literatur 1954

Horizonte

Bruce Chatwin
In Patagonien *Reise in ein fernes Land*
(rororo 12836)
Bruce Chatwin hat auf einer langen Reise dieses malerisch schöne, wilde Land am Ende der Welt erkundet.

Jimmy Burns
Jenseits des silbernen Flusses
Begegnungen in Südamerika
(rororo12643)
Fünf Jahre lang lebte Jimmy Burns in Buenos Aires und bereiste Argentinien, Brasilien, Peru, Ecuador, Bolivien und Chile.
Burns war 1988 Preisträger des Somerset Maugham-Award.

Amos Elon
Jerusalem *Innenansichten einer Spiegelstadt*
(rororo 12652)

Eddy L. Harris
Mississippi Solo *Mit dem Kanu von Minnesota nach New Orleans*
(rororo 12646)

Katie Kickman
Im Tal des Zauberers *Innenansichten aus Bhutan*
(rororo 12651)
Es gibt nur noch wenige Gegenden auf der Erde, die Geheimnisse geblieben sind, und eine davon ist Bhutan. Als eine der ersten Europäerinnen gelang es Katie Hickman, das Land im Himalaya und das wilde Bergvolk der Bragpas zu besuchen.

Ursula von Kardorff
Adieu Paris *Streifzüge durch die Stadt der Bohème*
(rororo 13159)

John Krich
Wo, bitte, liegt Nirwana? *Eine Reise durch Asien*
(rororo 12642)

John David Morley
Grammatik des Lächelns
Japanische Innenansichten
(rororo 12641)

Charles Nicholl
Treffpunkt Café «Fruchtpalast»
Erlebnisse in Kolumbien
(rororo 12582)
«Eines der spannendsten Reisebücher überhaupt – und brillant geschrieben!» *New York Times*
Im Goldenen Dreieck *Eine Reise in Thailand und Burma*
(rororo 13173)

Stuart Stevens
Spuren im heißen Sand
Abenteuer in Afrika
(rororo 12647)

Theodore Zeldin
«Ich liebe das Leben, und das Leben liebt mich» *Was es heißt, Franzose zu sein*
(rororo 12644)

rororo Unterhaltung

Romane

Marie Cardinal
Die Irlandreise *Roman einer Ehe*
(neue frau 4806)
Ein Paar macht Urlaub in Irland. Ein grausiger Fund am Strand führt beide auf die Spur zu sich selbst. Plötzlich lautet die Frage: Wer sind wir?
Schattenmund *Roman einer Analyse*
(neue frau 4333)
Der Schlüssel liegt unter der Matte *Roman*
(neue frau 4557)

Margaret Drabble
Die Begierde nach Wissen *Roman*
(neue frau 12763)
Die Soziologin Alix ist unterwegs zu ihrem Mörder. Liz, ihre Freundin, wird plötzlich mit Liebesaffären ihrer spießigen Schwester konfrontiert, und die Kunsthistorikerin Esther trifft auf einen nicht allzu heterosexuellen Staatssekretär. Margaret Drabble führt uns die achtziger Jahre an drei skurrilen Londoner Frauenschicksalen vor.
Die Tore aus Elfenbein *Roman*
(neue frau 13221)

Monique LaRue
Tanz der Doubletten *Roman*
(neue frau 13076)
Ein turbulenter Roman über die grotesken Folgen technischer Triumphe.

Victoria Thérame
Paris erobern *Roman*
(neue frau 12892)
Eine freche, sensible Erzählung aus dem erst neulich vergangenen Zeitalter der Sinnlichkeit.

rororo neue frau

Marina Warner
Der verlorene Vater *Roman*
(neue frau 12762)
Eine von liebevoller Aufmerksamkeit und vitaler Erkenntnislust durchströmte Familiensaga aus dem ärmsten italienischen Süden.

Andrea Wolfmayr
Spielräume *Roman*
(neue frau 5335)

Sandra Young
Ein Rattenloch ist kein Vogelnest *Eine Jugend in den Slums von Baltimore*
(neue frau 5188)

rororo neue frau wird herausgegeben von Angela Praesent und Gisela Krahl. Ein Gesamtverzeichnis der Reihe neue frau finden Sie in der *Rowohlt Revue*. Jedes Vierteljahr neu. Kostenlos. In Ihrer Buchhandlung.

Romane

Lisa Alther
Schlechter als morgen, besser als gestern *Roman*
(neue frau 5942)
Caroline, Krankenschwester auf einer Unfallstation, täglich mit dem Schrecken konfrontiert, hat alles hinter sich und braucht selbst Hilfe. In der Psychotherapeutin Hannah findet sie eine Frau, die ihr den Blick öffnet für die Farben der wirklichen Welt.

Robyn Davidson
Vorfahren *Roman*
(neue frau 12878)
Lucy ist eine Waise, wächst im australischen Busch auf und verfügt über glänzende Kontakte zur Geisterwelt ihrer Vorfahren, den Aborigines...
Spuren *Eine Reise durch Australien*
(neue frau 5001)

Milena Moser
Die Putzfraueninsel *Roman*
(neue frau 13209)
Gebrochene Herzen oder Mein erster bis elfter Mord
(neue frau 12974)
Das Schlampenbuch *Erzählungen*
(neue frau 13358)
Sie zahlen es niederträchtigen Liebhabern und verlogenen Showmastern heim; sie treiben es in Boutiquen, Fitness-Studios und Straßenbahnen – finstere Dinge, die einer properen Dame nicht im Traum einfielen – oder nur im Traum?

Ann Oakley
Matildas Fehler *Roman*
(neue frau 13160)

3302/3a

rororo neue frau

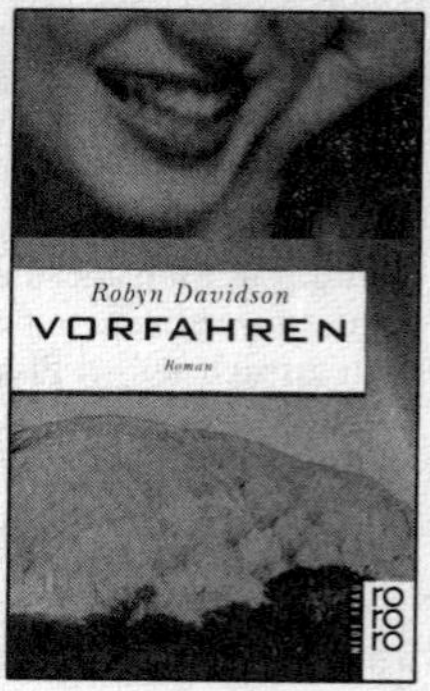

Märta Tikkanen
Aifos heißt Sofia *Leben mit einem besonderen Kind*
(rororo neue frau 5166)
Die Liebesgeschichte des Jahrhunderts *Roman in Gedichten*
(rororo neue frau 4701)
Ein Traum von Männern, nein, von Wölfen *Roman*
(neue frau 5946)
Märta Tikkanen erzählt von einem Mädchen, dem die Mutter all das weitergegeben hat, was sie selbst fürchtete, und das als erwachsene Frau auf den Wolf im dunklen Wald trifft.
Der große Fänger Roman
(rororo neue frau 12806)
Wie vergewaltige ich einen Mann?
(rororo neue frau 4581)

rororo neue frau wird herausgegeben von Angela Praesent und Gisela Krahl. Ein Gesamtverzeichnis der Reihe finden Sie in der Rowohlt Revue. Jedes Vierteljahr neu. Kostenlos. In Ihrer Buchhandlung.

Romane und Erzählungen

Simone de Beauvoir
Marcelle, Chantal, Lisa... *Ein Roman in Erzählungen*
(neue frau 4755)
Ihr «Gesellenstück» nannte Simone de Beauvoir ihren Roman über fünf Töchter aus gutem Hause – ihr erstes erzählerisches Werk, das sie jahrzehntelang unveröffentlicht aufbewahrte.

Toni Bentley
Tanzen ist beinahe alles *Selbstporträt einer Tänzerin des New York City Ballet*
(neue frau 5177)

Renate Dorrestein
Die Mühlen der Liebe
(neue frau 13227)

Martha Gellhorn
Reisen mit mir und ihm *Berichte*
(neue frau 12628)
Packende Reportagen und sensible Erzählungen.
«Martha Gellhorn ist unfähig, einen langweiligen Satz zu schreiben.»
The Times
Paare, Paare *Erzählungen*
(neue frau 12511)
Das Wetter in Afrika *Ein Roman in Novellen*
(neue frau 12354)

Erika Pluhar
AusTagebüchern *Ausgewählt von Angela Praesent und Erika Pluhar*
(neue frau 4865)

Lidia Ravera
Der Lack ist ab *Erzählungen*
(neue frau 13327)
Mit viel Witz und Selbstironie beschreibt die Autorin in ihren Erzählungen die schankenden Stimmungen von verunsicherten Menschen um die vierzig.

3302/3b

rororo neue frau

Alice Walker
Die Farbe Lila *Roman*
(rororo neue frau 5427 und als gebundene Ausgabe)
Durch die Bluessängerin Shug entdeckt Celia, jahrelang mißhandelt, ihren eigenen Wert und ihre Kraft. Für ihren großartigen Roman erhielt Alice Walker den Pulitzer-Preis.
Im Tempel meines Herzens *Roman*
(neue frau 13163 und als gebundene Ausgabe)
«Alice Walker ist eine der begabtesten Schriftstellerinnen auf dem amerikanischen Kontinent.»
Isabel Allende
Meridian *Roman*
(neue frau 13359 und als gebundene Ausgabe)

rororo neue frau wird herausgegeben von Angela Praesent und Gisela Krahl. Ein Gesamtverzeichnis der Reihe finden Sie in der *Rowohlt Revue*. Jedes Vierteljahr neu. Kostenlos. In Ihrer Buchhandlung.

Frauen in der Dritten Welt

Hanan Al-Shaykh
Im Bann der High-Tech-Harems
Roman
(neue frau 12958)
Vier arabische Frauen im futuristischen Luxus einer Erdöl-Metropole träumen von Unabhängigkeit und der Flucht aus ihrem goldenen Käfig.

Celia Correas de Zapata (Hg.)
Samt und Rache *Südamerikanerinnen erzählen*
(neue frau 13086)

Tsitsi Dangarembga
Der Preis der Freiheit *Roman*
(neue frau 12956)
«Viele gute, von Männern geschriebene Romane sind in Afrika entstanden, aber wenige von schwarzen Frauen. Das ist der Roman, auf den wir gewartet haben.»
Doris Lessing

Veronica Doubleday
Die Kluge, die Bedrückte, die Unabhängige *Drei Frauen in Afghanistan*
(neue frau 12388)

Isabelle Eberhardt
Sandmeere 1 *Tagwerke. Im heißen Schatten des Islam*
(neue frau 5231)
Sandmeere 2 *Notizen von unterwegs. Vergessenssucher. Islamische Blätter*
(rororo neue frau 5232)
Isabelle Eberhardts Erzählungen, jüngst neu entdeckt, sind äußerst verdichtete Stimmungsbilder, erfüllt von glühender Farbigkeit und Sinnlichkeit.

Aicha Lemsine
Die Entpuppung *Ein Entwicklungsroman*
(neue frau 4402)

3302/3c

rororo neue frau

Sarah Lloyd
China erfahren Ein Reisebericht
(neue frau 12339)

Thi Hoai Pham
Die Kristallbotin Roman No. 1
(neue frau 13084)
Mit verblüffendem Witz und Weltoffenheit beäugt die junge vietnamesische Autorin die menschliche Komödie.

Ntozake Shange
Schwarze Schwestern *Roman*
(neue frau 5344)

Marjorie Shostak
Nisa erzählt *Das Leben einer Nomadenfrau in Afrika*
(neue frau 4978)

rororo neue frau wird herausgegeben von Angela Praesent und Gisela Krahl. Ein Gesamtverzeichnis der Reihe finden Sie in der *Rowohlt Revue.* Jedes Vierteljahr neu. Kostenlos. In Ihrer Buchhandlung.